Stata

统计学与案例应用精解

张 甜 杨维忠 编著

U0655907

清华大学出版社
北京

内 容 简 介

本书为统计学/计量经济学与 Stata 零基础读者设计，内容涵盖统计学与计量经济学双重教学体系，旨在满足更多高校专业师生的需求。书中基于 44 份真实权威的经济社会统计数据和 14 份调查研究数据，精心设计了58 个统计分析应用案例和 10 个数据处理案例，广泛涵盖经济金融、医学药学、企业管理、日常生活等多个领域，在数据质量、案例构思和覆盖面等方面优势明显。本书创新性地引入了实证论文写作指导、稳健性检验与异质性分析、政策效应检验、AI 工具应用等内容，打造从"零基础入门"到"撰写学术论文"的一站式学习路径。

本书共 23 章，结构上划分为七部分。第一部分（第 1~3 章）为课程入门引导，内容包括 Stata 概述、Stata 变量和数据的基本操作以及统计学基础知识；第二部分（第 4~7 章）为基础统计应用，具体包括描述统计、图形绘制、参数检验和非参数检验；第三部分（第 8~13 章）为高阶统计应用，具体包括方差分析、相关分析、基本线性回归分析、线性回归分析诊断与处理、非线性回归分析和因变量离散回归分析；第四部分（第 14~17章）为专业统计应用，具体包括因子分析、聚类分析、生存分析和信度分析；第五部分（第 18、19 章）为特殊数据应用，具体包括时间序列数据分析和面板数据分析；第六部分（第 20~22 章）为论文指导应用，具体包括实证研究论文指导、稳健性检验与异质性分析以及政策效应检验；第七部分（第 23 章）为 AI 工具应用。

本书配套赠送教学 PPT 课件、全书数据文件、全书 Stata 代码和讲解视频，以辅助教学。本书既可作为经管社科、统计学、教育学、心理学、医学等相关专业在校学生学习和应用 Stata 的教材，也可作为职场人士自学并提升数据分析技能的工具书。

图书在版编目（CIP）数据

Stata统计学与案例应用精解 / 张甜，杨维忠编著.

北京 ：清华大学出版社，2025. 7. -- ISBN 978-7-302-69962-0

Ⅰ. F224.0-39

中国国家版本馆CIP数据核字第 202506WP08 号

责任编辑：赵　军
封面设计：王　翔
责任校对：冯秀娟
责任印制：杨　艳

出版发行：清华大学出版社
　　　　网　　　址：https://www.tup.com.cn, https://www.wqxuetang.com
　　　　地　　　址：北京清华大学学研大厦 A 座　　　　邮　　编：100084
　　　　社 总 机：010-83470000　　　　　　　　　　邮　　购：010-62786544
　　　　投稿与读者服务：010-62776969, c-service@tup.tsinghua.edu.cn
　　　　质 量 反 馈：010-62772015, zhiliang@tup.tsinghua.edu.cn

印 装 者：三河市君旺印务有限公司
经　　销：全国新华书店
开　　本：190mm×260mm　　　印　张：28.25　　　字　　数：762 千字
版　　次：2025 年 8 月第 1 版　　　　　　　印　　次：2025 年 8 月第 1 次印刷
定　　价：118.00 元

产品编号：111593-01

前　言

在数字化转型浪潮下，"感觉不靠谱，用数据说话"广泛流行于各行各业，数据统计分析成为各行业从业人员的必需技能。当前，国内外高校不少专业开设了统计学/计量经济学课程，但由于单纯学习理论往往较为枯燥，大量基础薄弱的学生难以有效掌握，因此大多会结合 Stata、SPSS、Python 等软件或编程语言进行学习。近年来，编者一直致力于让 Stata/SPSS/Python 的学习更简单、实用、高效，通过清华大学出版社陆续出版了一系列关于 Stata/SPSS/Python 应用的教科书。然而，在与大量高校教师和学生的日常互动交流中，编者仍感受到大家对于一本难度适中、易于理解、指导实践的 Stata 统计学/计量经济学教材的迫切需求。因此，编者撰写了本书，聚焦解决以下问题：不能难度系数过高，否则对于数学基础较为薄弱的学生来说学习较为吃力，学了以后收获不大；不能仅注重 Stata 操作而忽视与统计学/计量经济学的结合，导致学生仅会 Stata 操作，但不了解统计分析方法的原理；不能过于注重理论探析与数学推导，而忽视应用能力的培养，否则对撰写学术论文或提升工作中的数据分析能力帮助有限。

本书具有以下特色：

一是实用性与案例导向。本书基于 44 份真实权威的经济社会统计数据和 14 份调查研究数据，精心设计了 58 个统计分析应用案例和 10 个数据加工处理案例，广泛涵盖经济金融、医学药学、企业管理、日常生活等领域，在数据质量、案例构思和覆盖面方面优势显著。

二是跨学科适用性。框架涵盖统计学与计量经济学双重教学体系，覆盖经济学、管理学、社会学、医学等多个专业，满足更多高校师生的需求。

三是创新的论文写作指导。本书引入了实证论文写作指导、稳健性与异质性分析、政策效应检验等，达到用 Stata 写论文的效果。

四是可读性强，创新引入 AI 工具应用。本书详细解读每条命令选项及运行结果，让读者能够知其然也知其所以然；特别设置章节讲解 AI 工具应用。

五是资源丰富。除学术论文撰写与 AI 工具应用指导部分外，每章还包含知识回顾和课后习题（选择题、判断题、操作题）。

本书附赠教学 PPT 课件、全书数据文件、Stata 代码以及编者最新讲解的全套视频资料，以辅助教学，力求实现最佳教学效果。

本书共 23 章，分为七大部分，内容框架如下：

Stata统计学与
案例应用精解

第一部分 课程入门引导

第二部分 基础统计应用

第1章 Stata概述

第2章 Stata变量和数据的基本操作

第3章 统计学知识

第4章 描述统计

第5章 图形绘制

第6章 参数检验

第7章 非参数检验

第三部分 高阶统计应用

第四部分 专业统计应用

第8章 方差分析

第9章 相关分析

第10章 基本线性回归分析

第11章 线性回归分析诊断与处理

第12章 非线性回归分析

第13章 因变量离散回归分析

第14章 因子分析

第15章 聚类分析

第16章 生存分析

第17章 信度分析

第五部分 特殊数据应用

第六部分 论文指导应用

第18章 时间序列数据分析

第19章 面板数据分析

第20章 实证研究论文撰写

第21章 稳健性检验与异质性分析

第22章 政策效应检验

第七部分 AI工具应用

第23章 DeepSeek 等 AI 工具的应用

【本书学习路径推荐】

统计学课程体系：

第一部分　课程入门引导（第 1~3 章）
第二部分　基础统计应用（第 4~7 章）
第三部分　高阶统计应用（第 8~13 章）
第四部分　专业统计应用（第 14~17 章）

计量经济学课程体系：

第一部分　课程入门引导（第 1~3 章）
第二部分　基础统计应用（第 4~7 章）
第三部分　高阶统计应用（第 8~13 章）
第五部分　特殊数据应用（第 18~19 章）

论文撰写与 AI 工具应用部分：第 20~23 章

下载资源

本书配套数据文件、PPT 课件和文前导读，请读者用微信扫描下面的二维码下载和观看。

数据文件　　　　　　　　PPT　　　　　　　　文前导读

如果学习本书的过程中发现问题或疑问，可发送邮件至 booksaga@126.com，邮件主题为"Stata 统计学与案例应用精解"。

本书既可作为经管社科、统计学、教育学、心理学、医学等相关专业的在校学生学习和应用 Stata 进行统计分析/计量经济学学习的主要教材，也可作为职场人士自学 Stata 统计学、提升数据分析技能的工具书。

本书在编写过程中吸收了前人的研究成果，在此表示感谢！

由于编者水平有限，书中难免存在疏漏之处，恳请各位同行和广大读者批评指正，并提出宝贵的意见。

编　者

2025 年 6 月

导　读

数字化转型浪潮下的数据统计分析

正式开篇之前，为了激发读者学习数据统计分析的兴趣和动力，编者先结合自身经历谈谈对数据统计分析的理解和体会。毫不夸张地讲，在数字化转型浪潮下，高校开设的数据统计分析课程将使学生终身受益。无论同学们大学毕业以后是继续从事科研工作、钻研学术，还是进入社会找工作，数据分析都会成为他们工作中不可或缺的一部分。毕业后从事更高层次的学术深造毋庸赘述，即使步入职场，数据分析也是日常工作的重要组成部分，无论是在党政机关、事业单位，还是在各类企业中工作，概莫能外。

一、数据统计分析在哪里

在日常交流中，很多学生问我，工作中是否涉及数据统计分析？什么时候需要统计分析？可以很明确地说，数据统计分析在工作中无处不在！以企业为例，数据统计分析贯穿于经营管理的全过程和各个环节。例如，在市场营销中，需要分析产品、渠道、价格和客户。针对客户，还可能需要进一步分析客户的转化率、成交率、流失率等，或者将客户进行分层分类，以便差异化开展客户关系维护和资源投入等。这些分析所依据的正是数据。数据往往代表的是事实和结果，也更加客观，能够用于比较。用数据呈现的结果具有更强的说服力，更容易被大家接受。

在职场中，数据统计分析是内部沟通和汇报的基本动作之一。掌握数据分析早已不再是计算机、统计、数学等专业学生的专有技能，而是各学科、各专业学生步入职场的必备技能。掌握数据分析，就像熟练使用 Word、PPT 一样，已成为每位职场人士的基本功。下面列举一些数据统计分析常见的应用场景。

1. 商业银行信用风险评估

商业银行的主要利润来源是净息差收入，即贷款利息收入减去存款利息支出。贷款本金及利息能否顺利收回，直接关系到银行的经营成败。因此，商业银行在授信客户信用风险的识别、评估、防范和控制方面，始终在不断努力。在大数据技术兴起之前，商业银行一般通过人工现场或非现场调查与授信个体分析相结合的模式开展信用风险评估，这种方式在银行客户较少、数据积累不足的情况下是一种较为有效的选择。然而，随着多年的发展，大多数银行已经积累了大量的客户数据，包括客户的生产经营情况、财务状况、征信情况、与本行的业务往来情况、授信是否曾发生违约等。通过对这些数据进行统计分析，银行可以识别出违约客户的共性特征，从而更加精准地实施风险防控。

2. 电子商务平台商家营销

近年来，我国电子商务行业实现了快速发展，众多商家的营销模式也从线下营销为主转向线上营销为主，或实现了线上线下联动营销。淘宝、京东、拼多多、抖音、快手等众多线上平台为商户开展线上营销提供了极为便利的条件，商户开店准入的门槛相对较低。线上销售除了具有节省实体店面费用、扩大销售范围、节约推广费用等优势之外，另一个重要优势是能够在销售过程中方便、低成本地积累海量用户数据。商家可以通过恰当的数据统计分析，从这些积累的海量数据中有效挖掘出顾客的购买行为和习惯，从而为开展下一阶段的营销或新产品上线营销提供支持，最终更加精准、高效地达成经营目标。

3. 服务行业对客户群体细分

由于营销投入资源和客户维护成本有限，因此服务行业的企业大多会对其客户群体进行细分，并按照"二八"法则为不同群体提供相应服务。例如，商业银行将其客户分为基础客户、有效客户、理财客户、财富客户和私人银行客户；在线旅游服务供应商将其客户分为白银会员、黄金会员、白金会员、钻石会员等。数据统计分析可以帮助企业识别各类客户群体所具有的基本特征，进而针对高价值或目标客户群体集中精力进行精准营销，合理分配有限的资源，以实现经营效益的最大化。

4. 连锁企业按门店特征分类

在现实生活中，许多服务行业采用连锁经营模式，如酒店餐饮行业、健身美容行业。与单独经营模式相比，连锁经营模式通过统一的品牌形象、广告宣传和售后服务等方式，实现了规模经济和范围经济，进而提升了企业的经营效益。然而，连锁经营模式并非绝对的统一经营，各个门店会根据所在地域的周边环境（如商圈热度、客流量、消费群体的消费水平和消费风格等），因地制宜、因时制宜地开展特色化、差异化经营。因此，对连锁企业的总部管理机构来讲，可以通过数据统计分析，了解各门店的实际特征，对门店进行有效分类，并进行差异化资源配置。例如，某零食连锁店通过数据分析发现，一家门店在坚果销售方面经常供不应求而造成脱销，另一家门店在坚果销售方面出现产品积压，基于此，企业可以在货物分发、物流配送等方面做出针对性的调整。

5. 客户满意度调研

客户满意度对很多行业来说非常重要。如果客户消费满意度非常高，就会增加客户黏性，不仅客户本身的消费金额和消费次数会增加，他还会向周边的亲朋好友推荐，为公司介绍更多的客户，从而直接增加公司的经营效益。客户消费满意度高了，品牌的口碑和声誉形象也会提升，这些无形的资产对致力于长久持续经营的企业来说也是一种宝贵的财富。在公司扩大经营范围或者拓展新的服务领域时，这些优势都会有所显现。通过开展数据统计分析，可以探索影响客户消费满意度的因素，从而在服务质量、服务效率、服务价格、服务流程等方面做出有针对性的改进，进而提升整体经营管理水平，优化客户体验。

二、数据统计分析是什么

数据统计分析是指通过统计分析，从大量数据中挖掘隐藏的信息与规律的过程。数据不是随机产生的，而是存在一定的规律，变量之间可能存在某种关联。数据统计分析的目的就是发现变量自身或变量之间相互联系、联动变化的运行规律，并充分运用这些规律开展预测。

在编者看来，基础且常用的统计学知识可分为三大部分：基本统计指标、数据建模和数据可视化。其中，基本统计指标和数据建模都属于数据统计分析范畴。可以把基本统计指标看作相对简单的统计分析，而数据建模则是相对复杂的统计分析。

基本统计指标，如均值、标准差、同比、环比等，都是最基本的概念，这些概念都要精熟才行。这里所说的"精熟"，是指能够灵活运用这些指标。例如，在评估一家集团公司各分支机构的经营业绩时，大的、老的机构可能重点看总体规模贡献，而小的、新的机构则可能看重其自身的成长。评估既要考虑效益，也要考虑风险。既要看利润实现情况，也要看资源消耗，甚至要计算资源使用的机会成本。例如，某家分支机构干得好、效益高，是不是因为获得了更多的资源？如果把这些资源和政策给到其他分支机构，效果是否更好？

数据建模在实务中，本质上是将实践中的经验规则固化，让计算机替代人工劳动。需要注意的是，实务建模和学术建模有所差别。学术建模往往较为复杂，需要考虑模型的各种条件假设，并评价模型的适用性和稳健性，其中涉及较多的数学推导。而实务建模既可以相对简单，也可以很复杂，通常可以理解为"设定规则"。比如，若某企业可能设定"年内累积三次未按时付款的客户被列入风险客户，需要上门走访"，这就是一个风险预警模型。触发模型预警的条件是"年内累计三次未按时付款"，触发后的规定动作是"上门走访"。当然，也有一些更复杂的建模涉及机器学习，需要用到算法，例如使用二元 logistics 回归算法预测信贷客户是否会违约，这时需要考虑客户的征信情况、总负债情况、收入情况等因素，以便构造自变量，搜集相关数据，然后使用 logistics 模型进行预测。复杂的数据建模除了需要掌握统计学知识外，还需要学习机器学习的相关内容。但在实务中，往往"大道至简"，很多时候越简单的模型越好用。

数据可视化是指将数据的内部结构或数据分析结果以图形化的形式直观地表达出来，从不同的维度观察数据，从而对数据进行更深入的观察和分析。通过数据可视化，可以让使用者更容易理解和掌握分析结果，并据此做出相应的决策。常用的图表包括折线图、柱状图、散点图、四象限图、时间序列趋势图等，无论是内部汇报，还是外部竞标，都常常会用到。数据可视化图表种类繁多，那么，什么是合适的数据可视化图表呢？数据可视化的作用和价值在于，能够帮助受众快速理解数据背后反映的故事，从而快速找到数据背后隐藏的实际问题，然后有针对性地解决这些问题。因此，成功实施数据可视化的关键在于充分考虑分析需求、数据特点以及受众的特点和感受。需要注意的是，数据可视化不能仅仅追求华丽炫酷，而是要服务于经营管理决策。始终要记住，做图表的根本目的是更加直观地传递更多的、接受者期待看到的信息，而不是自说自话。因此，数据可视化的前提是要清楚地传达信息，然后考虑如何设计使图表更加美观且具有吸引力。

三、数据统计分析怎么学

很多高校在本专科课程体系中开设了统计学、计量经济学、机器学习、数据分析、统计分析、数据挖掘等一门或多门课程，至少也开设了概率论、数理统计、线性代数、微积分等课程。对于这些偏数学类的课程，我们必须认真学习，至少要扎实掌握一些基本概念和基础原理，不能只想着简单通过，拿到学分。今天的懒惰，明天需要加倍偿还，而今天多一分努力，明天获得的机会就多一分。

知易行难，要真正掌握数据分析技能，对于一些基础相对薄弱的高校学生来说谈何容易？在繁重的学业与就业压力面前，在日常琐事与课外实践之间，那些看似深奥的算法原理和复杂的软件操作或编程代码，往往让人找到退缩的理由。根据编者多年的教学经验，无论是数据分析中的机器学习，还是统计学、计量经济学，都建议结合具体的软件或编程语言来学习。对于不想走纯科研路线，或者不想成为理论"大牛"的大多数学生来说，不建议过多研究数学公式，而应一边学习知识原理，一边使用 SPSS、Stata 和 Python 进行实际操作；否则，面对复杂的数学公式推导，容易耗尽学习热情。

在学习数据分析知识方面，编者愈发觉得并不是"万事开头难"，也不是"行百里者半九十"，而更像是"行百里者半三十"，起步并不难。很多时候，我们会惊叹于 ChatGPT 的神奇、各种炫酷的可视化效果，或是羡慕那些优秀同学娴熟的数字化技能和专业术语，心生向往，决心学习 SPSS、Stata 和 Python，或是学习统计学、计量经济学和机器学习。然而，买了一些书或视频后，却常常束之高阁，只翻了几页或看了几分钟，便没有后续行动。"行百里者也不必半九十"，编者认为，只要学习了前 30%，就已经成功了一大半。一方面，对于全新的知识领域，掌握了前 30% 的基础，后面的内容会变得越来越简单；另一方面，即使没有坚持下去，也知道在遇到问题时该去哪里寻找答案。这样，书到用时也不必方恨少，缺什么补什么即可。

等到真正工作了，同学们一定要记住，数据分析始终是为了服务于具体的应用场景。抛开应用场景谈数据分析，就失去了真正的价值。如果数据分析的过程和结果不能增加商业价值或提升运营、管理与决策效率，那么那些令人眼花缭乱的数据可视化、复杂的数据分析或机器学习算法模型又有什么价值呢？因此，优秀的数据分析者应具备以下三点：一是要懂技术，能够熟练使用 SPSS、Stata 和 Python，并结合实际情况掌握其中一门或多门；二是要懂业务，了解所在行业和企业的主营业务，以及高层关注的重点事项，这样才能使数据分析更精准，发挥应有的智力支持作用；三是要会展示和表达，如果是书面展示，要具备制作 PPT 等演示文稿和必要的文字材料的能力，如果是口头展示，则必须具备清晰的语言表达能力和演讲技巧。现在，许多职场新人在数字化技能方面存在三个误区：一是过于追求数据可视化的炫酷和 PPT 的精美，而忽视了数据分析的本质；二是不懂业务就进行数据分析，导致数据分析结果南辕北辙，无法满足公司高层或客户的实际需要；三是无法用一般听众能够理解的语言表达数据分析结果或模型构建的情况。这些问题需要特别注意并避免。

事实上，很多时候，并不需要使用非常复杂的机器学习或数学建模。即使只用一些简单的统计指标分析、绘制实用的统计图表，也比空洞泛谈要有效得多。例如，在某集团公司，一家分公司声称自己业绩突出，那怎么证明该分公司干得好呢？首先，看看该分公司在集团内的排名，与其他分公司进行比较，分析它的优势所在：是整体规模更大，还是增量提升更多？是有效客户更多，还是单户效益更好？然后，将其与所在地区的同行进行比较，看看是否因为它所处的地理位置优越所以业绩较好，而实际上与同行相比并无显著优势？接下来，再与该分公司自身的历史业绩进行比较，看看是不是只是在"吃老本"？从这几个维度进行分析，就能做出一个相对客观的评价。在这一过程中，使用的数据分析方法其实并不复杂，主要是计算一些简单的统计分析指标。

因此，数据统计分析不仅仅是专业数据分析师的事，而是每个职场人士都应掌握的技能。进行数据统计分析时，不一定需要过于专业的知识，但必须结合具体的业务。事实上，对业务的透彻理解比掌握那些令人眼花缭乱的统计分析方法更为可贵。同学们步入职场后，不要忘记继续巩固在学校所学的 SPSS、Stata、Python 甚至 EXCEL，并积极学习所在企业和行业的业务，思考如何将数据统计分析技能应用于具体的业务决策。例如，公司最近的产品销量出现增长，要分析其原因，就要学会从产品、渠道、客户、机构等多个维度进行数据统计分析，探索深层次原因。如果是某款产品在某个区域获得了某类人群的高度认可，这时就需要在资源投入、广告投放、物流配送、促销安排等方面做出有针对性的部署，提出相应的对策和建议，进一步提升经营效能。

能够做出这样的分析、写出这样的报告，试问谁会不喜欢呢？高等教育的价值，正体现在这些报告和材料中——它们凝聚了同学们对业务的深刻理解以及对各类技术的综合运用，水平高低一目了然。在职场中，立足之本是解决问题和创造价值，而不是顶着"高才生"的光环自我陶醉。

学海无涯，大家一起加油！

编 者

2025 年 6 月

目　录

第五部分　特殊数据应用

第六部分 论文指导应用

第七部分 AI 工具应用

第 23 章 DeepSeek 等 AI 工具的应用

◆ 第一部分 ◆

课程入门引导

第1章

Stata 概述

Stata是一款用于数据管理、数据分析以及专业图表绘制的统计分析软件，也是目前流行的计量软件之一。Stata易操作、运行速度快、功能强大，不仅包括一整套预置功能，还允许用户根据需要自行编写程序，进一步扩展其功能。Stata 17.0是目前流行的版本，本书围绕Stata 17.0进行讲解，同时也适用于其他版本。本章将介绍Stata 17.0的入门知识。

1.1　Stata 简介

> 扫描右侧二维码观看视频

Stata软件由Stata公司于1985年推向市场，在全球范围内被广泛用于企业和学术机构中，特别是在经济学、社会学、政治学及流行病学领域。与其他软件相比，Stata软件具有以下优势。

1. 支持多种操作风格，运行速度快

Stata的操作可以通过多种方式来实现，既可以通过单击菜单选项来完成，也可以通过输入命令来完成。输入命令的优点在于简洁明快、灵活方便；菜单操作类似于Windows和Office操作界面，并且有多种语言可供选择，用户可以根据自己熟悉的语言进行设置。比如国内大多数用户可以将界面语言设置为"简体中文"，通过简体中文菜单完成Stata程序的运行，大大降低了入门难度。此外，Stata也具有很强的程序设计语言功能，用户可以根据研究需要在Stata中进行编程，并将相关程序固化，在以后运行时可以非常方便地复用。不同研究人员开发的程序也可以便捷地交互和共享，从而大幅提升数据分析的效率。

Stata 在分析时将数据全部读入内存，直到统计、分析或计算全部完成后才与磁盘交换数据，因此其运行速度非常快。根据百度百科上的介绍，通常情况下，SAS（Statistical Analysis System，统计分析系统）的运算速度比 SPSS 至少快一个数量级，而 Stata 的某些模块和执行同样功能的 SAS 模块相比，其速度又比 SAS 快将近一个数量级。

2. 开放、实时更新

Stata可以吸收研究者、用户的最新研究成果。用户可以通过互联网到Stata网站寻找并下载新的升级文件，实时更新功能；也可以向世界各地的用户求助，及时解决遇到的问题。实时更新的操作方式有以下3种：

- 用户可以到 Stata 官方网站下载相关模块进行更新，或直接在命令窗口中输入 update 命令，在联网的情况下实现更新。
- 用户可以使用 findit 命令找到所需的功能模块，并下载和安装。
- 用户可以下载由其他用户编写的 Stata 模块，通过菜单选项 Help→SJ and User-written Programs 进行下载和更新。当然，用户也可以自己编写程序，实现需要的功能。

此外，Stata与当前热门的Python程序设计语言也能方便地进行交互。Stata能够以交互方式调用Python程序，或将Python程序代码嵌入Stata代码中，还能够使用Stata中的Python包；在Python执行环境中也可以调用Stata；Stata和Python之间还可以无缝传递数据和运行结果。

3. 强大的数据分析功能

Stata提供了从简单的描述统计到复杂的多因素统计分析方法，如描述统计、相关分析、方差分析、非参数检验、回归分析、因子分析、聚类分析等；也可以实现多种计量模型的应用，如单方程模型回归、离散被解释变量模型、时间序列模型、面板数据模型等。除了传统的统计分析方法之外，Stata还收集了近20年发展起来的新方法，如Cox比例风险回归、指数与Weibull回归等。

4. 强大的制图功能

用户可以根据研究需要通过菜单操作或直接输入命令的方式创建自定义图形，包括直方图、散点图、箱图、饼图等，也可以编写程序生成海量图表。用户可以将图形导出到EPS或TIFF以供发布，也可以导出到PNG或SVG以供Web使用，或导出到PDF以供查看。除了专门的图形绘制模块外，在一些非绘图命令中，Stata也提供了专门绘制某种图形的功能。例如，在生存分析中可绘制生存曲线图，在回归分析中可绘制残差图等。Stata还提供了图形编辑器，用户可以通过单击鼠标操作更改图形内容，包括添加标题、注释、线条、箭头和文本等。

5. 可以进行矩阵运算

在多元统计分析中，很多情形下不仅需要单方程系数估计，还需要进行矩阵运算。在Stata中，用户可以方便地进行矩阵的基本运算，如矩阵的加法、乘法和逆运算，也可以进行一些高级矩阵运算，如特征根、特征向量和奇异值分解等。除了专门的矩阵计算模块外，Stata还提供了一些系统矩阵，如估计系数向量、估计系数的协方差矩阵等，供用户在完成某些统计分析后使用，非常方便。

1.2　Stata 17.0 窗口说明及基本设置

扫描右侧二维码观看视频

下载资源:\sample\chap01\数据 1.1、数据 1.2、数据 1.3

1.2.1 Stata 17.0 窗口说明

正确安装Stata 17.0后，单击Stata主程序的图标文件，即可打开Stata的主界面，如图1.1所示。

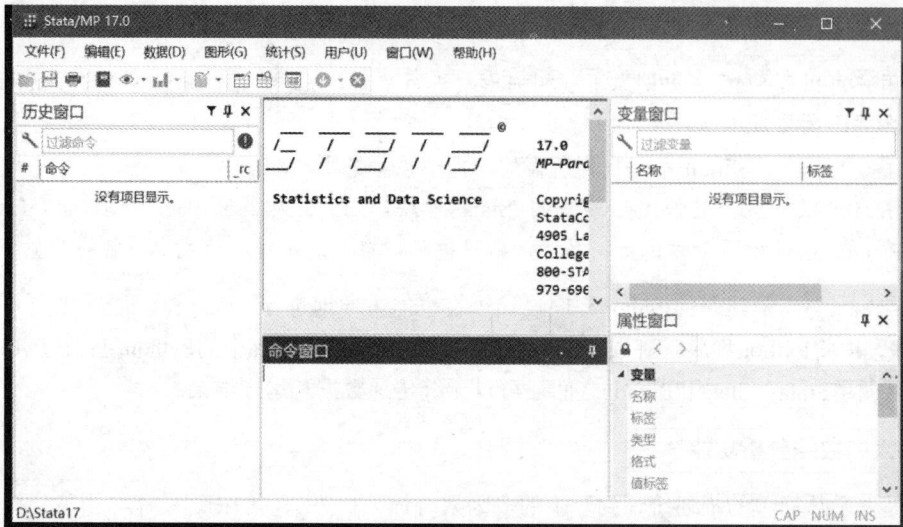

图 1.1 Stata 17.0 主界面

与大部分窗口程序类似，Stata 17.0也具有菜单栏和工具栏，但其特色在于主界面包含5个主要区域：History（历史）、Variables（变量）、Command（命令）、Results（结果）、Properties（属性）。

- History 窗口中显示的是自本次启动 Stata 17.0 以来执行过的所有命令。命令的来源可以分为两类：一类是用户直接在 Command 窗口中输入的命令，无论命令是否正确（错误的、未被执行的命令会显示为红色）；另一类是用户通过窗口菜单进行操作，Stata 自动将其转换为命令。History 窗口中显示的命令可以非常方便地被用户调阅，用户只需双击相应的命令或单击相应的命令并按 Enter 键，即可再次执行该命令。对于需要在分析中反复使用的命令，这一操作非常便捷。需要注意的是，History 窗口中显示的命令都是临时的，关闭 Stata 软件后这些命令将会消失。如果用户想保存这些命令以便下次使用，可以使用 log 命令或右击进行保存。
- Variables 窗口中显示的是当前 Stata 数据文件中的所有变量。当用户单击某个变量名时，该变量将出现在 Command 窗口中。
- Command 窗口是最重要的窗口，在此窗口内可输入要执行的命令。
- Results 窗口中显示的是每次执行 Stata 命令后的运行结果（无论执行是否成功）；如果命令执行失败，Stata 会以红色显示报错的提示信息。
- Properties 窗口内显示的是当前数据文件中指定的变量以及数据的性质。

各个窗口的大小都可以调整，用户可以用鼠标进行窗口的伸缩操作。每个窗口的右上角都有关闭按钮。如果不小心关闭了某个窗口，想要恢复原来窗口的状态，可参照图1.2所示的方式进行操作：单击菜单栏中的"窗口"按钮，在菜单中选择想要恢复的窗口名称（也可以按菜单中显示的快捷键进行操作，如"命令窗口"的快捷键为Ctrl+1）。

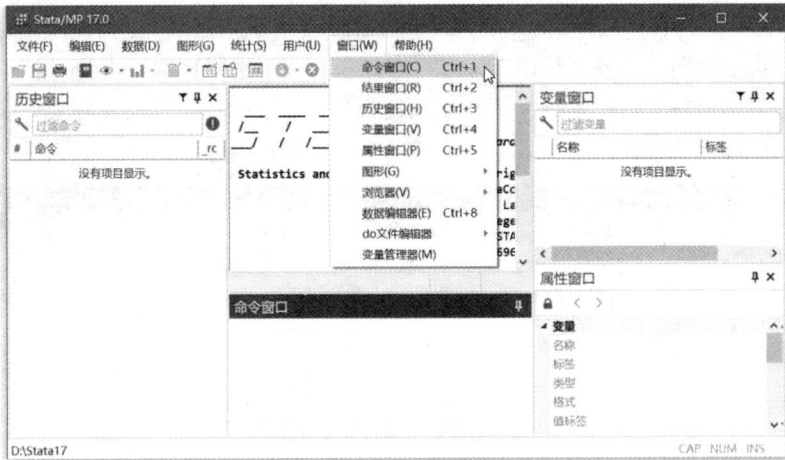

图 1.2　"窗口"菜单

注　意

上面的"窗口"菜单为中文界面，在初次安装 Stata 时，界面通常为英文。从英文界面切换为中文界面的设置，我们将在"1.2.2　设定偏好的界面语言"中详细讲解。此处之所以提前用中文界面来介绍，是为了让读者清晰地看到中英文窗口之间的对应关系，如 History（历史）窗口。

1.2.2　设定偏好的界面语言

Stata 17.0的MP版本允许用户设定自己偏好的界面语言，操作方式如下：

依次单击菜单栏中的"Edit|Preferences|User-interface language…"选项（见图1.3），即可弹出如图1.4所示的Set Stata's user-interface language对话框。

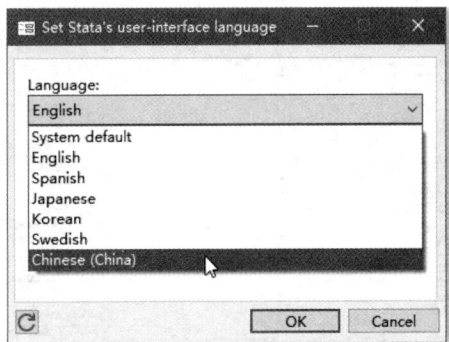

图 1.3　用于设置偏好的界面语言的菜单　　　图 1.4　Set Stata's user-interface language 对话框

在该对话框中，从Language下拉列表中找出自己偏好的界面语言，具体可供选择的语言包括英语、西班牙语、日语、韩语、汉语等。通常来说，对于国内Stata新用户，可能倾向于选择"简体中文"，此时可以在下拉列表中选择Chinese（China）；而对于习惯使用命令操作或偏好早期版本Stata的老用户来说，可能倾向于选择"英语"，此时在下拉列表中选择English即可。

用户设置好界面语言之后，系统并不会立刻切换为设置后的语言，而是需要先关闭当前的Stata窗口，重新启动Stata后，设置才会生效。重启后的界面如图1.5所示。

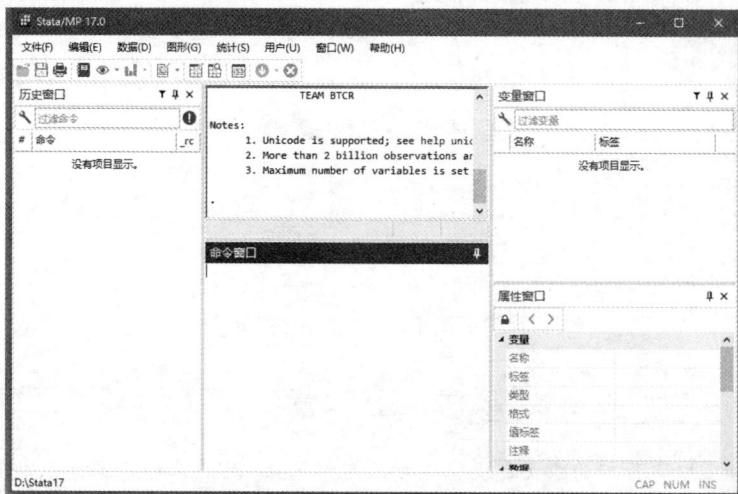

图 1.5　简体中文模式的 Stata 17.0 主界面

可以看到，在简体中文模式的Stata 17.0主界面中，Stata的菜单栏、历史窗口、变量窗口、属性窗口等都以简体中文显示，菜单栏中各个模块的文字信息也都以简体中文呈现。以统计菜单中"多元时间序列|VAR模型诊断和检验"为例，我们只需从菜单栏中依次选择"统计|多元时间序列|VAR模型诊断和检验"选项，如图1.6所示。

图 1.6　"统计|多元时间序列|VAR 模型诊断和检验"选择菜单

如果用户觉得不适应简体中文界面，可以在如图1.7所示的偏好界面语言设置菜单中依次选择"编辑|首选项|用户界面语言"选项，即可弹出如图1.8所示的"设置Stata的用户界面语言"对话框。

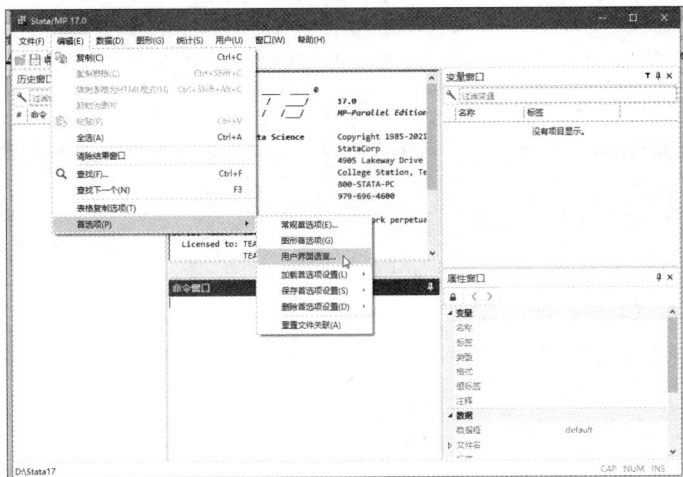

图 1.7　用于设置偏好的用户界面语言的菜单　　　图 1.8　"设置 Stata 的用户界面语言"对话框

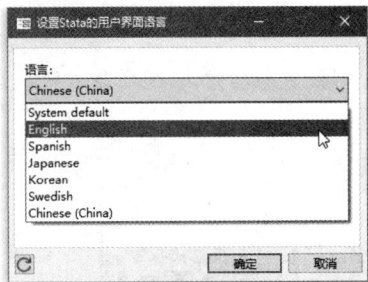

在"设置Stata的用户界面语言"对话框中选择English，即可切换回英文操作界面。为便于国内用户学习，本书统一使用简体中文操作界面进行讲解。

1.2.3　新建或编辑样本观测值、变量的基本操作

步骤 01　打开 Stata 17.0 主程序，弹出如图 1.1 所示的主界面。

步骤 02　依次选择菜单栏中的"数据 | 数据编辑器 | 数据编辑器（编辑）"选项，或者直接在命令窗口中输入 edit，弹出如图 1.9 所示的"数据编辑器（编辑）"窗口。

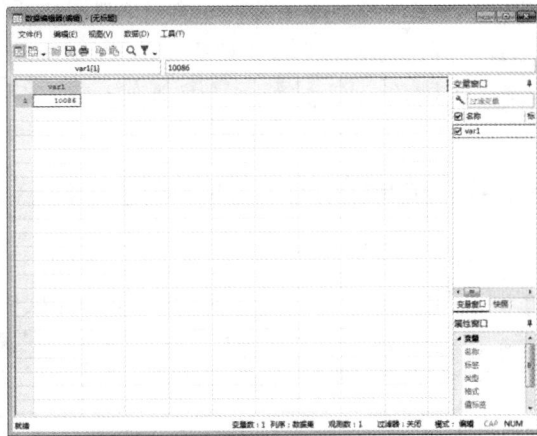

步骤 03　在"数据编辑器（编辑）"窗口左上角的单元格中可以输入数据，比如输入 10086，系统会自动创建 var1 变量，如图 1.10 所示。

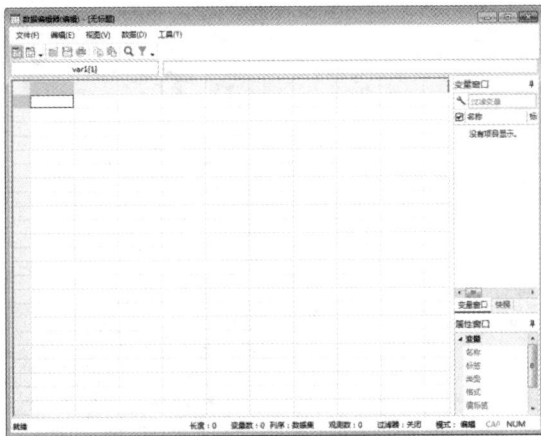

图 1.9　"数据编辑器（编辑）"对话框　　　　图 1.10　创建 var1 变量

步骤 04　单击右下方"属性窗口"中"变量"的相关属性，随即进入可编辑状态，"变量"的属性包括名称、标签、类型、格式、值标签等，如图 1.11 所示。

步骤 05　可以对变量名进行修改，例如把变量名从 var1 修改为 haoma，其他设置保持系统默认。修

改完成后，在左侧数据输入区域的空白处单击，即可看到变量名 var1 被修改为 haoma，如图 1.12 所示。然后，关闭"数据编辑器（编辑）"窗口，在主界面的工具栏中单击 ![save] 按钮，即可对编辑的变量和数据进行保存。

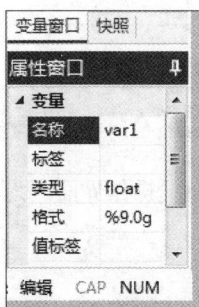

图 1.11　编辑变量特征　　　　　　　　　　　图 1.12　修改变量

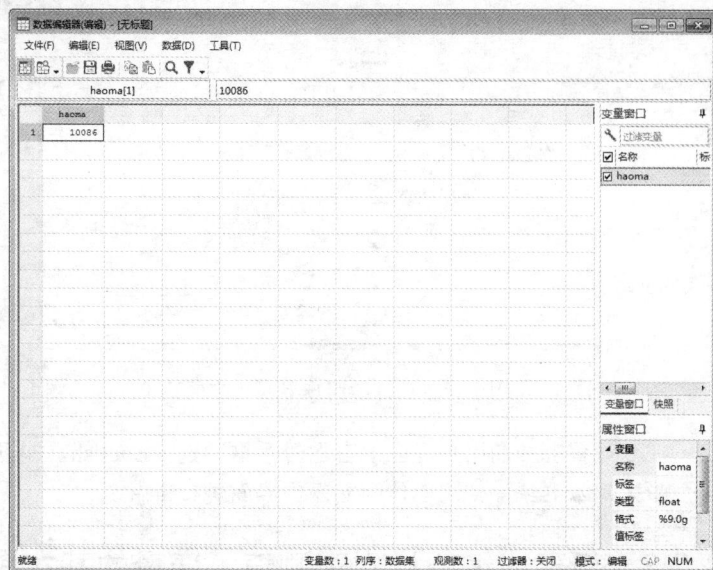

提　示

（1）我们还可以选择只浏览而不编辑数据，依次选择菜单栏中的"数据 | 数据编辑器 | 数据编辑器（浏览）"选项，或者直接在命令窗口中输入 browse 命令即可。

（2）使用 rename 命令对变量名进行修改（接上例），在命令窗口中输入 **rename haoma dianhuahaoma**，即可将变量名 haoma 改成 dianhuahaoma。

（3）Stata 区分变量名的字母大小写，不能混用大小写，否则就提示错误。

1.2.4　读取以前创建的 Stata 格式的数据文件

通常情况下，正确安装Stata软件后，它能够自动识别与其关联的文件。如果不能自动识别，用户需要将相关文件的默认打开类型设置为Stata。Stata文件类型及后缀如图1.13所示。

打开已存在的Stata文件有3种方式：

- 直接双击该数据文件，前提是文件的默认打开程序已设置为Stata。
- 在 Stata 主界面菜单栏中依次选择"文件 | 打开"选项，找到文件后打开即可。
- 在主界面的命令窗口中使用 use 命令。

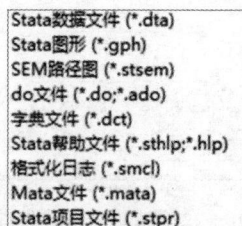

```
Stata数据文件 (*.dta)
Stata图形 (*.gph)
SEM路径图 (*.stsem)
do文件 (*.do;*.ado)
字典文件 (*.dct)
Stata帮助文件 (*.sthlp;*.hlp)
格式化日志 (*.smcl)
Mata文件 (*.mata)
Stata项目文件 (*.stpr)
```

图 1.13　Stata 文件类型

use命令的完整语法格式如下：

```
use [varlist] [if] [in] using filename [, clear nolabel]
```

其中，use为命令，varlist为变量名，if是条件表达式，in用于设定样本范围，using filename是数据文件名称，命令中的[varlist] [if] [in] [, clear nolabel]都是可以省略或根据需要使用的选项。

use命令使用示例

例如，要打开 D 盘的数据文件"数据 1.1.dta"：

use"D:\Stata 统计学与案例应用精解\sample\chap01\数据 1.1.dta"：打开数据文件"数据 1.1.dta"。注意需要输入文件的完整路径，即"D:\Stata 统计学与案例应用精解\sample\chap01\数据 1.1.dta"。

use 数据 1.1.dta：如果数据文件"数据 1.1.dta"已经放在 Stata 默认的文件夹中，可以不输入文件的完整路径。本例中因为并未将其放到默认文件夹中，所以是打不开"数据 1.1.dta"的。

sysuse 数据 1.1.dta：sysuse 用于从 Stata 的内置数据库中调入数据，本例中"数据 1.1.dta"不是 Stata 内置数据，所以打不开该文件。

use Y1 X1 X2 using "D:\Stata 统计学与案例应用精解\sample\chap01\数据 1.1.dta"：如果我们只需要使用数据文件"数据 1.1.dta"中的 Y1、X1、X2 这 3 个变量，可以设定变量名。注意，在这种情形下，命令中需要加上 using，否则会提示错误。

use"D:\Stata 统计学与案例应用精解\sample\chap01\数据 1.1.dta" if xingbie==1：如果我们只需要针对变量"xingbie"为"1"的样本观测值进行分析，则可以添加 if 选项。注意，在这种情形下命令中不需要使用 using。

use"D:\Stata 统计学与案例应用精解\sample\chap01\数据 1.1.dta" in 3/50：如果我们只需要使用数据文件"数据 1.1.dta"中的第 3~5 个样本观测值，则可以添加 in 选项设定样本观测值的范围。注意，这种情形下命令中也不需要使用 using。

1.2.5　导入其他格式的数据文件

在Stata主界面中选择"文件|导入"命令（见图1.14），即可看到Stata支持的其他格式的数据文件类型，包括Excel电子表格、文本数据、SPSS数据、SAS数据等。

1. 读取 Excel 电子表格数据

我们以"数据1.2"为例进行说明。在图1.14所示的"Stata支持的文件类型"中选择"Excel电子表格"，即可弹出"import excel-导入Excel文件"对话框，如图1.15所示。

单击"Excel文件"列表框右侧的"浏览"按钮，在弹出的"打开"对话框中找到数据文件"数据1.2"（见图1.16），设置好文件路径。此时，"import excel-导入Excel文件"对话框中就会出现数据文件的预览，我们可以根据实际情况灵活设置。首先，可以通过"工作表"下拉列表框设置需要导入Excel文件的具体Sheet表，这一点在Excel文件存在多个Sheet表时尤为重要。然后，通过"单元格范围"按钮设置需要导入的具体单元格范围。本例中采取系统默认的范围即可。

图 1.14　Stata 支持的文件类型

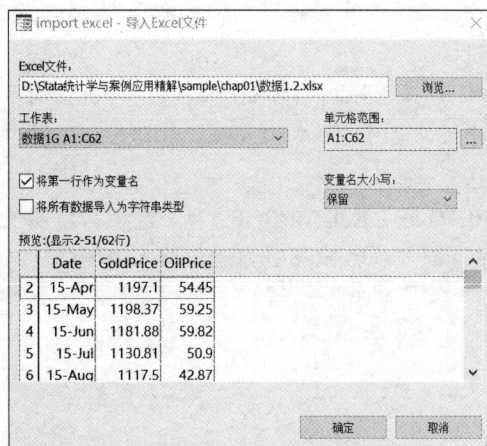

图 1.15　"import excel-导入 Excel 文件"对话框

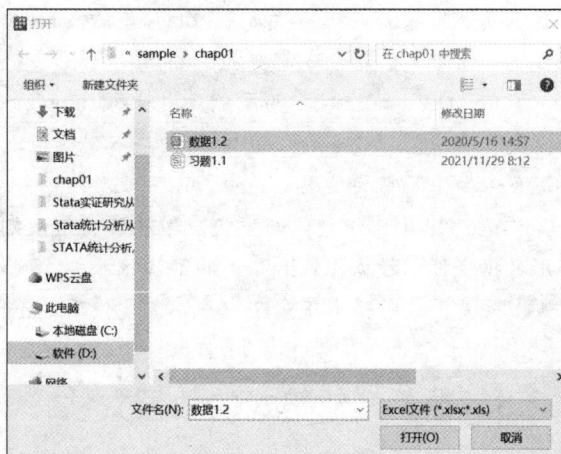

图 1.16　"打开"对话框

- "将第一行作为变量名"复选框用于设定是否将第一行作为变量名。本例中，第一行的确是变量名，因此需要勾选该复选框。
- "将所有数据导入为字符串类型"复选框用于设定是否将所有数据导入为字符串类型，本例中的数据包含日期和数据，因此不勾选该复选框。
- "变量名大小写"下拉列表框用于设置是否保留原 Excel 数据文件中变量名的大小写，或者统一为大写或小写，用户可以根据需要灵活设置。本例中采用系统默认设置的"保留"选项。

最后，单击"import excel-导入Excel文件"对话框下方的"确认"按钮，即可得到如图1.17所示的数据导入结果。

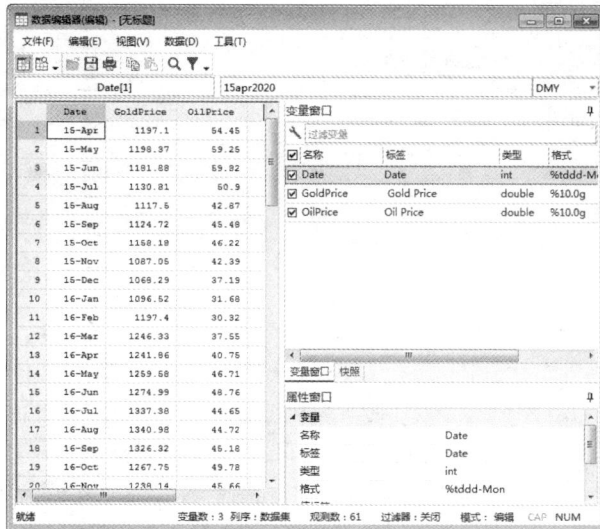

图 1.17　Excel 格式数据导入结果

2. 读取文本数据

我们以"数据1.3"为例进行讲解。在图1.14所示的"Stata支持的文件类型"中选择"文本数据"，即可弹出"import delimited-导入带分隔符的文本数据"对话框，如图1.18所示。单击"导入文件"列表框右侧的 按钮，在弹出的"打开"对话框中找到"数据1.3"（见图1.19），设置好文件路径。此时，"import delimited-导入带分隔符的文本数据"对话框中会出现数据文件的预览，我们可以根据实际情况灵活设置。

图 1.18　"import delimited-导入带分隔符的文本数据"对话框

- "分隔符"下拉列表框包括"自动""逗号""制表符""空格""空白字符""自定义"6 个选项，本例中选取"自动"即可。下方的"连续分隔符视为一个处理"复选框如果被勾选，则当数据中出现多个连续的分隔符时，会将它们视作一个处理，而不是多个。

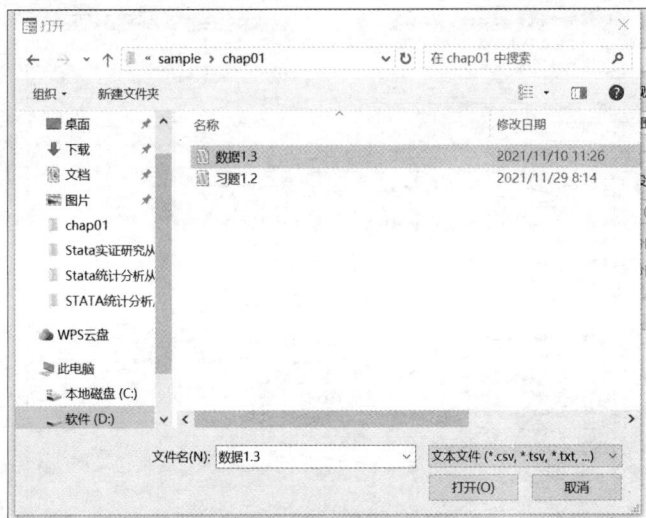

图 1.19 "打开"对话框

- "使用第一行作为变量名"下拉列表框用于设定是否将第一行作为变量名，包括"自动"
  "总是""从不""自定义"4 个下拉选项。本例中，由于第一行确定是变量名，因此选
  择"总是"下拉选项。
- "变量名大小写"下拉列表框用于设置是否保留原 Excel 数据文件中变量名的大小写，或
  者统一为大写或小写，用户可以根据需要灵活设置。本例中采用系统默认设置的"小写"
  选项。
- "浮点精度"下拉列表框包括"默认值""导入为单精度""导入为双精度"3 个选项，
  本例中采用"默认值"选项。
- "文本编码"下拉列表框用于选择文本编码类型，通常情况下采用默认设置即可。
- "删除双引号"下拉列表框包括"自动""总是""从不"3 个选项，"绑定双引号"下
  拉列表框包括"宽松""严格""忽略"3 个选项。本例中均采用默认设置。
- 在"import delimited-导入带分隔符的文本数据"对话框下方的"预览"界面中，用户可以
  看到数据预处理的情况，如果预览的数据符合需求，说明设置正确；如果预览的数据不符
  合需求，可以调整选项或修改数据源使其格式规范。"预览"界面右侧可以设置每个变量
  的类型，包括 str（字符串）、numeric（数值型）和 use default（使用默认值）等。本例中
  均采用系统默认设置。

注　意

除了在右侧设置外，用户如果要更改列（变量）的数据类型，还可以右击该列，在弹出的
快捷菜单中选择适当的数据类型。另外，将系统默认的字符串数据导入为数值型时要慎重，因
为可能会导致数据丢失。

设置完成后，单击"import delimited-导入带分隔符的文本数据"对话框下方的"确定"按钮，
即可得到如图1.20所示的数据导入结果。

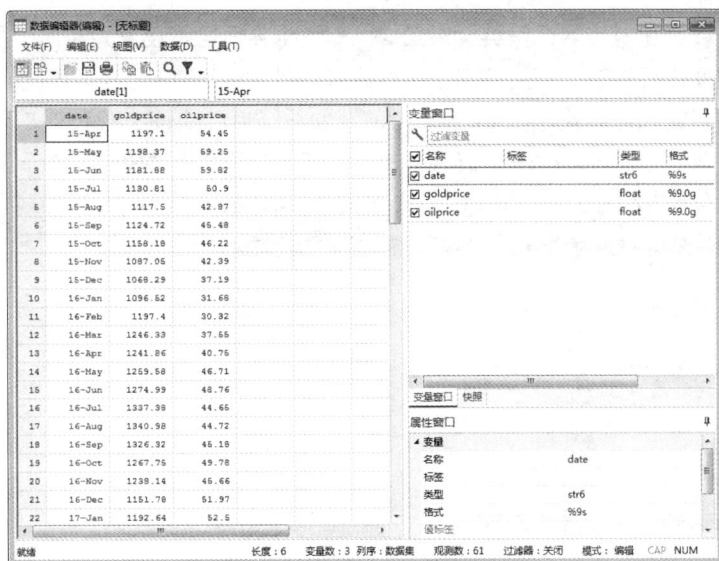

图 1.20　文本数据导入结果

1.2.6　Stata 帮助系统介绍

用户可以通过Stata帮助系统更好地利用Stata完成所需的功能和操作。常用的方式主要包括调用Stata自带的帮助系统、阅读PDF格式的帮助文档以及使用Stata网络帮助。

1. 调用 Stata 自带的帮助系统

调用Stata自带的帮助系统是最方便、最常用的方法。用户需使用help命令，该命令的语法格式如下：

```
help [所要查询的命令]
```

例如，要查询基本线性回归分析命令regress的使用方法，可以在命令窗口中输入help regress，然后按回车键即可得到如图1.21所示的结果。

命令运行结果主要包括以下几个部分：

- Syntax：命令的语法格式。
- Menu：菜单实现方式。
- Description：命令描述。
- Links to PDF documentation：PDF 格式的帮助文档链接。
- Options：选项。
- Examples：使用示例。
- Video example：视频示例。
- References：参考文献等相关内容。

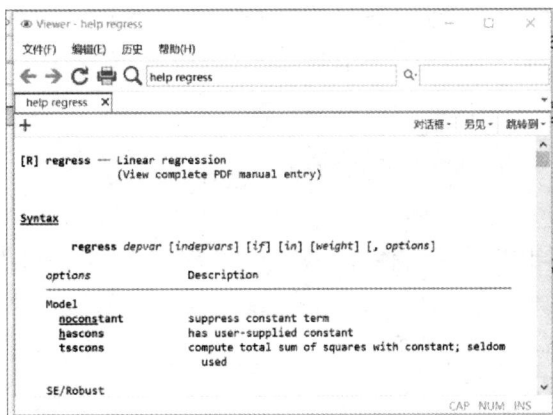

图 1.21　help regress 结果（结果过大，仅显示部分）

需要注意的是，上述内容默认是英文格式的，即使将界面语言设置为简体中文，帮助系统的内容依然为英文，因此需要一定的英文基础才能理解和掌握。

除了在命令窗口输入命令外，调用Stata自带的帮助系统也可以通过菜单来实现。如图1.22所示，在菜单栏中依次选择"帮助|Stata命令"选项，弹出如图1.23所示的"Stata命令"对话框。在其中输入regress，即可查看基本线性回归分析命令regress的使用方法。

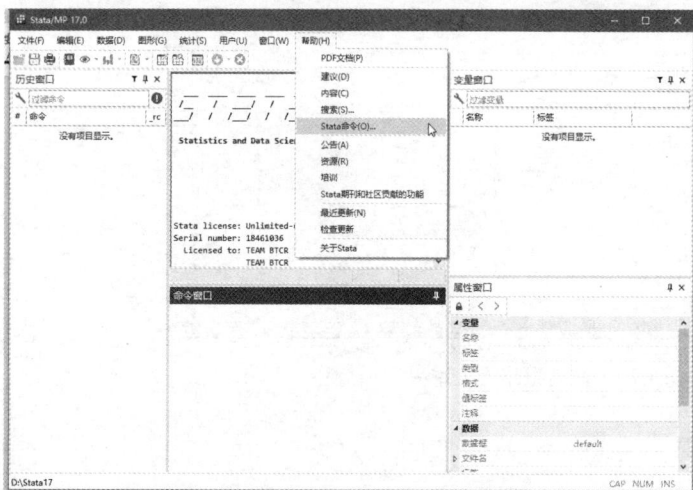

图 1.22   "帮助|Stata 命令"选项

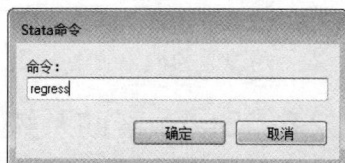

图 1.23   "Stata 命令"对话框

此外，在菜单栏中依次选择"帮助|内容"选项，会弹出"Viewer-help contents"对话框，如图1.24所示，里面包含模块化的内容介绍，用户可以从中选择需要的内容。

2. 阅读 PDF 格式帮助文档

在如图1.22所示的"帮助"菜单下，选择"PDF文档"选项，将弹出PDF格式的帮助文档，用户可以根据需要查找并阅读相关内容。需要注意的是，PDF帮助文档的内容同样全部是英文。

3. 使用 Stata 网络帮助

调用Stata自带的帮助系统或阅读PDF格式的帮助文档，基本能够满足绝大部分用户的需求，这些帮助内容几乎已经覆盖所有主流的数据管理、数据分析和图表

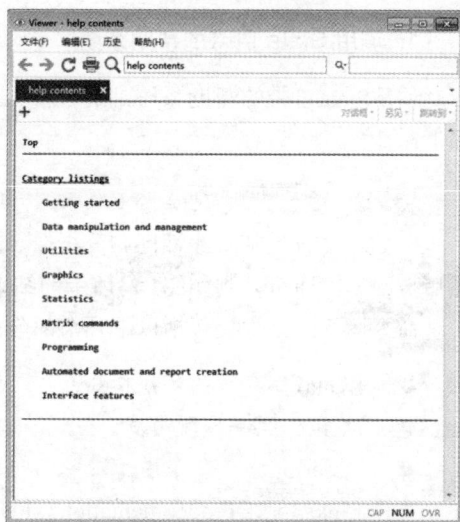

图 1.24   Viewer-help contents 对话框

绘制方法。然而，当用户遇到Stata未内置的命令时（即Stata尚未将其模块化，需要用户自己编程实现），可以通过"Stata网络帮助"获得支持。如果用户知道所查找命令的名称，在命令窗口中输入如下命令即可：

```
findit [所要查找的命令], net
search [查找所要查找的命令], net
```

之后，按照提示进行操作，完成命令的下载和安装。如果用户不知道所要查找的命令的名称，则可以在一些主流的论坛（如Stata中文讨论专区）公开发布信息寻求帮助。此外，用户还可以利用一些网站资源或AI工具（第23章将详细讲解）更好地使用Stata。以下是一些有用的Stata资源：

- Stata 公司的官方网站：http://www.stata.com，提供各种资源链接、新技术公告等信息。
- Stata 出版社网站：http://www.stata-press.com，提供有关 Stata 出版物的信息。
- Stata 电子杂志的官方网站：http://www.stata-journal.com，提供有关 Stata 电子杂志的信息。

1.3　Stata 17.0 命令的语法格式

> 扫描右侧二维码观看视频
> 下载资源:\sample\chap01\数据 1.1

Stata命令的语法格式为：

```
[by varlist:] command [varlist] [=exp] [if exp] [in range] [weight] [using filename] [,
options]
```

其中[]表示可以省略或者根据需要使用的选项。可以看出，只有command是必不可少的，其他各个组成部分可以根据用户的研究需要合理选用。

注　　意

Stata的命令区分字母大小写，大小写不能混用，否则就会提示错误。

1.3.1　command（命令名称）

command为命令名称，示例如下：

```
use "D:\Stata统计学与案例应用精解\sample\chap01\数据1.1.dta",clear
```

该命令表示打开存放在D盘中的数据文件"数据1.1.dta"，后面的clear表示在打开新数据文件前清除内存中已有的数据集。

```
regress Y1 X1 X2 X3 X4 X5 X6 X7
```

该命令以Y1作为因变量，以X1-X7作为自变量，进行普通的最小二乘回归分析。

```
reg Y1 X1 X2 X3 X4 X5 X6 X7
```

该命令同样是以Y1作为因变量，以X1-X7作为自变量，进行普通的最小二乘回归分析，只是将regress简写为reg。这两个命令的运行结果相同。

```
r Y1 X1 X2 X3 X4 X5 X6 X7
```

如果我们把regress简写为"r"，则系统将提示错误"command r is unrecognized"。

注　意

在很多情况下，我们可以使用命令的简写形式，例如前面示例中的regress可以简写为reg，但是不可以简写为 "r"。那么，究竟能够简写到什么程度呢？一种方法是在实践中不断摸索，找出可以简化的极限；另一种简便的方法是查看相关命令在Stata帮助系统中的介绍。例如，在命令窗口中输入**help encode**（encode命令的作用是将字符串变量转换为数值变量），系统将显示encode varname [if] [in],generate(newvar) [label(name)noextend]。命令中的下画线表示该命令可以简化的程度，该显示说明encode命令可以简写为en。又如，在命令窗口中输入**help decode**（decode命令的作用是将数值变量转换为字符串变量），系统将显示decode varname [if] [in],generate(newvar) [maxlength(#)]，说明decode命令可以简写为dec。

1.3.2　varlist（变量列表）

varlist为Stata命令中的变量列表，可以设置一个或多个变量，多个变量之间需要用空格隔开，否则Stata无法识别。

注　意

变量名可以由字母、数字、下画线组合而成，但不能以数字开头，也不能只由数字组合作为变量名，而且变量名的长度不能超过32位。在调用已有的变量时，用户在输入时可以简化，比如前面的命令：

```
reg Y1 X1 X2 X3 X4 X5 X6 X7
```

我们可以写成：

```
reg Y1 X1-X7
```

也就是使用 "-" 代表连续变量。上面两种命令的运行结果是一样的。reg Y1 X1-X7命令的运行结果如图1.25所示。

```
. regress Y1 X1-X7

      Source |       SS       df       MS              Number of obs =     479
-------------+------------------------------           F(7, 471)     =  150.05
       Model |  347.183628       7  49.5976612         Prob > F      =  0.0000
    Residual |  155.689023     471  .330549942         R-squared     =  0.6904
-------------+------------------------------           Adj R-squared =  0.6858
       Total |  502.872651     478  1.05203484         Root MSE      =  .57493

-------------+----------------------------------------------------------------
          Y1 |      Coef.   Std. Err.      t    P>|t|     [95% Conf. Interval]
-------------+----------------------------------------------------------------
          X1 |   .1959547     .01949    10.05   0.000     .1576565    .2342529
          X2 |   .1069597    .0257306     4.16   0.000     .0563987    .1575206
          X3 |    .019233    .0137383     1.40   0.162    -.0077629    .0462289
          X4 |   .0044292    .0185114     0.24   0.811     -.031946    .0408044
          X5 |   .0182519    .0321132     0.57   0.570     -.044851    .0813547
          X6 |     .13992    .0174419     8.02   0.000     .1056464    .1741936
          X7 |   .0647574    .0165232     3.92   0.000     .0322891    .0972257
        _cons|  -.6368297    .1678846    -3.79   0.000    -.9667252   -.3069342
```

图 1.25　reg Y1 X1-X7 命令的运行结果

此外，我们还可以使用 "?" 代表单个字符，使用 "*" 代表任意字符。

将前述命令改写为**regress Y1 X?**或**regress Y1 X***，结果如图1.26所示。

```
. regress Y1 X?

      Source |       SS       df       MS              Number of obs =     479
-------------+------------------------------           F(7, 471)     =  150.05
       Model |  347.183628      7  49.5976612          Prob > F      =  0.0000
    Residual |  155.689023    471  .330549942          R-squared     =  0.6904
-------------+------------------------------           Adj R-squared =  0.6858
       Total |  502.872651    478  1.05203484          Root MSE      =  .57493

------------------------------------------------------------------------------
          Y1 |      Coef.   Std. Err.      t    P>|t|     [95% Conf. Interval]
-------------+----------------------------------------------------------------
          X1 |   .1959547     .01949    10.05   0.000     .1576565    .2342529
          X2 |   .1069597    .0257306    4.16   0.000     .0563987    .1575206
          X3 |    .019233    .0137383    1.40   0.162    -.0077629    .0462289
          X4 |   .0044292    .0185114    0.24   0.811    -.031946    .0408044
          X5 |   .0182519    .0321132    0.57   0.570    -.044851    .0813547
          X6 |     .13992    .0174419    8.02   0.000     .1056464    .1741936
          X7 |   .0647574    .0165232    3.92   0.000     .0322891    .0972257
       _cons |  -.6368297    .1678846   -3.79   0.000    -.9667252   -.3069342
------------------------------------------------------------------------------
```

```
. regress Y1 X*

      Source |       SS       df       MS              Number of obs =     479
-------------+------------------------------           F(7, 471)     =  150.05
       Model |  347.183628      7  49.5976612          Prob > F      =  0.0000
    Residual |  155.689023    471  .330549942          R-squared     =  0.6904
-------------+------------------------------           Adj R-squared =  0.6858
       Total |  502.872651    478  1.05203484          Root MSE      =  .57493

------------------------------------------------------------------------------
          Y1 |      Coef.   Std. Err.      t    P>|t|     [95% Conf. Interval]
-------------+----------------------------------------------------------------
          X1 |   .1959547     .01949    10.05   0.000     .1576565    .2342529
          X2 |   .1069597    .0257306    4.16   0.000     .0563987    .1575206
          X3 |    .019233    .0137383    1.40   0.162    -.0077629    .0462289
          X4 |   .0044292    .0185114    0.24   0.811    -.031946    .0408044
          X5 |   .0182519    .0321132    0.57   0.570    -.044851    .0813547
          X6 |     .13992    .0174419    8.02   0.000     .1056464    .1741936
          X7 |   .0647574    .0165232    3.92   0.000     .0322891    .0972257
       _cons |  -.6368297    .1678846   -3.79   0.000    -.9667252   -.3069342
------------------------------------------------------------------------------
```

图 1.26 regress Y1 X?和 regress Y1 X*命令的运行结果

需要注意的是，上述简化操作只适用于数据文件中原本已有的变量，对于新生成的变量，其名称不能简化。

1.3.3 by varlist（按变量分类）

by varlist是按变量值进行分类操作的命令，表示针对按变量分类的子集执行相应的命令。

提　示

接续上例，在命令窗口中输入**summarize Y1**（该命令的含义是输出Y1变量的样本个数、均值、标准差、最小值、最大值等描述性统计量），将会出现如图1.27所示的结果。

```
. summarize Y1

    Variable |        Obs        Mean    Std. Dev.       Min        Max
-------------+--------------------------------------------------------
          Y1 |        479    2.542797    1.025687          1          4
```

图 1.27 summarize Y1 命令的运行结果

然后，我们在命令窗口中输入**sort xingbie**（该命令的含义是按照xingbie变量对样本观测值进行排序），再输入**by xingbie:summarize Y1**（该命令的含义是按照性别分类分别输出Y1变量的样本个数、均值、标准差、最小值、最大值等描述性统计量），运行结果如图1.28所示。

```
-> xingbie = 1

    Variable |        Obs        Mean    Std. Dev.       Min        Max
-------------+--------------------------------------------------------
          Y1 |        213    2.521127    1.021364          1          4


-> xingbie = 2

    Variable |        Obs        Mean    Std. Dev.       Min        Max
-------------+--------------------------------------------------------
          Y1 |        266     2.56015    1.030731          1          4
```

图 1.28 按性别分类的运行结果

注　意

by varlist命令在执行时要求内存中的数据按照by后面的变量进行排序，否则会提示错误 "not sorted"。因此，本例中需要先输入**sort xingbie**命令，而后才能执行**by xingbie:summarize Y1**命令。

1.3.4　=exp（赋值）

=exp用来统一改变原有变量的值或生成新的变量替换原来的变量，主要包括generate和replace两个命令。其中generate命令是利用现有变量生成一个新的变量，并保留原来的变量不变；而replace命令则是利用现有变量生成一个新的变量来替换原来的变量。

提　示

接续上一节的例子，在命令窗口中输入**generate LY1=ln(Y1)**（该命令的含义是在不改变原有变量Y1的前提下生成新的变量LY1），再输入**list Y1 LY1 X6 in 1/5**（该命令的含义是列出前5个样本观测值的Y1、LY1、X6的值），结果如图1.29所示。

如果在命令窗口中输入**replace X6=ln(X6)**（该命令的含义是对X6变量取对数值，新的X6变量是取对数值之后的值，原有的X6变量不再保留），再输入**list X6 in 1/5**（该命令的含义是列出前5个样本观测值的X6的值），结果如图1.30所示。可以发现X6值已经变成取对数值之后的值，不再是前面list Y1 LY1 X6 in 1/5命令的运行结果中的X6值。

```
        Y1      LY1    X6
1.      2    .6931472    6
2.      2    .6931472    3
3.      2    .6931472    4
4.      1        0       2
5.      2    .6931472    7
```

```
. list X6 in 1/5

          X6
1.    1.79176
2.    1.09861
3.    1.38629
4.    .693147
5.    1.94591
```

图 1.29　前 5 个样本观测值的 Y1、LY1、X6 的值　　　图 1.30　前 5 个样本观测值的 X6 的值

1.3.5　if exp（条件表达式）

条件表达式的作用是对样本集进行筛选，并对符合相关条件的样本子集执行相应的操作。

提　示

接续前一节的例子，在命令窗口中输入**reg Y1 X1 X2 X3 X4 X5 X6 X7 if xingbie==1**（该命令的含义是针对xingbie变量值为1的样本观测值，以Y1作为因变量，以X1-X7作为自变量，进行普通的最小二乘回归分析），结果如图1.31所示。

Source	SS	df	MS		Number of obs	=	213
					F(7, 205)	=	83.82
Model	163.893091	7	23.4132987		Prob > F	=	0.0000
Residual	57.2618385	205	.279326041		R-squared	=	0.7411
					Adj R-squared	=	0.7322
Total	221.15493	212	1.04318363		Root MSE	=	.52851

Y1	Coef.	Std. Err.	t	P>|t|	[95% Conf. Interval]	
X1	.2019211	.0275397	7.33	0.000	.1476236	.2562185
X2	.053031	.0351225	1.51	0.133	-.0162167	.1222786
X3	.0012431	.0189418	0.07	0.948	-.0361026	.0385888
X4	.0066879	.0245752	0.27	0.786	-.0417647	.0551405
X5	.0389191	.0434451	0.90	0.371	-.0467374	.1245757
X6	.1767825	.0233176	7.58	0.000	.1308095	.2227555
X7	.050111	.0245146	2.04	0.042	.0017779	.098444
_cons	-.5259329	.2450421	-2.15	0.033	-1.009059	-.042807

图 1.31　最小二乘回归分析结果

1.3.6　in range（范围筛选）

in range同样用于对样本集进行筛选。与条件判断表达式的区别在于，它不依赖于变量是否符合某一条件，而是直接使用范围内的样本观测值，并对筛选出的样本执行相应的操作。一般使用in关键字。例如，前面提到的**list X6 in 1/5**表示使用第1~5个样本观测值。

提　示

in #：第#个样本观测值。例如，**in 5**表示第5个样本观测值。

in #/#：从第#个样本观测值到第#个样本观测值。例如，**in 2/5**表示第2~5个样本观测值。

in f/#：从第1个样本观测值到第#个样本观测值，例如**in f/5**表示第1~5个样本观测值。

in #/l：从第#个样本观测值到最后一个样本观测值。例如，**in 5/l**表示第5至最后一个样本观测值。

1.3.7　weight（加权）

在Stata中，weight选项是数据分析中调整观测值影响权重的关键工具，合理使用它能显著提升估计的准确性和有效性。通过合理选择权重类型，研究者能有效修正数据偏差，提高估计效率。实际应用中需结合数据生成机制和统计目标，灵活运用不同的权重策略。

提　示

Stata提供4种权重类型，分别对应不同的数据特征和统计需求：

（1）fweight（频数权重）：表示观测值的重复次数。例如，若某观测值的fweight=5，则表示该观测值实际代表5个完全相同的样本。适用场景：处理匹配样本（如PSM匹配后控制组个体被多次匹配）、重复观测数据或分类变量频数统计。

（2）pweight（概率权重/抽样权重）：抽样概率的倒数。例如，若某样本的抽样概率为0.01，则pweight=100，表示该样本代表总体中100个个体。适用场景：分层抽样、整群抽样等复杂抽样设计，需保证样本代表性。

（3）aweight（分析权重）：假设观测值的方差与权重成反比，常用于组均值数据。例如，城市收入均值的权重为该城市人口数。适用场景：描述性统计（如加权均值）、回归分析中需反映组内样本量差异。

（4）iweight（重要性权重）：用户自定义的权重，无固定统计含义，通常用于编程需求（如调整优化目标函数中的变量重要性）。适用场景：自定义目标函数或特殊模型设定。

1.3.8 options（其他可选项）

Options表示其他可选项，可以在很多命令中使用，但不同命令的可选项差异比较大。

提　示

接续前面的例子，在命令窗口中输入**summarize Y1,detail**（该命令的含义是输出Y1变量的常见描述性统计量，相比不加**,detail**时显示更多的内容），结果如图1.32所示。

```
                          客户满意度

            Percentiles    Smallest
       1%        1             1
       5%        1             1
      10%        1             1        Obs              479
      25%        2             1        Sum of Wgt.      479

      50%        2                      Mean         2.542797
                             Largest    Std. Dev.    1.025687
      75%        3             4
      90%        4             4        Variance     1.052035
      95%        4             4        Skewness     .0126586
      99%        4             4        Kurtosis     1.862526
```

图 1.32　summarize Y1,detail 命令的运行结果

可以发现，该命令的输出结果比**summarize Y1**命令的输出结果有更多的描述性统计量。

1.4　Stata 17.0 do 文件

扫描右侧二维码观看视频
下载资源:\sample\chap01\数据 1.1

Stata的do文件是一种用于保存Stata命令的文件，它允许用户将常用的命令语句保存下来，以便后续复用。在学术研究中，这尤其有用。很多时候，用户依托现有数据集进行了一整套系统性分析，包括描述统计、相关分析、回归分析等，形成了分析结果。如果后续找到了更多的样本观测值并希望重新运行一遍分析，这时就无须逐条输入并运行命令，直接使用do文件这一简便操作即可。

1.4.1　do 文件的创建

在运行多条命令后，无论命令是否成功执行（红色显示的是未执行的命令），这些命令都会在"历史窗口"中留下记录。用户既可以查看这些命令，也可以删除其中无效或无用的命令。选中想要删除的命令并右击，在弹出的快捷菜单中选择"删除"选项，即可将该命令删除，如图1.33所示。

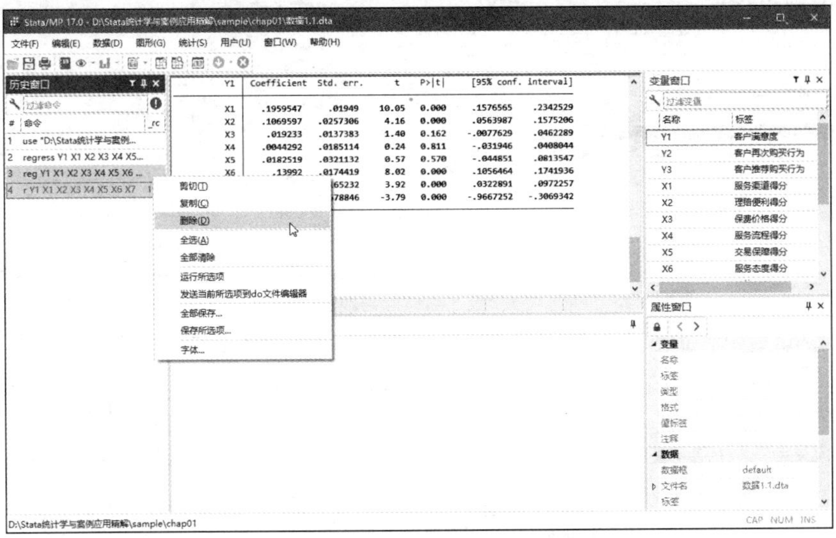

图 1.33　在"历史窗口"中删除选项

对于需要保存的命令，用户可以在"历史窗口"的空白处右击，在弹出的快捷菜单中选择"全部保存"选项，如图1.34所示。此时会弹出如图1.35所示的"保存历史命令"对话框，在其中设置保存路径及文件名后，单击"保存"按钮。此处仅为示例，生成的do文件仅保留了两条命令：

```
use "D:\Stata统计学与案例应用精解\sample\chap01\数据1.1.dta"
regress Y1 X1 X2 X3 X4 X5 X6 X7
```

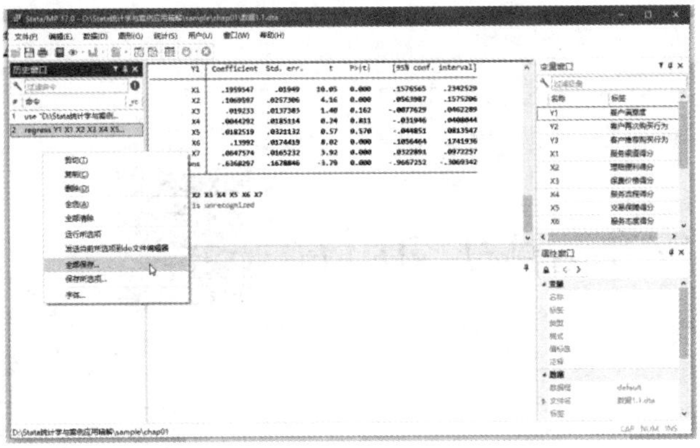

图 1.34　在"历史窗口"中命令全部保存

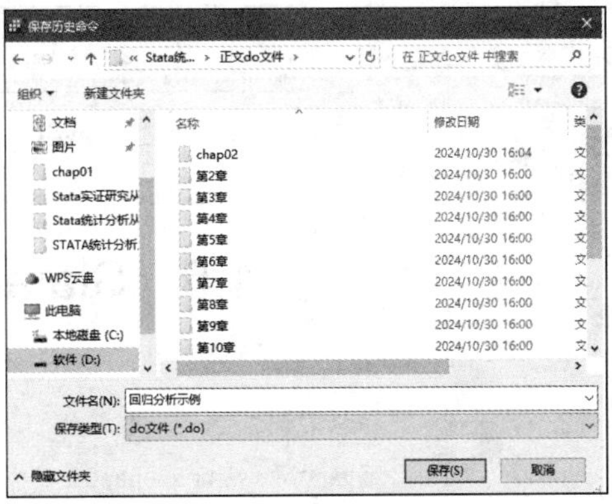

图 1.35　"保存历史命令"对话框

1.4.2　do 文件的运行

当用户想要运行保存的do文件并重新分析数据集时，可在Stata主界面依次选择"文件|do文件"

菜单选项（见图1.36），即可打开"打开"对话框，如图1.37所示。通过正确的文件路径找到之前保存的do文件，单击"打开"按钮，即可自动运行do文件。本例的运行结果如图1.38所示。

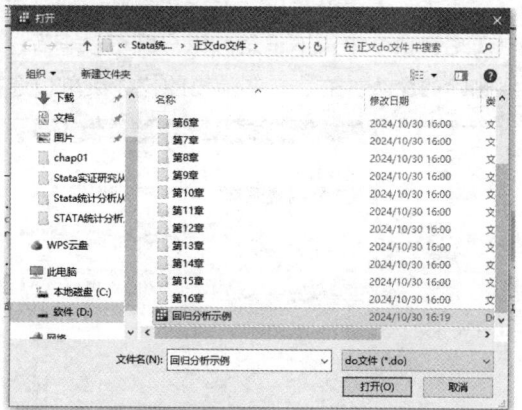

图 1.36 "文件|do 文件"选项 　　　　　　图 1.37 "打开"对话框

图 1.38 do 文件的运行结果

1.5 Stata 17.0 运算符与函数

扫描右侧二维码观看视频
下载资源:\sample\chap01\数据 1.1

1.5.1 Stata 17.0 运算符

在Stata 17.0中，我们可以使用的算术运算符、关系运算符和逻辑运算符分别如表1.1~表1.3所示。

表 1.1　算术运算符

算术运算符	含　义
＋	加
—	减
*	乘
∧	指数
sqrt ()	开平方

表 1.2　关系运算符

关系运算符	含　义
==	等于
<	小于
! =（或~=）	不等于
>=	大于或等于
>	大于
<=	小于或等于

表 1.3　逻辑运算符

逻辑运算符	含　义
&	与
|	或
!（或~）	非

注　意

各类运算符的优先顺序是：!（或~），∧，–（负号），/，*，–（减号），+，!=(或~=)，>，<，<=，>=，==，&，|。如果用户难以记住运算符的优先顺序，可以采用嵌套括号的形式获取运算优先级，最内层括号内的表达式将最先被计算。

下面以"数据1.1"为例进行讲解。

1. 算术运算

在命令窗口中依次输入：

```
gen newX7=X7+1          # 生成newX7变量，其值为X7加1
list X7 newX7 in 1/5  # 列出第1~5个样本观测值的X7和newX7的值，
可以发现newX7的值都是对应X7的值加1
```

上述命令的运行结果如图1.39所示。

```
drop newX7   # 删除已生成的newX7变量
```

drop命令用于删除某些变量和观测值，其基本命令格式如下：

● 　删除变量：drop varlist。

	X7	newX7
1.	8	9
2.	5	6
3.	7	8
4.	9	10
5.	9	10

图 1.39　第 1~5 个样本观测值的 X7 和 newX7 的值

- 删除样本观测值：drop if exp。
- 删除一定范围内的样本观测值：drop in range [if exp]。

与drop命令相对应的是keep命令，用来保留某些变量和观测值，其基本命令格式如下：

- 保留变量：keep varlist。
- 保留样本观测值：keep if exp。
- 保留一定范围内的样本观测值：keep in range [if exp]。

提　示

使用drop命令和keep命令来删除和保留变量与观测值都是不可逆的。一旦用户删除了变量和观测值，就不能再把它们读取回来。此时需要返回原始数据集并重新读取。因此，用户应该尽量考虑使用if或in临时选择子集，而不是直接使用drop或keep进行子集分析。这通常是最好的策略。

2. 数值运算

数值计算的命令为di，在命令窗口中依次输入下列命令即可出现如图1.40所示的结果。

```
di 5+3
di 5-3
di 7^2
di 7/2
di (6+7^(5-3))/sqrt(5*5)
```

```
. di 5+3
8

. di 5-3
2

. di 7^2
49

. di 7/2
3.5

.  di (6+7^(5-3))/sqrt(5*5)
11
```

图 1.40　数值计算结果

3. 字符运算

字符运算的命令为scalar，在命令窗口中依次输入以下命令：

```
scalar X="中华"+"人民共和国"        # 生成字符X，将“中华”和“人民共和国”连在一起，
                                    # 注意引号必须是半角和英文模式
scalar list X                       # 列出生成的字符X，注意列出字符的命令是scalar list
```

运行结果为：X=中华人民共和国。

然后我们输入：

```
scalar Y=X+"万岁"          # 生成字符Y，将前面生成的X和"万岁"连在一起，需要注意的是X不再加引号
scalar list Y              # 列出生成的字符Y
```

上述命令的运行结果为：Y = 中华人民共和国万岁。

4. 关系运算

关系运算示例。在命令窗口中依次输入以下命令：

```
di 9==8
di 4>=2
```

```
. di 9==8
0

. di 4>=2
1
```

图 1.41　关系运算示例的运行结果

即可出现如图1.41所示的结果。

我们可以灵活运用关系运算来为分类变量创建虚拟变量。接续上例，如果在命令窗口中依次输入以下命令：

```
gen xingbienew1=(xingbie==1)
gen xingbienew2=(xingbie==2)
gen xingbienew3=(xingbie!=2)
gen xingbienew4=(xingbie~=2)
list xingbie xingbienew1 xingbienew2 xingbienew3 xingbienew4 in 1/5
```

即可出现如图1.42所示的运行结果。可以发现，xingbienew1、xingbienew3为xingbie==1时的虚拟变量，xingbienew2、xingbienew4为xingbie==2时的虚拟变量。

```
   xingbie   xingbi~1   xingbi~2   xingbi~3   xingbi~4
1.     2         0          1          0          0
2.     1         1          0          1          1
3.     1         1          0          1          1
4.     2         0          1          0          0
5.     2         0          1          0          0
```

图 1.42　针对分类变量创建虚拟变量

5. 逻辑运算

在命令窗口中输入以下命令：

```
list Y1 Y2 X1 X2 if Y1>=4&X1<4|Y2>=3&X2<=5   # 列出符合条
```
件的样本Y1、Y2、X1、X2的值，条件一是Y1大于或等于4且X1小于或等于4，条件二是Y2大于或等于3且X2小于或等于5，两个条件符合其一即可

即可出现如图1.43所示的运行结果。

```
       Y1   Y2   X1   X2
458.    3    3    5    5
459.    3    3    5    4
461.    3    3    4    5
463.    3    3    5    5
466.    3    3    5    5

468.    3    3    7    5
471.    3    3    5    5
```

图 1.43　逻辑运算示例的运行结果

1.5.2　Stata 17.0 函数

函数用于表达式中，表达式在Stata命令中缩写为exp，可以在任何表达式中调用函数。函数的参数可以是包括其他函数在内的任何表达式。函数的参数用圆括号括起来，如果有多个参数，则参数之间用逗号分隔开。Stata 17.0共有9大类函数，分别是日期和时间函数、数学函数、矩阵函数、编程函数、随机数函数、时间序列函数、统计函数、字符串函数、三角函数。具体的函数类型及其相关介绍，用户可以通过在命令窗口中输入**help function**进行查询。Stata 17.0中常见的函数如表1.4所示。

表 1.4　常见的函数

函数命令	含　义	函数命令	含　义	函数命令	含　义
abs(x)	x 的绝对值	sqrt	平方根函数	exp(x)	指数函数
trunk(x)	x 的整数部分	logit(x)	x 的对数比率	total(x)	x 的移动合计
mod(x,y)	x/y 的余数	sign(x)	符号函数	round(x)	x 的四舍五入整数
atanh(x)	双曲反正切函数	floor(x)	小于或等于 x 的最大整数	ceil(x)	小于或等于 x 的最小整数

（续表）

函数命令	含　义	函数命令	含　义	函数命令	含　义
comb(n,k)	从 n 中取 k 个组合	fill()	自动填充数据	int(x)	取整函数
ln(x)	自然对数函数	log10(x)	以 10 为底的对数	mod(x,y)	x − y*int(x/y)
sum(x)	求和函数	uniform()	均匀分布随机数	invnormal(uniform())	标准正态分布随机数
real(s)	字符型转换为数值型	string(n)	数值型转换为字符型	substr(X,n1,n2)	从 X 的第 n1 个字符开始，截取 n2 个字符

下面继续使用数据文件"数据1.1"作为计算示例，在命令窗口中依次输入以下命令：

```
di sqrt(49)           # 求49的平方根，结果为7
di abs(-10)           # 求-10的绝对值，结果为10
di ln(exp(9))         # 先求e的9次方，再取对数，结果为9
di int(9.22)          # 对9.22取整数，结果为9
di int(-9.22)         # 对-9.22取整数，结果为-9
di round(-9.22)       # 对-9.22进行四舍五入，结果为-9
di round(-9.22,.1)    # 对-9.22进行四舍五入至小数点后一位，结果为-9.2
```

下面结合函数来看两个重要命令gen和egen的区别，打开"数据1.1"，依次输入以下命令：

```
gen Y2new1=sum(Y2)         # 生成变量Y2new1，将变量Y2样本观测值汇总求和
egen Y2new2=sum(Y2)        # 生成变量Y2new2，将变量Y2所有样本观测值汇总求和
list Y2 Y2new1 Y2new2 in 1/10   # 列出Y2、Y2new1、Y2new2前10个样本观测值
```

得到如图1.44所示的运行结果。

	Y2	Y2new1	Y2new2
1.	3	3	1225
2.	2	5	1225
3.	3	8	1225
4.	4	12	1225
5.	4	16	1225
6.	1	17	1225
7.	1	18	1225
8.	4	22	1225
9.	3	25	1225
10.	4	29	1225

图 1.44　Y2、Y2new1、Y2new2 前 10 个样本观测值

因此，gen命令生成的变量值是一个变动的值，egen命令生成的新变量值往往是一个常数。

1.6　本章回顾与习题

1.6.1　本章回顾

本章介绍了Stata简介、Stata 17.0窗口说明及基本设置、Stata 17.0命令的语法格式、Stata 17.0 do文件、Stata 17.0运算符与函数。

1. Stata 17.0 窗口说明及基本设置

（1）Stata 17.0有菜单栏、工具栏，主界面包括5个区域：History、Variables、Command、Results、Properties。

（2）Stata 17.0的MP版本可以允许用户设定自己偏好的界面语言。

（3）依次选择菜单栏中的"数据 | 数据编辑器 | 数据编辑器(编辑)"菜单选项，或者直接在"命令窗口"中输入edit命令，即可新建或编辑样本观测值和变量。

（4）打开现有的Stata文件有3种方式：

- 直接双击该数据文件即可打开，前提是文件默认打开程序已设置为 Stata。
- 在 Stata 主界面菜单栏中依次选择"文件 | 打开"菜单选项，找到文件后打开即可。
- 在主界面的命令窗口中使用 use 命令。

（5）在Stata主界面依次选择"文件|导入"菜单选项，可导入Excel电子表格、文本数据、SPSS数据等其他格式的数据。

2. Stata 17.0 命令的语法格式

Stata命令的语法格式为：

```
[by varlist:] command [varlist] [=exp] [if exp] [in range] [weight] [using filename] [,
options]
```

- [ ]表示可以省略或者根据需要使用的选项，只有command是必不可少的，对于其他各个组成部分，用户都可以根据自身研究的需要合理选用。
- command 为命令名称。
- varlist 为命令中的变量列表，可以设置一个或者多个变量，多个变量之间要用空格分隔开。
- by varlist 是按照变量值分类操作的命令，表示对变量分类的子集分别执行相应的操作。
- =exp 用来统一改变原有变量的值或生成新变量替换原变量，主要包括 generate 和 replace 两个命令。
- if exp（条件表达式）用于对样本集进行筛选，只对符合相关条件的样本子集执行相应的操作。
- in range 同样用于对样本集进行筛选，与条件表达式的区别在于不依赖变量是否符合某一条件，而是直接使用范围内的样本观测值，对筛选出的样本执行相应的操作。
- weight 的作用在于对样本观测值进行加权，通常用于加权最小二乘回归分析。
- options 可以在很多命令中使用，不同命令之间的差异比较大。

3. Stata 17.0 运算符与函数

（1）在Stata 17.0中，我们可以使用算术运算符、关系运算符和逻辑运算符。

（2）函数用于表达式中，表达式在命令中缩写为exp，可以在任何表达式中调用函数。函数的参数可以是包括其他函数在内的任何表达式。函数的参数用圆括号括起来，如果有多个参数，则参数之间用逗号分隔开。Stata 17.0共有9大类函数，分别是日期和时间函数、数学函数、矩阵函数、编程函数、随机数函数、时间序列函数、统计函数、字符串函数、三角函数。

1.6.2 本章习题

一、单选题

1~5.（　）窗口中显示的是自本次启动Stata以来执行过的所有命令；（　）窗口中显示的是当前数据文件中指定的变量以及数据的性质；（　）窗口中显示的是当前Stata数据文件中的所有变量；（　）窗口中显示的是每次执行Stata命令后的运行结果；（　）窗口中可输入准备执行的命令。

A. History（历史）　　　　　　　　　B. Variables（变量）

C. Command（命令）　　　　　　　　D. Results（结果）　　　E. Properties（属性）

6.（　）命令是利用现有变量生成一个新的变量，并保留原来的变量不变。

A. regress　　　　　B. generate　　　　　C. replace　　　　　D. summarize

7.（　）命令是利用现有变量生成一个新的变量来替换原来的变量。

A. regress　　　　　B. generate　　　　　C. replace　　　　　D. summarize

8. 运行命令di sqrt(100)的结果是（　）。

A. 100　　　　　　　B. 10　　　　　　　　C. 10000　　　　　　D. 1

9. Stata中的变量名称不可以用（　）开头。

A. 字母　　　　　　　B. 数字　　　　　　　C. 下画线　　　　　　D. 汉字

10. 调用Stata自带的帮助系统使用（　）命令。

A. search　　　　　　B. command　　　　　C. help　　　　　　　D. findit

二、判断题

1. Stata不区分变量名的字母大小写。（　）

2. Stata命令区分字母大小写。（　）

3. by varlist表示针对变量分类的子集执行相应的命令。（　）

4. 函数的参数用圆括号括起来，如果有多个参数，则参数之间用逗号分隔开。（　）

5. 使用drop和keep命令删除和保留变量与观测值都是可逆的。（　）

6. gen命令生成的变量值往往是一个常数。（　）

第2章

Stata 变量和数据的基本操作

2.1   分类变量和定序变量的基本操作

扫描右侧二维码观看视频

下载资源:\sample\chap02\数据 2.1

在很多情况下，我们会用到分类变量（虚拟变量）的概念。分类变量的用途是通过定义值的方式对观测样本进行分类，类与类之间不存在顺序。比如，数据集中存在"花色"变量，有黑桃、红心、梅花、方片4个取值，可以把观测样本分为4类。为了表示这一点，需要建立4个分类变量，分别为花色A、花色B、花色C和花色D。如果观测样本属于花色A，其对应的分类变量花色A的值就为1，而对应的分类变量花色B、花色C和花色D的值就为0。

定序变量在广义上也是一种分类，但类与类之间存在顺序。定序变量根据数据的数值大小进行排序，将数据分到几个确定的等级区间。例如，可以把全部学生的成绩分为高、中、低三档。接下来，我们通过示例来讲解分类变量和定序变量的基本操作。

打开"数据2.1"，其中有3个变量，分别是place、amount、grade。在命令窗口中输入以下命令：

```
tabulate grade,generate(grade)          # 生成新的分类变量
```

随后可以看到生成的新分类变量如图2.1所示。

又输入以下命令：

```
edit
```

在数据编辑器界面即可看到如图2.2所示的分类数据grade1和grade2。

输入以下命令：

```
generate amount1=autocode(amount,3,1,25)          # 生成新的定序变量进行定序，分为3个标记区间
sort amount1                                       # 对amount1进行排序
```

```
. tabulate grade,generate(grade)

     grade |      Freq.     Percent        Cum.

  Province |          6       60.00       60.00
    Nation |          4       40.00      100.00

     Total |         10      100.00
```

图 2.1　生成的新分类变量

图 2.2　生成的分类数据 grade1 和 grade2

切换到数据编辑器界面，可以看到如图2.3所示的变量amount1。该变量将amount的取值区间划分成等宽的3组。

输入以下命令：

```
generate amount2=group(4)          # 生成新的分类变量并按数值大小进行4类定序
```

切换到数据编辑器界面，可以看到系统生成了变量amount2，该变量将amount的取值按大小分成了4个序列，如图2.4所示。

图 2.3　生成定序变量

图 2.4　进行 4 类定序

2.2　常用的几种处理数据的操作

扫描右侧二维码观看视频

下载资源:\sample\chap02\数据 2.2、数据 2.3、数据 2.4、数据 2.5、数据 2.6

2.2.1　Stata 17.0 的数据类型

在Stata 17.0中，数据类型主要包括3种，分别是数值型数据、字符型数据和日期型数据。数值型数据由数字、正负号和小数点组成，包括5个子类，默认类型为float，如表2.1所示。

表 2.1　数值型数据

变量类型	字　　节	存储类型	最　小　值	最　大　值
byte	1	integer	−127	100
int	2	integer	−32767	32740
long	4	integer	−2147483647	2147483620

（续表）

变量类型	字　　节	存储类型	最　小　值	最　大　值
float	4	real	$-1.70141173319\times10^{38}$	$1.70141173319\times10^{36}$
double	8	real	$-8.9884656743\times10^{307}$	$8.9884656743\times10^{308}$

字符型数据由字母、特殊符号和数字组成，一般会被保存为str#格式，str后面的数字代表最大字符长度，如str8表示可容纳最大长度为8个字符的字符型变量。字符型数据一般用英文状态下的引号（""）进行标注，且引号一般不被视为字符型数据的一部分。

日期型数据有多种表达方式，例如2019年6月25日可以写为20190625，也可以写为25062019等。

提　　示

对于日期型数据，Stata 将 1960 年 1 月 1 日视为第 0 天，该日期之前的天数为负值，比如 1959 年 12 月 29 日为第-3 天。

2.2.2　对数据进行长短变换

在对数据进行分析时，可能需要对现有数据进行处理。在本小节中，将通过示例来讲解常用的几种处理数据的操作，包括对数据进行长短变换、类型变换、生成随机数、数据压缩、按变量合并或拆分数据文件、按样本观测值合并数据文件、添加标签、对数据进行排序等。我们首先讲解对数据进行长短变换，以数据文件"数据2.2"为例进行说明。

使用以下命令打开"数据2.2"：

```
use "D:\Stata统计学与案例应用精解\sample\chap02\数据2.2.dta"
```

读者在操作时需注意文件的存放路径与命令语句一致，如果感觉操作不便，直接找到"数据2.2.dta"，双击打开就好。后续不再赘述。

在"数据2.2"中设置了4个变量，分别是province、amount2018、amount2019、amount2020。在命令窗口中输入以下命令：

```
reshape long amount,i( province) j(year)          # 将数据进行长短变换
```

结果如图2.5所示。在命令窗口中输入edit命令或通过菜单操作"数据|数据编辑器|数据编辑器（编辑）"，切换到数据编辑器界面，可看到如图2.6所示的变换后的数据。

```
. reshape long amount,i( province) j(year)
(note: j = 2018 2019 2020)

Data                         wide    ->    long

Number of obs.                  5    ->      15
Number of variables             4    ->       3
j variable (3 values)                ->    year
xij variables:
      amount2018 amount2019 amount2020  ->   amount
```

图 2.5　将数据进行长短变换的结果

	province	year	amount
1	Hebei	2018	18
2	Hebei	2019	19
3	Hebei	2020	22
4	Shanxi	2018	60
5	Shanxi	2019	65
6	Shanxi	2020	32
7	guangdong	2018	26
8	guangdong	2019	20
9	guangdong	2020	15
10	hennan	2018	30
11	hennan	2019	32
12	hennan	2020	33
13	shandong	2018	7
14	shandong	2019	8
15	shandong	2020	9

图 2.6　变换后的数据

在命令窗口输入以下命令，将数据变换回来，并把表示地区的字符串变量转换成数值数据：

```
reshape wide amount,i( province) j(year)          # 将数据变换回来
```

结果如图2.7所示。切换到数据编辑器界面可以看到如图2.8所示的变换后的数据。

```
. reshape wide amount,i( province) j(year)
(note: j = 2018 2019 2020)

Data                            long    ->    wide

Number of obs.                    15    ->       5
Number of variables                3    ->       4
j variable (3 values)           year    ->   (dropped)
xij variables:

                               amount    ->   amount2018 amount2019 amount2020
```

	province	amount2018	amount2019	amount2020
1	Hebei	18	19	22
2	Shanxi	60	65	32
3	guangdong	26	20	15
4	hennan	30	32	33
5	shandong	7	8	9

图 2.7　转换成数值数据的结果　　　　　　　图 2.8　变换后的数据

2.2.3　对数据进行类型变换

在很多情况下，用户需要对数据进行类型变换。例如，字符型变量不能进行数值计算。如果让字符型变量参与数值计算，Stata就会提示错误，此时就需要将字符型变量转换成数值型变量。用于对数据进行类型变换的常用命令有4个，下面一一说明。

（1）encode：将字符串变量转换为数值变量。该命令的语法格式为：

```
encode varname [if] [in],generate(newvar)[label(name)noextend]
```

其中，generate(newvar)选项是必须设置的，它作为转换后的新数值型变量的名称。label(name)用于指定转换后的数值型变量的值标签名，如果未指定label(name)选项，则转换后的数值型变量的值标签名与其变量名相同。只有当label(name)选项指定了新生成变量的值标签，才可以指定noextend选项，如果label(name)选项所指定的值标签中没有varname包含的值，则不会对varname进行编码。默认情况下，label(name)选项的值标签中不存在的值都将被添加到该标签中。

（2）decode：将数值变量转换为字符串变量。该命令的语法格式为：

```
decode varname [if] [in],generate(newvar) [maxlength(#)]
```

其中，generate(newvar)选项是必须设置的，它作为转换后的新字符串变量的名称。maxlength(#)选项用于设置转换后的字符串变量的长度，#的设置值必须在1~32000（字节）。在默认情况下，字符串变量的长度为32000字节。

（3）destring：将字符串变量转换为数值变量。该命令的语法格式为：

```
destring [varlist],{generate (newvarlist)|replace} [destring options]
```

destring命令将varlist中的变量从字符串转换为数值。varlist是要进行数据转换的变量列表。generate (newvarlist) | replace表示生成新的变量或者替换掉原来的变量。options是一些可选项，如果未指定varlist，则destring将尝试将数据集中的所有变量从字符串转换为数值。

（4）tostring：将数值变量转换为字符串变量。该命令的语法格式为：

```
tostring varlist,{generate (newvarlist)|replace} [tostring options]
```

　　tostring命令将varlist中的变量从数值转换为字符串，并使用最紧凑的字符串格式。varlist中已经是字符串的变量将不会被转换。

注　　意

　　读者可以看到，encode与destring类似，decode和tostring类似。它们的差别在于：

　　（1）encode和decode命令是针对varname和newvar的，是变量的概念；而destring和tostring命令是针对varlist和newvarlist的，是变量列表的概念。varlist是一个变量列表。变量列表中的变量要么引用新的（尚未创建的）变量，要么引用现有的变量。newvarlist总是专门引用新的（尚未创建的）变量。类似地，varname指向一个变量，可以是现有的变量，也可以是尚未创建的变量。newvar总是指向一个新变量。

　　（2）encode命令用于给字符串变量重新编码，它只是返回转换后的数值型变量的标签，而不是将原来的以字符串存储的数值变量转换为真正意义上的数值变量。因此，从应用的角度，如果用户只是想为字符串变量贴上1,2,3等表示序号的编码值，将原来的字符型数据设置为转换后的数值型变量的标签，则可以使用encode命令；如果是想在真正意义上将字符串变量转换为数值型变量，则应使用destring命令。decode和tostring命令也具有类似的差别。

　　下面的示例还是基于数据文件"数据2.2"，在命令窗口中输入以下命令：

```
clear
use "D:\Stata统计学与案例应用精解\sample\chap02\数据2.2.dta"
reshape long amount,i( province) j(year)
encode province,gen(regi)            # 把表示地区的字符串变量转换成数值型变量
decode regi,gen(regi1)               # 把数值型变量转换成表示地区的字符串变量
```

结果如图2.9所示。

输入以下命令：

```
des          # 是describe命令的简写，旨在生成数据集的摘要
```

结果如图2.10所示，可以发现year、amount为数值型。

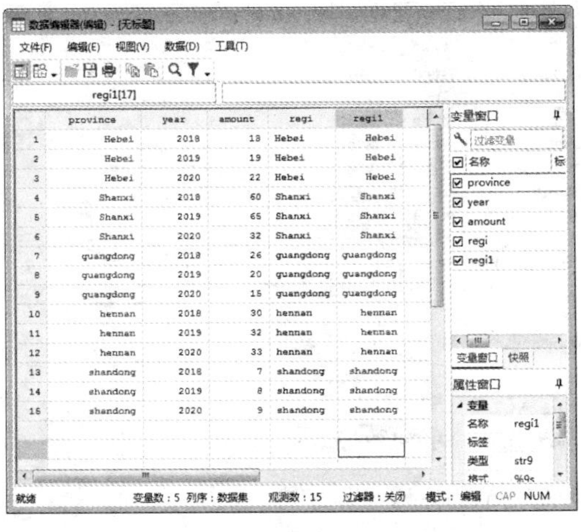

图 2.9　查看数据

```
Contains data
  obs:             15
  vars:             5

                  storage    display     value
variable name     type       format      label      variable label

province          str14      %14s
year              int        %9.0g
amount            byte       %8.0g
regi              long       %9.0g       regi
regi1             str9       %9s

Sorted by: province  year
     Note: Dataset has changed since last saved.
```

图 2.10　数据摘要

输入以下命令:

```
tostring year amount, generate(yearnew amountnew)      # 以生成新的变量yearnew amountnew的
方式，将year amount从数值型变量转换为字符串变量
des
```

上述命令的运行结果如图2.11所示，可以发现新生成的变量yearnew amountnew已经变成了字符型。其中yearnew为str4，amountnew为str2，这是因为数据文件中变量year的各样本观测值最长是4位，变量amountnew的各样本观测值最长是两位。

```
Contains data
   obs:            15
   vars:            7

                  storage   display    value
variable name     type      format     label      variable label

province          str14     %14s
year              int       %9.0g
yearnew           str4      %9s                    year
amount            byte      %8.0g
amountnew         str2      %9s                    amount
regi              long      %9.0g      regi
regi1             str9      %9s

Sorted by: province  year
     Note: Dataset has changed since last saved.
```

```
. tostring year amount, generate(yearnew amountnew)
yearnew generated as str4
amountnew generated as str2
```

图 2.11   数据摘要

输入以下命令:

```
destring yearnew amountnew, generate(yearnew1 amountnew1)      # 以生成新的变量yearnew1
amountnew1的方式，将yearnew amountnew从字符串变量转换为数值型变量
des
```

上述命令的运行结果如图2.12所示，可以发现新生成的变量yearnew1 amountnew1已经变成了数值型，其中yearnew1为int子类型，amountnew1为byte子类型。

```
Contains data
   obs:            15
   vars:            9

                  storage   display    value
variable name     type      format     label      variable label

province          str14     %14s
year              int       %9.0g
yearnew           str4      %9s                    year
yearnew1          int       %10.0g                 year
amount            byte      %8.0g
amountnew         str2      %9s                    amount
amountnew1        byte      %10.0g                 amount
regi              long      %9.0g      regi
regi1             str9      %9s

Sorted by: province  year
     Note: Dataset has changed since last saved.
```

```
. destring yearnew amountnew, generate(yearnew1 amountnew1)
yearnew: all characters numeric; yearnew1 generated as int
amountnew: all characters numeric; amountnew1 generated as byt
> e
```

图 2.12   数据摘要

注   意

在使用destring命令时，需要确保各样本观测值的所有字符均为数字字符。

2.2.4　生成随机数

在命令窗口中依次输入以下命令:

```
clear                          # 清除原有数据
set obs 15                     # 设置一个包含15个样本的数据集
generate suiji=uniform()       # 生成一个随机变量,里面包含15个0~1的随机数据
```

上述命令的运行结果如图2.13所示。注意,因为是随机数据,所以读者的操作结果未必与书中一致。

继续输入以下命令:

```
clear
set obs 15
generate suiji=9+9*uniform()   # 生成一个随机变量,里面包含15个[9,18]区间的随机数据
```

上述命令的运行结果如图2.14所示。

继续输入以下命令:

```
clear
set obs 15
generate suiji=9+trunc(9*uniform())   # 生成一个随机变量,里面包含15个[9,18]区间的随机数据,且
数据为整数
```

上述命令的运行结果如图2.15所示。

	suiji
1	.3488717
2	.2668857
3	.1366463
4	.0285569
5	.8689333
6	.3508549
7	.0711051
8	.323368
9	.5551032
10	.875991
11	.2047095
12	.8927587
13	.5844658
14	.3697791
15	.8506309

	suiji
1	12.52244
2	10.07695
3	15.78819
4	15.25521
5	15.17954
6	17.38741
7	13.09399
8	9.60661
9	12.0419
10	17.77396
11	15.53795
12	9.408736
13	15.7137
14	13.46513
15	15.45045

	suiji
1	16
2	10
3	13
4	16
5	15
6	11
7	10
8	15
9	17
10	15
11	17
12	16
13	16
14	16
15	15

图 2.13　随机数据　　　　图 2.14　随机取出 15 个数据　　图 2.15　随机取出 15 个数据并取整

2.2.5　数据压缩

在很多情况下,需要对数据进行压缩,用于在不改变数据内容和精度的前提下,减少存储空间的占用。数据压缩命令的语法格式为:

```
compress [varlist]
```

其中,compress为Stata命令,varlist是需要被压缩的变量。如果用户没有指定varlist,Stata将对整个数据文件进行压缩。

在命令窗口中输入以下命令：

```
clear
set obs 15
gen t=15          # 生成一个名为t的变量，它的值为15
describe          # 描述变量的基本情况
```

上述命令的运行结果如图2.16所示，可以发现变量t的类型为默认的float。

继续输入以下命令：

```
compress t        # 对变量t进行压缩
describe          # 描述变量的基本情况
```

上述命令的运行结果如图2.17所示。可以发现变量t的类型已经被压缩成了占用存储空间较小的byte类型。

```
Contains data
  obs:           15
  vars:           1

                storage   display    value
variable name   type      format     label    variable label

t                         float     %9.0g

Sorted by:
    Note: Dataset has changed since last saved.
```

```
Contains data
  obs:           15
  vars:           1

                storage   display    value
variable name   type      format     label    variable label

t                         byte      %9.0g

Sorted by:
    Note: Dataset has changed since last saved.
```

图 2.16　生成变量 t　　　　　　图 2.17　对变量 t 进行压缩

2.2.6　按变量合并、拆分数据文件

在进行很多数据的处理时，往往需要将两个结构相同或某些部分结构相同的数据文件合并成一个文件。比如两家公司进行了兼并，需要将这两家公司的员工信息表合并为一张信息表，这时就需要对数据文件进行样本观测值的合并。又比如某公司领导希望将员工的绩效考核数据和工资薪酬数据放在一起进行数据分析，就需要将员工的绩效考核信息表和工资薪酬信息表进行合并，这时需要对数据进行变量的合并。

因此，Stata中的数据合并有两种方式：一种是观测值的合并，即将两个有相同变量但具有不同观测值的数据进行合并；另一种是变量的合并，也就是将描述同一组观测样本的不同变量合并为一个数据文件，新的数据文件包含合并前的各个数据的变量。

本小节将介绍按变量合并数据文件，它是指将一个外部文件中的若干变量添加到当前工作文件中。按变量合并数据文件，要求两个数据文件必须具有一个或者多个共同的关键变量，而且这两个文件中的关键变量具有一定数量的相等的观测值。所谓关键变量，指的是两个数据文件中变量名、变量类型、变量值排序完全相同的变量。按变量合并数据文件的命令为merge，依据合并方法的不同，有5种命令的语法格式，如表2.2所示。

表2.2　5种合并方式说明

合并方式	英文释义	命令的语法格式
对指定的关键变量进行一对一合并	one-to-one merge on specified key variables	merge 1:1 varlist using filename [, options]

（续表）

合并方式	英文释义	命令的语法格式
对指定的关键变量进行多对一合并	many-to-one merge on specified key variables	merge m:1 varlist using filename [, options]
对指定的关键变量进行一对多合并	one-to-many merge on specified key variables	merge 1:m varlist using filename [, options]
对指定的关键变量进行多对多合并	many-to-many merge on specified key variables	merge m:m varlist using filename [, options]
通过观察进行一对一合并	one-to-one merge by observation	merge 1:1 _n using filename [, options]

varlist为参与合并的关键变量列表，即用于匹配观测值的变量组合。using filename指定外部数据文件的路径及文件名（需包含扩展名，如.dta）。默认情况下，merge命令在执行后会创建新变量_merge，其取值为数字，表示每个观测值的合并来源状态，具体说明如下：

（1）仅主数据中存在。

（2）仅在使用数据中存在。

（3）两边数据均存在（适用于1:1或m:1合并）。

[, options]包括很多选项，常用的几个选项说明如下：

（1）keepusing(varlist)：用来保留合并时using dataset中的部分变量，默认保留全部变量。

（2）generate(newvar)：产生一个新的变量，用来标记合并结果，默认是_merge。

（3）nogenerate：不创建_merge变量。

（4）noreport：不显示匹配结果的汇总表。

（5）update：使用被合并数据集中变量的值更新主数据集中同名变量的缺失值，主数据集中的非缺失值不变。

（6）replace：使用被合并数据集中变量的非缺失值代替主数据集中同名变量的值，被合并数据集中的缺失值对应的主数据集中的同名变量值不变。此选项要和update一起使用。

（7）force：强制字符串/数值变量类型匹配，而不会出错。

以本书附带的"数据2.3"和"数据2.4"数据文件为例，进行说明。在命令窗口中输入以下命令：

```
use "D:\Stata统计学与案例应用精解\sample\chap02\数据2.3.dta"  #打开"数据2.3"数据文件
merge m:m y1 using "D:\Stata统计学与案例应用精解\sample\chap02\数据2.4.dta"  # 将y1作为关键
变量，将 "数据2.4" 数据文件中的变量横向合并进 "数据2.3" 中
```

主界面显示的合并结果和数据编辑器界面显示的合并结果分别如图2.18和图2.19所示。操作完成后，可以发现"数据2.4"中的y2、y3被合并进了"数据2.3"中。此外，还多了一个名为_merge的变量，这个变量将表示合并的情况，如果其值为3，则表示合并成功，如果其值为1或2，则表示合并失败。

```
Result                          # of obs.

not matched                            0
matched                               67  (_merge==3)
```

图 2.18　主界面显示的合并结果

	y1	y4	y5	y6	y2	y3	_merge
1	1	16.5	103	58.6	1-男	60	Matched (3)
2	2	16.4	101.4	56.5	1-男	74	Matched (3)
3	3	21.2	111.5	64.3	2-女	64	Matched (3)
4	4	20.8	109.5	64.2	1-男	69	Matched (3)
5	5	16.5	106.9	59.9	2-女	57	Matched (3)
6	6	16.4	101.3	59.5	1-男	50	Matched (3)
7	7	16	103.3	58	2-女	53	Matched (3)
8	8	17.9	104.7	58.8	1-男	59	Matched (3)
9	9	17.9	107	61.5	1-男	50	Matched (3)
10	10	17.5	100.6	59.2	2-女	59	Matched (3)
11	11	15.2	101.8	57	2-女	57	Matched (3)
12	12	16	101	58.1	2-女	59	Matched (3)
13	13	14.3	107	63.1	1-男	57	Matched (3)
14	14	16.3	101.9	58.1	2-女	65	Matched (3)
15	15	20.8	110.6	63.9	1-男	65	Matched (3)
16	16	21.3	116.3	65.1	2-女	73	Matched (3)
17	17	20.6	113.4	64.9	2-女	74	Matched (3)
18	18	25.9	119.9	66.4	1-男	74	Matched (3)
19	19	23.1	121.8	68.3	1-男	74	Matched (3)
20	20	21	119.8	65.3	2-女	73	Matched (3)
21	21	20.1	114.9	67.2	2-女	73	Matched (3)
22	22	20.6	117.5	65.9	1-男	72	Matched (3)
23	23	19.5	114.5	65.9	1-男	74	Matched (3)
24	24	18.5	110.8	63.7	2-女	73	Matched (3)

图 2.19　数据编辑器界面显示的合并结果

合并之后，如何再回到原来的状态，或者如何对数据文件按照变量进行横向拆分呢？在1.5节介绍的drop命令和keep命令可以按变量拆分数据文件。

首先，我们可以将新生成的横向合并后的数据文件复制一份，在命令窗口中输入以下命令：

```
drop y2 y3 _merge    # 从当前数据文件中删除y2、y3和_merge变量
```

然后，依次选择“文件|保存”菜单选项，即可恢复为原来“数据2.3”数据文件的状态。

接下来，在复制的横向合并后的数据文件的命令窗口中输入以下命令：

```
drop y4 y5 y6 _merge    # 从当前数据文件中删除y4、y5、y6和_merge变量
```

最后依次选择“文件|保存”菜单选项，即可恢复为原来“数据2.4”数据文件的状态。

2.2.7　按样本观测值合并数据文件

本小节介绍按样本观测值合并数据文件（即纵向合并）。这种合并方式会增加观测量，即把一个外部文件中与源文件具有相同变量的观测量增加到当前工作文件中。按样本观测值合并要求两个数据文件至少具有一个属性相同的变量，即使它们的变量名不同。按变量合并数据文件的命令为append，该命令的语法格式如下：

```
append using filename [filename…] [,options]
```

using filename指的是要与源文件合并的文件名及文件路径。用户可以用双引号引住文件名，如果文件名中包含空格或其他特殊字符，则必须这样做。

以下示例以本书附带的“数据2.5”和“数据2.6”数据文件为例进行说明。在命令窗口中输入以下命令：

```
use "D:\Stata统计学与案例应用精解\sample\chap02\数据2.5.dta"    # 打开“数据2.5”数据文件
Des    # describe命令的简写，该命令旨在生成数据集的摘要
```

上述命令的运行结果如图2.20所示，可以发现共有样本观测值（obs）30个、变量（vars）6个。

```
Contains data from C:\Users\Administrator\Desktop\数据1E.dta
  obs:           30
  vars:           6                          10 NOV 2021 12:12

              storage   display   value
variable name   type    format   label      variable label

y1            double    %12.0g               编号
y2            double    %12.0g    y2         性别
y3            double    %12.0g               月龄
y4            double    %12.0g               体重,kg
y5            double    %12.0g               身高,cm
y6            double    %12.0g               坐高,cm

Sorted by:
```

图 2.20　纵向合并前的数据集摘要

继续输入以下命令：

```
append using "D:\Stata统计学与案例应用精解\sample\chap02\数据2.6.dta"  # 将"数据2.6"数据文件纵向合并进当前的"数据2.5"数据文件中
des
```

上述命令的运行结果如图2.21所示，可以发现共有样本观测值（obs）67个、变量（vars）6个。此外，"数据2.6"数据文件已成功纵向合并进了当前的"数据2.5"数据文件中。

```
Contains data from C:\Users\Administrator\Desktop\数据1E.dta
  obs:           67
  vars:           6                          10 NOV 2021 12:12

              storage   display   value
variable name   type    format   label      variable label

y1            double    %12.0g               编号
y2            double    %12.0g    y2         性别
y3            double    %12.0g               月龄
y4            double    %12.0g               体重,kg
y5            double    %12.0g               身高,cm
y6            double    %12.0g               坐高,cm

Sorted by:
      Note: Dataset has changed since last saved.
```

图 2.21　纵向合并后的数据集摘要

合并之后，如何再回到原来的状态，或者如何按变量对数据文件进行纵向拆分呢？同样可以使用drop命令和keep命令来按变量拆分数据文件。

首先，将新生成的纵向合并后的数据文件复制一份，在命令窗口中输入以下命令：

```
drop in 31/67   # 从当前数据文件中删除第31~67个样本观测值
```

然后依次选择"文件|保存"菜单选项，即可恢复为原来"数据2.5"数据文件的状态。

接着，在复制的纵向合并后的数据文件的命令窗口中输入以下命令：

```
drop in 1/30   # 从当前数据文件中删除第1~30个样本观测值
```

最后依次选择"文件|保存"菜单选项，即可恢复为原来"数据2.6"数据文件的状态。

2.2.8 添加标签

Stata可以为数据库、变量和样本观测值添加标签，目的是使用户更加清晰地了解相关数据库、变量和样本观测值的具体含义。

（1）为数据库添加标签的命令及其语法格式为：

```
label data ["label"]
```

其中，["label"]代表要添加的标签内容。用户通过该命令在内存中向数据集附加一个标签（最多80个字符）。后续在使用和描述数据集时将显示数据集标签。如果没有指定标签（即未设置["label"]，仅输入命令label data），将删除任何现有的标签。

（2）为变量添加标签的命令及其语法格式为：

```
label variable varname ["label"]
```

其中，varname代表要添加标签的变量，["label"]代表要添加的标签内容。用户通过该命令将标签（最多80个字符）附加到指定的变量上。如果没有指定标签（即未设置["label"]，仅输入命令**label variable varname**），则删除任何现有的变量标签。

（3）定义值标签的命令及其语法格式为：

```
label define lblname # "label" [# "label" ...] [, add modify replace nofix]
```

其中，lblname代表要定义的数值标签，#代表要定义的数值，"label"代表要添加的标签内容。需要注意的是options中的内容：add的作用是添加标签内容；modify的作用是对已有的标签内容进行修改；nofix的作用是要求Stata不改变标签的内容，而是改变原变量的存储容量。lblname最多可以包含65536个独立标签，单个标签最长可达32000个字符。

（4）给变量赋值标签的命令及其语法格式为：

```
label values varlist lblname [, nofix]
```

其中，varname代表将要添加标签的变量，[lblname]代表刚刚定义的数据标签。

（5）列出值标签名及其内容的命令及其语法格式为：

```
label list [lblname [lblname ...]]
```

用户通过该命令列出存储在内存中的值标签名及其内容。

（6）复制值标签的命令及其语法格式为：

```
label copy lblname [, replace]
```

用户通过该命令复制一个已存在的值标签。

（7）删除值标签的命令及其语法格式为：

```
label drop {lblname [lblname ...] | _all}
```

用户通过该命令删除一个已存在的值标签。

（8）在do-file中保存值标签的命令及其语法格式为：

```
label save [lblname [lblname...]] using filename [, replace]
```

用户通过该命令将值标签定义保存在do-file中。对于没有附加到变量的值标签，这个命令特别有用，因为这些标签没有随变量保存。

以本书附带的“数据2.5”数据文件为例进行说明。在命令窗口中输入以下命令：

```
clear
use "D:\Stata统计学与案例应用精解\sample\chap02\数据2.5.dta"   # 打开“数据2.5”数据文件
label data "婴幼儿数据"    # 为整个数据库添加标签“婴幼儿数据”
```

运行结果如图2.22所示，可以看到数据文件已经被加上了标签“婴幼儿数据”。

继续输入以下命令：

```
label variable y1 "序号"   # 为变量y1添加标签“序号”。注意，原来该变量就有标签，为“编号”，通过执行该命令，标签变成了“序号”
```

运行结果如图2.23所示，可以看到y1变量已经被加上了标签“序号”。

继续输入以下命令：

```
label define y2label 1 "male" 2 "female"
label values y2 y2label
```

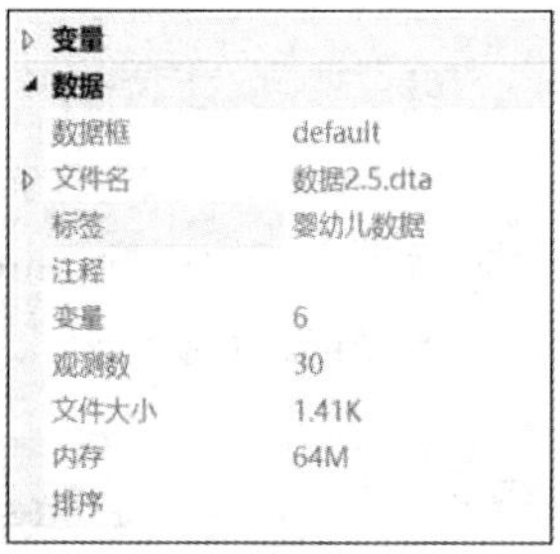

图 2.22　数据文件标签

其中，y2label表示标签的名称；1 "male" 2 "female"表示定义的规则，数字1的标签是male，数字2的标签是female。

在数据编辑器界面可以看到y2变量的值已经被加上了标签，1为 "male"，2为"female"，如图2.24所示。

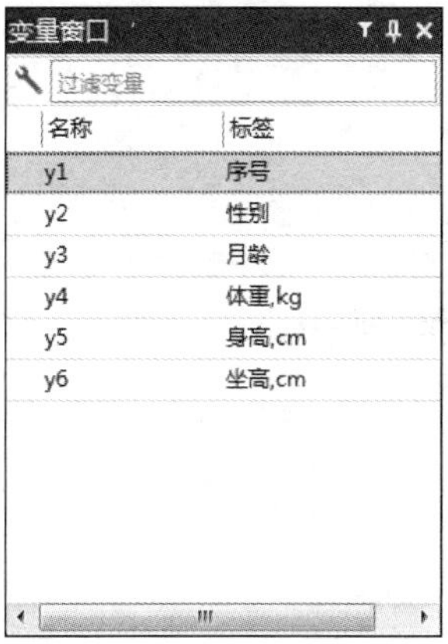

图 2.23　变量标签

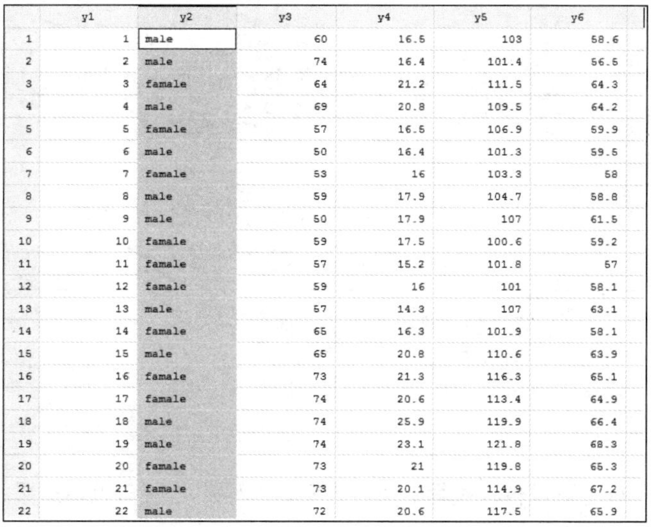

	y1	y2	y3	y4	y5	y6
1	1	male	60	16.5	103	58.6
2	2	male	74	16.4	101.4	56.5
3	3	famale	64	21.2	111.5	64.3
4	4	male	69	20.8	109.5	64.2
5	5	famale	57	16.5	106.9	59.9
6	6	male	50	16.4	101.3	59.5
7	7	famale	53	16	103.3	58
8	8	male	59	17.9	104.7	58.8
9	9	male	50	17.9	107	61.5
10	10	famale	59	17.5	100.6	59.2
11	11	famale	57	15.2	101.8	57
12	12	famale	59	16	101	58.1
13	13	male	57	14.3	107	63.1
14	14	famale	65	16.3	101.9	58.1
15	15	male	65	20.8	110.6	63.9
16	16	famale	73	21.3	116.3	65.1
17	17	famale	74	20.6	113.4	64.9
18	18	male	74	25.9	119.9	66.4
19	19	male	74	23.1	121.8	68.3
20	20	famale	73	21	119.8	65.3
21	21	famale	73	20.1	114.9	67.2
22	22	male	72	20.6	117.5	65.9

图 2.24　值标签

标签添加完毕后，可以通过**label dir**命令查看已建立标签的相关内容。

2.2.9 对数据进行排序

Stata排序命令主要为sort命令和gsort命令。

sort命令用于对数据进行排序（默认采用升序，即从小到大），其语法格式为：

```
sort varlist [in] [, stable]
```

varlist代表将要进行排序的变量，[in]代表排序的范围，[, stable]表示如果两个观测值相同，则它们排序后的顺序与原来的数据顺序相同，即采用稳定排序法。

gsort命令提供了更多的排序选项和灵活性，如允许用户明确指定每个变量的排序方式（升序或降序），允许用户将缺失值排在最前面以及生成新的排序标识变量等。其语法格式为：

```
gsort [+|-] varname [[+|-] varname ...] [, generate(newvar) mfirst]
```

其中[+]表示按升序排列，[-]表示按降序排列，Stata默认采用升序排列。generate(newvar)表示排序之后生成新的变量，mfirst表示将缺失值排在最前面。

下面以“数据2.5”数据文件为例进行说明，在命令窗口中输入以下命令：

```
use "D:\Stata统计学与案例应用精解\sample\chap02\数据2.5.dta"   # 打开“数据2.5”数据文件
sort y5    # 将“数据2.5”数据文件中的样本观测值按变量y5从小到大排列
```

运行结果如图2.25和图2.26所示，其中图2.25为排序前的数据，图2.26为排序后的数据。

	y1	y2	y3	y4	y5	y6
1	1	1-男	60	16.5	103	58.6
2	2	1-男	74	16.4	101.4	56.5
3	3	2-女	64	21.2	111.5	64.3
4	4	1-男	69	20.8	109.5	64.2
5	5	2-女	57	16.5	106.9	59.9
6	6	1-男	50	16.4	101.3	59.5
7	7	2-女	53	16	103.3	58
8	8	1-男	59	17.9	104.7	58.8
9	9	1-男	50	17.9	107	61.5
10	10	2-女	59	17.5	100.6	59.2
11	11	2-女	57	15.2	101.8	57
12	12	2-女	59	16	101	58.1
13	13	1-男	57	14.3	107	63.1
14	14	2-女	65	16.3	101.9	58.1
15	15	1-男	65	20.8	110.6	63.9
16	16	2-女	73	21.3	116.3	65.1
17	17	2-女	74	20.6	113.4	64.9
18	18	1-男	74	25.9	119.9	66.4
19	19	1-男	74	23.1	121.8	68.3
20	20	2-女	73	21	119.8	65.3
21	21	2-女	73	20.1	114.9	67.2
22	22	1-男	72	20.6	117.5	66.9

图 2.25　排序前的 y5 数据

	y1	y2	y3	y4	y5	y6
1	10	2-女	59	17.5	100.6	59.2
2	12	2-女	59	16	101	58.1
3	6	1-男	50	16.4	101.3	59.5
4	2	1-男	74	16.4	101.4	56.5
5	11	2-女	57	15.2	101.8	57
6	14	2-女	65	16.3	101.9	58.1
7	1	1-男	60	16.5	103	58.6
8	7	2-女	53	16	103.3	58
9	8	1-男	59	17.9	104.7	58.8
10	5	2-女	57	16.5	106.9	59.9
11	9	1-男	50	17.9	107	61.5
12	13	1-男	57	14.3	107	63.1
13	4	1-男	69	20.8	109.5	64.2
14	26	1-男	74	17.2	109.5	62.9
15	15	1-男	65	20.8	110.6	63.9
16	24	2-女	73	18.5	110.8	63.7
17	3	2-女	64	21.2	111.5	64.3
18	27	1-男	71	18	112.1	63.7
19	17	2-女	74	20.6	113.4	64.9
20	23	1-男	74	19.5	114.5	65.9
21	21	2-女	73	20.1	114.9	67.2
22	25	2-女	73	21.3	115.6	66.4

图 2.26　排序后的 y5 数据

该操作也可以使用gsort命令完成，命令为：

```
gsort + y5
```

读者可以自行执行一遍，查看运行结果是否与上述结果相同。

在命令窗口中继续输入以下命令：

```
gsort y5 -y2
```

该命令将样本观测值首先按变量y5从小到大排列，在此基础上再按y2从大到小排列。结果不再展示。

2.3　本章回顾与习题

2.3.1　本章回顾

本章主要介绍了Stata变量和数据的基本操作，包括分类变量和定序变量的基本操作以及常用的几种处理数据的操作。

1. 分类变量和定序变量的基本操作

常用命令包括tabulate、generate、sort。其中，tabulate常用于生成新的分类变量，generate常用于生成新的定序变量进行定序，sort用于排序。

2. 常用的几种处理数据的操作

在Stata 17.0中，数据类型主要包括3种：数值型数据、字符型数据和日期型数据。数值型数据由数字、正负号和小数点所组成，包括5个子类，默认类型为float型。字符型数据由字母、特殊符号和数字组成，通常以str#格式保存，str后面的数字表示最大字符长度（例如，str8表示可容纳最大长度为8个字符的字符型变量）。字符型数据一般用英文状态下的引号（""）进行标注，且引号一般不被视为字符型变量的一部分。日期型数据有多种表达方式，例如2019年6月25日，可以写为20190625，也可以写为25062019等。常用命令包括：

- 对数据进行长短变换的命令：reshape。
- 对数据进行类型变换的命令：encode、decode、destring、tostring。
- 生成随机数的命令：set obs、generate。
- 数据压缩的命令：compress。
- 按变量合并或拆分数据文件的命令：merge、drop。
- 按样本观测值合并或拆分数据文件的命令：append、drop。
- 添加标签的命令：label。
- 对数据进行排序的命令：sort、gsort。

2.3.2　本章习题

一、单选题

1、2. （　）和（　）命令可以用来从字符串变量转换到数值变量。（　）和（　）命令可以用来从数值变量转换到字符串变量。

A. encode　　　　　　B. decode　　　　　　C. destring　　　　　　D. tostring

3、4. （　）命令用来按变量合并数据。（　）命令用来按样本观测值合并数据。

A. merge　　　　　　B. append　　　　　　C. drop　　　　　　D. label

5. （　）命令用来进行数据压缩。

A. merge　　　　　　B. append　　　　　　C. compress　　　　　　D. label

6～9. 为数据库添加标签的命令是（　　）。为变量添加标签的命令是（　　）。给变量赋值标签的命令是（　　）。定义值标签的命令是（　　）。

A. label data…　　　　B. label variable…　　　　C. label define…　　　　D. label values…

二、判断题

1. 分类变量和定序变量都是用来分类的变量且类与类之间不存在顺序。（　　）
2. 字符型数据一般用英文引号（""）标注，且引号也是字符型数据的一部分。（　　）
3. 在使用 destring 命令时，需要确保各样本观测值的所有字符均为数字字符。（　　）
4. gsort 命令中选项[+]表示按降序排列，[-]表示按升序排列。（　　）
5. reshape 命令的作用是对变量进行类型变换。（　　）

三、操作题（所有操作题除完成操作生成 do 文件外，还要对结果进行解读）

1. 打开Stata程序，依次进行以下操作：

（1）将Excel电子表格式的数据文件"习题1.1"导入Stata并保存。

（2）为变量year、profit、invest、labor和rd分别添加相应的变量标签"年份""营业利润水平""固定资产投资""平均职工人数"和"研究开发支出"。

（3）将数据文件中的样本观测值按变量profit从小到大排列。

（4）将数据文件中的样本观测值按变量year从大到小排列。

（5）将样本观测值优先按变量profit从小到大排列，在此基础上再按照rd从大到小排列。

（6）将变量profit从数值变量转换成字符串变量，生成字符串变量"利润"。

（7）基于上一步操作，将变量profit从字符串变量转换为数值变量。

（8）将前几步操作所使用的全部命令保存为do文件，并命名为"习题1答案"。

2. 打开Stata程序，依次进行以下操作：

（1）在Stata中设置一个包含25个样本的数据集，里面包含[1,18]区间的25个随机数据。

（2）在Stata中设置一个包含25个样本的数据集，里面包含[1,18]区间的25个随机数据，且取值为整数。

（3）对生成的数据文件进行压缩。

（4）将前几步操作所使用的全部命令保存为do文件，并命名为"习题2答案"。

第 3 章

统计学知识

本章介绍应用Stata开展分析所必需的统计学知识。Stata作为一种统计分析软件，依托于相关的统计学知识，或者说Stata本质上是一种分析工具，是统计方法通过软件便捷实现的工具。如果不熟悉基本的统计学知识，不仅会导致研究者难以根据实际需要选择恰当的统计分析方法，还会导致研究者无法准确选择Stata的命令选项，也无法正确解读Stata的运行结果。因此，掌握一定的统计学知识，形成统计学思维，是灵活使用Stata开展统计分析的基础。

本章教学要点：

● 掌握统计学常用的基本概念，包括总体、样本与统计推断，频率与概率，条件概率、独立事件与全概率公式，概率函数与概率密度函数。
● 清楚知晓离散型概率分布与连续型概率分布的区别，掌握伯努利分布、二项分布、泊松分布等离散型概率分布，正态分布（高斯分布）、卡方分布、T分布和F分布等连续型概率分布。
● 熟练掌握常见的集中趋势统计量、离散趋势统计量和分布趋势统计量。
● 熟练掌握大数定律与中心极限定理的基本思想。
● 熟练掌握参数估计的概念，以及常用的点估计和区间估计方法。
● 准确理解假设检验的概念、原理，以及 T 检验、Z 检验和 F 检验等常用的假设检验方法，掌握参数检验与非参数检验的区别。

3.1 统计学常用的基本概念

本节简单介绍统计学中的一些常用基本概念。

扫描右侧二维码观看视频

3.1.1 总体、样本与统计推断

总体（population）是指由研究对象的全部个体组成的集合。例如，如果我们要研究"xx商业银行员工追求卓越对自驱行为的影响"，那么总体即为xx商业银行的全体员工。为了实现充分的研究，理想情况下是对xx商业银行的全体员工进行调查并收集数据。但在实际研究中，我们不可能也没有必要获取总体的数据资料。例如，如果该银行有10万名员工，调查全部员工的成本可能是难以承受的。因此，基于成本效益的原则，更可行的操作方式是从总体中随机或按照一定规则抽取一部分样本（sample）进行研究，然后根据样本的数据特征来推断总体特征。这就是统计学中"统计推断"的概念。

通常情况下，我们期望的抽样方式是"随机抽样"，即每个样本有相同的概率被抽中，且样本被抽中的概率是相互独立的，即样本观测值之间满足独立同分布（independent and identically distributed，IID）的假定，从而使得样本能够较好地代表总体。

样本集合是从总体中抽取的一部分元素的集合，样本总体中的单位数称为样本容量。一般情况下，当样本单位数达到或超过30个时称为大样本；当样本单位数小于30个时称为小样本。

统计推断的具体操作包括参数估计、假设检验和预测等。其中，参数估计可以细分为点估计和区间估计，假设检验可以细分为参数检验和非参数检验。

3.1.2 频率与概率

1. 频率

对于样本而言，频率（frequency）的定义为：在n次随机试验中，随机事件A发生了k次，$p = \dfrac{k}{n}$称为随机事件A在n次试验中出现的频率。

2. 概率

对于总体而言，概率（probability）定义为：在大量重复的试验下，用数值度量随机事件A发生的可能性，称为A发生的概率，记作$P(A)$。

频率与概率的区别在于：频率是样本的试验结果，是指在试验中某一事件出现的次数与试验总数的比值，具有随机性，其取值会随试验结果而改变；而概率是总体的理论值，表示事件发生的固有可用性和不变性。

3.1.3 条件概率、独立事件与全概率公式

1. 条件概率

条件概率（conditional probability）是随机事件A在另一个随机事件B已经发生的条件下发生的概率。条件概率表示为$P(A|B)$，即在B发生的条件下A发生的概率。条件概率的公式为：

$$P(\text{A} \mid \text{B}) = \frac{P(\text{A} \cap \text{B})}{P(\text{B})}$$

也就是说，条件概率等于事件A与事件B同时发生的概率除以事件B发生的概率。

2. 独立事件

如果随机事件B的发生不影响随机事件A的发生，也就是说：

$$P(A \mid B) = \frac{P(A \cap B)}{P(B)} = P(A)$$

则称随机事件A与随机事件B为相互独立的随机事件。

3. 全概率公式

如果随机事件B的发生情况由互不相容的事件 $\{B_1, B_2, \cdots, B_n\}$ 组成，即这些事件不可能同时发生，并且这些事件 $\{B_1, B_2, \cdots, B_n\}$ 构成了一个必然事件（即必定有一个事件 B_i 发生），那么针对任何事件A都有：

$$P(A) = \sum_{i=1}^{n} P(B_i) \times P(A \mid B_i)$$

该公式被称为全概率公式，无论随机事件A与随机事件B之间是否有关系，都会满足该公式。公式的实质在于将随机事件A的发生切分成了 n 种可能，然后将每种可能发生的概率 $P(B_i)$ 乘以在该种可能情形下随机事件发生的概率 $P(A \mid B_i)$，最终将这些结果汇总，即得到随机事件A的总概率。

3.1.4　概率函数与概率密度函数

1. 概率函数

概率函数是一种用于表示离散型变量的概率分布情况的函数，它表示离散随机变量X在各特定取值上的概率 $P(x)$，其总和为1。

2. 概率密度函数

概率密度函数用于表示连续型变量的概率分布情况。前面提到的概率函数是针对离散型随机变量定义的，本身就代表该值的概率；而概率密度函数则是针对连续随机变量定义的，它本身不是概率，只有在某区间内积分后，才能得到该区间的概率。

3.2　概 率 分 布

在统计学中，概率分布有离散型概率分布和连续型概率分布两种。

> 扫描右侧二维码观看视频

3.2.1　离散型概率分布

如果随机变量X的取值是离散的，比如取值为 $\{x_1, x_2, \cdots, x_n\}$，对应的取值概率分别为 $\{p_1, p, \cdots, p_n\}$，其中每个 p_i 都大于或等于0，且所有的 p_i 之和为1，那么就称X为离散型随机变量，服从离散型概率分布。统计学中的离散型概率分布主要包括伯努利分布（Bernoulli distribution）、二项分布、泊松分布、负二项分布、多项分布等。

1. 伯努利分布

伯努利分布是为纪念瑞士科学家雅各布·伯努利而命名的，又称两点分布或者0-1分布。伯努利分布起源于伯努利试验（Bernoulli trial）。考虑只有两种可能结果的随机试验，当成功的概率是恒定的且各次试验相互独立时，这种试验在统计学上被称为伯努利试验。伯努利试验只有一次试验，且只有成功、失败两种可能：若伯努利试验成功，则伯努利随机变量取值为1；若伯努利试验失败，则伯努利随机变量取值为0。因此，在伯努利分布中，只有一次试验，随机变量的取值也只有0和1两种可能。若将取1的概率设定为p，则取0的概率为$1-p$。

伯努利分布的概率函数为：

$$P(X=k) = p^k \times (1-p)^{1-k} \qquad k=0,1$$

2. 二项分布

二项分布是n个独立的成功/失败试验中成功次数的离散概率分布，其中每次试验的成功概率为p。因此，二项分布实质上是多次伯努利试验结果的概率分布。当$n=1$时，二项分布就变成了伯努利分布。二项分布具有以下3个特点：

- 每次试验有两个可能的结果，这两个结果是互斥的，例如下雨或不下雨。
- 每次试验之间相互独立，某次试验的结果不会影响其他试验的结果。
- 每次试验发生事件的概率都是相同的，在整个系列试验中保持不变。

二项分布因为是多次伯努利试验，所以它衡量的是成功次数的概率，即在n次试验中，成功的次数X对应的概率。二项分布记为$X \sim B(n,p)$，概率函数为：

$$P(X=k) = C_n^k p^k \times (1-p)^{n-k} \quad k=0,1,2,\cdots,n$$

3. 泊松分布

泊松（Poisson）分布由法国数学家西莫恩·德尼·泊松（Siméon-Denis Poisson）于1838年提出，用于描述单位时间或单位空间内随机事件发生次数的概率分布。

泊松分布的概率函数为：

$$P(X=k) = \frac{\lambda^k}{k!} e^{-\lambda} \quad k=0,1,2,\cdots,n$$

其中，泊松分布的参数λ是单位时间（或单位面积）内随机事件的平均发生次数。当二项分布的n很大而p很小时，泊松分布可作为二项分布的极限近似，其中$\lambda=np$。通常当$n \geqslant 20, p \leqslant 0.05$时，就可以用泊松公式来近似计算。

4. 负二项分布

负二项分布（negative binomial distribution）也是一种离散型概率分布。已知一个事件在伯努利试验中每次出现的概率是p，在一连串伯努利试验中，X为在第r次成功时所需的试验次数，则事件

"$X=k$"等价于"第k次试验成功且前$k-1$次试验中恰好成功$r-1$次"。

负二项分布记为$X \sim NB(r, p)$，概率函数为：

$$P(X = k) = C_{k-1}^{r-1} p^r \times (1-p)^{k-r} \qquad k = r, r+1\cdots$$

负二项分布需要同时满足以下条件：

- 试验包含一系列独立的试验。
- 每次试验都有成功、失败两种结果。
- 试验成功的概率是恒定的。
- 试验持续到 r 次成功，r 为正整数。

3.2.2　连续型概率分布

如果随机变量X的取值是连续实数，比如取值为（$-\infty,+\infty$），则称X为连续型随机变量，服从连续型概率分布。

对于连续型随机变量，因为其取值是连续的，所以其取值概率的测量是通过概率密度函数来进行的。所有概率密度函数$f(x)$都具有以下共性特点：

（1）针对任意x，都有$f(x) \geqslant 0$，概率$\int_{-\infty}^{+\infty} f(x) \mathrm{d}x = 1$。

（2）随机变量X的取值落入区间$[m,n]$的概率为$\int_{m}^{n} f(x) \mathrm{d}x$。

对于连续型概率分布，还有一个重要的概念是累积密度函数 $F(x)$，其计算公式为：

$$F(x) = \int_{-\infty}^{x} f(x) \mathrm{d}x$$

统计学中的连续型概率分布主要包括正态分布（高斯分布）、卡方分布、T分布和F分布等。

1. 正态分布

正态分布（normal distribution）也称高斯分布（Gaussian distribution），是应用最为广泛的一种连续型概率分布形式，也是许多统计方法的理论基础，通常被认为是概率论中最重要的分布之一。不论是在学术研究领域，还是在应用实践领域，很多随机变量的概率分布都可以近似地用正态分布来描述。参数检验、方差分析、相关和回归分析等多种统计方法均要求分析的变量服从正态分布。

1）一维正态分布

一维正态分布针对的是一个随机变量。如果随机变量X的概率密度函数为：

$$f(x) = \frac{1}{\sqrt{2\pi\sigma^2}} \exp\left(\frac{-(x-\mu)^2}{2\sigma^2}\right)$$

则称X服从正态分布，记为$X \sim N(\mu, \sigma^2)$。其中μ为随机变量X的期望值，是正态分布的位置参数，描述正态分布的集中趋势位置。正态分布以$X=\mu$为对称轴，左右完全对称。正态分布的期望、均数、中位数和众数相同，均等于 μ。

正态分布的图形化表达如图3.1所示。概率规律表明，离 μ 越近的值的概率越大，而离 μ 越远的值的概率越小。σ^2 为随机变量 X 的方差，是正态分布的形状参数，用于描述正态分布的离散程度，σ 越大则数据分布越分散，正态分布曲线越扁平；而 σ 越小则数据分布越集中，正态分布曲线越瘦高。

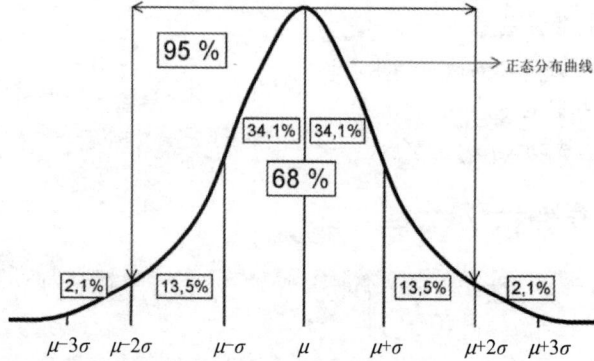

图 3.1 正态分布的图形化表达

正态分布曲线下方，横轴区间（$\mu-\sigma$, $\mu+\sigma$）内的面积略大于68%。

$$P\{|X-\mu|<\sigma\}=2\Phi(1)-1\approx0.68$$

横轴区间（$\mu-2\sigma$, $\mu+2\sigma$）内的面积略大于 95%。

$$P\{|X-\mu|<2\sigma\}=2\Phi(2)-1\approx0.95$$

横轴区间（$\mu-3\sigma$, $\mu+3\sigma$）内的面积略大于 99.7%。

$$P\{|X-\mu|<3\sigma\}=2\Phi(3)-1\approx0.997$$

随机变量 X 落在 $[\mu-3\sigma,\mu+3\sigma]$ 以外的概率在0.003以下，因此在实际应用中，通常认为这些事件几乎不可能发生。因此，区间 $[\mu-3\sigma,\mu+3\sigma]$ 被视为随机变量 X 实际可能的取值区间。这就是正态分布的3σ原则。

当 $\mu=0$ 且 $\sigma^2=1$ 时，称 X 服从标准正态分布，记为 $X\sim N(0,1)$。

在很多情况下，为了便于描述和应用，需要将一般正态分布转换成标准正态分布。为此，可以对数据进行如下处理：

如果 $X\sim N(\mu,\sigma^2)$，则 $Y=\dfrac{X-\mu}{\sigma}\sim N(0,1)$。

2）n 维正态分布

n 维正态分布针对的是 n 维随机变量，如果 n 维随机变量 $X=(X_1,X_2,\cdots,X_n)$ 的联合密度函数为：

$$f(x_1,x_2,\cdots,x_n)=\frac{1}{2\pi^{n/2}|\Sigma|^{1/2}}\exp\left(-\frac{1}{2}(X-\mu)'\Sigma^{-1}(X-\mu)\right)$$

则称 X 服从 n 维正态分布，记为 $X\sim N(\mu,\Sigma)$。其中 μ 为随机变量 X 的期望，Σ 为随机变量 X 的方差-协

方差矩阵。此处需要解释的是，因为X是n维的，所以方差就不是一维正态分布下的一个数值了，而是一个矩阵的概念，即方差–协方差矩阵：

$$\begin{pmatrix} \mathrm{var}(X_1) & \mathrm{cov}(X_1,X_2) & \cdots & \mathrm{cov}(X_1,X_n) \\ \mathrm{cov}(X_2,X_1) & \mathrm{var}(X_2) & \cdots & \cdots \\ \cdots & \cdots & \ddots & \cdots \\ \mathrm{cov}(X_n,X_1) & \cdots & \cdots & \mathrm{var}(X_n) \end{pmatrix}$$

其中对角线上的元素$\mathrm{var}(X_i)$为各个维度的方差，非对角线上的元素$\mathrm{cov}(X_i,X_j)$为X_i和X_j的协方差。

n维正态分布具有以下性质：

- 多维正态分布的每个分量分布为一维正态分布，并且各个分量经任何线性变换得到的随机向量仍为多维正态分布。需要注意的是，如果每个分量分布为一维正态分布，则不能保证其联合分布为多维正态分布。
- 对于n个随机变量$X_1,X_2,\cdots,X_n$，如果任意线性组合（$k_1X_1+k_2X_2+\cdots+k_nX_n$，$k_i$不全为0）都服从一维正态分布，那么$X=(X_1,X_2,\cdots,X_n)$服从$n$维正态分布。
- 如果n维随机变量$X=(X_1,X_2,\cdots,X_n)$服从n维正态分布，$Y_1,Y_2,\cdots,Y_m$均为$(X_1,X_2,\cdots,X_n)$的线性组合，那么m维随机变量$Y=(Y_1,Y_2,\cdots,Y_m)$服从m维正态分布。

2. 卡方分布

卡方分布由阿贝（Abbe）于1863年首先提出，后来由海尔墨特（Hermert）和卡·皮尔逊（C．K．Pearson）分别于1875年和1900年推导出来。如果随机变量$X_1,X_2,\cdots,X_n$是相互独立的，而且每个$X_i(i=1,2,\cdots,n)$都服从均值为0、标准差为1的标准正态分布$N(0,1)$，那么这些X_i的平方和$\sum_{i=1}^{n}X_i^2$服从自由度为n的卡方分布（X^2分布）。

不同的自由度决定不同的卡方分布。卡方分布的自由度越小，分布就会越向左边倾斜。随着自由度的不断增加，卡方分布会逐渐趋近正态分布。卡方分布的自由度分别为3、6、10时的分布曲线如图3.2所示（自坐标原点（0,0）出发，从左至右依次为自由度等于3、6、10时的分布曲线）。

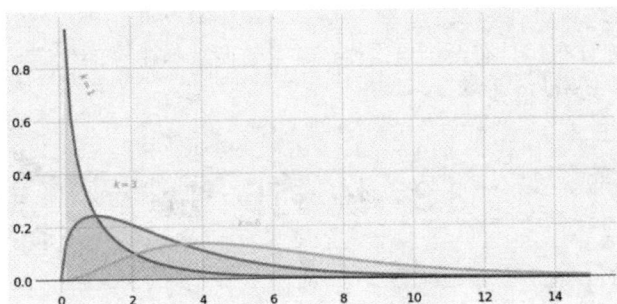

图 3.2 卡方分布曲线

3. T 分布

T分布（学生T-分布，T-distribution）通常用于根据小样本估计正态分布且方差未知的总体均值，如果总体方差已知（例如在样本数量足够多时），则应该用正态分布来估计总体均值。如果随机变量Z服从均值为0、标准差为1的标准正态分布$N(0,1)$，而随机变量Y服从自由度为k的卡方分布，且随机变量Z和随机变量Y相互独立，那随机变量P服从自由度为k的T分布：

$$P = \frac{Z}{\sqrt{Y/k}} \sim t(k)$$

T分布曲线形态与自由度k的大小有关。与标准正态分布曲线相比，自由度k越小，T分布曲线越平坦，曲线中间越低，曲线两侧尾部翘得越高；自由度k越大，T分布曲线越接近正态分布曲线。随着自由度k的不断增加，T分布会趋近于标准正态分布。不同自由度下，T分布与标准正态分布的比较如图3.3所示。图中df表示T分布的自由度，x表示标准正态分布。可以发现，当自由度达到200时，T分布曲线与标准正态分布曲线几乎重合。

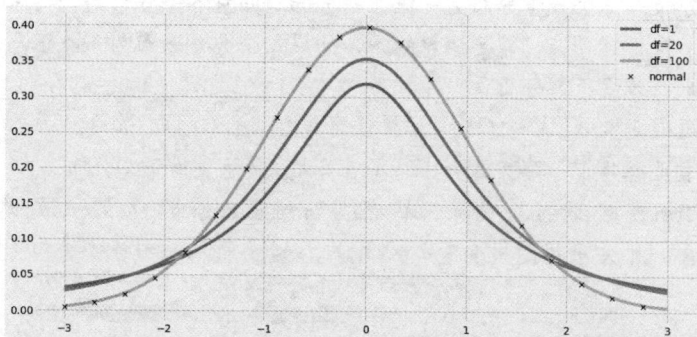

图 3.3　不同自由度下，T 分布与标准正态分布的比较

4. F 分布

F分布由英国统计学家R.A.Fisher于1924年提出，并以其姓氏的第一个字母命名。如果随机变量X服从自由度为k_1的卡方分布，随机变量Y服从自由度为k_2的卡方分布，且随机变量X和随机变量Y相互独立，那么随机变量Z服从自由度为（k_1,k_2）的F分布：

$$Z = \frac{X/k_1}{Y/k_2} \sim F(k_1, \ k_2)$$

F分布是一种非对称分布，具有两个自由度，并且这两个自由度的位置不可互换。F分布常用于方差分析、回归方程的显著性检验等。

3.3　统 计 量

扫描右侧二维码观看视频

统计量是统计学中的一个重要的基础概念，指的是用于对数据进行分析和检验的变量，主要作用是将样本中有关总体的信息汇集起来。统计量只依赖所分析的样本，不依赖总体。在统计学中，一个核心概念是统计推断，即从样本推断总体。统计推断通常需要先进行随机抽样，然后计算所抽

取样本的一系列统计量，最后基于这些统计量来推断总体参数。常用的统计量可以分为3类：集中趋势统计量、离散趋势统计量和分布趋势统计量。

3.3.1　集中趋势统计量

集中趋势指的是样本观测值趋向于某一中心位置的趋势。集中趋势统计量反映了观测值聚集于中心位置的分布情况。常见的集中趋势统计量包括平均值、中位数、众数与总和等。

1. 平均值与期望

平均值是样本层面的统计量，因为样本的取值是可以直接观测的。平均值是各个样本取值的算术平均数。例如，某组样本数据有 $X_1, X_2, \cdots, X_n$ 共 n 个数值，则其平均值的计算公式为：

$$\bar{X} = \frac{X_1 + X_2 + \cdots + X_n}{n} = \frac{\sum X}{n}$$

期望则是总体层面的统计量，用于估计总体的均值。因为总体期望通常是不可直接观测的，所以需要通过估计来获得，这涉及概率的概念。期望值是随机变量的各个取值与对应概率的加权平均。对于离散型随机变量，期望值的计算公式为：

$$E(X) = \sum_{k=1}^{\infty} x_k p_k$$

对于连续型随机变量，期望值的计算公式为：

$$E(X) = \int_{-\infty}^{+\infty} x f(x) \, \mathrm{d}x$$

2. 中位数

中位数是将总体单位某一变量的各个变量值按大小顺序排列，处在数列中间位置的变量值就是中位数。

在资料未分组的情况下，将各变量值按大小顺序排列后，首先可以确定中位数的位置，可用公式 $\frac{n+1}{2}$ 确定，其中 n 代表总体单位的项数；然后根据中点位置确定中位数。

有两种情况：当 n 为奇数项时，中位数是位于中间位置的变量值；当 n 为偶数项时，中位数是位于中间位置的两个变量值的简单算术平均数。

3. 众数

众数是某一变量出现次数最多的样本观测值。假定有一支足球队，11名主力队员在某场球赛中的得分分别为3,4,5,6,6,7,7,8,8,8,9,10。其中8出现的次数最多，出现了3次，因此这组数据的众数为8。需要注意的是，众数可能没有，也可能有多个。例如，一支足球队的11名主力队员在某场球赛中的得分分别为0,1,2,3,4,5,6,7,8,9,10，因为每个数字都只出现了一次，所以这组数据没有众数；又如足球队11名主力队员在某场球赛中的得分分别为0,1,2,3,4,4,5,6,6,6,8,8,8，因为数字6和8都出现了3次，所以这组数据有2个众数，即6和8。

4. 总和

总和是所有样本值的合计。假定有一支足球队，11名主力队员在某场球赛中的进球数分别为0,0,0,0,0,0,1,2,0,1,0,0，则这支球队的进球数总和为1+2+1=4。

3.3.2 离散趋势统计量

离散趋势指样本观测值偏离中心位置的趋势。离散趋势统计量反映了所有观测值偏离中心位置的分布情况。离散趋势的常用统计量有方差、标准差、均值标准误差、最大值、最小值、极差、变异系数、百分位数和Z标准化得分等。

1. 方差和标准差

方差是总体各单位变量值与其算术平均数的离差平方的算术平均数，用σ²表示。方差的平方根就是标准差σ。与方差不同的是，标准差是具有量纲的，它与变量值的计量单位相同，其实际意义要比方差更清楚。因此，在对社会经济现象进行分析时，通常更多使用标准差。

方差和标准差的计算公式为：

$$\sigma^2 = \frac{\sum(X - \bar{X})^2}{n}$$

$$\sigma = \sqrt{\frac{\sum(X - \bar{X})^2}{n}}$$

在正态分布中，68%的个案位于均值的一倍标准差范围内，95%的个案位于均值的两倍标准差范围内。例如，如果一组数据服从正态分布，且平均值为100，标准差为10，则68%的个案将在90~110，95%的个案将在80~120。

2. 均值标准误差

一个容易与标准差混淆的统计量是均值标准误差。均值标准误差是样本均值的标准差，是描述样本均值和总体均值平均偏差程度的统计量，也是表示抽样误差大小的指标。

3. 最大值、最小值和极差

最大值是样本数据中取值最大的数据，最小值是样本数据中取值最小的数据。最大值与最小值的差即为极差，又称为范围、全距，用R表示：

$$R = X_{\max} - X_{\min}$$

4. 变异系数

变异系数是将标准差或平均差与其平均数对比所得的比值，又称离散系数。其计算公式为：

$$V_\sigma = \frac{\sigma}{\bar{X}}$$

$$V_D = \frac{A.D}{\bar{X}}$$

V_σ 和 V_D 分别表示标准差系数和平均差系数。变异系数可用于比较不同数列的变异程度。其中常用的变异系数是标准差系数。

5. 百分位数

如果将一组数据从小到大排序，并计算相应的累计百分位，则某一百分位所对应数据的值就称为这一百分位的百分位数。例如，处于10%位置的值称为第10百分位数。

最为常用的是四分位数，指将数据分为4等份，处于3个分割点位置的数值分别是25%、50%和75%位置上的值。

百分位数适用于定序数据及更高级的数据，但不能用于定类数据。百分位数的优点是不受极端值的影响。

6. Z 标准化得分

Z标准化得分是某一数据与平均值的距离以标准差为单位的测量值。其计算公式为：

$$Z_i = \frac{X_i - \bar{X}}{\sigma}$$

Z_i 即为 X_i 的Z标准化得分。标准化值不仅能表明各原始数据在一组数据分布中的相对位置，而且能在不同分布的各组原始数据之间进行比较，因此常用于统一量纲差距，并在回归分析、聚类分析中应用较多。

3.3.3　分布趋势统计量

1. 偏度

偏度是衡量分布偏斜方向及程度的统计量，用于度量分布的不对称性。正态分布是对称的，偏度值为0。具有显著正偏度值的分布具有很长的右尾，具有显著负偏度值的分布则具有很长的左尾。一般情况下，如果计算得到的偏度值超过其标准误差的两倍，则认为这组数据不具有对称性。

偏度的计算公式为：

$$S = \frac{1}{n}\sum_{i=1}^{n}\left(\frac{x_i - \bar{x}}{\hat{\sigma}}\right)^3$$

2. 峰度

峰度是频率分布曲线与正态分布相比较时，分布顶端尖峭程度的度量。在SPSS中，正态分布的峰度统计量的值为0；正峰度值表示相对于正态分布，观测值更为集中在均值附近，表现为分布峰度较尖，尾部较薄；负峰度值表示相对于正态分布，观察值更为分散，表现为分布峰度较低，尾部较厚。

峰度的计算公式为：

$$K = \frac{1}{n}\sum_{i=1}^{n}\left(\frac{x_i - \bar{x}}{\hat{\sigma}}\right)^4$$

3.4 大数定律与中心极限定理

> 扫描右侧二维码观看视频

本节将简单介绍大数定律与中心极限定理。

3.4.1 大数定律

大数定律，也称为大数法则或大数定理，是概率论领域的基本定律之一。最早的大数定律由瑞士人Jacob Bernouli于1713年发现。伯努利大数定律的基本概念是：当大量重复某一试验时，最后的频率无限接近事件概率。大数定律本质上反映的是当随机现象的观察量足够大时，随机事件A出现的频率几乎接近其发生的概率，即频率具备一定的稳定性。其基本逻辑是，如果被研究现象的总体是由大量相互独立的随机因素形成的，而且每个随机因素对总体的影响都相对较小，那么对大量随机因素进行综合平均，个别随机因素的影响将互相抵消，并显现出它们共同作用的倾向，使总体具有稳定的性质。

契比雪夫进一步丰富了大数定律，相较于伯努利大数定律不再要求随机因素相互独立，指出当抽取的样本容量足够大时，样本的算术平均值会接近总体的数学期望。具体来说，如果由随机变量构成的总体具有有限的平均数和方差，则对于充分大的抽样单位数n（至少$n>30$），将会有几乎趋近1的概率使得样本平均值接近总体平均值。

不论是伯努利大数定律，还是契比雪夫大数定律，均强调了样本容量在以样本推断总体中的重要作用，为统计学中从样本出发来估计总体分布参数提供了理论依据。在挖掘现象的某种总体性规律时，将具有这种现象的足够多的样本加以综合汇总时，这种规律就能够明显地显示出来。一言以蔽之，当样本容量足够大时，就足以代表总体。

3.4.2 中心极限定理

中心极限定理是指，不论总体服从何种分布，只要总体变量存在着有限的平均值和标准差，那么抽取的样本观测值数量越大，取样次数越多，样本平均值的分布也就越接近一条正态分布曲线。或者说，如果从某个总体中多次随机抽取数量足够多的样本，那么这些样本的平均值会以总体平均值为中心呈现正态分布。普遍经验表明，当样本数量超过30时，中心极限定理才能成立。

当抽取的样本观测值数量充分大、取样次数充分多时，样本平均值近似地服从正态分布，且样本的平均值等于总体平均值，样本平均值的标准误差$=\sigma/\sqrt{n}$，其中σ为总体的标准差，n为样本观测值数。

标准差和标准误差

标准差（在 SPSS 窗口界面通常为"标准偏差"）是用来衡量在一次抽取样本时，所抽取样本中所有样本观测值之间的差异程度。它是方差的平方根，而方差是一组样本数据与这组样本数据各样本观测值的平均值之差的平方数的算术平均值。标准差计算公式为：

$$\sigma = \sqrt{\frac{\sum(X-\overline{X})^2}{n}}$$

标准误差衡量的是多次抽取样本时，多组样本平均值之间的差异程度，反映的是抽取的样本能否较好地代表总体，是所有样本平均值的标准误差，等于总体标准差除以样本量的平方根。其计算公式如下：

$$样本平均值的标准误差 = \sigma \div \sqrt{n}$$

其中 σ 代表标准差，n 代表样本量。

如果标准误差很大，意味着样本平均值在总体平均值周围分布得极为分散；如果标准误差很小，意味着样本平均值之间的聚集程度很高。

3.5　参 数 估 计

扫描右侧二维码观看视频

统计推断是数理统计的核心内容，是指根据样本数据对总体分布或其参数（即分布的数字特征，如均值、方差、比例等）进行合理推断的过程。参数估计又称抽样估计，属于统计推断的范畴，是一种根据从总体中抽取的样本估计总体分布中包含的未知参数的方法。由此可见，此处所指的参数与前文中提到的统计量之间最为显著的区别在于：统计量针对样本，而参数针对总体，我们计算的是样本的统计量，而估计的是总体的参数。参数估计有两种方法：点估计和区间估计。点估计是用样本指标直接推断总体指标，而不考虑抽样误差；区间估计则是在考虑抽样误差的基础上，用样本指标推断总体指标的可能范围，同时给出参数估计的准确度和置信度。

3.5.1　点估计

点估计是依据样本统计量（如样本均值、样本比例等）对总体分布中未知参数进行单一数值估计的方法。点估计的常用方法有矩估计法、最小二乘估计（least-squares estimation，LSE）和最大似然估计（maximum likelihood estimation，MLE）。

1. 矩估计法

由大数定律可知，当样本容量很大时，样本均值以概率1趋于总体均值。因此，我们可以用样本的数字特征作为总体数字特征的估计，这就是矩估计。

2. 最小二乘估计

最小二乘估计是高斯（C.F.Gauss）在1975年提出的一种参数估计法，其基本准则是使残差平方和最小。该方法是参数估计中较成熟的基本方法，并获得了广泛的应用。考虑如下模型（如果读者在现阶段理解起来有难度，可参考第10章进行详细学习）：

$$y = \alpha + \beta_1 x_1 + \beta_2 x_2 + \cdots + \beta_n x_n + \varepsilon$$

其中，y为因变量（也称被解释变量或受影响变量），各个x_i为自变量（也称因子、解释变量或影响变量），α为截距项，各个β_i为待估计参数，ε为误差项。例如，在针对一项关于"某地区劳动人口中年龄、学历、受教育程度、工作年限等因素对年收入水平的影响"的研究中，y为"年收入水平"，各个x_i为"年龄、学历、受教育程度、工作年限等"等因素，各个β_i的正负号及大小反映了这些因素对年收入水平的影响方向和程度。

在模型中，因变量的变化可以用由$\alpha+\beta_1 x_1+\beta_2 x_2+\cdots+\beta_n x_n$组成的线性部分和随机误差项$\varepsilon$两部分解释。对于线性模型，一般采用最小二乘估计法估计参数α、β，其中残差是因变量的实际值y（样本观测值）与拟合值（通过回归方差$\alpha+\beta_1 x_1+\beta_2 x_2+\cdots+\beta_n x_n$计算得到）之间的差值。最小二乘估计法的基本原理是使残差平方和最小，因此，采用最小二乘估计法来估计参数α、β，也就是求解以下最优化问题：

$$\text{argmin}\sum_{i=1}^{n}\text{e}_i^2=\text{argmin}\sum_{i=1}^{n}(y-\hat{\alpha}-\hat{\beta}\boldsymbol{X})$$

3. 最大似然估计

最大似然估计也称极大似然估计，于1821年首先由德国数学家高斯提出，但是这个方法通常归功于英国的统计学家罗纳德·费希尔（R. A. Fisher）。

最大似然估计本质上是概率论在统计学的应用。简单来说，最大似然估计的基本思想是，在"已知某个随机样本满足某种概率分布，但具体参数不清楚"或"模型已定，参数未知"的情况下，通过若干次试验，利用已知的样本观测值反推最有可能（即最大概率）导致这些样本观测值出现的模型参数值。或者说，如果通过观察样本观测值的结果就能知道某个参数使该样本出现的概率最大，则无须再考虑其他参数，直接把这个参数作为估计的真实值即可。

最大似然函数估计的一般步骤是：首先写出似然函数；然后对似然函数取对数，得到对数似然函数；接着基于对数似然函数求导；最后求解似然方程，求得估计的参数。

3.5.2 区间估计

区间估计（interval estimation）是从点估计值和抽样标准误差出发，按给定的概率值建立包含待估计参数的区间，从而综合考虑样本指标和抽样标准误差。其中这个给定的概率值被称为置信度或置信水平（confidence level）；建立的包含待估计参数的区间被称为置信区间（confidence interval）。

置信水平通常以$1-\alpha$来表示，α又被称为显著性水平。置信水平可以理解成是总体参数落在样本统计值某一区间内的信心或把握，这个信心或把握是以概率形式来表示的。其中常用的置信水平包括90%、95%、99%等，而95%最为常用。当置信水平取值为95%时，表示总体参数落在样本统计值某一区间内的概率是95%，或者说有95%的信心或把握断定总体参数将落在样本统计值某一区间内。

置信区间主要用于假设检验，划定置信区间的两端数值分别称为置信下限（lower confidence limit，LCL）和置信上限（upper confidence limit，UCL）。95%的置信区间示例如图3.4所示。

在图3.4中，样本数据服从标准正态分布，即均值为0，标准差为1，所以统计推断总体均值亦紧紧围绕均值0分布。总体均值有68%（34%×2）的置信水平落入样本均值0左右各1个标准差的区间（即[-1,1]区间）内，总体均值有95%（47.5%×2）的置信水平落入样本均值0左右各1.96个标准差的区间（即[-1.96,1.96]区间）内。

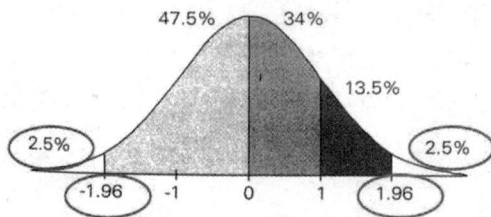

图 3.4 95%的置信区间

3.5.3 参数估计的无偏性、有效性以及一致性

参数估计的无偏性、有效性以及一致性是用于评价参数估计优良性的准则。

1. 参数估计的无偏性

无偏性的实际意义是指没有系统性的偏差。无偏性的数学表达式为：

$$E(\hat{\beta}) = \beta$$

在基于样本统计量估计总体参数时，期望计算得到的估计参数 $\hat{\beta}$ 的数学期望能够等于总体的真实参数 β，即 $\hat{\beta}$ 是真实参数 β 的无偏估计。换言之，参数估计具有无偏性时，基于不同样本进行多次重复估计，得到的 $\hat{\beta}$ 的平均值会无限接近于所估计的参数真值 β。

统计推断的要义在于通过样本推断总体，由于样本不可能完全代表总体，因此在参数估计时，估计参数 $\hat{\beta}$ 和真实参数 β 之间必然会产生误差。这些误差分为系统误差和随机误差两种。无偏估计量的优良性在于它仅包含随机误差而没有系统误差，即基于不同样本进行多次重复估计时，不会产生系统误差，而仅产生随机误差。随机误差会围绕0波动，但整体期望为0。

2. 参数估计的有效性

参数估计的有效性是指估计参数 $\hat{\beta}$ 的方差值，方差代表波动，波动越小，估计越有效。

如果 $\mathrm{Var}(\hat{\beta}_1) < \mathrm{Var}(\hat{\beta}_2)$，则说明 $\hat{\beta}_1$ 的有效性高于 $\hat{\beta}_2$。

3. 参数估计的一致性

参数估计的一致性指的是在大样本条件下，估计值接近真实值。

具体来说，对于 $\forall \varepsilon > 0$，都满足：

$$\lim_{n \to \infty} P\left(\left| \hat{\beta} - \beta \right| \geqslant \varepsilon \right) = 0$$

3.6 假 设 检 验

扫描右侧二维码观看视频

假设检验是一种统计推断方法，用来判断样本与样本、样本与总体之间的差异是由抽样误差引

起的，还是由本质差别造成的。常用的假设检验方法有T检验、Z检验、F检验等。在SPSS中，假设检验的应用非常广泛，基本上都是对估计参数的显著性检验。不论是哪种类型的假设检验，其基本原理都是先对总体的特征做出某种假设，然后构建检验统计量，并将检验统计量与临界值进行比较，最后根据结果决定是否接受原假设。

3.6.1 假设检验概述

假设检验的基本思想来源于小概率事件原理，即小概率事件在一次试验中几乎不可能发生。其统计推断方法是一种带有某种概率性质的反证法。具体而言，首先提出检验的原假设和备择假设，然后使用适当的统计方法，利用小概率原理来确定原假设是否成立。简单来说，提出原假设后，首先假定原假设是可以接受的，然后依据样本观测值进行检验。如果检验中发现小概率事件发生，即一个基本不可能发生的事件发生了，就说明原假设不可接受，应拒绝原假设并接受备择假设。如果检验中没有发生小概率事件，则接受原假设。

上述提到的小概率事件基于实践中广泛采用的原则，但问题在于，概率小到什么程度才算作小概率事件呢？显而易见，事实是小概率事件的概率越小，否定原假设的说服力就越强。通常情况下，将这个概率值记为 α（$0<\alpha<1$），称为检验的显著性水平；将基于样本观测值实际计算出的容忍小概率事件发生的概率值记为 p（$0<p<1$），称为检验的显著性 p 值。如果 p 值大于显著水平 α 值，则说明实际可以容忍的小概率事件发生的概率大于设定的 α 值，因此接受原假设。常用的显著性水平包括0.1、0.05、0.01等，其中0.05最为常用。

假设检验的步骤如下：

步骤 01 提出原假设（$H0$）和备择假设（$H1$）。原假设的含义一般是样本与总体或样本与样本间的差异是由抽样误差引起的，不存在本质差异；备择假设的含义是样本与总体或样本与样本间存在本质差异，而不是由抽样误差引起的。

步骤 02 设定显著性水平 α。

步骤 03 构建合适的统计量，然后基于样本观测值按相应的公式计算出统计量的大小，如 T 检验、Z 检验、F 检验、卡方检验等。

步骤 04 根据统计量的大小计算显著性 p 值，并将 p 值与显著性水平 α 进行比较。如果 p 值大于 α 值，则说明实际可以容忍的小概率事件发生的概率大于设定的 α 值，即接受原假设；如果 p 值小于 α 值，则拒绝原假设。

假设检验有以下注意事项：

在进行假设检验之前，应该先判断样本观测值是否具有可比性，并且注意每种检验方法的适用条件，根据资料类型和特点选用正确的假设检验方法。在假设检验结束之后，对结果的运用也不要绝对化：一是假设检验反映的差异仅仅是数据本身的统计学意义，而这种差别可能没有实际应用意义；二是由于样本的随机性及选择显著性水平α的不同，基于某次抽样或特定范围内的样本观测值得出的检验结果，与真实情况有可能不吻合。因此，无论是接受还是拒绝检验假设，都有可能出现判断错误。

假设检验中可能的错误有以下两类：

（1）拒绝为真错误。即使原假设正确，小概率事件也可能发生。如果我们抽取的样本观测值恰好是符合小概率事件的样本观测值,可能会因为小概率事件的发生而错误地拒绝原假设。这类错误称为"拒绝为真"错误或第一类错误。犯第一类错误的概率恰好是小概率事件发生的概率α。

(2)接受伪值错误。如果原假设不正确,但由于抽样的不合理,导致假设检验通过了原假设,这类错误被称为"接受伪值"错误或第二类错误。我们把犯第二类错误的概率记为β。

对于研究人员来说,无论哪种错误都是不希望出现的。但是,当样本容量固定时,第一类错误发生的概率α和第二类错误发生的概率β不可能同时减小。换言之,当我们倾向于使得α变小时,β会变大;同理,当倾向于使得β变小时,α会变大。只有当样本容量增大到能够更好地满足大样本随机原则时,才有可能使得α和β同时减小。在实际操作中,我们通常控制住犯第一类错误的概率,即设定显著性水平α,然后通过增大样本容量来降低第二类错误的发生概率β。

注　意

本小节内容非常重要,显著性水平 α、显著性 p 值等基本概念将在后续的参数检验、非参数检验、方差分析、相关分析和各类回归分析中频繁使用,因此需要扎实掌握。

3.6.2　T 检验、Z 检验和 F 检验

1. T 检验

T检验(t test),又称"学生检验",由英国统计学家戈塞特(W.S. Gosset)首创。它适用于样本为小样本、总体服从正态分布且总体标准差未知的情况,是一种参数检验方法。其基本思想是使用T分布理论来推断差异发生的概率,对总体平均值μ进行检验。T检验不仅可以检验一个样本平均值与已知总体平均值的差异是否显著,还可以检验两个样本的平均值与其各自所代表的总体的差异是否显著。

T检验的步骤如下:

步骤01　建立原假设,即假定总体平均值与指定常数之间无显著差异,或者两个平均值之间无显著差异。

步骤02　构建 t 统计量。

步骤03　比较计算所得的 t 值与理论 t 值,计算显著性 p 值,并将其与设定的显著性水平进行比较,最后做出判断。

T检验包括以下几种类型:单一样本T检验(one-sample T test)、独立样本T检验、配对样本T检验等。

单一样本T检验相当于数理统计中的单个总体均值的假设检验。根据样本观测值,检验抽样总体的均值与指定的常数之间的差异程度,即检验零假设$H_0: \mu = \mu_0$是否成立。设n为样本容量,$\overline{X}$为样本均值,检验使用t统计量。在原假设成立的条件下,t统计量的表达式为:

$$t = \frac{\overline{X} - \mu_0}{S / \sqrt{n}} \sim t(n-1)$$

其中 $S = \sqrt{\dfrac{1}{n-1}\sum_{1}^{n}(X_t-\overline{X})^2}$ 为样本标准差。在T检验中，一般可用样本标准差S代替总体标准差σ。检验的目的是推断样本所代表的未知总体的均值与已知总体的均值有无差异。

独立样本T检验用于检验两个独立样本的平均值（各自所代表的总体平均值）是否有显著差异，即检验H_0: $\mu_1=\mu_2$是否成立。

配对样本T检验用于检验两个配对样本的平均值（各自所代表的总体平均值）是否有显著差异。常用于同一研究对象的处理前后的比较，或者同一研究对象分别给予两种不同处理的效果比较，不同研究对象配对后分别接受不同处理的效果比较等。如果假设来自两个正态总体的配对样本为$(X_1,Y_1),(X_2,Y_2),\cdots,(X_n,Y_n)$，令$D_i=X_i-Y_i$（$i=1,2,\cdots,n$），则相当于检验样本$D_i$（$i=1,2,\cdots,n$）是否来自均值为零的正态总体，即检验假设$H_0:\mu=\mu_1-\mu_2=0$是否成立。

2. Z 检验

Z检验，也称u检验，是对服从正态分布的统计量所进行的统计检验，属于秩和检验法之一，通常作为一种非参数检验。Z检验可用于小样本、总体为正态分布且已知总体方差的情况，对总体平均值进行检验；也可用于大样本、总体分布未知的情况，对总体平均数的检验。

Z检验的步骤如下：

步骤 01 建立原假设，即假定总体平均值与指定常数之间无显著差异，或两个平均值之间无显著差异。

步骤 02 构建 Z 统计量，例如，要检验样本平均值$\overline{x}$与已知的总体平均数μ_0的差异是否显著，Z 统计量即为：

$$Z = \frac{\sqrt{n}(\overline{x}-\mu_0)}{\sigma} \sim N（0,1）$$

步骤 03 比较计算所得 Z 值与理论 Z 值，计算显著性 p 值，并将显著性 p 值与设定的显著性水平进行比较，最后做出判断。

注　意

根据智冬晓等人（2004）[1]的研究，Z检验与T检验的统计量源自同一理论，只是在方差处理上有所不同，导致检验方法存在差异。Z 检验与 T 检验的绝对差异并不明显，且这两种检验方法均可用于总体比例的大样本近似检验中。

基于这一结论，当待检验变量为连续型变量时，T 检验不仅适用于小样本（$n<30$）且服从正态分布的情形，也适用于大样本（$n\geqslant30$）的情形。

---

3. F 检验

F检验，又称方差分析（ANOVA检验）或方差齐性检验，是一种用来捕捉每个自变量与响应变量之间线性关系的过滤方法，实现路径是针对两个及两个以上分组的样本均值进行差异显著性检验，它的基本思想是将不同分组的样本均值之间的差异归结于两个方面：

1　智冬晓，许晓娟，张皓博.z检验与t检验方法的比较[J]. 统计与决策，2014(20)：31-33.

- 一是组间差异，即不同分组之间的均值差异，用变量在各组的均值与总均值的偏差平方和的总和来表示，记为 SSA。如果有 r 个分组，则其自由度为 $r-1$。
- 二是组内差异，即同一分组内部样本之间的差异，用变量在各组的均值与该组内变量值之偏差平方和的总和来表示，记为 SSE。如果共有 n 个样本、r 个分组，则其自由度为 $n-r$。

基于上述思想，可以构建 F 统计量：

$$F = \frac{SSA / df1}{SSE / df2} = \frac{SSA / (r-1)}{SSE / (n-r)} = \frac{SSA / (r-1)}{SSE / (n-r)}$$

可以发现，F 值越大，组间差异越大，表明基于该结果对样本进行分类具有更高的意义。
F检验的步骤如下：

步骤 01 根据已有数据建立假设，确定显著性水平 α。

步骤 02 构建 F 统计量，由样本数据计算 F 值。

步骤 03 将计算所得的显著性 p 值与显著性水平 α 进行比较，并做出判断。

3.6.3 参数检验和非参数检验

从是否假设总体分布特征已知的角度来看，检验方法分为参数检验和非参数检验两大类。

1. 参数检验

参数检验需要预先假设总体的分布，并在这个严格假设的基础上才能推导各个统计量，从而对原假设（H_0）进行检验。3.6.2节介绍的T检验、Z检验和F检验均为参数检验。

2. 非参数检验

非参数检验方法不需要预先假设总体的分布特征，直接从样本计算所需要的统计量，进而对原假设进行检验。常见的非参数检验包括卡方检验、二项检验、单样本K-S检验、两个独立样本检验、两个相关样本检验、K 个独立样本检验、K 个相关样本检验等。

方法选择方面，一般情况下，当待检验随机变量为连续型变量时，针对大样本（$n \geq 30$）数据，或者虽然为小样本（$n<30$）但服从正态分布的数据，可使用参数检验方法。当待检验随机变量为非连续型变量，或者为小样本（$n<30$）但不服从正态分布时，可使用非参数检验方法。

3.6.4 模型设定检验

在实证研究类论文中，经济社会变量之间的因果关系往往通过构建回归模型来表达。所设定模型的科学性、合理性和优良性在很大程度上决定了研究结果的有效性。因此，为了探索模型的效果，需要进行模型设定检验。根据刘明和宋彦玲（2023）[1]的划分方式，模型设定检验包含相对检验、模型拟合检验和分析残差结构的模型拟合检验三大类。

---

1 刘明，宋彦玲. 经济学实证研究中的稳健性检验方法——基于检验逻辑视角的阐释[J]. 统计与决策，2023，39(12)：45-50.

1. 相对检验

相对检验包括AIC检验、BIC检验等方法，其作用在于提供一种标准来检验多个模型之间的相对优劣，从而帮助研究者找到最合适的模型。

AIC和BIC检验通过信息准则来确定最合适的模型。通常，模型中包含的解释变量越多，其对被解释变量的解释越充分，也能够更好地解决"遗漏变量"问题，模型的可决系数R^2也会增大，模型拟合效果变好；然而，这也可能导致模型中解释变量过多，从而引发多重共线性、解释变量冗余和过度拟合的问题。AIC和BIC检验通过加入模型复杂度的惩罚项，统筹考虑模型中产生遗漏变量和变量冗余等问题，避免过度拟合。AIC和BIC值越小，模型越值得选择。

2. 模型拟合检验

模型拟合检验包括T检验、F检验、计算R^2值等，用以评价模型拟合的效果与质量。

- T检验针对模型中单个解释变量系数的显著性，系数对应 t 值的绝对值越大，显著性 p 值越小，说明系数的统计显著性越明显。
- F检验针对模型整体的显著性，系数对应 F 值的绝对值越大，显著性 p 值越小，说明模型整体的统计显著性越明显。
- R^2 值即模型的可决系数，R^2 越大，表明模型拟合效果越好，所选解释变量越能较好地解释被解释变量。

3. 分析残差结构的模型拟合检验

分析残差结构的模型拟合检验包括BP检验、White检验、DW检验等。BP检验和White检验等用于检验模型中是否存在异方差，DW检验等用于检验模型中是否存在自相关。如果通过检验发现模型中存在异方差或自相关，则需要对模型进行处理，以消除异方差和自相关带来的不利影响。

3.7 本 章 习 题

一、选择题

1. 下面哪些属于集中趋势的常用统计量？（　　）多选
A. 平均值　　　　　　　　B. 中位数
C. 众数　　　　　　　　　D. 标准差

2. 下面哪些属于离散趋势的常用统计量？（　　）多选
A. 平均值　　　　　　　　B. 极差
C. 方差　　　　　　　　　D. 标准差

3. （　　）是对分布偏斜方向及程度的测度，用来度量分布的不对称性。单选
A. 平均值　　　　　　　　B. 极差
C. 偏度　　　　　　　　　D. 峰度

4. （　　）是频数分布曲线与正态分布相比较，顶端的尖峭程度。单选

A. 平均值　　　　　　　　B. 极差

C. 偏度　　　　　　　　　D. 峰度

5. 用于评价参数估计优良性的准则有哪些（　　）？多选

A. 无偏性　　　　　　　　B. 有效性

C. 稳定性　　　　　　　　D. 一致性

6. 下面关于假设检验的说法正确的有（　　）。多选

A. 第一类错误的概率恰好就是小概率事件发生的概率 α

B. 假设检验的基本思想是小概率事件原理

C. 第一类错误被称为"接受伪值"错误

D. 第二类错误被称为"拒绝为真"错误

7. 若设定显著性水平为 0.05，那么以下计算的显著性 p 值，哪些会拒绝原假设？（　　）多选

A. $p=0.000$　　　　　　　B. $p=0.01$

C. $p=0.055$　　　　　　　D. $p=0.1$

8. 下面哪些属于非参数检验？（　　）多选

A. 卡方检验　　　　　　　B. 二项检验

C. 游程检验　　　　　　　D. T 检验

9. 下面哪些属于参数检验？（　　）多选

A. 卡方检验　　　　　　　B. z 检验

C. F 检验　　　　　　　　D. T 检验

10. 最小二乘法以（　　）为估计准则。单选

A. 似然值最大　　　　　　B. 残差的平方和最小

C. 对数似然值最大　　　　D. 残差的平方和最大

11. 参数估计的有效性就是看估计参数 $\hat{\beta}$ 的方差值，方差代表波动，波动（　　）越有效。单选

A. 越大　　　　　　　　　B. 越小

12. 参数估计的（　　）表示在大样本条件下，估计值接近真实值。多选

A. 无偏性　　　　　　　　B. 有效性

C. 稳定性　　　　　　　　D. 一致性

13. 下面哪些说法是正确的？（　　）多选

A. 模型拟合检验包括 T 检验、F 检验、计算 R^2 值等，用以评价模型拟合的效果与质量。

B. T 检验针对的是单个解释变量系数的显著性，系数对应 t 值的绝对值越大说明系数越显著。

C. F 检验针对的是模型整体的显著性，系数对应 F 值的绝对值越小，说明模型整体越显著。

D. R^2 值即模型的可决系数，取值越小表明模型拟合效果越好。

14. 分析残差结构的模型拟合检验包括（　　）等，检验模型中是否存在异方差和自相关。多选

A. 卡方检验　　　　　B. BP 检验　　　　　　C. White 检验　　　　D. DW 检验

二、概念题（可选做其中 5 道）

1. 阐述总体、样本与统计推断的概念。

2. 阐述频率与概率的概念。

3. 阐述条件概率、独立事件与全概率公式的概念。

4. 阐述概率函数与概率密度函数的概念。

5. 阐述离散型概率分布与连续型概率分布的区别。

6. 阐述正态分布（高斯分布）的概念。

7. 阐述T分布的概念、T检验的概念

8. 阐述F分布的概念、F检验的概念

9. 阐述大数定律的基本思想。

10. 阐述中心极限定理的基本思想。

11. 阐述假设检验的概念、原理。

◆ 第二部分 ◆

基础统计应用

第4章

描述统计

当研究者得到的数据量很小时，可以直接观察原始数据。但当数据量很大时，就需要借助各种描述性指标来完成对数据的描述。通过少量的描述性指标来概括大量的原始数据，这种对数据展开描述的统计分析方法被称为描述性统计分析。不同变量的性质会影响Stata对描述性分析的处理方式。

4.1 定距变量的描述性统计

扫描右侧二维码观看视频
下载资源:\sample\chap04\数据 4.1

4.1.1 统计学原理及 Stata 命令

定距变量是取值具有"距离"特征的变量，其数值差异反映实际量级的等距变化，但不存在绝对零点（即零值不表示"无"）。定距变量具备连续变量的所有特性，数据分析中的大部分变量都是定距变量。通过定距变量的基本描述性统计，我们可以得到数据的概要统计指标，包括均值、最大值、最小值、标准差、百分位数、中位数、偏度和峰度系数等。

关于定距变量的描述性统计，常用的Stata命令包括summarize、tabstat、ci等。

Summarize命令用于计算并显示各种单变量摘要统计信息。summarize命令的语法格式为：

```
summarize [varlist] [if] [in] [weight] [, options]
```

其中，[varlist]为变量列表，如果没有指定varlist，则计算数据集中所有变量的汇总统计信息。[if]为条件表达式，[in]用于设置样本范围，[weight]用于设置权重，[,options]用于设置可选项。summarize命令的[,options]可选项及其含义如表4.1所示。

表 4.1 summarize 命令的[,options]可选项及其含义

[,options]可选项	含　义
detail	生成额外的统计数据，包括偏度、峰度、4 个最小值和 4 个最大值以及各种百分比
meanonly	只有在没有指定 detail 时才允许设置该选项，它抑制了结果的显示和方差的计算，在编写 ado 文件时将会非常有用
format	请求使用与变量关联的显示格式来显示汇总统计信息，而不是默认的显示格式
separator(#)	指定在输出中插入分隔行的频率。默认值是 separator(5)，这意味着每 5 个变量之后绘制一条分隔线。按照同样的逻辑，separator(10)将在每 10 个变量后画一条分隔线。separator(0)将不绘制分隔线
display_options	用来控制间距、行宽、基本单元格和空单元格

　　Tabstat命令用于在一张表中显示一系列定距变量的汇总统计信息，允许用户指定要显示的统计信息列表，并且可以根据另一个变量来计算统计数据，因此在统计数据和表格格式方面具有很大的灵活性。tabstat命令的语法格式为：

```
tabstat varlist [if] [in] [weight] [, options]
```

　　其中，[varlist]为变量列表，如果没有指定varlist，则计算数据集中所有变量的汇总统计信息。[if] 为条件表达式，[in]用于设置样本范围，[weight]用于设置权重，[, options]用于设置可选项。tabstat命令的[, options]选项及其含义如表4.2所示。

表 4.2 tabstat 命令的[,options]选项及其含义

[, options]可选项	含　义
by(varname)	按照(varname)分组输出统计量
statistics(statname [...])	输出指定的统计量
labelwidth(#)	设置 by()变量标签的宽度，默认是 labelwidth (16)
varwidth(#)	设置变量宽度，默认是 varwidth (12)
columns(variables)	在表列中显示的是变量，是默认选项
columns(statistics)	在表列中显示的是统计量信息
format[(%fmt)]	设置统计量显示格式，默认格式为%9.0g
casewise	按字母大小写删除样本观测值
nototal	不报告全部的统计量，与 by()选项配合使用
missing	报告 by()变量缺失值的统计信息
noseparator	输出结果时，在 by()的各类别之间不使用分隔线
longstub	扩展表格左侧的宽度，避免分组变量（如分类变量）的标签因过长而被截断
save	在 r()中存储汇总统计信息

　　ci命令用于计算总体均值、比例、方差和标准差的置信区间。ci命令包括5种类型，分别为：

　　（1）均值的置信区间（正态分布）：

```
ci means [varlist] [if] [in] [weight] [, options]
```

　　（2）均值的置信区间（泊松分布）：

```
ci means [varlist] [if] [in] [weight], poisson [exposure(varname) options]
```

（3）比例的置信区间：

```
ci proportions [varlist] [if] [in] [weight] [, prop_options options]
```

（4）方差的置信区间：

```
ci variances [varlist] [if] [in] [weight] [, bonett options]
```

（5）标准差的置信区间：

```
ci variances [varlist] [if] [in] [weight], sd [bonett options]
```

4.1.2 案例应用——分析我国新能源汽车月度产量

本小节用于分析的数据文件是“数据4.1”，其中记录的是2016年7月至2024年8月我国新能源汽车月度产量的相关数据，具体包括新能源汽车当月产量、新能源乘用车当月产量和新能源商用车当月产量，单位均为万辆。动力类型包括纯电动和插电式混动（已进行值标签操作，1表示纯电动，2表示插电式混动）。数据如图4.1所示。

	月份	动力类型	新能源汽车当月产量	新能源乘用车当月产量	新能源商用车当月产量
1	2016-07	纯电动	2.7	2.1	.7
2	2016-08	纯电动	3.2	2.3	.9
3	2016-09	纯电动	3.4	2.3	1.1
4	2016-10	纯电动	4.4	3.3	1.1
5	2016-11	纯电动	6.4	4.3	2.1
6	2016-12	纯电动	7.7	3.4	4.3
7	2017-01	纯电动	.59	.49	.1
8	2017-02	纯电动	1.53	1.39	.14
9	2017-03	纯电动	2.67	2.44	.23
10	2017-04	纯电动	3.02	0	0
11	2017-05	纯电动	4.4	3.7	.66
12	2017-06	纯电动	5.4	3.9	1.5
13	2017-07	纯电动	4.6	3.4	1.2
14	2017-08	纯电动	5.8	4.5	1.3
15	2017-09	纯电动	6.4	4.6	1.8
16	2017-10	纯电动	7.7	5.5	2.2
17	2017-11	纯电动	10.5	6.9	3.6
18	2017-12	纯电动	12.9	7.5	5.4
19	2018-01	纯电动	2.78	2.34	.44
20	2018-02	纯电动	2.89	2.59	.29
21	2018-03	纯电动	5.1	4.57	.55
22	2018-04	纯电动	6.4	5.29	1.1
23	2018-05	纯电动	7.7	5.9	1.7
24	2018-06	纯电动	6.4	5.2	1.2

图 4.1　“数据 4.1”中的部分数据（由于数据量过大，仅显示其中一部分）

下面针对变量“新能源汽车当月产量”开展一系列描述性统计分析。打开数据文件“数据4.1”，在主界面的命令窗口中依次输入以下命令：

```
summarize  新能源汽车当月产量
```

该命令用于获取“新能源汽车当月产量”变量的主要描述性统计量。运行该命令后，在Stata 17.0主界面的结果窗口中可以看到如图4.2所示的分析结果。有效观测样本共有196个，样本的均值为16.34214，标准差是18.81923，最小值是0.1，最大值是81.12。

```
. summarize 新能源汽车当月产量

    Variable |       Obs        Mean    Std. dev.        Min         Max

   新能源汽~量 |       196    16.34214    18.81923          .1       81.12
```

图 4.2　描述性统计分析结果图 1

```
summarize 新能源汽车当月产量,detail
```

该命令用于获取"新能源汽车当月产量"变量的详细统计量，分析结果如图4.3所示。

```
. summarize 新能源汽车当月产量,detail

                       新能源汽车当月产量

              Percentiles      Smallest
        1%          .16             .1
        5%           .8             .16
       10%          1.3             .26       Obs                 196
       25%         2.61             .5        Sum of wgt.         196

       50%          7.7                       Mean            16.34214
                                Largest       Std. dev.       18.81923
       75%       24.625         64.64
       90%        51.06         65.6          Variance        354.1634
       95%        57.99         72.69         Skewness        1.353907
       99%        72.69         81.12         Kurtosis        3.760397
```

图 4.3　描述性统计分析结果图 2

1）百分位数（percentiles）

数据的第1个四分位数（25%）是2.61；数据的第2个四分位数（50%）即中位数，是7.7；数据的第3个四分位数（75%）是24.625。数据的百分位数表示低于该数据值的样本在全体样本中的百分比。例如，本例中25%分位数表示全体样本中有25%的数据值低于2.61。

2）4个最小值（smallest）

本例中，最小的4个数据值分别是0.1、0.16、0.26、0.5。

3）4个最大值（largest）

本例中，最大的4个数据值分别是64.64、65.6、72.69、81.12。

4）均值（mean）和标准差（Std. dev）

与前面的分析结果一样，样本数据的均值为16.34214，标准差是18.81923。

5）偏度（skewness）和峰度（kurtosis）

偏度表示不对称的方向和程度。如果偏度值大于0，表示数据具有正偏度（右边有尾巴）；如果偏度值小于0，表示数据具有负偏度（左边有尾巴）；如果偏度值等于0，表示数据将呈对称分布。本例中，数据偏度为1.353907，为正偏度且程度较小。

峰度反映了数据分布的尾重程度，是与正态分布结合在一起进行考虑的。正态分布是一种对称分布，它的峰度值正好等于3，如果某数据的峰度值大于3，那么该分布将会有一个比正态分布更长的尾巴；如果某数据的峰度值小于3，那么该分布将会有一个比正态分布更短的尾巴。本例中，数据峰度为3.760397，有一个比正态分布略长的尾巴。

提　示

本书以介绍Stata的命令为主，但此处我们借助本案例讲解一下Stata操作的菜单实现和程序实现，供读者参考。

（1）上述命令可以通过菜单来实现，具体操作为：打开数据文件后，在主界面菜单栏依次选择"数据|描述数据|摘要统计"菜单选项，即可弹出如图4.4所示的"summarize-摘要统计量"对话框。

在对话框的"变量"下拉列表中选择"新能源汽车当月产量"，在"选项"中选择"输出其他统计量"，其他保持系统默认设置，然后单击"确定"按钮，即可弹出与"图4.3 描述性统计分析结果图2"一样的结果。

（2）上述命令也可以通过程序实现。在通过命令方式或者菜单方式运行结束后，在主界面"历史窗口"中右击，在弹出的快捷菜单中选择"全部保存"选项，如图4.5左图所示，然后选择保存类型为do文件，并输入do文件名称；下次启动时，直接在主界面的菜单中选择"文件|do文件"选项，如图4.5右图所示，找到文件路径和文件名，运行即可。这一方式在批量保存并运行多条命令时尤为有用，不用再逐条输入，大大节省了时间和工作量。

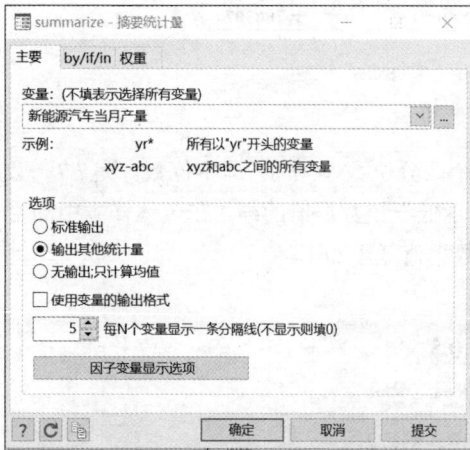

图 4.4　"summarize -摘要统计量"对话框

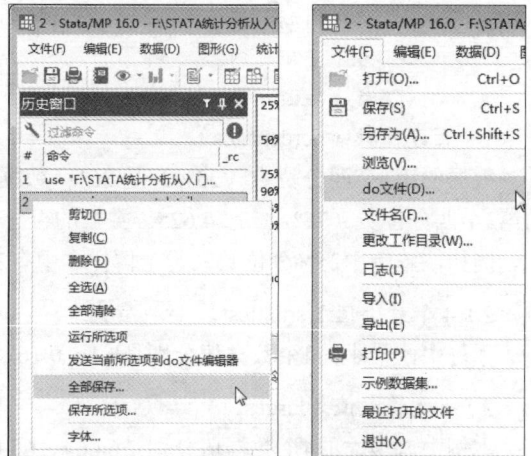

图 4.5　Stata 操作程序的实现方式

```
tabstat  新能源汽车当月产量,stats(mean range sum var)
```

该命令用于获取"新能源汽车当月产量变量"的平均数、总和、极差、方差等统计指标，分析结果如图4.6所示。该样本数据的均值是16.34214，极差是81.02，总和是3203.06，方差是354.1634。

```
. tabstat  新能源汽车当月产量,stats(mean range sum var)
```

Variable	Mean	Range	Sum	Variance
新能源汽~量	16.34214	81.02	3203.06	354.1634

图 4.6　描述性统计分析结果图 3

统计量与其对应的命令代码如表4.3所示。

表4.3 统计量与其对应的命令代码

统 计 量	命令代码	统 计 量	命令代码	统 计 量	命令代码
均值	mean	非缺失值总数	count	计数	n
总和	sum	最大值	max	最小值	min
极差	range	标准差	sd	方差	var
变异系数	cv	标准误	semean	偏度	skewness
峰度	kurtosis	中位数	median	第 1 个百分位数	p1
四分位距	iqr	四分位数	q		

```
tabstat 新能源汽车当月产量,stats(mean range sum var) by(动力类型)
```

该命令按动力类型分类列出"新能源汽车当月产量"变量的概要统计指标,分析结果如图4.7所示。

```
. tabstat 新能源汽车当月产量,stats(mean range sum var) by(动力类型)

Summary for variables: 新能源汽车当月产量
Group variable: 动力类型 (动力类型)

动力类型        Mean      Range      Sum   Variance

纯电动      23.71918     80.53   2324.48   469.5619
插电式混     8.965102    44.39    878.58   132.4526

Total      16.34214     81.02   3203.06   354.1634
```

图 4.7 描述性统计分析结果图 4

```
ci means 新能源汽车当月产量,level(95)
```

该命令用于创建"新能源汽车当月产量"变量总体均值95%置信水平的置信区间,分析结果如图4.8所示。

```
. ci means 新能源汽车当月产量,level(95)

Variable        Obs       Mean    Std. err.    [95% conf. interval]

新能源汽~量      196    16.34214   1.344231     13.69105    18.99324
```

图 4.8 描述性统计分析结果图 5

根据本例中的观测样本,我们可以推断出总体的95%水平的置信区间为[13.69105,18.99324],即有95%的信心可以认为数据总体的均值会落在该区间内。读者可以通过改变命令中括号内的数字来调整置信水平。

4.2 正态性检验和数据转换

扫描右侧二维码观看视频
下载资源:\sample\chap04\数据 4.2

4.2.1　统计学原理及 Stata 命令

许多统计分析方法对数据分布有严格要求,只有当变量服从或近似服从正态分布时,分析结果才是有效的。因此,为了检验数据的分布特征,我们需要进行正态性检验。如果检验结果表明数据不满足正态分布假设,则需要对数据进行必要的转换。数据转换分为线性转换与非线性转换两种。

在正态性检验和数据转换中,常用的Stata命令包括sktest、ladder、gladder、qladder等。

sktest命令的语法格式为:

```
sktest varlist [if] [in] [weight] [, noadjust]
```

其中,varlist为需要进行正态性检验的变量列表,[if]为条件表达式,[in]用于设置样本范围,[weight]用于设置权重,而[noadjust]用于抑制Royston(1991)对总体卡方及其显著性水平的经验调整,呈现D'Agostino所描述的未改变检验。对于varlist中的每个变量,sktest会给出基于偏度和峰度的正态性检验结果,并将它们合并成一个整体检验统计量。需要提示的是,sktest至少需要8个样本观测值才能进行计算。

ladder命令用于搜索幂级数的子集(Tukey 1977),尝试幂阶梯上的每一种幂并逐个反馈结果是否显著呈现正态或者非正态分布,使用户可以非常方便地找到将变量(varname)转换为正态分布变量的有效方式。ladder命令的语法格式为:

```
ladder varname [if] [in] [, generate(newvar) noadjust]
```

其中,varname为需要进行正态转换的变量,[if]为条件表达式,[in]用于设置样本范围,[weight]用于设置权重,而[,generate(newvar)]保存与表中最小卡方值对应的转换值,但不推荐使用generate(),因为这仅仅是字面意义上的解释最小值,从而会忽略几乎相等但可能更可解释的转换值;[,noadjust]用于抑制Royston(1991)对总体卡方及其显著性水平所做的经验调整,呈现D'Agostino所描述的未改变检验。

gladder命令根据ladder变换结果,展示9个变换的直方图,从而可以更直观地观察幂阶梯和正态分布检验有效结合的结果。gladder命令的语法格式为:

```
gladder varname [if] [in] [, histogram_options combine_options]
```

qladder命令与gladder命令类似,通过输出正态QQ图来判断数据是否服从正态分布。qladder命令的语法格式为:

```
qladder varname [if] [in] [, qnorm_options combine_options]
```

其中,varname是需要进行正态转换的变量,[if]为条件表达式,[in]用于设置样本范围,[,histogram_options combine_options]为可选项。

4.2.2　案例应用——分析山东省历年化学纤维产量

本小节用于分析的数据文件是"数据4.2",其中记录的是1998—2023年山东省化学纤维产量数据,单位为万吨,来源于国家统计局。数据如图4.9所示。

	年份	山东化学纤维产量
1	1998	32.41
2	1999	43.25
3	2000	39.62
4	2001	49.23
5	2002	52.06
6	2003	70.4
7	2004	139.99
8	2005	95.38
9	2006	82.2
10	2007	71.8
11	2008	78.47
12	2009	89.18
13	2010	93.3
14	2011	80.9
15	2012	96.11
16	2013	71.65
17	2014	78.33

图 4.9 “数据 4.2”中的部分数据（由于数据量过大，仅显示其中一部分）

打开数据文件“数据4.2”之后，在主界面的命令窗口中依次输入以下命令：

```
sktest 山东化学纤维产量
```

该命令用于对该数据进行正态分布检验，检验结果如图4.10所示。sktest命令接受了数据呈正态分布的原始假设。从偏度上看，Pr(Skewness)为0.4050，大于0.05，表示接受正态分布的原假设；从峰度上看，Pr(Kurtosis)为0.0872，大于0.05，表示接受正态分布的原假设；综合考虑，Prob>chi2为0.1424，大于0.05，表示接受正态分布的原假设。

. sktest 山东化学纤维产量

Skewness and kurtosis tests for normality

Variable	Obs	Pr(skewness)	Pr(kurtosis)	Joint test Adj chi2(2)	Joint test Prob>chi2
山东化学纤维产量	26	0.4050	0.0872	3.90	0.1424

图 4.10 对山东化学纤维产量进行正态分布检验

```
generate sr山东化学纤维产量=sqrt(山东化学纤维产量)
```

该命令对数据进行平方根变换，以获取新的数据。

```
sktest sr山东化学纤维产量
```

该命令对新数据“sr山东化学纤维产量”进行正态分布检验，检验结果如图4.11所示。sktest命令接受了数据呈正态分布的原始假设。从偏度上看，Pr(Skewness)为0.5273，大于0.05，表示接受正态分布的原假设；从峰度上看，Pr(Kurtosis)为0.2330，大于0.05，表示接受正态分布的原假设；综合考虑，Prob>chi2为0.3686，大于0.05，表示接受正态分布的原假设。

. sktest sr山东化学纤维产量

Skewness and kurtosis tests for normality

Variable	Obs	Pr(skewness)	Pr(kurtosis)	Joint test Adj chi2(2)	Joint test Prob>chi2
sr山东化学纤~量	26	0.5273	0.2330	2.00	0.3686

图 4.11 “sr 山东化学纤维产量”变量进行平方根变换后再进行检验

```
generate l山东化学纤维产量=ln(山东化学纤维产量)
```

此命令对数据进行自然对数变换，以获取新数据。

```
sktest l山东化学纤维产量
```

此命令对新数据"l山东化学纤维产量"进行正态分布检验，检验结果如图4.12所示。

```
. sktest l山东化学纤维产量

Skewness and kurtosis tests for normality
                                                        —— Joint test ——
        Variable      Obs   Pr(skewness)   Pr(kurtosis)   Adj chi2(2)  Prob>chi2

l山东化学纤维~量        26       0.0714         0.2132          4.80       0.0908
```

图 4.12　"l 山东化学纤维产量"变量进行自然对数变换后再进行检验

从偏度上看，Pr(Skewness)为0.0714，大于0.05，表示接受正态分布的原假设；从峰度上看，Pr(Kurtosis)为0.2132，大于0.05，表示接受正态分布的原假设；综合考虑，Prob>chi2为0.0908，大于0.05，表示接受正态分布的原假设。

在进行数据分析时，在对初始数据进行正态性检验后，可以利用4.1.2节讲述的相关知识来了解数据的偏度和峰度特征。因此，我们可以根据数据信息的偏态特征进行有针对性的数据变换。数据变换与其对应的Stata命令以及达到的效果如表4.4所示。

表 4.4　数据变换与其对应的 Stata 命令以及达到的效果

Stata 命令	数据变换	效　　果
generate y=x^3	立方	减少严重负偏态
generate y=x^2	平方	减少轻度负偏态
generate y=sqrt(x)	平方根	减少轻度正偏态
generate y=ln(x)	自然对数	减少轻度正偏态
generate y=log10(old)	以 10 为底的对数	减少正偏态
generate y=-(sqrt(x))	平方根负对数	减少严重正偏态
generate y=-(x^-1)	负倒数	减少非严重正偏态
generate y=-(x^-2)	平方负倒数	减少非严重正偏态
generate y=-(x^-3)	立方负倒数	减少非严重正偏态

```
ladder 山东化学纤维产量
```

ladder命令把幂阶梯和正态分布检验有效地结合到了一起，该命令的运行结果如图4.13所示。

```
. ladder 山东化学纤维产量

Transformation       Formula              chi2(2)   Prob > chi2

Cubic                山东~量^3             27.34      0.000
Square               山东~量^2             16.03      0.000
Identity             山东~量                3.90      0.142
Square root          sqrt(山东~量)          2.00      0.369
Log                  log(山东~量)           4.80      0.091
1/(Square root)      1/sqrt(山东~量)        8.38      0.015
Inverse              1/山东~量             12.25      0.002
1/Square             1/(山东~量^2)         19.61      0.000
1/Cubic              1/(山东~量^3)         25.82      0.000
```

图 4.13　ladder 命令的运行结果

在该结果中，我们可以看到，在95%的置信水平上，仅有变量本身Identity（P(chi2)= 0.142）、平方根变换Square root（P(chi2)= 0.369）以及自然对数变换Log（P(chi2)= 0.091）符合正态分布，其他幂次的数据变换不能使数据显著地呈现正态分布。

    gladder   山东化学纤维产量

该命令的运行结果如图4.14所示。图中显示了每种转换的直方图与正态分布曲线，结果与ladder命令的运行结果一致。

    qladder   山东化学纤维产量

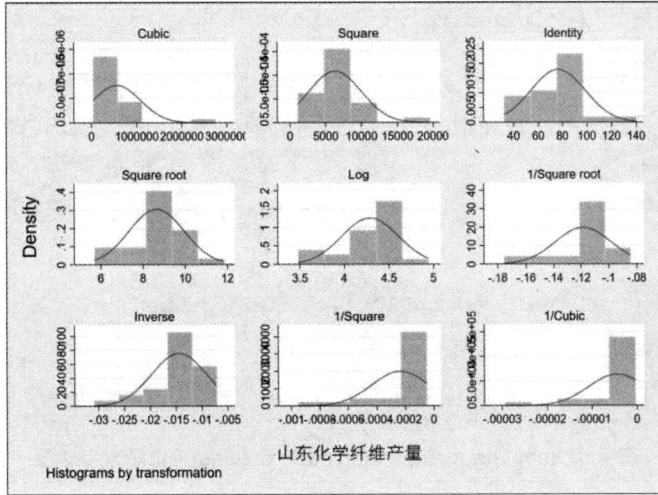

图 4.14　gladder 命令的运行结果

该命令用于输出正态Q-Q图（quantile-quantile plot），运行结果如图4.15所示。

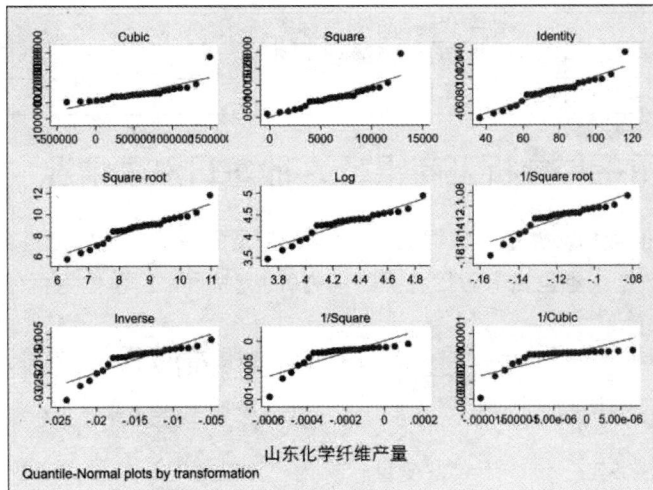

图 4.15　qladder 命令的运行结果

通过正态Q-Q图，可以鉴别样本数据是否近似于正态分布。只需观察图上的散点是否接近直线，若接近直线，则说明数据呈正态分布。在本例中，可以看到只有变量本身（Identity）、平方根变换

（Square root）以及自然对数变换（Log）下的散点走势与直线较为一致。

4.3 单个分类变量的汇总

4.3.1 统计学原理及 Stata 命令

与前面提到的定距变量不同,分类变量的数值只代表观测值所属的类别,不代表其他任何含义。因此,分类变量的描述统计方法是观察其不同类别的频数或者百分数。本小节将介绍单个分类变量的汇总在示例中的应用。

在对单个分类变量进行汇总时,常用的命令是tabulate,该命令用于生成变量频率计数的单向表。其语法格式为:

```
tabulate varname [if] [in] [weight] [, tabulate1_options]
```

其中, varname为变量,[if]为条件表达式,[in]用于设置样本范围,[weight]用于设置权重,[,tabulate1_options]用于设置可选项。[,tabulate1_options]可选项及其含义如表4.5所示。

表 4.5 tabulate 命令的[,tabulate1_options]可选项及其含义

[, tabulate1_options]可选项	含 义
subpop(varname)	排除变量取值为 0 的样本观测值
missing	不要忽视变量的缺失值,像对待非缺失值一样对待缺失值
nofreq	不显示频数
nolabel	显示数字代码而不是值标签
plot	制作一个相对频数的星点图
sort	按频数降序显示表

4.3.2 案例应用——分析工商银行 A 股每日涨跌情况

本小节用于分析的数据文件是"数据4.3",其中记录的是2023年1月3日至2024年9月25日工商银行A股每日涨跌幅数据（不包括节假日及涨跌幅为0的交易日）,单位为百分比（%）。数据如图4.16所示。

打开"数据4.3"数据文件之后,在主界面的命令窗口中依次输入以下命令:

```
gen 涨跌情况=cond(涨跌幅>0,1,0)
```

此命令用于将"涨跌幅"这一连续型变量转换为"涨跌情况"二分类变量。对于"涨跌幅"大于0的数据值,统一取值为"1",其他数据值统一取值为"0"。

```
label define zhangdie 1 "涨" 0 "跌"
```

此命令用于定义值标签zhangdie,取值为1表示"涨",取值为0表示"跌"。

```
label values 涨跌情况 zhangdie
```

此命令用于将变量"涨跌情况"根据定义的值标签zhangdie进行赋值。

```
tabulate 涨跌情况
```

此命令用于对变量"涨跌情况"进行单个分类变量的汇总，结果如图4.17所示。可以看出，共有370个样本参与了分析，其中处于跌状态的有154个，占比为41.62%；处于涨状态的有216个，占比为58.38%。此外，结果分析表中"Cum."一栏表示的是累计百分比。

图 4.16 "数据 4.3"中的部分数据（由于数据量过大，仅显示其中一部分）

图 4.17 对变量"涨跌情况"进行单个分类变量的汇总

```
tabulate 涨跌情况,plot
```

此命令用于对变量"涨跌情况"进行单个分类变量的汇总，并制作星点图，结果如图4.18所示。

图 4.18 对变量"涨跌情况"进行单个分类变量的汇总并制作星点图

4.4 两个分类变量的列联表分析

扫描右侧二维码观看视频	
下载资源:\sample\chap04\数据 4.4	

4.4.1 统计学原理及 Stata 命令

两个分类变量的列联表分析常用到tab2命令。tab2命令的功能是生成varlist中指定变量的所有可能的双向列表。该命令的语法格式为：

```
tab2 varlist [if] [in] [weight] [, options]
```

其中，varlist为变量列表，[if]为条件表达式，[in]用于设置样本范围，[weight]用于设置权重，[, options]用于设置可选项。常用的可选项如表4.6所示。

表 4.6　tab2 命令的常用可选项

[, options]	含　义
chi2	报告皮尔逊卡方统计量
exact[(#)]	报告费舍尔精确检验结果
gamma	报告古德曼和克鲁斯卡尔的伽玛值
lrchi2	报告卡方似然比统计量
taub	报告 Kendall’s tau-b 统计量
V	报告 Cramér’s V 统计量
cchi2	在每个单元格中都报告皮尔逊卡方统计量
column	显示每个单元格的列百分比
row	显示每个单元格的行百分比
clrchi2	在每个单元格中都报告卡方似然比统计量
cell	显示每个单元格在全部样本中的百分比
expected	报告每个单元格的期望频数
nofreq	不显示频数
rowsort	依据实测频数对行排序
colsort	依据实测频数对列排序
missing	不要忽视变量的缺失值，像对待非缺失值一样对待缺失值

4.4.2 案例应用——分析汽车制造业上市公司企业规模与公司属性

本小节用于分析的数据文件是“数据4.4”，其中记录的是截至2024年10月末证监会汽车制造业195家A股上市公司企业规模与公司属性的数据，如图4.19所示。

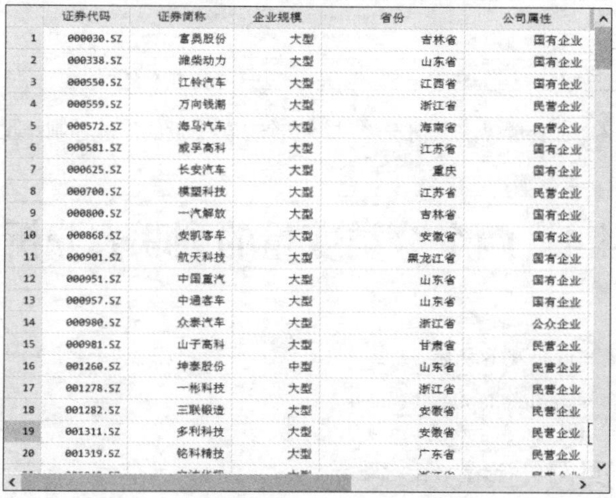

	证券代码	证券简称	企业规模	省份	公司属性
1	000030.SZ	富奥股份	大型	吉林省	国有企业
2	000338.SZ	潍柴动力	大型	山东省	国有企业
3	000550.SZ	江铃汽车	大型	江西省	国有企业
4	000559.SZ	万向钱潮	大型	浙江省	民营企业
5	000572.SZ	海马汽车	大型	海南省	民营企业
6	000581.SZ	威孚高科	大型	江苏省	国有企业
7	000625.SZ	长安汽车	大型	重庆	国有企业
8	000700.SZ	模塑科技	大型	江苏省	民营企业
9	000800.SZ	一汽解放	大型	吉林省	国有企业
10	000868.SZ	安凯客车	大型	安徽省	国有企业
11	000901.SZ	航天科技	大型	黑龙江省	国有企业
12	000951.SZ	中国重汽	大型	山东省	国有企业
13	000957.SZ	中通客车	大型	山东省	国有企业
14	000980.SZ	众泰汽车	大型	浙江省	公众企业
15	000981.SZ	山子高科	大型	甘肃省	民营企业
16	001260.SZ	坤泰股份	中型	山东省	民营企业
17	001278.SZ	一彬科技	大型	浙江省	民营企业
18	001282.SZ	三联锻造	大型	安徽省	民营企业
19	001311.SZ	多利科技	大型	安徽省	民营企业
20	001319.SZ	铭科精技	大型	广东省	民营企业

图 4.19　“数据 4.4”中的部分数据（数据较大，仅显示其中一部分）

打开"数据4.4"数据文件之后,在主界面的命令窗口中依次输入以下命令:

tab2 企业规模 公司属性

此命令用于对"企业规模""公司属性"两个变量进行列联表分析,分析结果如图4.20所示。从结果中可以看出,企业规模与公司属性的对应情况。例如,大型企业共有161家,按公司属性细分,其中包括4家公众企业、2家其他企业、38家国有企业、6家外资企业、111家民营企业。

tab2 企业规模 公司属性,column row

```
-> tabulation of 企业规模 by 公司属性
```

企业规模	公司属性					Total
	公众企业	其他企业	国有企业	外资企业	民营企业	
中型	0	0	4	1	27	32
大型	4	2	38	6	111	161
小型	0	0	0	0	2	2
Total	4	2	42	7	140	195

图 4.20　列联表分析结果图 1

该命令对"企业规模"和"公司属性"两个变量进行列联表分析,并显示每个单元格的列百分比与行百分比,分析结果如图4.21所示。分析结果表中的单元格包括3部分的信息,其中第1行表示频数,第2行表示行百分比,第3行表示列百分比。例如,企业规模为"大型"、公司属性为"国有企业"的交叉单元格表示:在195家汽车制造业上市公司中,大型国有企业有38家,在所有大型汽车制造业上市公司中占比为23.60%,在所有国有汽车制造业上市公司中占比为90.48%。

```
. tab2 企业规模 公司属性,column row
-> tabulation of 企业规模 by 公司属性
```

Key
frequency
row percentage
column percentage

企业规模	公司属性					Total
	公众企业	其他企业	国有企业	外资企业	民营企业	
中型	0	0	4	1	27	32
	0.00	0.00	12.50	3.13	84.38	100.00
	0.00	0.00	9.52	14.29	19.29	16.41
大型	4	2	38	6	111	161
	2.48	1.24	23.60	3.73	68.94	100.00
	100.00	100.00	90.48	85.71	79.29	82.56
小型	0	0	0	0	2	2
	0.00	0.00	0.00	0.00	100.00	100.00
	0.00	0.00	0.00	0.00	1.43	1.03
Total	4	2	42	7	140	195
	2.05	1.03	21.54	3.59	71.79	100.00
	100.00	100.00	100.00	100.00	100.00	100.00

图 4.21　列联表分析结果图 2

4.5 多表和多维列联表分析

4.5.1 统计学原理及 Stata 命令

对于一些大型数据集,我们经常需要许多不同变量的频数分布,这就需要用到Stata的多表和多维列联表分析功能。多表和多维列联表分析常用table命令。table命令的功能是计算和显示统计表,该命令的语法格式为:

```
table rowvar [colvar [supercolvar]] [if] [in] [weight] [, options]
```

其中,rowvar为行变量,colvar为列变量,[if]为条件表达式,[in]用于设置样本范围,[weight]用于设置权重,[, options]用于设置可选项。

4.5.2 案例应用——分析专用设备制造业上市公司 ESG

本小节用于分析的数据文件是"数据4.5",如图4.22所示,其中记录的是截至2024年9月末专用设备制造业371家A股上市公司ESG相关数据,包括Wind ESG评级、企业规模、公司属性、是否高新技术企业、是否企业本身为专精特新、证券简称等。ESG是英文environmental(环境)、social(社会)和governance(公司治理)的缩写,是一种关注企业环境、社会、治理绩效而非财务绩效的投资理念和企业评价标准,可用来评估公司在促进经济可持续发展、履行社会责任等方面的贡献。下面我们针对Wind ESG评级、企业规模、公司属性三个变量开展列联表分析。

图 4.22 "数据 4.5"中的部分数据(数据较大,仅显示其中一部分)

打开"数据4.5"数据文件之后，在主界面的命令窗口中依次输入以下命令：

```
tab1 WindESG评级 企业规模 公司属性
```

此命令用于对"WindESG评级""企业规模"和"公司属性"分别进行单个变量汇总统计，结果如图4.23所示。以"WindESG评级"为例，共有371个样本参与了分析，还列出了每种评级下的样本个数（Freq.）、在全部样本中的占比（Percent）以及累计百分比（Cum.）。

```
tab2 WindESG评级 企业规模 公司属性
```

此命令用于对"WindESG评级""企业规模"和"公司属性"3个分类变量进行二维列联表分析，结果如图4.24所示。

分析结果中包括3张二维列联表，第1张是WindESG评级与企业规模的二维列联表，第2张是WindESG评级与公司属性的二维列联表，第3张是企业规模与公司属性的二维列联表。

```
by 企业规模,sort:tabulate WindESG评级 公司属性
```

图 4.23　分析结果图 1

图 4.24　分析结果图 2

此命令以企业规模为主分类变量，制作企业规模、WindESG评级和公司属性3个分类变量的三维列联表。分析结果如图4.25所示，是一张三维列联表，展示了不同企业规模（大型、中型、小型）下WindESG评级和公司属性交叉对应的情况。

```
table WindESG评级 企业规模 公司属性,stat(freq)
```

此命令用于对数据中的分类变量WindESG评级、企业规模和公司属性实现带有数据频数特征的列联表分析，分析结果如图4.26所示。分析结果与前面类似，不再赘述。其中stat括号里的freq表示输出频数，如果要输出比例或百分比，则可以使用prop或percent。

```
. by 企业规模,sort:tabulate WindESG评级 公司属性

-> 企业规模 = 大型
```

WindESG评 级	公司属性 国有企业	民营企业	外资企业	Total
AA	1	3	0	4
A	7	11	1	19
BBB	23	27	1	51
BB	5	74	6	85
B	9	26	1	36
CCC	0	2	0	2
Total	45	143	9	197

```
-> 企业规模 = 中型
```

WindESG评 级	公司属性 国有企业	民营企业	外资企业	Total
AA	0	1	0	1
A	0	2	1	3
BBB	6	16	0	22
BB	6	76	4	86
B	3	37	0	40
Total	15	132	5	152

```
-> 企业规模 = 小型
```

WindESG评级	公司属 性 民营企业	Total
BBB	2	2
BB	8	8
B	12	12
Total	22	22

```
. table WindESG评级 企业规模 公司属性,stat(freq)
```

WindESG评级	公司属性 国有企业	民营企业	外资企业	Total
AA				
企业规模				
大型	1	3		4
中型		1		1
Total	1	4		5
A				
企业规模				
大型	7	11	1	19
中型		2	1	3
Total	7	13	2	22
BBB				
企业规模				
大型	23	27	1	51
中型	6	16		22
小型		2		2
Total	29	45	1	75
BB				
企业规模				
大型	5	74	6	85
中型	6	76	4	86
小型		8		8
Total	11	158	10	179
B				
企业规模				
大型	9	26	1	36
中型	3	37		40
小型		12		12
Total	12	75	1	88
CCC				
企业规模				
大型		2		2
Total		2		2
Total				
企业规模				
大型	45	143	9	197
中型	15	132	5	152
小型		22		22
Total	60	297	14	371

图 4.25　分析结果图 3　　　　　　　图 4.26　分析结果图 4

4.6　本章回顾与习题

4.6.1　本章回顾

本章介绍了常用的描述性统计分析方法在Stata中的具体操作与应用。

1. 定距变量的描述性统计

常用的有summarize、tabstat、ci等命令。

（1）summarize命令的语法格式为：

```
summarize [varlist] [if] [in] [weight] [, options]
```

（2）tabstat命令的语法格式为：

```
tabstat varlist [if] [in] [weight] [, options]
```

（3）ci命令的语法格式包括以下5种：

● 均值的置信区间（正态分布）：

```
ci means [varlist] [if] [in] [weight] [, options]
```

● 均值的置信区间（泊松分布）：

```
ci means [varlist] [if] [in] [weight], poisson [exposure(varname) options]
```

● 比例的置信区间：

```
ci proportions [varlist] [if] [in] [weight] [, prop_options options]
```

● 方差的置信区间：

```
ci variances [varlist] [if] [in] [weight] [, bonett options]
```

● 标准差的置信区间：

```
ci variances [varlist] [if] [in] [weight], sd [bonett options]
```

2. 正态性检验和数据转换

常用的有sktest、ladder、gladder、qladder等命令。

（1）sktest命令的语法格式为：

```
sktest varlist [if] [in] [weight] [, noadjust]
```

（2）ladder命令的语法格式为：

```
ladder varname [if] [in] [, generate(newvar) noadjust]
```

（3）gladder命令的语法格式为：

```
gladder varname [if] [in] [, histogram_options combine_options]
```

（4）qladder命令的语法格式为：

```
qladder varname [if] [in] [, qnorm_options combine_options]
```

3. 分类变量描述统计

（1）单个分类变量的汇总，常用tabulate命令，该命令的语法格式为：

```
tabulate varname [if] [in] [weight] [, tabulate1_options]
```

（2）两个分类变量的列联表分析，常用tab2命令，该命令的语法格式为：

```
tab2 varlist [if] [in] [weight] [, options]
```

（3）多表和多维列联表分析，常用table命令，该命令的语法格式为：

```
table rowvar [colvar [supercolvar]] [if] [in] [weight] [, options]
```

4.6.2 本章习题

一、单选题

1. summarize 命令一般用于（　　）的描述性统计分析。

A. 定序变量　　　　　　B. 分类变量　　　　　　C. 定距变量　　　　　　D. 各种变量

2.（　　）命令可以输出变量各幂级变换正态性检验的直方图。

A. sktest   B. ladder   C. gladder   D. qladder

3.（　　）命令可以输出变量各幂级变换正态性检验的 Q-Q 图。

A. sktest   B. ladder   C. gladder   D. qladder

4.（　　）命令基于偏度和峰度对变量开展正态性检验。

A. sktest   B. ladder   C. gladder   D. qladder

5～7. 单个分类变量的汇总常用（　　）命令；两个分类变量的列联表分析常用（　　）命令；多表和多维列联表分析常用（　　）命令。

A. tabulate   B. table   C. summarize   D. tab2

二、判断题

1. ci 命令的功能是计算总体均值、比例、方差和标准差的置信区间。（　　）

2. tabstat 命令的功能是在一张表中显示一系列分类变量的汇总统计信息。（　　）

3. ladder 命令采用的是输出一系列图形的方式对变量开展正态性检验。（　　）

三、操作题（所有操作题除完成操作生成 do 文件外，还要对结果进行解读）

1. 打开"习题4.1"数据文件，进行如下操作：

（1）获取变量Y1（客户满意度）的主要描述性统计量。

（2）获取变量Y2（客户再次购买行为）的详细描述性统计量。

（3）获取变量Y3（客户推荐购买行为）的平均数、总和、极差、方差。

（4）将前几步操作所使用的全部命令保存为do文件，并命名为"习题4.1答案"。

2. 打开"习题4.2"数据文件，进行如下操作：

（1）对变量profit（营业利润水平）进行正态分布检验。

（2）对变量profit（营业利润水平）进行平方根变换，以获取新的数据，对新的数据进行正态分布检验。

（3）对变量profit（营业利润水平）进行自然对数变换，以获取新的数据，对新的数据进行正态分布检验。

（4）对变量invest（固定资产投资）运行ladder命令，尝试幂阶梯上的每一种幂并逐个反馈结果是否显著地为正态或者非正态发布。

（5）对变量labor（平均职工人数）运行gladder命令，更直观地看出幂阶梯和正态分布检验有效结合的结果。

（6）对变量rd（研究开发支出）运行qladder命令，显示varname变换的分位数，根据幂级数与正态分布的分位数进行比较。

（7）将前几步操作所使用的全部命令保存为do文件，并命名为"习题4.2答案"。

3. 打开"习题4.3"数据文件，进行如下操作：

（1）对xingbie变量进行单个分类变量的汇总。

（2）对nianling变量进行单个分类变量的汇总，并附带星点图。

（3）对xingbie、nianling变量进行两个分类变量的列联表分析。

（4）对xueli、nianxian变量进行两个分类变量的列联表分析，并显示每个单元格的列百分比与行百分比。

（5）对数据中的分类变量xingbie、nianling、xueli进行单个变量汇总统计。

（6）对数据中的分类变量xingbie、nianling、xueli进行二维列联表分析。

（7）以xingbie为主分类变量，制作xingbie、nianling、xueli三个分类变量的三维列联表。

（8）对数据中的分类变量xingbie、nianling、xueli实现带有数据频数特征的列联表分析。

（9）将前几步操作所使用的全部命令保存为do文件，并命名为"习题4.3答案"。

第 5 章

图 形 绘 制

众所周知，图形是展示数据分析结果及其他综合分析的有效方式。Stata 17.0版本的制图功能已经非常完善，相较以前的版本，不仅增强了图形的生成能力，还极大地改进了图形的外观和输出选择。本章将讲解Stata制图的基本操作及几种常用图形的绘制方式，包括直方图、散点图、曲线标绘图、连线标绘图、箱图、饼图、条形图、点图等。

5.1　Stata 制图的基本操作

扫描右侧二维码观看视频

5.1.1　Stata 制图命令

1）整体命令的语法格式

```
graph-command (plot-command,plot-options) (plot-command,plot-options),… graph-options
```

其中，graph-command是用来定义图类型的命令，plot-command是用来定义曲线类型的命令，不同的曲线之间用括号分隔开，每条曲线可有独立的options选项，整个图形也有统一的options选项。

2）标题与副标题的设置

● 设置标题的命令为 title()。用户在括号内输入标题名即可。
● 设置副标题的命令为 subtitle()。用户在括号内输入副标题名即可。

例如，要把一幅图的标题设置为"案例结果"，副标题设置为"案例2.1结果"，命令为：

```
title（案例结果） subtitle（案例2.1结果）
```

3）为坐标轴命名

● 为横坐标轴命名的命令为 xtitle()。用户在括号内输入标题名即可。
● 为纵坐标轴命名的命令为 ytitle()。用户在括号内输入标题名即可。

4）坐标轴刻度值的设置

● 设置横坐标轴刻度值的命令语法为 xtick(#1 (#2) #3)。
● 设置纵坐标轴刻度值的命令语法为 ytick(#1 (#2) #3)。

其中，#1代表起始刻度，#3代表结束刻度，(#2)代表间隔刻度。例如，ytick(500(50)900)表示纵坐标轴起始刻度为500，结束刻度为900，间隔刻度为50。

5）坐标轴数值标签的设置

● 设置横坐标轴数值标签的命令语法为 xlabel(#1 (#2) #3)。
● 设置纵坐标轴数值标签的命令语法为 ylabel(#1 (#2) #3)。

其中，#1代表起始刻度，#3代表结束刻度，(#2)代表间隔刻度。例如，ylabel(500(100)900)表示为横坐标轴添加数值标签，取值为500~900，间距为100。

6）坐标轴样式的设置

● 设置横坐标轴样式的命令为 xscale()。其中 xscale(off)表示不使用横坐标轴。
● 设置纵坐标轴样式的命令为 yscale()。其中 yscale(off)表示不使用纵坐标轴。

7）图例的设置

设置图例的命令语法为legend(label(# "text")…)。用户将图例代号填入 "#" 处，将内容写在"text"中。例如，legend(label(1 "上海") label(2 "深圳"))表示将图例代号为1的显示为上海，代号为2的显示为深圳。

用户还可以设置图例的位置，命令为legend(position())，只需将位置所对应的钟表时刻数字填入括号中，共有12个位置可选（对应钟表的12个时刻）。例如，想把图例放置在钟表3点对应的位置，对应的命令为legend(position(3))。

8）脚注的设置

设置脚注的命令为note()，用户将脚注内容写在括号内。例如，当需要注明数据来源为公司内部数据时，对应的命令为：

```
note(数据来源：公司内部数据)
```

9）图形的保存与打开

保存图形的命令语法为：

```
graph save [graphname] filename [, asis replace]
```

graph save为基本命令，[graphname]为图形保存的名称，filename为保存的路径，[, asis replace]选项用来冻结图形，使其不能被修改。

打开图形的命令的语法为：

```
graph use filename
```

其中，filename是文件保存的路径。

显示图形的命令的语法为：

```
graph display [name] [, options]
```

其中，name为图形的名称。

10）图形的合并

合并图形的命令语法为：

```
graph combine name [name ...] [,options]
```

5.1.2 Stata 菜单实现

Stata制图也可以通过菜单来实现。在菜单栏中单击"图形"，即可显示出如图5.1所示的可选项。通过该菜单，Stata可以实现多种图形的绘制。例如，单击"二维图（散点图、折线图等）"，即可出现如图5.2所示的"twoway-二维图"对话框。

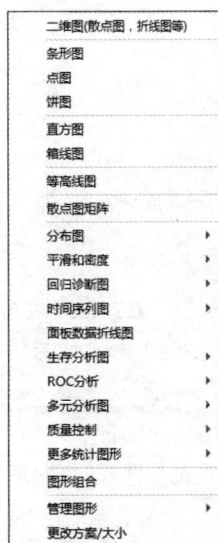

图 5.1　菜单栏"图形"选项　　　　　　图 5.2　"twoway-二维图"对话框

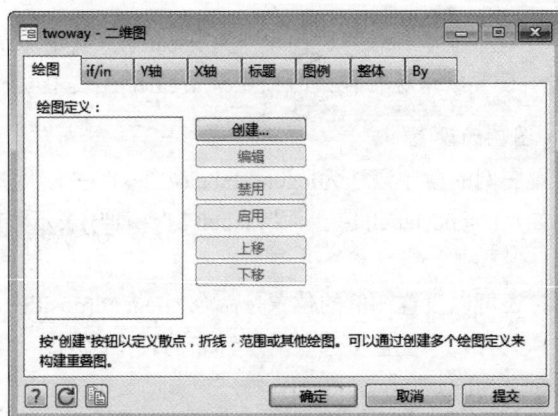

在"twoway-二维图"对话框中有8个选项卡。

- "绘图"选项卡：供用户选择绘图类别和类型、Y 变量、X 变量，从而生成初步的图形。用户需要先单击"创建"按钮，然后在弹出的子对话框"图形 1"中进行相应的设置。
- "if/in"选项卡：供用户设置 if 选项和 in 选项，其中 if 选项用来设置条件表达式，in 选项用来设置样本范围。
- "Y 轴""X 轴"选项卡：用于设置 Y 轴、X 轴的相关内容，包括标题、主要刻度/标签属性、次要刻度/标签属性、轴线属性、轴刻度尺属性、参考线、是否隐藏轴、是否将轴放在图形的对面位置等。
- "标题"选项卡：用于设置与标题相关的内容，包括标题、副标题、标注、注释文字等。
- "图例"选项卡：用于设置与图例相关的内容，主要包括显示或隐藏图例、图例的组织/

外观、图例的位置等内容。

- "整体"选项卡：用于设置与总体图形相关的内容，包括整个图形的名称、大小、区域属性等。
- "By"选项卡：用于设置分类输出图形，用户在该选项卡中指定是否为变量的每个唯一值绘制子图，并设置子图的组织、标题、区域、轴线等。

5.2　直　方　图

> 扫描右侧二维码观看视频
> 下载资源:\sample\chap05\数据 5.1

5.2.1　统计学原理及 Stata 命令

直方图（histogram），又称质量分布图，是一种以组距为底边、以频率为高度的一系列连接起来的直方型矩形图。一般用横轴表示数据类型，用纵轴表示分布情况。通过绘制直方图，可以较为直观地传递相关变量的数据变化信息，从而帮助数据使用者更好地观察变量数据波动的状态，使他能够依据分析结果确定在何处需要集中力量改进工作。

绘制直方图要用到histogram命令，该命令的语法格式为：

```
histogram varname [if] [in] [weight] [, [continuous_opts | discrete_opts] options]
```

其中，varname为变量，[if]为条件表达式，[in]用于设置样本范围，[weight]用于设置权重。continuous_opts为连续变量可用选项，discrete_opts为分类变量可用选项，options为连续变量和分类变量共用选项，如表5.1所示。

表 5.1　continuous_opts、discrete_opts、options 说明

类　　别	可选项内容	含　　义
continuous_opts	bin(#)	设置直方图中条柱的数目为#
	width(#)	设置直方图中条柱的宽度为#
	start(#)	设置直方图中第一个条柱最低起始数值为#
discrete_opts	discrete	设置分类变量
	width(#)	设置直方图中条柱的宽度为#
	start(#)	设置直方图中第一个条柱最低起始数值为#
options	density	按密度绘制直方图
	fraction	按比例绘制直方图
	frequency	按频数绘制直方图
	percent	按百分比绘制直方图
	bar_options	设置直方图中条柱细节的选项
	addlabels	为直方图中的条柱添加高度标签
	addlabopts	设置直方图中高度标签显示细节的选项

5.2.2 案例应用——绘制晨鸣纸业 A 股每日收盘价直方图

本小节用于分析的数据文件是"数据5.1"，其中记录的是晨鸣纸业A股每日收盘价，其中包括"日期"和"收盘价"两个变量，收盘价的单位为元，如图5.3所示。

打开"数据5.1"数据文件之后，在主界面的命令窗口中依次输入以下命令：

```
histogram 收盘价,frequency
```

	日期	收盘价
1	2024-1-2	3.89
2	2024-1-3	3.91
3	2024-1-4	3.92
4	2024-1-5	3.9
5	2024-1-8	3.81
6	2024-1-9	3.81
7	2024-1-1	3.84
8	2024-1-1	3.88
9	2024-1-1	3.9
10	2024-1-1	3.88
11	2024-1-1	3.85
12	2024-1-1	3.77
13	2024-1-1	3.67
14	2024-1-1	3.67
15	2024-1-2	3.48
16	2024-1-2	3.5
17	2024-1-2	3.63
18	2024-1-2	3.7

图 5.3 "数据 5.1"中的部分数据（由于数据量过大，仅显示其中一部分）

该命令用于绘制收盘价的直方图。结果如图5.4所示。

```
histogram 收盘价,frequency title("案例结果")
```

该命令用于绘制收盘价的直方图，并为图形增加标题名"案例结果"。结果如图5.5所示。

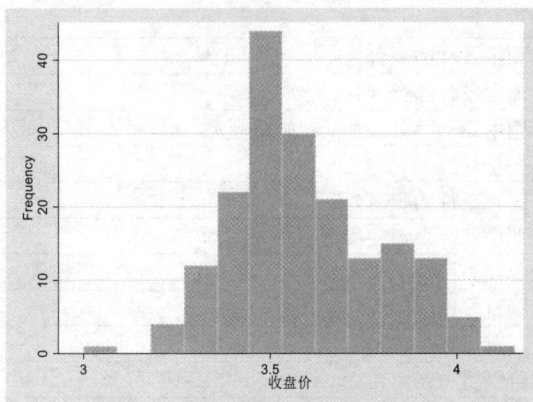

图 5.4　直方图 1

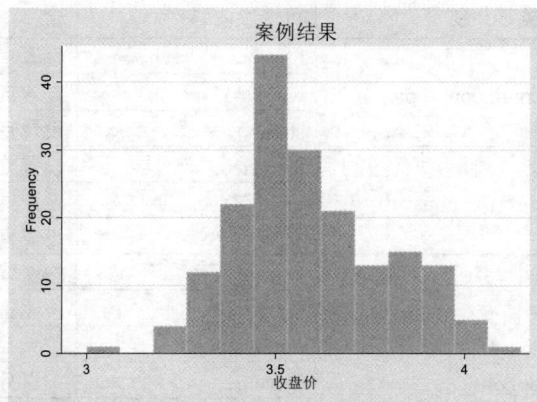

图 5.5　直方图 2

```
histogram 收盘价 ,frequency title("案例结果")xlabel(3(0.1)4.2) ylabel(0(5)45)
```

该命令用于绘制收盘价的直方图，并给图形增加标题名"案例结果"，为X轴添加数值标签，取值范围为3~4.2，间距为0.1；为Y轴添加数值标签，取值范围为0~45，间距为5。结果如图5.6所示。

```
histogram 收盘价 ,frequency title("案例结果")xlabel(3(0.1)4.2) ylabel(0(5)45)
ytick(0(1)45)
```

该命令用于绘制收盘价的直方图，并给图形增加标题名"案例结果"，为X轴添加数值标签，取值范围为3~4.2，间距为0.1；为Y轴添加数值标签，取值范围为0~45，间距为5；为Y轴添加刻度，取值范围为0~45，间距为1。结果如图5.7所示。

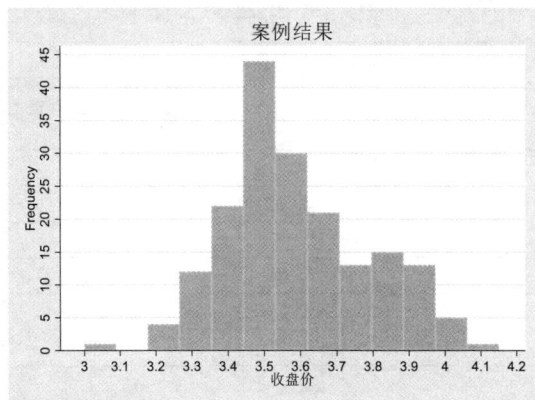

图 5.6　直方图 3

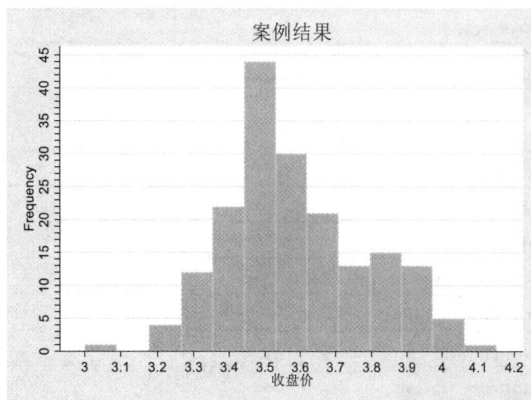

图 5.7　直方图 4

5.3　散 点 图

	扫描右侧二维码观看视频
	下载资源:\sample\chap05\数据 5.2

5.3.1　统计学原理及 Stata 命令

散点图是用点在平面直角坐标系上展示变量分布的图形。绘制散点图的目的是观察某个变量随另一个变量变化的趋势，进而探索数据之间的关联关系，甚至选择合适的函数对数据进行拟合。

绘制散点图的命令为scatter，该命令的语法格式为：

```
[twoway] scatter varlist [if] [in] [weight] [, options]
```

其中，[twoway] scatter表示绘制散点图；varlist是用于绘制散点图的变量列表。需要注意的是，X轴变量应放在Y轴变量之后；[if]为条件表达式；[in]用于设置样本范围；[weight]用于设置权重；[,options]为可选项，常见的选项包括数据标记形状、颜色、大小、散点标签、分类输出散点图等，具体说明如下。

1. 数据标记形状的设置

数据标记形状的设置通过msymbol()命令选项来实现，用户在括号中输入所需的命令选项或代号缩写。常用的msymbol()命令选项如表5.2所示。

表 5.2　常用的 msymbol()命令选项

msymbol()命令选项	代号缩写	含　义
circle	O	实心大圆圈
diamond	D	实心大菱形
triangle	T	实心大三角
square	S	实心大方形
x	X	大写字母 X
smcircle	o	实心小圆圈
smdiamond	d	实心小菱形
smsquare	s	实心小方形
smtriangle	t	实心小三角
smx	x	小写字母 x
circle_hollow	Oh	空心大圆圈
diamond_hollow	Dh	空心大菱形
smdiamond_hollow	dh	空心小菱形
triangle_hollow	Th	空心大三角
smtriangle_hollow	th	空心小三角
square_hollow	Sh	空心大方形
smsquare_hollow	sh	空心小方形
point	p	很小的点
none	i	无形状

2. 数据标记颜色的设置

数据标记颜色的设置通过mcolor()命令选项来实现,用户在括号中输入所需的命令选项或代号缩写。常用的mcolor()命令选项如表5.3所示。

表 5.3　常用的 mcolor()命令选项

mcolor()命令选项	含　义
black	黑色
blue	蓝色
gold	金色
gray	灰色
green	绿色
red	红色
orange	橙色
yellow	黄色
purple	紫色
none	没有颜色

3. 数据标记大小的设置

数据标记大小的设置通过msize()命令选项来实现,用户在括号中输入数字。例如,要设置数据标记的大小为6号,则命令为:

```
msize (6)
```

4. 散点标签的设置

散点标签的设置通过mlabel()和mlabposition()命令选项来实现。用户将标签内容输入mlabel后的括号，将代表标签位置的数字输入mlabposition后面的括号。例如，用户想要设置散点标签的内容为变量amount，标签位置在9点钟处，可使用如下命令：

```
mlabel (amount) mlabposition(9)
```

5. 分类输出散点图的设置

如果数据中存在分类变量，可以先进行分类，再绘制散点图。所使用的命令为by()，用户在括号中填入分类变量。例如，若按照学历分类绘图，可在绘图命令之后添加选项by（学历）。

5.3.2　案例应用——绘制美国制造业 PMI 指数、失业率散点图

本小节用于分析的数据文件是"数据5.2"，其中记录的是2004年1月至2024年8月美国制造业PMI指数、中小企业乐观指数（以1986年为基准100）和失业率（单位为%）的月度数据，如图5.8所示。在本例中，我们绘制了"制造业PMI指数"和"失业率"之间的散点图。

	月份	制造业PMI指数	中小企业乐观指数	失业率
1	2004-01	60.8	105.8	5.7
2	2004-02	59.9	102.6	5.6
3	2004-03	60.6	102.6	5.8
4	2004-04	60.6	105.3	5.6
5	2004-05	61.4	104.5	5.6
6	2004-06	60.5	103	5.6
7	2004-07	59.9	105.9	5.5
8	2004-08	58.5	102.9	5.4
9	2004-09	57.4	104.5	5.4
10	2004-10	56.3	103.9	5.5
11	2004-11	56.2	107.7	5.4
12	2004-12	57.2	106.1	5.4
13	2005-01	56.8	103.7	5.3
14	2005-02	55.5	103.7	5.4
15	2005-03	55.2	102.5	5.2
16	2005-04	52.2	99.8	5.2
17	2005-05	50.8	100.8	5.1
18	2005-06	52.4	100.8	5

图 5.8　"数据 5.2"中的部分数据（数据较大，仅显示其中一部分）

打开"数据5.2"数据文件之后，在主界面的命令窗口中依次输入以下命令：

```
graph twoway scatter 制造业PMI指数 失业率
```

此命令用于绘制"制造业PMI指数"和"失业率"两个变量的散点图。绘制结果如图5.9所示。

```
graph twoway scatter 制造业PMI指数 失业率,title("案例结果") xlabel(3(1)15) ylabel(30(5)65) ytick(30(1)65)
```

此命令用于绘制"制造业PMI指数"和"失业率"两个变量的散点图，并给图形增加标题名"案例结果"，为X轴添加数值标签，取值范围为3~15，间距为1；为Y轴添加数值标签，取值范围为30~65，间距为5；为Y轴添加刻度，间距为1。绘制结果如图5.10所示。

```
graph twoway scatter 制造业PMI指数 失业率,title("案例结果") xlabel(3(1)15) ylabel(30(5)65)
```

```
ytick(30(1)65) msymbol(D)
```

该命令在上一步命令的基础上，将散点图中散点标记的形状变为实心菱形。结果如图5.11所示。

```
graph twoway scatter  制造业PMI指数 失业率,title("案例结果") xlabel(3(1)15) ylabel(30(5)65)
ytick(30(1)65) msymbol(D) mcolor(yellow)
```

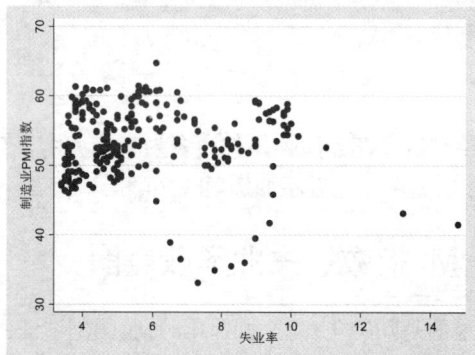

图 5.9 散点图 1

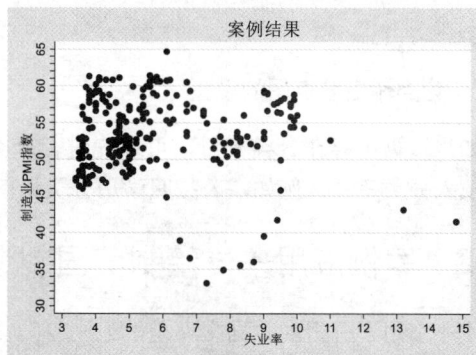

图 5.10 散点图 2

该命令在上一步命令的基础上，将散点图中散点标记的颜色变为黄色。结果如图5.12所示。

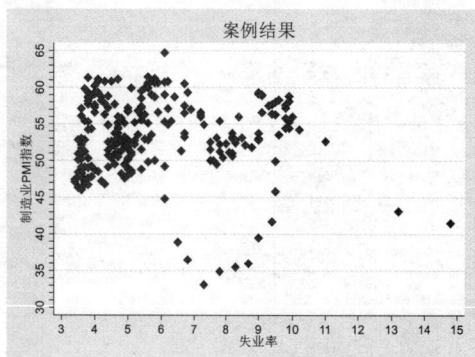

图 5.11 散点图 3

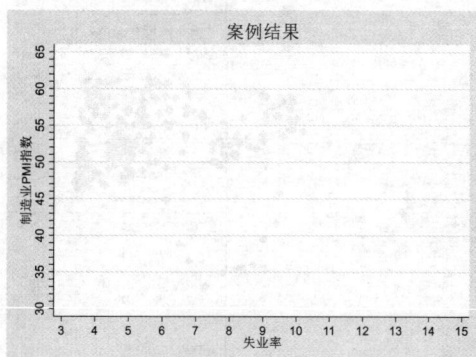

图 5.12 散点图 4

5.4   曲线标绘图

> 扫描右侧二维码观看视频
>
> 下载资源:\sample\chap05\数据 5.3

5.4.1 统计学原理及 Stata 命令

从形式上看，曲线标绘图与散点图的区别在于用一条线替代散点标记，这样做可以更加清晰直观地展示数据走势，但却无法观察到每个散点的准确位置。从用途上看，曲线标绘图常用于时间序列分析的数据预处理，目的是观察变量随时间的变化趋势。此外，曲线标绘图可以同时反映多个变量随时间的变化情况，因此曲线标绘图的应用范围非常广泛。

绘制曲线标绘图的命令及其语法格式为：

```
[twoway] line varlist [if] [in] [, options]
```

其中，varlist是用于绘制曲线标绘图的变量列表，需要注意的是，X轴变量要放置在Y轴变量之后；[if]为条件表达式；[in]用于设置样本范围；[, options]为可选项，散点图中的[, options]可选项在曲线标绘图中同样适用。除此之外，曲线标绘图还可以设置曲线样式，常用选项包括connect_options（连接样式的设置）、linepatternstyle（线条样式的设置）等。

1. 连接样式的设置

设置连接样式的命令为connect()，用户在括号中填入样式代码或缩写，详细说明见表5.4。

表 5.4　connect()命令的括号中可填入的样式代码及缩写

样式代码	缩　　写	含　　义
none	I	无连接
direct	L	直线连接，为默认设置
ascending	L	笔直线，仅适用于 x[j+1]>x[j]的情况
stairstep	J	先水平，后垂直
stepstair		先垂直，后水平

2. 线条样式的设置

设置线条样式的命令为clpattern()，用户在括号中填入样式代码，详细说明见表5.5。

表 5.5　clpattern()命令的括号中可填入的样式代码

样式代码	含　　义
solid	实线
dash	虚线
dot	点线
dash_dot	点画线
shortdash	短画线
shortdash_dot	短画点线
longdash	长画线
longdash_dot	长画点线
blank	空白线
"formula"	自定义线

5.4.2　案例应用——绘制天津市建筑企业经济效益曲线标绘图

本小节用于分析的数据文件是"数据5.3"，其中记录的是天津市建筑企业经济效益数据，数据来源于天津市统计局。数据文件中有3个变量：年份、产值利润率（单位：%）、产值利税率（单位：%），如图5.13所示。

打开"数据5.3"数据文件之后，在主界面的命令窗口中依次输入以下命令：

```
graph twoway line 产值利润率 产值利税率 年份
```

	年份	产值利润率	产值利税率
1	1980	7	7.5
2	1981	9	9.5
3	1982	9.3	10
4	1983	10.2	13.1
5	1984	8.3	8.8
6	1985	7	7.8
7	1986	4.6	5.1
8	1987	4.5	4.9
9	1988	2.7	4.7
10	1989	.6	4.3
11	1990	-.3	2.7
12	1991	.8	3.4
13	1992	1	3.5
14	1993	2.9	5.5
15	1994	.5	3.2
16	1995	.6	3.4
17	1996	1	3.6
18	1997	1.1	3.7
19	1998	1.4	3.9
20	1999	1	3.6
21	2000	1.1	4

图 5.13 "数据 5.3"中的部分数据（由于数据量过大，仅显示其中一部分）

该命令用于绘制"产值利润率"和"产值利税率"两个变量随年份变化的曲线标绘图。绘制结果如图5.14所示。

```
graph twoway line 产值利润率 产值利税率 年份,title("天津市建筑企业经济效益") xlabel(1980(3)2022)
ylabel(0(1)14) xtick(1980(1)2022)
```

该命令旨在绘制"产值利润率"和"产值利税率"两个变量随年份变化的曲线标绘图，并给图形增加标题名"天津市建筑企业经济效益"；为X轴添加数值标签，取值范围为1980~2022，间距为3；为Y轴添加数值标签，取值范围为0~14，间距为1；为X轴添加刻度，间距为1。绘制结果如图5.15所示。

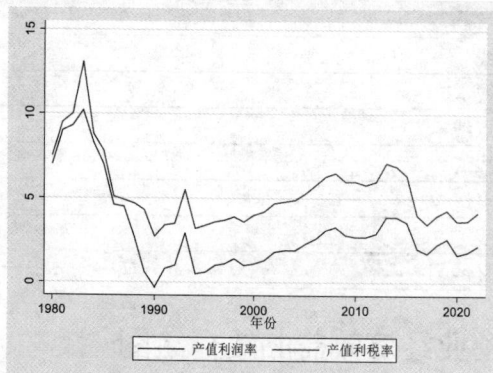

图 5.14 曲线标绘图 1

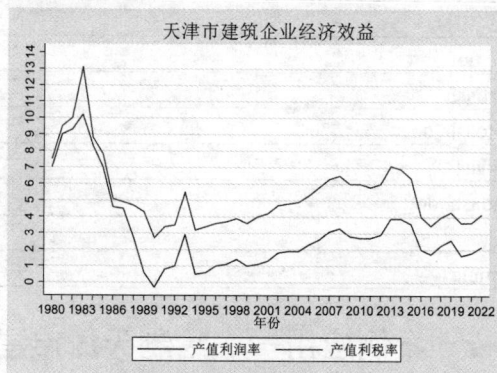

图 5.15 曲线标绘图 2

```
graph twoway line 产值利润率 产值利税率 年份,title("天津市建筑企业经济效益") xlabel(1980(3)2022)
ylabel(0(1)14) xtick(1980(1)2022) legend(label(1 "利润率") label(2 "利税率"))
```

该命令在上一步的基础上修改了两个变量的标签，分别为"利润率"和"利税率"。绘制结果如图5.16所示。

```
graph twoway line 产值利润率 产值利税率 年份,title("天津市建筑企业经济效益") xlabel(1980(3)2022)
ylabel(0(1)14) xtick(1980(1)2022) legend(label(1 "利润率") label(2 "利税率")) clpattern(solid
dash)
```

该命令在上一步的基础上，将利税率的曲线改为虚线。绘制结果如图5.17所示。

图 5.16　曲线标绘图 3

图 5.17　曲线标绘图 4

5.5　连线标绘图

	扫描右侧二维码观看视频
	下载资源:\sample\chap05\数据 5.4

5.5.1　统计学原理及 Stata 命令

在前面的章节中我们已经看到，曲线标绘图通过一条线来代替散点标记，可以更清晰直观地展示数据走势，但无法观察到每个散点的准确定位。那么，有没有一种作图方式，既可以满足观测数据走势的需要，又能实现每个散点的准确定位？Stata的连线标绘图提供了解决这一问题的方法。

绘制连线标绘图的命令及其语法格式为：

```
twoway connected varlist [if] [in] [weight] [, scatter_options]
```

其中，varlist是用于绘制曲线标绘图的变量列表，[if]为条件表达式，[in]用于设置样本范围，[weight]用于设置权重，[,scatter_options]为可选项。

5.5.2　案例应用——绘制上海市人民币各项存贷款余额连线标绘图

本小节用于分析的数据文件是"数据5.4"，其中记录的是上海市人民币各项存贷款余额数据，数据来源于上海市统计局。数据文件中有3个变量：年份、人民币各项存款余额（单位：亿元）、人民币各项贷款余额（单位：亿元），如图5.18所示。

打开该数据文件之后，在主界面的命令窗口中依次输入以下命令：

```
graph twoway connected 人民币各项存款余额 人民币各项贷款余额 年份
```

	年份	人民币各项存款余额	人民币各项贷款余额
1	2000	9349.83	7254.06
2	2001	11247.9	8543.02
3	2002	14035.8	10550.9
4	2003	17318.4	13168
5	2004	19994.1	14972
6	2005	23320.9	16798.1
7	2006	26454.9	18603.9
8	2007	30315.5	21709.9
9	2008	35589.1	24166.1
10	2009	44620.3	29684.1
11	2010	52190	34154.2
12	2011	58186.5	37196.8
13	2012	63555.3	40982.5
14	2013	69256.3	44357.9
15	2014	73882.5	47915.8
16	2015	103761	53387.2
17	2016	110511	59982.3
18	2017	112462	67182
19	2018	121112	73272.4
20	2019	132820	79843

图 5.18　"数据 5.4"中的部分数据（由于数据量过大，仅显示其中一部分）

该命令用于绘制"人民币各项存款余额"和"人民币各项贷款余额"两个变量随年份变化的连线标绘图。绘制结果如图5.19所示。

```
graph twoway connected  人民币各项存款余额 人民币各项贷款余额 年份,title("上海市人民币存贷款情况
") xlabel(2000(5)2020) ylabel(10000(50000)140000) ytick(10000(10000)140000)
```

该命令用于绘制"人民币各项存款余额"和"人民币各项贷款余额"两个变量随年份变化的连线标绘图，并给图形增加标题名"上海市人民币存贷款情况"；为X轴添加数值标签，取值范围为2000~2020，间距为5；为Y轴添加数值标签，取值范围为10000~140000，间距为50000；为Y轴添加刻度，间距为10000。绘制结果如图5.20所示。

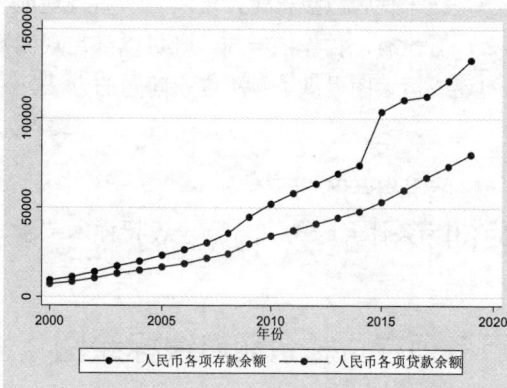

图 5.19　连线标绘图 1

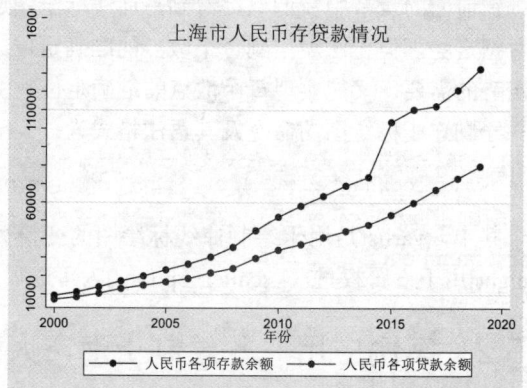

图 5.20　连线标绘图 2

```
graph twoway connected  人民币各项存款余额 人民币各项贷款余额 年份,title("上海市人民币存贷款情况
") xlabel(2000(5)2020) ylabel(10000(50000)140000) ytick(10000(10000)140000) clpattern(dash)
```

该命令在上一步的基础上，将"人民币各项存款余额"的曲线改为虚线。绘制结果如图5.21所示。

```
graph twoway connected　人民币各项存款余额　人民币各项贷款余额　年份,title("上海市人民币存贷款情况
") xlabel(2000(5)2020) ylabel(10000(50000)140000) ytick(10000(10000)140000) clpattern(dash)
msymbol(D)
```

该命令在上一步的基础上，将连线标绘图中散点标记的形状更改为实心菱形。绘制结果如图5.22
所示。

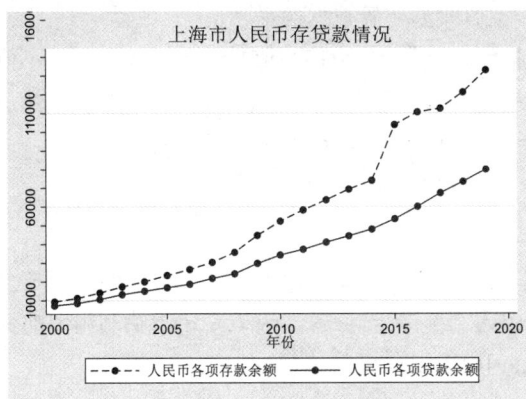

图 5.21　连线标绘图 3

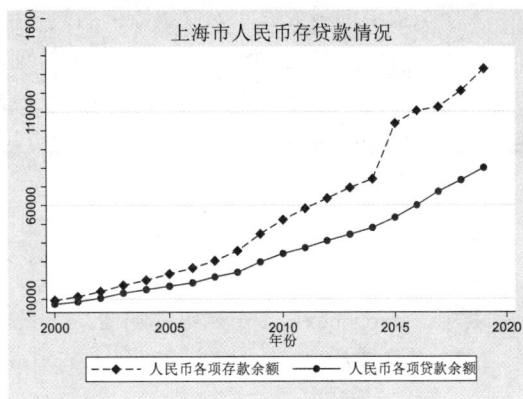

图 5.22　连线标绘图 4

5.6　箱　　图

扫描右侧二维码观看视频	
下载资源:\sample\chap05\数据 5.5	

5.6.1　统计学原理及 Stata 命令

箱图（box-plot），又称为盒须图、盒式图或箱线图，是一种用于显示一组数据分散情况的统计
图。箱图提供了一种只用5个点总结数据集的方式，这5个关键点包括：最小值、第一个四分位数Q1、
中位数点、第三个四分位数Q3和最大值。通过绘制箱图，数据分析者不仅可以直观明了地识别数据
中的异常值，还可以判断数据的偏态、尾重以及比较几批数据的形状。

绘制箱图的基本思路是：针对某一变量数据，计算该变量数据的5个特征值，即除异常值外的最
小值（minimum）、最大值（maximum）、中位数（median）、两个四分位数（下四分位数Q1和上
四分位数Q3）。

中位数的计算方法：将变量数据的所有数值从小到大排列，如果是奇数个数值，则取最中间的
值作为中位数，之后最中间的值在计算下四分位数Q1和上四分位数Q3时不再使用；如果是偶数个数
值，则取最中间两个数的平均数作为中位数，这两个数在计算下四分位数Q1和上四分位数Q3时继续
使用。

下四分位数Q1的计算方法：中位数将变量的所有数据分成两部分，然后针对变量最小值到中位
数的部分，再按取中位数的方法取中位数，即为下四分位数Q1。

上四分位数Q3的计算方法：中位数将变量的所有数据分成两部分，然后针对中位数到变量最大

值的部分，再按取中位数的方法取中位数，即为上四分位数Q3。

四分位数间距（IQR）即为：

$$IQR = Q3-Q1$$

一般情况下，将所有不在（Q1-1.5IQR, Q3+1.5IQR）区间内的数值称为异常值。去除异常值之后，剩下数值中的最大值即为变量数据的最大值，最小值即为变量数据的最小值。

将上述变量数据的5个特征值从小到大排列，并描绘在图上，5个特征值在一条直线上，最小值和Q1连接，Q1、中位数、Q3分别作平行等长线段，最大值和Q3连接，连接Q1和Q3构成箱体。然后连接除异常值外的最小值和最大值两个极值点与箱子，形成箱式图，最后标记离群值。

绘制箱图的命令及其语法格式如下：

```
graph box yvars [if] [in] [weight] [, options]
graph hbox yvars [if] [in] [weight] [, options]
```

其中，graph box用于绘制纵向箱图，graph hbox用于绘制横向箱图，yvars是用于绘制箱图的变量，[if]为条件表达式，[in]用于设置样本范围，[weight]用于设置权重。

5.6.2　案例应用——绘制陕西、浙江、江苏、福建星级酒店营业额箱图

本小节用于分析的数据文件是"数据5.5"。该数据文件为2004年至2022年陕西、浙江、江苏、福建四个省份星级酒店的营业额数据，包括年份、省份、收入类型、星级酒店营业额（单位：亿元）4个变量，如图5.23所示。

	年份	省份	收入类型	星级酒店营业额
1	2004	陕西	客房收入	10.5
2	2005	陕西	客房收入	10.7
3	2006	陕西	客房收入	13.5
4	2007	陕西	客房收入	13.9
5	2008	陕西	客房收入	22.4
6	2009	陕西	客房收入	23.9
7	2010	陕西	客房收入	31.6
8	2011	陕西	客房收入	42.2
9	2012	陕西	客房收入	42.5
10	2013	陕西	客房收入	45.16
11	2014	陕西	客房收入	48.75
12	2015	陕西	客房收入	48.84
13	2016	陕西	客房收入	52.5
14	2017	陕西	客房收入	59.49
15	2018	陕西	客房收入	70.3
16	2019	陕西	客房收入	79.3
17	2020	陕西	客房收入	64.7
18	2021	陕西	客房收入	75.05
19	2022	陕西	客房收入	75.63
20	2004	陕西	餐费收入	8.7
21	2005	陕西	餐费收入	8.9
22	2006	陕西	餐费收入	11.3
23	2007	陕西	餐费收入	12.4

图 5.23　"数据 5.5"中的部分数据（数据较大，仅显示其中一部分）

打开上述数据文件之后，在主界面的命令窗口中依次输入以下命令：

```
graph box 星级酒店营业额
```

该命令用于绘制变量"星级酒店营业额"的箱图。绘制结果如图5.24所示，箱图把所有的数据

分成4部分：

- 第 1 部分：从顶线到箱子的上部，数据值在全体数据中排名前 25%。
- 第 2 部分：从箱子的上部到箱子中间的线，数据值在全体数据中排名 25%以下、50%以上。
- 第 3 部分：从箱子中间的线到箱子的下部，数据值在全体数据中排名 50%以下、75%以上。
- 第 4 部分：从箱子的底部到底线，这部分数据值在全体数据中排名后 25%。

顶线与底线的间距在一定程度上表示了数据的离散程度，间距越大，数据就越离散。

```
graph box 星级酒店营业额,over(省份)
```

该命令用于按照省份分别绘制变量"星级酒店营业额"的箱图。绘制结果如图5.25所示。

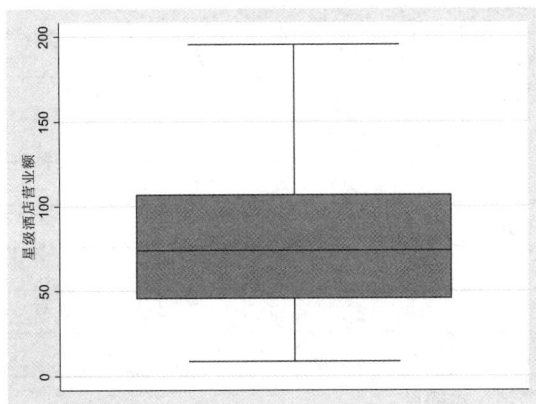

图 5.24　箱图 1

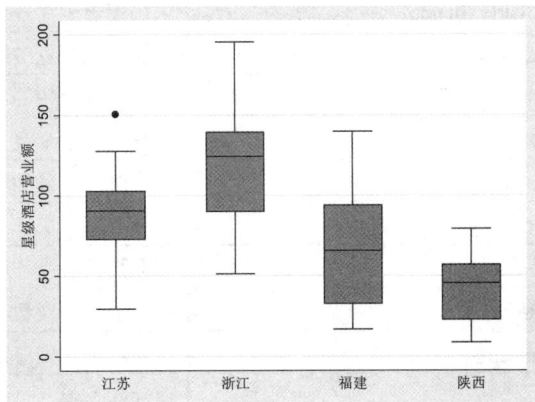

图 5.25　箱图 2

5.7　饼　　图

	扫描右侧二维码观看视频
	下载资源:\sample\chap05\数据 5.6

5.7.1　统计学原理及 Stata 命令

饼图是数据分析中常见的一种经典图形，因其外形类似于圆饼而得名。在数据分析中，许多情况下需要分析数据总体的各个组成部分的占比，虽然可以通过数学计算各部分占总额的比例，但这种数学比例的表示方法相对抽象。Stata 17.0提供了饼形制图工具，能够直接以图形的方式显示各个组成部分所占的比例，更为重要的是，由于采用图形的方式，因此更加形象直观。

下面介绍绘制饼图的命令。

（1）饼图中的切片表示每个变量的总数或百分比，该命令的语法格式如下：

```
graph pie varlist [if] [in] [weight] [, options]
```

（2）饼图中的切片表示over(varname)类别中的总数或百分比，该命令的语法格式如下：

```
graph pie varname [if] [in] [weight], over(varname) [options]
```

（3）饼图中的切片表示over(varname)类别中的频数，该命令的语法格式如下：

```
graph pie [if] [in] [weight], over(varname) [options]
```

这3种命令的基本含义是一致的，主要区别在于绘图时的具体实现。varlist或varname表示用于绘制图形的变量，[if]为条件表达式，[in]用于设置样本范围，[weight]用于设置权重，[,options]为可选项，详细说明见表5.6。

表 5.6 graph 命令的可选项及其含义

可　选　项	含　义
*over(varname)	饼图中每个切片所代表的变量的特殊数值
missing	不要忽视变量的缺失值，像对待非缺失值一样处理缺失值
allcategories	包含数据库中的所有类别
cw	对缺失值按个案（casewise）处理
noclockwise	按逆时针排列的饼图
angle0(#)	饼图中第一块切片的角度，默认为 90°
sort	按面积大小排列切片的顺序
sort(varname)	按变量名排列切片的顺序
descending	按与默认或先前设定的顺序的相反顺序排序切片
pie(...)	切片的外观，包括突出显示的设置
plabel(...)	设置显示在切片上的标签
ptext(...)	设置显示在切片上的文本
intensity([*]#)	设置切片的色彩强度
line(line_options)	设置切片的轮廓
legend(...)	设置切片的图例说明
std_options	设置标题和存储

5.7.2 案例应用——分析主要国家和地区半导体销售占比

本小节用于分析的数据文件是"数据5.6"，其中记录的是2024年1月至7月中国、美洲、欧洲和日本的月度半导体销售数据，单位为十亿美元，如图5.26所示。

	月份	中国	美洲	欧洲	日本
1	2024-01	14.76	12.64	4.42	3.67
2	2024-02	14.13	12.14	4.32	3.57
3	2024-03	14.14	12.13	4.28	3.5
4	2024-04	14.2	13.11	4.29	3.64
5	2024-05	14.97	13.9	4.22	3.71
6	2024-06	15.09	14.77	4.18	3.78
7	2024-07	15.23	15.41	4.16	3.9

图 5.26 "数据 5.6"中的部分数据（由于数据量过大，仅显示其中一部分）

打开上述数据文件之后，在主界面的命令窗口中依次输入以下命令：

```
graph pie 中国 美洲 欧洲 日本
```

该命令用于绘制4个国家和地区2024年以来累计半导体销售量的饼图。绘制结果如图5.27所示。

```
graph pie 中国 美洲 欧洲 日本,pie(1,explode) pie(2,color(blue)) plabel(1 percent,gap(30))
plabel(2 percent,gap(30))
```

该命令在前一个命令的基础上，突出显示"中国"的占比，把"美洲"的切片颜色改为蓝色，给"中国"和"美洲"的切片分别添加百分比标签，标签在距中心30个相对半径单位的位置。绘制结果如图5.28所示。

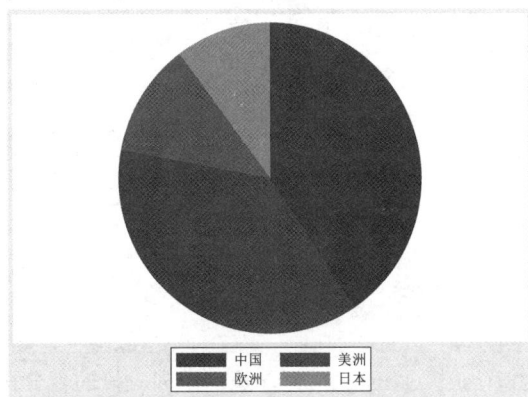

图 5.27　饼图 1

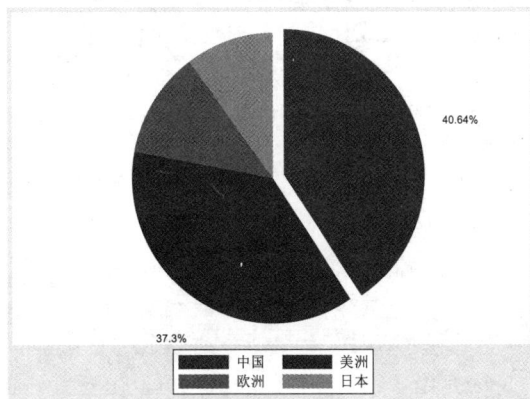

图 5.28　饼图 2

```
graph pie 中国 美洲 欧洲 日本,pie(1,explode) pie(2,color(yellow)) plabel(1 percent, gap(30))
plabel(2 percent,gap(30)) by(月份)
```

该命令在前一个命令的基础上，按月绘制4个国家和地区半导体销售量的饼图。绘制结果如图5.29所示。

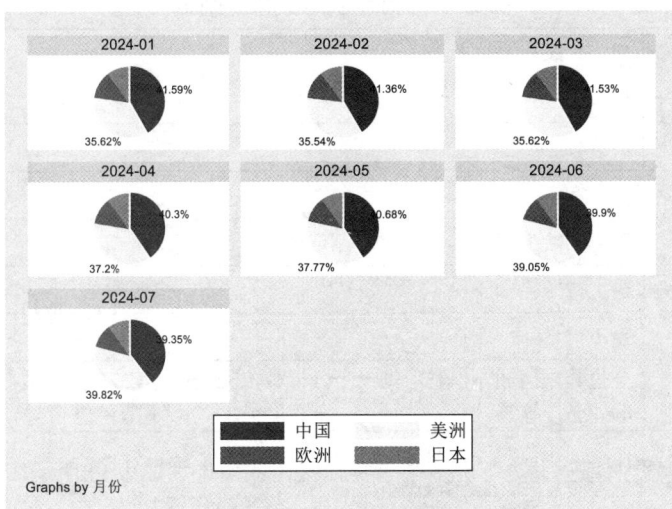

图 5.29　饼图 3

5.8 条 形 图

> 扫描右侧二维码观看视频
> 下载资源:\sample\chap05\数据 5.7

5.8.1 统计学原理及 Stata 命令

相较于前面提到的箱图，条形图（bar chart）本身所包含的信息相对较少，但它依然为平均数、中位数、合计数或计数等多种概要统计提供了简单且多样化的展示。因此，条形图也深受研究者的喜爱，常出现在研究者的论文或调查报告中。

下面介绍绘制条形图的基本命令。

（1）绘制纵向条形图的命令及其语法格式如下：

```
graph bar yvars [if] [in] [weight] [, options]
```

（2）绘制横向条形图的命令及其语法格式如下：

```
graph hbar yvars [if] [in] [weight] [, options]
```

yvar是用于绘制图形的变量，可以是变量列表的值(asis) varlist，也可以是变量列表值的百分比(percent) [varlist]，或变量列表值的计数(count) [varlist]，还可以是变量名或变量列表的指定统计量：

```
[(stat)] varname              [[(stat)]…]
[(stat)] varlist              [[(stat)]…]
[(stat)] [name=]varname […]   [[(stat)]…]
```

默认显示均值（mean）统计量。绘制条形图常用的统计量如表5.7所示。

表 5.7　绘制条形图常用的统计量

选　　项	含　　义
mean	均值
median	中位数
sum	算术和
count	不包括缺失值在内的样本观测值数
max	最大值
min	最小值
p1 p2 … p99	分位数，例如 p1 表示第一个分位数，p2 表示第二个分位数，p50 等同于中位数 median，等等

[,options]包括6大类，每一大类下有多个子类，常用的可选项如表5.8所示。

表 5.8　常用的可选项说明

选项类别	具体含义	具体选项	含　义
group_options	设置条形图分组选项	over(varname[, over_subopts])	设置分组变量,该选项可以重复设置,即可以设置多个分组变量
		nofill	忽略空的分组
		missing	将缺失值作为一个类别
		allcategories	包含数据集中的所有类别
yvar_options	设置条形图变量	ascategory	将 yvars 作为第一个 over() 分组变量
		asyvars	将第一个 over() 分组变量作为 yvars
		percentages	展示 yvars 各取值的百分比
yvar_options	设置条形图变量	stack	将具有多个 y 变量的统计量上下堆积而形成堆积条形图。当 stack 选项与 percentage 选项联合使用时,纵轴的统计量默认是比例,总和通常为 100%,即绘制百分比堆积条形图
		cw	计算 yvar 统计信息,忽略任何 yvar 的缺失值
lookofbar_options	设置条形图外观	outergap([*]#)	设置边与第一横条之间、最后的横条与边之间的间隙
		bargap(#)	设置 yvar 条形之间的间隙,默认是 0
		bar(#, barlook_options)	设置第#条的外观样式
legending_options	设置条形图标记	legend_options	设置 yvar 图例
		nolabel	在图例中使用 yvar 名称,不使用标签
axis_options	设置条形图 Y 轴	yalternate	将数值变量的 Y 轴标签置于顶部或右侧
		xalternate	将分类变量的 X 轴标签置于顶部或右侧
		exclude0	不强制使 Y 轴包含 0
		yreverse	反转 Y 轴
		axis_scale_options	设置 Y 轴缩放范围
		axis_label_options	设置 Y 轴标签
		ytitle(...)	设置 Y 轴标题
title_and_other_options	设置条形图标题及其他	text(...)	在图形上添加文本
		yline(...)	将 y 线添加到图形中
		aspect_option	限制图形区域的纵横比
		std_options	设置图形标题、图形大小、保存到磁盘等选项

5.8.2 案例应用——绘制北美、欧盟、阿拉伯世界不同年龄区间 人口占比条形图

本小节用于分析的数据文件是"数据5.7"，其中记录的是2011年至2023年北美、欧盟、阿拉伯世界不同年龄区间人口占比的数据，如图5.30所示。

	年份	年龄区间	北美人口比重	欧盟人口比重	阿拉伯世界人口比重
1	2011	0-14岁	19.41	15.4	33.92
2	2012	0-14岁	19.31	15.36	33.88
3	2013	0-14岁	19.21	15.32	33.9
4	2014	0-14岁	19.1	15.28	33.93
5	2015	0-14岁	18.99	15.23	33.93
6	2016	0-14岁	18.88	15.2	33.87
7	2017	0-14岁	18.76	15.18	33.75
8	2018	0-14岁	18.62	15.15	33.61
9	2019	0-14岁	18.45	15.1	33.46
10	2020	0-14岁	18.24	15.04	33.34
11	2021	0-14岁	17.98	14.96	33.21
12	2022	0-14岁	17.71	14.84	32.96
13	2023	0-14岁	17.43	14.69	32.64
14	2011	15-64岁	67.21	66.74	62.43
15	2012	15-64岁	66.98	66.47	62.41
16	2013	15-64岁	66.77	66.16	62.34
17	2014	15-64岁	66.61	65.84	62.24
18	2015	15-64岁	66.51	65.54	62.17
19	2016	15-64岁	66.28	65.26	62.19
20	2017	15-64岁	66	64.98	62.19
21	2018	15-64岁	65.8	64.7	62.23
22	2019	15-64岁	65.57	64.44	62.29
23	2020	15-64岁	65.35	64.2	62.3

图 5.30 "数据 5.7"中的部分数据（数据较大，仅显示其中一部分）

打开上述数据文件之后，在主界面的命令窗口中依次输入以下命令：

```
graph bar 北美人口比重,over(年龄区间)
```

该命令用于绘制"北美人口比重"变量的条形图，以"年龄区间"作为分组变量，结果如图5.31所示。可以发现，纵坐标轴的统计量为默认的均值。15~64岁的人口占比最高。

```
graph bar 北美人口比重,over(年龄区间) title("北美不同年龄区间人口占比") ylabel(0(10)80) ytick(0(5)80)
```

该命令在上一步的基础上，给图形增加标题名"北美不同年龄区间人口占比"；为Y轴添加数值标签，取值范围为0~80，间距为10；为Y轴添加刻度，间距为5。结果如图5.32所示。

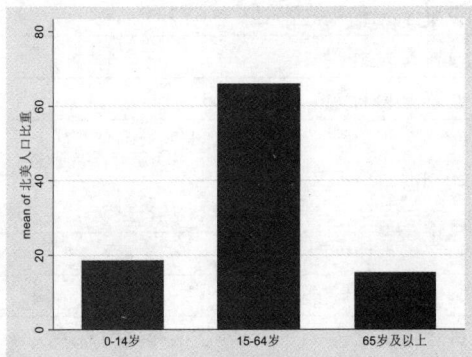

图 5.31 条形图 1

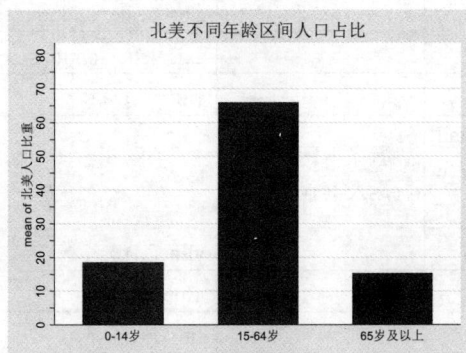

图 5.32 条形图 2

```
graph bar 北美人口比重 欧盟人口比重 阿拉伯世界人口比重 ,over(年龄区间) title("北美、欧盟、阿拉伯世
界不同年龄区间人口占比") ylabel(0(10)80) ytick(0(5)80)
```

该命令用于绘制变量"北美人口比重""欧盟人口比重"和"阿拉伯世界人口比重"的条形图，以"年龄区间"变量作为分组变量，并给图形增加标题"北美、欧盟、阿拉伯世界不同年龄区间人口占比"；为Y轴添加数值标签，取值范围为0~80，间距为10；为Y轴添加刻度，间距为5。绘制结果如图5.33所示。

```
graph bar (median) 北美人口比重 (median) 欧盟人口比重 (median) 阿拉伯世界人口比重 ,over(年龄区
间) title("北美、欧盟、阿拉伯世界不同年龄区间人口占比") ylabel(0(10)80) ytick(0(5)80)
```

该命令用于绘制变量"北美人口比重""欧盟人口比重"和"阿拉伯世界人口比重"的条形图，但使用的统计量不再是3个变量的均值，而是它们的中位数。绘制结果如图5.34所示。

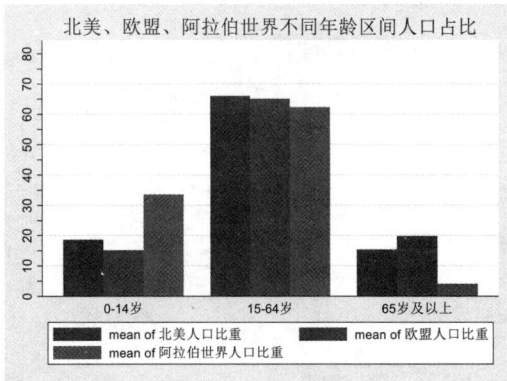

图 5.33　条形图 3　　　　　　　　　图 5.34　条形图 3

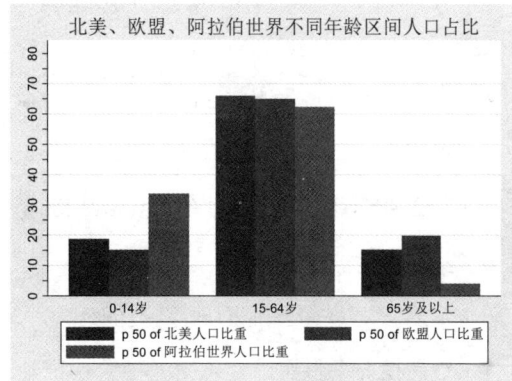

5.9　本章回顾与习题

5.9.1　本章回顾

本章介绍了Stata制图的基本操作和几种常用图形的绘制方法。

（1）整体命令的语法格式为：

```
graph-command (plot-command,plot-options) (plot-command,plot-options),… graph-options
```

（2）绘制直方图的命令是histogram，该命令的语法格式为：

```
histogram varname [if] [in] [weight] [, [continuous_opts | discrete_opts] options]
```

（3）绘制散点图的命令是scatter，该命令的语法格式为：

```
[twoway] scatter varlist [if] [in] [weight] [, options]
```

（4）绘制曲线标绘图的命令是line，该命令的语法格式为：

```
[twoway] line varlist [if] [in] [, options]
```

（5）绘制连线标绘图的命令是twoway connected，该命令的语法格式为：

```
twoway connected varlist [if] [in] [weight] [, scatter_options]
```

（6）绘制箱图的命令及其语法格式为：

```
graph box yvars [if] [in] [weight] [, options]
graph hbox yvars [if] [in] [weight] [, options]
```

（7）绘制饼图的几个命令及其语法格式：

● 饼图中的切片为每个变量的总数或百分比：

```
graph pie varlist [if] [in] [weight] [, options]
```

● 饼图中的切片作为 over(varname)类别中的总数或百分比：

```
graph pie varname [if] [in] [weight], over(varname) [options]
```

● 饼图中的切片作为 over(varname)类别中的频数：

```
graph pie [if] [in] [weight], over(varname) [options]
```

（8）绘制条形图的几个命令及其语法格式：

● 绘制纵向条形图：

```
graph bar yvars [if] [in] [weight] [, options]
```

● 绘制横向条形图：

```
graph hbar yvars [if] [in] [weight] [, options]
```

5.9.2 本章习题

一、单选题

1. 设置标题的命令为（　　）。
A. subtitle　　　　　B. title　　　　　C. xtitle　　　　　D. ytitle
2. 设置副标题的命令为（　　）。
A. subtitle　　　　　B. title　　　　　C. xtitle　　　　　D. ytitle
3. 为横坐标轴命名的命令为（　　）。
A. subtitle　　　　　B. title　　　　　C. xtitle　　　　　D. ytitle
4. 设置横坐标轴刻度值的命令为（　　）。
A. xlabel　　　　　B. xtick　　　　　C. ytitle　　　　　D. ytick
5. 设置横坐标轴数值标签的命令为（　　）。
A. xlabel　　　　　B. xtick　　　　　C. ytitle　　　　　D. ytick
6. 设置横坐标轴样式的命令为（　　）。
A. xlabel　　　　　B. xscale　　　　　C. ytitle　　　　　D. yscale

二、判断题

1. 箱图提供了一种只用 5 个点总结数据集的方式，箱体部分是最小值到最大值。（ ）

2. 曲线标绘图既可以观测数据走势，又能实现每个散点的准确定位。（ ）

3. 直方图适用于分析数据总体的各个组成部分的占比。（ ）

三、操作题（所有操作题除完成操作生成 do 文件外，还要对结果进行解读）

1. 打开"习题5.1"数据文件，进行如下操作：

（1）绘制变量Y1（客户满意度）的直方图，并给图形增加标题名"习题结果-直方图"。

（2）绘制变量Y1（客户满意度）、Y2（客户再次购买行为）的条形图，使用的统计量是它们的中位数，以xueli变量作为分组变量，并给图形增加标题名"习题结果-条形图"。

（3）将前几步操作所使用的全部命令保存为do文件，并命名为"习题5.1答案"。

2. 打开"习题5.2"数据文件，进行如下操作：

（1）绘制profit和year两个变量的散点图，其中profit为纵轴，year为横轴，并给图形增加标题名"习题结果-散点图"，使散点标记的形状变为实心菱形，颜色变为黄色。

（2）绘制profit和invest两个变量随year变化的曲线标绘图，并给图形增加标题名"习题结果-曲线标绘图"。

（3）绘制profit和labor两个变量随year变化的连线标绘图，并给图形增加标题名"习题结果-连线标绘图"。

（4）绘制profit、invest、rd和labor四个变量的箱图并进行解读。

（5）将前几步操作所使用的全部命令保存为do文件，并命名为"习题5.2答案"。

3. 打开"习题5.3"数据文件，进行如下操作：

绘制北京、天津、河北、山西、内蒙古5个变量的饼图。将操作所使用的全部命令保存为do文件，并命名为"习题5.3答案"。

第6章

参 数 检 验

参数检验是指对参数的均值、方差、比率等特征进行统计检验。参数检验一般假设统计总体的具体分布为已知,但其中的一些参数或取值范围不确定。分析的主要目的是估计这些未知参数的取值,或对这些参数进行假设检验。参数检验不仅能够推断总体的特征参数,还能够对两个或多个总体的参数进行比较。常用的参数检验包括单一样本T检验、独立样本T检验、配对样本T检验、单一样本标准差检验和双样本标准差检验。

6.1 单一样本 T 检验

扫描右侧二维码观看视频

下载资源:\sample\chap06\数据 6.1

6.1.1 统计学原理及 Stata 命令

单一样本T检验(one-sample T-test)用于检验单个样本的均值与某个已知的或假设的总体均值之间是否存在显著差异,其数学基础是T分布。通过单一样本T检验,可以实现样本均值和总体均值的比较。单一样本T检验的命令及其语法格式为:

```
ttest varname == # [if] [in] [, level(#)]
```

其中,ttest表示进行T检验,**varname == #**用于设置某一变量的单一样本T检验,[if]为条件表达式,[in]用于设置样本范围,level(#)用于设置置信水平。

6.1.2 案例应用——分析中国有色市场 1#铜价格

本小节用于分析的数据文件是"数据6.1"，其中记录的是2021年1月4日至2024年9月24日中国有色市场1#铜价格数据（不包括节假日），具体包括铜平均价、铜最低价、铜最高价，单位均为元/吨，如图6.1所示。下面用单一样本T检验方法检验铜平均价是否显著等于69500。

	日期	铜平均价	铜最低价	铜最高价
1	2021-01-04	58180	58180	58210
2	2021-01-05	58330	58280	58310
3	2021-01-06	59300	59290	59290
4	2021-01-07	59450	59450	59480
5	2021-01-08	60480	60430	60460
6	2021-01-11	59510	59520	59560
7	2021-01-12	58370	58320	58380
8	2021-01-13	58940	58930	58940
9	2021-01-14	58680	58700	58710
10	2021-01-15	59770	59800	59780
11	2021-01-18	58740	58730	58710
12	2021-01-19	59210	59190	59220
13	2021-01-20	59110	59120	59140
14	2021-01-21	59430	59470	59470

图 6.1 "数据 6.1"中的部分数据（由于数据量过大，仅显示其中一部分）

打开上述数据文件之后，在主界面的命令窗口中依次输入以下命令：

```
ttest 铜平均价=69500
```

该命令用于对变量"铜平均价"样本数据执行单一样本T检验，检验其是否显著等于69500。结果如图6.2所示，共有904个有效样本参与了假设检验，样本的均值（Mean）是69472.94，标准误（Sta.err.）是162.187，标准差（Std.dev.）是4876.409，95%的置信区间（95% conf. interval）是[69154.64, 69791.25]，样本的t值为-0.1668，自由度（Degrees of freedom）为903，$\Pr(|T| > |t|) = 0.8675$，远大于0.05，因此需要接受原假设，也就是说，对变量"铜平均价"样本数据执行单一样本T检验的结果是显著等于69500。

```
. ttest 铜平均价=69500

One-sample t test

Variable      Obs        Mean     Std. err.    Std. dev.    [95% conf. interval]

铜平均价       904     69472.94     162.187     4876.409     69154.64    69791.25

    mean = mean(铜平均价)                                  t =   -0.1668
H0: mean = 69500                              Degrees of freedom =      903

 Ha: mean < 69500              Ha: mean != 69500              Ha: mean > 69500
 Pr(T < t) = 0.4338         Pr(|T| > |t|) = 0.8675         Pr(T > t) = 0.5662
```

图 6.2 单一样本 T 检验分析结果 1

```
ttest 铜平均价=69500,level(99)
```

该命令对变量"铜平均价"样本数据执行单一样本T检验，检验其是否显著等于69500，并且把显著性水平设定为0.01（等价于置信水平99%）。结果如图6.3所示，可以看出，与95%的置信水平不同之处在于，置信区间得到了进一步的放大，为[69054.29, 69894.59]，这是正常的结果，因为为了达到更高的置信水平，必须付出一定的代价。

```
. ttest 铜平均价=69500,level(99)

One-sample t test

Variable │     Obs        Mean    Std. err.    Std. dev.    [99% conf. interval]

铜平均价 │     904    69472.94     162.187     4876.409     69054.29    69891.59

      mean = mean(铜平均价)                                      t =  -0.1668
H0: mean = 69500                              Degrees of freedom =       903

 Ha: mean < 69500            Ha: mean != 69500               Ha: mean > 69500
 Pr(T < t) = 0.4338       Pr(|T| > |t|) = 0.8675          Pr(T > t) = 0.5662
```

图 6.3 单一样本 T 检验分析结果 2

6.2 独立样本 T 检验

> 扫描右侧二维码观看视频
>
> 下载资源:\sample\chap06\数据 6.2

6.2.1 统计学原理及 Stata 命令

独立样本T检验（Independent-samples T-test）是一种检验两个样本总体均值是否存在显著差异的统计方法，前提是两个样本相互独立。该方法假设两个样本来自正态分布的总体，且两个总体的方差相等（在实际应用中，当样本量足够大或数据分布较为接近时，这一假设可以适当放宽）。样本量的大小会影响T检验的精度和可靠性。通常，样本量越大，T检验的结果越可靠。如果需要比较多个独立样本，应考虑使用方差分析（ANOVA）等更复杂的统计方法，以避免多重比较带来的问题。独立样本T检验的命令及其语法格式为：

```
ttest varname1 == varname2 [if] [in], unpaired [unequal welch level(#)]
```

其中，ttest表示进行T检验，varname1和varname2为用于独立样本T检验的两个变量，[if]为条件表达式，[in]用于设置样本范围，unpaired表示是独立样本而不是配对样本，unequal表示非配对数据具有不同方差，welch表示使用Welch近似法，level(#)用于设置置信水平。

6.2.2 案例应用——分析不同类型国家替代能源和核能占能耗总量的比重

本小节用于分析的数据文件是"数据6.2"，其中记录的是1971年至2014年不同类型国家替代能源和核能占能耗总量比重的数据，如图6.4所示。下面使用独立样本T检验方法检验中低收入国家和中等偏上收入国家替代能源和核能占能耗总量比重是否存在显著差异。

打开上述数据文件之后，在主界面的命令窗口中依次输入以下命令：

```
ttest 中低收入国家= 中等偏上国家, unpaired
```

该命令使用独立样本T检验方法，检验中低收入国家和中等偏上收入国家在替代能源和核能占能耗总量比重上是否存在显著差异。结果如图6.5所示，共有88个有效样本参与了假设检验，自由度为86，其中中低收入国家有44个样本，均值为3.272727，标准误为0.1344389，标准差为0.8917669，95%的置信区间是[3.001605,3.543849]；中等偏上收入国家有44个样本，均值为3.568409，标准误为0.166628，标准差为1.105285，95%的置信区间是[3.232372,3.904446]。$\Pr(|T| > |t|) = 0.1708$，远大于0.05，因此接受原假设，即中低收入国家和中等偏上收入国家在替代能源和核能占能耗总量比重上不存在显著差异。

	年份	中低收入国家	中等偏上国家	低收入国家	高收入国家
1	1971	1.44	1.39	2.02	3.12
2	1972	1.52	1.49	2.33	3.38
3	1973	1.63	1.6	2.32	3.55
4	1974	1.8	1.83	2.69	4.2
5	1975	1.9	1.92	2.77	4.99
6	1976	2.07	2.09	2.91	4.93
7	1977	2.06	2.1	3.11	5.44
8	1978	2.09	2.05	2.98	5.97
9	1979	2.23	2.25	2.94	6.05
10	1980	2.38	2.39	2.94	6.49
11	1981	2.58	2.63	2.93	7.42
12	1982	2.65	2.76	2.92	8.03
13	1983	2.77	2.91	2.8	8.83
14	1984	2.95	3.12	2.78	9.69
15	1985	3.05	3.31	2.89	10.79
16	1986	3.13	3.42	2.88	11.41
17	1987	3.15	3.48	2.76	11.65
18	1988	3.35	3.67	2.81	11.95
19	1989	3.35	3.67	2.78	12.09
20	1990	3.29	3.38	2.08	12.01
21	1991	3.33	3.47	2.05	12.48
22	1992	3.39	3.57	2.01	12.4
23	1993	3.49	3.71	2.02	12.65

图 6.4 "数据 6.2"中的部分数据（由于数据量过大，仅显示其中一部分）

```
. ttest 中低收入国家= 中等偏上国家, unpaired

Two-sample t test with equal variances

Variable      Obs       Mean     Std. err.    Std. dev.   [95% conf. interval]

中低~家        44    3.272727    .1344389    .8917669    3.001605    3.543849
中等~家        44    3.568409     .166628    1.105285    3.232372    3.904446

Combined       88    3.420568    .1076066     1.00944    3.206688    3.634448

diff                -.2956818    .2140998                -.7212981    .1299345

    diff = mean(中低收入国家) - mean(中等偏上国家)              t =  -1.3810
H0: diff = 0                              Degrees of freedom =       86

   Ha: diff < 0                Ha: diff != 0                  Ha: diff > 0
Pr(T < t) = 0.0854      Pr(|T| > |t|) = 0.1708          Pr(T > t) = 0.9146
```

图 6.5 独立样本 T 检验分析结果 1

```
ttest 中低收入国家= 中等偏上国家, unpaired level(99) unequal
```

该命令在上一步的基础上，把显著性水平调到1%（即置信水平为99%），并在异方差假定条件下进行假设检验。结果如图6.6所示，Pr(|T| > |t|) = 0.1710，远大于0.05，因此接受原假设。可以看出，在本例中，同方差假定和异方差假定之间的结果没有差异。

```
. ttest 中低收入国家= 中等偏上国家, unpaired level(99) unequal

Two-sample t test with unequal variances

Variable |    Obs       Mean    Std. err.   Std. dev.   [99% conf. interval]
---------+--------------------------------------------------------------------
  中低~家 |    44    3.272727   .1344389    .8917669    2.910401    3.635054
  中等~家 |    44    3.568409    .166628   1.105285     3.11933    4.017489
---------+--------------------------------------------------------------------
Combined |    88    3.420568   .1076066    1.00944     3.137183    3.703953
---------+--------------------------------------------------------------------
    diff |          -.2956818   .2140998               -.8602371    .2688736
-----------------------------------------------------------------------------
    diff = mean(中低收入国家) - mean(中等偏上国家)          t =  -1.3810
H0: diff = 0                      Satterthwaite's degrees of freedom =  82.3205

  Ha: diff < 0                  Ha: diff != 0                  Ha: diff > 0
Pr(T < t) = 0.0855       Pr(|T| > |t|) = 0.1710         Pr(T > t) = 0.9145
```

图 6.6　独立样本 T 检验分析结果 2

6.3　配对样本 T 检验

	扫描右侧二维码观看视频
	下载资源:\sample\chap06\数据 6.3

6.3.1　统计学原理及 Stata 命令

配对样本T检验用于比较具有关联关系的两个变量的均值是否显著相同，例如，针对某患者服药前后身体相关指标的变化等。检验原理是计算两个变量值之差，并检验平均差值是否为0。

配对样本T检验的命令及其语法格式为：

```
ttest varname1 == varname2 [if] [in] [, level(#)]
```

其中，ttest表示进行T检验，varname1和varname2为进行配对样本T检验的两个变量，[if]为条件表达式，[in]用于设置样本范围，level(#)用于设置置信水平。

6.3.2　案例应用——分析办公电脑通过软件优化开机时间的效果

本小节用于分析的数据文件是"数据6.3"，其中记录的是同一组办公电脑在使用某款软件优化开机时间前后的开机时间数据，单位为秒，如图6.7所示。下面使用配对样本T检验方法检验这些电脑使用该软件优化开机时间的效果，即观测优化前后开机时间是否有显著差异。

	优化前	优化后
1	12.2	8.9
2	12.2	9.1
3	12.4	8.6
4	10.9	8.4
5	8.9	8.1
6	11.2	10.2
7	10.8	10.9
8	10.5	10.7
9	10.1	10.9
10	12	11.1
11	12.4	11.6
12	12.3	12.7
13	12.4	8.6
14	12.7	12.6
15	12.6	11.3

图 6.7　"数据 6.3"中的部分数据（由于数据量过大，仅显示其中一部分）

打开该数据文件之后，在主界面的命令窗口中输入以下命令：

```
ttest 优化前=优化后
```

该命令使用配对样本T检验方法，检验优化前后开机时间是否有显著差异。分析结果如图6.8所示，共有30对有效样本参与了假设检验，自由度为29，其中变量"优化前"包括30个样本，均值为11.50667，标准误为0.2821483，标准差为1.54539，95%的置信区间是[10.92961,12.08372]；变量"优化后"包括30个样本，均值为10.15333，标准误为0.3209445，标准差为1.757885，95%的置信区间是[9.496928,10.80974]。$Pr(|T| > |t|) = 0.0003$，远小于0.05，因此拒绝原假设，说明使用软件优化前后的开机时间存在显著差异。结合"优化前-优化后"mean(diff)的平均值为1.3533，说明优化后的开机时间显著低于优化前，表明优化起到了积极效果。

```
. ttest 优化前=优化后

Paired t test

Variable      Obs         Mean    Std. err.    Std. dev.   [95% conf. interval]

优化前         30     11.50667    .2821483      1.54539     10.92961    12.08372
优化后         30     10.15333    .3209445     1.757885     9.496928    10.80974

diff          30     1.353333    .3272924     1.792654     .6839453    2.022721

    mean(diff) = mean(优化前 - 优化后)                        t =   4.1349
H0: mean(diff) = 0                            Degrees of freedom =       29

Ha: mean(diff) < 0          Ha: mean(diff) != 0          Ha: mean(diff) > 0
Pr(T < t) = 0.9999     Pr(|T| > |t|) = 0.0003       Pr(T > t) = 0.0001
```

图 6.8 配对样本 T 检验分析结果

6.4 单一样本标准差检验

扫描右侧二维码观看视频
下载资源:\sample\chap06\数据 6.4

6.4.1 统计学原理及 Stata 命令

标准差用来反映波动情况，常用于质量控制与市场波动等情形。单一样本标准差检验的命令及其语法格式为：

```
sdtest  varname == # [if] [in] [, level(#)]
```

其中，sdtest表示进行标准差检验，**varname == #**用于指定要检验的变量的标准差数值，[if]为条件表达式，[in]用于设置样本范围，level(#)用于设置置信水平。

6.4.2 案例应用——分析欧元兑人民币中间价波动情况

本小节用于分析的数据文件是"数据6.4"，其中记录的是2024年1月2日至10月31日欧元兑人民币中间价数据（已去除非交易日），数据来源于中国人民银行，如图6.9所示。下面使用单一样本标准差检验方法，检验变量"欧元兑人民币中间价"的标准差是否为0.05。

图 6.9 "数据 6.4"中的部分数据（由于数据量过大，仅显示其中一部分）

打开该数据文件之后，在主界面的命令窗口中输入以下命令：

```
sdtest 欧元兑人民币中间价=0.05
```

该命令对变量"欧元兑人民币中间价"执行单一样本标准差检验，检验其标准差是否等于0.05。结果如图6.10所示，共有200个有效样本参与了假设检验，自由度为199，均值为7.750313，标准误为0.0053791，标准差为0.0760719，95%的置信区间是[7.739706,7.76092]。2*Pr(C < c) = 0.0000，远小于0.05，因此拒绝原假设，即变量的标准差不显著等于0.05。

```
. sdtest 欧元兑人民币中间价=0.05

One-sample test of variance

Variable      Obs        Mean     Std. err.    Std. dev.    [95% conf. interval]

欧元~价        200    7.750313    .0053791     .0760719     7.739706     7.76092

    sd = sd(欧元兑人民币中间价)                          c = chi2 = 460.6397
H0: sd = 0.05                               Degrees of freedom =       199

   Ha: sd < 0.05               Ha: sd != 0.05                 Ha: sd > 0.05
 Pr(C < c) = 1.0000         2*Pr(C > c) = 0.0000           Pr(C > c) = 0.0000
```

图 6.10 单一样本标准差检验分析结果

6.5 双样本标准差检验

	扫描右侧二维码观看视频
	下载资源:\sample\chap06\数据 6.5

6.5.1 统计学原理及 Stata 命令

双样本标准差检验用于判断两个样本的波动情况是否相同。双样本标准差检验的命令及其语法格式为：

```
sdtest varname1 == varname2 [if] [in] [, level(#)]
```

其中，sdtest表示进行双样本标准差检验，varname1和varname2为用于双样本标准差检验的两个变量，[if]为条件表达式，[in]用于设置样本范围，level(#)用于设置置信水平。

6.5.2 案例应用——分析港元和澳元汇率波动差异

本小节用于分析的数据文件是"数据6.5"，其中记录的是2024年1月2日至10月31日港元、澳元兑人民币中间价数据（已去除非交易日），来源于中国人民银行，如图6.11所示。下面使用双样本标准差检验方法，检验变量"港元兑人民币中间价"和"澳元兑人民币中间价"的标准差是否存在显著差异。

	日期	港元兑人民币中间价	澳元兑人民币中间价
1	2024-01-02	.90564	4.8277
2	2024-01-03	.90864	4.8174
3	2024-01-04	.90946	4.7959
4	2024-01-05	.90939	4.7756
5	2024-01-08	.90914	4.78
6	2024-01-09	.90934	4.7811
7	2024-01-10	.90897	4.7618
8	2024-01-11	.90937	4.777
9	2024-01-12	.90894	4.7685
10	2024-01-15	.909	4.7677
11	2024-01-16	.90934	4.7453
12	2024-01-17	.90954	4.7146
13	2024-01-18	.91021	4.6825
14	2024-01-19	.91006	4.6957
15	2024-01-22	.90947	4.7061

图 6.11 "数据 6.5"中的部分数据（由于数据量过大，仅显示其中一部分）

打开该数据文件之后，在主界面的命令窗口中输入以下命令：

```
sdtest 港元兑人民币中间价=澳元兑人民币中间价
```

该命令使用双样本标准差检验变量"港元兑人民币中间价"和"澳元兑人民币中间价"的标准差是否存在显著差异。分析结果如图6.12所示，共有200对有效样本参与了假设检验，自由度为199，其中变量"港元兑人民币中间价"包括200个样本，均值为0.9104529，标准误为0.0002388，标准差为0.0033778，95%的置信区间是[0.9099819,0.9109238]；变量"澳元兑人民币中间价"包括200个样本，均值为4.730403，标准误为0.0044139，标准差为0.0624218，95%的置信区间是[4.721699, 4.739107]。$2*Pr(F<f) = 0.0000$，远小于0.05，因此拒绝原假设，即变量"港元兑人民币中间价"和"澳元兑人民币中间价"的标准差存在显著差异。

```
. sdtest 港元兑人民币中间价=澳元兑人民币中间价

Variance ratio test

Variable |   Obs      Mean     Std. err.   Std. dev.   [95% conf. interval]
---------+------------------------------------------------------------------
港元~价  |   200     .9104529   .0002388    .0033778    .9099819    .9109238
澳元~价  |   200     4.730403   .0044139    .0624218    4.721699    4.739107
---------+------------------------------------------------------------------
Combined |   400     2.820428   .0956438    1.912877    2.632399    3.008457
----------------------------------------------------------------------------
   ratio = sd(港元兑人民币~价) / sd(澳元兑人民币~价)          f =   0.0029
H0: ratio = 1                                    Degrees of freedom = 199, 199

   Ha: ratio < 1              Ha: ratio != 1                Ha: ratio > 1
 Pr(F < f) = 0.0000        2*Pr(F < f) = 0.0000          Pr(F > f) = 1.0000
```

图 6.12 双样本标准差检验分析结果

6.6 本章回顾与习题

6.6.1 本章回顾

本章介绍了参数检验在Stata中的具体操作与应用，包括单一样本T检验、独立样本T检验、配对样本T检验、单一样本标准差和双样本标准差的假设检验。

（1）单一样本T检验的命令及其语法格式为：

```
ttest varname == # [if] [in] [, level(#)]
```

其中，ttest表示进行T检验，**varname == #**用来设置某一变量的单一样本T检验，[if]为条件表达式，[in]用于设置样本范围，level(#)用于设置置信水平。

（2）独立样本T检验的命令及其语法格式为：

```
ttest varname1 == varname2 [if] [in], unpaired [unequal welch level(#)]
```

其中，ttest表示进行T检验，varname1和varname2为用于进行独立样本T检验的两个变量，[if]为条件表达式，[in]用于设置样本范围，unpaired表示是独立样本而不是配对样本，unequal表示非配对数据具有不同方差，welch表示使用Welch近似法，level(#)用于设置置信水平。

（3）配对样本T检验的命令及其语法格式为：

```
ttest varname1 == varname2 [if] [in] [, level(#)]
```

其中，ttest表示进行T检验，varname1和varname2为用于配对样本T检验的两个变量，[if]为条件表达式，[in]用于设置样本范围，level(#)用于设置置信水平。

（4）单一样本标准差检验的命令及其语法格式为：

```
sdtest  varname == # [if] [in] [, level(#)]
```

其中，sdtest表示进行标准差检验，**varname == #**用于指定要检验的变量的标准差数值，[if]为条件表达式，[in]用于设置样本范围，level(#)用于设置置信水平。

（5）双样本标准差假设检验的命令及其语法格式为：

```
sdtest varname1 == varname2 [if] [in] [, level(#)]
```

其中，sdtest表示进行双样本标准差假设检验，varname1和varname2为用于双样本标准差假设检验的两个变量，[if]为条件表达式，[in]用于设置样本范围，level(#)用于设置置信水平。

6.6.2 本章习题

一、单选题

1. 单一样本标准差检验的命令为（ ）。

A. sdtest　　　　　　　　　B. ttest　　　　　　　　　C. sktest　　　　　　　　　D. signtest

2. 独立样本T检验相对于配对样本T检验，在命令语句中增加了（   ）。

A. unpaired   B. unequal   C. paired   D. equal

二、判断题

1. 双样本标准差检验用来判断两个样本的波动情况是否相同。（   ）

2. 通过配对样本T检验，我们可以实现两个独立样本的均值比较。（   ）

3. 独立样本T检验用来比较具有关联关系的两个变量的均值是否显著相同。（   ）

三、操作题（所有操作题除完成操作生成 do 文件外，还要对结果进行解读）

1. 打开"习题6.1"数据文件，使用单一样本T检验方法检验铜最高价是否显著等于69700，以及铜最低价是否显著等于69300。将操作所使用的全部命令保存为do文件，并命名为"习题6.1答案"。

2. 打开"习题6.2"数据文件，使用独立样本T检验方法检验低收入国家和高收入国家替代能源和核能占能耗总量比重是否存在显著差异。将操作所使用的全部命令保存为do文件，并命名为"习题6.2答案"。

3. 打开"习题6.3"数据文件，该数据文件记录的是25名患者在服用一种药物前后身体健康指数的变化，请使用配对样本T检验方法检验该药物是否有效。将操作所使用的全部命令保存为do文件，并命名为"习题6.3答案"。

4. 打开"习题6.4"数据文件，使用单一样本标准差检验方法检验变量"港元兑人民币中间价"的标准差是否为0.0034。将操作所使用的全部命令保存为do文件，并命名为"习题6.4答案"。

5. 打开"习题6.5"数据文件，使用双样本标准差检验方法检验变量"欧元兑人民币中间价"和"澳元兑人民币中间价"的标准差是否存在显著差异。将操作所使用的全部命令保存为do文件，并命名为"习题6.5答案"。

第7章

非参数检验

一般情况下，参数检验方法假设统计总体的具体分布是已知的，但我们往往会遇到一些情形，如总体分布无法用有限个实参来描述，或者无法明确假设总体的分布形式。这时，我们需要放弃对总体分布参数的依赖，转而寻求更多来自样本的信息。基于这种思路的统计检验方法被称为非参数检验（non-parametric tests）。常用的非参数检验包括单样本正态分布检验、两独立样本检验、两相关样本检验、多独立样本检验、游程检验等。

7.1 单样本正态分布检验

7.1.1 统计学原理及 Stata 命令

单样本正态分布检验本质上属于一种拟合优度检验，其基本功能是通过检验样本特征来探索总体是否服从正态分布。Stata中的单样本正态分布检验方法有多种，常用的包括偏度-峰度检验和Wilks-Shapiro检验。

偏度-峰度检验的命令是sktest，该命令的语法格式为：

```
sktest varlist [if] [in] [weight] [, noadjust]
```

Wilks-Shapiro检验的命令及其语法格式为：

```
swilk varlist [if] [in] [, swilk_options]
```

其中，swilk为命令名，varlist为变量列表，[if]为条件表达式，[in]用于设置样本范围，[weight]用于设置权重，[, swilk_options]为可选项。

7.1.2 案例应用——分析上海期货交易所螺纹钢期货收盘价

本小节用于分析的数据文件是"数据7.1"，其中记录的是2021年1月4日至2024年9月25日上海期货交易所螺纹钢期货收盘价（活跃合约）数据（不包括节假日），单位为元/吨，数据如图7.1所示。

	日期	收盘价
1	2021-01-04	4383
2	2021-01-05	4397
3	2021-01-06	4377
4	2021-01-07	4455
5	2021-01-08	4487
6	2021-01-11	4348
7	2021-01-12	4327
8	2021-01-13	4293
9	2021-01-14	4294
10	2021-01-15	4360
11	2021-01-18	4392
12	2021-01-19	4288
13	2021-01-20	4310
14	2021-01-21	4369
15	2021-01-22	4294

图 7.1 "数据 7.1"中的部分数据（数据过大，仅显示部分）

下面使用单样本正态分布检验判断数据的分布特征。打开该数据文件之后，在主界面的命令窗口中依次输入以下命令：

```
swilk 收盘价
```

该命令对变量"收盘价"使用Wilks-Shapiro进行单样本正态分布检验，结果如图7.2所示。

```
. swilk 收盘价

             Shapiro-Wilk W test for normal data
   Variable |    Obs        W        V        z     Prob>z
   收盘价    |    905     0.93748   36.005   8.838   0.00000
```

图 7.2 单样本正态分布检验分析结果 1

```
sktest 收盘价
```

该命令使用偏度-峰度对变量"收盘价"进行单样本正态分布检验，结果如图7.3所示。

```
. sktest 收盘价
Skewness and kurtosis tests for normality
                                                ——— Joint test ———
   Variable |  Obs  Pr(skewness)  Pr(kurtosis)  Adj chi2(2)  Prob>chi2
   收盘价    |  905     0.0000        0.0007        56.03       0.0000
```

图 7.3 单样本正态分布检验分析结果 2

通过观察分析结果，可以看出上述两种检验方法的检验结果是一致的，p值均远小于0.05，因此拒绝原假设，即变量"收盘价"不服从正态分布。

```
swilk 收盘价 if 收盘价>4000
```

该命令使用Wilks-Shapiro检验方式对变量"收盘价"进行单样本正态分布检验，但只选择收盘价>4000的样本。结果如图7.4所示，p值远小于0.05，因此拒绝原假设，即变量"收盘价"不服从正态分布。

```
. swilk 收盘价 if 收盘价>4000

            Shapiro-Wilk W test for normal data

    Variable     Obs        W        V        z      Prob>z

    收盘价        466     0.94718   16.677   6.743    0.00000
```

图 7.4　单样本正态分布检验分析结果 3

7.2　两独立样本检验

扫描右侧二维码观看视频
下载资源:\sample\chap07\数据 7.2

7.2.1　统计学原理及 Stata 命令

两独立样本检验用于在总体分布未知的情况下，通过对两个独立样本的集中趋势、离中趋势、偏度等指标进行差异性检验。两独立样本检验的命令及其语法格式为：

```
ranksum varname [if] [in], by(groupvar) [exact porder]
```

其中，ranksum为命令，varname为变量，[if]为条件表达式，[in]用于设置样本范围，[by(groupvar)]为分组变量选项，[exact porder]为可选项。exact是指除近似的p值之外，还要计算精确的p值。精确的p值基于测试统计量的实际分布，而近似的p值基于测试统计量服从正态分布的假设。

在样本容量n=n_1+n_2<200时，Stata默认计算精确的p值，因为对于小样本，直接假定统计量服从正态分布可能不精确。然而，当样本容量超过200时，用户需要通过设置exact选项专门指定计算精确的p值。尤其当样本量接近1000时，Stata计算精确的p值所需的时间会显著增加。porder选项用于计算第一组变量大于第二组变量的概率。

7.2.2　案例应用——分析德国、荷兰的年通货膨胀率差异

本小节使用"数据7.2"数据文件，其中记录的是1990年至2023年德国、荷兰以链式GDP平减指数计算的年通胀率数据，单位为%，数据如图7.5所示。现在，我们将使用两独立样本检验方法来检验德国和荷兰的年通胀率是否存在显著差异。

图 7.5　"数据 7.2"中的部分数据（由于数据量过大，仅显示其中一部分）

打开上述数据文件之后，在主界面的命令窗口中依次输入以下命令：

```
ranksum 年通胀率,by(国家)
```

此命令使用两独立样本检验方法，判断两个国家的年通胀率是否存在显著差异。结果如图7.6所示，Prob>|z|=0.2064，远大于0.05，因此接受原假设，即两个国家的年通胀率不存在显著差异。

```
ranksum 年通胀率 if 年份>=2000,by(国家)
```

此命令使用两独立样本检验方法，判断两个国家自2000年以来的年通胀率是否存在显著差异。结果如图7.7所示，Prob>|z|=0.2482，远大于0.05，因此接受原假设，即两个国家自2000年以来的年通胀率不存在显著差异。

图 7.6　两独立样本检验结果 1

图 7.7　两独立样本检验结果 2

7.3 两相关样本检验

7.3.1 统计学原理及 Stata 命令

两相关样本检验一般用于分析研究对象试验前后是否具有显著性差异。两相关样本检验的命令及其语法格式为:

```
signtest varname = exp [if] [in]
```

其中,signtest为命令,varname为变量,[if]为条件表达式,[in]用于设置样本范围。

7.3.2 案例应用——分析试验药品服用前后的效果

本小节用于分析的数据文件是"数据7.3",其中记录的是多名药物志愿者服用某种药物前后,血液中谷丙转氨酶的数据,如图7.8所示。谷丙转氨酶是一种参与人体蛋白质新陈代谢的酶,也是反映肝细胞损伤程度的酶,其正常值范围为0~40个单位/升,大于40个单位/升表明转氨酶升高,提示可能有肝功能异常。下面使用两相关样本检验方法检验服药前后谷丙转氨酶的差异。

打开该数据文件之后,在主界面的命令窗口中依次输入以下命令:

```
signtest 服药前=服药后
```

	服药前	服药后
1	54.04	19
2	54.04	19.4
3	54.68	18.4
4	49.88	18
5	43.48	17.4
6	50.84	21.6
7	49.56	23
8	48.6	22.6
9	47.32	23
10	53.4	23.4
11	54.68	24.4
12	54.36	26.6
13	54.68	18.4
14	55.64	26.4
15	55.32	23.8

图 7.8 "数据 7.3"中的部分数据(由于数据量过大,仅显示其中一部分)

该命令用两相关样本检验方法检验服药前后谷丙转氨酶的差异。结果如图7.9所示,检验结果包括符号检验、单侧检验和双侧检验3部分。符号检验的原理是用配对的两组数据相减,原假设是两组数据不存在显著差别,所以两组数据相减得到的差应该是正数、负数大体相当。在本例中,期望值有15个正数和15个负数，然而实际的观察值却是30个正数，最下面一行的p值也为0，因此拒绝原假设，也就是说，服药前后谷丙转氨酶存在显著差异。

```
signtest 服药前=服药后 if 服药前>=50
```

该命令基于服药前≥50的样本，使用两相关样本检验方法检验服药前后谷丙转氨酶的差异。结果如图7.10所示，期望值为10.5个正数和10.5个负数，然而实际的观察值为21个正数。最下面一行的p值也为0，因此拒绝原假设，表明仅针对服药前≥50的样本，服药前后谷丙转氨酶存在显著差异。

```
. signtest 服药前= 服药后

Sign test

     Sign |  Observed     Expected
----------+----------------------
 Positive |       30           15
 Negative |        0           15
     Zero |        0            0
----------+----------------------
      All |       30           30

One-sided tests:
  H0: median of 服药前 - 服药后 = 0 vs.
  Ha: median of 服药前 - 服药后 > 0
     Pr(#positive >= 30) =
        Binomial(n = 30, x >= 30, p = 0.5) = 0.0000

  H0: median of 服药前 - 服药后 = 0 vs.
  Ha: median of 服药前 - 服药后 < 0
     Pr(#negative >= 0) =
        Binomial(n = 30, x >= 0, p = 0.5) = 1.0000

Two-sided test:
  H0: median of 服药前 - 服药后 = 0 vs.
  Ha: median of 服药前 - 服药后 != 0
     Pr(#positive >= 30 or #negative >= 30) =
        min(1, 2*Binomial(n = 30, x >= 30, p = 0.5)) = 0.0000
```

图 7.9 两相关样本检验分析结果 1

```
. signtest 服药前= 服药后 if 服药前>=50

Sign test

     Sign |  Observed     Expected
----------+----------------------
 Positive |       21         10.5
 Negative |        0         10.5
     Zero |        0            0
----------+----------------------
      All |       21           21

One-sided tests:
  H0: median of 服药前 - 服药后  = 0 vs.
  Ha: median of 服药前 - 服药后  > 0
     Pr(#positive >= 21) =
        Binomial(n = 21, x >= 21, p = 0.5) = 0.0000

  H0: median of 服药前 - 服药后  = 0 vs.
  Ha: median of 服药前 - 服药后  < 0
     Pr(#negative >= 0) =
        Binomial(n = 21, x >= 0, p = 0.5) = 1.0000

Two-sided test:
  H0: median of 服药前 - 服药后  = 0 vs.
  Ha: median of 服药前 - 服药后  != 0
     Pr(#positive >= 21 or #negative >= 21) =
        min(1, 2*Binomial(n = 21, x >= 21, p = 0.5)) = 0.0000
```

图 7.10 两相关样本检验分析结果 2

7.4 多独立样本检验

扫描右侧二维码观看视频
下载资源:\sample\chap07\数据 7.4

7.4.1 统计学原理及 Stata 命令

多独立样本检验用于在总体分布未知的情况下，判断多个独立样本是否具有显著差异。其基本原理与两独立样本检验相同，两独立样本检验是多独立样本检验的特殊情况。多独立样本检验的命令及其语法格式为：

```
kwallis varname [if] [in] , by(groupvar)
```

其中，kwallis为命令，varname为变量，[if]为条件表达式，[in]用于设置样本范围，by(groupvar)用于设置分组变量。

7.4.2 案例应用——分析中国、韩国、日本的失业率差异

本小节用于分析的数据文件是"数据7.4"，其中记录的是2018年1月至2024年7月中国、韩国、日本、美国失业率数据，单位均为%，如图7.11所示。下面使用多独立样本检验方法检验中国、韩国、日本的失业率是否存在显著差异。

	日期	国家	失业率
1	2018-01	中国	5
2	2018-02	中国	5
3	2018-03	中国	5.1
4	2018-04	中国	4.9
5	2018-05	中国	4.8
6	2018-06	中国	4.8
7	2018-07	中国	5.1
8	2018-08	中国	5
9	2018-09	中国	4.9
10	2018-10	中国	4.9
11	2018-11	中国	4.8
12	2018-12	中国	4.9
13	2019-01	中国	5.1
14	2019-02	中国	5.3
15	2019-03	中国	5.2

图 7.11 "数据 7.4"中的部分数据（由于数据量过大，仅显示其中一部分）

打开上述数据文件之后，在主界面的命令窗口中依次输入以下命令：

```
kwallis 失业率,by(国家)
```

该命令用多独立样本检验方法检验不同国家的失业率是否存在显著差异。结果如图7.12所示，p值为0.0001，远小于0.05，因此拒绝原假设，即不同国家的失业率存在显著差异。

```
kwallis 失业率 if 日期>=25,by(国家)
```

该命令旨在检验2020年以来不同国家的失业率是否存在显著差异（数据编辑器中日期2020-01对应的编码数值为25）。结果如图7.13所示，p值为0.0001，远小于0.05，同样需要拒绝原假设。

```
. kwallis 失业率,by(国家)

Kruskal-Wallis equality-of-populations rank test

  国家   Obs   Rank sum
  中国    79   15565.50
  韩国    79    8571.00
  日本    79    4066.50

chi2(2) = 180.823
   Prob =  0.0001

chi2(2) with ties = 181.201
           Prob =  0.0001
```

图 7.12 多独立样本检验分析结果 1

```
. kwallis 失业率 if 日期>=25,by(国家)

Kruskal-Wallis equality-of-populations rank test

  国家   Obs   Rank sum
  中国    55    7542.50
  韩国    55    3875.00
  日本    55    2277.50

chi2(2) = 116.095
   Prob =  0.0001

chi2(2) with ties = 116.454
           Prob =  0.0001
```

图 7.13 多独立样本检验分析结果 2

7.5　游　程　检　验

7.5.1　统计学原理及 Stata 命令

Stata的游程检验（run test）也是非参数检验方法的一种，其基本功能是判断样本序列是否为随机序列。这种检验过程是通过分析游程的总个数来实现的。游程检验的命令及其语法格式为：

```
runtest varname [in] [, options]
```

其中，runtest为命令，varname为变量，[in]用于设置样本范围，[, options]为可选项，如表7.1所示。

表 7.1　runtest 命令的可选项及其含义

[, options]	含　　义
continuity	连续性校正
drop	忽略与阈值相等的值
mean	使用均值作为阈值，默认值是中位数
threshold(#)	自定义阈值，默认值是中位数

7.5.2　案例应用——分析工商银行 A 股每日涨跌幅数据

本小节用于分析的数据文件是"数据7.5"，其中记录的是2023年1月3日至2024年9月25日工商银行A股每日涨跌幅数据（不包括节假日及涨跌幅为0的交易日），单位为%，如图7.14所示。下面我们针对工商银行A股每日涨跌幅数据开展游程检验，探索工商银行A股每日涨跌幅是否为随机序列。

	日期	涨跌幅
1	2023-1-3	-.6912
2	2023-1-4	1.1601
3	2023-1-5	-.6881
4	2023-1-6	.2309
5	2023-1-9	-.2304
6	2023-1-10	-.6928
7	2023-1-11	.2326
8	2023-1-12	-.232
9	2023-1-13	.9302
10	2023-1-17	-.2304
11	2023-1-18	.2309
12	2023-1-19	-.2304
13	2023-1-30	-.2309
14	2023-2-1	-.2315
15	2023-2-2	-.232

图 7.14　"数据 7.5"中的部分数据（由于数据量过大，仅显示其中一部分）

打开该数据文件之后，在主界面的命令窗口中依次输入以下命令：

```
runtest 涨跌幅
```

该命令判断变量"涨跌幅"是否为随机序列，使用默认的中位数作为参考值。结果如图7.15所示，Prob>|z| = 0.53，远大于0.05，因此接受原假设，即数据的产生是随机的，不存在自相关现象。

```
runtest 涨跌幅,mean
```

该命令判断变量"涨跌幅"的值是否为随机序列，使用设置的中位数作为参考值。结果如图7.16所示，Prob>|z| = 0.1，大于0.05，因此接受原假设，即数据的产生是随机的，不存在自相关现象。

```
. runtest 涨跌幅
N(涨跌幅 <= .21625) = 185
N(涨跌幅 >  .21625) = 185
              obs = 370
          N(runs) = 192
                z = .62
         Prob>|z| = .53
```

图 7.15 游程检验分析结果 1

```
. runtest 涨跌幅,mean
N(涨跌幅 <= .1276991891891892) = 154
N(涨跌幅 >  .1276991891891892) = 216
              obs = 370
          N(runs) = 196
                z = 1.63
         Prob>|z| = .1
```

图 7.16 游程检验分析结果 2

7.6 本章回顾与习题

7.6.1 本章回顾

本章介绍了非参数检验方法，包括单样本正态分布检验、两独立样本检验、两相关样本检验、多独立样本检验、游程检验在Stata中的具体操作与应用。

（1）单样本正态分布检验命令的语法格式为：

● 偏度-峰度检验的命令及其语法格式为：

```
sktest varlist [if] [in] [weight] [, noadjust]
```

● Wilks-Shapiro 检验的命令及其语法格式为：

```
swilk varlist [if] [in] [, swilk_options]
```

其中，swilk为基本命令，varlist为变量列表，[if]为条件表达式，[in]用于设置样本范围，[weight]用于设置权重，[, swilk_options]为可选项。

（2）两独立样本检验的命令及其语法格式为：

```
ranksum varname [if] [in], by(groupvar) [exact porder]
```

其中，ranksum为命令，varname为变量，[if] 为条件表达式，[in]用于设置样本范围，by(groupvar)为分组变量选项，exact是指除了近似的p值之外，还要计算精确的p值。

（3）两相关样本检验的命令及其语法格式为：

```
signtest varname = exp [if] [in]
```

其中，signtest为命令，varname为变量，[if]为条件表达式，[in]用于设置样本范围。

（4）多独立样本检验的命令及其语法格式为：

```
kwallis varname [if] [in] , by(groupvar)
```

其中，kwallis为命令，varname为变量，[if]为条件表达式，[in]用于设置样本范围，by(groupvar)用于设置分组变量。

（5）游程检验的命令及其语法格式为：

```
runtest varname [in] [, options]
```

其中，runtest为命令，varname为变量，[in]用于设置样本范围，[, options]为可选项。

7.6.2　本章习题

一、单选题

1. 偏度-峰度检验的命令为（　　）。

A. sdtest　　　　　　　B. ttest

C. sktest　　　　　　　D. signtest

2. Wilks-Shapiro检验的命令为（　　）。

A. sdtest　　　　　　　B. ttest

C. sktest　　　　　　　D. swilk

3. 两独立样本检验的命令为（　　）。

A. kwallis　　　　　　B. runtest

C. ranksum　　　　　　D. signtest

4. 两相关样本检验的命令为（　　）。

A. kwallis　　　　　　B. runtest

C. ranksum　　　　　　D. signtest

5. 多独立样本检验的命令为（　　）。

A. kwallis　　　　　　B. runtest

C. ranksum　　　　　　D. signtest

6. 游程检验的命令为（　　）。

A. kwallis　　　　　　B. runtest

C. ranksum　　　　　　D. signtest

二、判断题

1. 游程检验可以用来判断样本序列是否为随机序列。（　　）

2. 偏度-峰度检验、Wilks-Shapiro检验都可以用来检验总体是否服从正态分布。（　　）

3. 分析学生接受某培训前后的成绩表现差异，使用两独立样本检验较为适合。（　　）

三、操作题（所有操作题除完成操作生成 do 文件外，还要对结果进行解读）

1. 打开"习题7.1"数据文件，使用偏度-峰度检验、Wilks-Shapiro检验两种方法判断工商银行A

股每日涨跌幅数据是否服从正态分布。将操作所使用的全部命令保存为do文件，并命名为"习题7.1答案"。

2. 打开"习题7.2"数据文件，使用两个独立样本检验方法检验中国、美国的年通胀率是否存在显著差异。将操作所使用的全部命令保存为do文件，并命名为"习题7.2答案"。

3. 打开"习题7.3"数据文件。该数据文件记录的是25名患者在服用一种药物前后身体健康指数的变化，请使用配对样本T检验方法检验该药物是否有效。将操作所使用的全部命令保存为do文件，并命名为"习题7.3答案"。

4. 打开"习题7.4"数据文件，使用多独立样本检验方法检验韩国、日本、美国的失业率是否存在显著不同。将操作所使用的全部命令保存为do文件，并命名为"习题7.4答案"。

5. 打开"习题7.5"数据文件，针对上海期货交易所螺纹钢期货收盘价开展游程检验，探索数据是否为随机序列。将操作所使用的全部命令保存为do文件，并命名为"习题7.5答案"。

◆ 第三部分 ◆

高阶统计应用

第8章

方 差 分 析

当遇到多个平均数间差异的显著性检验时，我们可以采用方差分析法。方差分析法就是将所要处理的观测值作为一个整体，按照变异的不同来源把观测值总变异的平方和以及自由度分解为两个或多个部分，从而获得不同变异来源的均方与误差均方，然后通过比较不同变异来源的均方与误差均方，判断各样本所属总体方差是否相等。方差分析主要包括单因素方差分析、多因素方差分析、协方差分析、重复测量方差分析等。

8.1   单因素方差分析

扫描右侧二维码观看视频

下载资源:\sample\chap08\数据 8.1

8.1.1   统计学原理及 Stata 命令

单因素方差分析用于分析单因素试验结果，检验因素对试验结果有无显著性影响。这一分析本质上是对两个样本平均数比较的拓展，旨在检验多个样本平均数之间的差异，从而确定因素对试验结果有无显著性影响。所谓因素，指的是研究对象的某一指标或变量；因素往往有多个水平，水平指的是因素的不同状态、等级、组别。如果在试验中只有一个因素在变化，或者只考虑一个影响因素，则称之为单因素试验；如果有多个因素在变化，或者需要考虑多个影响因素，则称之为多因素试验。

单因素方差分析的步骤如下：

首先，提出原假设和备择假设。原假设是"因素水平对试验结果没有影响"，而备择假设是"因素水平对试验结果有影响"。在此基础上，计算F统计量：

$$F = \frac{\text{MSA}}{\text{MSE}} = \frac{\text{SSA}/(r-1)}{\text{SSE}/(n-r)} \sim F(r-1, n-r)$$

其中，MSA是组间均方，反映了不同组别之间的系统性差异和随机性差异；SSA是水平项离差平方和，其计算公式为：

$$\text{SSA} = \sum\sum(\bar{x}_J - \bar{\bar{x}})^2 = \sum n_j(\bar{x}_J - \bar{\bar{x}})^2$$

MSE是组内均方，仅反映随机性差异；SSE是误差项离差平方和，其计算公式为：

$$\text{SSE} = \sum_j\sum_i(xij - \bar{\bar{x}})^2$$

如果基于上述公式计算得到的$F > F_\alpha$，其中F_α是依据设定的显著性水平α计算得出的F值，则拒绝原假设，认为存在不同组别之间的系统性差异，或者说因素的不同水平对试验结果构成显著影响；否则接受原假设，即因素的不同水平对试验结果无显著影响。

单因素方差分析的命令及其语法格式如下：

```
oneway response_var factor_var [if] [in] [weight] [, options]
```

其中，oneway为单因素方差分析的命令；response_var为将要进行单因素方差分析的响应变量，也可以理解为被解释变量或因变量；factor_var为将要进行单因素方差分析的因子变量，也可以理解为解释变量或自变量；[if]为条件表达式；[in]用于设置样本范围；[weight]用于设置权重；[, options]用于设置可选项。oneway命令的可选项及其含义如表8.1所示。

表8.1 oneway 命令的可选项及其含义

[, options]	含 义
bonferroni	Bonferroni多重比较检验
scheffe	Scheffe多重比较检验
sidak	Sidak多重比较检验
tabulate	产出汇总表
[no]means	显示或不显示均值，默认显示均值
[no]standard	显示或不显示标准差，默认显示标准差
[no]freq	显示或不显示频数，默认显示频数
[no]obs	显示或不显示样本观测值数，默认显示样本观测值数
noanova	不显示方差分析表
nolabel	以数值形式而非标签形式显示
wrap	不要将宽表分开
missing	将缺失值作为一个种类

8.1.2 案例应用——分析山西、四川、辽宁常住人口自然增长率差异

本小节用于分析的数据文件是"数据8.1"，其中记录的是1995年至2023年山西、四川、辽宁常住人口自然增长率的数据，单位为‰，数据来源于国家统计局，如图8.1所示。下面我们使用单因素方差分析检验山西、四川、辽宁常住人口自然增长率是否存在显著差异。

打开上述数据文件之后，在主界面的命令窗口中输入以下命令：

```
oneway 常住人口自然增长率 省市, tabulate
```

该命令使用单因素方差分析检验山西、四川、辽宁常住人口自然增长率是否存在显著差异。其中，“常住人口自然增长率”是进行单因素方差分析的响应变量，“省市”是因子变量，tabulate选项用于产生汇总表。分析结果如图8.2所示。

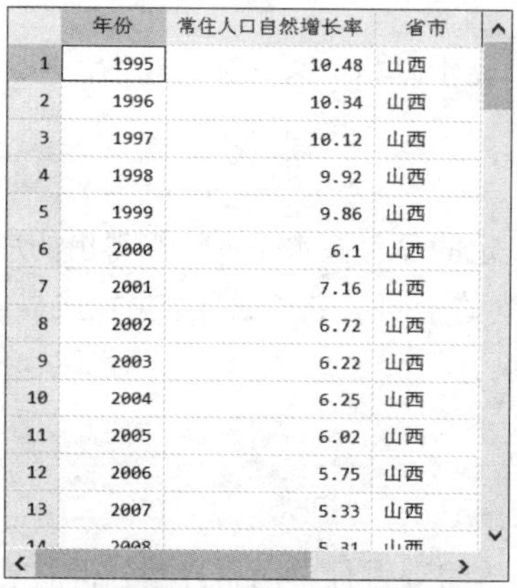

	年份	常住人口自然增长率	省市
1	1995	10.48	山西
2	1996	10.34	山西
3	1997	10.12	山西
4	1998	9.92	山西
5	1999	9.86	山西
6	2000	6.1	山西
7	2001	7.16	山西
8	2002	6.72	山西
9	2003	6.22	山西
10	2004	6.25	山西
11	2005	6.02	山西
12	2006	5.75	山西
13	2007	5.33	山西
14	2008	5.31	山西

图 8.1 “数据 8.1”中的部分数据（由于数据量过大，仅显示部分）

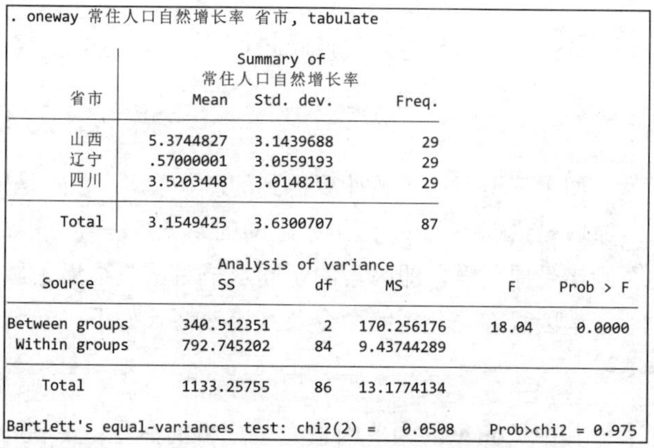

```
. oneway 常住人口自然增长率 省市, tabulate

            |          Summary of
            |       常住人口自然增长率
       省市 |        Mean   Std. dev.       Freq.
------------+------------------------------------
       山西 |   5.3744827   3.1439688          29
       辽宁 |   .57000001   3.0559193          29
       四川 |   3.5203448   3.0148211          29
------------+------------------------------------
      Total |   3.1549425   3.6300707          87

                        Analysis of variance
    Source              SS         df      MS            F     Prob > F
------------------------------------------------------------------------
Between groups      340.512351      2   170.256176     18.04     0.0000
 Within groups      792.745202     84   9.43744289
------------------------------------------------------------------------
    Total           1133.25755     86   13.1774134

Bartlett's equal-variances test: chi2(2) =   0.0508    Prob>chi2 = 0.975
```

图 8.2 单因素方差分析结果图 1

结果的上半部分是汇总表，反映了数据的整体情况，列出了按省市分类的常住人口自然增长率的基本统计量指标（包括均值、标准差、频数），也列出了全体样本常住人口自然增长率的基本统计量指标。例如，山西常住人口自然增长率的均值为5.3744827，标准差为3.1439688，频数为29。

结果的下半部分是方差分析结果，Between groups表示组间，Within groups表示组内。可以发现水平项离差平方和为340.512351，自由度为2，组间均方为170.256176；误差项离差平方和792.745202，自由度为84，组内均方9.43744289；统计量F=18.04；p值为0.0000，小于0.05，拒绝原假设，山西、四川、辽宁常住人口自然增长率存在显著差异。

此外，在分析结果的最下方给出了Bartlett同方差检验（Bartlett's equal-variances test）结果，可以发现“Prob>chi2 = 0.975”，大于0.05，因此Bartlett检验接受了同方差的原假设，也就是说方差分析的结果是可信的。因为方差分析需要满足的主要条件包括随机变量相互独立、正态分布和同方差，而本例基本满足这些假设条件。

针对单因素方差分析，除了使用oneway命令外，还可以使用anova命令完成这一过程，命令为：

```
anova 常住人口自然增长率 省市
```

其中，“常住人口自然增长率”是响应变量，“省市”是因子变量。结果如图8.3所示。

可以发现，相对于oneway命令，anova命令没有tabulate选项的运行结果，也没有在后续结果中自动进行同方差的检验，但方差分析的结果是一致的。常住人口自然增长率的方差分析F值为18.04，显著性p值为0.000，小于0.05，拒绝原假设，山西省、四川省、辽宁省常住人口自然增长率存在显著差异。

在使用anova命令进行方差分析之后，可以使用predict命令计算出预测值、残差、标准误以及各种统计量，并通过绘制误差条形图的方式来更加形象地观察模型的预测情况。在本例中，依次输入以下命令：

```
predict 常住人口自然增长率均值
```

```
. anova 常住人口自然增长率 省市

                        Number of obs =        87    R-squared     =  0.3005
                        Root MSE      =   3.07204    Adj R-squared =  0.2838

      Source │  Partial SS       df        MS          F     Prob>F

       Model │  340.51235         2    170.25618     18.04    0.0000

         省市 │  340.51235         2    170.25618     18.04    0.0000

    Residual │   792.7452        84    9.4374429

       Total │  1133.2576        86    13.177413
```

图 8.3　单因素方差分析结果图 2

该命令的含义是预测常住人口自然增长率的均值。

```
label variable 常住人口自然增长率均值 "常住人口自然增长率均值"
```

该命令的含义是将预测得到的常住人口自然增长率的均值加上标签"常住人口自然增长率均值"。

```
predict 常住人口自然增长率均值标准误,stdp
```

加上stdp选项是为了计算预测常住人口自然增长率均值的标准误。

```
serrbar 常住人口自然增长率均值 常住人口自然增长率均值标准误 省市,scale(3) plot(line 常住人口自然
增长率均值 省市,clpattern(solid)) legend(off) xlabel(1(1)3)
```

serrbar命令的作用是绘制误差条形图。误差条形图的基本操作要领是，在serrbar之后第一个变量（本例中为"常住人口自然增长率均值"）为均值变量，第二个变量（本例中为"常住人口自然增长率均值标准误"）为标准误变量（也可为标准差），第三个变量（本例中为"省市"）为X轴。scale(3)选项是告诉Stata绘制正负3倍标准误的条形图，或者说区间为［常住人口自然增长率均值-3×常住人口自然增长率均值标准误，常住人口自然增长率均值+3×常住人口自然增长率均值标准误］。plot选项可以指定另一个图形，将其重叠显示到标准误差条形图上。输入上述命令以后，结果如图8.4所示。

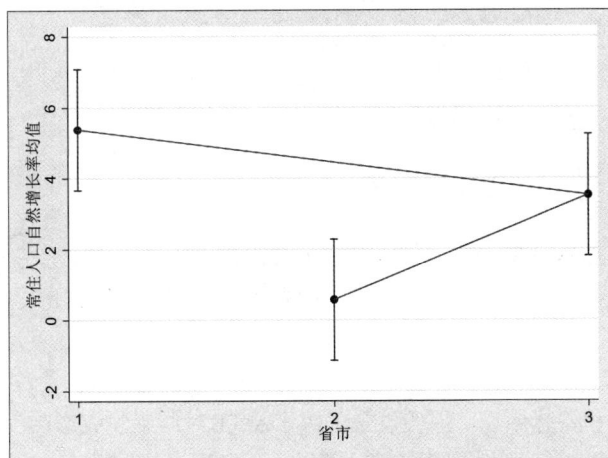

图 8.4　单因素方差分析标准误差条形图

此处需要说明的是，上面绘制的单因素方差分析标准误差条形图是基于预测数据的。从图中可以看出，山西省、四川省和辽宁省常住人口自然增长率存在显著差异，而且这种差异得到直观地展示。山西省（省份1）的常住人口自然增长率最高，其次是辽宁省（省份3），最后是四川省（省份2）。

接下来，我们将聚焦于2010年以来的样本，仅对这些样本观测值进行单因素方差分析，命令为：

```
oneway 常住人口自然增长率 省市 if 年份>=2010, tabulate
```

分析结果如图8.5所示。

```
. oneway 常住人口自然增长率 省市 if 年份>=2010, tabulate

                      Summary of
                    常住人口自然增长率
     省市        Mean     Std. dev.      Freq.

     山西     3.2421428    2.6498452        14
     辽宁    -1.6707143    2.3161289        14
     四川     1.9164286    2.5358191        14

    Total     1.162619    3.2215002        42

                 Analysis of variance
    Source         SS       df      MS            F      Prob > F

Between groups   180.88596    2    90.44298      14.42    0.0000
Within groups   244.614648   39   6.27217045

    Total       425.500608   41   10.3780636

Bartlett's equal-variances test: chi2(2) =  0.2330    Prob>chi2 = 0.890
```

图 8.5　分析结果图

该结果的详细说明已在前文介绍，鉴于篇幅原因，此处不再赘述。可以看出，chi2(2) = 0.2330，Prob>chi2 = 0.890，这表明我们接受了同方差的原假设，方差分析结果是可信的。F值为14.42，Prob > F为0.000，即仅考虑2010年以来的样本，山西省、四川省和辽宁省的常住人口自然增长率仍然存在显著差异。

8.2　多因素方差分析

> 扫描右侧二维码观看视频
> 下载资源:\sample\chap08\数据 8.2

8.2.1　统计学原理及 Stata 命令

多因素方差分析的基本思想与单因素方差分析类似，不同之处在于，它研究的是两个或更多因素对试验结果的作用及其这些因素的交互影响，即多因素方差分析研究的是多个因素的变化是否会导致试验结果的变化。

多因素方差分析的步骤如下：

首先，提出原假设和备择假设，原假设是"因素A或B对结果没有影响"，备择假设为"因素A或B对结果有影响"。在此基础上，计算F统计量：

$$F_A = \frac{\text{MSA}}{\text{MSE}} = \frac{\text{SSA}/(r-1)}{\text{SSE}(n-r-k+1)} \sim F(r-1, n-r-k+1)$$

$$F_B = \frac{\text{MSB}}{\text{MSE}} = \frac{\text{SSB}/(k-1)}{\text{SSE}/(n-r-k+1)} \sim F(k-1, n-r-k+1)$$

MSA反映了A因素的组间差异，MSB反映了B因素的组间差异，MSE反映了随机误差。这两个F统计量用于衡量A或B因素对结果的影响。如果没有影响，组间差异仅由随机因素构成，MSA或MSB应与MSE的值接近，F统计量应小于临界值。各部分的计算公式如下：

$$\text{SST} = \sum\sum (x_{ij} - \overline{\overline{x}})^2$$

$$\text{SSA} = \sum\sum (\overline{x_{.J}} - \overline{\overline{x}})^2 = \sum k(\overline{x_{.J}} - \overline{\overline{x}})^2$$

$$\text{SSB} = \sum\sum (\overline{x_{I.}} - \overline{\overline{x}})^2 = \sum r(\overline{x_{I.}} - x)^2$$

$$\text{SSE} = \text{SST} - \text{SSA} - \text{SSB}$$

SST（total sum of squares，总平方和）是衡量数据总变异性的核心指标，表示所有观测值与总体均值之间的差异平方和。如果基于上述公式计算得到的$F_{A\text{或}B} > F_\alpha$，则拒绝原假设，认为因素A或B的不同水平对试验结果构成有显著影响；否则接受原假设，即因素A或B的不同水平对试验结果不构成显著影响。

多因素方差分析的命令及其语法格式如下：

```
anova varname [termlist] [if] [in] [weight] [, options]
```

在这个命令中，anova是进行多因素方差分析的命令，varname是分析的目标变量，[termlist]是因子变量列表，[if]为条件表达式，[in]用于设置样本范围，[weight]用于设置权重，[, options]用于设置可选项。

提　示

[termlist]因子变量列表是一个新概念，它是现有变量列表中已有变量的扩展，具备以下特点：

（1）列表中变量被假定为分类变量，如果是连续变量，则需要使用"c."运算符特别指示，如c.age。

（2）"|"符号（表示嵌套）可以用来代替"#"符号（表示交互）。

因子变量列表可以包括分类变量、分类变量间的交互作用、分类变量与连续变量之间的交互作用，或者连续变量的交互作用（如多项式）等。

当命令中允许存在[termlist]因子变量列表时，用户除了输入数据文件中已存在的变量外，还可以按照如下格式输入因子变量：

```
i.varname
i.varname#i.varname
i.varname#i.varname#i.varname
i.varname##i.varname
i.varname##i.varname##i.varname
```

里面的i为运算符。除了i之外，还有c.、o.、#、##等运算符，具体含义如表8.2所示。

表 8.2　运算符及其含义

运　算　符	含　　义
i.	分类变量，也是默认选项，可以不输入
c.	连续变量
o.	忽略掉某个连续变量或分类变量的某个水平
#	变量间的交互项
##	变量间的全因子模型，含各个变量本身及其交互项

Stata帮助文件中提供了许多示例，如表8.3所示。

表 8.3　Stata 帮助文件中自带的一些示例

Stata 帮助文件示例	含　　义
i.group	group 的不同水平
io2.cat	cat 的不同水平，但不包括 cat=2 的情形
o2.cat	同 io2.cat
io(2 3 4).cat	cat 的不同水平，但不包括 cat=2、3、4 的情形
o(2 3 4).cat	同 io(2 3 4).cat
o(2/4).cat	同 io(2 3 4).cat
i.group#i.sex	group 和 sex 的二维交互项，包含 group 和 sex 两个因子各种不同水平的组合
o2.cat#o1.sex	cat 和 sex 的二维交互项，包含 cat 和 sex 两个因子各种不同水平的组合（除 cat=2 and sex=1 外）
group#sex	同 i.group#i.sex
group#sex#arm	group、sex、arm 的三维交互项，包含 group、sex 和 arm 三个因子各种不同水平的组合
group##sex	同 i.group i.sex group#sex
group##sex##arm	同 i.group i.sex i.arm group#sex group#arm sex#arm group#sex#arm
sex#c.age	产生两个虚拟变量，即连续变量 age 与男性的交互项、连续变量与女性的交互项，如果年龄也在模型中，那么两个虚拟变量中的一个将作为基础组
sex##c.age	同 i.sex age sex#c.age
c.age	同 age
c.age#c.age	age 的平方
c.age#c.age#c.age age	age 的立方

因子变量运算符也可以与括号结合使用，以同时作用于一组变量。例如，在表8.4中，变量group、sex、arm、cat是分类变量，变量age、wt、bp是连续变量。

表 8.4　因子变量运算符使用示例

示　　例	等　价　于
i.(group sex arm)	i.group i.sex i.arm
group#(sex arm cat)	group#sex group#arm group#cat
group##(sex arm cat)	i.group i.sex i.arm i.cat group#sex group#arm group#cat
group#(c.age c.wt c.bp)	i.group group#c.age group#c.wt group#c.bp
group#c.(age wt bp)	same as group#(c.age c.wt c.bp)

从表8.4可见，多因素方差分析的模型构建非常灵活。当存在两个或更多因素时，如果需要考虑因素间的交互效应，只需指定相关变量并用"#"连接（注意，在之前的Stata版本中使用的是"*"符号）。

8.2.2　案例应用——分析德国、法国、西班牙、意大利四个国家的住房拥挤率

本小节用于分析的数据文件是"数据8.2"，如图8.6所示。该文件记录了欧盟统计局公布的2005年至2023年德国、法国、西班牙、意大利四个国家在不同年龄区间和性别下的住房拥挤率（单位为%）数据。根据欧盟统计局的定义，如果家庭没有足够的房间让家庭成员舒适地生活，则认为该家庭住房过于拥挤。具体来说，如果家庭住房不满足以下条件，则被视为过度拥挤：一个家庭一间房，每对夫妻一间房，每位18岁以上单身人士一间房，每两个未成年子女一间房。本分析将"拥挤率"作为因变量，"国家""年龄区间""性别"作为因素，开展多因素方差分析。

	年份	拥挤率	国家	年龄区间	性别
1	2005	9.1	德国	小于18岁	男性
2	2006	10.4	德国	小于18岁	男性
3	2007	7.9	德国	小于18岁	男性
4	2008	10	德国	小于18岁	男性
5	2009	9.8	德国	小于18岁	男性
6	2010	10.8	德国	小于18岁	男性
7	2011	9.8	德国	小于18岁	男性
8	2012	8.8	德国	小于18岁	男性
9	2013	9.2	德国	小于18岁	男性
10	2014	9.7	德国	小于18岁	男性
11	2015	10.2	德国	小于18岁	男性
12	2016	10.2	德国	小于18岁	男性
13	2017	10.7	德国	小于18岁	男性
14	2018	10.8	德国	小于18岁	男性
15	2019	11.3	德国	小于18岁	男性

图 8.6　"数据 8.2"中的部分数据（由于数据量过大，仅显示其中一部分）

打开该数据文件之后，在主界面的命令窗口中输入以下命令：

```
anova 拥挤率 国家 年龄区间 性别 国家#年龄区间 年龄区间#性别 国家#性别 国家#年龄区间##性别
```

思考与技巧

该操作命令实质上是"国家""年龄区间""性别"的全因子模型，等价于：

```
anova 拥挤率 国家##年龄区间##性别
```

分析结果如图8.7所示。

```
. anova 拥挤率 国家 年龄区间 性别 国家#年龄区间 年龄区间#性别 国家#性别 国家#年龄区间##
> 性别

                        Number of obs =      456   R-squared     = 0.9727
                        Root MSE      = 1.80472   Adj R-squared = 0.9712

          Source    Partial SS      df       MS        F     Prob>F

           Model    50130.893       23   2179.6041   669.20  0.0000

            国家    28720.057        3   9573.3523  2939.31  0.0000
        年龄区间    15222.699        2   7611.3496  2336.92  0.0000
            性别    .40561377        1   .40561377     0.12  0.7243
   国家#年龄区间    6171.4991        6   1028.5832   315.81  0.0000
   年龄区间#性别    3.7468853        2   1.8734426     0.58  0.5630
       国家#性别    1.5598244        3   .51994147     0.16  0.9234
 国家#年龄区间#
          性别     10.925573        6   1.8209288     0.56  0.7629

        Residual    1407.0263      432   3.2570054

           Total    51537.92       455   113.27015
```

图 8.7　分析结果图 1

可以看出，共有456个有效样本参与了方差分析。可决系数（R-squared，即R^2）为0.9727，修正的可决系数（Adj R-squared）为0.9712，都在0.9以上，说明模型的拟合程度比较高，即模型的解释能力较强。

- Prob > F Model=0.0000，小于 0.05，说明模型整体显著。
- Prob > F 国家 =0.0000，小于 0.05，说明"国家"这一变量的主效应显著。
- Prob > F 年龄区间 =0.0000，小于 0.05，说明"年龄区间"变量的主效应显著。
- Prob > F 性别 =0.7243，大于 0.05，说明"性别"变量的主效应不显著。
- Prob > F 国家#年龄区间= 0.0000，小于 0.05，说明"国家"变量与"年龄区间"变量的交互效应显著。
- Prob > F 年龄区间#性别= 0.5630，大于 0.05，说明"年龄区间"变量与"性别"变量的交互效应不显著。
- Prob > F 国家#性别= 0.9234，大于 0.05，说明"国家"变量与"性别"变量的交互效应不显著。
- Prob > F 国家#年龄区间#性别= 0.7629，大于 0.05，说明"国家""年龄区间"与"性别"变量的三维交互效应不显著。

这一点也可以通过test命令进行验证。在主界面的命令窗口中，分别输入以下命令：

```
test 国家
test 年龄区间
test 性别
test 国家#年龄区间
test 年龄区间#性别
test 国家#性别
test 国家#年龄区间#性别
```

结果不再用图展示，读者可自行分析。

在上述例子中，因为许多变量的主效应或交互效应不显著，我们可以只针对显著的因素构建更简单的方差分析模型。在主界面的命令窗口中输入以下命令：

```
anova 拥挤率 国家 年龄区间 国家#年龄区间
```

可以得到如图8.8所示的结果。

```
. anova 拥挤率 国家 年龄区间 国家#年龄区间

                    Number of obs =      456    R-squared     =  0.9724
                    Root MSE      =  1.79066    Adj R-squared =  0.9717

        Source |   Partial SS       df        MS          F      Prob>F

         Model |   50114.255        11    4555.8414    1420.84   0.0000

          国家 |   28720.057         3    9573.3523    2985.65   0.0000
      年龄区间 |   15222.699         2    7611.3496    2373.76   0.0000
 国家#年龄区间 |   6171.4991         6    1028.5832     320.79   0.0000

      Residual |   1423.6642       444    3.206451

         Total |   51537.92        455    113.27015
```

图 8.8　分析结果图 2

同样，我们可以仅对2010年以来的样本观测值进行多因素方差分析，命令如下：

```
anova 拥挤率 国家 年龄区间 国家#年龄区间 if 年份>=2010
```

分析结果如图8.9所示，结果与基于全部样本观测值的分析一致。

```
. anova 拥挤率 国家 年龄区间 国家#年龄区间 if 年份>=2010

                    Number of obs =      336    R-squared     =  0.9776
                    Root MSE      =  1.68524    Adj R-squared =  0.9768

        Source |   Partial SS       df        MS          F      Prob>F

         Model |   40113.93         11    3646.7209    1284.04   0.0000

          国家 |   22950.951         3    7650.3169    2693.74   0.0000
      年龄区间 |   12039.113         2    6019.5566    2119.54   0.0000
 国家#年龄区间 |   5123.8659         6    853.97766     300.69   0.0000

      Residual |   920.17006       324    2.840031

         Total |   41034.1         335    122.48985
```

图 8.9　分析结果图 3

8.3　协方差分析

| 扫描右侧二维码观看视频 |
| 下载资源:\sample\chap08\数据 8.3 |

8.3.1　统计学原理及 Stata 命令

当研究者知道某些协变量会影响因变量，但无法控制这些协变量或对它们不感兴趣时（例如，在研究工作时间对员工绩效的影响时，员工的原有工作经验、能力、职业素养等作为协变量），可以在实验处理前对协变量进行观测，并在统计分析中使用协方差分析来处理。协方差分析将回归分析与方差分析结合起来，目的在于将协变量对因变量的影响从自变量中分离出来，从而提高实验精确度和统计检验的灵敏度，消除混杂因素的影响。这种方法不仅可以使用分类变量，还可以使用连续变量。通常，协方差分析将那些难以控制的因素作为协变量，从而在排除协变量影响的情况下，分析因子变量对响应变量的影响。如果模型中只有一个协变量，则被称为一元协方差分析；若有两个或更多协变量，则被称为多元协方差分析。

在Stata 17.0版本中，协方差分析的命令语法格式与多因素方差分析相同，具体如下：

```
anova varname [termlist] [if] [in] [weight] [, options]
```

其中，anova是进行多因素方差分析的命令，varname是要分析的变量，[termlist]是因子变量列表，[if]为条件表达式，[in]用于设置样本范围，[weight]用于设置权重，[, options]用于设置可选项。协方差分析和多因素方差分析的区别在于，协方差分析会在[termlist]中使用连续变量，即以 "c." 开头的变量，如c.age。

8.3.2　案例应用——分析我国部分省份地方政府债券收益率的影响因素

本小节用于分析的数据文件是 "数据8.3"，如图8.10所示，该数据记录了截至2024年9月末我国部分省份公开发行的地方政府债券数据，包括7个变量：证券代码、证券简称、省份、债券期限、地方债类型、中债估价收益率和中证估价收益率。省份、债券期限和地方债类型为分类变量，其中省份选取的是河南、山东、云南和广东，债券期限包括 "20年、30年" "10年、15年" "2年、3年、5年、7年" 3种分类，地方债类型包括 "一般债" "棚户区改造专项债" "市政和产业园区基础设施专项" "交通基础设施专项债" "民生服务专项债" 5种分类。中债估价收益率和中证估价收益率为连续数值型变量。接下来，以 "中债估价收益率" 为响应变量，以 "省份" "债券期限" 和 "地方债类型" 为因子变量，以 "中证估价收益率" 为协变量，进行协方差分析。

	证券代码	证券简称	省份	债券期限	地方债类型	中债估价收益率	中证估价收益率
1	563310.SZ	河南2452	河南省	20年、30年	民生服务专项债	2.4172	2.3473
2	563307.SZ	河南2449	河南省	20年、30年	市政和产业园区基础设施专项	2.4172	2.3473
3	2405710.IB	24云南债19	云南省	20年、30年	市政和产业园区基础设施专项	2.434	2.4097
4	2405705.IB	24云南债14	云南省	20年、30年	交通基础设施专项债	2.434	2.4097
5	2405550.IB	24青岛债38	山东省	20年、30年	市政和产业园区基础设施专项	2.425	2.3499
6	2405489.IB	24深圳债31	广东省	20年、30年	民生服务专项债	2.4141	2.3519
7	2405478.IB	24山东债28	山东省	20年、30年	市政和产业园区基础设施专项	2.425	2.3498
8	2405459.IB	24青岛债32	山东省	20年、30年	民生服务专项债	2.425	2.3498
9	2405338.IB	24广东债42	广东省	20年、30年	市政和产业园区基础设施专项	2.416	2.3503
10	2405332.IB	24深圳债16	广东省	20年、30年	民生服务专项债	2.4133	2.346
11	2405300.IB	24青岛债28	山东省	20年、30年	棚户区改造专项债	2.425	2.3506
12	2405283.IB	24山东债17	山东省	20年、30年	民生服务专项债	2.425	2.3504
13	2405282.IB	24山东债16	山东省	20年、30年	交通基础设施专项债	2.425	2.3504
14	2405273.IB	24广东债29	广东省	20年、30年	市政和产业园区基础设施专项	2.416	2.3504
15	2405260.IB	24山东债13	山东省	20年、30年	市政和产业园区基础设施专项	2.425	2.3505
16	2405259.IB	24山东债12	山东省	20年、30年	市政和产业园区基础设施专项	2.425	2.3505
17	2405184.IB	24山东债08	山东省	20年、30年	市政和产业园区基础设施专项	2.425	2.35
18	2405141.IB	24青岛债16	山东省	20年、30年	交通基础设施专项债	2.425	2.3499
19	2405089.IB	24山东债04	山东省	20年、30年	市政和产业园区基础设施专项	2.425	2.3499
20	2405040.IB	24青岛债06	山东省	20年、30年	交通基础设施专项债	2.425	2.3499
21	2405022.IB	24广东债07	广东省	20年、30年	市政和产业园区基础设施专项	2.4159	2.3502

图 8.10　"数据 8.3" 中的部分数据（由于数据量过大，仅显示其中一部分）

打开该数据文件之后，在主界面的命令窗口中输入以下命令：

```
anova 中债估价收益率 省份##债券期限##地方债类型 c.中证估价收益率
```

c.中证估价收益率表示中证估价收益率是一个连续变量。在一些Stata旧版本中，本例的命令为：

```
anova 中债估价收益率 省份##债券期限##地方债类型,continuous(中证估价收益率)
```

分析结果如图8.11所示。

. anova 中债估价收益率 省份##债券期限##地方债类型 c.中证估价收益率

	Number of obs =	4,595	R-squared	=	0.9610
	Root MSE =	.053275	Adj R-squared	=	0.9606

Source	Partial SS	df	MS	F	Prob>F
Model	317.71846	54	5.8836751	2072.98	0.0000
省份	.48290193	3	.16096731	56.71	0.0000
债券期限	.13980935	2	.06990468	24.63	0.0000
省份#债券期限	.04098805	6	.00683134	2.41	0.0252
地方债类型	.21339499	4	.05334875	18.80	0.0000
省份#地方债类型	.30487561	12	.0254063	8.95	0.0000
债券期限#地方债类型	.25246551	8	.03155819	11.12	0.0000
省份#债券期限#地方债类型	.20670061	18	.01148337	4.05	0.0000
中证估价~率	91.817907	1	91.817907	32349.99	0.0000
Residual	12.885733	4,540	.00283827		
Total	330.60419	4,594	.07196434		

图 8.11　分析结果图 1

共有4595个有效样本参与了方差分析，可决系数（R-squared）和修正的可决系数（Adj R-squared）都超过了90%，说明模型的拟合程度较高，模型的解释能力也很强。

● Prob > F Model=0.0000，小于 0.05，表明模型的整体显著。

● 通过观察"Prob>F"列，可以发现因子变量"省份""债券期限"和"地方债类型"以及其二阶和三阶交互项的系数都非常显著，协变量"中证估价收益率"的系数也非常显著。

此外，我们还可以对这一结果进行回归分析。回归分析是一种重要的基础分析方法。对于回归分析，将在后续章节中详细讲解。在主界面的命令窗口中输入以下命令：

```
regress
```

结果如图8.12所示。

. regress

Source	SS	df	MS			
				Number of obs	=	4,595
				F(54, 4540)	=	2072.98
Model	317.718456	54	5.8836751	Prob > F	=	0.0000
Residual	12.8857328	4,540	.002838267	R-squared	=	0.9610
				Adj R-squared	=	0.9606
Total	330.604188	4,594	.071964342	Root MSE	=	.05328

中债估价~率	Coefficient	Std. err.	t	P>|t|	[95% conf. interval]	
省份						
山东省	.0395125	.0075697	5.22	0.000	.0246721	.0543529
广东省	.0512078	.0075971	6.74	0.000	.0363139	.0661018
河南省	.037233	.0095	3.92	0.000	.0186084	.0558576
债券期限						
20年、30年	.003365	.0228054	0.15	0.883	-.0413448	.0480747
2年、3~7年	.0583379	.0075864	7.69	0.000	.0434648	.073211

图 8.12　分析结果图 2（图片过大，仅显示其中一部分）

从结果中可以看出，前面的实例相当于将"中债估价收益率"作为因变量，把"省份""债券期限""地方债类型"3个因子变量及其交互项，以及协变量"中证估价收益率"作为自变量进行回归分析。系统会针对每个分类自变量（包括"省份""债券期限"和"地方债类型"3个因子变量及其交互项）创建相应的虚拟变量。在这种情况下，要理解单个虚拟变量的回归系数，就是理解它对因变量的预测值或条件平均数的影响。例如，在相同"债券期限""地方债类型"和"中证估价收益率"条件下，山东省债券的中债估价收益率比云南省高0.0395125（云南省为基准省份，创设虚拟变量时默认其系数为0）。此外，我们还得到了每个系数的置信区间和单项T检验的结果，相比于单纯的方差分析，回归分析提供的信息更加丰富。

8.4　重复测量方差分析

| 扫描右侧二维码观看视频 |
| 下载资源:\sample\chap08\数据 8.4 |

8.4.1　统计学原理及 Stata 命令

在研究中，我们经常需要对同一个观察对象进行多次观测，这样得到的数据被称为重复测量数据。对于重复测量数据的方差分析，需要采用重复测量方差分析方法。与前述的方差分析相比，重复测量方差分析的最大差别在于：它不仅可以考察测量指标是否会随着测量次数的增加而变化，还能分析它是否会受到时间因素的影响。

在Stata 17.0版本中，重复测量方差分析命令的语法格式与多因素方差分析命令的语法格式一致，如下所示：

```
anova varname [termlist] [if] [in] [weight] [, options]
```

在这个命令中，anova是进行重复测量方差分析的命令；varname是将要进行分析的变量；[termlist]是因子变量列表；[if]为条件表达式；[in]用于设置样本范围；[weight]用于设置权重；[, options]用于设置可选项。它们的区别在于，重复测量方差分析会在[, options]中使用repeated(varlist)，即设置重复测量变量。

8.4.2　案例应用——分析用药次数对起效时间的影响

本小节用于分析的数据文件是"数据8.4"，这是Stata自带的文件"t43"。该数据文件包含3个变量，分别为person（试验者编号）、drug（用药次数）、score（起效时间），如图8.13所示。接下来，我们将分析用药次数对起效时间的影响。

在主界面的命令窗口中输入以下命令：

```
webuse t43
anova score person drug, repeated(drug)
```

此命令的含义是进行重复测量方差分析，其中score是进行重复测量方差分析的响应变量，person和drug是因子变量，drug被设置为重复测量变量。

	person	drug	score
1	1	1	30
2	1	2	28
3	1	3	16
4	1	4	34
5	2	1	14
6	2	2	18
7	2	3	10
8	2	4	22
9	3	1	24
10	3	2	20
11	3	3	18
12	3	4	30
13	4	1	38

图 8.13 “数据 8.4”中的部分数据（由于数据量过大，仅显示其中一部分）

分析结果如图8.14所示。

```
. anova score person drug, repeated(drug)

                         Number of obs =         20    R-squared     =  0.9244
                         Root MSE      =    3.06594    Adj R-squared =  0.8803

                  Source | Partial SS         df         MS        F    Prob>F
              -----------+----------------------------------------------------
                   Model |       1379          7         197     20.96  0.0000
                         |
                  person |      680.8          4       170.2     18.11  0.0001
                    drug |      698.2          3   232.73333     24.76  0.0000
                         |
                Residual |      112.8         12         9.4
              -----------+----------------------------------------------------
                   Total |     1491.8         19   78.515789

Between-subjects error term:  person
                     Levels:  5         (4 df)
     Lowest b.s.e. variable:  person

Repeated variable: drug
                                          Huynh-Feldt epsilon        =  1.0789
                                          *Huynh-Feldt epsilon reset to 1.0000
                                          Greenhouse-Geisser epsilon =  0.6049
                                          Box's conservative epsilon =  0.3333

                                            ------------ Prob > F ------------
                  Source |     df      F    Regular    H-F      G-G      Box
              -----------+----------------------------------------------------
                    drug |      3    24.76   0.0000   0.0000   0.0006   0.0076
                Residual |     12
              -----------+----------------------------------------------------
```

图 8.14 分析结果图

可决系数（R-squared=0.9244）以及修正的可决系数（Adj R-squared=0.8803）均高于80%，说明模型的拟合程度和解释能力较强。

- Prob > *F* Model=0.0000，表明模型整体显著。
- Prob > *F* person =0.0001，表明变量 person 的主效应显著。
- Prob > *F* drug =0.0000，表明变量 drug 的主效应显著。

这意味着，试验者之间的起效时间存在显著差异，且不同用药的起效时间也存在显著差异。

8.5 本章回顾与习题

8.5.1 本章回顾

本章主要介绍了4种方差分析方法的基本原理、命令的语法格式以及具体实例的应用：单因素方差分析、多因素方差分析、协方差分析和重复测量方差分析。

（1）单因素方差分析命令的语法格式为：

```
oneway response_var factor_var [if] [in] [weight] [, options]
```

其中，oneway为单因素方差分析的命令；response_var为将要进行单因素方差分析的响应变量，即被解释变量、因变量；factor_varr为将要进行单因素方差分析的因子变量，即解释变量、自变量；[if]为条件表达式；[in]用于设置样本范围；[weight]用于设置权重；[, options]用于设置可选项。

（2）多因素方差分析命令的语法格式为：

```
anova varname [termlist] [if] [in] [weight] [, options]
```

[termlist]是因子变量列表，这是一个新概念，因子变量列表是现有变量列表中已有变量的扩展，特点为：① 列表中变量被假定为分类变量，如果是连续变量，则需要使用"c."运算符特别指示，如c.age.；② "|"符号（表示嵌套）可以用来代替"#"符号（表示交互）。因子变量列表内的变量可为分类变量、分类变量之间的交互作用、分类变量与连续变量之间的交互作用，以及连续变量的交互作用（多项式）等。

（3）协方差分析命令的语法格式为：

```
anova varname [termlist] [if] [in] [weight] [, options]
```

协方差分析与多因素方差分析的区别在于，协方差分析在[termlist]中使用连续变量，即以"c."开头的变量，如c.age。

（4）重复测量方差分析命令的语法格式为：

```
anova varname [termlist] [if] [in] [weight] [, options]
```

与多因素方差分析的区别在于，重复测量方差分析在[, options]中使用repeated(varlist)，即设置重复测量变量。

8.5.2 本章习题

一、单选题

1. oneway是（ ）的命令。

A. 单因素方差分析   B. 多因素方差分析

C. 协方差分析   D. 重复测量方差分析

2. repeated(varlist)选项用于（　　）。

A. 单因素方差分析　　　　　　　　　B. 多因素方差分析

C. 协方差分析　　　　　　　　　　　D. 重复测量方差分析

3. 分析"性别""职称级别""全年工作时长"对"年薪"的影响，适宜采用（　　）。

A. 单因素方差分析　　　　　　　　　B. 多因素方差分析

C. 协方差分析　　　　　　　　　　　D. 重复测量方差分析

4. 分析"性别""职称级别"和"绩效考核等级"对"年薪"的影响，适宜采用（　　）。

A. 单因素方差分析　　　　　　　　　B. 多因素方差分析

C. 协方差分析　　　　　　　　　　　D. 重复测量方差分析

二、判断题

1. 方差分析检验的是样本观测值之间是否存在随机性差异。（　　）

2. 多因素方差分析中的"多因素"指的是因变量（被解释变量）有多个。（　　）

3. 协方差分析中可以设置多个协变量。（　　）

三、操作题（所有操作题除完成操作生成 do 文件外，还要对结果进行解读）

1. 使用"习题8.1"数据文件。

（1）进行单因素方差分析，研究消费者学历（xueli）是否会对整体接受度评价（jieshou）造成显著影响。其中整体接受度评价（jieshou）是响应变量，消费者学历（xueli）是因子变量。

（2）进行单因素方差分析，研究消费者年龄（nianling）是否会对整体接受度评价（jieshou）造成显著影响。其中整体接受度评价（jieshou）是响应变量，年龄（nianling）是因子变量。

（3）进行多因素方差分析，研究消费者性别（xingbie）、年龄（nianling）、网购频次（pinci）是否会对整体信任度评价（xinren）造成显著影响。其中整体信任度评价（xinren）是响应变量，消费者性别（xingbie）、年龄（nianling）、网购频次（pinci）是因子变量。

（4）进行协方差分析，设置消费者整体接受度（jieshou）为协变量，研究消费者性别（xingbie）、年龄（nianling）、网购频次（pinci）是否会对整体信任度评价（xinren）造成显著影响。其中整体信任度评价（xinren）是响应变量，消费者性别（xingbie）、年龄（nianling）、网购频次（pinci）是因子变量。

（5）将操作所使用的全部命令保存为do文件，并命名为"习题8.1答案"。

2. 使用"习题8.2"数据文件。

（1）进行重复测量方差分析，cost是进行重复测量方差分析的响应变量，number、plan是因子变量，并设置plan作为重复测量变量。

（2）将操作所使用的全部命令保存为do文件，并命名为"习题8.2答案"。

第 9 章

相 关 分 析

相关分析不考虑变量之间的因果关系，而只分析变量之间的相关关系。常用的相关分析包括简单相关分析和偏相关分析。

9.1 简单相关分析

> 扫描右侧二维码观看视频
>
> 下载资源:\sample\chap09\数据 9.1

9.1.1 统计学原理及 Stata 命令

简单相关分析，又称双变量相关分析，通过计算皮尔逊简单相关系数、斯皮尔曼等级相关系数、肯德尔等级相关系数及其显著性水平展开分析。其中，皮尔逊简单相关系数是一种线性关联度量，适用于变量为定量连续变量且服从正态分布、相关关系为线性的情形。当变量不服从正态分布，或为有序类别变量，且相互之间的相关关系不是线性时，斯皮尔曼等级相关系数和肯德尔等级相关系数更加适合。

1. 皮尔逊简单相关系数

皮尔逊简单相关系数的公式为：

$$r = \frac{\sum_{i=1}^{n}(x_i - \bar{x})(y_i - \bar{y})}{\sqrt{\sum_{i=1}^{n}(x_i - \bar{x})^2}\sqrt{\sum_{i=1}^{n}(y_i - \bar{y})^2}}$$

皮尔逊简单相关系数 r 具有以下性质：

（1）$-1 \leqslant r \leqslant 1$，$r$ 的绝对值越大，表明两个变量之间的相关性越强。

（2）$0 < r \leqslant 1$，表明两个变量之间存在正相关关系。若 $r=1$，则表明变量间为完全正相关关系。

（3）$-1 \leqslant r < 0$，表明两个变量之间存在负相关关系。若 $r=-1$，则表明变量间为完全负相关关系。

（4）$r=0$，表明两个变量之间无线性相关性。

在Stata中，可以检验皮尔逊简单相关系数是否显著。该系数对应的统计量公式为：

$$T = \frac{r\sqrt{n-2}}{1-r^2} \sim t(n-2)$$

其中，r 为皮尔逊简单相关系数值，n 为样本观测个数。需要注意的是，皮尔逊简单相关系数并非反映任何确定关系，也不是因果关系，而仅仅是线性关系。换言之，随机变量 X 和 Y 的地位是对等的。

此外，协方差也可以用来判断变量间的简单线性相关关系，协方差的计算公式为：

$$\mathrm{Cov}(x,y) = \frac{\sum_{i=1}^{n}(x-\bar{x})(y-\bar{y})}{n}$$

皮尔逊简单相关系数的Stata命令有以下两种。

1）显示相关系数矩阵或协方差矩阵

```
correlate [varlist] [if] [in] [weight] [, correlate_options]
```

其中，correlate为命令；[varlist]为参与相关分析的变量列表，可以包含时间序列数据指示符（如l.表示滞后一期、f.表示向前一期）、d.表示一阶差分等）；[if]为条件表达式；[in]用于设置样本范围；[weight]用于设置权重；[, correlate_options]用于设置可选项，如表9.1所示。

表 9.1 correlate 命令的可选项及其含义

[, correlate_options]	含　义
means	除了进行简单相关分析外，还可以用矩阵的方式显示参与相关分析的变量的均值、标准差、最小值和最大值
covariance	显示参与相关分析的变量的方差-协方差矩阵

常见的时间序列数据指示符如表9.2所示。

表 9.2 常见的时间序列数据指示符

指示符（大写或小写均可）	含　义
l.	一阶滞后 x_{t-1}
l2.	二阶滞后 x_{t-2}
…	…

（续表）

指示符（大写或小写均可）	含　义
f.	一阶领先 x_{t+1}
f2.	二阶领先 x_{t+2}
…	…
d.	一阶差分 $x_t - x_{t-1}$
d2.	二阶差分 $(x_t - x_{t-1}) - (x_{t-1} - x_{t-1}) = x_t - 2x_{t-1} + x_{t-2}$
…	…
s.	季节差分 $x_t - x_{t-1}$
s2.	二阶季节差分 $x_t - x_{t-2}$
…	…

后续在"第18章　时间序列数据分析"中将会详细讲解。

2）显示所有成对相关系数

```
pwcorr [varlist] [if] [in] [weight] [, pwcorr_options]
```

其中，pwcorr为命令，[varlist]为参与相关分析的变量列表（可以包含时间序列数据指示符），[if]为条件表达式，[in]用于设置样本范围，[weight]用于设置权重，而[, pwcorr_options]用于设置可选项，如表9.3所示。

表9.3　pwcorr 命令的可选项及其含义

[, pwcorr_options]	含　义
obs	在每个单元格中都显示样本观测值数据
sidak	使用 sidak 调整的显著性水平
sig	在每个单元格中都显示相关性分析的显著性水平
star(#)	用星号标记显著性水平
bonferroni	使用 Bonferroni 调整的显著性水平

皮尔逊简单相关系数的两个命令语句都可以设置分组变量，即可以增加by选项。

2. 斯皮尔曼等级相关系数

斯皮尔曼等级相关系数用来考察两个变量中至少有一个为定序变量的相关系数，比如性别与月消费金额之间的关系。其计算公式为：

$$r = 1 - \frac{6\sum_{i=1}^{n} d_i^2}{n(n^2 - 1)}$$

其中，d_i表示y_i和x_i的等级之差，n为样本容量。

斯皮尔曼等级相关系数的显著性也可以检验，小样本情况下对应的统计量公式为：

$$T = \frac{r\sqrt{n-2}}{1-r^2} \sim t(n-2)$$

大样本情况下对应的统计量公式为：

$$Z = r\sqrt{n-2} \sim N(0,1)$$

r为斯皮尔曼等级相关系数值，n为样本观测个数。

斯皮尔曼等级相关系数的命令是spearman，该命令的语法格式为：

```
spearman [varlist] [if] [in] [, spearman_options]
```

其中，[varlist]为参与相关分析的变量列表，[if]为条件表达式，[in]用于设置样本范围，而[spearman_options]用于设置可选项，如表9.4所示。

表 9.4　spearman 命令的可选项及其含义

[, spearman_options]	含　　义
sidak	使用 sidak 调整的显著性水平
star(#)	用星号标记的显著性水平
bonferroni	使用 Bonferroni 调整的显著性水平
pw	利用所有可用的数据计算所有成对相关系数
matrix	以矩阵形式输出分析结果
print(#)	显示系数的显著性水平

3. 肯德尔等级相关系数

肯德尔等级相关系数（Kendall's Tau）是一种非参数统计量，用于衡量两个变量之间的等级一致性。其核心原理是通过比较所有可能的观测值对在两个变量上的排序方向是否一致，从而判断变量间的关联程度。具体来说，通过统计所有观测值的一致对（concordant pairs）和不一致对（discordant pairs）的数量，量化变量间的相关性。其中，一致对是指两个变量在一对观测值中的排序方向相同，如在变量X中$i > j$，在变量Y中$i > j$；不一致对是指两个变量在一对观测值中的排序方向相反，如在变量X中$i > j$，在变量Y中$i < j$。肯德尔等级相关系数计算公式为：

$$\tau = (U - V)\frac{2}{n(n-1)}$$

小样本情况下，肯德尔等级相关系数服从肯德尔分布，使用精确检验或查表法进行假设检验与显著性判断。大样本情况下，采用Z检验，对应的检验统计量为：

$$Z = \tau\sqrt{\frac{9n(n-1)}{2(2n+5)}} \sim N(0,1)$$

τ表示肯德尔等级相关系数值，n表示样本观测个数。

肯德尔等级相关系数的命令是ktau，该命令的语法格式为：

```
ktau [varlist] [if] [in] [, ktau_options]
```

其中，[varlist]为参与相关分析的变量列表，[if]为条件表达式，[in]用于设置样本范围，而[,ktau_options]用于设置可选项，如表9.5所示。

表 9.5　ktau 命令的可选项及其含义

[, ktau _options]	含　义
sidak	使用 sidak 调整的显著性水平
star(#)	用星号标记的显著性水平
bonferroni	使用 Bonferroni 调整的显著性水平
pw	利用所有可用的数据计算所有的成对相关系数
matrix	以矩阵形式输出分析结果
print(#)	显示系数的显著性水平

9.1.2　案例应用——分析国际原油价格和黄金价格的相关性

本小节用于分析的数据文件是“数据9.1”，其中记录的是2014年1月2日至2024年9月27日美国西得克萨斯中级轻质原油（WTI）现货价、伦敦黄金现货价、上海黄金期货收盘价的数据（不包括节假日数据，剔除掉部分缺失值），三个变量的单位分别为美元/桶、美元/盎司、元/克，如图9.1所示。下面针对WTI原油现货价和伦敦黄金现货价开展双变量相关分析。

	日期	WTI原油现货价	伦敦黄金现货价	上海黄金期货收盘价
1	2014-01-02	95.57	1225	244.45
2	2014-01-03	94.21	1234.5	246.4
3	2014-01-06	93.71	1246.25	246.9
4	2014-01-07	93.8	1227.5	246.95
5	2014-01-08	92.46	1221	243.8
6	2014-01-09	92.26	1226	243.75
7	2014-01-10	92.78	1244.25	244.9
8	2014-01-13	91.52	1248	247.45
9	2014-01-14	92.48	1251.5	247.7
10	2014-01-15	94.37	1236	245.5
11	2014-01-16	94.03	1241.5	245.75
12	2014-01-17	94.19	1250	245.95
13	2014-01-21	95.07	1238	247.4
14	2014-01-22	96.8	1241	245
15	2014-01-23	97.48	1263	244.4

图 9.1　“数据 9.1”中的部分数据（由于数据量过大，仅显示其中一部分）

打开该数据文件之后，在主界面的命令窗口中依次输入以下命令：

```
correlate WTI原油现货价 伦敦黄金现货价
```

该命令输出“WTI原油现货价”和“伦敦黄金现货价”两个变量之间的相关系数。结果如图9.2所示，共有2338个样本参与了分析（obs=2338），两个变量之间的相关系数为0.3333，表明两者之间存在较小的正相关关系。

```
correlate WTI原油现货价 伦敦黄金现货价,covariance
```

该命令输出两个变量之间的方差-协方差矩阵。结果如图9.3所示。

```
. correlate WTI原油现货价 伦敦黄金现货价
(obs=2,338)

              WTI原~价伦敦~价

WTI原油现~价 |  1.0000
伦敦黄金~价  |  0.3333    1.0000
```

图 9.2　简单相关分析结果 1

```
. correlate WTI原油现货价 伦敦黄金现货价,covariance
(obs=2,338)

              WTI原~价伦敦~价

WTI原油现~价 |  391.231
伦敦黄金~价  |  2328.31    124741
```

图 9.3　简单相关分析结果 2

```
correlate WTI原油现货价 伦敦黄金现货价,means
```

该命令对两个变量进行简单相关分析，并用矩阵的方式显示两个变量的均值、标准差、最小值和最大值。结果如图9.4所示。

```
. correlate WTI原油现货价 伦敦黄金现货价,means
(obs=2,338)

    Variable        Mean     Std. dev.       Min         Max

WTI原油现~价 |  65.40719    19.77956       10.01       123.7
伦敦黄金~价  |  1574.485    353.1874        1060     2663.75


              WTI原~价伦敦~价

WTI原油现~价 |  1.0000
伦敦黄金~价  |  0.3333    1.0000
```

图 9.4　简单相关分析结果 3

```
pwcorr WTI原油现货价 伦敦黄金现货价,obs
```

该命令对两个变量进行简单相关分析，在每个单元格中都显示样本观测值数。结果如图9.5所示。

```
pwcorr WTI原油现货价 伦敦黄金现货价,sidak sig
```

该命令对两个变量进行简单相关分析，使用sidak调整的显著性水平，并在每个单元格中都显示相关性分析的显著性水平。结果如图9.6所示，两个变量相关性分析的显著性p值为0.0000，小于0.05，表明两个变量之间的正相关关系比较明显。

```
. pwcorr WTI原油现货价 伦敦黄金现货价,obs

              WTI原~价   伦敦~价

WTI原油现~价 |  1.0000
             |    2338

伦敦黄金~价  |  0.3333    1.0000
             |    2338      2338
```

图 9.5　简单相关分析结果 4

```
. pwcorr WTI原油现货价 伦敦黄金现货价,sidak sig

              WTI原~价   伦敦~价

WTI原油现~价 |  1.0000

伦敦黄金~价  |  0.3333    1.0000
             |  0.0000
```

图 9.6　简单相关分析结果 5

很多时候，我们希望能够一目了然地看出变量相关在不同的置信水平上是否显著，因此会在显著相关的系数上做标记。例如，当置信水平为95%时，对应的Stata命令是：

```
pwcorr WTI原油现货价 伦敦黄金现货价,sidak sig star(0.05)
```

结果如图9.7所示，因为实际的显著性p值为0.000，小于0.05，所以相关系数被标记了"*"。

```
. pwcorr WTI原油现货价 伦敦黄金现货价,sidak sig star(0.05)

                     WTI原~价    伦敦~价

WTI原油现~价          1.0000


伦敦黄金~价           0.3333*   1.0000
                     0.0000
```

图 9.7　简单相关分析结果 6

如果把置信水平调整为99%，对应的Stata命令是：

```
pwcorr WTI原油现货价 伦敦黄金现货价,sidak sig star(0.01)
```

结果如图9.8所示，因为实际的显著性*p*值为0.000，小于0.01，所以相关系数被标记了"*"。
我们再通过计算斯皮尔曼等级相关系数的方式判断一下两个变量相关性，对应的Stata命令是：

```
spearman WTI原油现货价 伦敦黄金现货价,sidak star(0.01)
```

结果如图9.9所示，斯皮尔曼等级相关系数为0.4014，显著性*p*值为0.000，表明相关关系很显著。

```
. pwcorr WTI原油现货价 伦敦黄金现货价,sidak sig star(0.01)

                     WTI原~价    伦敦~价

WTI原油现~价          1.0000


伦敦黄金~价           0.3333*   1.0000
                     0.0000
```

图 9.8　简单相关分析结果 7

```
. spearman WTI原油现货价 伦敦黄金现货价,sidak star(0.01)

 Number of obs =    2338
Spearman's rho =       0.4014

Test of H0: WTI原油现货价 and 伦敦黄金现货价 are independe
> nt
    Prob > |t| =        0.0000

. spearman WTI原油现货价 伦敦黄金现货价,sidak star(0.01)

 Number of obs =    2338
Spearman's rho =       0.4014

Test of H0: WTI原油现货价 and 伦敦黄金现货价 are independent
    Prob > |t| =        0.0000
```

图 9.9　简单相关分析结果 8

我们再通过计算肯德尔等级相关系数的方式判断一下两个变量相关性，对应的Stata命令是：

```
ktau WTI原油现货价 伦敦黄金现货价,sidak star(0.01)
```

结果如图9.10所示，肯德尔等级相关系数为0.2719，显著性*p*值为0.000，表明相关关系很显著。

```
. ktau WTI原油现货价 伦敦黄金现货价,sidak star(0.01)

  Number of obs =     2338
Kendall's tau-a =        0.2719
Kendall's tau-b =        0.2719
Kendall's score =    742788
    SE of score =    37695.071   (corrected for ties)

Test of H0: WTI原油现货价 and 伦敦黄金现货价 are independent
    Prob > |z| =        0.0000   (continuity corrected)
```

图 9.10　简单相关分析结果 9

9.2 偏相关分析

9.2.1 统计学原理及 Stata 命令

在许多情况下,进行相关分析的变量的取值会同时受到其他变量的影响,这时需要控制这些变量的影响,然后输出控制其他变量得到的相关系数。例如,在分析学生各科学习成绩之间的相关性时,各科学习成绩可能会受IQ值等因素的影响。偏相关分析(也称净相关分析)通过计算偏相关系数,控制一个或多个其他变量的效应,分析两个变量之间的线性相关关系。

假如有 g 个控制变量,则称为 g 阶偏相关。一般情况下,假设有 $n(n>2)$ 个变量 $X_1,X_2,\cdots,X_n$,则任意两个变量 X_i 和 X_j 的 g 阶样本偏相关系数公式为:

$$r_{ij-l_1l_2\cdots l_g}=\frac{r_{ij-l_1l_2\cdots l_{g-1}}-r_{il_g-l_1l_2\cdots l_{g-1}}r_{jl_g-l_1l_2\cdots l_{g-1}}}{\sqrt{(1-r^2_{il_g-l_1l_2\cdots l_{g-1}})(1-r^2_{jl_g-l_1l_2\cdots l_{g-1}})}}$$

式中右边均为 $g-1$ 阶的偏相关系数,其中 $l_1,l_2,\cdots,l_g$ 为自然数从1到n除去 i 和 j 的不同组合。

针对一阶偏相关,如分析变量 X_1 和 X_2 之间的净相关,控制 X_3 的线性关系, X_1 和 X_2 之间的一阶偏相关系数为:

$$r_{123}=\frac{r_{12}-r_{13}r_{23}}{\sqrt{(1-r^2_{13})(1-r^2_{23})}}$$

偏相关系数显著性检验用到的统计量为 t 统计量,公式为:

$$t=r\sqrt{\frac{n-g-2}{1-r^2}}\sim t(n-g-2)$$

其中, r 为偏相关系数, n 为样本数, g 为阶数。

偏相关分析的命令是pcorr,该命令的语法格式为:

```
pcorr varname varlist [if] [in] [weight]
```

其中,varname为指定变量,varlist为变量列表,假设varlist变量列表中有 n 个变量,偏相关分析将输出指定变量varname与varlist变量列表中所有变量的偏相关系数,共 n 个(输出指定变量varname与varlist变量列表中某一变量的偏相关系数时,将会把其他 $n-1$ 个变量同时作为控制变量)。[if]为条件表达式,[in]用于设置样本范围,[weight]用于设置权重。

9.2.2 案例应用——分析商业银行经营机构公司存贷款增长的相关性

本小节用于分析的数据文件是"数据9.2",其中记录的是某商业银行分支机构2008年至2024年历年公司存款增长、公司贷款增长、零售存款增长、零售贷款增长和市场营销费用的数据,如图9.11

所示。接下来，我们分析该分支机构2008年至2024年公司存款增长和公司贷款增长的相关性，但由于存款和贷款的增长会受到市场营销费用配置的影响，因此我们将市场营销费用作为控制变量进行偏相关分析。

	年份	公司存款增长	公司贷款增长	零售存款增长	零售贷款增长	市场营销费用
1	2008	895.3421739	263.3726087	396.1073913	213.5986957	17.61173913
2	2009	1105.855217	436.5769565	480.0986957	263.8943478	16.74217391
3	2010	1334.568261	538.9682609	588.6117391	328.8726087	16.38565217
4	2011	1612.307391	695.5291304	705.9247826	399.1204348	15.8073913
5	2012	2054.924783	979.3552174	900.4726087	515.616087	15.29
6	2013	2468.568261	1313.307391	1084.49	625.8073913	15.00304348
7	2014	2725.803043	1615.042174	1220.49	707.2421739	15.06826087
8	2015	3254.976957	2055.807391	1455.637826	848.0508696	14.77695652
9	2016	3912.403043	2522.842174	1830.994348	1072.816087	15.19434783
10	2017	4390.063913	2800.498696	2097.924783	1232.65087	15.35521739
11	2018	4888.359565	3141.833478	2369.403043	1395.216087	15.45086957
12	2019	5324.916087	3399.794348	2642.159565	1558.542174	15.74217391
13	2020	5720.968261	3437.894348	2936.855217	1735.007391	16.19434783
14	2021	6189.55087	3703.603043	3274.985652	1937.481304	16.64217391

图 9.11　"数据 9.2"中的部分数据（由于数据量过大，仅显示部分）

打开该数据文件，在主界面的命令窗口中输入以下命令：

```
pcorr 公司存款增长 公司贷款增长 市场营销费用
```

分析结果如图9.12所示。

```
. pcorr 公司存款增长 公司贷款增长 市场营销费用
(obs=17)

Partial and semipartial correlations of 公司存款增长 with
```

Variable	Partial corr.	Semipartial corr.	Partial corr.^2	Semipartial corr.^2	Significance value
公司贷款~长	0.9981	0.9806	0.9962	0.9616	0.0000
市场营销~用	0.6024	0.0460	0.3629	0.0021	0.0135

图 9.12　分析结果图 1

通过观察分析结果，我们可以看出共有17个有效样本参与了偏相关分析，在控制住市场营销费用的情况下，公司存款增长和公司贷款增长的偏相关系数（Partial corr.）是0.9981，显著性水平（Significance value）是0.0000。此外，该结果还给出了控制住公司贷款增长后，公司存款增长和市场营销费用之间的偏相关关系，它们的偏相关系数（Partial corr.）是0.6024，显著性水平（Significance value）是0.0135。

如果我们只对2015年以来的数据进行分析，则可以设置if条件表达式，命令为：

```
pcorr 公司存款增长 公司贷款增长 市场营销费用 if 年份>=2015
```

运行结果如图9.13所示。

```
. pcorr 公司存款增长 公司贷款增长 市场营销费用 if 年份>=2015
(obs=10)

Partial and semipartial correlations of 公司存款增长 with
```

Variable	Partial corr.	Semipartial corr.	Partial corr.^2	Semipartial corr.^2	Significance value
公司贷款~长	0.9896	0.3139	0.9793	0.0985	0.0000
市场营销~用	0.8332	0.0688	0.6942	0.0047	0.0053

图 9.13　分析结果图 2

基于2015年以来的样本，在控制住市场营销费用的情况下，公司存款增长和公司贷款增长的偏相关系数（Partial corr.）是0.9896，显著性水平（Significance value）是0.0000。

9.3　本章回顾与习题

9.3.1　本章回顾

本章介绍了简单相关分析、偏相关分析的基本原理、命令以及具体实例的应用。

（1）皮尔逊简单相关系数的命令有两种，一种是correlate命令，用于显示相关系数矩阵或协方差矩阵，该命令的语法格式为：

```
correlate [varlist] [if] [in] [weight] [, correlate_options]
```

其中，[varlist]为参与相关分析的变量列表，可以包含时间序列数据指示符（如l.表示滞后一期、f.表示向前一期、d.表示一阶差分等）；[if]为条件表达式；[in]用于设置样本范围；[weight]用于设置权重；[,correlate_options]用于设置可选项。

另一种是pwcorr命令，显示所有成对相关系数，该命令的语法格式为：

```
pwcorr [varlist] [if] [in] [weight] [, pwcorr_options]
```

其中，[varlist]为参与相关分析的变量列表，可以包含时间序列数据指示符（如l.表示滞后一期、f.表示向前一期、d.表示一阶差分等）；[if]为条件表达式；[in]用于设置样本范围；[weight]用于设置权重；[,pwcorr_options]用于设置可选项。

（2）斯皮尔曼等级相关系数的命令是spearman，该命令的语法格式为：

```
spearman [varlist] [if] [in] [, spearman_options]
```

其中，[varlist]为参与相关分析的变量列表，[if]为条件表达式，[in]用于设置样本范围，[spearman_options]用于设置可选项。

（3）肯德尔等级相关系数的命令ktau，该命令的语法格式为：

```
ktau [varlist] [if] [in] [, ktau_options]
```

其中，[varlist]为参与相关分析的变量列表，[if]为条件表达式，[in]用于设置样本范围，[,ktau_options]用于设置可选项。

（4）偏相关分析的命令是pcorr，该命令的语法格式为：

```
pcorr varname varlist [if] [in] [weight]
```

其中，varname为指定变量，varlist为变量列表，假设varlist变量列表中有n个变量，偏相关分析将输出指定变量varname与varlist变量列表中所有变量的偏相关系数，共n个（输出指定变量varname与varlist变量列表中某一变量偏相关系数时，将会把其他$n-1$个变量同时作为控制变量）。[if]为条件表达式，[in]用于设置样本范围，[weight]用于设置权重。

9.3.2 本章习题

一、单选题

1. 偏相关分析的命令是（　　）。

A. correlate　　　　　　B. pcorr　　　　　　C. pwcorr　　　　　　D. spearman

2. 斯皮尔曼等级相关系数的命令是（　　）。

A. correlate　　　　　　B. pcorr　　　　　　C. pwcorr　　　　　　D. spearman

3. 肯德尔等级相关系数的命令是（　　）。

A. correlate　　　　　　B. pcorr　　　　　　C. spearman　　　　　D. ktau

二、判断题

1. 相关系数的值越大，表明两个变量之间的相关程度越强。（　　）

2. 参与简单相关分析的变量的地位是相互的、相同的。（　　）

3. 简单相关分析比较适合用于变量之间相关关系为非线性的情形。（　　）

4. 协方差也可以用来判断变量间的简单线性相关关系。（　　）

三、操作题（所有操作题除完成操作生成 do 文件外，还需对结果进行解读）

1. 使用"习题9.1"数据文件，对中国2020年1-12月广义货币和狭义货币开展双变量相关分析，包括计算皮尔逊简单相关系数、斯皮尔曼等级相关系数、肯德尔等级相关系数及其显著性水平。将操作所使用的全部命令保存为do文件，并命名为"习题9.1答案"。

2. 使用"习题9.2"数据文件，以市场营销费用为控制变量，运用偏相关分析方法，对该分支机构2003年至2019年历年公司贷款增长、零售贷款增长的相关关系进行分析。将操作所使用的全部命令保存为do文件，并命名为"习题9.2答案"。

第 10 章

基本线性回归分析

回归分析是经典的数据分析方法之一，是一种研究某一变量受到其他变量影响的方法。它的基本思想是将受到影响的变量作为因变量，影响变量作为自变量，研究因变量与自变量之间的因果关系。回归分析通过建立回归方程，使用各自变量来拟合因变量，并使用回归方程进行预测。特别需要指出的是，本书中提及的被解释变量和因变量是相同的概念，解释变量和自变量也是相同的概念。本章将介绍常用的最小二乘线性回归分析和约束条件回归分析在Stata中的操作与应用。

10.1   最小二乘线性回归分析

扫描右侧二维码观看视频

下载资源:\sample\chap10\数据 10.1

10.1.1   统计学原理及 Stata 命令

线性回归分析法是一种基础且常用的回归分析方法，假定自变量和因变量之间存在线性关系。线性回归的数学模型为：

$$y = \alpha + \beta_1 x_1 + \beta_2 x_2 + \cdots + \beta_n x_n + \varepsilon$$

矩阵形式为：

$$y = \alpha + \boldsymbol{X}\beta + \varepsilon$$

其中，$y = \begin{pmatrix} y_1 \\ y_2 \\ \vdots \\ y_n \end{pmatrix}$ 为因变量，$\alpha = \begin{pmatrix} \alpha_1 \\ \alpha_2 \\ \vdots \\ \alpha_n \end{pmatrix}$ 为截距项，$\beta = \begin{pmatrix} \beta_1 \\ \beta_2 \\ \vdots \\ \beta_n \end{pmatrix}$ 为待估计系数，$X = \begin{pmatrix} x_{11} & x_{12} & \cdots & x_{1k} \\ x_{21} & x_{22} & \cdots & x_{2k} \\ \vdots & \vdots & \ddots & \vdots \\ x_{n1} & x_{n2} & \cdots & x_{nk} \end{pmatrix}$ 为自

变量，$\varepsilon = \begin{pmatrix} \varepsilon_1 \\ \varepsilon_2 \\ \vdots \\ \varepsilon_n \end{pmatrix}$ 为误差项。假定自变量之间不存在多重共线性，误差项 ε_i（$i=1,2,\cdots,n$）之间相互独

立，且均服从同一正态分布 $N(0, \sigma^2)$，δ^2 是未知参数。误差项需满足与自变量之间的严格外生性假定，同时也要求误差项具有同方差和无自相关性。

因变量的变化可以通过由 $\alpha + X\beta$ 组成的线性部分和随机误差项 ε_i 两部分来解释。对于线性模型，一般采用最小二乘估计法来估计相关参数，其统计学原理通过最小化残差平方和来实现。残差即为因变量的实际值与拟合值之间的差值。

因此，采用最小二乘估计法来估计参数 α 和 β，也就是求解如下最优化问题：

$$\arg\min \sum_{i=1}^{n} e_i^2 = \arg\min \sum_{i=1}^{n} (y - \hat{\alpha} - \hat{\beta}X)^2$$

1. 命令的语法格式

最小二乘线性回归分析的命令是 regress，其语法格式为：

```
regress depvar [indepvars] [if] [in] [weight] [, options]
```

其中，depvar 代表被解释变量（或称因变量），indepvar 代表解释变量（或称自变量）。depvar 只有一个，而 indepvar 可以为一个或多个，如果只有一个 indepvar，则称之为一元最小二乘回归分析；如果有多个 indepvar，则称之为多元最小二乘回归分析。[if] 为条件表达式，[in] 用于设置样本范围，[weight] 用于设置权重。而 [, options] 为可选项，如表 10.1 所示。

表 10.1　regress 命令的可选项及其含义

[, options]	含　义
noconstant	模型不包含常数项
hascons	用户自定义常数项
level(#)	设置置信区间，默认值为 95%
beta	标准化系数
vce(type)	设置估计量的标准差，常用的有 ols、robust、cluster、bootstrap、hc2、hc3 等

2. 获得回归模型回归系数的相关性矩阵

在执行完回归分析之后，我们可能需要获得回归模型回归系数的相关性矩阵，相应的命令为 vce。具体操作为，在执行完回归分析之后，直接在命令窗口中输入：

```
vec
```

即可得到回归模型回归系数的相关性矩阵。

3. 对模型系数进行假设检验

在许多情况下，回归分析结束后，我们有必要对模型进行假设检验。事实上，回归分析结果中已经包含了针对模型整体的F检验，以及针对各自变量和常数项回归系数的T检验。在此基础上，还可以使用test命令进行Wald检验，检验最近拟合模型参数的简单线性假设和复合线性假设。

test命令包括5种形式，分别说明如下：

1）test coeflist
对应默认用法，例如test x1 x2，检验变量x1和x2的系数是否同时为0。

2）test exp=exp[=…]
适用于复杂表达式，例如test x1 = x2 = x3，检验多个线性组合是否相等。

3）test [eqno] [: coeflist]
用于联立方程模型（如xtreg或sureg），例如test [eq1]x1，检验方程1中变量x1的系数是否为0。

4）test [eqno = eqno [= ...]] [: coeflist]
用于跨方程比较，例如test [eq1]x1 = [eq2]x1，检验方程1和方程2中x1的系数是否相等。

5）testparm varlist [, testparm_options]
该命令的作用是检验方程eqno中的变量列表varlist的系数是否相同。

此外，如果检验为非线性检验，则需要用到testnl命令，该命令的语法格式为：

```
testnl exp=exp[=exp...] [, options]
```

其中，exp=exp[=exp...]表示系数之间的非线性关系式。

4. 使用回归模型进行预测

在许多情况下，建立回归模型不仅是为了基于历史数据解释已发生的现象，更重要的是能够依据模型来预测未来的趋势。使用回归模型进行预测的命令及其语法格式如下：

1）在创建单个方程模型之后的预测

```
predict [type] newvar [if] [in] [, single_options]
```

其中，newvar代表将要进行预测的变量，[if]为条件表达式，[in]用于设置样本范围，[weight]用于设置权重，[, single_options]为可选项，如表10.2所示。

表 10.2　predict 命令的可选项及其含义

[, single_options]	含　义
xb	线性预测拟合值
residual 或者 score	残差
rstandard	标准化的残差
rstudent	学生化的残差
stdp	样本内预测标准差
stdf	样本外预测标准差
stdr	残差的标准差

（续表）

[, single_options]	含　义
cooksd	Cook 的 D 影响统计量
covratio	COVRATIO 影响统计量
dfits	DFITS 影响统计量
welsch	Welsch 距离
dfbeta(varname)	变量 varname 的 DFBETA

2）在创建多个方程模型之后的预测

```
predict [type] newvar [if] [in] [, multiple_options]
```

相关字段的含义及可选项与单个方程模型基本一致。

5. 绘制回归后估计诊断图

除了前面章节中讲到的Stata制图工具外，在回归分析中还可以绘制回归后估计诊断图，命令如表10.3所示。

表 10.3　绘制回归后估计诊断图的命令及其含义

命　令	图形含义
rvfplot	画残差与拟合值的散点图
rvpplot varname	画残差与自变量 x 的散点图
cprplot	分量与残差图
acprplot	增强分量与残差图
lvr2plot	杠杆对残差平方图

6. 在回归方程中自动剔除不显著变量（逐步回归法）

在回归方程中自动剔除不显著变量的命令为stepwise，其语法格式为：

```
stepwise [, options ] :regress depvar [indepvars]
```

或

```
sw regress depvar [indepvars],[, options ]
```

其中，sw regress depvar [indepvars]为进行回归分析的命令。[, options]选项如表10.4所示。

表 10.4　stepwise 命令的可选项及其含义

[, options]	含　义
* pr(#)	删除解释变量的显著性水平
* pe(#)	增加解释变量的显著性水平
forward	前向搜寻法
hierarchical	分层搜寻法
lockterm1	保留第 1 项
lr	使用似然比统计量代替 Wald 统计量

在使用stepwise命令时，搜寻的方法和顺序也比较重要。Stata提供了6种常用的搜寻方法，用户可以根据实际研究需要选择最为恰当的方法，如表10.5所示。

表 10.5　6 种常用的搜寻方法

顺序选项	名　称	功能和计算逻辑
pe(#)	前向搜寻法	一开始建立只包括常数项的原始模型,按显著性水平由高到低加入解释变量,只有当解释变量通过设置的显著性水平检验时,该变量才能被保留
pe(#) hierarchical	前向分层搜寻法	一开始建立只包括常数项的原始模型,然后按排列顺序逐个加入解释变量。当下一个解释变量无法通过设置的显著性水平检验时,该过程停止,并形成最终的模型
pr(#) pe(#) forward	前向分步搜寻法	该方法的第一步和前向搜寻法完全一致,执行结束之后,需要将模型中显著性水平最低的未通过检验的解释变量排除,而后继续进行估计。同时,加入已排除的、显著性水平最高且可以通过检验的解释变量进行重新估计,并不断重复这一过程,直到这两种计算无法继续进行
pr(#)	后向搜寻法	一开始建立包括所有解释变量在内的模型,当显著性水平最低的变量无法通过设置的显著性水平检验时,去除该变量并重新估计。这一过程不断重复,直到显著性水平最低的变量能够通过检验
pr(#) hierarchical	后向分层搜寻法	一开始建立包括所有解释变量在内的模型,每次检验所有解释变量中的最后一个,当该变量不显著时,将其去除并重新估计。这一过程重复进行,直到模型中保留下来的解释变量中最后一个能够通过检验
pr(#) pe(#)	后向分步搜寻法	该方法的第一步和后向搜寻法完全一致,但执行结束之后,需要将已排除的显著性水平最高的解释变量重新加入进行估计。同时,排除显著性水平最低的解释变量并重新进行估计,并不断重复这一过程,直到这两种计算不能再进行

10.1.2　案例应用——分析欧元区 20 国经济景气指数的影响因素

本小节用于分析的数据文件是"数据10.1"，其中记录的是2020年1月至2024年9月欧元区20国部分宏观经济指数（指标）数据，具体包括欧元区20国经济景气指数、工业信心指数、零售信心指数、服务业信心指数、一年期利率（单位为%），如图10.1所示。下面我们以"经济景气指数"为因变量，以"工业信心指数""零售信心指数""服务业信心指数""一年期利率"4个变量为自变量进行线性回归分析。

1. 线性回归分析

打开上述数据文件之后，在主界面的命令窗口中输入以下命令：

```
regress 经济景气指数 工业信心指数 零售信心指数 服务业信心指数 一年期利率
```

	月份	经济景气指数	工业信心指数	零售信心指数	服务业信心指数	一年期利率	
1	2020-01	104.8	-5.3	1.1	13.4	-.25	
2	2020-02	105.1	-4.8	.3	12.8	-.29	
3	2020-03	93.5	-11.4	-10.4	-3.8	-.27	
4	2020-04	58.8	-37.3	-36.4	-47.7	-.11	
5	2020-05	63.8	-29.5	-34.3	-52.1	-.08	
6	2020-06	75.2	-21.5	-20.1	-40.4	-.15	
7	2020-07	83.5	-14.8	-13.8	-27.6	-.28	
8	2020-08	90.6	-10.3	-8.9	-14.3	-.36	
9	2020-09	95.3	-8.2	-5.4	-5	-.41	
10	2020-10	95.8	-5.6	-3.7	-5.7	-.47	
11	2020-11	92.4	-6.6	-10.2	-11.1	-.48	
12	2020-12	96.5	-3.3	-9.3	-9.1	-.5	

图 10.1 "数据 10.1"中的部分数据（由于数据量过大，仅显示其中一部分）

该命令以"经济景气指数"为因变量，以"工业信心指数""零售信心指数""服务业信心指数""一年期利率"为自变量，进行线性回归分析（regress命令后面紧跟的第一个变量是因变量，其余变量均为自变量）。回归结果如图10.2所示。

```
. regress 经济景气指数 工业信心指数 零售信心指数 服务业信心指数 一年期利率

      Source |       SS          df       MS        Number of obs =       57
-------------+----------------------------------   F(4, 52)      =   374.94
       Model |  7127.71409        4  1781.92852     Prob > F      =   0.0000
    Residual |  247.131528       52  4.75252938     R-squared     =   0.9665
-------------+----------------------------------   Adj R-squared =   0.9639
       Total |  7374.84561       56  131.693672     Root MSE      =     2.18

------------------------------------------------------------------------------
    经济景气指数 | Coefficient  Std. err.      t    P>|t|     [95% conf. interval]
-------------+----------------------------------------------------------------
    工业信心指数 |   .3574464   .0663103     5.39   0.000     .2243851    .4905078
    零售信心指数 |   .3569047   .0972445     3.67   0.001     .1617694    .5520401
   服务业信心~数 |   .3315933   .0593697     5.59   0.000     .2124592    .4507274
    一年期利率 |  -1.312346   .2438785    -5.38   0.000    -1.801724   -.8229678
       _cons |    102.719   .6878355   149.34   0.000     101.3388    104.0993
------------------------------------------------------------------------------
```

图 10.2 线性回归分析结果

结果显示，共有57个样本参与了分析（ Number of obs = 57），模型的 F 值 $F(4, 52)=374.94$，p 值（Prob > F）= 0.0000，表明模型整体上非常显著。模型的可决系数（R-squared）为0.9665，模型修正的可决系数（Adj R-squared）为0.9639，表明模型具有很高的解释力。

模型的回归方程是：

经济景气指数=0.3574464*工业信心指数+0.3569047*零售信心指数+0.3315933*服务业信心指数−1.312346*一年期利率+102.719

变量"工业信心指数"的系数标准误是.0663103，t 值为5.39，p 值为0.000，系数非常显著，95%的置信区间为[0.2243851,0.4905078]。其他变量可依此分析，不再赘述。本例中，所有自变量的系数均非常显著。从上面的分析可见，工业信心指数、零售信心指数和服务业信心指数对经济景气指数具有正向显著影响，而一年期利率则为负向显著影响。

2. 回归模型回归系数的相关性矩阵

在命令窗口中输入以下命令：

```
vce
```

即可得到回归模型回归系数的相关性矩阵，如图10.3所示。该矩阵展示了4个自变量及常数项的回归系数的相关性。

3. 对变量系数进行假设检验

本例中，如果要检验4个自变量的回归系数是否同时显著不为0，可在命令窗口中输入以下命令：

```
test 工业信心指数 零售信心指数 服务业信心指数 一年期利率
```

结果如图10.4所示。原假设为4个自变量的回归系数同时为0，结果中p值为0.0000，因此拒绝原假设。

```
. vce

Covariance matrix of coefficients of regress model

     e(V)  |  工业信~数    零售信~数    服务业~数   一年期利率        _cons
-----------+------------------------------------------------------------
工业信心指数 |  .00439706
零售信心指数 | -.00170078    .00945649
服务业信~数 | -.00190448   -.00375685    .00352477
一年期利率 |  .01165744    .00220891    -.009133    .0594767
     _cons | -.0101434    .05702045   -.02293646  -.01803129   .47311774
```

图 10.3　回归模型回归系数的相关性矩阵

```
. test 工业信心指数 零售信心指数 服务业信心指数 一年期利率

 ( 1)  工业信心指数 = 0
 ( 2)  零售信心指数 = 0
 ( 3)  服务业信心指数 = 0
 ( 4)  一年期利率 = 0

       F(  4,    52) =  374.94
            Prob > F =   0.0000
```

图 10.4　对变量系数进行假设检验的结果

思　考

根据前述介绍，该命令等价于 test (工业信心指数=0) (零售信心指数=0)(服务业信心指数=0)(一年期利率=0)。读者可尝试在命令窗口中输入该命令，并对比分析结果。

---

4. 对回归模型的预测

本例中，我们将对因变量的拟合值和回归模型的残差进行预测。在命令窗口中依次输入以下命令：

```
predict yhat, xb
```

该命令用于预测回归模型的因变量拟合值，生成的因变量为yhat。

```
predict e, residual
```

该命令用于预测回归模型的残差，生成的残差序列为e。结果如图10.5所示。

	月份	经济景气指数	工业信心指数	零售信心指数	服务业信心指数	一年期利率	yhat	e
1	2020-01	104.8	-5.3	1.1	13.4	-.25	105.9886	-1.188594
2	2020-02	105.1	-4.8	.3	12.8	-.29	105.7353	-.6353316
3	2020-03	93.5	-11.4	-10.4	-3.8	-.27	94.02661	-.5266092
4	2020-04	58.8	-37.3	-36.4	-47.7	-.11	60.7223	-1.922303
5	2020-05	63.8	-29.5	-34.3	-52.1	-.08	62.76151	1.038495
6	2020-06	75.2	-21.5	-20.1	-40.4	-.15	74.66063	.5393708
7	2020-07	83.5	-14.8	-13.8	-27.6	-.20	83.71902	-.219019
8	2020-08	90.6	-10.3	-8.9	-14.3	-.36	91.59154	-.9915393
9	2020-09	95.3	-8.2	-5.4	-5	-.41	96.74078	-1.440778
10	2020-10	95.8	-5.6	-3.7	-5.7	-.47	98.1235	-2.323502
11	2020-11	92.4	-6.6	-10.2	-11.1	-.48	93.66869	-1.268695
12	2020-12	96.5	-3.3	-9.3	-9.1	-.5	95.85892	.6410841

图 10.5　对回归模型的预测结果

　　yhat为预测的拟合值，根据自变量的值和回归方程计算得出，主要用于预测未来值。从图10.5中可以看出，yhat的值与实际的经济景气指数值非常相近，表明回归模型拟合得较好。e为残差序列，可用来检验变量是否存在异方差等问题。

5. 绘制回归后估计诊断图

　　我们将生成残差e和因变量拟合值的散点图，并在图中标识出纵轴值为零的直线。在命令窗口中输入以下命令：

```
rvfplot, yline(0)
```

　　结果如图10.6所示。正常情况下，不论因变量大小如何，残差应该较为均匀地分布在0的周围。本例中，残差基本满足"较为均匀地分布在0周围"这一特征，表明残差异方差的程度不明显。

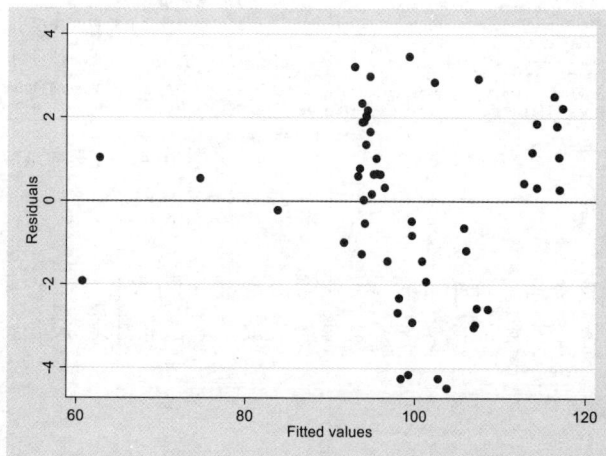

图 10.6　残差对拟合值的散点图

6. 在回归方程中不包含常数项

　　我们也可以选择在回归方程中不包含常数项。此时，命令可相应地修改为：

```
regress 经济景气指数 工业信心指数 零售信心指数 服务业信心指数 一年期利率,nocon
```

　　分析结果如图10.7所示，关于该结果的分析与前述类似，这里不再赘述。

```
. regress 经济景气指数 工业信心指数 零售信心指数 服务业信心指数 一年期利率,nocon
```

Source	SS	df	MS		
				Number of obs =	57
				F(4, 53) =	57.17
Model	458391.629	4	114597.907	Prob > F =	0.0000
Residual	106235.301	53	2004.43964	R-squared =	0.8118
				Adj R-squared =	0.7976
Total	564626.93	57	9905.73561	Root MSE =	44.771

经济景气指数	Coefficient	Std. err.	t	P>|t|	[95% conf. interval]	
工业信心指数	2.559688	1.327703	1.93	0.059	-.1033459	5.222723
零售信心指数	-12.02286	1.044023	-11.52	0.000	-14.1169	-9.928813
服务业信心指数	5.311349	1.00878	5.27	0.000	3.287992	7.334706
一年期利率	2.602443	4.97948	0.52	0.603	-7.385128	12.59001

图 10.7　在回归方程中不包含常数项的分析结果图

7. 在回归方程中自动剔除不显著变量

当回归方程中包含大量不显著变量时，回归模型可能会变得冗余，或者包含许多无效信息。我们可以通过观察分析结果采取逐步手动剔除不显著变量的方式得到最终的回归模型，但如果自变量很多且不显著变量较多，这个过程将变得非常复杂。那么有没有一种自动剔除不显著变量，直接得到最终模型方程的Stata操作方法呢？答案是有。Stata提供了sw regress命令，可以自动剔除不显著的变量，从而得到最终的回归模型。

该命令的工作原理是通过不断迭代，最终使得所有变量系数达到设定的显著性水平。在首次迭代时，所有的变量都进入模型参与分析；然后，在每一步迭代中，去掉p值最高或显著性最弱的变量，直到保留下来的所有变量的概率值都低于设定的显著水平。例如，设定显著性水平为0.05，则操作命令应为：

sw reg 经济景气指数 工业信心指数 零售信心指数 服务业信心指数 一年期利率,pr(0.05)

分析结果如图10.8所示，关于该结果的分析与前述类似，这里不再赘述。

```
. sw reg 经济景气指数 工业信心指数 零售信心指数 服务业信心指数 一年期利率,pr(0.05
> )
                        begin with full model
p < 0.0500              for all terms in model

      Source         SS        df       MS         Number of obs   =       57
                                                   F(4, 52)        =   374.94
       Model    7127.71409       4  1781.92852     Prob > F        =   0.0000
    Residual    247.131528      52  4.75252938     R-squared       =   0.9665
                                                   Adj R-squared   =   0.9639
       Total    7374.84561      56  131.693672     Root MSE        =     2.18

   经济景气指数   Coefficient  Std. err.      t    P>|t|    [95% conf. interval]

   工业信心指数     .3574464   .0663103     5.39   0.000    .2243851    .4905078
   零售信心指数     .3569047   .0972445     3.67   0.001    .1617694    .5520401
 服务业信心指数     .3315933   .0593697     5.59   0.000    .2124592    .4507274
     一年期利率    -1.312346   .2438785    -5.38   0.000   -1.801724   -.8229678
         _cons     102.719   .6878355   149.34   0.000    101.3388    104.0993
```

图 10.8　在回归方程中自动剔除不显著变量的分析结果图

8. 限定参与回归的样本范围

此外，我们还可以仅对2021年以来的样本观测值进行分析（数据编辑器中2021年1月对应的月份变量的取值是13），因此回归分析操作命令应相应修改为：

regress 经济景气指数 工业信心指数 零售信心指数 服务业信心指数 一年期利率 if 月份>=13

分析结果如图10.9所示。关于结果的分析与前面类似，这里不再赘述。

```
. regress 经济景气指数 工业信心指数 零售信心指数 服务业信心指数 一年期利率 if 月
> 份>=13
      Source         SS        df       MS         Number of obs   =       45
                                                   F(4, 40)        =   267.46
       Model    3005.61988       4  751.404971     Prob > F        =   0.0000
    Residual    112.37656       40  2.80941401     R-squared       =   0.9640
                                                   Adj R-squared   =   0.9604
       Total    3117.99644      44  70.8635556     Root MSE        =    1.6761

   经济景气指数   Coefficient  Std. err.      t    P>|t|    [95% conf. interval]

   工业信心指数    -.3627254   .1209084    -3.00   0.005   -.6070903   -.1183605
   零售信心指数     1.067576   .1388974     7.69   0.000    .7868544    1.348298
 服务业信心指数     .1200672   .0809605     1.48   0.146     -.04356    .2836945
     一年期利率    -3.863999    .431507    -8.95   0.000   -4.736107   -2.991891
         _cons     112.4131   1.604998    70.04   0.000    109.1693    115.6569
```

图 10.9　限定参与回归的样本范围的分析结果图

10.2 约束条件回归分析

扫描右侧二维码观看视频
下载资源:\sample\chap10\数据 10.2

10.2.1 统计学原理及 Stata 命令

在进行回归分析时,有时我们希望某些变量的系数相同或满足某种关系。此时可以使用约束回归,通过对变量进行变换来实现。例如,对于回归模型:

$$y = \beta_0 + \beta_1 x_1 + \beta_2 x_2$$

我们要约束x_1和x_2的系数相等,实质上相当于合并同类项,即设置一个新的变量$x_3=x_1+x_2$,然后对模型 $y = \beta_0 + \beta_1 x_3$ 进行回归。

如果希望系数满足某种关系,比如 $\beta_0 = 0.5\beta_2$,可以进行变换,把β_0写成$0.5\beta_2$,然后提出β_2,此时等式变为$y=\beta_2(0.5+x_2)+\beta_1 x_1$。

这时,我们可以生成一个新变量$x_3=0.5+x_2$,然后让y对新变量x_3和x_1进行回归,并设置noconstant。

对于有约束条件的回归,我们通常可以很方便地写出命令。但当约束较多时,编写命令可能会比较麻烦,而Stata提供了一种更便捷的方法,即约束回归。需要注意的是,这种方法只是更便捷,其原理与手动合并同类项的方法是一致的。

1)约束条件的设置、显示和删除

在进行约束回归分析之前,用户需要设置约束条件。设置约束条件的命令及其语法格式为:

```
constraint [define] # [exp = exp | coeflist]
```

例如,我们想拟合以下模型:

$$Y = \beta_0 + \beta_1 X1 + \beta_2 X2 + \beta_3 X3 + X4 + X5 + \beta_6 X6 + u$$

并且该模型有这样的约束: $\beta_1 = \beta_2 = \beta_3$, $\beta_4 = \beta_5$。那么可以定义约束如下:

```
constraint 1 X1=X2
constraint 2 X2=X3
constraint 3 X4=X5
```

显示已设置约束的命令及其语法格式为:

```
constraint dir [numlist|_all] 或者
constraint list [numlist|_all]
```

constraint dir或constraint list表示显示约束,numlist指明要显示的约束,_all表示显示所有约束。当我们不指定要显示的约束条件为哪几个时,默认显示所有的约束条件。

删除已设置约束的命令及其语法格式为:

```
constraint drop [numlist|_all]
```

constraint drop表示删除约束，numlist指明要删除的约束，_all表示删除所有约束。当我们不指定要删除的约束为哪几个时，默认删除所有的约束条件。

2）使用约束条件进行约束回归

设置好约束条件之后，我们就可以进行约束回归了。约束回归使用cnsreg命令，该命令的语法格式如下：

```
cnsreg depvar indepvars [if] [in] [weight] , constraints(constraints) [options]
```

其中，constraints可简写为c，depvar代表被解释变量，indepvars代表解释变量，[if]为条件表达式，[in]用于设置样本范围，[weight]用于设置权重，options代表其他可选项。

例如，我们针对 $Y = \beta_0 + \beta_1 X1 + \beta_2 X2 + \beta_3 X3 + X4 + X5 + \beta_6 X6 + u$ 结合前面设置的约束条件进行约束回归，则命令为：

```
cnsreg Y X1 X2 X3 X4 X5 X6,c(1/3)
```

其中，Y是被解释变量，$X1$、$X2$、$X3$、$X4$、$X5$、$X6$是各个解释变量，c(1/3)表示在1~3个约束之下进行回归。

此外，constraints()或c()中指定的约束条件可以有多种表达形式。例如，c(1-2,4)表明使用第1~2个约束以及第4个约束，与直接输入c(1,2,4)的效果是一样的。

10.2.2　案例应用——分析车辆燃油效率的影响因素

本小节用于分析的数据文件是"数据10.2"，为Stata自带文件"auto"。数据文件如图10.10所示。

	make	price	mpg	rep78	headroom	trunk	weight
1	AMC Concord	4,099	22	3	2.5	11	2,930
2	AMC Pacer	4,749	17	3	3.0	11	3,350
3	AMC Spirit	3,799	22	.	3.0	12	2,640
4	Buick Century	4,816	20	3	4.5	16	3,250
5	Buick Electra	7,827	15	4	4.0	20	4,080
6	Buick LeSabre	5,788	18	3	4.0	21	3,670
7	Buick Opel	4,453	26	.	3.0	10	2,230
8	Buick Regal	5,189	20	3	2.0	16	3,280
9	Buick Riviera	10,372	16	3	3.5	17	3,880
10	Buick Skylark	4,082	19	3	3.5	13	3,400
11	Cad. Deville	11,385	14	3	4.0	20	4,330
12	Cad. Eldorado	14,500	14	2	3.5	16	3,900

图 10.10　"数据 10.2"中的部分数据（由于数据量过大，仅显示其中一部分）

在主界面的命令窗口中依次输入以下命令：

```
sysuse auto
```

该命令用于调用auto数据集。

```
constraint 1 price = weight
```

该命令设置约束条件1，汽车价格的系数与汽车重量的系数相等。

```
cnsreg mpg price weight, constraints(1)
```

该命令基于我们设置的约束条件1，以mpg（汽车每加仑燃料可以行驶的英里数，这一指标用于衡量车辆的燃油效率）为因变量，以price（汽车价格）和weight（汽车重量）为自变量，进行约束条件回归分析。

约束条件回归分析的结果如图10.11所示。

```
. cnsreg mpg price weight, constraints(1)

Constrained linear regression                    Number of obs =      74
                                                 F(1, 72)      =   37.59
                                                 Prob > F      =  0.0000
                                                 Root MSE      =  4.7220

 ( 1)  price - weight = 0

         mpg | Coefficient  Std. err.      t    P>|t|     [95% conf. interval]
       price | -.0009875    .0001611    -6.13   0.000    -.0013086    -.0006664
      weight | -.0009875    .0001611    -6.13   0.000    -.0013086    -.0006664
       _cons | 30.36718     1.577958    19.24   0.000     27.22158     33.51278
```

图 10.11　约束条件回归分析结果

从结果中可以看出，汽车价格的系数与汽车重量的系数是相等的，并且它们对汽车每加仑燃料可以行驶的英里数都产生显著负向影响。也就是说，价格越低、重量越小，车辆的燃油效率越高。

10.3　本章回顾与习题

10.3.1　本章回顾

本章介绍了最小二乘线性回归分析和约束条件回归分析的基本原理、命令及其语法格式，并通过具体实例进行了应用。

1. 最小二乘线性回归分析的命令及其语法格式

```
regress depvar [indepvars] [if] [in] [weight] [, options]
```

其中，depvar代表被解释变量（或称因变量），indepvar代表解释变量（或称自变量）。depvar只有一个，indepvar可以是一个或多个。如果只有一个indepvar，则称之为一元最小二乘回归分析；如果有多个indepvar，则称之为多重最小二乘回归分析。[if]为条件表达式，[in]用于设置样本范围，[weight]用于设置权重，[, options]为可选项。

获得回归模型回归系数的相关性矩阵的命令及其语法格式为：

```
vce
```

对模型系数进行假设检验的命令及其语法格式为：

```
test coeflist
test exp=exp[=…]
```

```
test [eqno] [: coeflist]
test [eqno = eqno [= ...]] [: coeflist]
testparm varlist [, testparm_options]
```

使用回归模型进行预测的命令及其语法格式为：

```
predict [type] newvar [if] [in] [, single_options]
 predict [type] newvar [if] [in] [, multiple_options]
```

绘制回归后估计诊断图的命令为：

```
rvfplot
rvpplot varname
cprplot
acprplot
lvr2plot
```

2. 约束条件回归分析的命令及其语法格式

设置约束条件的命令及其语法格式为：

```
constraint [define] # [exp = exp | coeflist]
```

显示已设置约束的命令及其语法格式为：

```
constraint dir [numlist|_all] 或者
constraint list [numlist|_all]
```

删除已设置约束的命令及其语法格式为：

```
constraint drop [numlist|_all]
```

使用约束条件进行约束回归的命令及其语法格式为：

```
cnsreg depvar indepvars [if] [in] [weight] , constraints(constraints) [options]
```

10.3.2　本章习题

一、单选题

1. 最小二乘线性回归分析的命令是（　　）。
A. correlate　　　　　　　B. regress　　　　　　　C. constraint　　　　　　D. cnsreg
2. 约束条件回归分析的命令是（　　）。
A. correlate　　　　　　　B. regress　　　　　　　C. constraint　　　　　　D. cnsreg
3. 下面哪项不是最小二乘线性回归分析模型的假设条件（　　）。
A. 误差项无自相关　　　　　　　　　　　B. 误差项非同方差
C. 误差项与自变量不相关　　　　　　　　D. 误差项之间相互独立

二、判断题

1. 线性回归分析一般采用最大似然估计法来估计相关参数。（　　）
2. 最小二乘估计法的统计学原理是使残差平方和最大。（　　）
3. 因变量的变化可以由线性部分和随机误差项两部分解释。（　　）

4. 最小二乘线性回归分析的因变量可以有一个，也可以是多个。（　　）

5. 最小二乘线性回归分析的自变量可以有一个，也可以是多个。（　　）

三、操作题（所有操作题除完成操作生成 do 文件外，还要对结果进行解读）

1. 使用"习题10.1"数据文件，以研究开发支出为因变量，以营业利润水平、固定资产投资、平均职工人数为自变量，进行线性回归分析。将操作所使用的全部命令保存为do文件，并命名为"习题10.1答案"。

2. 使用"习题10.2"数据文件，以研究开发支出为因变量，以营业利润水平、固定资产投资、平均职工人数为自变量，进行线性回归分析。同时设置两个约束条件，营业利润水平的系数为固定资产投资系数的3倍，营业利润水平的系数为平均职工人数系数的2倍。将操作所使用的全部命令保存为do文件，并命名为"习题10.2答案"。

第11章

线性回归分析诊断与处理

前面介绍的最小二乘线性回归虽然可以满足大部分的研究需要，但不容忽视的是，最小二乘线性回归分析方法的有效性建立在多种假设条件之上，包括变量无异方差、无自相关、无多重共线性等。现实生活中，有许多数据尤其是小样本数据，往往不满足这些条件，因此需要使用本章介绍的回归诊断与处理方法。本章内容包括4部分，分别是异方差诊断与处理、自相关诊断与处理、多重共线性诊断与处理、内生性诊断与处理。

11.1 异方差诊断与处理

扫描右侧二维码观看视频

下载资源:\sample\chap11\数据 11.1

11.1.1 统计学原理及 Stata 命令

在标准的线性回归模型中，有一个基本假设：总体同方差（即因变量的变异）不会随着自身预测值或其他自变量的变化而变化。然而，在实际问题中，这一假设条件往往不被满足，可能会出现异方差（heteroskedasticity）的情况。

从公式的角度来看，如果对于回归模型 $y_i = a + X\beta + \varepsilon_i$，出现 $\mathrm{Var}(\varepsilon_i) = \delta_i^2$ 的情况，即对于不同的样本点，随机误差项的方差不再是常数，而是互不相同，则认为存在异方差性。

如果继续采用标准的线性回归模型，就可能导致结果偏向于变异较大的数据，从而产生较大的偏差。因此，在进行回归分析时，往往需要检验变量是否存在异方差，并提出有针对性的解决方案。

常用的判断数据是否存在异方差的检验方法包括：绘制残差序列图、怀特检验、BP检验等。具体来说，绘制残差序列图是一种直观的观察法。首先，进行回归分析，然后绘制残差与拟合值或残差与自变量的散点图。如果残差值随拟合值或自变量值变化，而不是紧密地分布在0附近，则说明可能存在异方差。然而，这种方法仅作为辅助性参考，且不够精确，不能单独作为判断方差的依据。

怀特检验的基本思想是比较经典假设下普通标准误与异方差情况下稳健标准误的大小。如果二者差距过大，则说明存在异方差。BP检验的基本思想是将残差平方和作为被解释变量，原有的解释变量仍作为解释变量，进行回归分析，如果这个回归的系数都不显著，则说明残差平方和不能被参与回归分析的解释变量所解释，也就间接说明不存在异方差的情况。

解决异方差的方法有很多，常用的包括：第一种是使用稳健的标准误进行回归，第二种是使用加权最小二乘回归分析方法进行回归，第三种是使用Heteroskedastic线性回归。

异方差诊断与处理的Stata操作如下。

1. 异方差诊断

1）绘制残差序列图

先进行回归，然后画出残差与拟合值或残差与自变量的散点图，以观察是否存在异方差。命令为：

```
rvfplot
```

该命令绘制残差与拟合值的散点图，这是默认形式的残差图。

```
rvpplot varname
```

该命令绘制残差与自变量x的散点图，varname可以为任何合理的解释变量。

绘制残差序列图观察法只是一种直观的观察方法，不够精确，只能作为异方差判断的一种辅助性参考，还需要结合几种检验方法综合判断。

2）怀特检验法

怀特检验是异方差检验的常用方法，其基本思路是将最小二乘估计残差的平方对模型的解释变量、解释变量平方以及解释变量交叉乘积进行回归。然后根据回归方程显著性判断是否存在异方差性。考虑如下只有两个自变量的线性回归方程：

$$y = \beta_0 + \beta_1 x_1 + \beta_2 x_2 + \varepsilon$$

进行怀特检验的步骤如下：

步骤 01 使用 OLS（ordinary least squares，普通最小二乘法）方法估计线性回归方程，并得到残差序列 $\hat{u}_t$。

步骤 02 以 $\hat{u}_t^2$ 为因变量，以原线性回归方程中的自变量和自变量的平方项为新的自变量，也可以加上任意两个自变量的交互项，建立怀特检验的辅助回归方程：

$$\hat{u}_t^2 = \gamma_0 + \gamma_1 x_1 + \gamma_2 x_2 + \gamma_3 x_1^2 + \gamma_4 x_2^2 + \gamma_5 x_1 x_2 + \eta$$

步骤 03 计算辅助回归方程的拟合优度 R^2。怀特检验的原假设是原回归模型的残差不存在异方差。在原假设成立的条件下，怀特检验的统计量及其渐近分布为：

$$W = n \times R^2 \sim x^2(k)$$

在公式中，n是样本容量，k是辅助回归方程中除常数项以外的解释变量的个数。如果$x^2(k)$的值大于给定检验水平对应的临界值，或$x^2(k)$的值相应的显著性p值小于显著性水平，则拒绝原假设H_0，认为存在异方差。

怀特检验的命令为：

```
estat imtest, white
```

3）BP 检验法

BP检验是一种常用的检验异方差的方法。在对模型的基本回归结束后，需要在命令窗口中重新输入以下命令之一：

```
estat hettest,iid        # 使用回归模型得到的拟合值来检验数据是否存在异方差
estat hettest,rhs        # 使用回归模型右边的解释变量来检验数据是否存在异方差，不包括ŷ
estat hettest [varlist]  # 使用指定的解释变量列表varlist检验数据是否存在异方差,但不能加入被解释
```
变量y

2. 异方差处理

1）使用稳健标准误进行最小二乘回归分析

该方法通常适用于大样本数据，命令为：

```
reg y x1 x2 …, robust
```

从命令的形式上看，它与普通最小二乘法的区别在于添加了robust选项，表示在模型估计中采用稳健标准误。

2）使用加权最小二乘回归分析

命令为：

```
reg y x1 x2 …, [aweight=…]
```

aweight为权重设置。

3）异方差线性回归

在Stata 17.0中，可以使用hetregress命令来处理异质性回归，允许用户对异方差进行建模，其中方差是协变量的指数函数。

如果正确地指定了方差模型，将方差建模为指数函数，还可以产生更有效的参数估计。

hetregress对方差进行了两种估计：最大似然（ML）估计和两步广义最小二乘（GLS）估计。如果正确地指定了均值和方差函数，并且误差是呈正态分布的，则最大似然估计比GLS估计更有效；如果方差函数不正确或误差不服从正态分布，则两步GLS估计更可靠。

最大似然估计的命令及其语法格式为：

```
hetregress depvar [indepvars] [if] [in] [weight] [, ml_options]
```

其中，[if]为条件表达式，[in]用于设置样本范围，[weight]用于设置权重，[, ml_options]为可选项。

两步GLS估计的命令及其语法格式为：

```
hetregress depvar [indepvars] [if] [in], twostep het(varlist) [ts_options]
```

其中，[if]为条件表达式，[in]用于设置样本范围，[ts_options]为可选项。

11.1.2 案例应用——分析中等收入国家航空运输客运量的影响因素

本小节用于分析的数据文件是"数据11.1"，其中记录的是1974年至2021年中等收入国家航空运输客运量相关数据，具体包括中等收入国家航空运输客运量（单位为千人）、中等收入国家城市人口占总人口比重（单位为%）、中等收入国家人口密度（单位为人/平方公里），如图11.1所示。

	年份	航空运输客运量	城市人口占比	人口密度
1	1974	51815.8	26.51	47.72
2	1975	59501.9	26.83	48.76
3	1976	67395.9	27.2	49.78
4	1977	73696.6	27.58	50.8
5	1978	82187.9	28.06	51.83
6	1979	91962.3	28.64	52.89
7	1980	98272.4	29.24	53.98
8	1981	104118.7	29.84	55.11
9	1982	108458.1	30.41	56.29
10	1983	112605.1	30.93	57.48
11	1984	119553.3	31.47	58.65

图 11.1 "数据 11.1"中的部分数据（由于数据量过大，仅显示其中一部分）

1. 异方差诊断

打开该数据文件之后，在主界面的命令窗口中依次输入以下命令：

```
regress 航空运输客运量 城市人口占比 人口密度
```

该命令以航空运输客运量作为因变量，以城市人口占比和人口密度作为自变量，进行线性回归。

```
predict yhat
```

该命令用于获得因变量的拟合值。

```
predict e,resid
```

该命令用于获得回归模型的估计残差。

```
rvfplot
```

该命令用于绘制残差与回归得到的拟合值的散点图，从而探索数据是否存在异方差。绘制结果如图11.2所示，可以看出残差随着拟合值的变化而变化，呈现抛物线走势，数据存在异方差。

```
rvpplot 人口密度
```

该命令用于绘制残差与解释变量人口密度的散点图，从而探索数据是否存在异方差。结果如图11.3所示，可以看出残差随着解释变量人口密度的变化而有所不同，呈现出一定的规律性，因此数据存在异方差。

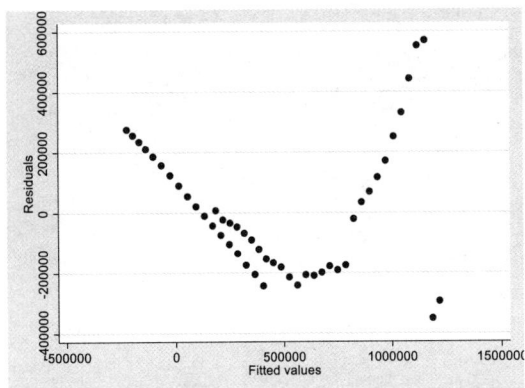

图 11.2　绘制残差与回归得到的拟合值的散点图

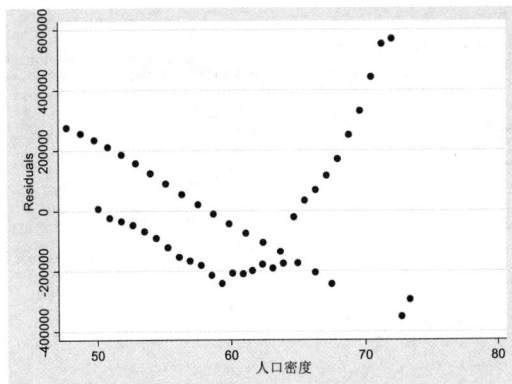

图 11.3　绘制残差与解释变量人口密度的散点图

```
estat imtest,white
```

该命令为怀特检验，旨在检验数据是否存在异方差，结果如图11.4所示。怀特检验的原假设是模型同方差（test for Ho: homoskedasticity），备择假设是无约束异方差（against Ha: unrestricted heteroskedasticity）。怀特检验结果显示（观察Heteroskedasticity行），模型的p值为0.0000（小于0.05），显著拒绝了原假设。结论与前面的散点图结果一致，但更具说服力。

```
. estat imtest,white

White's test
H0: Homoskedasticity
Ha: Unrestricted heteroskedasticity

    chi2(5) =  31.39
Prob > chi2 = 0.0000

Cameron & Trivedi's decomposition of IM-test
```

Source	chi2	df	p
Heteroskedasticity	31.39	5	0.0000
Skewness	14.69	2	0.0006
Kurtosis	.	1	.
Total	.	8	.

图 11.4　怀特检验结果

```
estat hettest,iid
```

该命令为BP检验，旨在使用得到的拟合值来检验数据是否存在异方差。

```
estat hettest,rhs iid
```

该命令为BP检验，旨在使用方程右边的解释变量数据来检验变量是否存在异方差。

```
estat hettest 人口密度,rhs iid
```

该命令为BP检验，旨在使用指定的解释变量数据（人口密度）来检验变量是否存在异方差。

3种BP检验的分析结果如图11.5所示。3种BP检验的原假设都是常数方差，即不存在异方差，而检验的显著性p值均远小于0.05，因此拒绝原假设，即数据存在异方差。

```
. estat hettest,iid

Breusch-Pagan/Cook-Weisberg test for heteroskedasticity
Assumption: i.i.d. error terms
Variable: Fitted values of 航空运输客运量

H0: Constant variance

    chi2(1) =   11.85
Prob > chi2 = 0.0006

. estat hettest,rhs iid

Breusch-Pagan/Cook-Weisberg test for heteroskedasticity
Assumption: i.i.d. error terms
Variables: All independent variables

H0: Constant variance

    chi2(2) =   12.70
Prob > chi2 = 0.0018

. estat hettest 人口密度,rhs iid

Breusch-Pagan/Cook-Weisberg test for heteroskedast
> icity
Assumption: i.i.d. error terms
Variables: All independent variables

H0: Constant variance

    chi2(2) =   12.70
Prob > chi2 = 0.0018
```

图 11.5　BP 检验结果

2. 异方差处理——使用稳健的标准误进行回归分析

在命令窗口输入以下命令：

```
regress 航空运输客运量 城市人口占比 人口密度,robust
```

该命令采用稳健的标准误对数据进行回归分析，结果如图11.6所示。

```
. regress 航空运输客运量 城市人口占比 人口密度,robust

Linear regression                    Number of obs   =        48
                                     F(2, 45)        =     48.29
                                     Prob > F        =    0.0000
                                     R-squared       =    0.7836
                                     Root MSE        =    2.2e+05

                          Robust
航空运输~量 | Coefficient  std. err.     t    P>|t|   [95% conf. interval]

城市人口占比 |  40784.01   5101.109    8.00  0.000   30509.85   51058.17
  人口密度 |  13864.35   6205.257    2.23  0.030   1366.319   26362.38
   _cons |  -1966784   334325.1   -5.88  0.000   -2640149   -1293418
```

图 11.6　采用稳健的标准误对数据进行回归分析的结果

模型的F值$F(2, 45) = 48.29$，p值（Prob > F）= 0.0000，说明模型整体非常显著。模型的可决系数（R-squared）为0.7836，说明模型的解释能力较好。

模型的回归方程为：

```
profit=40784.01*城市人口占比+13864.35*人口密度-1966784
```

城市人口占比和人口密度均对航空运输客运量产生正向显著影响。城市人口占比越高、人口密度越大，航空运输客运量越大。

3. 异方差处理——使用加权最小二乘回归分析

在命令窗口输入以下命令：

```
regress 航空运输客运量 城市人口占比 人口密度
drop yhat e
```

该命令用于进行普通最小二乘回归分析，并删除掉之前生成的yhat和e。

```
predict e,resid
```

该命令用于估计上一步回归分析得到的残差。

```
gen ee=e^2
```

该命令用于对残差数据进行平方变换，产生的新变量ee为残差的平方。

```
gen lnee=log(ee)
```

该命令用于对数据进行对数变换，产生的新变量lnee为上一步得到残差平方的对数值。

```
reg  lnee 航空运输客运量,nocon
```

该命令以上一步得到的残差平方对数值为因变量，以航空运输客运量为自变量，进行不包含常数项的最小二乘回归分析。

```
predict yhat
```

该命令用于预测上一步进行最小二乘回归的因变量拟合值。

```
gen yhathat=exp(yhat)
```

该命令旨在通过对因变量的拟合值进行指数变换，新变量yhathat为yhat的指数值。

```
regress 航空运输客运量 城市人口占比 人口密度 [aw=1/yhathat]
```

该命令以航空运输客运量为因变量，以城市人口占比和人口密度为自变量，以yhathat的倒数为权重变量，进行加权最小二乘回归分析。

全部命令输入完成后，分析结果如图11.7所示。

```
. regress 航空运输客运量 城市人口占比 人口密度 [aw=1/yhathat]
(sum of wgt is 1.462670358893335)

      Source |       SS           df       MS      Number of obs   =        48
-------------+----------------------------------   F(2, 45)        =   1165.49
       Model |  5.3220e+10         2   2.6610e+10   Prob > F        =    0.0000
    Residual |  1.0274e+09        45   22831505.8   R-squared       =    0.9811
-------------+----------------------------------   Adj R-squared   =    0.9802
       Total |  5.4247e+10        47   1.1542e+09   Root MSE        =    4778.2

   航空运输~量 | Coefficient  Std. err.      t    P>|t|     [95% conf. interval]
-------------+----------------------------------------------------------------
    城市人口占比 |   15781.52   623.5127    25.31   0.000      14525.7    17037.34
      人口密度 |  -1210.749   317.6513    -3.81   0.000    -1850.532   -570.9663
       _cons |  -303224.7   8199.581   -36.98   0.000    -319739.5   -286709.9
```

图 11.7　加权最小二乘回归分析的结果

模型的解释能力得到了进一步的增强，R^2达到了0.9811。两个自变量依旧显著（显著性p值均为0），但结论发生了变化：城市人口占比仍然对航空运输量有正向显著影响，而人口密度则对航空运输量有负向显著影响。

4. 异方差处理——使用 Heteroskedastic 线性回归分析

在命令窗口输入以下命令：

```
hetregress 航空运输客运量 城市人口占比 人口密度
```

输入命令后，可以看到如图11.8所示的Heteroskedastic线性回归结果。

```
. hetregress 航空运输客运量 城市人口占比 人口密度

Fitting full model:

Iteration 0:    log likelihood =  -657.5125
Iteration 1:    log likelihood =  -657.25212
Iteration 2:    log likelihood =  -657.25036
Iteration 3:    log likelihood =  -657.25036

Heteroskedastic linear regression              Number of obs    =        48
ML estimation
                                               Wald chi2(2)     =    173.80
Log likelihood = -657.2504                     Prob > chi2      =    0.0000
```

航空运输客运量	Coefficient	Std. err.	z	P>|z|	[95% conf. interval]	
航空运输客运量						
城市人口占比	40784.01	6388.535	6.38	0.000	28262.71	53305.31
人口密度	13864.35	7276.069	1.91	0.057	-396.4845	28125.18
_cons	-1966784	284389.9	-6.92	0.000	-2524178	-1409390
lnsigma2						
_cons	24.54755	.2041241	120.26	0.000	24.14748	24.94763

图 11.8　Heteroskedastic 线性回归结果

Heteroskedastic线性回归模型在经过3次迭代计算后得到最大似然统计量。模型中共有48个样本参与了分析，沃德卡方统计量（Wald chi2(3)）为173.80，显著性p值为0.0000，整体非常显著。

模型的回归方程为：

```
profit=40784.01*城市人口占比+13864.35*人口密度-1966784
```

11.2　自相关诊断与处理

> 扫描右侧二维码观看视频
> 下载资源:\sample\chap11\数据 11.2

11.2.1　统计学原理及 Stata 命令

自相关问题一般针对时间序列数据。如果线性相关模型中的随机误差项的各期望值之间存在着相关关系，我们就称随机误差项之间存在自相关性（autocorrelation）。

自相关性可以通过自相关系数和偏自相关系数来衡量，其中自相关系数计算的是时间序列邻近数据之间存在多大程度的相关性。假设某一时间序列为 $\{x_t\}$，其 k 阶自相关系数的计算公式为：

$$\rho_k \equiv \mathrm{Corr}\left(x_t, x_{t+k}\right) = \frac{\mathrm{Cov}\left(x_t, x_{t+k}\right)}{\mathrm{Var}\left(x_t\right)} = \frac{E\left[\left(x_t - \mu\right)\left(x_{t+k} - \mu\right)\right]}{\mathrm{Var}\left(x_t\right)}$$

其中，$\mu \equiv E(x_t)$。如果某一时间序列为平稳时间序列，那么其 k 阶自相关系数 ρ_k 和时间 t 无关，而仅仅是滞后阶数k的函数。

然而，自相关系数存在一定的弊端，因为与 x_t 和 x_{t+k} 之间的相关可能是由它们之间的共同因素 $\{x_{t+1}, \cdots, x_{t+k-1}\}$ 引起，而并非二者之间的直接相关。为了控制中间变量的影响，有必要引入 k 阶偏自相关系数的概念。x_t 和 x_{t+k} 的 k 阶偏自相关系数的计算公式为：

$$\rho_k^* \equiv \mathrm{Corr}(x_t, x_{t+k} \mid x_{t+1}, \cdots, x_{t+k-1})$$

对于某一时间序列 $\{x_t\}$，如果 $E(x_t) = 0$，$\mathrm{Var}(x_t) = \sigma^2 < \infty$ 且 $\mathrm{Cov}(x_t, x_{t+k}) = 0, t+k \in T, k \neq 0$，则称 $\{x_t\}$ 为白噪声序列。白噪声序列的特征是：它是平稳的随机过程，均值为零，方差不变，且随机变量之间不相关。

线性回归模型中随机误差项存在序列相关的原因很多，但主要是由经济变量自身特点、数据特点、变量选择及模型函数的形式选择引起的。常见原因包括经济变量惯性的作用、经济行为的滞后性、一些随机因素的干扰或影响、模型设定误差、观测数据处理等。自相关不会影响最小二乘估计量的线性和无偏性，但会使之失去有效性，使之不再是最优估计量，而且自相关的系数估计量将具有较大的方差，T检验也不再显著，模型的预测功能失效。因此，在进行回归分析时，往往需要检验数据的自相关性，并提出有针对性的解决方案。

常用的判断数据是否存在自相关的检验方法有绘制残差序列图、BG检验、Box-Pierce Q检验、DW检验等。解决自相关问题的方法有使用自相关异方差稳健的标准误进行回归，以及使用广义最小二乘回归分析等。

自相关诊断与处理的Stata操作如下。

1. 计算自相关系数与偏自相关系数

可以通过计算残差序列的自相关函数（AC）、偏自相关函数（PAC）以及Q统计量来判断是否存在序列自相关。如果残差序列不存在自相关，则各阶滞后的自相关系数值和偏自相关系数值都接近0，所有的Q统计量都不显著（对应的显著性p值比较大）；如果Q统计量显著性p值很小（小于0.05），则可以拒绝"残差不存在序列自相关"的原假设，认为残差存在序列自相关。Q统计量的计算公式为：

$$Q = n(n+2) \sum_{i=1}^{k} \frac{r_i^2}{n-j}$$

其中，r_i是检验序列滞后i阶的自相关系数，n是观测值个数。

计算自相关函数、偏自相关函数以及Q统计量的命令为corrgram，该命令的语法格式为：

```
corrgram varname [if] [in] [, corrgram_options]
```

其中，varname是要计算的变量，[if]为条件表达式，[in]用于设置样本范围，[, corrgram_options]为可选项，如表11.1所示。

表 11.1　corrgram 命令的可选项及其含义

[, corrgram_options]	含　义
lags(#)	设置最高滞后阶数，默认值为 min([n/2]−2, 40)

（续表）

[, corrgram_options]	含　义
noplot	不绘制自相关图和偏自相关图
yw	通过 Yule－Walker 方程计算偏自相关系数

Stata默认使用回归的方法计算偏自相关系数，除非用户设置选项yw（若设置则将通过Yule－Walker方程计算偏自相关系数）。回归模型为：

$$x_t = \beta_0 + \beta_1 x_{t-1} + \cdots + \beta_k x_{t-k}$$

其中的β_k即为k阶偏自相关系数值。

2. 绘制自相关系数与偏自相关系数图

绘制带置信区间的自相关系数图的命令为ac，其语法格式如下：

```
ac varname [if] [in] [, ac_options]
```

其中，varname是要绘制的变量，[if]为条件表达式，[in]用于设置样本范围，[,ac_options]为可选项，如表11.2所示。

表 11.2　ac 命令的可选项及其含义

[, ac_options]	含　义
lags(#)	设置最高滞后阶数，默认值为 min([n/2]−2, 40)
generate(newvar)	生成一个新变量来保存自相关系数值
level(#)	设置置信度，默认为 level(95)
fft	使用傅里叶变换来计算自相关系数值

绘制带置信区间的偏自相关系数图的命令为pac，其语法格式为：

```
pac varname [if] [in] [, pac_options]
```

其中，varname是要绘制的变量，[if]为条件表达式，[in]用于设置样本范围，[,pac_options]为可选项，如表11.3所示。

表 11.3　pac 命令的可选项及其含义

[, pac_options]	含　义
lags(#)	设置滞后期为#，默认使用 $\min\{\mathrm{floor}(n/2)-2,40\}$，其中 floor(n/2)是小于或等于 $n/2$ 的最大整数
generate(newvar)	生成一个新变量来保存偏自相关系数值
level(#)	设置置信度，默认为 level(95)
yw	通过 Yule－Walker 方程计算偏自相关系数
srv	在图中标上标准化的残差方差值

3. Box-Pierce Q 检验

前面介绍的corrgram命令可以输出Q统计量，用于白噪声检验。此外，专门利用Q统计量进行白噪声检验的命令及其语法格式为：

```
wntestq varname [if] [in] [, lags(#)]
```

其中，wntestq为Box-Pierce Q检验命令；varname代表要分析的变量；[if]为条件表达式；[in]用于设置样本范围；lags(#)用于设置滞后期为#，默认使用min{floor(n/2)-2,40}，其中floor(n/2)是小于或等于n/2的最大整数。

4. BG 检验

BG检验的命令及其语法格式为：

```
estat bgodfrey [, bgodfrey_options]
```

estat bgodfrey为BG检验命令。[, bgodfrey_options]为可选项，如表11.4所示。

表 11.4　estat bgodfrey 命令的可选项及其含义

[, bgodfrey_options]	含　义
lags(#)	设置滞后期为#，默认使用 min{floor(n / 2) − 2,40}，其中 floor(n/2)是小于或等于 n/2 的最大整数
nomiss0	不使用 Davidson and MacKinnon's 方法
small	通过 F 或 T 分布得到 p 值

5. DW 检验

DW检验需要用到Durbin-Watson统计量，用于检验残差序列的自相关性，其计算公式为：

$$
DW = \frac{\sum_{t=2}^{n}(\hat{u}_t - \hat{u}_{t-1})^2}{\sum_{t=1}^{n}\hat{u}_t^2} \approx 2(1 - \frac{\sum_{t=2}^{n}\hat{u}_t\hat{u}_{t-1}}{\sum_{t=1}^{n}\hat{u}_t^2})
$$

Durbin和Watson给出了在5％和1％显著水平下，不同的样本量n和自变量个数k检验的临界值，用户可以将Durbin-Watson统计量值与临界值进行比较，从而判断模型的残差序列是否存在自相关。

- 当 DW=0 时，残差序列存在完全正自相关。
- 当 DW=（0,2）时，残差序列存在正自相关。
- 当 DW=2 时，残差序列无自相关。
- 当 DW=（2,4）时，残差序列存在负自相关。
- 当 DW=4 时，残差序列存在完全负自相关。

利用DW统计量检验序列自相关有以下缺点：

（1）该检验仅能够检验残差序列是否存在一阶序列相关，而不能检验高阶序列。
（2）假如方程解释变量中含有滞后因变量，则DW统计量检验不再有效。
（3）对于处于某一区间的DW值，无法做出合理的判断。

进行DW值检验的命令为：

```
estat dwatson
```

6. 采用异方差自相关稳健的标准误对数据进行回归分析

采用异方差自相关稳健的标准误对数据进行回归分析，能够克服数据的自相关性对最小二乘回归分析造成的不利影响。对应的命令及其语法格式为：

```
newey depvar [indepvars] [if] [in] [weight] , lag(#) [options]
```

其中，newey为基本命令，depvar为被解释变量，[indepvars]为解释变量，[if]为条件表达式，[in]用于设置样本范围，[weight]用于设置权重，lag(#)为滞后期设置，[options]为可选项，包括是否不包含常数项等。

7. 广义最小二乘回归分析

广义最小二乘回归分析的命令为prais，其语法格式为：

```
prais depvar [indepvars] [if] [in] [, options]
```

其中，depvar为被解释变量，[indepvars]为解释变量，[if]为条件表达式，[in]用于设置样本范围，options为可选项。

若命令为：

```
prais depvar [indepvars],corc
```

则表示进行迭代式CO估计法广义最小二乘回归分析。

若命令为：

```
prais depvar [indepvars],nolog
```

则表示进行迭代式PW估计法广义最小二乘回归分析。

11.2.2 案例应用——分析英国工业生产指数对失业救济率的影响

本小节用于分析的数据文件是"数据11.2"，其中记录的是1988年1月至2024年7月期间英国工业生产指数和失业救济率的数据，具体包括月份、英国工业生产指数（2019年7月为基准=100）、英国失业救济率（单位为%）这3个变量，如图11.9所示。下面我们以"英国失业救济率"为因变量，以"英国工业生产指数"为自变量，进行回归分析。

	月份	英国工业生产指数	英国失业救济率
1	1988-01	72.6	8.4
2	1988-02	71.7	8.2
3	1988-03	72.9	8.1
4	1988-04	72.3	7.9
5	1988-05	73.1	7.8
6	1988-06	73.4	7.6
7	1988-07	73.8	7.4
8	1988-08	74.5	7.3
9	1988-09	75.3	7.2
10	1988-10	74.4	7.1
11	1988-11	75.2	6.9
12	1988-12	74.7	6.7

图 11.9 "数据 11.2"中的部分数据（由于数据量过大，仅显示其中一部分）

1. 计算自相关系数与偏自相关系数

打开上述数据文件之后，在主界面的命令窗口中依次输入以下命令：

```
tsset 月份
```

因为自相关的诊断和处理针对的是时间序列数据，所以我们首先需要设置时间变量，使Stata能够识别时间序列数据。结果如图11.10所示。

```
. tsset 月份

Time variable: 月份, 1 to 439
        Delta: 1 unit
```

图 11.10　设置时间变量

```
regress   英国失业救济率 英国工业生产指数
```

该命令以"英国失业救济率"为因变量，以"英国工业生产指数"为自变量进行线性回归分析。

```
predict yhat
```

该命令旨在获得因变量的拟合值。

```
predict e,resid
```

该命令旨在获得回归模型的估计残差。

```
corrgram e
```

该命令旨在计算残差的自相关系数与偏自相关函数以及Q统计量。结果如图11.11所示。

```
. corrgram e

                                           -1       0      1  -1      0      1
LAG       AC        PAC       Q     Prob>Q  [Autocorrelation]  [Partial autocor]

1       0.9803    0.9809    424.8   0.0000
2       0.9566   -0.1299    830.2   0.0000
3       0.9290   -0.1045   1213.4   0.0000
4       0.8988   -0.0749    1573    0.0000
5       0.8666   -0.0428    1908    0.0000
6       0.8323   -0.0608   2217.8   0.0000
7       0.7960   -0.0584   2501.7   0.0000
8       0.7572   -0.0662   2759.3   0.0000
9       0.7160   -0.0632   2990.1   0.0000
10      0.6723   -0.0820   3194.1   0.0000
```

图 11.11　计算残差的自相关系数与偏自相关函数以及 Q 统计量

可以看到，自相关系数值（AC）在不断减小，但始终在0.6以上。滞后一阶的偏自相关系数（PAC）为较大的正值0.9809，之后变为较小的负值。Q统计量的p值均为0.0000，所以至少在1~10的滞后期内，全部拒绝了时间序列不存在自相关的原假设。

2. 绘制自相关系数与偏自相关系数图

在数据文件主界面的命令窗口中依次输入以下命令：

```
ac e
```

该命令用于绘制残差的自相关图，探索其自相关阶数。分析结果如图11.12所示，图中的横轴表示滞后阶数，阴影部分表示95%的自相关置信区间，阴影之外的部分表示自相关系数显著不为0。可以看出，数据存在自相关，虽然自相关系数在变小，但至少在前10阶滞后期内自相关特征非常显著。

```
pac e
```

该命令用于绘制残差的偏自相关图,探索其偏自相关阶数。分析结果如图11.13所示,图中的横轴表示滞后阶数,阴影部分表示95%的自相关置信区间,阴影之外的部分表示偏自相关系数显著不为0。可以看出,数据在滞后一阶的偏自相关系数显著不为0。

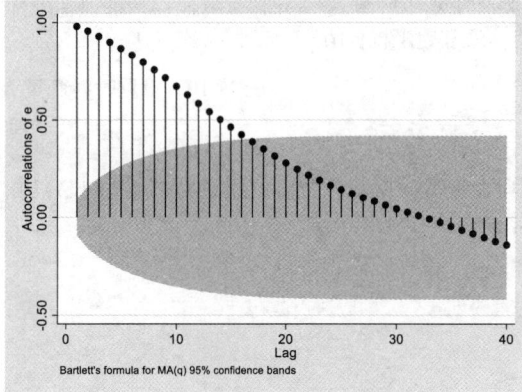

图 11.12　绘制残差的自相关图　　　　　图 11.13　绘制残差的偏自相关图

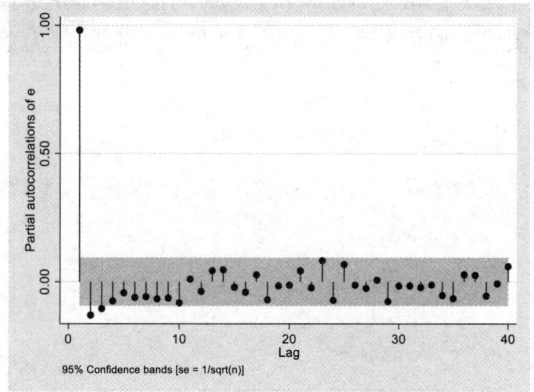

3. Box-Pierce Q 检验

在数据文件主界面的命令窗口中输入以下命令:

```
wntestq e
```

该命令为执行Box-Pierce Q检验,用于检验残差自相关性。结果如图11.14所示。Box-Pierce Q检验的原假设是时间序列不存在自相关关系,从结果中可以发现Prob > chi2(40)为0.0000,远远小于通常使用的显著性水平0.05,因此显著拒绝了原假设,也就是说时间序列存在自相关。

```
. wntestq e

Portmanteau test for white noise
───────────────────────────────────
Portmanteau (Q) statistic =  4302.5675
Prob > chi2(40)           =     0.0000
```

图 11.14　Box-Pierce Q 检验结果

4. BG 检验

在数据文件主界面的命令窗口中输入以下命令:

```
estat bgodfrey
```

该命令执行BG检验,旨在检验残差的自相关性。结果如图11.15所示。BG检验的原假设为时间序列不存在自相关关系,从结果中可以发现Prob > chi2为0.0000,远远小于通常情况下使用的显著性水平0.05,因此显著拒绝了原假设,也就是说时间序列存在自相关。

```
. estat bgodfrey

Breusch–Godfrey LM test for autocorrelation
```

lags(p)	chi2	df	Prob > chi2
1	422.160	1	0.0000

```
                   H0: no serial correlation
```

图 11.15　BG 检验结果

5. DW 检验

在数据文件主界面的命令窗口中输入以下命令：

```
estat dwatson
```

该命令为执行DW检验，旨在检验残差自相关性。结果如图11.16所示。从结果中可以看出，DW值为0.0380334，远远小于无自相关时的值2，因此认为存在正自相关。

```
. estat dwatson

Durbin-Watson d-statistic(  2,    439) =  .0380334
```

图 11.16　DW 检验结果

6. 采用异方差自相关稳健的标准误对数据进行回归分析

在数据文件主界面的命令窗口中依次输入以下命令：

```
di 439^0.25
```

该命令为计算样本个数的1/4次幂，以确定使用异方差自相关稳健的标准误回归的滞后阶数。因为样本个数为439，其1/4次幂为4.5773712，接近4，因此我们设置滞后期数为4。

```
newey 英国失业救济率 英国工业生产指数,lag(4)
```

该命令采用异方差自相关稳健的标准误对数据进行回归分析，克服数据自相关性对最小二乘回归分析造成的不利影响。结果如图11.17所示，共有439个样本参与了分析，F统计量值为97.85，模型显著性p值为0.0000，整体非常显著。

```
. di 439^0.25
4.5773712

. newey 英国失业救济率 英国工业生产指数,lag(4)

Regression with Newey-West standard errors     Number of obs   =        439
Maximum lag = 4                                 F(  1,     437) =      97.85
                                                Prob > F        =     0.0000

                           Newey-West
英国失业救~率  Coefficient  std. err.      t    P>|t|    [95% conf. interval]

英国工业生~数   -.1691937   .0171042   -9.89   0.000   -.2028104   -.1355771
       _cons   19.94637    1.54436    12.92   0.000    16.91108    22.98167
```

图 11.17　采用异方差自相关稳健的标准误对数据进行回归分析的结果

模型的回归方程为：

英国失业救济率=-0.1691937*英国工业生产指数+19.94637

工业生产指数对失业救济率有显著的负向影响，即工业生产指数越高，失业救济率越低。

7. 广义最小二乘回归分析

在数据文件主界面的命令窗口中依次输入以下命令：

```
prais 英国失业救济率 英国工业生产指数,corc
```

该命令以"英国失业救济率"为因变量，以"英国工业生产指数"为自变量，进行迭代式CO估计法广义最小二乘回归分析，结果如图11.18所示。

```
. prais 英国失业救济率 英国工业生产指数,corc

Iteration 0:   rho = 0.0000
Iteration 1:   rho = 0.9809
Iteration 2:   rho = 0.9927
Iteration 3:   rho = 0.9931
Iteration 4:   rho = 0.9932
Iteration 5:   rho = 0.9932
Iteration 6:   rho = 0.9932
Iteration 7:   rho = 0.9932

Cochrane-Orcutt AR(1) regression with iterated estimates

    Source         SS       df       MS            Number of obs   =      438
                                                   F(1, 436)       =    35.46
     Model     .879783459      1   .879783459      Prob > F        =   0.0000
  Residual    10.8162374     436   .024807884      R-squared       =   0.0752
                                                   Adj R-squared   =   0.0731
     Total    11.6960209     437   .02676435       Root MSE        =   .15751

  英国失业救~率   Coefficient  Std. err.      t    P>|t|    [95% conf. interval]

 英国工业生~数    -.0313296    .0052609   -5.96   0.000    -.0416695   -.0209897
        _cons     6.436729    1.22187     5.27   0.000     4.035241    8.838217

         rho      .9932101

Durbin-Watson statistic (original)    = 0.038033
Durbin-Watson statistic (transformed) = 0.927553
```

图 11.18　迭代式 CO 估计法广义最小二乘回归分析的结果

对本结果的详细解读与前面类似，限于篇幅不再赘述。值得注意的是，模型经过7次迭代后，DW 值从 0.038033（Durbin-Watson statistic(original)0.038033）跃升至 0.927553（Durbin-Watson statistic(transformed)），在很大程度上降低了自相关程度。

```
prais 英国失业救济率 英国工业生产指数,nolog
```

该命令以"英国失业救济率"为因变量，以"英国工业生产指数"为自变量，进行迭代式PW估计法广义最小二乘回归分析，结果如图11.19所示。

```
. prais 英国失业救济率 英国工业生产指数,nolog

Prais-Winsten AR(1) regression with iterated estimates

    Source         SS       df       MS            Number of obs   =      439
                                                   F(1, 437)       =    54.50
     Model     1.362151       1   1.362151         Prob > F        =   0.0000
  Residual    10.9223551     437   .024993948      R-squared       =   0.1109
                                                   Adj R-squared   =   0.1088
     Total    12.2845061     438   .028046817      Root MSE        =   .15809

  英国失业救~率   Coefficient  Std. err.      t    P>|t|    [95% conf. interval]

 英国工业生~数    -.0319561    .0052647   -6.07   0.000    -.0423034   -.0216088
        _cons     8.385866    1.32032     6.35   0.000     5.790899    10.98083

         rho      .995768

Durbin-Watson statistic (original)    = 0.038033
Durbin-Watson statistic (transformed) = 0.940175
```

图 11.19　迭代式 PW 估计法广义最小二乘回归分析的结果

对本结果的详细解读与前面类似，限于篇幅不再赘述。值得注意的是，模型经过7次迭代后，

DW 值 从 0.038033 （ Durbin-Watson statistic(original) ） 跃 升 至 0.940175 （ Durbin-Watson statistic(transformed)），同样显著降低了自相关程度。

11.3　多重共线性诊断与处理

扫描右侧二维码观看视频

下载资源:\sample\chap11\数据 11.3

11.3.1　统计学原理及 Stata 命令

多重共线性是指线性回归模型中的解释变量之间存在高度相关关系，导致模型估计失真或难以估计准确。多重共线性可以分为严重的多重共线性和近似的多重共线性。在回归分析时，如果某一自变量能够通过其他自变量的线性组合来表示，就会存在严重的多重共线性问题。近似的多重共线性是指某个自变量能够被其他自变量较多地解释，或者说自变量之间存在较大程度的信息重叠。

多重共线性的产生原因包括经济变量相关的共同趋势、滞后变量的引入、样本资料的限制等。在数据存在多重共线性的情况下，最小二乘回归分析得到的系数值仍然是最优无偏估计，但会导致以下问题：

- 完全共线性下参数估计量不存在。
- 近似共线性下普通最小二乘法估计量无效。
- 参数估计量的经济含义可能不合理。
- 变量的显著性检验失去意义，可能将重要的解释变量排除在模型之外。
- 模型的预测功能失效。

解决多重共线性的方法包括剔除不显著的变量，进行因子分析，提取出相关性较弱的主因子再进行回归分析，将原模型变换为差分模型，使用岭回归法减小参数估计量的方差等。

多重共线性诊断与处理的Stata操作如下。

1. 多重共线性检验

多重共线性检验的命令及其语法格式为：

```
estat vif [, uncentered]
```

该命令通过计算线性回归模型中自变量的方差膨胀因子（VIF），对各自变量进行多重共线性检验。一般情况下，如果VIF > 10，则说明自变量之间存在多重共线性的问题。uncentered为可选项，一般只在没有常数项的回归模型中使用。

2. 多重共线性处理

这里介绍两种常用的多重共线性处理方法。一种是当发现某自变量的方差膨胀因子大于10时，剔除方差膨胀因子最大的变量，再次进行回归，然后输入命令"estat vif"进行多重共线性检验，直至所有自变量的方差膨胀因子小于10。该方法是前面介绍的一般最小二乘回归分析与多重共线性检验命令的组合，在此不再赘述。

另一种是针对参与回归分析的自变量进行因子分析，提取出相关性较弱的几个主因子，再进行回归分析。这里用到的是因子分析的命令。关于因子分析的详细介绍将在第14章进行，此处仅列出主成分因子分析法的命令及其语法格式：

```
factor varlist [if] [in] [weight] ,pcf
```

factor是基本命令，varlist是参与因子分析的变量列表，[if]为条件表达式，[in]用于设置样本范围，[weight]用于设置权重，pcf表示使用主成分因子分析法。

11.3.2　案例应用——分析中国居民收入基尼系数影响因素

本小节用于分析的数据文件是"数据11.3"，其中记录的是2003年至2023年中国居民收入基尼系数、城市化率（单位为%）、CPI（上年=100）、国民总储蓄率（单位为%）、政府部门杠杆率（按名义价值计，单位为%）、R&D经费支出占国内生产总值比例（单位为%），如图11.20所示。其中城市化率数据来源于联合国，政府部门杠杆率数据来源于国际清算银行，其他数据来源于国家统计局。基尼系数是国际上通用的衡量一个国家或地区居民收入差距的指标，它的取值范围从0到1，值越接近0表示收入分配越趋向平等。下面我们以"基尼系数"为因变量，以除"年份"之外的其他变量为自变量，进行回归分析。

	年份	基尼系数	城市化率	国民总储蓄率	政府部门杠杆率	RD经费支出占比
1	2003	.479	39.78	42.51	26.8	1.13
2	2004	.473	41.14	45.26	26.4	1.23
3	2005	.485	42.52	46.38	26.4	1.32
4	2006	.487	43.87	48.14	25.7	1.39
5	2007	.484	45.2	49.86	29.3	1.4
6	2008	.491	46.54	50.78	27.1	1.47
7	2009	.49	47.88	50.63	34.6	1.7
8	2010	.481	49.23	50.9	33.7	1.76
9	2011	.477	50.51	48.83	33.6	1.84
10	2012	.474	51.77	48.71	34.5	1.98
11	2013	.473	53.01	47.68	37.3	2.08
12	2014	.469	54.26	47.86	40.2	2.03
13	2015	.462	55.5	45.67	41.7	2.07

图 11.20　"数据 11.3"中的部分数据（由于数据量过大，仅显示其中一部分）

1. 多重共线性检验及剔除方差膨胀因子最大的变量再次进行回归

打开数据文件之后，在主界面的命令窗口中依次输入以下命令：

```
reg 基尼系数 城市化率 国民总储蓄率 政府部门杠杆率 RD经费支出占比
```

该命令以"基尼系数"为因变量，以"城市化率""国民总储蓄率""政府部门杠杆率""RD经费支出占比"为自变量，进行线性回归分析。

```
estat vif
```

该命令对模型进行多重共线性检验。结果如图11.21所示，可

```
. estat vif

    Variable |      VIF     1/VIF
-------------+---------------------
      城市化率 |    56.67   0.017648
   RD经费支~比 |    43.92   0.022768
   政府部门~率 |    11.56   0.086518
  国民总储蓄率 |     1.83   0.546109
-------------+---------------------
    Mean VIF |    28.49
```

图 11.21　多重共线性检验

以发现"城市化率""国民总储蓄率""政府部门杠杆率"3个变量的VIF值都超过了10，表明存在多重共线性。我们需要首先剔除掉VIF值最大的那个变量"城市化率"（注意不要一次性把所有3个变量都剔除），然后再次进行回归。

```
reg 基尼系数 国民总储蓄率 政府部门杠杆率 RD经费支出占比
```

该命令以"基尼系数"为因变量，以"国民总储蓄率""政府部门杠杆率"和"RD经费支出占比"为自变量，进行线性回归分析。分析结果如图11.22所示。

```
. reg 基尼系数 国民总储蓄率 政府部门杠杆率 RD经费支出占比

      Source |       SS           df       MS      Number of obs   =        21
-------------+----------------------------------   F(3, 17)        =     39.21
       Model |  .001455454         3   .000485151   Prob > F        =    0.0000
    Residual |  .000210355        17   .000012374   R-squared       =    0.8737
-------------+----------------------------------   Adj R-squared   =    0.8514
       Total |  .001665809        20    .00008329   Root MSE        =     .00352

      基尼系数 | Coefficient  Std. err.      t    P>|t|     [95% conf. interval]
-------------+----------------------------------------------------------------
  国民总储蓄率 |   .0025327   .0004095     6.19   0.000     .0016688    .0033966
  政府部门~率 |   .0003997   .0001298     3.08   0.007     .0001259    .0006735
  RD经费支~比 |  -.0254961   .0047845    -5.33   0.000    -.0355906   -.0154016
       _cons |   .3866571   .0190787    20.27   0.000     .3464046    .4269097
```

图 11.22 剔除掉变量"城市化率"之后的线性回归分析

```
estat vif
```

该命令对模型进行多重共线性检验。结果如图11.23所示，可以看到所有自变量的VIF值及Mean VIF的值均小于10，说明剔除变量"城市化率"之后，回归模型已经不存在多重共线性。

最终模型的显著性p值（Prob>F）为0.0000，说明模型整体非常显著。模型的可决系数（R-squared）为0.8737，修正的可决系数（Adj R-squared）为0.8514，表明模型解释能力较强。

```
. estat vif

    Variable |       VIF       1/VIF
-------------+----------------------
   政府部门~率 |      9.41    0.106293
   RD经费支~比 |      7.43    0.134554
   国民总储蓄率 |      1.81    0.552271
-------------+----------------------
    Mean VIF |      6.22
```

图 11.23 多重共线性检验

模型的回归方程是：

```
基尼系数=0.0025327*国民总储蓄率+0.0003997*政府部门杠杆率-0.0254961*RD经费支出占比+0.3866571
```

3个自变量的系数都非常显著（显著性p值均远小于0.05），其中"国民总储蓄率""政府部门杠杆率"对基尼系数有着显著正向影响，表明国民总储蓄率和政府部门杠杆率越高，越会提升基尼系数，拉大贫富差距；而RD经费支出占比对基尼系数有显著负向影响，表明RD经费支出占比越高，基尼系数越小，贫富差距越小。

2. 提取主因子后再进行回归

在命令窗口输入以下命令：

```
factor 城市化率 国民总储蓄率 政府部门杠杆率 RD经费支出占比,pcf
```

该命令对参与分析的4个原始自变量提取公因子。分析结果如图11.24所示。

图11.24的上半部分展示了因子分析模型的基本情况，从图中可以看出，共有21个样本（Number of obs=21）参与了分析，提取并保留的因子共有1个（Retained factors=1），模型LR检验的卡方值（LR test: independent vs. saturated: chi2(6)）为120.79，*p*值（Prob>chi2）为0.0000，表明模型非常显著。

图11.24的上半部分最左列（Factor）是因子名称，可以看出模型共有4个因子。Eigenvalue列表示提取因子的特征值情况，只有第1个因子的特征值是大于1的，为3.16150。由于默认只有特征值大于1的因子才能被保留，因此仅保留了第一个因子。Proportion列表示提取因子的方差贡献率，其中第1个因子的方差贡献率为79.04%。Cumulative列表示提取因子的累计方差贡献率，其中前两个因子的累计方差贡献率分别为79.04%和98.09%。

```
. factor 城市化率 国民总储蓄率 政府部门杠杆率 RD经费支出占比,pcf
(obs=21)

Factor analysis/correlation                    Number of obs    =         21
    Method: principal-component factors        Retained factors =          1
    Rotation: (unrotated)                      Number of params =          4

    --------------------------------------------------------------------------
         Factor  |   Eigenvalue   Difference        Proportion   Cumulative
    -------------+------------------------------------------------------------
        Factor1  |      3.16150      2.39944            0.7904       0.7904
        Factor2  |      0.76206      0.69591            0.1905       0.9809
        Factor3  |      0.06615      0.05587            0.0165       0.9974
        Factor4  |      0.01028            .            0.0026       1.0000
    --------------------------------------------------------------------------
    LR test: independent vs. saturated:  chi2(6)  =  120.79 Prob>chi2 = 0.0000

Factor loadings (pattern matrix) and unique variances

    ---------------------------------------
        Variable |  Factor1 |   Uniqueness
    -------------+----------+--------------
        城市化率 |   0.9723 |      0.0547
    国民总储蓄率 |  -0.5937 |      0.6475
     政府部门~率 |   0.9768 |      0.0458
      RD经费支~比 |   0.9537 |      0.0905
    ---------------------------------------
```

图 11.24 分析结果

图11.24的下半部分展示了因子载荷矩阵以及变量未被解释的部分。Variable列表示变量，Factor1列展示了提取的第1个主因子（特征值大于1）对各个变量的解释程度。本例中，Factor1主要解释4个自变量大部分的信息。Uniqueness列表示变量未被提取的主因子解释的部分，可以发现，在舍弃其他主因子的情况下，信息的损失量很小。

```
predict f1
```

该命令用于生成已提取的公因子变量f1。运行结果如图11.25所示。

```
. predict f1
(option regression assumed; regression scoring)

Scoring coefficients (method = regression)

    ---------------------------
        Variable |    Factor1
    -------------+-------------
        城市化率 |    0.30753
    国民总储蓄率 |   -0.18780
     政府部门~率 |    0.30898
      RD经费支~比 |    0.30165
    ---------------------------
```

	年份	基尼系数	城市化率	国民总储蓄率	政府部门杠杆率	RD经费支出占比	f1
1	2003	.479	39.78	42.51	26.8	1.13	-1.038186
2	2004	.473	41.14	45.26	26.4	1.23	-1.123385
3	2005	.485	42.52	46.38	26.4	1.32	-1.089448
4	2006	.487	43.87	48.14	25.7	1.39	-1.128295
5	2007	.484	45.2	49.86	29.3	1.4	-1.133941
6	2008	.491	46.54	50.78	27.1	1.47	-1.137087
7	2009	.49	47.88	50.63	34.6	1.7	-.7935807
8	2010	.481	49.23	50.9	33.7	1.76	-.7342289
9	2011	.477	50.51	48.83	33.6	1.84	-.4808868
10	2012	.474	51.77	48.71	34.5	1.98	-.3130072
11	2013	.473	53.01	47.68	37.3	2.08	-.0751486
12	2014	.469	54.26	47.86	40.2	2.03	-.0240991

图 11.25 因子得分系数矩阵及 f1 变量

图11.25右侧为已生成的f1变量，左侧为因子得分系数矩阵，可以由此写出公因子的表达式。值得注意的是，在表达式中，各个变量已经是标准化变量。

表达式如下：

f1=0.30753*城市化率−0.18780*国民总储蓄率+0.30898*政府部门杠杆率+0.30165*RD经费支出占比

继续输入以下命令：

reg 基尼系数 f1

该命令以"基尼系数"为因变量，以f1为自变量，进行最小二乘回归分析，结果如图11.26所示。

```
. reg 基尼系数 f1

      Source |       SS           df       MS      Number of obs   =        21
─────────────┼──────────────────────────────       F(1, 19)        =     41.46
       Model |  .001142337         1  .001142337    Prob > F        =    0.0000
    Residual |  .000523472        19  .000027551    R-squared       =    0.6858
─────────────┼──────────────────────────────       Adj R-squared   =    0.6692
       Total |  .001665809        20   .00008329    Root MSE        =    .00525

      基尼系数 | Coefficient  Std. err.      t     P>|t|    [95% conf. interval]
─────────────┼────────────────────────────────────────────────────────────────
          f1 |  -.0075576   .0011737    -6.44   0.000    -.0100141    -.005101
       _cons |   .4740952   .0011454   413.91   0.000     .4716979    .4764926
```

图 11.26　以 f1 为自变量的最小二乘回归分析的结果

模型的 F 值 $F_{(1,19)}$ 为41.46，p 值（Prob > F）为0.0000，说明模型在整体上非常显著。模型的可决系数（R-squared）为0.6858，修正后的可决系数（Adj R-squared）为0.6692，表明模型的解释能力相比于前述"剔除方差膨胀因子最大的变量再次进行回归"有所下降，但依然可以接受。

模型的回归方程为：

profit= -0.0075576*f1+0.4740952

变量f1的系数非常显著，并且对基尼系数的影响是负向的。需要说明的是，虽然解决了多重共线性的问题，但在本例中提取的因子的含义尚不明确，因此无法准确阐述基尼系数的具体影响因素。

estat vif

该命令用于对新模型进行多重共线性检验。结果如图11.27所示，可以看出，Mean VIF的值是1，远远低于合理值10，表明模型的多重共线性得到了显著改善。

```
. estat vif

    Variable |       VIF       1/VIF
─────────────┼──────────────────────
          f1 |      1.00    1.000000
─────────────┼──────────────────────
    Mean VIF |      1.00
```

图 11.27　对新模型进行多重共线性检验的结果

11.4　内生性诊断与处理

扫描右侧二维码观看视频

下载资源:\sample\chap11\数据 11.4

11.4.1　统计学原理及 Stata 命令

内生性问题（endogeneity issue）是指模型中的一个或多个解释变量与随机扰动项（误差项）之间存在相关关系，即模型中存在X，使得$\text{cov}(X, u_i) \neq 0$。内生性问题的存在会破坏参数估计的一致性，意味着即使样本量很大，用样本估计出的参数也不会无限趋近于总体的真实参数，从而导致估计出的参数失去解释意义。

通常，内生性问题主要由以下4种原因导致。

1）遗漏解释变量

在实证研究中，研究者不太可能也没有必要穷举所有能影响被解释变量的解释变量，因此遗漏解释变量是常见的。在出现遗漏解释变量的情况下，遗漏的解释变量会被归入随机扰动项，如果被遗漏的解释变量与模型中的解释变量不相关，那么模型中的解释变量与随机扰动项仍不相关，并不会出现内生性问题破坏参数估计的一致性；但是，如果遗漏的解释变量与模型中的解释变量相关，那么内生性问题就产生了。从数学公式的角度来看，如果真实模型为：

$$y = \alpha + \beta_1 x_1 + \beta_2 x_2 + \beta_3 x_3 + \varepsilon$$

而研究者设计的模型为

$$y = \alpha + \beta_1 x_1 + \beta_2 x_2 + \varepsilon$$

如果有

$$\text{cov}(x_1, x_3) \neq 0 \text{ 或者 } \text{cov}(x_2, x_3) \neq 0$$

那就会产生内生性问题。

2）样本选择

选择偏差包括样本选择偏差（sample selection bias）和自选择偏差（self-selection bias）。样本选择偏差的研究工作始于诺贝尔奖得主 Heckman。样本选择偏差是指样本的选取不是随机的，样本数据的获取过程受到与被解释变量取值有关因素的影响，从而导致样本无法很好地代表总体，进而导致基于样本的估计结果难以推广应用到总体。

样本选择偏差本质上是一种遗漏变量问题，来源于样本选择的非随机性。如果抽取样本的方式是随机的，那么其估计参数往往能很好地反映总体的性质；而如果抽取样本的方式不是随机的，无论样本容量多大，其估计参数往往都不能准确反映总体的性质。例如，若研究者想探讨哪些因素会影响小学生上校外补习班的选择，却选择在校外辅导机构门口进行调查，那么这种方式获取的数据就会产生样本选择偏差。因为进入辅导机构的小学生，往往已经选择上校外补习班，或者对于上校外补习班有较为浓厚的兴趣，而对于不选择上校外补习班的学生信息就可能没有被收集到。一般而言，解决样本选择偏差的方法是使用Heckman两步法。

- 第一步（选择方程）：估计样本被选择的概率（如"是否工作"），通过 Probit 模型计算逆米尔斯比率（IMR），捕捉选择偏差的影响。
- 第二步（修正回归）：将 IMR 作为控制变量加入原回归方程，调整样本权重，以消除选择偏差。

自选择偏差是指有些不可观测的变量同时影响了解释变量X和被解释变量Y。例如，研究者论证毕业院校类型（X，分双一流高校和普通院校）对年收入水平（Y）的影响。假设从双一流高校和普通院校的学生中随机抽取样本，研究发现双一流高校学生就业后的年收入水平显著高于普通院校学生，那么是否可以得出结论，毕业院校类型显著影响年收入水平，并且双一流高校的教育质量显著高于普通院校？事实上，这一结论并不具备说服力，因为抽样过程本身存在自选择偏差。由于双一流高校的录取分数较高，其学生的基础素质可能普遍较高，进而导致其就业后的年收入水平显著高于普通院校学生的年收入水平。也就是说，学生的毕业院校类型（X）和收入水平（Y）同时受到其基础素质能力的影响。为有效解决这一问题，正确的做法是在双一流高校和普通院校学生中，选择高考分数基本接近的学生作为研究样本，他们唯一的区别是高考后进入的院校类型不同。针对自选择偏差时，通常采用PSM（倾向得分匹配法）和DID（双重差分法）等方法。

3）双向因果

双向因果是指解释变量X和被解释变量Y互相影响，从而使得X和Y形成互相因果关系。如果随机扰动项 ε 受到冲击，Y会发生变化，进而影响X的变化，使得解释变量X和随机扰动项 ε 相关。

4）测量误差

在实际获取样本数据时，测量误差几乎不可避免，解释变量X和被解释变量Y均可能含有测量误差。针对被解释变量Y的测量误差，由于实证模型中通常含有截距项与随机扰动项，因此此测量误差可以被吸纳，一般不会对实证分析效果产生显著误差。针对解释变量X的测量误差，如果满足经典含误差变量（classical errors-in-variables，CEV）假定，即观测的量度等于实际变量加上一个独立的或至少不相关的测量误差，那么作为解释变量X组成部分的测量误差将进入模型的随机扰动项 ε，成为随机扰动项 ε 的一个组成部分，从而使得随机扰动项 ε 与解释变量X相关，进而产生内生性问题，导致模型的普通最小二乘估计出现偏误。可以证明，当模型只有一个解释变量时，在CEV假定下，代理变量所对应的系数估计偏向零，出现衰减偏误（attenuation bias）；当模型中存在多个解释变量时，其中一个解释变量的测量误差会导致普通最小二乘估计量发生方向不确定的偏移。

内生性问题是可以被解决的，方法之一是使用面板数据（panel data）。面板数据又被称为平行数据，指的是对某变量在一定时间段内持续跟踪观测的结果。面板数据兼具横截面数据和时间序列数据的特点，既有横截面维度（在同一时间段内有多个观测样本），又有时间序列维度（同一样本在多个时间段内被观测到）。关于面板数据，Stata有专门的统计分析方法，本书将在第19章中详细讲解。

另一种有效解决内生性问题的方法是使用工具变量，并通过两阶段最小二乘法（2SLS）来解决。该方法实施的关键在于找到合适的工具变量。工具变量必须满足两个条件：一是与内生变量相关，二是与随机扰动项无关。

从数学公式来看，假设方程为：$y = x_1'\beta_1 + x_2\beta_2 + \varepsilon$。模型中只有$x_2$是内生变量，需要找到工具变量$z_2$，然后进行两阶段最小二乘法。两阶段最小二乘法的基本思路是将回归过程分为两个阶段：第一阶段回归是将内生变量对所有解释变量进行回归分析，得到内生解释变量的估计值$\hat{x}_2$；第二阶段的回归是将被解释变量与外生解释变量，以及将内生解释变量第一阶段回归的拟合值进行回归。

> **说　明**
>
> 　　如果模型不存在内生性问题：若模型满足外生性假设（解释变量与误差项无关），则普通最小二乘法（OLS）估计量是一致且有效的；而工具变量的两阶段最小二乘法（IV-2SLS）估计量虽然也一致，但由于其引入了工具变量的额外信息，方差通常更大，效率反而低于OLS。
>
> 　　如果模型存在内生性问题：OLS估计量因解释变量与误差项相关而不一致，而IV-2SLS估计量在工具变量满足相关性（与内生变量相关）和外生性（与误差项无关）的条件下保持一致，但方差可能较大。

　　如果模型还存在随机扰动项的异方差问题，可以使用加权的两阶段最小二乘估计模型，即把所有变量（包括工具变量）都乘以权重序列矩阵W，然后对加权后的模型进行两阶段最小二乘估计。如果模型存在随机扰动项的序列自相关，可以使用带有序列自相关修正的两阶段最小二乘估计模型，即在方程设定中加入自相关项。

　　针对模型是否存在内生性的检验，可以采用豪斯曼检验（Hausman test）方法。豪斯曼检验方法的基本思想是计算工具变量两阶段最小二乘估计量和普通最小二乘估计量之间的差异，原假设H_0为"所有解释变量都是外生的"。在大样本下，若$\hat{\beta}_{IV} - \hat{\beta}_{OLS}$依概率收敛到0，则原假设成立，否则说明模型存在内生性问题。

　　内生性诊断与处理的Stata操作如下：

1. 内生性诊断

在前面我们已经提到，可以用豪斯曼检验来诊断模型是否存在内生性问题。
豪斯曼检验的命令及其语法格式为：

```
hausman name-consistent [name-efficient] [, options]
```

其中，hausman为豪斯曼检验的命令，name-consistent是一致估计量的变量，[name-efficient]是指有效估计量的变量，这两个变量的顺序不可更改。而[, options]为可选项，如表11.5所示。

表 11.5　hausman 命令的可选项及其含义

[, options]	含　义
constant	计算豪斯曼检验统计量时加入常数项，默认值是排除常数项
alleps	使用所有方程进行豪斯曼检验，默认只检验第一个方程
skipeps(eqlist)	进行豪斯曼检验时不包括 eqlist，此方程只能是方程名称，不能是序号
equations（matchlist）	比较设定的方程
force	即使假设条件不满足，仍进行检验
df(#)	使用"#"自由度，默认使用一致估计与有效估计的协方差矩阵的秩
sigmamore	协方差矩阵采用有效估计量的协方差矩阵
sigmaless	协方差矩阵采用一致估计量的协方差矩阵
tconsistent(string)	设置一致估计量栏的标题
tefficient(string)	设置有效估计量栏的标题

需要注意的是，豪斯曼检验不能单独使用，需要配合回归分析结果使用。具体操作示例如下：

在检验一个模型是否存在内生性时，首先需要进行回归分析。

```
reg y x1 x2
```

该命令以y为因变量，以x1、x2为自变量，进行最小二乘回归分析。

```
estimates store ols
```

该命令旨在保存最小二乘回归分析的结果为ols。

```
ivregress 2sls y x1 (x2=z)
```

假设x2为内生解释变量，并且其工具变量为z，则本命令的含义是以y为因变量，以x1、x2为自变量，以z为x2内生解释变量的工具变量，进行两阶段最小二乘回归估计。

```
estimates store iv
```

该命令旨在保存两阶段最小二乘回归估计的结果为iv。

```
hausman iv ols, constant sigmamore
```

该命令通过对比最小二乘回归分析和两阶段最小二乘回归估计的结果，进行豪斯曼检验。其中，选择项constant表示$\hat{\beta}_{IV}$与$\hat{\beta}_{OLS}$包括常数项（默认值不包含常数项），sigmamore表示统一使用更有效的估计量（即ols）所对应的残差来计算$\hat{\sigma}^2$。这有助于确保根据样本数据计算的协方差矩阵$\text{Var}(\hat{\beta}_{IV}) - \text{Var}(\hat{\beta}_{OLS})$为正定矩阵。

2. 内生性处理——ivregress

在命令窗口中输入以下命令：

```
ivregress estimator depvar [varlist1] (varlist2 = varlist_iv) [if] [in] [weight] [,
options]
```

其中，ivregress为内生性处理的命令，estimator指的是3种方法：两阶段最小二乘（2SLS）、有限信息最大似然估计（LIML）和广义矩估计（GMM）。varlist1表示模型中不存在内生性的解释变量，varlist2表示模型中存在内生性的变量，varlist_iv为存在内生性的变量的工具变量，[if]为条件表达式，[in]用于设置样本范围，[weight]用于设置权重。而[, options]为可选项，如表11.6所示。

表 11.6　ivregress 命令的可选项及其含义

[, options]	含　　义
nonconstant	回归分析中不包括常数项
hascons	用户自定义常数项
wmatrix(wmtype)	wmtype可能是robust、cluster clustvar、hac kernel或unadjusted
center	权数矩阵采用中心距
igmm	使用迭代而不是两步GMM估计
eps(#)	指定参数的收敛标准，默认值为eps(le-6)
weps(#)	权数矩阵的收敛标准，默认值为wps(le-6)
optimization options	控制优化过程，很少使用
vce(vcetype)	vcetype可能是robust、cluster clustvar、hac kernel或unadjusted

（续表）

[, options]	含　义
level（#）	设定置信区间
first	输出第一阶段的回归结果
small	小样本下的自由度调整
noheader	仅显示估计系数表格
depname	显示替代变量的名称
eform(string)	输出系数的指数形式并用string作为其标签

将上述命令中的estimator指定为2SLS，该命令的语法格式为：

```
ivregress 2sls depvar [varlist1] (varlist2 = varlist_iv) [if] [in] [weight] [, options]
```

示例如下：

```
ivregress 2sls y x1 (x2 = z)
```

该命令以y为因变量，以x1、x2为自变量，以z为x2内生解释变量的工具变量，进行两阶段最小二乘回归估计。

```
ivregress 2sls y x1 (x2 = z), r first
```

该命令在上一条命令的基础上，设置r选项使用稳健标准误，设置first选项在结果中显示第一阶段的回归结果。

3. 内生性处理——扩展回归模型

从Stata 15.0开始，Stata新增了扩展回归模型（ERMs）功能，包括如下命令集合：

（1）具有内生变量的基本线性回归命令：

```
eregress depvar [indepvars], endogenous(depvars_en = varlist_en) [options]
```

（2）视作内生变量处理的基本线性回归命令：

```
eregress depvar [indepvars], entreat(depvar_tr [= varlist_tr]) [options]
```

（3）视作外生变量处理的基本线性回归命令：

```
eregress depvar [indepvars], extreat(tvar) [options]
```

（4）具有样本选择特征的基本线性回归命令：

```
eregress depvar [indepvars], select(depvar_s = varlist_s) [options]
```

（5）具有tobit样本选择特征的基本线性回归命令：

```
eregress depvar [indepvars], tobitselect(depvar_s = varlist_s) [options]
```

（6）具有随机效应的基本线性回归命令：

```
xteregress depvar [indepvars] [, options]
```

针对存在内生变量的模型，我们可以选择上述的第一条命令，即：

```
eregress depvar [indepvars], endogenous(depvars_en = varlist_en) [options]
```

11.4.2　案例应用——分析被调查者年薪的影响因素

本小节用于分析的数据文件是"数据11.4"，其中记录的是259名被调查者的年薪、户籍、年龄、受教育年限、个人总资产等数据，如图11.28所示。接下来，我们将研究被调查者年薪与年龄、受教育年限之间的关系。

	年薪	户籍	年龄	受教育年限	个人总资产
1	6.52046	1	27	9	66.1596
2	9.3278	0	39	10	88.0569
3	9.59772	0	30	9	90.1622
4	9.88782	0	38	7	92.425
5	9.95124	0	29	5	92.9197
6	10.0117	0	38	9	93.3914
7	10.6153	0	39	9	98.0994
8	10.6153	0	21	9	98.0994
9	11.179	0	46	6	102.497
10	11.1934	1	19	13	102.609
11	11.316	0	44	6	103.565
12	11.4201	0	26	10	104.376

图11.28　"数据11.4"中的部分数据（由于数据量过大，仅显示其中一部分）

1. 普通最小二乘回归分析

在命令窗口中输入以下命令：

```
reg 年薪 年龄 受教育年限
```

该命令以"年薪"为被解释变量，以"年龄""受教育年限"为解释变量，进行最小二乘回归分析。分析结果如图11.29所示。

```
. reg 年薪 年龄 受教育年限

    Source |       SS           df       MS      Number of obs   =       259
-----------+----------------------------------   F(2, 256)       =     46.29
     Model | 153.908085          2  76.9540423   Prob > F        =    0.0000
  Residual | 425.580187        256  1.66242261   R-squared       =    0.2656
-----------+----------------------------------   Adj R-squared   =    0.2599
     Total | 579.488272        258  2.24607857   Root MSE        =    1.2893

        年薪 | Coefficient  Std. err.      t    P>|t|     [95% conf. interval]
-----------+----------------------------------------------------------------
        年龄 |  .0356495   .0052696     6.77   0.000     .0252723    .0460268
    受教育年限 |  .1975403   .0243657     8.11   0.000     .1495576     .245523
      _cons |  10.58589    .394584    26.83   0.000     9.808842    11.36293
```

图 11.29　最小二乘回归分析的结果

模型整体非常显著（Prob > F= 0.0000）。模型的可决系数（R-squared）为0.2656，模型修正的可决系数（Adj R-squared）为0.2599，表明模型的解释能力差强人意，可能遗漏了关键的解释变量。

模型的回归方程为：

年薪=0.0356495×年龄+0.1975403×受教育年限+10.58589

两个自变量的系数都非常显著（显著性p值均为0），表明年龄和受教育年限对因变量年薪是显著的正向影响，即年龄越大、受教育年限越长，年薪就越高。

`estimates store ols`

该命令用于保存上述普通最小二乘回归分析的结果，以便后续与两阶段最小二乘回归分析的结果进行比较，并为豪斯曼内生性检验打好基础。

2. 寻找工具变量

虽然自变量系数都非常显著，但从前面的分析中我们得出结论"模型可能遗漏了关键的解释变量"，因此可能存在内生性问题。就本例而言，遗漏的关键解释变量很可能是"赚钱能力"，或者说影响被调查者年薪的因素除了年龄、受教育年限之外，赚钱能力也是重要因素，而受教育年限又与赚钱能力紧密相关，因此可能会导致内生性。

在本例中，我们选择将"户籍（城镇或农村）"作为"受教育年限"的工具变量，因为它满足工具变量的两个基本条件：一是工具变量与内生变量相关，即户籍（城镇或农村）与受教育年限紧密相关；二是工具变量与随机扰动项不相关，即户籍（城镇或农村）与赚钱能力不相关。

3. 两阶段最小二乘回归分析

`ivregress 2sls 年薪 年龄 (受教育年限=户籍)`

该命令以"年薪"为被解释变量，以"年龄"和"受教育年限"为解释变量，其中"受教育年限"为内生解释变量，"户籍"是受教育年限内生解释变量的工具变量，进行两阶段最小二乘回归分析。分析结果如图11.30所示。

图 11.30 两阶段最小二乘回归分析的结果

模型整体及各自变量的系数均非常显著（p值均为0），年龄和受教育年限对因变量年薪的影响是正向且显著的。模型的回归方程是：

年薪=0.5578258×受教育年限+0.0519711×年龄+5.785348

提 示

（1）由于前面的命令语句中未设置first选项，因此未显示第一阶段回归结果，这里仅展示最终结果。

（2）在最终结果图中列出了Instrumented（被工具变量解释的原解释变量）和Instruments（所使用的工具变量）。

（3）非内生解释变量（即外生解释变量）也会被列入工具变量列表（Instruments）。

（4）工具变量在最终的估计结果中不会显示。

```
estimates store iv
```

该命令用于保存上述两阶段最小二乘回归分析的结果，以便与前面的普通最小二乘回归分析的结果进行比较，为豪斯曼内生性检验打好基础。

4. 内生性诊断

```
hausman iv ols,constant sigmamore
```

该命令通过对比普通最小二乘回归分析和两阶段最小二乘回归估计的结果，进行豪斯曼检验。分析结果如图11.31所示。

```
. hausman iv ols,constant sigmamore

Note: the rank of the differenced variance matrix (1) does not equal the number
      of coefficients being tested (3); be sure this is what you expect, or
      there may be problems computing the test.  Examine the output of your
      estimators for anything unexpected and possibly consider scaling your
      variables so that the coefficients are on a similar scale.

                      —— Coefficients ——
                  (b)         (B)          (b-B)      sqrt(diag(V_b-V_B))
                  iv          ols        Difference       Std. err.

    受教育年限   .5578258    .1975403      .3602855        .0561831
        年龄     .0519711    .0356495      .0163216        .0025452
        _cons    5.785348    10.58589     -4.800538        .7485989

                      b = Consistent under H0 and Ha; obtained from ivregress.
              B = Inconsistent under Ha, efficient under H0; obtained from regress.

Test of H0: Difference in coefficients not systematic

    chi2(1) = (b-B)'[(V_b-V_B)^(-1)](b-B)
            =   41.12
Prob > chi2 = 0.0000
(V_b-V_B is not positive definite)
```

图 11.31　豪斯曼检验结果

在图11.31中，b代表两阶段最小二乘回归估计的系数，B代表普通最小二乘回归分析的系数，b-B是两阶段最小二乘回归估计系数与普通最小二乘回归分析系数之间的差异。

从豪斯曼检验中可以看到，豪斯曼检验的原假设是工具变量两阶段最小二乘估计量和普通最小二乘估计量之间没有显著的系统性差异（Ho: difference in coefficients not systematic），即所有解释变量都是外生的。但在本例中，Prob>chi2 = 0.0000，显著拒绝了原假设，表明解释变量"受教育年限"确实为内生解释变量。

5. 内生性处理——扩展回归模型

```
eregress 年薪 年龄,endogenous(受教育年限=户籍)
```

该命令使用扩展回归模型（ERM）中具有内生变量的基本线性回归方法，以"年龄"和"受教育年限"为解释变量，其中"受教育年限"为内生解释变量，"户籍"是受教育年限内生解释变量的工具变量，进行回归分析。结果如图11.32所示。

可以看出，扩展回归模型在经过两次迭代计算后，得到了最大似然统计量。模型整体及各个自变量的系数都非常显著（p值均为0），且年龄和受教育年限对因变量"年薪"有显著的正向影响。

```
. eregress 年薪 年龄,endogenous(受教育年限=户籍)

Iteration 0:   log likelihood = -1076.0004
Iteration 1:   log likelihood = -1075.9985
Iteration 2:   log likelihood = -1075.9985

Extended linear regression                    Number of obs =     259
                                              Wald chi2(2)  =   62.66
Log likelihood = -1075.9985                   Prob > chi2   =  0.0000
```

	Coefficient	Std. err.	z	P>|z|	[95% conf. interval]	
年薪						
年龄	.0237615	.0050881	4.67	0.000	.013789	.0337341
受教育年限	.6523778	.1157959	5.63	0.000	.4254219	.8793336
_cons	5.846435	1.321244	4.42	0.000	3.256844	8.436026
受教育年限						
户籍	2.88661	.5164604	5.59	0.000	1.874366	3.898854
_cons	9.108695	.4683572	19.45	0.000	8.190732	10.02666
var(e.年薪)	4.135056	1.287887			2.245793	7.613652
var(e.受~限)	10.09055	.8867062			8.494062	11.9871
corr(e.受~限, e.年薪)	-.8163686	.064463	-12.66	0.000	-.9095012	-.6452015

图 11.32　扩展回归模型结果

11.5　本章回顾与习题

11.5.1　本章回顾

本章主要介绍了异方差诊断与处理、自相关诊断与处理、多重共线性诊断与处理、内生性诊断与处理等方法的基本原理、基本命令语句以及具体实例的应用。

1. 异方差诊断的命令

（1）绘制残差序列图：

```
rvfplot
rvpplot varname
```

（2）怀特检验法：

```
estat imtest, white
```

（3）BP检验法：

```
estat hettest,iid
estat hettest,rhs
estat hettest [varlist]
```

2. 异方差处理的命令

（1）使用稳健标准误进行最小二乘回归分析：

```
reg y x1 x2 …, robust
```

（2）使用加权最小二乘回归分析：

```
reg y x1 x2 …, [aweight=…]
```

（3）Heteroskedastic线性回归：

● 最大似然估计的命令及其语法格式：

```
hetregress depvar [indepvars] [if] [in] [weight] [, ml_options]
```

● 两步 GLS 估计的命令及其语法格式：

```
hetregress depvar [indepvars] [if] [in], twostep het(varlist) [ts_options]
```

3. 自相关诊断与处理的命令

（1）计算自相关系数与偏自相关系数：

```
corrgram varname [if] [in] [, corrgram_options]
```

（2）绘制自相关系数与偏自相关系数图：

```
ac varname [if] [in] [, ac_options]
```

（3）Box-Pierce Q检验：

```
wntestq varname [if] [in] [, lags(#)]
```

（4）BG检验：

```
estat bgodfrey [, bgodfrey_options]
```

（5）DW检验：

```
estat dwatson
```

（6）采用异方差自相关稳健的标准误对数据进行回归分析：

```
newey depvar [indepvars] [if] [in] [weight] , lag(#) [options]
```

（7）广义最小二乘回归分析：

● 进行迭代式 CO 估计法广义最小二乘回归分析：

```
prais depvar [indepvars],corc
```

● 进行迭代式 PW 估计法广义最小二乘回归分析：

```
prais depvar [indepvars],nolog
```

4. 多重共线性诊断与处理的命令

（1）多重共线性检验：

```
estat vif [, uncentered]
```

（2）多重共线性处理：

主成分因子分析法的命令及其语法格式：

```
factor varlist [if] [in] [weight] ,pcf
```

5. 内生性诊断与处理的命令

（1）内生性诊断：

```
reg y x1 x2
estimates store ols
ivregress 2sls y x1 (x2=z)
estimates store iv
hausman iv ols, constant sigmamore
```

（2）内生性处理——ivregress：

```
 ivregress estimator depvar [varlist1] (varlist2 = varlist_iv) [if] [in] [weight] [,
options]
```

两阶段最小二乘的命令：

```
ivregress 2sls y x1 (x2 = z)
ivregress 2sls y x1 (x2 = z), r first
```

（3）内生性处理——扩展回归模型：

```
eregress depvar [indepvars], endogenous(depvars_en = varlist_en) [options]
```

11.5.2　本章习题

一、单选题

1. 怀特检验用于检验（　　）。
A. 异方差　　　　　　　B. 自相关　　　　　　C. 多重共线性　　　D. 内生性
2. Box-Pierce Q检验用于检验（　　）。
A. 异方差　　　　　　　B. 自相关　　　　　　C. 多重共线性　　　D. 内生性
3. 计算方差膨胀因子用于检验（　　）。
A. 异方差　　　　　　　B. 自相关　　　　　　C. 多重共线性　　　D. 内生性
4. BP检验用于检验（　　）。
A. 异方差　　　　　　　B. 自相关　　　　　　C. 多重共线性　　　D. 内生性
5. BG检验用于检验（　　）。
A. 异方差　　　　　　　B. 自相关　　　　　　C. 多重共线性　　　D. 内生性
6. 下面哪些不是解决异方差的方法（　　）。

A. 使用稳健的标准误进行回归

B. 使用加权最小二乘回归分析方法进行回归

C. 使用广义最小二乘回归分析

D. 使用Heteroskedastic线性回归

二、判断题

1. DW统计量检验仅能够检验残差序列是否存在一阶序列相关。（　）

2. 一般情况下，如果VIF > 5，则说明自变量之间存在多重共线性的问题。（　）

3. 自相关不会影响最小二乘估计量的线性和有效性，但会使之失去无偏性。（　）

4. 存在多重共线性时，最小二乘回归分析得到的系数值仍然是最优无偏估计。（　）

三、操作题（所有操作题除完成操作生成 do 文件外，还需对结果进行解读）

1. 使用"习题11.1"数据文件，以研究开发支出为因变量，以营业利润水平、固定资产投资、平均职工人数为自变量，进行线性回归分析，并进行异方差诊断与处理。

（1）进行线性回归分析。

（2）绘制残差序列图。

（3）进行怀特检验。

（4）进行BP检验。

（5）使用稳健标准误进行最小二乘回归分析。

（6）使用加权最小二乘回归分析。

（7）进行Heteroskedastic线性回归。

（8）将操作所使用的全部命令保存为do文件，并命名为"习题11.1答案"。

2. 使用"习题11.2"数据文件，以研究开发支出为因变量，以营业利润水平、固定资产投资、平均职工人数为自变量，进行线性回归分析，并进行自相关诊断与处理。

（1）进行线性回归分析。

（2）计算自相关系数与偏相关系数。

（3）绘制自相关系数与偏自相关系数图。

（4）进行Box-Pierce Q检验。

（5）进行BG检验。

（6）进行DW检验。

（7）采用异方差自相关稳健的标准误对数据进行回归分析。

（8）进行迭代式CO估计法广义最小二乘回归分析。

（9）进行迭代式PW估计法广义最小二乘回归分析。

（10）将操作所使用的全部命令保存为do文件，并命名为"习题11.2答案"。

3. 使用"习题11.3"数据文件，以研究开发支出为因变量，以营业利润水平、固定资产投资、平均职工人数为自变量，进行线性回归分析，并进行多重共线性诊断与处理。

（1）进行线性回归分析。

（2）进行多重共线性检验。

（3）逐步剔除方差膨胀因子最大变量进行多重共线性处理。

（4）使用主成分因子分析法进行多重共线性处理。

（5）将操作所使用的全部命令保存为do文件，并命名为"习题11.3答案"。

4. 使用"习题11.4"数据文件，以个人总资产为被解释变量，以年龄、受教育年限为解释变量，进行回归分析，并进行内生性诊断与处理。

（1）进行普通最小二乘线性回归分析。

（2）以个人总资产为被解释变量，以年龄、受教育年限为解释变量，以受教育年限为内生解释变量，户籍是受教育年限内生解释变量的工具变量，开展两阶段最小二乘线性回归分析。

（3）进行豪斯曼检验判断内生性。

（4）使用扩展回归模型处理内生性问题。

（5）将操作所使用的全部命令保存为do文件，并命名为"习题11.4答案"。

第 12 章

非线性回归分析

前面讲述的回归分析方法都属于线性回归的范畴，即因变量和自变量之间存在线性关系。线性模型是对真实情况的一种合理但又简单的近似。然而，许多情况下，因变量和自变量之间的关系并非线性的，无法通过构建线性模型有效地拟合自变量对因变量的影响。在这种情况下，就需要使用本章要介绍的非线性回归分析方法。

非线性回归分析有多种方法，其中一种是对变量进行转换。如果转换后的变量符合线性关系，则可以使用线性回归模型进行拟合。另一种方法是通过构建非线性函数来拟合因变量与自变量之间的关系。此外，还有一种回归方法，称为分数回归，用于分析因变量条件分布不同分位数与自变量之间的关系。分数回归通过估计不同分位数（如中位数、四分位数等）的回归系数，揭示变量关系的异质性和分布特征。

本章将介绍如何在Stata中应用非线性回归分析，包括转换变量回归分析、非线性回归分析以及分位数回归分析。

12.1 转换变量回归分析

扫描右侧二维码观看视频

下载资源:\sample\chap12\数据 12.1

12.1.1 统计学原理及 Stata 命令

转换变量回归分析是解决变量间非线性关系的重要方法之一，本质上仍属于线性回归分析的范畴。其基本思路是对因变量或者自变量进行恰当形式的非线性转换，如果转换后的变量符合线性关系，就可以使用线性回归模型进行拟合。

转换变量回归分析的Stata命令主要包括生成新变量的命令generate以及普通线性回归的命令regress。关于这两个命令的基本形式和操作方法，我们在前面的章节中已有讲解，这里不再赘述。下面将结合示例说明如何进行转换变量回归分析。

12.1.2 案例应用——分析山东有效发明专利数对新产品销售收入的影响

本小节用于分析的数据文件是"数据12.1"，其中记录的是2012年至2021年山东省规模以上工业企业新产品销售收入（单位为亿元）和有效发明专利数（单位为件）。数据来自国家统计局。图12.1展示了数据的一部分。我们将应用转换变量回归分析方法，探讨有效发明专利数对新产品销售收入的影响关系。

	年份	新产品销售收入	有效发明专利数
1	2012	12913	15104
2	2013	14284	18340
3	2014	14556	26122
4	2015	14698	33785
5	2016	16313	45917
6	2017	18126	56076
7	2018	15247	63496
8	2019	13480	67896
9	2020	17081	78926
10	2021	27540	103410

图12.1 "数据12.1"中的部分数据（由于数据量过大，仅显示其中一部分）

打开数据文件之后，在命令窗口中依次输入以下命令：

```
twoway line 新产品销售收入 有效发明专利数
```

该命令通过绘制新产品销售收入和有效发明专利数的线图，以便我们可以从整体上直观了解数据的关系。结果如图12.2所示，显示两者呈现明显的非线性关系。

```
graph twoway scatter 新产品销售收入 有效发明专利数 || lfit 新产品销售收入 有效发明专利数
```

该命令用于绘制新产品销售收入和有效发明专利数的散点图以及拟合线，结果如图12.3所示。

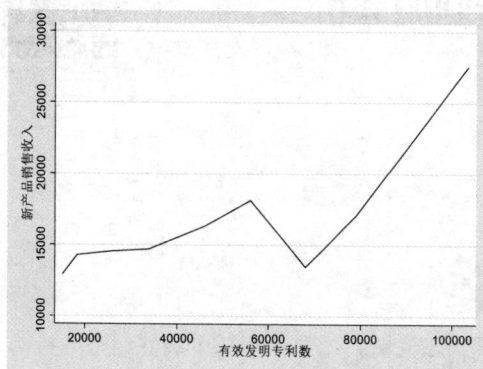

图 12.2 线图

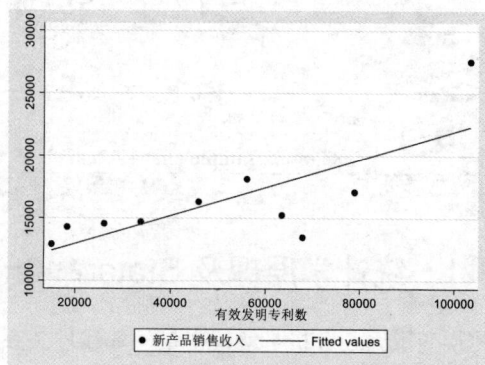

图 12.3 散点图

```
reg 新产品销售收入 有效发明专利数
```

该命令用于构建线性模型，以"新产品销售收入"为因变量，以"有效发明专利数"为自变量，进行最小二乘回归分析，结果如图12.4所示。

```
. reg 新产品销售收入 有效发明专利数

     Source |      SS          df      MS        Number of obs   =       10
------------+------------------------------      F(1, 8)         =    10.70
      Model | 91737959.9        1  91737959.9    Prob > F        =   0.0113
   Residual | 68595955.7        8  8574494.46    R-squared       =   0.5722
------------+------------------------------      Adj R-squared   =   0.5187
      Total | 160333916         9  17814879.5    Root MSE        =   2928.2

------------------------------------------------------------------------------
新产品销售收入 | Coefficient  Std. err.      t    P>|t|   [95% conf. interval]
------------+-----------------------------------------------------------------
有效发明专利数 |  .1121766   .0342951     3.27   0.011     .033092    .1912613
      _cons |   10713.2    1976.235     5.42   0.001    6155.996   15270.41
------------------------------------------------------------------------------
```

图 12.4 对数据进行线性回归分析

p值（Prob>F）为0.0113，表明模型整体非常显著。模型的可决系数（R-squared）为0.5722，修正的可决系数（Adj R-squared）为0.5187，表明模型的解释能力差强人意。模型的回归方程为：

新产品销售收入= 0.1121766×有效发明专利数+10713.2

```
gen ln有效发明专利数 =log(有效发明专利数)
```

本命令用于对自变量"有效发明专利数"进行自然对数变换，为下一步的分析做好准备。

```
reg 新产品销售收入 ln有效发明专利数
```

该命令用于构建对数模型，以"新产品销售收入"为因变量，以"有效发明专利数"的对数值为自变量，进行最小二乘回归分析，探索变量间的回归关系。结果如图12.5所示，模型的p值（Prob >F）为0.0454，接近0.05，表明模型整体显著性较弱；模型的可决系数（R-squared）为0.4121，修正的可决系数（Adj R-squared）为0.3386，说明模型的解释能力大幅下降，对数模型不合适。

```
. reg 新产品销售收入 ln有效发明专利数

     Source |      SS          df      MS        Number of obs   =       10
------------+------------------------------      F(1, 8)         =     5.61
      Model | 66072927.3        1  66072927.3    Prob > F        =   0.0454
   Residual | 94260988.3        8  11782623.5    R-squared       =   0.4121
------------+------------------------------      Adj R-squared   =   0.3386
      Total | 160333916         9  17814879.5    Root MSE        =   3432.6

------------------------------------------------------------------------------
新产品销售~入 | Coefficient  Std. err.      t    P>|t|   [95% conf. interval]
------------+-----------------------------------------------------------------
ln有效发明~数 |  4224.984   1784.162     2.37   0.045     110.699    8339.27
      _cons | -28662.74   19070.44    -1.50   0.171   -72639.26   15313.78
------------------------------------------------------------------------------
```

图 12.5 对数模型回归分析的结果

模型的回归方程是：

新产品销售收入= 4224.984×ln有效发明专利数-28662.74

```
gen 有效发明专利数2=有效发明专利数^2
```

该命令用于对自变量"有效发明专利数"进行二次变换，为下一步的分析做好准备。

```
reg 新产品销售收入 有效发明专利数2 有效发明专利数
```

该命令用于构建二次模型，以"新产品销售收入"为因变量，以"有效发明专利数"自身及其二次方为自变量，进行最小二乘回归分析。结果如图12.6所示，模型的p值（Prob > F）为0.0050，表明模型整体显著程度非常好；模型的可决系数（R-squared）为0.7802，修正的可决系数（Adj R-squared）为0.7174，表明模型的解释能力相对于普通最小二乘回归有了较大提升。

```
. reg 新产品销售收入 有效发明专利数2 有效发明专利数

     Source |       SS         df       MS            Number of obs  =        10
------------+------------------------------            F(2, 7)        =     12.42
      Model |  125091690        2   62545844.8         Prob > F       =    0.0050
   Residual | 35242226.1        7   5034603.72         R-squared      =    0.7802
------------+------------------------------            Adj R-squared  =    0.7174
      Total |  160333916        9   17814879.5         Root MSE       =    2243.8

-----------------------------------------------------------------------------------
   新产品销~入 | Coefficient  Std. err.      t    P>|t|     [95% conf. interval]
------------+----------------------------------------------------------------------
  有效发明专~2 |    2.46e-06   9.56e-07     2.57   0.037     2.00e-07    4.72e-06
   有效发明~数 |   -.1629131   .1100605    -1.48   0.182    -.4231649    .0973386
       _cons |    16548.36   2726.303     6.07   0.001     10101.68    22995.05
-----------------------------------------------------------------------------------
```

图 12.6　二次模型回归分析的结果

模型的回归方程是：

新产品销售收入=2.46e-06×有效发明专利数2-0.1629131×有效发明专利数+16548.36

```
gen 有效发明专利数3=有效发明专利数^3
```

该命令用于对自变量"有效发明专利数"进行三次变换，为下一步的分析做好准备。

```
reg 新产品销售收入 有效发明专利数3 有效发明专利数2 有效发明专利数
```

本命令用于构建三次模型，以"新产品销售收入"为因变量，以"有效发明专利数"自身及其二次方、三次方为自变量，进行最小二乘回归分析。结果如图12.7所示，模型的p值（Prob > F）为0.0013，表明模型整体显著；模型的可决系数（R-squared）为0.9156，修正的可决系数（Adj R-squared）为0.8733，表明模型的解释能力有了显著提升。

```
. reg 新产品销售收入 有效发明专利数3 有效发明专利数2 有效发明专利数

     Source |       SS         df       MS            Number of obs  =        10
------------+------------------------------            F(3, 6)        =     21.69
      Model |  146795496        3   48931832          Prob > F       =    0.0013
   Residual | 13538419.7        6   2256403.29        R-squared      =    0.9156
------------+------------------------------            Adj R-squared  =    0.8733
      Total |  160333916        9   17814879.5        Root MSE       =    1502.1

-----------------------------------------------------------------------------------
   新产品销~入 | Coefficient  Std. err.      t    P>|t|     [95% conf. interval]
------------+----------------------------------------------------------------------
  有效发明专~3 |    9.39e-11   3.03e-11     3.10   0.021     1.98e-11    1.68e-10
  有效发明专~2 |   -.0000143   5.45e-06    -2.63   0.039    -.0000276   -9.87e-07
   有效发明~数 |    .6902298    .284779     2.42   0.052    -.0065992    1.387059
       _cons |    5282.573   4065.223     1.30   0.241    -4664.669    15229.81
-----------------------------------------------------------------------------------
```

图 12.7　三次模型回归分析的结果

三次模型的回归方程是：

新产品销售收入=9.39e-11×有效发明专利数 3-0.0000143×有效发明专利数 2+0.6902298×有效发明专利数+5282.573

12.2 非线性回归分析

	扫描右侧二维码观看视频
	下载资源:\sample\chap12\数据 12.2

12.2.1 统计学原理及 Stata 命令

上一节讲述的转换变量回归分析从本质上仍属于线性回归分析方法,而实际问题往往更为复杂,使用转换变量回归分析方法可能无法得到准确的分析结果。因此,需要使用Stata的非线性回归分析。非线性回归分析是一种功能更强大的方法,能够处理非线性问题,并且可以让用户自定义任意形式的函数,从而更加准确地描述变量之间的关系。

非线性回归分析的Stata操作命令如下:

```
nl (depvar=<sexp>) [if] [in] [weight] [, options]
```

其中,nl为命令,depvar是因变量,<sexp>是一个可替换表达式,[if]为条件表达式,[in]用于设置样本范围,[weight]用于设置权重,[, options]为可选项。命令中可以合理设置被估计参数的初始值,以减少迭代次数,提升估计效率。

12.2.2 案例应用——分析工作年限对绩效年薪的影响

本小节用于分析的数据文件是"数据12.2",其中记录的是某公司高管自工作以来工作年限和绩效年薪的数据,如图12.8所示。下面以"绩效年薪"为因变量,以"工作年限"为自变量进行非线性回归分析。

	工作年限	绩效年薪
1	1	6.865
2	2	7.371
3	3	9.494
4	4	11.166
5	5	12.156
6	6	13.223
7	7	13.333
8	8	13.718
9	9	14.048

图 12.8 "数据 12.2"中的部分数据(由于数据量过大,仅显示其中一部分)

打开数据文件之后,在命令窗口中依次输入以下命令:

```
twoway line 绩效年薪 工作年限
```

该命令用于绘制绩效年薪和工作年限的线图,从整体上直观地呈现数据趋势。结果如图12.9所示，能够看出工作年限对绩效年薪呈现出正向影响关系，但并非线性关系。

```
graph twoway scatter 绩效年薪 工作年限 || lfit 绩效年薪 工作年限
```

该命令用于绘制绩效年薪和工作年限的散点图，结果如图12.10所示。

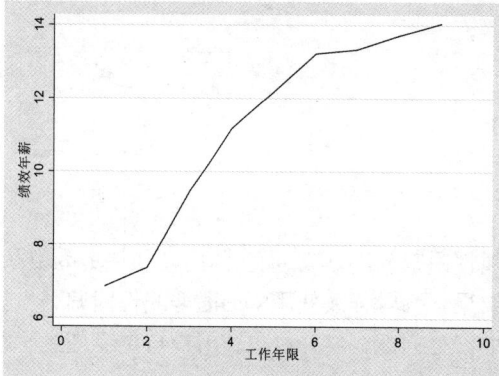

图 12.9　线图

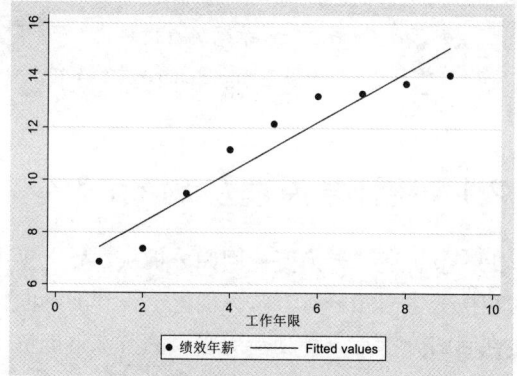

图 12.10　散点图

```
reg 绩效年薪 工作年限
```

该命令用于构建线性模型，以"绩效年薪"为因变量，以"工作年限"为自变量，进行最小二乘回归分析，探索变量间的回归关系。分析结果如图12.11所示，模型的显著性p值（Prob > F）为0.0001，表明模型整体非常显著；模型的可决系数（R-squared）为0.9135，修正的可决系数（Adj R-squared）为0.9012，说明模型解释能力很好；自变量工作年限和常数项的系数都非常显著（$P>|t|$均为0.0000）。

```
. reg 绩效年薪 工作年限

      Source         SS         df        MS            Number of obs   =          9
                                                        F(1, 7)         =      73.96
       Model     55.1195011       1   55.1195011       Prob > F        =     0.0001
    Residual     5.21653049       7   .745218641       R-squared       =     0.9135
                                                        Adj R-squared   =     0.9012
       Total     60.3360316       8   7.54200394       Root MSE        =    .86326

     绩效年薪   Coefficient  Std. err.      t    P>|t|     [95% conf. interval]

     工作年限     .9584667   .1114464     8.60   0.000     .6949377    1.221996
        _cons     6.471444   .6271442    10.32   0.000     4.988484    7.954405
```

图 12.11　对数据进行线性回归分析的结果

模型的回归方程是：

$$y = 0.9584667x + 6.471444$$

```
nl(绩效年薪=exp({a}+{b}*工作年限))
```

该命令以"绩效年薪"为因变量，以"工作年限"为自变量，构建非线性模型$y=\exp(\{a\}+\{b\}*x)$，进行非线性回归分析。结果如图12.12所示，模型的可决系数（R-squared）大幅上升为0.9930，修正的可决系数（Adj R-squared）为0.9910；系数a和系数b都非常显著（$P>|t|$均为0.0000）。非线性回归模型在保持整体显著性和系数显著性的同时，较大提升了模型的解释能力。

模型的回归方程是：

$y=\exp(2.001525+0.0800582*x)$

```
. nl( 绩效年薪 = exp({a}+{b}* 工作年限 ))

Iteration 0:  residual SS =  640.3543
Iteration 1:  residual SS =  34.97999
Iteration 2:  residual SS =  8.534422
Iteration 3:  residual SS =  8.428607
Iteration 4:  residual SS =  8.428595
Iteration 5:  residual SS =  8.428595
Iteration 6:  residual SS =  8.428595
```

Source	SS	df	MS		
Model	1193.7616	2	596.880823	Number of obs =	9
Residual	8.4285949	7	1.20408499	R-squared =	0.9930
				Adj R-squared =	0.9910
				Root MSE =	1.097308
Total	1202.1902	9	133.576693	Res. dev. =	24.95054

绩效年薪	Coefficient	Std. err.	t	P>|t|	[95% conf. interval]	
/a	2.001525	.0842899	23.75	0.000	1.802211	2.200839
/b	.0800582	.0129444	6.18	0.000	.0494497	.1106668

图 12.12　对数据进行非线性回归分析的结果

```
predict yhat
```

该命令用于获得因变量的拟合值。

```
predict e,resid
```

该命令用于获得回归模型的估计残差。

```
list 绩效年薪 yhat e
```

该命令用于对比原始变量"绩效年薪"、拟合值yhat以及残差e，方便我们观测拟合效果。结果如图12.13所示，可以发现拟合值yhat与原始变量"绩效年薪"非常接近，残差e比较小，表明模型拟合效果很好。

```
nl(绩效年薪=exp({a}+{b}*工作年限)),initial(a 2 b 0.08)
```

该命令用于设置被估计参数的初始值，把系数a的初始值设置为2，把系数b的初始值设置为0.08。结果如图12.14所示，通过合理设置初始参数值，减少了迭代次数，提高了效率，且结果与未设置初始值一致。

```
list 绩效年薪 yhat e
```

	绩效年薪	yhat	e
1.	6.865	8.017152	-1.152151
2.	7.371	8.685382	-1.314382
3.	9.494	9.409309	.0846902
4.	11.166	10.19358	.9724229
5.	12.156	11.04321	1.112787
6.	13.223	11.96367	1.259333
7.	13.333	12.96084	.3721602
8.	13.718	14.04113	-.3231276
9.	14.048	15.21146	-1.163458

图 12.13　因变量的拟合值预测

```
. nl(绩效年薪=exp({a}+{b}*工作年限)),initial(a 2 b 0.08)

Iteration 0:  residual SS =  8.428595
Iteration 1:  residual SS =  8.428595
Iteration 2:  residual SS =  8.428595
```

Source	SS	df	MS		
Model	1193.7616	2	596.880823	Number of obs =	9
Residual	8.4285949	7	1.20408499	R-squared =	0.9930
				Adj R-squared =	0.9910
				Root MSE =	1.097308
Total	1202.1902	9	133.576693	Res. dev. =	24.95054

绩效年薪	Coefficient	Std. err.	t	P>|t|	[95% conf. interval]	
/a	2.001525	.0842899	23.75	0.000	1.802211	2.200839
/b	.0800582	.0129444	6.18	0.000	.0494497	.1106668

图 12.14　设置非线性回归模型中被估计参数的初始值

```
nl(绩效年薪=exp({a}+{b}*工作年限)),robust
```

该命令采用稳健标准误进行非线性回归估计。与线性回归类似，非线性回归也允许稳健标准误选择项的存在。其分析结论与未使用稳健标准误回归时一致，因此不再展示图表。

```
nl exp2 绩效年薪 工作年限
```

该命令采用系统默认快捷函数进行非线性回归，设置非线性模型回归形式为：income=$b1 \times b2$^rd。Stata内置了许多常用的非线性函数，用户可以通过简易命令调出，而无须输入复杂的模型方程形式。结果如图12.15所示，模型的解释能力和显著性都非常好。非线性回归方程为：

$$y = 7.400335 \times 1.08335 \verb|^|x$$

```
. nl exp2 绩效年薪 工作年限
(obs = 9)

Iteration 0:    residual SS =  9.704345
Iteration 1:    residual SS =  8.450074
Iteration 2:    residual SS =   8.42865
Iteration 3:    residual SS =  8.428595
Iteration 4:    residual SS =  8.428595

     Source  |       SS       df       MS              Number of obs =         9
------------+------------------------------            F(  2,      7) =    495.71
      Model  | 1193.76165      2  596.880823           Prob > F      =    0.0000
   Residual  | 8.42859494      7  1.20408499           R-squared     =    0.9930
------------+------------------------------            Adj R-squared =    0.9910
      Total  | 1202.19024      9  133.576693           Root MSE      =  1.097308
                                                       Res. dev.     =  24.95054

2-param. exp. growth curve, 绩效年薪=b1*b2^工作年限

    绩效年薪  | Coefficient  Std. err.      t    P>|t|    [95% conf. interval]
------------+------------------------------------------------------------------
         b1 |   7.400335   .6237727    11.86   0.000     5.925347    8.875323
         b2 |   1.08335    .0140233    77.25   0.000      1.05019    1.11651

(SEs, P values, CIs, and correlations are asymptotic approximations)
```

图 12.15 采用系统默认快捷函数进行非线性回归分析的结果

Stata内置非线性函数的命令缩写与函数形式如表12.1所示。

表 12.1 Stata 内置非线性函数的命令缩写与函数形式

非线性函数命令缩写	非线性函数形式
exp2	$y = b1 \times b2$^x
exp3	$y = b0 + b1 \times b2$^x
exp2a	$y = b1 \times (1 - b2$^$x)$
log3	$y = b1/(1 + \exp(-b2 \times (x - b3)))$
log4	$y = b0 + b1/(1 + \exp(-b2 \times (x - b3)))$
gom3	$y = b1 \times \exp(-\exp(-b2 \times (x - b3)))$
gom4	$y = b0 + b1 \times \exp(-\exp(-b2 \times (x - b3)))$

12.3 分位数回归分析

扫描右侧二维码观看视频
下载资源:\sample\chap12\数据 12.3

12.3.1 统计学原理及 Stata 命令

分位数回归是一种定量建模的统计方法,最早由Roger Koenker和Gilbert Bassett于1978年提出,广泛应用于经济社会研究、医学保健等行业的研究领域。之前介绍的基本线性回归是基本OLS估计,是一种标准分析方法,研究的是自变量与因变量的条件期望之间的关系。而分位数回归研究的是自变量与因变量的特定百分位数之间的关系。通俗地讲,普通线性回归的因变量与自变量的线性关系只有一个,包括斜率和截距;而分位数回归根据自变量值所在的不同分位数值,分别生成因变量的线性关系,从而得到多个回归方程。比如,研究上市公司人力投入回报率对净资产收益率的影响,当人力投入回报率较低时,其对净资产收益率的影响较大;但当人力投入回报率较高时,其对净资产收益率的影响则减弱。也就是说,随着自变量值的变化,线性关系的斜率会发生较大变化,因此非常适合采用分位数回归方法。与普通线性回归相比,分位数回归不要求目标变量的分布具有严格的研究,也能有效抑制偏离观测值的影响,适用于目标变量不服从正态分布或方差较大的情形。

分位数回归分析的Stata命令为qreg,命令的语法格式为:

```
qreg depvar [indepvars] [if] [in] [weight] [, qreg_options]
```

其中,depvar为被解释变量,[indepvars]为解释变量,[if]为条件表达式,[in]用于设置样本范围,[weight]用于设置权重。而[,qreg_options]为可选项,如表12.2所示。

表 12.2 qreg 命令的可选项及其含义

[, qreg_options]	含 义
quantile(#)	设置分位数,默认为quantile(0.5)
vce([vcetype], vceopts)	设置估计量的标准差,包括iid、robust
level(#)	设置置信水平,默认为95
display_options	控制表格列及其格式、行间距、线宽、省略变量与基准单元格及空单元格的显示方式,以及因子变量标签设置
wlsiter(#)	在线性迭代之前尝试用"#"加权最小二乘迭代

12.3.2 案例应用——分析人力投入回报率对净资产收益率的影响

本小节用于分析的数据文件是"数据12.3",来源于万得资讯发布的依据证监会行业分类的CSRC软件和信息技术服务业上市公司2019年年末财务指标横截面数据(不含ST类公司数据),如图12.16所示。下面以"净资产收益率ROE(平均)"为因变量,以"人力投入回报率(ROP)"为自变量进行分位数回归分析。

	name	roe	rop
1	信雅达	5.97	5.99
2	常山北明	1.69	80.57
3	浪潮软件	1.13	8.24
4	浙大网新	1.24	17.46
5	四维图新	4.52	28.22
6	华平股份	1.53	6.15
7	北信源	.99	9.29
8	赢时胜	4.94	27.73
9	汇金科技	2.97	29.49
10	诚迈科技	30.6	35.01

图 12.16　"数据 12.3"中的部分数据（由于数据量过大，仅显示其中一部分）

打开数据文件之后，在命令窗口中依次输入以下命令：

```
qreg roe rop,quantile(0.25)
```

该命令以roe（净资产收益率）为因变量，以rop（人力投入回报率）为自变量，进行分位数回归分析，分位数设置为0.25。结果如图12.17所示，rop的系数为0.0400554，且非常显著。

```
. qreg roe rop,quantile(0.25)
Iteration  1:  WLS sum of weighted deviations =  283.43398

Iteration  1: sum of abs. weighted deviations =  289.33482
Iteration  2: sum of abs. weighted deviations =  266.12785
Iteration  3: sum of abs. weighted deviations =  230.32382
Iteration  4: sum of abs. weighted deviations =  226.78266
Iteration  5: sum of abs. weighted deviations =  226.37711
Iteration  6: sum of abs. weighted deviations =  226.28627

.25 Quantile regression                      Number of obs  =        158
  Raw sum of deviations 250.6375 (about 5.78)
  Min sum of deviations 226.2863               Pseudo R2      =     0.0972
```

roe	Coefficient	Std. err.	t	P>|t|	[95% conf. interval]
rop	.0400554	.0082663	4.85	0.000	.0237271 .0563836
_cons	3.743557	.7892496	4.74	0.000	2.184562 5.302552

图 12.17　分位数回归分析，分位数设置为 0.25

```
qreg roe rop
```

该命令以roe（净资产收益率）为因变量，以rop（人力投入回报率）为自变量，进行分位数回归分析，分位数采取默认的0.5。结果如图12.18所示，rop的系数为0.0375147，同样非常显著。

```
qreg roe rop,quantile(0.75)
```

该命令以roe（净资产收益率）为因变量，以rop（人力投入回报率）为自变量，进行分位数回归分析，分位数设置为0.75。结果如图12.19所示，rop的系数为0.0337464，且非常显著。

可以观察到，当分位数为0.25、0.5和0.75时，rop的系数值不同。当分位数为0.25时，人力投入回报率（ROP）每提高一个单位，因变量净资产收益率（ROE）会提高0.040个单位；当分位数提高到0.5时，人力投入回报率（ROP）每提高一个单位，因变量净资产收益率（ROE）会提高0.038个单位；当分位数提高到0.75时，人力投入回报率（ROP）每提高一个单位，因变量净资产收益率（ROE）会提高0.034个单位。随着分位数从0.25提高到0.5，再到0.75，人力投入回报率（ROP）对因变量净资产收益率（ROE）的影响不断减弱，表明人力投入回报率（ROP）的提升作用是边际递减的。

```
. qreg roe rop
Iteration  1:  WLS sum of weighted deviations =  306.12818

Iteration  1: sum of abs. weighted deviations =  306.32196
Iteration  2: sum of abs. weighted deviations =  305.93697
Iteration  3: sum of abs. weighted deviations =  305.54078
Iteration  4: sum of abs. weighted deviations =  305.37881
Iteration  5: sum of abs. weighted deviations =  304.87702
Iteration  6: sum of abs. weighted deviations =  304.83162
Iteration  7: sum of abs. weighted deviations =  304.82832

Median regression                          Number of obs =        158
  Raw sum of deviations  339.775 (about 9.18)
  Min sum of deviations 304.8283            Pseudo R2     =     0.1029
```

roe	Coefficient	Std. err.	t	P>|t|	[95% conf. interval]
rop	.0375147	.0073367	5.11	0.000	.0230225 .0520068
_cons	6.826401	.7004998	9.75	0.000	5.442712 8.210089

图 12.18　分位数回归分析，分位数采取默认的 0.5

```
. qreg roe rop,quantile(0.75)
Iteration  1:  WLS sum of weighted deviations =  295.74736

Iteration  1: sum of abs. weighted deviations =  296.76783
Iteration  2: sum of abs. weighted deviations =  285.90633
Iteration  3: sum of abs. weighted deviations =  275.50776
Iteration  4: sum of abs. weighted deviations =  274.43427
Iteration  5: sum of abs. weighted deviations =  273.08082
Iteration  6: sum of abs. weighted deviations =  272.52479
Iteration  7: sum of abs. weighted deviations =  272.51477
Iteration  8: sum of abs. weighted deviations =  272.50258

.75 Quantile regression                    Number of obs =        158
  Raw sum of deviations 301.6375 (about 12.13)
  Min sum of deviations 272.5026            Pseudo R2     =     0.0966
```

roe	Coefficient	Std. err.	t	P>|t|	[95% conf. interval]
rop	.0337464	.0076413	4.42	0.000	.0186527 .0488401
_cons	9.409461	.7295747	12.90	0.000	7.968342 10.85058

图 12.19　分位数回归分析，分位数设置为 0.75

12.4　本章回顾与习题

12.4.1　本章回顾

本章主要介绍了非线性回归分析在Stata中的操作与应用，包括转换变量回归分析、非线性回归分析和分位数回归分析。

1. 转换变量回归分析

Stata命令主要包括生成新变量的命令generate以及普通线性回归的命令regress。

2. 非线性回归分析

Stata命令为nl，nl用最小二乘法拟合任意非线性回归函数：

```
nl (depvar=<sexp>) [if] [in] [weight] [, options]
```

3. 分位数回归分析

Stata命令为qreg，其语法格式为：

```
qreg depvar [indepvars] [if] [in] [weight] [, qreg_options]
```

12.4.2　本章习题

一、单选题

1. 分位数回归分析的Stata命令为（　　）。

A. regress　　　　　　　B. qreg　　　　　　　　C. nl　　　　　　　　D. quantile

2. 在分位数回归分析命令中，如果不指定百分位数，则默认为（　　）。

A. 第一个四分位数　　　　　　　　　　B. 中位数

C. 第三个四分位数　　　　　　　　　　D. 第一个百分位数

3. 非线性回归分析的Stata命令为（　　）。

A. regress　　　　　　　B. qreg　　　　　　　　C. nl　　　　　　　　D. quantile

二、判断题

1. 分位数回归研究的是因变量与自变量的特定百分位数之间的关系。（　）
2. 非线性回归分析不允许指定被估计参数的初始值。（　）
3. 非线性回归分析可以使用户自定义任意形式的函数。（　）
4. 转换变量回归分析的基本思路是对因变量或者自变量进行恰当形式的线性转换。（　）

三、操作题（所有操作题除完成操作生成 do 文件外，还要对结果进行解读）

1. 使用"习题12.1"数据文件，用转换变量回归分析方法，以"总资产报酬率ROA"为因变量，以"投入资本回报率ROIC"为自变量，分别拟合普通最小二乘、对数、二次、三次模型，并比较结果的异同。将操作所使用的全部命令保存为do文件，并命名为"习题12.1答案"。

2. 使用"习题12.2"数据文件，用非线性回归分析方法，以"年奖金收入"为因变量，以"年份"为自变量，构建exp2、exp3、exp2a等模型，研究年份对年奖金收入的影响关系。将操作所使用的全部命令保存为do文件，并命名为"习题12.2答案"。

3. 使用"习题12.3"数据文件，以"总资产报酬率ROA"为因变量，以"投入资本回报率ROIC"为自变量，进行分位数回归分析，把分位数分别设置为0.15、0.25、0.35、0.55，并比较不同分位数回归的结果。将操作所使用的全部命令保存为do文件，并命名为"习题12.3答案"。

第13章

因变量离散回归分析

前面章节讲述的回归分析方法通常假定因变量为连续变量，但在许多实际应用中，因变量为离散而非连续变量。例如，在预测下雨的概率时，因变量是下雨还是不下雨；在预测一笔贷款业务的资产质量时，因变量可以是"正常""关注""次级""可疑"或"损失"等类型。因变量离散回归分析有效地解决了这一问题，常见的模型包含二值选择模型、多值选择模型和有序选择模型等。

当因变量只有两种取值时，比如"下雨"或"不下雨"，可以使用二值选择模型进行分析；当因变量有多种取值时，比如消费者偏好的选择（如黑色、白色或黄色的偏好，碳酸饮料、果汁或茶水的偏好）或无序分类问题（如符合某些特征的花瓣应归属哪个品种），则可以使用多值选择模型；当因变量有多种取值并且存在一定顺序特征时，比如客户满意度中的"很满意""基本满意""不满意"或"很不满意"等，则应使用有序选择模型。

13.1 二值选择模型

> 扫描右侧二维码观看视频
>
> 下载资源:\sample\chap13\数据 13.1

13.1.1 统计学原理及 Stata 命令

1. 统计学原理

在前面的分析中，我们假定因变量为连续定量变量，但在许多情况下，因变量只能取二值(0,1)，例如是否满足某一特征等。因为一般回归分析要求因变量呈现正态分布，并且各组中具有相同的方差-协方差矩阵，直接为二值因变量进行回归估计是不恰当的。在这种情况下，可以使用二值选择模型。二值选择模型是指因变量只有0或1两种取值的离散因变量模型，研究者关注的核心问题是因变量响应的概率（即因变量取1或0的概率）：

$$P(y_i = 1 | \boldsymbol{X}_i, \boldsymbol{\beta}) = P(y_i = 1 | x_0, x_1, x_2, \cdots, x_k)$$

$\boldsymbol{X}_i$表示由所有自变量在样本观测点i上的数据构成的向量，$\boldsymbol{\beta}$是系数构成的向量。

最简单的响应概率假设是线性概率模型，即假定上述公式右侧的概率是解释变量x_i和系数β_i的线性组合。然而，线性概率模型存在两个主要问题：一是模型的随机扰动项存在异方差，从而使得参数估计不再有效；二是即使使用加权最小二乘法，也无法保证y_i的拟合值限制在0和1之间。因此，为了克服线性概率模型的局限性，我们需要考虑二值选择模型：

$$P(y_i = 1 | \boldsymbol{X}_i, \boldsymbol{\beta}) = 1 - F(-\beta_0 - \beta_1 x_1 - \cdots - \beta_k x_k) = 1 - F(X_i'\beta)$$

公式中$\boldsymbol{X}_i$是包括常数项在内的所有自变量构成的向量；F是取值范围严格限定在[0,1]区间的概率分布函数，并且要求是连续的（即有概率密度函数）。

与线性回归模型不同的是，二值选择模型中所估计的参数不能被解释为自变量对因变量的边际效应，系数估计值$\hat{\beta}_i$衡量的是因变量取1的概率如何因自变量变化而变化：$\hat{\beta}_i$为正数，表示自变量增加会引起因变量取1的概率上升，取0的概率下降；$\hat{\beta}_i$为负数，表示自变量增加会引起因变量取0的概率上升，取1的概率下降。

概率分布函数的类型决定了二值选择模型的类型，常用的二值选择模型如表13.1所示。

表 13.1　常用的二值选择模型

二值选择模型	分布类型	分布函数 F
Probit 模型	标准正态分布	$\Phi(x)$
Logit 模型	逻辑分布	$e^x / (1 + e^x)$
Extreme Value 模型	极值分布	$1 - \exp(-e^x)$

其中，最常用的是二元Logistic回归（binary logistic regression）。二元Logistic回归分析的基本原理是考虑因变量（0,1）发生的概率，用发生的概率除以未发生的概率再取对数。通过这一变换，解决了"回归方程左侧因变量估计值取值范围为0~1，而右侧取值范围是无穷大或者无穷小"这一取值区间的矛盾，也使得因变量和自变量之间呈线性关系。当然，正是由于这一变换，使得Logistic回归自变量系数不同于一般回归分析的自变量系数，而是模型中每个自变量优势比（odd ratio，OR）的概念。

Logistic回归系数的估计通常采用最大似然法。最大似然法的基本思想是先建立似然函数与对数似然函数，再通过使对数似然函数最大来求解相应的系数值，所得的估计值称为系数的最大似然估计值。Logistic模型的公式如下：

$$\ln \frac{p}{1-p} = a + X\beta + \varepsilon$$

其中，p 为发生的概率，$\alpha = \begin{pmatrix} \alpha_1 \\ \alpha_2 \\ \vdots \\ \alpha_n \end{pmatrix}$ 为模型的截距项，$\beta = \begin{pmatrix} \beta_1 \\ \beta_2 \\ \vdots \\ \beta_n \end{pmatrix}$ 为待估计系数，$X =$

$\begin{pmatrix} x_{11} & x_{12} & \cdots & x_{1k} \\ x_{21} & x_{22} & \cdots & x_{2k} \\ \vdots & \vdots & \ddots & \vdots \\ x_{n1} & x_{n2} & \cdots & x_{nk} \end{pmatrix}$ 为自变量；$\varepsilon = \begin{pmatrix} \varepsilon_1 \\ \varepsilon_2 \\ \vdots \\ \varepsilon_n \end{pmatrix}$ 为误差项。通过公式也可以看出，Logistic模型实质上是建

立了因变量发生的概率和自变量之间的关系。

当然，二元Logistic回归分析也有其适用条件：一是因变量必须为二分类的分类变量，自变量可以是区间级别变量或分类变量；二是残差和因变量都必须服从二项分布；三是自变量和概率之间必须存在线性关系；四是各样本观测值相互独立。

当残差服从标准正态分布而不是二项分布时，应使用二元Probit回归分析。二元Probit回归分析的公式为：

$$\Pr(y = 1|x) = \phi(\beta' x)$$

其中，ϕ 为正态分布的概率密度。

二元Logistic回归分析和二元Probit回归分析都用于解释事件发生的概率（即$\Pr(y=1|x)$），并都使用最大似然估计方法。通常情况下，两个模型的边际效应及相应的 t 统计量也十分接近。系数b_logit约等于系数b_probit的1.6倍。

在标准Logit模型或者Probit模型中，假定随机扰动项服从同方差假设。然而，在许多情况下，这一假设条件并不能得到有效满足，或者说回归模型可能存在异方差。我们可以运用似然比检验（LR）来检测是否存在异方差。根据似然比检验的结果，若接受同方差原假设，则使用同方差模型；否则，应该使用异方差模型。

2. Stata 命令

1）二元 Logistic 回归分析

二元Logistic回归分析的命令包括两种：

● 若自变量的影响是以优势比的形式输出，则为：

```
logistic depvar indepvars [if] [in] [weight] [, options]
```

● 若自变量的影响是以回归系数的形式输出，则为：

```
logit depvar [indepvars] [if] [in] [weight] [, options]
```

logistic和logit是二元Logistic回归分析的命令，depvar表示模型的被解释变量，[indepvars]表示模型的解释变量，[if]为条件表达式，[in]用于设置样本范围，[weight]用于设置权重。而[, options]为可选项，如表13.2所示。

表 13.2　二元 Logistic 回归分析的命令的可选项及其含义

[, options]	含　义
noconstant	模型中不设置常数项
offset（varname）	约束 varname 的系数为 1
asis	保留完全预测变量
vce(vcetype)	vcetype 可能包括 oim、robust、cluster clustvar、bootstrap 或者 jackknife
level(#)	设置置信水平(#)，默认值是 95
or	输出优势比
maximize_options	控制最大化过程，很少用
nocoef	在结果中不输出系数表格栏，很少用

2）二元 Probit 回归分析

二元Probit回归分析的命令及其语法格式为：

```
probit depvar [indepvars] [if] [in] [weight] [, options]
```

probit为二元Probit回归分析的命令，depvar表示模型的被解释变量，[indepvars]表示模型的解释变量，[if]为条件表达式，[in]用于设置样本范围，[weight]用于设置权重。而[, options]为可选项，如表13.3所示。

表 13.3　probit 命令的可选项及其含义

[, options]	含　义
noconstant	模型中不设置常数项
offset（varname）	约束 varname 的系数为 1
asis	保留完全预测变量
vce(vcetype)	vcetype 可能包括 oim、robust、cluster clustvar、bootstrap 或 jackknife
level(#)	设置置信水平(#)，默认值是 95
maximize_options	控制最大化过程，很少用
nocoef	在结果中不输出系数表格栏，很少用

在二值选择模型中，无论是二元Logistic回归分析还是二元Probit回归分析，其回归估计系数都没有经济意义，无法像普通线性模型那样用回归系数来表示解释变量的边际效应，即解释变量每一单位的变化如何引起被解释变量多少单位的变化（增长或减少）。因此，Stata中设置了专门的命令mfx来计算解释变量的边际效应，命令格式为：

```
mfx [compute] [if] [in] [, options]
```

其中，[if]为条件表达式，[in]用于设置样本范围。而[, options]为可选项，如表13.4所示。

表 13.4　mfx 命令的可选项及其含义

[, options]	含　义
predict(predict_option)	为设置的 predict_option 选项计算边际效应
varlist(varlist)	为设置的变量列表计算边际效应

（续表）

[, options]	含　义
dydx	计算边际效应，也是默认设置
eyex	以 $d(\ln y)/d(\ln x)$ 的形式计算弹性
dyex	以 $d(y)/d(\ln x)$ 的形式计算弹性
eydx	以 $d(\ln y)/d(x)$ 的形式计算弹性
nodiscrete	把虚拟变量当作连续变量看待
nose	不计算标准差
at(atlist)	在这些指定值处计算边际效应

在二值选择模型中，无论是二元Logistic回归分析还是二元Probit回归分析，都可以在执行完回归分析之后报告各种汇总统计信息，包括分类表。对应命令的语法格式为：

```
estat classification [if] [in] [weight] [, options]
```

其中，estat classification为命令，[if]为条件表达式，[in]用于设置样本范围，[weight]用于设置权重。而[, options]为可选项，如表13.5所示。

表 13.5　estat classification 命令的可选项及其含义

[, options]	含　义
all	在输出的汇总统计信息中显示所有样本观测值的汇总统计信息，从而忽略掉 if 和 in 的设置
cutoff(#)	判定为出现积极结果（即$\hat{y}=1$）的阈值，默认为 0.5。即默认状态下，如果发生概率的预测值$\hat{y}\geq 0.5$，那么认为$\hat{y}=1$；若$\hat{y}<0.5$，那么$\hat{y}=0$。用户可以通过设置 cutoff()中的数字来提高或降低阈值

在二值选择模型中，无论是二元Logistic回归分析还是二元Probit回归分析，都可以进行预测因变量的取值。对应命令的语法格式为：

```
predict [type] newvar [if] [in] [, single_options]
```

其中，predict为命令，[type]用于设置新变量的类型，newvar用来设置预测新变量，[if]为条件表达式，[in]用于设置样本范围。而[,single_options]为可选项，如表13.6所示。

表 13.6　predict 命令的可选项及其含义

[, single_options]	含　义
xb	计算线性预测拟合值
stdp	计算预测的标准差
score	似然函数对 xb 的一阶导数
nooffset	预测值不包括 offset 和 exposure 选项所设置的变量

在二值选择模型中，无论是二元Logistic回归分析还是二元Probit回归分析，都可以绘制ROC曲线。ROC曲线又被称为"接受者操作特征曲线"或"等感受性曲线"，主要用于评估预测准确率。ROC曲线最初应用于军事领域，现已广泛应用于各个领域，例如判断某种因素对某种疾病的诊断价

值。曲线上的各点反映了相同的感受性，它们代表了对同一信号刺激的反应，只不过是在不同的判定标准下得到的结果。

ROC曲线如图13.1所示，在以虚惊概率（又称为假阳性率、误报率，图中为"1-specificity"）为横轴，以击中概率（又称为敏感度、真阳性率，图中为"Sensitivity"）为纵轴的坐标图中绘制。曲线展示了在特定刺激条件下，由于采用不同的判断标准而得出的不同结果。虚惊概率越接近0，且击中概率越接近1，代表模型的准确率越好。

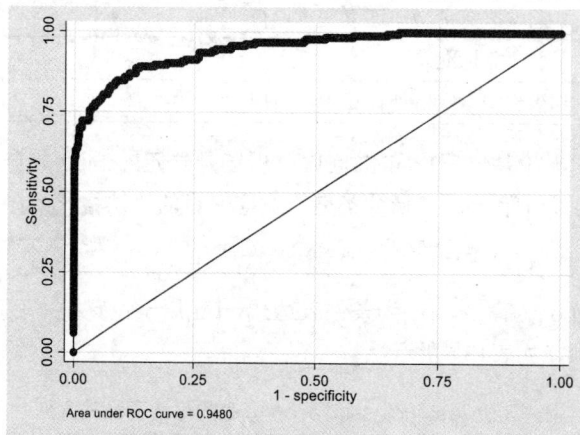

图 13.1　ROC 曲线

对于一条特定的ROC曲线来说，其曲率反映的敏感性指标是恒定的，因此它也被称为等感受性曲线。对角线（图13.1中的直线）代表辨别力等于0的一条线，也被称为纯机遇线。ROC曲线离纯机遇线越远，表明模型的辨别力越强。ROC曲线下方区域的面积被称为AUC值，是ROC曲线的数字摘要，取值范围为0~1。使用AUC值作为评价标准，因为在很多情况下，ROC曲线本身并不能清晰地说明哪个模型的效果更好，而作为一个数值，AUC值越大，模型的预测效果越好。

- 当 AUC=1 时，预测模型为完美模型，表示至少存在一个阈值可以得出完美的预测。绝大多数预测场合不存在完美模型。
- 当 0.5 < AUC < 1 时，预测模型优于随机猜测。如果合理设置阈值，该模型具有预测价值。
- 当 AUC = 0.5 时，预测模型与随机猜测相同，模型没有预测价值。
- 当 AUC < 0.5 时，预测模型比随机猜测差，但只要总是做反向预测，就能优于随机猜测。

绘制ROC曲线的命令及其语法格式为：

```
lroc [depvar] [if] [in] [weight] [, options]
```

其中，lroc为命令，[depvar]为被解释变量，[if]为条件表达式，[in]用于设置样本范围，[weight]用于设置权重。而[, options]为可选项，如表13.7所示。

表 13.7　lroc 命令的可选项及其含义

[, options]	含　义
all	使用所有样本观测值绘制 ROC 曲线，并计算 ROC 曲线下方区域的面积
nograph	不显示图形
beta(matname)	模型系数保存在行矩阵 matname 中

在二值选择模型中，无论是二元Logistic回归分析还是二元Probit回归分析，都可以进行拟合优度检验。对应的命令及其语法格式为：

```
estat gof [if] [in] [weight] [, options]
```

其中，estat gof为命令，[if]为条件表达式，[in]用于设置样本范围，[weight]用于设置权重。而[, options]为可选项，如表13.8所示。

表 13.8　estat gof 命令的可选项及其含义

[, options]	含　义
group(#)	使用合理的"#"分位数进行 Hosmer-Lemeshow 拟合优度检验
all	使用数据文件中的所有样本观测值进行拟合优度检验，忽略 [if]、[in]选项
outsample	对估计样本外的样本进行自由度调整
table	显示用于拟合优度检验的各组列表

3. 对 probit 二值选择模型进行异方差检验和回归

对probit二值选择模型进行异方差检验和回归的命令为hetprobit，该命令的语法格式为：

```
hetprobit depvar [indepvars] [if] [in] [weight], het(varlist [, offset(varname_o)])
[options]
```

其中，[if]为条件表达式，[in]用于设置样本范围，[weight]用于设置权重。而[, options]为可选项，如表13.9所示。

表 13.9　hetprobit 命令的可选项及其含义

[, options]	含　义
het(varilist)	设置影响扰动项的变量列表（varilist）
noconstant	不含有常数项
offset（varname）	约束此变量（varname）的系数为 1
asis	保留完全预测变量
constraints（constraints）	应用特定的线性约束
collinear	保留多重共线性预测变量
vce(vcetype)	vcetype 可能包括 oim、robust、cluster clustvar、opg bootstrap 或 jackknife
level(#)	设置置信水平，默认的置信水平为 95
noskip	进行似然比检验
nolrtest	进行 Wald 检验

13.1.2　案例应用——分析商业银行对公授信客户征信违约记录的影响因素

本小节用于分析的数据文件是"数据13.1"，其中记录的是XX银行XX省分行的700个对公授信客户的信息数据，如图13.2所示。这700个对公授信客户是以前曾获得贷款的客户，包括存量授信客户和已结清贷款客户。研究目标是探讨哪些特征可能影响对公授信客户的信用状况，进而提出有针对性的风险防控策略。因此，把因变量设置为"征信违约记录"，将其他变量作为自变量。

	征信违约记录	实际控制人从业年限	企业经营年限	银行负债	其他渠道负债
1	1	3	9	1315.88	4838.082
2	1	2	1	294.6	1309.95
3	1	2	3	765.96	2829.492
4	1	4	12	559.74	4506.228
5	1	18	19	2975.46	6427.488
6	1	3	4	1767.6	3178.812
7	1	15	2	1433.72	2881.89
8	1	13	7	7620.32	16976.952
9	1	4	4	186.58	2253.114
10	1	10	4	1463.18	1833.93

图 13.2 "数据 13.1"中的部分数据（由于数据量过大，仅显示其中一部分）

1. 二元 Logistic 回归分析

打开数据文件之后，在主界面的命令窗口中依次输入以下命令：

```
logistic 征信违约记录 实际控制人从业年限 企业经营年限 银行负债 其他渠道负债
```

该命令以"征信违约记录"为因变量，以"实际控制人从业年限""企业经营年限""银行负债"和"其他渠道负债"为自变量，进行二元Logistic回归分析，研究自变量与因变量之间的因果影响关系。其中自变量的影响以优势比的形式输出。结果如图13.3所示。

```
. logistic 征信违约记录 实际控制人从业年限 企业经营年限 银行负债 其他渠道负债

Logistic regression                              Number of obs  =     700
                                                 LR chi2(4)     =  492.30
                                                 Prob > chi2    =  0.0000
Log likelihood = -156.03267                      Pseudo R2      =  0.6120

征信违约记录 | Odds ratio   Std. err.      z     P>|z|    [95% conf. interval]
实际控制~限  |  .6973991    .03116      -8.07    0.000    .6389245   .7612254
企业经营年限 |  .878707     .0258421    -4.40    0.000    .8294895   .9308449
  银行负债   | 1.00066      .000122      5.41    0.000    1.000421   1.000899
其他渠道负债 | 1.002701     .0003677     7.36    0.000    1.00198    1.003422
    _cons   |  .9366181    .2716672    -0.23    0.821    .5304819   1.653692

Note: _cons estimates baseline odds.
Note: 0 failures and 33 successes completely determined.
```

图 13.3 以优势比形式输出二元 Logistic 回归分析的结果

可以发现，共有700个样本参与了分析（Number of obs=100）。LR chi2(4)是卡方检验的统计量，表示回归模型无效假设所对应的似然比检验量，括号内的4为自由度。LR chi2(4)的值为492.30，模型整体非常显著（Prob > chi2=0.0000）。其实LR chi2(4)和Prob > chi2这两个指标与线性回归结果中F统计量和p值的功能大体一致。此外，二元Logistic回归分析结果中的Pseudo R^2是伪R^2，虽然不等于R^2，但可用于检验模型对变量的解释力。因为二值选择模型是非线性模型，无法进行平方和分解，所以没有R^2，但Pseudo R^2衡量的是对数似然函数的实际增加值占最大可能增加值的比重，也可以很好地衡量模型的拟合精确度。在本例中，伪R^2达到0.6120（Pseudo R^2 = 0.6120），表明模型的解释能力较好。

提　示

结果中的Log likelihood是对数似然值（简记为L），是基于最大似然估计得到的统计量。计算公式为：$L = -\dfrac{n}{2}\log 2\pi - \dfrac{n}{2}\log \hat{\sigma}^2 - \dfrac{n}{2}$。对数似然值用于说明模型的精确度，$L$值越大，说明模型越精确。

与一般回归形式不同，此处自变量的影响以优势比的形式输出，表示在其他自变量保持不变的条件下，被观测自变量每增加1个单位时，$y=1$（因变量）的发生比的变化倍数。可以看出，"实际控制人从业年限"和"企业经营年限"这两个自变量的增加都会导致因变量为1的概率小于1倍地增加；而"银行负债"和"其他渠道负债"这两个自变量的增加会导致因变量为1的概率大于1倍地增加。

在二元Logistic回归分析中，对系数显著性的检验依靠z统计量，观察$P>|z|$的值，可以发现4个自变量的系数值是显著的，体现在其p值均小于0.05。

`logit 征信违约记录 实际控制人从业年限 企业经营年限 银行负债 其他渠道负债`

该命令也是进行二元Logistic回归分析，但自变量的影响以回归系数的形式输出。结果如图13.4所示。可以看出，该模型与使用Logistic命令得到的结果一致，只是自变量影响输出的形式由优势比换成了回归系数。

```
. logit 征信违约记录 实际控制人从业年限 企业经营年限 银行负债 其他渠道负债

Iteration 0:   log likelihood =  -402.1821
Iteration 1:   log likelihood = -221.58542
Iteration 2:   log likelihood = -167.57814
Iteration 3:   log likelihood = -156.24853
Iteration 4:   log likelihood = -156.03317
Iteration 5:   log likelihood = -156.03267
Iteration 6:   log likelihood = -156.03267

Logistic regression                         Number of obs =      700
                                            LR chi2(4)    =   492.30
                                            Prob > chi2   =   0.0000
Log likelihood = -156.03267                 Pseudo R2     =   0.6120
```

征信违约记录	Coefficient	Std. err.	z	P>|z|	[95% conf. interval]	
实际控制~限	-.3603974	.0446802	-8.07	0.000	-.447969	-.2728257
企业经营年限	-.1293037	.0294093	-4.40	0.000	-.1869448	-.0716626
银行负债	.0006595	.0001219	5.41	0.000	.0004205	.0008985
其他渠道负债	.002697	.0003667	7.36	0.000	.0019784	.0034157
_cons	-.0654796	.2900512	-0.23	0.821	-.6339695	.5030102

Note: 0 failures and 33 successes completely determined.

图 13.4　以回归系数形式输出二元 Logistic 回归分析结果

最终的回归方程为：

logit（$P|y$=征信记录违约）$=-0.360\times$实际控制人从业年限$-0.129\times$企业经营年限$+0.001\times$银行负债$+0.003\times$其他渠道负债-0.065

或者，设$T=-0.360\times$实际控制人从业年限$-0.129\times$企业经营年限$+0.001\times$银行负债$+0.003\times$其他渠道负债-0.065

$$\mathrm{Prob}(Y=\text{征信记录违约})=\frac{e^{T}}{1+e^{T}}$$

```
mfx
```

该命令用于计算解释变量的边际效应。分析结果如图13.5所示。

```
. mfx

Marginal effects after logit
      y  = Pr(征信违约记录) (predict)
         =  .47798771

variable      dy/dx    Std. err.      z    P>|z|  [    95% C.I.    ]       X

实际~限    -.0899247      .01106    -8.13   0.000  -.111606 -.068243   10.3886
企业~限    -.0322633      .00735    -4.39   0.000   -.04666 -.017866   9.27857
银行负债   .0001646      .00003     5.56   0.000   .000107  .000223   1525.49
其他~债    .0006729       .0001     6.73   0.000   .000477  .000869   1451.63
```

图 13.5　计算解释变量的边际效应

在该输出结果中，第一列为变量；第二列dy/dx显示了每个解释变量的平均边际影响。可以发现，"实际控制人从业年限"和"企业经营年限"这两个自变量的边际影响为负值；"银行负债"和"其他渠道负债"这两个自变量的边际影响为正值；第三列为z统计量；第四列为显著性p值。分析结论与前述的内容一致。

mfx命令默认计算所有解释变量在样本均值处的边际效应，用户可以设定边际影响的点，也就是在命令语句中设置可选项options为at(atlist)。例如，在命令窗口中输入以下命令：

```
mfx,at(实际控制人从业年限=5)
```

表示计算"实际控制人从业年限"取值为5，其他解释变量取值在样本均值处的边际效应，结果如图13.6所示。

```
estat classification
```

该命令计算预测准确的百分比，并提供分类统计和分类表。由于没有设置cutoff选项，因此使用默认的阈值0.5。也就是说，基于二元Logistic回归分析模型，如果预测值 $\hat{y} \geq 0.5$ ，那么认为 $\hat{y}=1$ ；如果 $\hat{y}<0.5$ ，则认为 $\hat{y}=0$ 。分析结果如图13.7所示。

```
. mfx,at(实际控制人从业年限=5)

warning: no value assigned in at() for variables 企业经营年限 银行负债 其他渠
> 道负债;
    means used for 企业经营年限 银行负债 其他渠道负债

Marginal effects after logit
      y  = Pr(征信违约记录) (predict)
         =  .8645868

variable      dy/dx    Std. err.      z    P>|z|  [    95% C.I.    ]       X

实际~限    -.0421941      .01109    -3.80   0.000  -.063929 -.020459        5
企业~限    -.0151384       .0055    -2.75   0.006  -.025927 -.004349   9.27857
银行负债   .0000772      .00003     2.90   0.004   .000025  .000129   1525.49
其他~债    .0003158      .00006     5.43   0.000   .000202   .00043   1451.63
```

图 13.6　设定边际影响点的边际效应

```
. estat classification

Logistic model for 征信违约记录

              -------- True --------
Classified         D         ~D        Total

    +             132         11          143
    -              51        506          557

  Total           183        517          700

Classified + if predicted Pr(D) >= .5
True D defined as 征信违约记录 != 0

Sensitivity                     Pr( +| D)    72.13%
Specificity                     Pr( -|~D)    97.87%
Positive predictive value       Pr( D| +)    92.31%
Negative predictive value       Pr(~D| -)    90.84%

False + rate for true ~D        Pr( +|~D)     2.13%
False - rate for true D         Pr( -| D)    27.87%
False + rate for classified +   Pr(~D| +)     7.69%
False - rate for classified -   Pr( D| -)     9.16%

Correctly classified                         91.14%
```

图 13.7　阈值为 0.5 时计算预测准确率的百分比

注　意

Classified表示基于二元Logistic回归分析模型的预测分类情况：Classified+表示基于模型预测分类为响应结果（因变量取1）；Classified-表示基于模型预测分类为未响应结果（因变量取0）。

True表示实际样本观测值的分类情况：D表示实际样本观测值为响应结果（因变量取1），~D表示实际样本观测值为未响应结果（因变量取0）。

在图13.7中，Classified-True矩阵的左上方为132，即因变量实际为响应结果且预测为响应结果的样本观测值个数为132。此外，还可以发现，因变量实际为未响应结果且预测为未响应结果的样本观测值个数为506。这两种情况都属于预测正确的情形。

因变量实际为响应结果但预测为未响应结果的样本观测值个数为51，因变量实际为未响应结果但预测为响应结果的样本观测值个数为11，这两种情况都属于预测错误的情形。

结果图中，sensitivity（敏感性）=Pr(+|D)=132/183=72.13%

结果图中，specificity（特异性）=Pr(-|~D)=506/517=97.87%。

结果图中最后一行为整体预测正确的百分比，也反映了二元Logistic回归分析模型的拟合优度。在700个样本观测值中，预测正确的有638（132+506）个，正确率即（132+506）/700=91.14%。

```
estat classification,cutoff(0.8)
```

该命令用于计算预测准确的百分比，并提供分类统计和分类表，设置cutoff选项，阈值为0.8。结果如图13.8所示。设置阈值为0.8后，整体预测准确率出现了下降，降至90.14%。主要原因是实际为响应结果但预测为未响应结果的错判值显著上升，上升至68个。

```
estat classification,cutoff(0.6)
```

该命令用于计算预测准确的百分比，并提供分类统计和分类表，设置cutoff选项，阈值为0.6。结果如图13.9所示。设置阈值为0.6后，整体预测准确率为91%。

```
. estat classification,cutoff(0.8)

Logistic model for 征信违约记录

                    ------- True -------
Classified          D           ~D          Total

  +                 115         1           116
  -                 68          516         584

  Total             183         517         700

Classified + if predicted Pr(D) >= .8
True D defined as 征信违约记录 != 0

Sensitivity                     Pr( +| D)   62.84%
Specificity                     Pr( -|~D)   99.81%
Positive predictive value       Pr( D| +)   99.14%
Negative predictive value       Pr(~D| -)   88.36%

False + rate for true ~D        Pr( +|~D)   0.19%
False - rate for true D         Pr( -| D)   37.16%
False + rate for classified +   Pr(~D| +)   0.86%
False - rate for classified -   Pr( D| -)   11.64%

Correctly classified                        90.14%
```

图 13.8　阈值为 0.8 时计算预测准确的百分比

```
. estat classification,cutoff(0.6)

Logistic model for 征信违约记录

                    ------- True -------
Classified          D           ~D          Total

  +                 125         5           130
  -                 58          512         570

  Total             183         517         700

Classified + if predicted Pr(D) >= .6
True D defined as 征信违约记录 != 0

Sensitivity                     Pr( +| D)   68.31%
Specificity                     Pr( -|~D)   99.03%
Positive predictive value       Pr( D| +)   96.15%
Negative predictive value       Pr(~D| -)   89.82%

False + rate for true ~D        Pr( +|~D)   0.97%
False - rate for true D         Pr( -| D)   31.69%
False + rate for classified +   Pr(~D| +)   3.85%
False - rate for classified -   Pr( D| -)   10.18%

Correctly classified                        91.00%
```

图 13.9　阈值为 0.6 时计算预测准确的百分比

```
lstat
```

该命令是前述命令estat clas的另一种表达形式。读者可自行尝试，可以发现两者的结果完全一致。

```
predict p1, pr
```

该命令用于估计因变量的拟合值。它创建一个名为p1的新变量，其值等于在最近一次Logistic模型的基础上$y=1$的预测概率。

```
list 征信违约记录 p1
```

该命令用于列出各个样本观测值的征信违约记录和p1两个变量的值，结果如图13.10所示。

从结果中可以非常直观地看出实际值与预测值的一致程度。例如，第10个样本，实际取值（V1）为1，预测取值为1，概率为0.8486992。如果我们设定阈值为0.5，即当预测概率大于0.5时，将预测取值为1，那么第10个样本是预测准确的；若设定阈值为0.9，即当预测概率大于0.9时，预测取值为1，那么第10个样本则是预测错误的。

```
lroc
```

该命令用于绘制ROC曲线，绘制结果如图13.11所示。前面我们提到，准确率就是ROC曲线下方的面积。图中的45°直线是纯机遇线，即准确率和错误率各占一半。从图中可以看到，本例的ROC曲线位于45°直线上方，表明准确率高于错误率，即准确率大于0.5。由图中最下方的一行可以得出曲线下方面积为0.9480（Area under ROC curve=0.9480），因此，模型的预测能力很好。

```
estat gof
```

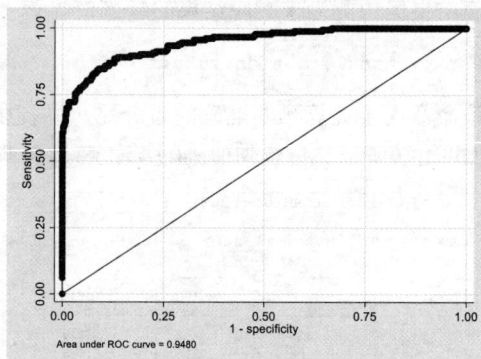

图 13.10 征信违约记录和 p1 取值（图片过大，仅显示其中一部分）　图 13.11 ROC 曲线

该命令用于判断模型的拟合效果，或模型的解释能力，结果如图13.12所示。我们使用的是Pearson卡方拟合优度检验，原假设是预测值和实际值没有显著差别。因此，p值越大，越能显著接受原假设，也就是说模型的拟合优度越好。本例中，模型的拟合效果还是很不错的。

图 13.12 模型的拟合效果

2. 二元 Probit 回归分析

打开数据文件之后，在主界面的命令窗口中输入以下命令：

```
probit 征信违约记录 实际控制人从业年限 企业经营年限 银行负债 其他渠道负债
```

该命令以"征信违约记录"为因变量，以"实际控制人从业年限""企业经营年限""银行负债"和"其他渠道负债"为自变量，进行二元Probit回归分析。结果如图13.13所示，该模型经过6次迭代后得到了最终结果。模型整体的显著性、各自变量的显著性以及各自变量的系数方向与使用Logistic命令回归得到的结果一致。

```
. probit 征信违约记录 实际控制人从业年限 企业经营年限 银行负债 其他渠道负债

Iteration 0:   log likelihood =  -402.1821
Iteration 1:   log likelihood = -226.61656
Iteration 2:   log likelihood = -173.79724
Iteration 3:   log likelihood = -158.48903
Iteration 4:   log likelihood = -157.26863
Iteration 5:   log likelihood = -157.26049
Iteration 6:   log likelihood = -157.26049

Probit regression                               Number of obs =      700
                                                LR chi2(4)    =   489.84
                                                Prob > chi2   =   0.0000
Log likelihood = -157.26049                     Pseudo R2     =   0.6090
```

征信违约记录	Coefficient	Std. err.	z	P>|z|	[95% conf. interval]	
实际控制~限	-.1909263	.022591	-8.45	0.000	-.2352039	-.1466486
企业经营年限	-.0683567	.0153904	-4.44	0.000	-.0985213	-.038192
银行负债	.0003453	.0000639	5.41	0.000	.0002201	.0004705
其他渠道负债	.0014773	.0001922	7.68	0.000	.0011006	.0018541
_cons	-.0881165	.1677289	-0.53	0.599	-.4168591	.240626

```
Note: 0 failures and 52 successes completely determined.
```

图 13.13　二元 Probit 回归分析结果

二元Probit回归分析还可以使用mfx、estat、predict、list、lroc、estat gof等命令。可在命令窗口中分别输入以下命令，结果不再用图展示。

```
mfx
estat classification
predict p2, pr
list 征信违约记录 p2
lroc
estat gof
```

3. 对 Probit 二值选择模型进行异方差检验和回归

在命令窗口输入以下命令：

```
hetprob 征信违约记录 实际控制人从业年限 企业经营年限 银行负债 其他渠道负债,het(实际控制人从业年限 企业经营年限 银行负债 其他渠道负债)
```

该命令用于进行Probit二值选择异方差模型的估计和检验，结果如图13.14所示。

```
Heteroskedastic probit model                    Number of obs    =       700
                                                Zero outcomes    =       517
                                                Nonzero outcomes =       183

                                                Wald chi2(4)     =     20.74
Log likelihood = -152.7062                      Prob > chi2      =    0.0004

征信违约记录  │  Coefficient  Std. err.      z    P>|z|     [95% conf. interval]
─────────────┼──────────────────────────────────────────────────────────────
征信违约记录  │
 实际控制~限  │   -.1981063   .0542804    -3.65   0.000    -.3044939   -.0917187
企业经营年限  │   -.1066345   .0349653    -3.05   0.002    -.1751652   -.0381037
  银行负债    │   .0003609    .000104      3.47   0.001     .0001572    .0005647
其他渠道负债  │   .0016715    .000385      4.34   0.000     .0009169    .0024261
   _cons     │   -.0371748   .1819765    -0.20   0.838    -.3938421    .3194926
─────────────┼──────────────────────────────────────────────────────────────
 lnsigma     │
 实际控制~限  │   .0056971    .0211955     0.27   0.788    -.0358453    .0472394
企业经营年限  │   .0285512    .0165258     1.73   0.084    -.0038387    .0609411
  银行负债    │   .0000305    .0000623     0.49   0.624    -.0000916    .0001527
其他渠道负债  │   -.0006088   .0002389    -2.55   0.011     -.001077    -.0001406
─────────────┴──────────────────────────────────────────────────────────────
LR test of lnsigma=0: chi2(4) = 9.11                      Prob > chi2 = 0.0584
```

图 13.14　Probit 二值选择异方差模型的估计和检验

对于模型整体显著性、自变量系数值及显著性的解读与前文类似,本例的研究结论也是一致的。图13.14下方是LR检验的结果,LR检验的原假设是同方差,本例中接受了原假设（Prob > chi2 = 0.0584）,即模型不存在异方差问题,因此没必要使用该异方差Probit模型进行估计。

13.2　多值选择模型

扫描右侧二维码观看视频	
下载资源:\sample\chap13\数据 13.2	

13.2.1　统计学原理及 Stata 命令

多值选择模型回归分析是二值选择模型回归分析的拓展,用于因变量取多个单值且无先后顺序的情形,如偏好选择、考核等级等。多值选择模型回归分析的基本原理同样是考虑因变量（0,1）发生的概率,用发生概率除以没有发生概率再取对数。回归自变量系数也是模型中每个自变量优势比的概念,回归系数的估计同样采用迭代最大似然法。多值选择模型包括多元Logit模型和多元Probit模型。由于Probit模型需要对多元正态分布进行评价,应用受到一定限制,因此应用最广的是多元Logit模型。

多元Logit模型的公式为:

$$\ln \frac{p}{1-p} = \alpha + X\beta + \varepsilon$$

其中,p 为事件发生的概率,$\alpha = \begin{pmatrix} \alpha_1 \\ \alpha_2 \\ \vdots \\ \alpha_n \end{pmatrix}$ 为模型的截距项,$\beta = \begin{pmatrix} \beta_1 \\ \beta_2 \\ \vdots \\ \beta_n \end{pmatrix}$ 为自变量系数,X=

$$\begin{pmatrix} x_{11} & x_{12} & \cdots & x_{1k} \\ x_{21} & x_{22} & \cdots & x_{2k} \\ \vdots & \vdots & \ddots & \vdots \\ x_{n1} & x_{n2} & \cdots & x_{nk} \end{pmatrix} \text{为自变量,} \quad \varepsilon = \begin{pmatrix} \varepsilon_1 \\ \varepsilon_2 \\ \vdots \\ \varepsilon_n \end{pmatrix} \text{为误差项。}$$

多元Logit模型的命令及其语法格式为：

```
mlogit depvar [indepvars] [if] [in] [weight] [, options]
```

多元Probit模型的命令及其语法格式为：

```
mprobit depvar [indepvars] [if] [in] [weight] [, options]
```

mlogit和mprobit为多值选择模型的命令，depvar表示模型的被解释变量，[indepvars]表示模型的解释变量，[if]为条件表达式，[in]用于设置样本范围，[weight]用于设置权重。而[, options]为可选项，主要包括如表13.10所示的几项。

表 13.10　多值选择模型命令的可选项及其含义

[, options]	含　义
noconstant	模型中不包括常数项
baseoutcome(#)	在模型中设置基础组别或类别
constraints(clist)	在模型中应用特定的线性约束
collinear	在模型中保留多重共线性预测变量
vce(vcetype)	vcetype 可能包括 oim、robust、cluster clustvar、opg bootstrap 或者 jackknife
level(#)	在模型中设置置信度，默认值是 95
rrr	输出相对风险比率（该选项只适用于 mlogit 命令，mprobit 不适用）
maximize_options	控制最优化过程，很少使用

在实际操作中，以下命令使用频率较高：

```
mlogit y x1 x2 x3···, baseoutcome(#)
mprobit y x1 x2 x3···, baseoutcome(#)
```

其中"#"表示被解释变量的某个取值，将该值所代表的组别或类别作为参照组。

在多值选择模型中，无论是多元Logit模型，还是多元Probit模型，都可以预测每个样本观测值取到被解释变量每个值的概率。相应命令的语法格式为：

```
predict [type] {stub*|newvars} [if] [in] [,statistic outcome(#,#,···) nooffset]
```

其中，predict是预测命令，[type]为预测设置新变量的类型，{stub*|newvars}为预测的新变量，[if]为条件表达式，[in]用于设置样本范围，outcome(#,#,···)表示需要对括号内指定的类别进行概率预测。在outcome()中，可以直接使用类别的取值，也可以使用#1、#2等表示类别的序号，还可以用数值标签来表示。如果不设置outcome选项，则需设置k个新变量。如果是预测指数或指数的标准差，则需设置1个新变量。nooffset表示预测约束。statistic表示需要预测的统计量，包括3种：pr（默认选项，预测因变量取值概率）、xb（预测因变量拟合值）、stdq（预测标准差）。

13.2.2 案例应用——分析血糖含量与年龄、糖摄入量、中高等 强度运动量的关系

本小节用于分析的数据文件是"数据13.2",其中记录的是某地区被调查者血糖含量等级(1为低水平,2为中水平,3为高水平)、年龄、每周糖摄入量(单位为克)和每周中高等强度运动量(单位为小时),如图13.15所示。以下分析以"血糖含量等级"为因变量,以"年龄""每周糖摄入量"和"每周中高等强度运动量"为自变量,开展多值选择模型分析。

	血糖含量等级	年龄	每周糖摄入量	每周中高等强度运动量
1	低水平	27	175.1	156.4
2	高水平	16	258.6	146.6
3	低水平	6	95	86.4
4	低水平	16	98.8	87.9
5	中水平	1	195.1	167
6	中水平	11	141.3	127.8
7	中水平	8	116	116.8
8	高水平	12	251.5	95.2
9	低水平	4	277.4	225.7
10	中水平	28	223.2	226.6

图 13.15 "数据 13.2"中的部分数据(由于数据量过大,仅显示其中一部分)

1. 多元 Logit 回归分析

打开数据文件之后,在主界面的命令窗口中依次输入以下命令:

```
mlogit 血糖含量等级 年龄 每周糖摄入量 每周中高等强度运动量,base(3)
```

该命令以"血糖含量等级"为因变量,以"年龄""每周糖摄入量"和"每周中高等强度运动量"为自变量,进行多元Logit回归分析,并将血糖含量等级取值为3的组(即高水平组)设置为基准组。自变量的影响通过回归系数的形式输出。结果如图13.16所示。

可以看出,模型整体显著(Prob > chi2=0.0000),伪R^2达到74.67%(Pseudo R^2 = 0.7467),拟合优度较高,解释能力较强。高水平是因变量中的参考类别,其所有系数均为0。不论是对于低水平模型还是中水平模型,年龄和每周糖摄入量的系数(coefficient列)均为负值且显著性p值($P>|z|$)为0.000。同时,低水平模型的系数绝对值(-1.466、-0.042)大于中水平模型的系数绝对值(-0.824、-0.036),说明年龄越大、每周糖摄入量越多,血糖水平越高的概率越大;每周中高等强度运动量的系数(B列)为负值且显著性p值($P>|z|$)为0.000,且低水平模型的系数绝对值(0.034)大于中水平模型的系数绝对值(0.023),说明每周中高等强度运动量越大,血糖水平越低的概率越大。

最终模型方程为:

$Y1$=LOG[p(低水平)/P(高水平)]=29.879-1.466×年龄-0.042×每周糖摄入量+0.034×每周中高等强度运动量

$Y2$=LOG[p(中水平)/P(高水平)]=22.763-0.824×年龄-0.036×每周糖摄入量+0.023×每周中高等强度运动量

$Y3$=0

```
. mlogit 血糖含量等级 年龄 每周糖摄入量 每周中高等强度运动量, base(3)

Iteration 0:   log likelihood = -1092.914
Iteration 1:   log likelihood = -527.67749
Iteration 2:   log likelihood = -353.17687
Iteration 3:   log likelihood = -280.43243
Iteration 4:   log likelihood = -276.95119
Iteration 5:   log likelihood =  -276.8795
Iteration 6:   log likelihood = -276.87941
Iteration 7:   log likelihood = -276.87941

Multinomial logistic regression              Number of obs =    1,034
                                              LR chi2(6)    =  1632.07
                                              Prob > chi2   =   0.0000
Log likelihood = -276.87941                   Pseudo R2     =   0.7467

血糖含量等级 | Coefficient  Std. err.      z    P>|z|   [95% conf. interval]
低水平
      年龄 | -1.465785   .0949911   -15.43   0.000   -1.651964   -1.279606
每周糖摄入量 | -.0422245   .0088942    -4.75   0.000   -.0596568   -.0247922
每周中高~量 |  .0335464   .0096212     3.49   0.000    .0146891    .0524037
     _cons | 29.87899   2.228581    13.41   0.000    25.51105    34.24693
中水平
      年龄 | -.8240394   .0811498   -10.15   0.000   -.9830901   -.6649888
每周糖摄入量 | -.0361823   .0068977    -5.25   0.000   -.0497016   -.0226631
每周中高~量 |  .022951    .0068838     3.33   0.001    .0094589    .0364431
     _cons | 22.76283   2.109716    10.79   0.000    18.62786    26.8978
高水平    | (base outcome)
```

图 13.16　以回归系数形式输出的多元 Logit 回归分析的结果

mlogit 血糖含量等级 年龄 每周糖摄入量 每周中高等强度运动量, base(3) rrr

该命令同样进行多元Logit回归分析，但自变量的影响以相对风险比率的形式输出。结果如图13.17所示。

```
. mlogit 血糖含量等级 年龄 每周糖摄入量 每周中高等强度运动量, base(3) rrr

Iteration 0:   log likelihood = -1092.914
Iteration 1:   log likelihood = -527.67749
Iteration 2:   log likelihood = -353.17687
Iteration 3:   log likelihood = -280.43243
Iteration 4:   log likelihood = -276.95119
Iteration 5:   log likelihood =  -276.8795
Iteration 6:   log likelihood = -276.87941
Iteration 7:   log likelihood = -276.87941

Multinomial logistic regression              Number of obs =    1,034
                                              LR chi2(6)    =  1632.07
                                              Prob > chi2   =   0.0000
Log likelihood = -276.87941                   Pseudo R2     =   0.7467

血糖含量等级 |    RRR      Std. err.      z    P>|z|   [95% conf. interval]
低水平
      年龄 | .2308967   .0219331   -15.43   0.000   .1916731   .2781469
每周糖摄入量 | .9586545   .0085265    -4.75   0.000   .9420878   .9755126
每周中高~量 | 1.034115   .0099495     3.49   0.000   1.014798   1.053801
     _cons | 9.47e+12   2.11e+13    13.41   0.000   1.20e+11   7.47e+14
中水平
      年龄 | .4386561   .0355969   -10.15   0.000   .3741531   .5142793
每周糖摄入量 | .9644644   .0066526    -5.25   0.000   .9515133   .9775918
每周中高~量 | 1.023216   .0070437     3.33   0.001   1.009504   1.037115
     _cons | 7.69e+09   1.62e+10    10.79   0.000   1.23e+08   4.80e+11
高水平    | (base outcome)
Note: _cons estimates baseline relative risk for each outcome.
```

图 13.17　以相对风险比率的形式输出的多元 Logit 回归分析的结果

相对风险比率与二元Logistic中的优势比的概念类似。相对风险比率的含义是：在其他自变量保持不变的条件下，被观测自变量每增加1个单位时，$y=1$的发生比变化的倍数。结果显示，年龄越大、每周糖摄入量越多，血糖水平越高的概率越大；每周中高等强度运动量越大，血糖水平越低的概率越大。

```
predict p1 p2 p3
```

该命令用于生成预测变量p1、p2、p3，分别表示各样本观测值的被解释变量预测为1（低水平）、2（中水平）和3（高水平）的概率，如图13.18所示。

```
list 血糖含量等级 p1 p2 p3 in 1/5
```

该命令用于显示1~5个样本观测值的血糖含量等级、p1、p2、p3的值，如图13.19所示。例如，第1个样本观测值的实际血糖含量等级为低水平，预测为p1的概率仅为6.49e-06，显著低于其他两种概率，预测等级和实际等级不相符。

变量窗口	
过滤变量	
名称	标签
血糖含量等级	
年龄	
每周糖摄入量	
每周中高等强度...	
p1	Pr(血糖含量等级==低水平)
p2	Pr(血糖含量等级==中水平)
p3	Pr(血糖含量等级==高水平)

图 13.18　生成预测变量 p1、p2、p3

```
. list 血糖含量等级 p1 p2 p3 in 1/5
```

	血糖~级	p1	p2	p3
1.	低水平	6.49e-06	.0968929	.9031006
2.	高水平	.0396079	.9344997	.0258924
3.	低水平	.9735869	.0264131	2.07e-09
4.	低水平	.0563739	.9433162	.0003099
5.	中水平	.9991463	.0008537	6.38e-12

图 13.19　1~5 个样本观测值 V1、p1、p2、p3 的值

2. 多元 Probit 回归分析

在主界面命令窗口中输入以下命令：

```
mprobit 血糖含量等级 年龄 每周糖摄入量 每周中高等强度运动量, base(3)
```

本命令以"血糖含量等级"为因变量，以"年龄""每周糖摄入量"和"每周中高等强度运动量"为自变量，进行多元Probit回归分析，其中自变量的影响是以回归系数的形式输出的。结果如图13.20所示。

```
. mprobit 血糖含量等级 年龄 每周糖摄入量 每周中高等强度运动量, base(3)

Iteration 0:    log likelihood = -381.98956
Iteration 1:    log likelihood = -342.26704
Iteration 2:    log likelihood = -339.25291
Iteration 3:    log likelihood = -339.24908
Iteration 4:    log likelihood = -339.24908

Multinomial probit regression                   Number of obs =   1,034
                                                Wald chi2(6)  =  513.39
Log likelihood = -339.24908                     Prob > chi2   =  0.0000
```

血糖含量等级	Coefficient	Std. err.	z	P>|z|	[95% conf. interval]	
低水平						
年龄	-.7864585	.038483	-20.44	0.000	-.8618838	-.7110331
每周糖摄入量	-.0365126	.005383	-6.78	0.000	-.0470631	-.0259621
每周中高~量	.025867	.0059247	4.37	0.000	.0142548	.0374792
_cons	17.19028	1.036757	16.58	0.000	15.15827	19.22229
中水平						
年龄	-.4279806	.0328874	-13.01	0.000	-.4924386	-.3635226
每周糖摄入量	-.0296142	.0041641	-7.11	0.000	-.0377757	-.0214527
每周中高~量	.0159425	.0041986	3.80	0.000	.0077134	.0241715
_cons	13.14884	.9622716	13.66	0.000	11.26282	15.03485
高水平	(base outcome)					

图 13.20　以回归系数形式输出多元 Probit 回归分析结果

对该结果的解读与多元Logit回归模型类似，在此不再赘述。

13.3　有序选择模型

13.3.1　统计学原理及 Stata 命令

当因变量为离散数值且有多个选择时，这种模型被称为多元选择模型。在多元选择模型中，当因变量的多个选择之间涉及排序问题时，则需要建立多元排序选择模型。在实际生活中，我们经常会遇到有序因变量的情况，如成绩的等级（优、良、中、差）；在银行信贷资产分类中，按照监管部门的规定，将贷款违约情况分为"正常""关注""次级""可疑""损失"等。类似的情况也出现在客户满意度调查中，客户对本公司服务的满意程度分为"很满意""基本满意""不太满意""很不满意"等；在债券市场中，债券发行主体的信用评级分为AAA、AA、A、BBB、……、D等。

有序因变量和离散因变量不同，离散值之间具有内在的等级关系。如果直接使用OLS估计法，会失去因变量的序数信息，导致估计出现偏差。因此，需要使用有序选择模型来进行估计。序数回归模型的设计基于 McCullagh (1980, 1998)的方法论。

考虑如下有序选择模型：

$$P(y=y_i \mid X_i,\beta) = P(y=y_i \mid x_0,x_1,x_2,\cdots,x_k)$$

其中，y_i 有0,1,2,$\cdots$,$m-1$共m个选择。为了对多元排序选择模型进行分析，引入了不可观测的潜在变量 y_i^*：

$$y_i^* = X_i'\beta + \varepsilon_i^*$$

ε_i^* 是相互独立且同分布的随机扰动项，y_i 的取值和潜在变量 y_i^* 有下面的对应关系：

$$y_i = \begin{cases} 0, & y_i^* \leqslant c_1 \\ 1, & c_1 < y_i^* \leqslant c_2 \\ 2, & c_2 < y_i^* \leqslant c_3 \\ \vdots \\ m-1, c_{m-1} < y_i^* \end{cases}$$

假设 ε_i^* 的分布函数为$F(x)$，可以得到因变量y取各个选择值的概率：

$$P(y_i=0) = F(c_1 - X'\beta)$$
$$P(y_i=1) = F(c_2 - X'\beta) - F(c_1 - X'\beta)$$
$$P(y_i=2) = F(c_3 - X'\beta) - F(c_2 - X'\beta)$$
$$\vdots$$
$$P(y_i=m-1) = 1 - F(c_{m-1} - X'\beta)$$

与二元、多值选择模型一样，有序选择模型的分布函数$F(x)$也有3种常见的类型：Normal（正态）分布、Logistic分布和Extreme value（极值）分布。模型方程的参数仍然使用最大似然估计，同时$m-1$个临界值$c_1, c_2, \cdots, c_{m-1}$事先也是不确定的，因此也作为模型待估计的参数与模型系数一起进行估计。

有序选择模型包括有序Logit模型和有序Probit模型。

有序Logit模型的命令及其语法格式为：

```
ologit depvar [indepvars] [if] [in] [weight] [, options]
```

有序Probit模型的命令及其语法格式为：

```
oprobit depvar [indepvars] [if] [in] [weight] [, options]
```

其中，depvar表示模型的被解释变量，[indepvars]为解释变量，[if]为条件表达式，[in]用于设置样本范围，[weight]用于设置权重。而[, options]为可选项，主要包括如表13.11所示的几项。

表 13.11　有序选择模型命令的可选项及其含义

[, options]	含　义
offset（varname）	约束模型变量的系数为 1
vce(vcetype)	vcetype 可能包括 oim、robust、cluster clustvar、opg bootstrap 或者 jackknife
level(#)	在模型中设置置信度，默认值为 95
or	输出优势比（该选项只适用于 ologit 命令，oprobit 不适用）
maximize_options	控制最优化过程，很少使用

在有序选择模型中，无论是有序Logit模型，还是有序Probit模型，都可以预测每个样本观测值取到被解释变量每个值的概率。相应的命令及其语法格式为：

```
predict [type] newvar [if] [in] [, single_options]
```

其中，predict是预测命令，[type]为预测设置新变量的类型，newvar为预测的新变量，[if]为条件表达式，[in]用于设置样本范围，[, single_options]为可选项。

13.3.2　案例应用——分析生产车间工人年度奖金档次

本小节用于分析的数据文件是"数据13.3"，其中记录的是某公司高管自工作以来工作年限和绩效年薪的数据，如图13.21所示。下面以"奖金档次"为因变量，以"入职年限""年内累计工作业绩得分"和"年内累计违规操作积分"为自变量，进行有序Logit回归分析。

1. 有序 Logit 回归分析

打开数据文件之后，在主界面的命令窗口中依次输入以下命令：

```
ologit 奖金档次 入职年限 年内累计工作业绩得分 年内累计违规操作积分
```

该命令以"奖金档次"为因变量，以"入职年限""年内累计工作业绩得分"和"年内累计违规操作积分"为自变量，进行有序Logit回归分析。自变量的影响将以回归系数的形式输出。结果如图13.22所示。

图 13.21　"数据 13.3"中的部分数据（由于数据量过大，仅显示其中一部分）

图 13.22　以回归系数形式输出的有序 Logit 回归分析的结果

　　从图 13.22 中可以看出，模型的整体显著性很高，显著性 p 值为 0.0000（Prob > chi2=0.0000），伪 R^2 达到 74.30%（Pseudo R^2 = 0.7430），表明模型的拟合优度较高，解释能力比较强。

　　在"数据 13.3"数据文件中，奖金档次变量的取值分别为：1（低收入）、2（中收入）、3（高收入）。也就是说，奖金档次变量的取值越大，收入档次越高。根据回归分析结果，入职年限和年内累计工作业绩得分系数都是正值，表明这两个变量的值越大，越容易被分到更高收入的组。或者说，入职年限和年内累计工作业绩得分越高，预测收入档次也会越高。相反，年内累计违规操作积分的系数为负，表明其值越小，预测的收入档次越高。

　　"/cut1"和"/cut2"表示割点的估计值，这两个割点把样本分为 3 个区间，即 3 个不同的收入档次。当样本的因变量拟合值小于"/cut1"时，预测收入档次为低收入；当样本的因变量拟合值在"/cut1"与"/cut2"之间时，预测收入档次为中收入；当样本的因变量拟合值大于"/cut2"时，预测收入档次为高收入。

　　在本例中，3 个自变量的系数显著性均很高，$P>|z|$ 均为 0.000。两个割点值分别为 9.222606 和 18.30888。根据这些值，可以得出以下预测规则：

- 当样本的因变量拟合值小于或等于 9.222606 时，预测分类为低收入组。
- 当样本的因变量拟合值大于 9.222606 且小于或等于 18.30888 时，预测分类为中收入组。
- 当样本的因变量拟合值大于 18.30888 时，预测分类为高收入组。

```
ologit 奖金档次 入职年限 年内累计工作业绩得分 年内累计违规操作积分,or
```

该命令也是进行有序Logit回归分析，但自变量的影响以优势比的形式输出。结果如图13.23所示。

```
. ologit 奖金档次 入职年限 年内累计工作业绩得分 年内累计违规操作积分,or

Iteration 0:    log likelihood =  -1092.914
Iteration 1:    log likelihood = -424.97623
Iteration 2:    log likelihood = -304.83817
Iteration 3:    log likelihood = -281.42237
Iteration 4:    log likelihood = -280.84498
Iteration 5:    log likelihood = -280.84458
Iteration 6:    log likelihood = -280.84458

Ordered logistic regression                     Number of obs  =    1,034
                                                LR chi2(3)     =  1624.14
                                                Prob > chi2    =   0.0000
Log likelihood = -280.84458                     Pseudo R2      =   0.7430

    奖金档次 │  Odds ratio  Std. err.       z    P>|z|    [95% conf. interval]
─────────────┼──────────────────────────────────────────────────────────────
    入职年限 │   2.092181   .0930878    16.59   0.000    1.917461    2.282821
  年内累~得分 │   1.017254   .0040668     4.28   0.000    1.009314    1.025256
  年内累~积分 │   .9837211   .0045252    -3.57   0.000    .9748917    .9926305
─────────────┼──────────────────────────────────────────────────────────────
       /cut1 │   9.222606   .6433006                      7.96176    10.48345
       /cut2 │  18.30888   1.124765                      16.10438    20.51338
Note: Estimates are transformed only in the first equation to odds ratios.
```

图 13.23　以优势比的形式输出有序 Logit 回归分析的结果

可以看出，入职年限和年内累计工作业绩得分的系数均大于1，这两个变量每增加1单位，都将使因变量的增加幅度超过1单位。而年内累计违规操作积分的系数小于1，这个变量每增加1单位，将使因变量的增加幅度小于1单位，这与前面的分析结论一致。

```
predict p1 p2 p3
```

该命令用于生成预测变量p1、p2、p3，分别表示各样本观测值的被解释变量预测为1（低奖金档次）、2（中奖金档次）和3（高奖金档次）的概率。结果如图13.24所示。

```
list 奖金档次 p1 p2 p3 in 1/5
```

该命令用于显示1~5个样本观测值奖金档次、p1、p2和p3的值。结果如图13.25所示。

变量窗口

名称	标签
奖金档次	
入职年限	
年内累计工作业...	
年内累计违规操...	
p1	Pr(奖金档次==1)
p2	Pr(奖金档次==2)
p3	Pr(奖金档次==3)

```
. list 奖金档次 p1 p2 p3 in 1/5

        奖金档次         p1          p2          p3
   ┌──────────────────────────────────────────────────┐
 1.│ 低奖金档   .0000146   .1139214    .886064  │
 2.│ 高奖金档   .0098887   .9789032    .011208  │
 3.│ 低奖金档   .9899121   .0100867   1.15e-06  │
 4.│ 低奖金档   .0554003   .9426731   .0019265  │
 5.│ 中奖金档   .9996248   .0003751   4.25e-08  │
   └──────────────────────────────────────────────────┘
```

图 13.24　生成预测变量 p1、p2、p3　　图 13.25　1~5 个样本观测值的奖金档次为 p1、p2、p3 的值

2. 有序 Probit 回归分析

在主界面命令窗口输入以下命令：

```
oprobit 奖金档次 入职年限 年内累计工作业绩得分 年内累计违规操作积分
```

该命令用于进行有序probit回归分析，其中自变量的影响以回归系数的形式输出。结果如图13.26所示。对该结果的解读与有序Logit回归模型类似，在此不再赘述。

```
. oprobit 奖金档次 入职年限 年内累计工作业绩得分 年内累计违规操作积分

Iteration 0:    log likelihood =  -1092.914
Iteration 1:    log likelihood = -386.31168
Iteration 2:    log likelihood = -329.86864
Iteration 3:    log likelihood = -326.29178
Iteration 4:    log likelihood = -326.29051
Iteration 5:    log likelihood = -326.29051

Ordered probit regression                      Number of obs  =    1,034
                                               LR chi2(3)     = 1533.25
                                               Prob > chi2    =  0.0000
Log likelihood = -326.29051                    Pseudo R2      =  0.7014
```

奖金档次	Coefficient	Std. err.	z	P>|z|	[95% conf. interval]	
入职年限	.3070836	.0132934	23.10	0.000	.281029	.3331382
年内累计工作业绩得分	.010643	.0018903	5.63	0.000	.0069381	.0143479
年内累计违规操作积分	-.009633	.0022021	-4.37	0.000	-.013949	-.005317
/cut1	4.036971	.2490087			3.548923	4.525019
/cut2	7.815759	.3715188			7.087596	8.543923

图 13.26　以回归系数形式输出的有序 Probit 回归分析的结果

13.4　本章回顾与习题

13.4.1　本章回顾

本章介绍了二值选择模型、多值选择模型和有序选择模型的基本原理、常用命令语句及具体实例的应用。

1. 二值选择模型的命令

1）二元 Logistic 回归分析
若自变量的影响以优势比的形式输出，使用以下命令：

```
logistic depvar indepvars [if] [in] [weight] [, options]
```

若自变量的影响以回归系数的形式输出，使用以下命令：

```
logit depvar [indepvars] [if] [in] [weight] [, options]
```

2）二元 Probit 回归分析

```
probit depvar [indepvars] [if] [in] [weight] [, options]
```

3）计算解释变量的边际效应

```
mfx [compute] [if] [in] [, options]
```

4）计算预测准确的百分比，并报告各种汇总统计信息，包括分类表

```
estat classification [if] [in] [weight] [, options]
```

5）预测因变量的取值

```
predict [type] newvar [if] [in] [, single_options]
```

6）绘制 ROC 曲线

```
lroc [depvar] [if] [in] [weight] [, options]
```

7）拟合优度检验

```
estat gof [if] [in] [weight] [, options]
```

8）对 Probit 二值选择模型进行异方差检验和回归

```
hetprobit depvar [indepvars] [if] [in] [weight], het(varlist [, offset(varname_o)])
[options]
```

2. 多值选择模型的命令

多元Logit模型的命令及其语法格式为：

```
mlogit depvar [indepvars] [if] [in] [weight] [, options]
```

多元Probit模型的命令及其语法格式为：

```
mprobit depvar [indepvars] [if] [in] [weight] [, options]
```

预测每个样本观测值取到被解释变量每个值的概率，相应的命令及其语法格式为：

```
predict [type] {stub*|newvars} [if] [in] [,statistic outcome(#,#,…) nooffset]
```

3. 有序选择模型的命令

有序Logit模型的命令及其语法格式为：

```
ologit depvar [indepvars] [if] [in] [weight] [, options]
```

有序Probit模型的命令及其语法格式为：

```
oprobit depvar [indepvars] [if] [in] [weight] [, options]
```

预测每个样本观测值取到被解释变量每个值的概率，相应的命令及其语法格式为：

```
predict [type] newvar [if] [in] [, single_options]
```

13.4.2 本章习题

一、单选题

1. 哪个Stata命令不属于二值选择模型？（　　）

A. logit B. logistic C. probit D. mlogit

2. 多元Logistic回归命令为（　　）。

A. logit　　　　　　　　B. logistic

C. ologit　　　　　　　　D. mlogit

3. ROC曲线下方面积AUC值的取值范围为（　　）。

A. 0~1　　　　　　　　B. −1~1

C. 0~0.5　　　　　　　D. 0.5~1

4~6.（　　）命令用来计算解释变量的边际效应。（　　）命令用来预测因变量的取值。（　　）命令用来报告分类表等各种汇总统计信息。

A. estat　　　　　　　　B. mfx

C. predict　　　　　　　D. lroc

二、判断题

1. 二值选择模型是模型中因变量只有0或者1两种取值的离散因变量模型。（　　）

2. 研究顾客会员等级分类（黑金、白金、黄金、普通）时，宜采用多值选择模型。（　　）

3. 二值选择模型是模型中自变量只有0或者1两种取值的离散模型。（　　）

4. ROC曲线下方区域的面积又被称为AUC值，取值越小表示模型越优。（　　）

三、操作题（所有操作题除完成操作生成 do 文件外，还要对结果进行解读）

1. 使用"习题13.1"数据文件，以患者细胞癌转移情况（有转移$y=1$，无转移$y=0$）为因变量，以患者年龄、细胞癌组织内微血管数、细胞癌分期（由低到高共4期）为自变量，开展二值选择模型分析。

（1）以优势比形式输出二元Logistic回归分析结果。

（2）以回归系数形式输出二元Logistic回归分析结果。

（3）计算解释变量的边际效应。

（4）计算预测准确的百分比，并提供分类统计和分类表。

（5）计算预测准确的百分比，并提供分类统计和分类表，设置cutoff选项，阈值为0.8。

（6）计算预测准确的百分比，并提供分类统计和分类表，设置cutoff选项，阈值为0.6。

（7）估计因变量的拟合值。

（8）列出各个样本观测值因变量实际值和拟合值，并进行解释。

（9）绘制ROC曲线并进行解读。

（10）执行伪R^2拟合优度检验。

（11）将操作所使用的全部命令保存为do文件，并命名为"习题13.1答案"。

2. 使用"习题13.2"数据文件，以职称情况为因变量，以工作年限、绩效考核得分和违规操作积分为自变量，进行多值选择模型分析。

（1）以回归系数形式输出多元Logit回归分析的结果。

（2）以相对风险比率的形式输出多元Logit回归分析的结果。

（3）生成各样本观测值因变量各种取值的预测概率。

（4）以回归系数形式输出多元Probit回归分析的结果。

（5）将操作所使用的全部命令保存为do文件，并命名为"习题13.2答案"。

3. 使用"习题13.3"数据文件，以职称情况为因变量，以工作年限、绩效考核得分和违规操作积分为自变量，进行有序选择模型分析。

（1）以回归系数形式输出有序Logit回归分析的结果。

（2）以优势比的形式输出有序Logit回归分析的结果。

（3）生成各样本观测值因变量各种取值的预测概率。

（4）以回归系数形式输出有序Probit回归分析的结果。

（5）将操作所使用的全部命令保存为do文件，并命名为"习题13.3答案"。

◆ 第四部分 ◆

专业统计应用

第14章

因 子 分 析

在研究事物之间的影响关系时，我们通常会先选取一些变量，然后针对这些变量搜集相应的样本观测值。前面在回归分析部分提到，在有些情况下，各个自变量之间可能出现多重共线性关系，实际上，这种现象的本质是各变量承载的信息出现了重叠，或者说变量选取得过多了。另一方面，当样本观测值较少而所选取的变量过多时，模型的自由度会减小，从而导致模型效果欠佳。本章将介绍因子分析这一方法，用以解决上述问题。因子分析是一种降维分析方法，它的基本思想是在尽可能少损失信息的情况下，将多个变量简化为少数几个潜在因子。这些因子能够高度概括原始数据中的信息，既减少了变量的个数，又最大限度地保留了原有变量中的信息。

扫描本章二维码观看视频

下载资源:\sample\chap14\数据 14

14.1　统计学原理及 Stata 命令

因子分析的基本过程是:

1. 选择分析的变量，计算相关系数矩阵

如果变量之间的相关性较弱或几乎无相关性，就没有必要进行因子分析。因此，原始变量之间需要有较强的相关性，这是进行因子分析的前提。相关系数矩阵是估计因子结构的基础。

2. 估计因子载荷矩阵，提出公共因子

因子分析的基本模型如下:

$$\underset{(m\times 1)}{Z} = \underset{(m\times p)}{A} \cdot \underset{(p\times 1)}{F} + \underset{(m\times m)}{C} \underset{(m\times 1)}{U}$$
$$\text{(对角阵)}$$

其中，Z 为原始变量，是可观测的 m 维随机向量，每个分量代表一个指标或变量；A 为因子载荷矩阵，矩阵中的每个元素称为因子载荷，表示第 i 个变量在第 j 个公共因子上的载荷；F 为公共因

子，是不可观测的 p 维随机向量，它的各个分量将影响每个随机变量。模型展开形式如下：

$$\begin{cases} Z_1 = a_{11}F_1 + a_{12}F_2 + \cdots + a_{1p}F_p + c_1U_1 \\ Z_2 = a_{22}F_1 + a_{22}F_2 + \cdots + a_{2p}F_p + c_2U_2 \\ \cdots \\ Z_m = a_{m1}F_1 + a_{m2}F_2 + \cdots + a_{mp}F_p + c_mU_m \end{cases}$$

向量 U 称为特殊因子，其中包括随机误差，它们满足以下条件：

（1）Cov(F, U)=0，即 F 与 U 不相关。

（2）Cov(F_i, F_j)=0,$i \neq j$；Var(F_i)= Cov(F_i,F_j)=I，即向量 F 的协方差矩阵为 P 阶单位阵。

（3）Cov(U_i, U_j)=0,$i \neq j$；Var(U_i)= σ_i^2，即向量 U 的协方差矩阵为 m 阶对角阵。

在进行因子分析时，需要确定因子的个数。因子个数可以根据因子方差的大小来确定。一般情况下，只选取特征值大于 1 的因子，因为特征值小于 1 的因子的贡献通常较小。同时，还需要考虑提取因子的累计方差贡献率，通常认为该贡献率达到 60%时符合要求。

3. 因子旋转

在许多情况下，除了实现降维的目的之外，我们还需要对提取的公因子进行解释，或者说为公因子赋予一定的意义，以便更好地进行实际分析。如果每个公共因子的含义不明确，就不利于进行实际背景的解释。因此，需要对因子载荷阵进行变换（或称因子旋转）。

因子旋转有 3 种主要的正交旋转方法：四次方最大法、方差最大法和等量最大法。最常用的方法是方差最大法，它通过旋转，使得旋转后的因子载荷阵中的每一列元素尽可能地拉开距离，或者说向 0 或 1 两极分化，从而使得每个主因子只对少数几个变量具有高载荷，且每个变量也只在少数主因子上具有高载荷。需要注意的是，正交旋转适用于正交因子模型，即主因子相互独立的情况。如果主因子之间存在着较为明显的相关关系，这时做非正交旋转（即斜交旋转）是更为合适的选择。

4. 计算因子得分

计算因子得分后，我们可以在许多分析中使用这些得分。例如，可以将因子得分作为聚类分析的变量或回归分析中的自变量。

因子分析的命令及其语法格式为：

```
factor varlist [if] [in] [weight] [, method options]
```

其中，factor 为命令；varlist 为参与因子分析的变量列表；[if]为条件表达式；[in]用于设置样本范围；[weight]用于设置权重；method 用于设置因子分析的具体方法类型，主要包括表 14.1 所示的几种；options 为因子分析的可选项，主要包括表 14.2 所示的各项。

表 14.1　因子分析的主要方法类型

method	含　义
pf	主因子法
pcf	主成分因子法

（续表）

method	含　义
ipf	迭代公因子方差的主因子法
ml	最大似然因子法

表 14.2　factor 命令的可选项及其含义

options	含　义
factors(#)	设置需要保留的因子的最大数量，通过在()中输入数字来实现，#对应数字
mineigen(#)	设置临界特征值，系统将仅保留特征值大于临界值的因子，#对应具体值
citerate(#)	设置重新估计公因子方差的迭代次数，通过在()中输入数字来实现，#对应数字，仅适用于迭代公因子方差的主因子法
blanks(#)	当载荷值小于括号内设置的临界值#时，将因子载荷显示为空白
norotated	显示未旋转的结果，即使旋转的结果是可用的
protect(#)	设置最大似然因子法的初始值（#），而不是使用随机初始值，仅适用于最大似然因子法，输出结果会显示是否所有起始值都收敛到相同的解，而且当指定了一个很大的数值（比如 protect(50)）时，将保证找到的解决方案是全局的，而不仅仅是局部最大值
random	使用随机初始值，仅适用于最大似然因子法
seed(seed)	使用随机数种子，仅适用于最大似然因子法

14.2　案例应用——分析 39 家上市银行风险与效益指标

本节用于分析的数据文件是"数据 14"，其中记录的是 39 家 A 股上市银行 2023 年末相关风险指标和效益指标等经营指标数据，如图 14.1 所示。下面将对"贷款损失准备充足率""不良贷款拨备覆盖率""拨贷比""净息差""净利差"和"生息资产收益率"6 个变量进行因子分析。限于篇幅，本例仅采用主因子法进行因子分析，读者可自行尝试其他方法。

	证券简称	贷款损失准备充足率	不良贷款拨备覆盖率	拨贷比	净息差	净利差	生息资产收益率
1	平安银行	571.7056	277.63	2.94	2.38	2.31	4.58
2	兰州银行	346.0994	197.51	3.41	1.46	1.49	4.3
3	宁波银行	665.4637	461.04	3.5	1.88	2.01	4.16
4	江阴银行	1175.4955	409.46	4.01	2.06	1.85	3.92
5	张家港银行	904.7931	424.23	3.98	1.99	1.74	4.19
6	郑州银行	337.369	174.87	3.28	2.08	2	4.38
7	青岛银行	408.2193	225.96	2.67	1.83	1.85	4.17
8	青农商行	474.3422	237.96	4.32	1.76	1.77	3.94
9	苏州银行	885.3717	522.77	4.39	1.68	1.73	4.01
10	浦发银行	274.5912	173.51	2.57	1.52	1.49	3.82
11	华夏银行	281.8561	160.06	2.67	1.82	1.77	4.02
12	民生银行	254.8752	149.69	2.22	1.46	1.37	3.8

图 14.1　"数据 14"中的部分数据（由于数据量过大，仅显示其中一部分）

1. 因子分析

打开数据文件，在主界面命令窗口中输入以下命令：

```
factor 贷款损失准备充足率 不良贷款拨备覆盖率 拨贷比 净息差 净利差 生息资产收益率,pf
```

该命令使用主因子法对"贷款损失准备充足率""不良贷款拨备覆盖率""拨贷比""净息差""净利差"和"生息资产收益率"6 个变量进行因子分析，结果如图 14.2 所示。

```
. factor 贷款损失准备充足率 不良贷款拨备覆盖率 拨贷比 净息差 净利差 生息资产收益率,pf
(obs=39)

Factor analysis/correlation                   Number of obs      =         39
    Method: principal factors                 Retained factors   =          2
    Rotation: (unrotated)                     Number of params   =         11

    ┌─────────────────────────────────────────────────────────────────────┐
    │  Factor   │  Eigenvalue   Difference   │   Proportion   Cumulative    │
    ├─────────────────────────────────────────────────────────────────────┤
    │  Factor1  │    3.10859      1.75472    │     0.7385      0.7385       │
    │  Factor2  │    1.35387      1.36917    │     0.3216      1.0602       │
    │  Factor3  │   -0.01530      0.03352    │    -0.0036      1.0565       │
    │  Factor4  │   -0.04882      0.02774    │    -0.0116      1.0449       │
    │  Factor5  │   -0.07657      0.03598    │    -0.0182      1.0267       │
    │  Factor6  │   -0.11255         .       │    -0.0267      1.0000       │
    └─────────────────────────────────────────────────────────────────────┘

LR test: independent vs. saturated:  chi2(15) =  165.15 Prob>chi2 = 0.0000

Factor loadings (pattern matrix) and unique variances

    ┌──────────────────────────────────────────────────────┐
    │  Variable   │ Factor1   Factor2  │  Uniqueness        │
    ├──────────────────────────────────────────────────────┤
    │  贷款损失~率 │  0.8197   -0.4156  │    0.1553          │
    │  不良贷款~率 │  0.7328   -0.5405  │    0.1708          │
    │    拨贷比    │  0.6068   -0.4566  │    0.4233          │
    │    净息差    │  0.8081    0.4771  │    0.1195          │
    │    净利差    │  0.7395    0.4931  │    0.2099          │
    │ 生息资产~率  │  0.5758    0.4580  │    0.4587          │
    └──────────────────────────────────────────────────────┘
```

图 14.2　主因子法因子分析的结果

图 14.2 的上半部分展示了因子分析模型的一般情况。可以看出，共有 39 个样本（Number of obs=39）参与了分析，保留了 2 个因子（Retained factors=2）。由于默认的特征值阈值为 0，只有特征值大于或等于阈值的因子才会被保留，而其余 4 个因子的特征值为负值，因此没有被保留。当然，我们完全可以通过指定 minigen(#)选项提高该阈值。模型 LR 检验的卡方值（LR test: independent vs. saturated: chi2(15)）为 165.15，p 值（Prob>chi2）为 0.0000，表明模型非常显著。

图 14.2 中间部分的最左列（Factor）为因子名称，表明模型共生成了 6 个因子。Eigenvalue 列表示因子的特征值情况，只有前两个因子的特征值大于 1，第 1 个因子的特征值为 3.10859，第 2 个因子的特征值为 1.35387。Proportion 列表示提取因子的方差贡献率，第 1 个因子的方差贡献率为 73.85%，第 2 个因子的方差贡献率为 32.16%。Cumulative 列展示了提取因子的累计方差贡献率。

图 14.2 下半部分展示了模型的因子载荷矩阵以及变量的未解释部分。Variable 列表示各个变量。Factor1 和 Factor2 列分别显示了提取的两个主因子对各个变量的载荷或解释程度。可以发现，Factor1 与所有变量都呈正向变化，对变量的载荷值也比较高；而 Factor2 的贡献较低。由于未旋转，因此两个因子目前无实际意义。Uniqueness 列显示变量未被提取的前两个主因子解释的部分。Uniqueness 列的形成既可能是纯粹的测量误差，也可能代表某些特定变量中能够可靠测量的东西，但并未被其他变量所测量。Uniqueness 的值越大，越不仅仅是测量误差。如果 Uniqueness 的值超过 0.6，则会被认为该值太高了。如果该值过高，则说明变量未能很好地被提取的公因子解释。

2. 因子旋转

在主界面命令窗口中输入以下命令：

```
rotate
```

该命令使用方差最大的正交旋转法对因子结构进行旋转，结果如图 14.3 所示。

```
. rotate

Factor analysis/correlation                    Number of obs     =        39
  Method: principal factors                    Retained factors  =         2
  Rotation: orthogonal varimax (Kaiser off)    Number of params  =        11

    Factor   |   Variance   Difference   |   Proportion   Cumulative
    ---------+------------------------------+-------------------------
    Factor1  |    2.23417     0.00588     |     0.5308       0.5308
    Factor2  |    2.22829        .        |     0.5294       1.0602

    LR test: independent vs. saturated:  chi2(15) = 165.15 Prob>chi2 = 0.0000

Rotated factor loadings (pattern matrix) and unique variances

    Variable  |  Factor1   Factor2   |  Uniqueness
    ----------+----------------------+-------------
    贷款损失~率 |   0.8740    0.2843   |    0.1553
    不良贷款~率 |   0.9006    0.1345   |    0.1708
      拨贷比   |   0.7521    0.1050   |    0.4233
      净息差   |   0.2356    0.9083   |    0.1195
      净利差   |   0.1757    0.8713   |    0.2099
    生息资产~率 |   0.0845    0.7308   |    0.4587

Factor rotation matrix

              |  Factor1   Factor2
    ----------+--------------------
    Factor1   |   0.7083    0.7059
    Factor2   |  -0.7059    0.7083
```

图 14.3　因子旋转结果

因子旋转结果图的上部分与前面的因子分析结果类似，此部分不再赘述。通过中间部分可以发现，公因子 1 主要载荷了贷款损失准备充足率、不良贷款拨备覆盖率和拨贷比 3 个风险指标的信息，因此可以命名为"风险因子"；而公因子 2 主要载荷净息差、净利差和生息资产收益率 3 个效益指标的信息，因此可以命名为"效益因子"。需要指出的是，中间部分的最后一列（Uniqueness）未因因子旋转而发生改变，这是因为旋转的目的只是使因子加载更易于解释，我们只是改变了公因子空间中的坐标。

因子旋转结果图的下部分为因子旋转矩阵。据此我们可以写出相关的公式，以 Factor1、Factor2 为例：

```
Factor1 rotated =0.7083 × Factor1 unrotated -0.7059× Factor2 unrotated
Factor2 rotated =0.7059× Factor1 unrotated +0.7083× Factor2 unrotated
```

其中，rotated 为下标，表示旋转后；unrotated 为下标，表示旋转前。

```
loadingplot,factors(2) yline(0) xline(0)
```

该命令用于绘制因子旋转后的因子载荷图，绘制结果如图 14.4 所示。

3. 因子得分

由于因子分析结果中只有前两个因子的特征值大于 1，因此我们仅关注这两个因子。

```
predict f1 f2
```

该命令用于生成各个样本观测值的前两个因子得分。因子得分系数矩阵结果如图 14.5 所示。

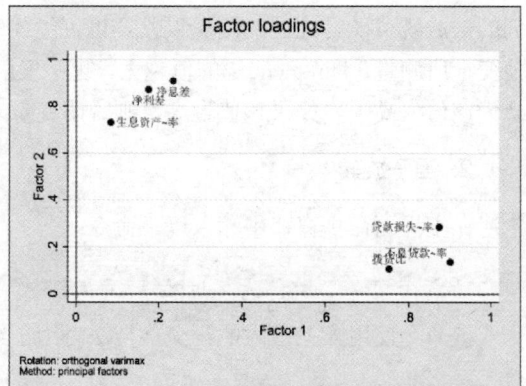

图 14.4　因子旋转后的因子载荷图

```
. predict f1 f2
(option regression assumed; regression scoring)

Scoring coefficients (method = regression; based on varimax rotated factors)

    Variable │  Factor1    Factor2

  贷款损失~率 │  0.45387   -0.05069
  不良贷款~率 │  0.44978   -0.09723
      拨贷比 │  0.15786   -0.04725
      净息差 │ -0.07897    0.61007
      净利差 │ -0.07039    0.31468
  生息资产~率 │ -0.04153    0.13112
```

图 14.5　因子得分系数矩阵

根据因子得分系数矩阵，我们可以写出各公因子的表达式。值得一提的是，表达式中各个变量并非原始变量，而是标准化变量。

以 f1 和 f2 为例，表达式如下：

f1=0.45387*贷款损失准备充足率+0.44978*不良贷款拨备覆盖率+0.15786*拨贷比-0.07897*净息差-0.07039*净利差-0.04153*生息资产收益率

f2=-0.05069*贷款损失准备充足率-0.09723*不良贷款拨备覆盖率-0.04725*拨贷比+0.61007*净息差+0.31468*净利差+0.13112*生息资产收益率

继续输入以下命令：

```
list 证券简称 f1 f2
```

该命令用于估计因子分析后各个样本观测值的因子得分情况，结果如图 14.6 所示。从中可以看到每家银行的风险和效益情况。例如，江阴银行、张家港行的效益指标和风险指标均表现很好（两个公因子得分均大于 0）；而郑州银行、青岛银行效益指标表现较好，但风险指标表现不好（公因子 2 得分大于 0，公因子 1 得分小于 0）。

```
list 证券简称 f1 f2

      证券简称          f1          f2

 1.    平安银行    -.4843439    1.921114
 2.    兰州银行     -.617323   -.6016693
 3.    宁波银行     .739669    .3390501
 4.    江阴银行    1.516308    .3515773
 5.    张家港行    1.132465     .255405

 6.    郑州银行   -1.016453    1.097893
 7.    青岛银行   -.7371237    .4008496
 8.    青农商行   -.1217373   -.0315888
 9.    苏州银行    1.675787    -.509106
10.    浦发银行   -.9890011   -.5708185
```

图 14.6　各样本观测值的因子得分（图片过大，仅显示其中一部分）

```
scoreplot,mlabel(证券简称) yline(0) xline(0)
```

该命令用于绘制每个样本的因子得分示意图，样本观测值通过变量"证券简称"进行标记。结果如图 14.7 所示。从中可以看出每个样本观测值在两个公因子维度上的得分情况。所有样本观测值都分布在 4 个象限，例如，宁波银行、江阴银行和张家港行等位于第 1 象限，说明这些银行的效益指标和风险指标均表现较好。

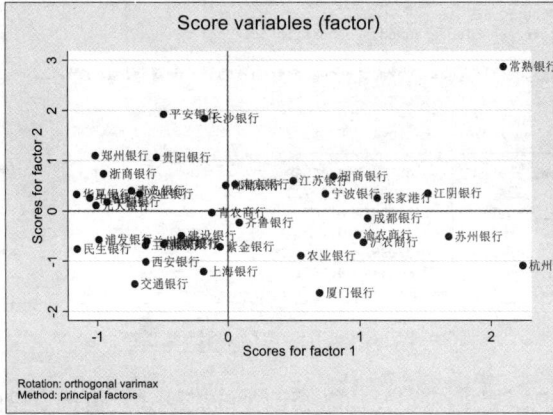

图 14.7　展示每个样本的因子得分示意图

4. KMO 检验及碎石图

进行 KMO 检验是为了查看数据是否适合进行因子分析，其取值范围是 0~1。其中 0.9~1 表示极好，0.8~0.9 表示可奖励的，0.7~0.8 表示还好，0.6~0.7 表示中等，0.5~0.6 表示糟糕，0~0.5 表示不可接受。碎石图可以更加直观地展示提取的每个公因子的特征值变化情况。

```
estat kmo
```

该命令用于显示 KMO 检验的结果。检验结果如图 14.8 所示，本例中 KMO 整体取值（Overall）为 0.7360，说明数据适合进行因子分析，适合度为"还好"。

```
screeplot
```

该命令用于绘制因子分析的碎石图，结果如图 14.9 所示。碎石图的纵坐标表示特征值，横坐标表示公因子。从图中可以看出，前两个公因子的特征值较大（均大于 1），且折线陡峭；从第三个公因子开始，折线变平缓，特征值均小于 1。

图 14.8　KMO 检验的结果

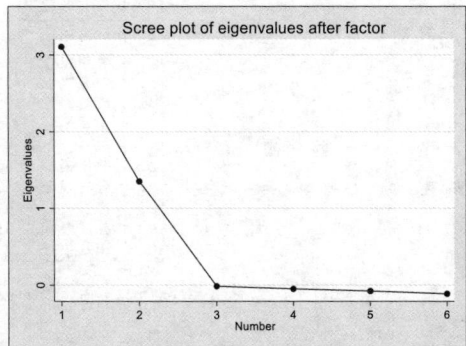

图 14.9　碎石图

此外，我们还可以选择只保留特征值大于 1 的因子，命令为：

```
factor 贷款损失准备充足率 不良贷款拨备覆盖率 拨贷比 净息差 净利差 生息资产收益率,pf mineigen(1)
```

如果想限定提取的公因子个数（例如仅提取 1 个公因子进行分析），命令为：

factor 贷款损失准备充足率 不良贷款拨备覆盖率 拨贷比 净息差 净利差 生息资产收益率,pf factors(1)

14.3 本章回顾与习题

14.3.1 本章回顾

本章主要介绍了因子分析的基本原理、命令及其具体实例的应用。

因子分析的命令及其语法格式为：

```
factor varlist [if] [in] [weight] [, method options]
```

其中，factor 为命令，varlist 为参与因子分析的变量列表，[if]为条件表达式，[in]用于设置样本范围，[weight]用于设置权重，method 用于设置因子分析的具体方法类型，options 为因子分析的可选项。

14.3.2 本章习题

一、单选题

1. 一般情况下因子分析只取特征值大于（　）的那些因子。

A. 0　　　　　　　　B. 1　　　　　　　　C. -1　　　　　　　　D. 2

2. 下面哪个不是因子分析的主要方法类型（　）。

A. pf 主因子法　　　　B. pcf 主成分因子法

C. ml 最大似然因子法　　D. mlogit 因子法

3. （　）用来观察原始变量信息主要被哪个公因子提取。

A. 因子载荷图　　　　B. 每个样本的因子得分示意图　　　　C. 碎石图

二、判断题

1. KMO 检验是为了看数据是否适合进行因子分析，取值越小表示越适合。（　）

2. 如果主因子之间存在着较为明显的相关关系，那么使用方差最大法进行因子旋转最佳。（　）

3. 原始变量间有较强的相关性是因子分析的前提。（　）

4. 因子载荷图可以更加直观地看出提取的每个公因子的特征值变化情况。（　）

三、操作题（所有操作题除完成操作生成 do 文件外，还需对结果进行解读）

使用"习题 14"数据文件，试对火力发电量（亿千瓦小时）、水力发电量（亿千瓦小时）、核能发电量（亿千瓦小时）、风力发电量（亿千瓦小时）、太阳能发电量（亿千瓦小时）、原煤（万吨）、原油（万吨）、天然气（亿立方米）、煤层气（亿立方米）、液化天然气（万吨）等变量开展主因子法因子分析。

（1）对变量执行默认状态下的主因子法因子分析。

（2）进行因子旋转。

（3）绘制因子旋转后的因子载荷图。

（4）得到因子得分系数矩阵。

（5）估计因子分析后各个样本观测值的因子得分情况。

（6）展示每个样本的因子得分示意图。

（7）开展 KMO 检验，判断是否适合进行因子分析。

（8）绘制碎石图，直观展示因子特征值情况。

（9）执行主因子法因子分析，且只保留特征值大于 1 的因子。

（10）执行主因子法因子分析，限定提取的公因子个数为 3。

（11）将操作所使用的全部命令保存为 do 文件，并命名为"习题 14 答案"。

第15章

聚类分析

本章学习聚类分析。根据分析方法的不同，聚类分析可以分为两大类：划分聚类分析和层次聚类分析。

划分聚类分析是一种快速的聚类方法，它将数据视为 K 维空间中的点，以距离为标准进行聚类分析，将样本分为指定的 K 类。划分聚类分析过程只限于连续数据，并且要求预先指定聚类的数量。

层次聚类分析也被称为系统聚类分析，其基本思路是先将相似度最高的两类合成一个新类，然后不断重复此过程，直到所有个体合并为一类。层次聚类分析通常适用于较小的数据集（待聚类对象只有数百个）。

15.1 划分聚类分析

扫描右侧二维码观看视频
下载资源:\sample\chap15\数据 15.1

15.1.1 统计学原理及 Stata 命令

划分聚类分析方法的基本思想是将观测到的样本划分为一系列事先设定好的不重合的分组。划分聚类分析方法主要包括两种：一种是 K 均值聚类分析方法；另一种是 K 中位数聚类分析方法。

K 均值聚类分析方法的操作流程是通过迭代过程将观测案例分配到具有最接近的平均数的组中，然后找出这些聚类。K 中位数聚类分析方法的操作流程则是通过迭代过程将观测案例分配到具有最接近的中位数的组中，最后确定这些聚类。

以 K 均值聚类分析为例，其基本原理是：首先指定聚类的个数，并按照一定的规则选取初始聚类中心。接着，让个案向最近的聚类中心靠拢，形成初始分类。然后，按照最近距离原则，系统不断修改不合理的分类，直到分类合理为止。假如用户选择了 x 个数值型变量参与聚类分析，并要求聚类数为 y，那么系统首先会从数据中选择 y 个个案（当然也可以由用户指定）作为初始聚类中心。这些个案构成 x 个变量组成的 x 维空间，每个个案在 x 维空间中是一个点，y 个事先选定的个案就是

y 个初始聚类中心点。然后，系统按照与这些初始聚类中心距离最小的原则，把个案分派到各类中心所在的类中，形成第一次迭代的 y 个类。接着，系统根据组成每一类的个案计算各变量的均值，每一类中的 x 个均值在 x 维空间中又形成 y 个点，这就是第二次迭代的聚类中心。按照这种方法依次迭代下去，直到达到指定的迭代次数或达到满足终止迭代的条件，停止迭代，形成最终聚类中心。K 均值聚类法计算量小、内存占用少并且处理速度快，因此比较适合处理大样本的聚类分析。

与层次聚类分析方法相比，划分聚类分析方法在计算上相对简单且计算速度更快。然而，它也有缺点：需要事先指定样本聚类的精确数量，这与聚类分析的探索性本质相矛盾。

K 均值聚类分析的命令及其语法格式为：

```
cluster kmeans [varlist] [if] [in] , k(#) [ options ]
```

K 中位数聚类分析的命令及其语法格式为：

```
cluster kmedians [varlist] [if] [in] , k(#) [ options ]
```

其中，cluster 为划分聚类分析的命令；kmeans 表示使用 K 均值聚类分析；kmedians 表示使用 K 中位数聚类分析；[varlist]为参与划分聚类分析的变量列表；[if]为条件表达式；[in]用于设置样本范围；k(#)表示划分的聚类数，通过在括号内输入具体数字来实现，例如 k(3)表示使用划分聚类分析方法将所有样本观测值划分为 3 类；[options]为可选项，主要包括表 15.1 所示的各项。

表 15.1   cluster 命令的可选项及其含义

[options]	含 义
measure(measure)	指定相似性或不相似性度量标准。默认为欧氏距离，对应的 Stata 命令为 measure(L2)
name(clname)	将指定聚类名称附加到生成的聚类分析结果中。如果用户没有指定 name()，Stata 会找到一个可用的聚类名称，如_clus_1、_clus_2等，并将该名称附加到聚类分析中
start(start_option)	用于设置如何获得 k 个初始聚类中心，如表 15.2 所示
keepcenters	指定将产生的 k 个组的组平均值或中位数添加到数据中
generate(groupvar)	生成新的分组变量，groupvar 为分组变量名。若不特别设置，则使用 name()中指定的名称
iterate(#)	设置模型的最大迭代次数，默认值为 10000

表 15.2   初始聚类中心的生成方式

start()括号内选项	含 义
krandom[(seed#)]	默认选项。指定从要聚集的观察结果中随机选择 k 个唯一的观察结果，作为 k 个组聚类的起始中心。若使用[(seed#)]选项，可以指定一个随机数种子，以便在选择 k 个随机观测值之前应用
firstk[, exclude]	指定将被聚类的观测数据中的前 k 个作为 k 个组聚类的起始中心。若使用 exclude 选项，则前 k 个观测值将不包含在待聚类的观测值中
lastk[, exclude]	指定将被聚类的观测数据中最后的 k 个作为 k 组聚类的起始中心。若使用 exclude 选项，则最后的 k 个观测值将不包含在待聚类的观测值中
random[(seed#)]	指定生成 k 个随机初始组的中心。这些值是从均匀分布的数据中随机选择的。使用[(seed#)]选项可以指定一个随机数种子，以便在生成 k 个组中心之前应用
prandom[(seed#)]	指定在要聚类的观察数据中随机形成 k 个分区。由这种划分定义的 k 个组的组平均值或中位数将被用作起始组的中心。使用[(seed#)]选项可以指定一个随机数种子，以便在生成 k 个组中心之前应用

（续表）

start()括号内选项	含 义
everykth	分配观测值 $1,1+k,1+2k,\cdots$ 为第一组，分配观测值 $2,2+k,2+2k,\cdots$ 为第二组，以此类推，形成 k 个组。这 k 个组的组均值或中位数将被用作起始组中心
segments	将数据分成 k 个几乎相等的分区。大约第一个 N/k 观测值被分配给第一组，第二个 N/k 观测值被分配给第二组，以此类推。这 k 个组的组均值或中位数将被用作起始组中心
group(varname)	提供一个初始的分组变量 varname，它定义了要聚集的观察数据中的 k 个组。这 k 个组的组均值或中位数将被用作起始组中心

针对[options]可选项中的 measure(measure)，Stata 提供了多种常用的相似性或不相似性度量标准，其中针对连续变量数据的标准如表 15.3 所示。

表 15.3　针对连续变量数据的标准

measure()括号内选项	含 义	使用变量类型
L2	欧氏距离，为默认选项。 计算公式为各项值之间平方差之和的平方根： $$\mathrm{dist}(X,Y)=\sqrt{\sum_{i=1}^{n}(x_i-y_i)^2}$$	连续变量数据
L2squared	欧氏距离的平方	连续变量数据
L1	绝对值距离	连续变量数据
Linfinity	最大值距离	连续变量数据
correlation	相关系数相似性度量	连续变量数据
L(#)	明可夫斯基距离，需要在括号内指定 p 值。 计算公式为各项值之间 p 次幂绝对差之和的 p 次根： $$d_{xy}=\left(\sum_{u=1}^{n}\left|x_u-y_u\right|^p\right)^{\frac{1}{p}}$$ 当 $p=1$ 时，就是"块"（曼哈顿距离）；当 $p=2$ 时，就是欧氏距离；当 p 趋近于无穷大时，就是切比雪夫距离	连续变量数据
Canberra	Canberra 距离	连续变量数据
angular	余弦相似度	连续变量数据

常用的距离详细介绍如下：

1）欧氏距离

欧氏距离指两个样本观测值（或指标、变量）差值平方和的平方根，数学公式为：

$$d_{xy}=\sqrt{\sum_{i=1}^{n}(x_i-y_i)^2}$$

2）欧氏距离的平方

欧氏距离的平方指两个样本观测值（或指标、变量）差值的平方和，数学公式为：

$$d_{xy} = \sum_{i=1}^{n}(x_i - y_i)^2$$

3）最大值距离

最大值距离指两个样本观测值（或指标、变量）差值绝对值的最大值，数学公式为：

$$d_{xy} = \max|x_i - y_i|$$

4）绝对值距离

绝对值距离指两个样本观测值（或指标、变量）差值绝对值之和，数学公式为：

$$d_{xy} = \sum_{i=1}^{n}|x_i - y_i|$$

5）明可夫斯基距离

明可夫斯基距离指两个样本观测值（或指标、变量）p 次幂绝对差之和的 p 次根，数学公式为：

$$d_{xy} = \left(\sum_{u=1}^{n}|x_u - y_u|^p\right)^{\frac{1}{p}}$$

当 $p = 1$ 时，就是"块"（曼哈顿距离）；当 $p=2$ 时，就是欧式距离；当 p 趋近于无穷大时，就是切比雪夫距离。

6）余弦相似度距离

$$d_{xy} = \frac{\sum_{i=1}^{n}(x_i y_i)^2}{\sqrt{\sum_{i=1}^{n}(x_i)^2}\sqrt{\sum_{i=1}^{n}(y_i)^2}}$$

针对分类变量数据的标准如表 15.4 所示。

表 15.4 针对分类变量数据的标准

measure()括号内选项	含 义	适用变量类型
matching	简单匹配系数	分类变量数据
Jaccard	Jaccard 相似系数	分类变量数据
Russell	Russell 和 Rao 相似系数	分类变量数据
Hamann	Hamann 相似系数	分类变量数据
Dice	Dice 相似系数	分类变量数据
antiDice	反 Dice 相似系数	分类变量数据
Sneath	Sneath 和 Sokal 相似系数	分类变量数据
Rogers	Rogers 和 Tanimoto 相似系数	分类变量数据
Ochiai	Ochiai 相似系数	分类变量数据
Yule	Yule 相似系数	分类变量数据
Andrberg	Anderberg 相似系数	分类变量数据
Kulczynski	Kulczynski 相似系数	分类变量数据

（续表）

measure() 括号内选项	含　义	适用变量类型
Pearson	Pearson 相似系数	分类变量数据
Gower2	与 Pearson 相同分母的相似系数	分类变量数据

15.1.2　案例应用——分析 A 股电气机械和器材制造业上市公司财务指标

本小节用于分析的数据文件是"数据 15.1"，其中记录的是 2023 年末我国电气机械和器材制造业 291 家 A 股上市公司财务指标数据，如图 15.1 所示。下面用"净资产收益率 ROE""总资产报酬率 ROA""营业收入同比增长率"和"研发费用同比增长"4 个变量对所有样本观测值进行划分聚类分析。

	证券简称	净资产收益率ROE	总资产报酬率ROA	营业收入同比增长率	研发费用同比增长
1	昱能科技	5.96	4.43	6.11	90.75
2	海力风电	-1.64	-1.42	3.22	86.4
3	上能电气	20.53	5.38	110.93	86.14
4	艾罗能源	37.86	27.87	-3.01	82.25
5	隆基绿能	16.21	7.24	.39	78.08
6	合康新能	-12.43	-7.58	4.73	72.96
7	捷佳伟创	20.49	5.87	45.43	63.46
8	盛弘股份	32.04	16.23	76.37	56.11
9	金冠电气	10.51	7.23	-5.75	55.54
10	豪鹏科技	2.09	.75	29.53	55
11	威腾电气	12.38	7.48	74.03	54.74
12	明阳电气	19.22	9.48	52.91	53.81

图 15.1　"数据 15.1"中的部分数据（由于数据量过大，仅显示其中一部分）

1. K 均值聚类分析

打开数据文件后，在主界面的命令窗口依次输入以下命令：

1）变量标准化处理

```
egen z 净资产收益率 ROE=std(净资产收益率 ROE)
egen z 总资产报酬率 ROA=std(总资产报酬率 ROA)
egen z 营业收入同比增长率=std(营业收入同比增长率)
egen z 研发费用同比增长=std(研发费用同比增长)
```

该命令旨在对 4 个变量进行标准化处理。

2）将所有样本观测值分别聚类为 3 类

```
cluster kmeans z 净资产收益率 ROE z 总资产报酬率 ROA z 营业收入同比增长率 z 研发费用同比增长,k(3)
edit
```

该命令旨在将样本分为 3 类。结果如图 15.2 所示，生成了聚类变量_clus_*，可看到每个样本的分类。

为了便于观察，我们也可以对数据进行排序操作，命令如下：

```
sort _clus_1
```

	证券简称	z净资产收益率ROE	z总资产报酬率ROA	z营业收入同比~率	z研发费用同比~长	_clus_1
16	通合科技	.1993194	.1908615	2.104614	1.616046	2
17	海泰新能	.2931231	-.020982	-1.827286	1.598651	1
18	珠海冠宇	-.2346411	-.7408907	-.1441675	1.548538	2
19	珈伟新能	-.6325961	-.4482595	2.572777	1.51085	2
20	安达科技	-3.217409	-3.10887	-2.627451	1.482273	1
21	伊戈尔	.1036207	.0598058	.880833	1.474405	2
22	杭州柯林	-.1749478	-.1125415	-.0630584	1.431746	2
23	江苏华辰	.5925369	.6648163	1.667549	1.429676	2
24	天顺风能	.165209	.0849397	.2920566	1.397786	2
25	佳电股份	.5072609	.2483105	.376948	1.39323	2
26	阳光电源	3.143239	1.961011	3.015305	1.371694	3
27	连城数控	1.125039	.1782945	2.159247	1.370451	2

图 15.2　分类结果（图片过大，仅显示其中一部分）

注　意

此处为实际生成的变量名_clus_*，不一定是_clus_1。划分聚类分析的一个特点是需要事先确定拟分类的数量，然而究竟分成多少类是合理的，这是一个没有定论的问题，需要用户根据自己的研究以及数据的实际特点进行判断。读者可尝试把样本分成其他数量的类别进行研究，观察分类情况。

3）采用其他相异性指标

在前面的实例中，聚类分析使用的相异性指标是系统的默认选项，即欧氏距离。除此之外，还有其他基于连续变量观测量的相异性指标可以使用，包括欧氏距离的平方、绝对值距离、最大值距离、相关系数相似性度量等。例如，设定聚类数为 3，然后使用 K 均值聚类分析方法，采用欧氏距离的平方这一相异性指标，命令为：

```
cluster kmeans z净资产收益率ROE z总资产报酬率ROA z营业收入同比增长率 z研发费用同比增长,k(3)
measure(L2squared)
```

4）设置聚类变量的名称

在上面的示例中，聚类分析产生的聚类变量是系统默认生成的，例如_clus_1、_clus_2 等。事实上，我们可以个性化地设置聚类变量的名称。

例如，设定聚类数为 3，然后使用 K 均值聚类分析方法，采用绝对值距离的相异性指标，并把生成的聚类变量命名为 abs，命令为：

```
cluster kmeans z净资产收益率ROE z总资产报酬率ROA z营业收入同比增长率 z研发费用同比增长,k(3)
measure(L1) name(abs)
```

5）设置观测样本为初始聚类中心

我们还可根据拟聚类数设置前几个观测样本为初始聚类中心进行聚类。例如，设定聚类数为 3，然后使用 K 均值聚类分析方法，采用绝对值距离的相异性指标，并把生成的聚类变量命名为 abcd，设置前几个观测样本为初始聚类中心进行聚类，命令为：

```
cluster kmeans z净资产收益率ROE z总资产报酬率ROA z营业收入同比增长率 z研发费用同比增长,k(3)
measure(L1) name(abcd) start(firstk)
```

6）排除作为初始聚类中心的观测样本

我们可以根据拟聚类数设置前几个观测样本为初始聚类中心进行聚类。在聚类分析时，也可以根据需要排除作为初始聚类中心的观测样本。例如，设定聚类数为 3，然后使用 K 均值聚类分析方法，采用绝对值距离的相异性指标，并把生成的聚类变量命名为 abcde，设置前几个观测样本为初始聚类中心进行聚类，但在聚类分析时排除这些初始聚类中心的观测样本，命令为：

```
cluster kmeans z净资产收益率ROE z总资产报酬率ROA z营业收入同比增长率 z研发费用同比增长,k(3)
measure(L1) name(abcde) start(firstk, exclude)
```

2. K 中位数聚类分析

K 中位数聚类分析的命令与 K 均值聚类分析的命令基本相同，只需把语句中的 kmeans 换成 kmedians。例如，将所有样本观测值聚类为 3 类，命令为：

```
cluster kmedians z净资产收益率ROE z总资产报酬率ROA z营业收入同比增长率 z研发费用同比增长,k(3)
edit
```

15.2　层次聚类分析

> 扫描右侧二维码观看视频
> 下载资源:\sample\chap15\数据 15.2

15.2.1　统计学原理及 Stata 命令

层次聚类分析方法与划分聚类分析方法的原理不同，它的基本思路是首先将每个样本观测值视为一类，然后根据类与类之间的距离或相似程度，将最相似的类加以合并；接着，计算新合并类与其他类之间的相似程度，并选择最相似的进行合并；每合并一次，就减少一个类，不断重复这一过程，直到最终将所有观测样本汇聚到一个组中，实现完全聚类。与划分聚类分析方法相比，层次聚类分析方法的计算过程更为复杂，计算速度较慢，但它不要求事先指定分类的数量，这一特点符合聚类分析的探索性本质，因此这种聚类分析方法的应用也非常广泛。

层次聚类分析的 Stata 操作命令如下：

```
cluster linkage [varlist] [if] [in] [, cluster_options]
```

其中，cluster 为层次聚类分析的命令；linkage 表示使用的系统聚类分析方法，如表 15.5 所示；[varlist]为参与系统聚类分析的变量列表；[if]为条件表达式；[in]用于设置样本范围；[, cluster_options]为可选项，主要包括如表 15.6 所示的各项。

表 15.5　使用的系统聚类分析方法

linkage	含　义
singlelinkage	最短联结法聚类分析（single-linkage cluster analysis）
completelinkage	最长联结法聚类分析（complete-linkage cluster analysis）
averagelinkage	平均联结法聚类分析（average-linkage cluster analysis）
waveragelinkage	加权平均联结法聚类分析（weighted-average linkage cluster analysis）

（续表）

linkage	含　义
medianlinkage	中位数联结法聚类分析（median-linkage cluster analysis）
centroidlinkage	重心联结法聚类分析（centroid-linkage cluster analysis）
wardslinkage	ward 联结法聚类分析（ward's linkage cluster analysis）

表 15.6　cluster linkage 的可选项及其含义

[options]	含　义
measure(measure)	指定相似性或不相似性度量标准。默认为欧氏距离，对应的 Stata 命令为 measure(L2)
name(clname)	将指定聚类名称附加到生成的聚类分析结果中。如果用户没有指定 name()，Stata 会找到一个可用的聚类名称，如_clus_1、_clus_2 等，并将该名称附加到聚类分析中
generate(groupvar)	生成新的分组变量，groupvar 为分组变量名。若不特别设置，则使用 name()中指定的名称

针对[options]可选项中的 measure(measure)，Stata 提供了多种常用的相似性或不相似性度量标准，适用于连续变量数据、分类变量数据、混合变量数据。相关 Stata 选项、具体含义及适用的变量类型与 15.1 节完全相同，在此不再赘述。

为层次聚类分析结果生成树状图（也称为聚类树）的 Stata 操作命令如下：

```
cluster dendrogram [clname] [if] [in] [, options ]
```

其中，cluster dendrogram 为生成树状图（也称为聚类树）的命令，[clname]为拟生成聚类树的聚类变量，[if]为条件表达式，[in]用于设置样本范围。而[, options]表示可选项，主要包括如表 15.7 所示的各项。

表 15.7　cluster dendrogram 的可选项及其含义

[, options]	含　义
quick	在树状图层次结构中，垂直线从观测值处垂直向上，而不是默认的每次合并后渐进
labels(varname)	指定 varname 代替观测值编号，用于标记树状图底部的观测值
cutnumber(#)	只显示位于树形图顶部的特定数值的分支，通过设置括号内的"#"来实现，该选项常用于比较大的树状图
cutvalue(#)	只显示位于树状图顶部的高于特定相似性或非相似性标准的分支，通过设置括号内的"#"来实现，该选项常用于比较大的树状图
showcount	在分支下面显示与每个分支相关的样本观测值数，通常情况下配合 cutnumber(#)或 cutvalue(#)使用，否则每个分支的观测数为 1。当指定此选项时，将使用前缀字符串、分支计数和后缀字符串构造每个分支的标签
countprefix(string)	指定分支计数标签的前缀字符串，默认为 countprefix(n=)
countsuffix(string)	指定分支计数标签的后缀字符串，默认是一个空字符串
countinline	将分支计数与相应的分支标签对齐
vertical	生成垂直方向树状图，也是默认选项
horizontal	生成水平方向树状图

在各种层次聚类分析方法中，如果样本比较多，生成的树状图就可能比较乱。此时，可以使用产生聚类变量的方法对样本进行有拟分类数的聚类。例如，把所有观测样本分为 4 类，命令如下：

```
cluster generate type1=group(4)
```

该命令适用于所有层次聚类分析方法。

15.2.2　案例应用——分析美股酒店及汽车旅馆公司盈利能力

本小节用于分析的数据文件是"数据 15.2"，其中记录的是 2023 年年末 15 家美股酒店及汽车旅馆公司盈利能力指标数据，如图 15.3 所示。下面将用"净资产收益率 ROE""总资产报酬率 ROA""销售净利率"和"EBITDA 占营入比例" 4 个变量对所有样本观测值进行层次聚类分析。限于篇幅，本例仅讲解最短联结法聚类分析，读者可自行尝试其他方法。

	证券简称	净资产收益率ROE	总资产报酬率~A	销售净利率	EBITDA占营入比例
1	亚朵	45.1487	16.8742	15.8393	22.3437
2	温德姆酒店及度假酒店	33.8407	9.7597	20.6872	33.9298
3	世纪赌场	-21.2478	6.057	-3.3604	21.7284
4	佩恩国民博彩(PENN)	-14.4122	-.4481	-7.7229	5.7835
5	美高梅国际酒店(MGM RE..	26.4311	3.3449	8.1348	14.3201
6	凯悦酒店(HYATT HOTELS)	6.0581	2.4657	3.2998	12.4344
7	金沙集团(LAS VEGAS SA..	30.5288	10.521	13.7968	35.0174
8	华住集团	39.1584	8.7525	18.8785	31.6242
9	格林酒店	18.6604	6.9205	16.0102	28.7928
10	帝王赌场度假村	15.6731	15.7994	16.441	31.1336
11	博伊德赌场(BOYD GAMIN..	37.1858	14.3078	16.5848	31.1572
12	PLAYA HOTELS & RESORTS	8.8307	3.2754	5.5091	15.6614

图 15.3　"数据 15.2"中的部分数据（由于数据量过大，仅显示其中一部分）

1. 最短联结法聚类分析

打开数据文件，在主界面的命令窗口中依次输入以下命令：

```
egen z净资产收益率 ROE=std(净资产收益率 ROE)
egen z总资产报酬率 ROA=std(总资产报酬率 ROA)
egen z销售净利率=std(销售净利率)
egen zEBITDA占营入比例=std(EBITDA占营入比例)
```

该命令用于对 4 个变量进行标准化处理。

```
cluster singlelinkage z净资产收益率 ROE z总资产报酬率 ROA z销售净利率 zEBITDA占营入比例
edit
```

该命令使用最短联结法对样本进行层次聚类分析，结果如图 15.4 所示。可以看到，层次聚类分析与划分聚类分析不同，层次聚类分析产生的聚类变量包括 3 个组成部分：_clus_1_id、_clus_1_ord 和_clus_1_hgt。其中，_clus_1_id 表示观测样本的初始编号，_clus_1_ord 表示聚类分析处理后的编号，_clus_1_hgt 表示聚类计算后的值。

2. 产生聚类分析树状图

```
cluster dendrogram
```

该命令用于生成聚类分析树状图，结果如图 15.5 所示。注意，图中横轴的编号是样本观测值的原始编号。例如，4 号和 15 号聚类到一起，表示佩恩国民博彩（PENN）和 BALLY 这两家公司被归为一类。

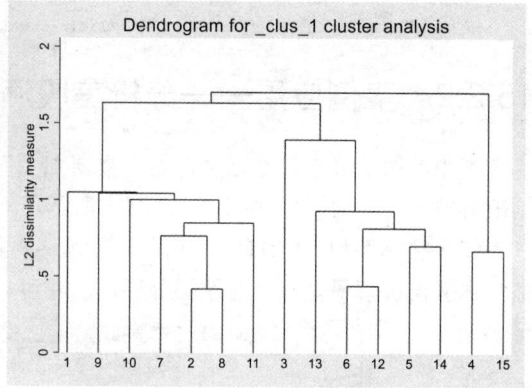

图 15.4　聚类结果

图 15.5　聚类分析树状图

从图 15.5 中可以直观地看到具体的聚类情况。例如，距离最近的 2 号和 8 号样本观测值被合并为一类，下一阶段将与 7 号样本观测值合并。那么，最终会分成多少类呢？这取决于研究需要和实际情况，用户需要根据具体需求进行判断。确定好分类需求后，从聚类分析树状图的最上面往下进行分割。例如，如果需要把所有样本观测值分成两类，分析结果如图 15.6 所示。

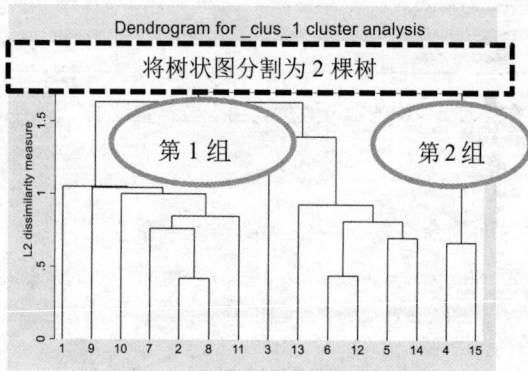

图 15.6　把样本观测值分为两类

如果需要把所有样本观测值分成 3 类，则需要继续自上而下进行分割，分析结果如图 15.7 所示。

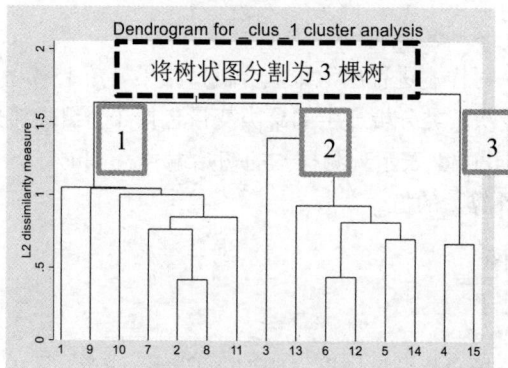

图 15.7　把样本观测值分为 3 类

3. 产生聚类变量并对样本进行层次聚类

```
cluster generate type1=group(3)
```

该命令用于生成聚类变量 type1，并使用层次聚类分析方法把样本分为 3 类。结果如图 15.8 所示。

	证券简称	净资产收益率ROE	总资产报酬率~A	销售净利率	EBITDA占营入比例	type1
1	亚朵	45.1487	16.8742	15.8393	22.3437	1
2	温德姆酒店及度假酒...	33.8407	9.7597	20.6872	33.9298	1
3	世纪赌场	-21.2478	6.057	-3.3604	21.7284	2
4	佩恩国民博彩(PENN)	-14.4122	-.4481	-7.7229	5.7835	3
5	美高梅国际酒店(MGM...	26.4311	3.3449	8.1348	14.3201	2
6	凯悦酒店(HYATT HOT...	6.0581	2.4657	3.2998	12.4344	2
7	金沙集团(LAS VEGAS...	30.5288	10.521	13.7968	35.0174	1
8	华住集团	39.1584	8.7525	18.8785	31.6242	1
9	格林酒店	18.6604	6.9205	16.0102	28.7928	1
10	帝王赌场度假村	15.6731	15.7994	16.441	31.1336	1
11	博伊德赌场(BOYD GA...	37.1858	14.3078	16.5848	31.1572	1
12	PLAYA HOTELS & RES...	8.8307	3.2754	5.5091	15.6614	2
13	PARK HOTELS & RESO...	2.3795	3.7389	3.9288	24.2402	2
14	CAESARS ENTERTAINM...	19.02	-.1794	7.1825	12.5954	2
15	BALLY	-26.0192	-2.8225	-7.656	7.1857	3

图 15.8　生成的 type1 结果

- 博伊德赌场（BOYD GAMING）、帝王赌场度假村、温德姆酒店及度假酒店、金沙集团（LAS VEGAS SANDS）、华住集团、格林酒店、亚朵为一类，这一类的 4 个盈利能力指标都很高，可称为高盈利类。
- PARK HOTELS & RESORTS、CAESARS ENTERTAINMENT、美高梅国际酒店（MGM RESO）、世纪赌场、PLAYA HOTELS & RESORTS、凯悦酒店（HYATT HOTELS）为一类，这一类的 4 个盈利能力指标中等，可称为中盈利类。
- 佩恩国民博彩（PENN）、BALLY 为一类，这一类的 4 个盈利能力指标都很低，可称为低盈利类。

技　巧

若直接查看分析结果较为困难，可先输入命令 **sort type1** 对 type1 变量进行降序排列，再进行分析。

15.3　本章回顾与习题

15.3.1　本章回顾

本章介绍了划分聚类分析和层次聚类分析的基本原理、命令以及具体实例的应用。

1. 划分聚类分析的命令

划分聚类分析包括 K 均值聚类分析和 K 中位数聚类分析。

（1）K 均值聚类分析的命令及其语法格式为：

```
cluster kmeans [varlist] [if] [in] , k(#) [ options ]
```

（2）K 中位数聚类分析的命令及其语法格式为：

```
cluster kmedians [varlist] [if] [in] , k(#) [ options ]
```

2. 层次聚类分析的命令

（1）针对数据的层次聚类分析的命令及其语法格式为：

```
cluster linkage [varlist] [if] [in] [, cluster_options]
```

（2）层次聚类分析结果生成树状图（也称为聚类树）的命令及其语法格式为：

```
cluster dendrogram [clname] [if] [in] [, options ]
```

（3）使用产生聚类变量的方法对样本进行拟定分类数的聚类命令举例：

```
cluster generate type1=group(4)
```

该命令生成聚类变量 type1，使用层次聚类分析方法把样本分为 4 类。
该命令适用于所有层次聚类分析方法。

15.3.2　本章习题

一、单选题

1. 哪个 Stata 命令不属于层次聚类分析？（　　）

A. cluster singlelinkage　　　　　　　　　　　B. cluster completelinkage

C. cluster wardslinkage　　　　　　　　　　　D. cluster kmedians

2. K 均值聚类分析的命令为（　　）。

A. cluster kmeans　　　　B. cluster kmedians　　　　C. cluster linkage　　　　D. cluster dendrogram

3. 为层次聚类分析结果生成树状图的命令为（　　）。

A. cluster kmeans　　　　B. cluster kmedians　　　　C. cluster linkage　　　　D. cluster dendrogram

二、判断题

1. 层次聚类分析主要包括 K 均值聚类分析和 K 中位数聚类分析两种。（　　）
2. 层次聚类分析方法要求事先指定样本聚类的精确数量。（　　）
3. K 均值聚类法比较适合处理大样本的聚类分析。（　　）
4. 进行聚类分析之前一般需要对变量进行标准化处理。（　　）

三、操作题（所有操作题除完成操作生成 do 文件外，还需对结果进行解读）

使用"习题 15"数据文件，用"总店数""年末从业人数""年末餐饮营业面积"和"统一配送商品购进额"4 个变量对所有样本观测值进行划分聚类分析。

1. K 均值聚类分析。

（1）对参与聚类分析的变量进行标准化处理。

（2）将所有样本观测值分别聚类为 2 类、3 类、4 类。

（3）设定聚类数为 3，使用 K 均值聚类分析方法，采用绝对值距离的相异性指标，把生成的聚类变量命名为 abs。

（4）设定聚类数为 3，使用 K 均值聚类分析方法，采用绝对值距离的相异性指标，把生成的聚类变量命名为 abcd，并设置前几个观测样本为初始聚类中心进行聚类。

（5）设定聚类数为 3，使用 K 均值聚类分析方法，采用绝对值距离的相异性指标，把生成的聚类变量命名为 abcde，并设置前几个观测样本为初始聚类中心进行聚类，但在聚类分析时排除作为初始聚类中心的观测样本。

2. K 中位数聚类分析。

将所有样本观测值分别聚类为 2 类、3 类、4 类。

3. 层次聚类分析。

（1）执行最短联结法聚类分析。

（2）生成聚类分析树状图。

（3）生成聚类变量，并对样本进行层次聚类分析，分为 3 类。

4. 将以上操作所使用的所有命令保存为 do 文件，并命名为"习题 15 答案"。

第16章

生 存 分 析

本章学习生存分析。生存分析的应用非常广泛，主要用于分析不同影响因素对研究对象"生存时间"分布的影响。"生存时间"中的"生存"不局限于字面意义上的"活着"的时间，而是可以将概念扩大到事件发生前的持续等待时间。例如，可以用于一名患者从开始患病到死亡的时间，或者用于一台计算机从开始使用到报废的时间等。"时间"也不局限于以常用的年、月、日等单位，也可以根据实际情况灵活设置，比如将汽车的驾驶里程作为生存时间，而不以出厂时间作为生存时间，等等。

16.1　生存分析的基本概念及数据类型

> 扫描右侧二维码观看视频

16.1.1　生存分析涉及的基本概念

1. 生存时间

生存时间是指从特定起点开始到所研究事件发生的时间。事件发生的时间是计时终点，这通常比较容易确定，比如患者的死亡或计算机的报废；然而，计时起点往往较难确定，例如前述的患者患病，如果是慢性疾病，具体发病时间可能难以及时记录或追溯。生存时间的特点有：分布类型不确定，一般不服从正态分布；影响生存时间的因素较为复杂，且不易控制。

2. 事件及事件发生

事件是界定生存时间的前提，事件的发生意味着生存时间的记录终点。例如，患者的死亡是事件，死亡的发生即为事件发生。明确事件及其发生的具体情形是进行生存分析的必要前提，且必须在数据收集之前完成，否则将导致收集的数据质量不足以支撑完成分析过程。

3. 删失/失访

删失本质上是研究数据缺失现象，也可以称为研究对象失访。如果出现删失，意味着虽然患者已被观察一段时间，但在事件发生前，研究对象无法联系到患者，从而无法获得该对象完整的生存时间。删失分为右删失、左删失和区间删失 3 种类型，右删失最为常见。右删失是指只知道生存时间大于某一时点；左删失是指只知道生存时间小于某一时点；区间删失是指只知道生存时间在某一段时间之内。

4. 截尾值

有些观察对象的随访终止不是由于失败事件发生，而是由于中途失访、死于非研究事件或随访期满等原因。由于无法得知这些研究对象事件发生的具体时间，因此它们无法提供完全的信息。这些研究对象的观察值被称为截尾值，通常用符号"+"表示。

5. 生存概率

生存概率表示某单位时段开始时存活的个体到该时段结束时仍存活的可能性。其计算公式为：生存概率=活满某时段的人数/该时段期初观察人数=1-死亡概率。

6. 生存时间分布

生存时间分布是一种概率分布，使用概率函数来表示，具体包括生存函数和风险函数。

生存函数又称为累计生存概率，即将时刻 t 尚存活看作前 t 个时段一直活的累计结果。若 T 为生存时间变量，生存函数表示 T 越过某个时点 t 时，所有研究对象中没有发生事件的概率。当 $t=0$ 时，生存函数的取值为 1，随着时间的推移（t 值增大），生存函数的取值逐渐减小。生存函数是时间 t 的单调递减函数，其公式为：

$$S(t) = P(X > t) = 1 - P(X \leq t) = 1 - F(t) = \int_t^\infty f(\theta)\mathrm{d}\theta$$

其中，$F(t)$ 为分布函数，$S(t)$ 又称为可靠度函数或可靠度，$f(t)$ 为 X 的分布密度函数。

风险函数指的是 t 时刻存活的个体，在 $t \sim t + \Delta t$ 时刻内死亡的条件概率，用 $\mu(t)$ 表示，计算公式为：

$$\mu(t) = \frac{f(t)}{1 - F(t)} = \frac{f(t)}{S(t)} = -\frac{S'(t)}{S(t)}$$

因此，$S(t) = e^{-\int \mu(\theta)\mathrm{d}\theta}$。

16.1.2 生存分析数据类型

生存分析所使用的数据称为生存数据，用于度量某事件发生前所经历的时间长度。生存数据按照观测数据信息的完整性可分为完全数据、删失数据和截尾数据 3 种。

- 完全数据：即提供了完整信息的数据。例如，在研究汽车的生命周期时，若某辆汽车从进入研究视野一直到报废都处在研究者的观测之中，就可以知道其准确的报废时间，这种生存数据就是完全数据。
- 删失数据：即前述的删失/失访情况所产生的数据，仅能提供不完整的信息。
- 截尾数据：截尾数据与删失数据一样，提供的是不完整的信息，但与删失数据稍有不同，它提供的是与时间有关的条件信息。

提　示

　　一般情况下，生存分析主要对完全数据和删失数据进行分析，也就是说生存数据通常包括两个信息：生存时间和是否删失（即是否出现事件）。需要注意的是，是否删失与是否出现事件是合二为一的，也就是说，除了事件发生算作一类外，其他情况下只要没有观察到结局，无论其原因是出现了数据删失/失访，还是没有发生事件，都算作没有发生事件的那一类。

　　关于生存时间，如果发生死亡事件，那么生存时间就是实际生存时间；如果没有发生死亡事件，那么生存时间就是观察时间。

16.2　生存分析原理及 Stata 案例

> 扫描右侧二维码观看视频
> 下载资源:\sample\chap16\数据 16.1、16.2

16.2.1　统计学原理及 Stata 命令

　　生存分析方法最初为参数模型（parametric model），它可用于估计影响因素对风险率的影响及各时点的生存率，但对生存时间分布有一定的要求。该类模型假设生存数据服从某个已知分布，使用参数分布方法进行生存分析。常用的参数模型包括指数分布、Weibull 分布、对数正态分布、对数 Logistic 分布、Gamma 分布等。当没有很好的参数模型可以拟合时，可以采用非参数方法进行生存分析，如寿命表分析和 Kalpan-Meier 方法。1972 年，英国统计学家 D. R. Cox 提出了半参数模型（Cox 回归模型）。相较于参数模型，半参数模型更加灵活。尽管它不能给出各时点的风险率，但对生存时间分布没有要求，可用于估计各研究因素对风险率的影响，比非参数模型更易于解释分析结果，因而得到了更为广泛的应用，也是目前比较流行的生存分析方法。

　　综上所述，按照使用参数与否，生存分析的方法可以分为以下 3 种：

　　（1）非参数方法：当没有很好的参数模型可以拟合时，采用非参数方法进行生存分析。常用的非参数模型包括生命表分析和 Kalpan-Meier 方法。

　　（2）参数方法：假设生存数据服从某个已知分布，使用参数分布方法进行生存分析。参数方法可以根据是否满足比例风险假定，分为比例风险模型和加速失效时间模型。

- 比例风险模型：包括指数分布模型、Weibull 分布模型、Gompertz 模型、广义 Weibull 模型。这 4 种模型均为参数模型，均使用最大似然法进行估计。比例风险模型需要满足比例风险假定，即风险函数与生存时间的比值是一个常数，主要研究解释变量对风险函数的影响。在该模型中，解释变量的系数表示某个解释变量增加一个单位，会导致风险函数平均增加的百分比。不含解释变量的风险函数通常称为基准风险。
- 加速失效时间模型：假设生存时间与风险因素之间存在加速关系，即风险因素越大，生存时间越短。该模型包括对数正态回归分布模型、对数逻辑分布模型、Gamma 分布模型。与比例风险模型不同，加速失效时间模型研究的是解释变量对平均生存时间（关注事件从未发生到发生平均经历的时间）的影响。模型中解释变量系数的含义是某个解释变量增加一个单位，能使平均生存时间增加百分之多少。因此，针对同一数据文件，比例风险模型和加速失效时间模型中解释变量的系数通常相反。

注　意

在一些研究中，指数分布模型和 Weibull 分布模型既是比例风险模型，又是加速失效时间模型。然而，在 Stata 中，指数分布模型和 Weibull 分布模型默认为比例风险模型，因此相应命令产生的结果应按照比例风险模型进行解读。

（3）半参数方法：前面介绍的参数模型需要对风险函数的具体形式做出假设，再用最大似然法估计，但截堵数据可能会导致风险函数设定错误，从而产生不一致的极大似然估计。Cox 在比例风险模型的基础上提出了半参数模型，常用的半参数模型是 Cox 回归模型（也称 Cox PH 模型）。

Cox 回归模型为时间事件数据建立预测模块，该模块生成生存函数，用于预测被观察事件在给定时间 t 内发生预测变量既定值的概率。与回归分析的基本思想一致，Cox 回归模型可以从既有样本观测值中估计出预测的生存函数与相应的回归系数，然后对新样本观测值进行预测。需要注意的是，已检查主体的信息（即未在观察时间内经历被观察事件的信息）在模型估计中发挥了重要作用。Cox 回归的优点包括：可以估计生存函数；可以比较两组或多组生存分布函数；可以分析危险因素对生存时间的影响；可以建立生存时间与危险因素之间的关系模型，而且不需要事先知道生存时间的分布等。

在 Cox 回归模型中，假设在时点 t，个体出现观察结局的风险大小，可以分解为两个部分：一个是基准风险函数 $h_0(t)$，它是与时间有关的任意函数；另一个是影响因素，第 i 个影响因素使得该风险量从 $h_0(t)$ 增至 $e^{\beta_i X_i}$ 倍而成为 $h_0(t)e^{\beta_i X_i}$，在 k 个因素同时影响生存过程的情况下，时点 t 的风险函数为：

$$h(t)=h_0(t)e^{\beta_1 X_1}e^{\beta_2 X_2}\cdots e^{\beta_k X_k}$$

其中，X 和 β 分别为观察变量及其回归系数。该函数可以进一步变换为：

$$h(t,X)=h_0(t)e^{\beta_1 X_1+\beta_2 X_2+\cdots+\beta_k X_k}$$

然后，对其进行对数变换，即为

$$\mathrm{Log}[Rh(t)] = \mathrm{Log}[h(t,X)/h_0(t)] = \beta_1 X_1 + \beta_2 X_2 + \cdots + \beta_k X_k$$

从公式中可以非常明确地看出，在 Cox 回归模型中，回归系数 β 的实际含义是：当变量 X 改变一个单位时，引起的死亡风险改变倍数的自然对数值。

最后，通过风险函数与生存函数之间的关系式：

$$S(t) = \exp[-\int_0^t h(t)\mathrm{d}t]$$

即可推导出生存函数的公式：

$$S(t) = \exp[-\int_0^t h_0(t)\exp(b_1 X_1 + b_2 X_2 + \cdots + b_p X_p)\mathrm{d}t]$$

需要注意的是，正如回归分析需要满足一定条件一样，Cox 回归模型也需要满足相应的假设条件。第一个假设条件是，观察值应是独立的；第二个假设条件是，风险比应为时间恒定值，即各个样本观测值的风险比例不应随时间变化，这也被称为呈比例的风险假设。如果呈比例的风险假设不成立，则需要使用含依时协变量的 Cox 过程（本书限于篇幅不再讲解），如果没有协变量或者只有一个分类协变量，则可以使用寿命表或 Kaplan-Meier 过程来检查样本的生存或风险函数。如果样本中没有已审查的数据（即每个样本观测值都在其观察期间发生了终结事件），则可以使用线性回归过程来对预测变量和时间事件之间的关系进行建模。

一般情况下，生存分析的步骤是：

步骤 01 设定生存分析数据，即告诉 Stata 我们的数据文件为生存分析数据，探索数据文件的基本特征。

步骤 02 通过绘制生存函数、累积风险函数或风险函数进行非参数分析。

步骤 03 可以进行参数回归（含比例风险模型、加速失效时间模型）。

步骤 04 可以进行 Cox 回归。

步骤 05 进行比例风险假定的检验，确定最终模型。

生存分析的 Stata 操作如下：

1. 设定生存分析数据

设定生存分析数据的基本命令是 stset。在 Stata 中，生存分析数据文件分为两种形式：每个受试者的生存数据仅有单个记录，或每个受试者的生存数据有多个记录。根据不同形式的生存数据，命令格式有所区别。

（1）每个受试者的生存数据仅有单个记录的基本命令语法为：

```
stset timevar [if] [weight] [, single_options]
```

其中，stset 为基本命令，timevar 为生存时间变量，[if]为条件表达式，[weight]用于设定权重。而[, single_options]为可选项，主要包括如表 16.1 所示的各项。

（2）每个受试者的生存数据有多个记录的基本命令语法为：

```
stset timevar [if] [weight] , id(idvar) failure(failvar[==numlist]) [multiple_options]
```

表 16.1　[, single_options]可选项及其含义

[, single_options]	具体含义
failure(failvar[==numlist])	设定关注事件，默认 fail==1 为关注事件发生
origin(time exp)	设定开始时间，即受试者何时开始处于风险中
scale(#)	重新定义时间衡量标准
enter(time exp)	指定受试者首次进入研究的时间
exit(time exp)	指定受试者退出研究的时间
if(exp)	通过 if 表达式选择样本观测值

　　其中，stset 为基本命令，timevar 为生存时间变量，[if]为条件表达式，[weight]用于设定权重，id(idvar)设定样本中用以标识每个样本观察值的变量，failure(failvar[==numlist])用于设定关注事件，默认 fail==1 为关注事件发生。而[multiple_options]为可选项，主要包括如表 16.2 所示的各项。

表 16.2　[multiple_options]可选项及其含义

[multiple_options]	具体含义
origin([varname == numlist] time exp|min)	设定开始时间，即受试者何时开始处于风险中
scale(#)	重新定义时间衡量标准
enter([varname == numlist] time exp)	指定受试者首次进入研究的时间
exit(failure|[varname == numlist] time exp)	指定受试者退出研究的时间
if(exp)	通过 if 表达式选择样本观测值
ever(exp)	选择(exp)一直为真的样本观测值
never(exp)	选择(exp)一直不为真的样本观测值
after(exp)	选择(exp)第 1 次为真之后的样本观测值
before(exp)	选择(exp)第 1 次为真之前的样本观测值

注　意

　　（1）用户在 Stata 中运行 stset 命令后，Stata 将自动在数据文件中生成 4 个新变量，分别是 _t0、_st、_d 和 _t。其中，_t0 表示起始时间点，默认为 0，但如果数据文件有左删失，则 _t0 不为 0；_st 表示数据的状态是否完好可用；_d 表示事件的结果是否发生；_t 表示每个样本观测值事件持续的时间。

　　（2）清除已设定生存分析数据的基本命令语法为：

```
stset, clear
```

　　（3）对生存数据文件进行基本描述的基本命令语法为：

```
stdescribe
```

2. 生存分析非参数模型

　　生存分析非参数模型通过绘制生存、风险或累积风险函数图的形式进行分析，可以绘制 Kaplan-Meier 生存函数图、Kaplan-Meier 事件发生函数图、Nelson-Aalen 累积风险函数图和风险函数图。绘制生存、风险或累积风险函数图的基本命令语法为：

```
sts graph [if] [in] [, options]
```

其中，sts graph 为基本命令，[if]为条件表达式，[in]用于设定样本范围。而[, options]为可选项，主要包括如表 16.3 所示的各项。

表 16.3　sts graph 命令的可选项及其含义

[, options]	具体含义
survival	绘制 Kaplan-Meier 生存函数图，此为默认选项
failure	绘制 Kaplan-Meier 事件发生函数图，有的地方也称 1-生存函数
cumhaz	绘制 Nelson-Aalen 累积风险函数图
hazard	绘制风险函数图
by(varlist)	通过 varlist 设置分类变量选项，按不同类别分别估计并输出
adjustfor(varlist)	将 varlist 的估计值调整为零
strata(varlist)	通过 varlist 设置对不同的群体进行分类
separate	在单独的图形上显示所有曲线；默认情况下，曲线会依次显示
ci	在结果中包含置信区间，默认值为 95%
risktable	在图表下方显示暴露在风险中的样本观测值数量
risktable(risk_spec)	在图表下方显示自定义的样本观测值数量
level(#)	设置置信度水平，默认值为 level(95)
tmax(#)	仅针对 t≤#的样本观测值输出图形
tmin(#)	仅针对 t≥#的样本观测值输出图形
noorigin	设置生存函数或事件发生函数的起始时间，默认值为 0

3. 生存分析参数模型

生存分析参数模型的基本命令语法为：

```
streg [indepvars] [if] [in] [, options]
```

其中，streg 为基本命令，[indepvars]为自变量，[if]为条件表达式，[in]用于设定样本范围。而[, options]为可选项，主要包括如表 16.4 所示的各项。streg 使用参数模型进行最大似然估计。

表 16.4　streg 命令的可选项及其含义

[, options]	具体含义
noconstant	模型中不包括常数项
distribution(exponential)	指数模型，假定生存数据服从指数分布
distribution(gompertz)	Gompertz 模型，假定生存数据服从 Gompertz 分布
distribution(loglogistic)	对数逻辑模型，假定生存数据服从对数逻辑分布
distribution(llogistic)	与上面的对数逻辑模型相同，假定生存数据服从对数逻辑分布
distribution(weibull)	Weibull 模型，假定生存数据服从 Weibull 分布
distribution(lognormal)	对数正态回归模型，假定生存数据服从对数正态分布
distribution(lnormal)	与上面的对数正态模型相同，假定生存数据服从对数正态分布
distribution(ggamma)	广义 Gamma 模型，假定生存数据服从广义 Gamma 分布

（续表）

[, options]	具体含义
frailty(gamma)	Gamma 脆弱模型，估计结果除了标准参数估计之外，还将包含脆弱性方差的估计，以及该方差为零的原假设的似然比检验。当零假设成立时，模型简化为一般 Gamma 模型
frailty(invgaussian)	逆高斯脆弱模型，估计结果除了标准参数估计之外，还将包含脆弱性方差的估计，以及该方差为零的原假设的似然比检验。当零假设成立时，模型简化为一般逆高斯模型
level(#)	设定置信水平，默认值为 95%
nohr	显示回归系数而不显示风险比率
nolrtest	不进行似然比检验
vce(vcetype)	设置估计量的标准差，常用的有 oim、robust、cluster（clustvar）、opg、bootstrap、jackknife 等
nolog	不显示迭代过程

4. 估计后绘制生存、风险或累积风险函数图

在执行 stcox、streg、stintreg、mestreg、xtstreg 等命令进行估计后，可以绘制生存、风险或累积风险函数图其基本命令语法为：

```
stcurve [, options]
```

其中，stcurve 为基本命令。[, options]为可选项，主要包括表 16.5 所示的各项。

表 16.5　stcurve 命令的可选项及其含义

[, options]	具体含义
survival	绘制生存函数图
hazard	绘制风险函数图
cumhaz	绘制累积风险函数图
cif	绘制累积事件发生函数图

5. Cox 半参数模型

Cox 半参数模型的基本命令语法为：

```
stcox [indepvars] [if] [in] [, options]
```

其中，stcox 为基本命令，[indepvars]为自变量，[if]为条件表达式，[in]用于设定样本范围。而[, options]为可选项，主要包括表 16.6 所示的各项。

表 16.6　stcox 命令的可选项及其含义

[, options]	具体含义
estimate	没有协变量的拟合模型
vce(vcetype)	设置估计量的标准差，常用的有 oim、robust、cluster（clustvar）、bootstrap、jackknife3 等
noadjust	不使用标准自由度调整
level(#)	设定置信水平，默认值为 95%
nohr	显示回归系数而不显示风险比率

6. 比例风险假定的检验

1）绘制对数–对数图

若对数–对数图中的曲线相互平行，则比例风险设定是成立的。其基本命令语法为：

```
stphplot [if] , {by(varname) | strata(varname)} [stphplot_options]
```

2）观测–预测图

若观测值和预测值非常接近，则比例风险设定是成立的。其基本命令语法为：

```
stcoxkm [if] , by(varname) [stcoxkm_options]
```

3）舍恩菲尔德残差（UsingSchoenfeldresiduals）检验

舍恩菲尔德残差检验是检验 Cox 比例风险（Proportional Hazards）模型中比例风险假设的核心方法。其核心思想是通过分析残差与时间的关系，判断协变量的效应是否随时间变化。如果舍恩尔德残差不随时间呈现规律性变化，则比例风险假设成立。其基本命令语法为：

```
estat phtest[,phtest_options]
```

常用命令语法为：

```
estat phtest,detail
```

通过绘图方式展示的常用命令语法为：

```
estat phtest,plot(varname)
```

16.2.2 案例应用——分析患者年龄和是否吸烟对生存时间的影响

本小节用于分析的数据文件是"数据 16.1"，其中记录的是 1396 位病人的生存数据，包括年龄、吸烟（0 等于不吸烟，1 等于吸烟）、康复训练（0 等于不做康复训练，1 等于做康复训练）、状态（0 表示删失，1 表示死亡）、住院时间、生存时间与性别（0 表示女，1 表示男）。数据如图 16.1 所示。下面使用生存分析方法分析"年龄""是否吸烟""是否做康复训练"和"住院时间"对生存时间的影响。

	年龄	吸烟	康复训练	状态	住院时间	生存时间	性别
1	45	吸烟	做康复训练	死亡	4.85	7	男
2	45	吸烟	做康复训练	删失	5.57	13	男
3	45	吸烟	做康复训练	死亡	5.59	14	男
4	45	吸烟	做康复训练	删失	5.75	15	男
5	45	吸烟	做康复训练	删失	5.86	15	男
6	45	吸烟	做康复训练	死亡	6.05	17	男
7	45	吸烟	做康复训练	删失	6.23	18	男
8	45	吸烟	做康复训练	死亡	6.25	18	男
9	45	吸烟	做康复训练	死亡	6.28	19	男
10	45	吸烟	做康复训练	删失	6.44	20	男
11	46	吸烟	做康复训练	死亡	6.46	20	男

图 16.1 "数据 16.1"中的部分数据（由于数据量过大，仅显示其中一部分）

1. 设定生存分析数据

打开数据文件，在主界面的命令窗口中依次输入以下命令：

```
stset 生存时间,failure(状态==1)
```

该命令用于将数据设定为适合生存分析的形式，以变量"生存时间"为时间变量，以变量"状态"取值为 1 作为事件发生。结果如图 16.2 所示，数据文件中共有 1396 个样本观测值，其中 710 个样本观测值发生事件。所有样本合计生存时间为 979573，样本观测值中最长的生存时间为 1500。

```
stdescribe
```

该命令用于在将数据设定为适合生存分析的形式之后，描述生存分析数据的基本特征。分析结果如图 16.3 所示，1396 个样本观测值的合计生存时间（即暴露在风险中的时间）为 979573，平均生存时间为 701.6999，生存时间最短为 7，最长为 1500，中位数生存时间为 625，最终有 710 个样本发生事件（在本例中为死亡），事件发生率为 0.508596。

```
. stset 生存时间,failure(状态==1)

Survival-time data settings

         Failure event: 状态==1
Observed time interval: (0, 生存时间]
     Exit on or before: failure


   1,396   total observations
       0   exclusions


   1,396   observations remaining, representing
     710   failures in single-record/single-failure data
 979,573   total analysis time at risk and under observation
                             At risk from t =            0
                  Earliest observed entry t =            0
                       Last observed exit t =        1,500
```

图 16.2　将数据设定为适合生存分析的形式

```
. stdescribe

        Failure _d: 状态==1
     Analysis time _t: 生存时间

                                        Per subject
Category              Total      Mean      Min    Median      Max

Number of subjects     1396
Number of records      1396         1        1         1        1

Entry time (first)                  0        0         0        0
Exit time (final)            701.6999        7       625     1500

Subjects with gap         0
Time on gap               0
Time at risk         979573  701.6999        7       625     1500

Failures                710   .508596        0         1        1
```

图 16.3　数据设定后描述生存分析数据的基本特征

2. 生存分析非参数模型

```
sts graph
```

该命令可用于绘制 Kaplan-Meier 生存函数图。Kaplan-Meier 方法无须对数据的分布做假设，也不需要进行参数估计，属于非参数分析法。其原理是采用乘积极限法（product-limit estimates）来估计生存率，能对完全数据、删失数据及不必分组的生存数据进行分析，并能对分组变量各水平所对应的生存曲线与风险函数的差异进行显著性检验。Kaplan-Meier 估计量大致等于样本观测值生存（即关注事件未发生）时间超过指定时间 t 的样本观测值数量占总体样本观测值数量的比值。结果如图 16.4 所示。

在起始时间（本例中采用默认的 0），所有样本观测值都处于生存状态，对应的 Kaplan-Meier 估计量值为 1，即 100%。随着时间的流逝，不断有样本观测值进入死亡状态。例如，当时间为 500 时，样本生存比例降至约 0.75；当时间为 1000 时，样本生存比例降至约 0.50。

```
sts graph, by(吸烟) plot2opts(lp("-"))
```

该命令用于绘制 Kaplan-Meier 生存函数图，并根据"吸烟"分类进行绘制。选项 plot2opts(lp("-")) 表示第二幅图用虚线显示。结果如图 16.5 所示，从图中可以看出，吸烟对于生存时间有显著影响，不吸烟组的生存时间函数位于吸烟组之上，说明不吸烟组样本观测值的生存时间相对更长。

```
sts graph, cumhaz ci
```

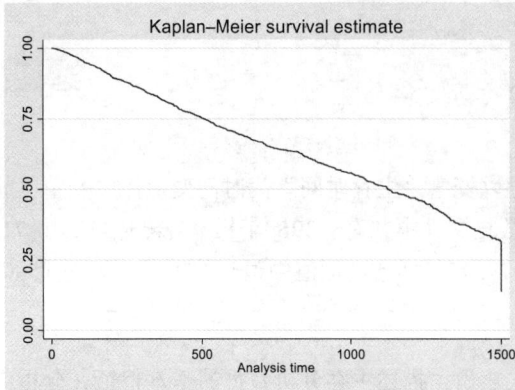

图 16.4　Kaplan-Meier 生存函数图 1

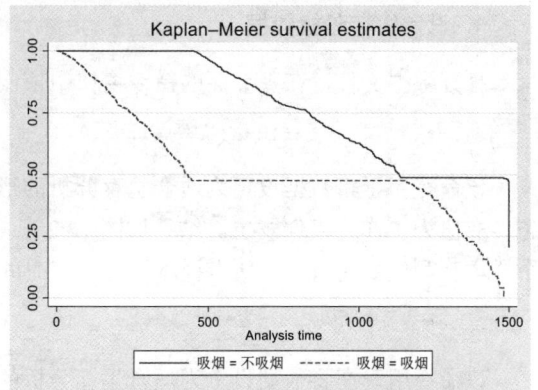

图 16.5　Kaplan-Meier 生存函数图 2

该命令用于绘制 Nelson-Aalen 累积风险函数图，并输出 95%的置信区间。Nelson-Aalen 累积风险估计量是通过累加局部风险率得到的，局部风险率估计量的数学公式为：

$$risk = \frac{D_j}{R_j}$$

其中，D_j 表示在时刻 t_j 发生关注事件的样本观测值的数量，R_j 表示在时刻 t_{j-1} 未发生关注事件（生存）的样本观测值的数量。

Nelson-Aalen 累积风险估计量的数学公式为：

$$\text{Nelson-Aalen cum risk} = \sum_{t_i \leq t} \frac{d_i}{Y_i}$$

其中，t_i 表示第 i 个有序事件时间（升序排列，包括事件发生时间或删失时间）；d_i 表示在时间 t_i 发生事件的个体数（如死亡、复发等）；Y_i 表示在时间 t_i 处于风险集（RiskSet）中的个体数，即在该时点前未发生事件且未被删失的个体数。

分析结果如图 16.6 所示。从图中可以看出，Nelson-Aalen 累积风险逐渐上升，在起始时间（本例中采用默认的 0），所有样本观测值都处于生存状态，对应的 Nelson-Aalen 累积风险估计量值为 0；随着时间的流逝，不断有样本观测值进入死亡状态。例如，当时间为 1000 时，累积风险估计量约为 0.5。这与 Kaplan-Meier 生存函数的走势相反，但结论一致。

```
sts graph, cumhaz ci by(吸烟)
```

该命令用于绘制 Nelson-Aalen 累积风险函数图，并根据"吸烟"分类进行绘制，输出 95%的置信区间。结果如图 16.7 所示，从图中可以看出，吸烟对生存时间有显著影响，吸烟组的累积风险函数位于不吸烟组之上，表明不吸烟组样本观测值的生存时间相对更长。

3. 生存分析参数模型

```
streg 年龄 吸烟, nohr nolog dist(weib)
```

该命令用于进行 Weibull 分布参数模型生存分析，探索年龄、吸烟对事件发生（死亡）的影响。nohr 表示显示回归系数而不显示风险比率，nolog 表示不显示迭代过程，dist(weib)表示使用 Weibull

分布模型。结果如图 16.8 所示。

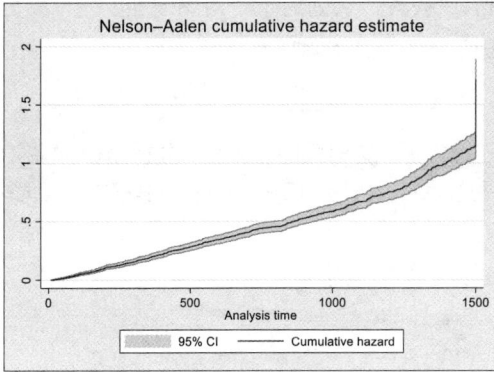

图 16.6 Nelson-Aalen 累积风险函数图 1

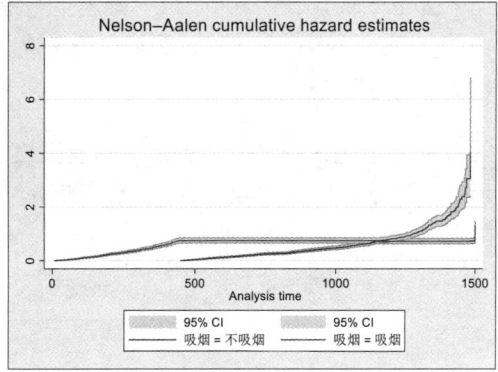

图 16.7 Nelson-Aalen 累积风险函数图 2

```
. streg 年龄 吸烟, nohr nolog dist(weib)

        Failure _d: 状态==1
  Analysis time _t: 生存时间

Weibull PH regression

No. of subjects =    1,396                      Number of obs  =     1,396
No. of failures =      710
Time at risk    = 979,573
                                                LR chi2(2)     =   2113.40
Log likelihood = -321.48991                     Prob > chi2    =    0.0000

          _t │ Coefficient  Std. err.      z    P>|z|     [95% conf. interval]
─────────────┼────────────────────────────────────────────────────────────────
          年龄 │  -1.198569   .0388827   -30.83   0.000    -1.274778   -1.12236
          吸烟 │   .8068028   .081964      9.84   0.000     .6461564   .9674492
        _cons │  24.56945    1.012423    24.27   0.000     22.58514   26.55377
─────────────┼────────────────────────────────────────────────────────────────
        /ln_p │   1.873509   .032017     58.52   0.000     1.810757   1.936261
─────────────┼────────────────────────────────────────────────────────────────
           p │   6.511104   .208466                         6.115074   6.932782
         1/p │   .1535838   .0049173                         .1442422   .1635303
```

图 16.8 Weibull 分布参数模型生存分析的结果

图 16.8 中 "Failure_d: 状态==1" 的含义是 "状态" 变量取值为 "1" 时表示事件发生，"Analysis time _t: 生存时间" 的含义是 "生存时间" 变量作为生存分析的时间变量。No. of subjects = 1396 表示有 1396 次试验，Number of obs = 1396 表示有 1396 个样本观测值。此处由于数据文件是 "每个受试者的生存数据仅有单个记录"，因此样本个数和试验次数保持一致。如果数据文件是 "每个受试者的生存数据有多个记录"，将会出现一个样本观测值有多次试验的结果。No. of failures =710 表示事件出现了 710 次，在本例中的含义为有 710 个样本死亡。Time at risk =979573 表示所有样本观测值的合计生存时间（暴露在风险中的时间）为 979573。Log likelihood 为对数似然值。LR chi2(4)为 LR 检验，显著性 p 值为 0.0000，说明模型非常显著。

Weibull 分布参数模型属于比例风险模型（从结果图中也可以看出，结果中带有 PH regression 表示比例风险模型，读者可类推到其他类型分布）。该模型研究解释变量对风险函数的影响，解释变量的系数表示某个解释变量增加 1 个单位，将导致风险函数平均增加的百分比。结果中，年龄的系数为-1.198569，且系数的显著性 p 值为 0.0000，非常显著，说明年龄越小，样本死亡风险越高；

吸烟的系数值为 0.8068028，且系数的显著性 p 值为 0.0000，非常显著，说明吸烟会增加死亡风险。

下面/ln_p 的显著性 p 值为 0，显著拒绝指数回归的原假设，认为应该使用 Weibull 分布参数模型。p 值为 6.511104，大于 1，说明风险函数随时间递增。

```
stcurve, hazard
```

该命令用于在执行完 Weibull 分布参数模型生存分析之后，绘制风险函数图。分析结果如图 16.9 所示，可以看出在 Weibull 分布参数模型下，风险函数逐渐上升，并且上升的斜率逐渐增大，表明风险在上升，而且风险的增速也在上升。

```
streg 年龄 吸烟, nolog dist(logn)
```

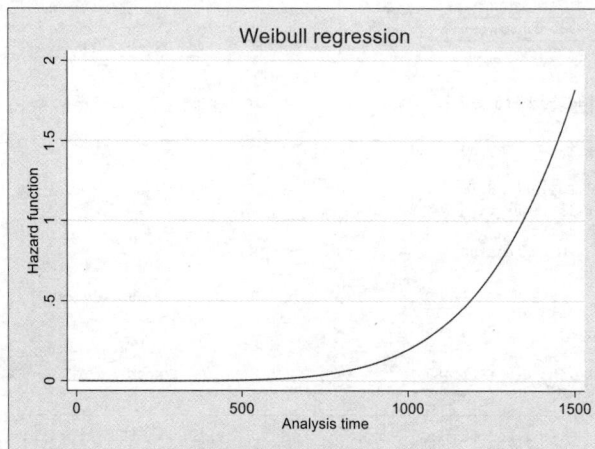

图 16.9　Weibull 分布参数模型风险函数图

该命令用于进行对数正态分布参数模型生存分析，探索年龄、吸烟、康复训练和住院时间对事件发生（死亡）的影响。nolog 表示不显示迭代过程，dist(logn)表示使用对数正态分布参数模型。结果如图 16.10 所示。

```
. streg 年龄 吸烟, nolog dist(logn)

        Failure _d: 状态==1
  Analysis time _t: 生存时间

Lognormal AFT regression

No. of subjects =    1,396                    Number of obs  =    1,396
No. of failures =      710
Time at risk    =  979,573
                                              LR chi2(2)     = 1939.31
Log likelihood = -485.99579                   Prob > chi2    =  0.0000

         _t │ Coefficient  Std. err.      z    P>|z|     [95% conf. interval]
────────────┼────────────────────────────────────────────────────────────────
         年龄 │   .198533    .0023958    82.87   0.000     .1938373    .2032287
         吸烟 │ -.1242169    .0210129    -5.91   0.000    -.1654014   -.0830323
       _cons │ -4.622985    .1395381   -33.13   0.000    -4.896475   -4.349496
────────────┼────────────────────────────────────────────────────────────────
     /lnsigma │ -1.227494    .0269894   -45.48   0.000    -1.280393   -1.174596
────────────┼────────────────────────────────────────────────────────────────
       sigma │  .2930259    .0079086              .2779281    .3089437
```

图 16.10　对数正态分布参数模型生存分析的结果

对数正态分布参数模型属于加速失效时间模型（从结果图中可以看出，带有 AFT regression 表示加速失效时间模型，读者可类推到其他类型分布）。该模型研究解释变量对平均生存时间（从关注事件未发生到发生平均经历的时间）的影响，模型中解释变量系数的含义是某个解释变量增加一个单位，平均生存时间将增加的百分比。因此，在同一数据文件中，比例风险模型和加速失效时间模型中解释变量的系数通常表现相反。例如，年龄的系数值显著为正，说明年龄越大，平均生存时间越长；吸烟的系数值显著为负，说明不吸烟会显著增加平均生存时间。

```
stcurve, hazard
```

该命令用于在执行完对数正态分布参数模型生存分析之后，绘制风险函数图。分析结果如图 16.11 所示，在对数正态分布参数模型下，风险函数是先平缓再快速上升，最后趋于平缓。

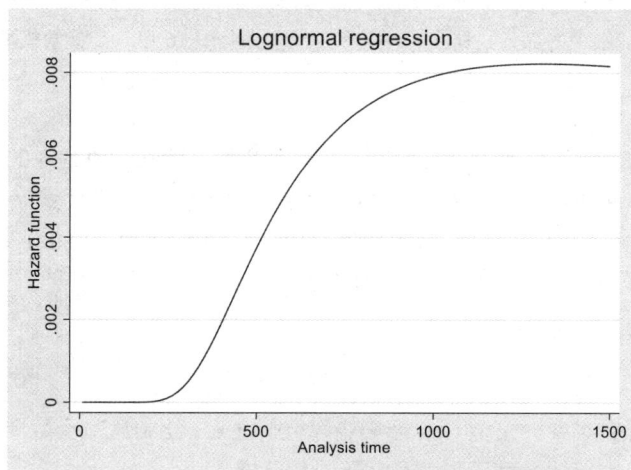

图 16.11　对数正态分布参数模型风险函数图

16.2.3　案例应用——分析药物种类和剂量对患者生存时间的影响

本小节用于分析的数据文件是"数据 16.2"，旨在研究患者使用药物种类、药物剂量与其生存时间之间的关系。药物种类包括新研发药物（药物种类=1）和传统药物（药物种类=2）；药物剂量包括高剂量（药物剂量=0）和低剂量（药物剂量=1）。数据如图 16.12 所示。接下来，我们将使用半参数模型 Cox 回归法分析药物种类和剂量对患者生存时间的影响。

在命令窗口依次输入以下命令：

```
stset 生存时间,failure(状态==1)
stcox 药物剂量 药物种类,r nohr nolog
```

该命令首先设定生存分析数据，然后使用半参数模型 Cox 回归法分析药物种类和剂量对患者生存时间的影响。r 表示使用稳健的标准误，nohr 表示显示回归系数而不显示风险比率，nolog 表示不显示迭代过程。分析结果如图 16.13 所示。前面我们提到半参数模型 Cox 回归法是在比例风险模型（PH）的基础上发展起来的，因此对其结果的解读与比例风险模型类似：模型中解释变量的系数表示当某个解释变量增加一个单位时，风险函数平均增加的百分比。

	药物剂量	药物种类	生存时间	状态	用药时段
1	高剂量	传统药物	115	删失	晚上用药
2	高剂量	新研发药物	108	删失	白天用药
3	高剂量	传统药物	108	删失	晚上用药
4	高剂量	新研发药物	104	删失	白天用药
5	高剂量	新研发药物	84	死亡	白天用药
6	高剂量	新研发药物	77	删失	白天用药
7	高剂量	新研发药物	72	死亡	白天用药
8	高剂量	传统药物	70	删失	晚上用药
9	低剂量	新研发药物	68	死亡	白天用药
10	低剂量	新研发药物	56	死亡	白天用药
11	低剂量	新研发药物	56	死亡	白天用药

图 16.12 "数据 16.2"中的部分数据

```
. stcox 药物剂量 药物种类,r nohr nolog

      Failure _d: 状态==1
 Analysis time _t: 生存时间

Cox regression with Breslow method for ties

No. of subjects =    100                          Number of obs =      100
No. of failures =     79
Time at risk    = 3,034
                                                  Wald chi2(2)  =    31.46
Log pseudolikelihood = -284.57765                 Prob > chi2   =   0.0000
```

_t	Coefficient	Robust std. err.	z	P>|z|	[95% conf. interval]
药物剂量	1.687341	.315051	5.36	0.000	1.069852	2.30483
药物种类	.5147298	.2230603	2.31	0.021	.0775397	.9519199

图 16.13 半参数模型 Cox 回归分析的结果

（由于数据量过大，仅显示其中一部分）

分析结果中，药物剂量的系数值为 1.687341，且系数的显著性 p 值为 0.000，非常显著，说明药物剂量为低剂量时（本例中，我们设置了用"0"表示"高剂量"，"1"表示"低剂量"），样本死亡的风险显著上升。药物种类的系数值为 0.5147298，显著性 p 值为 0.021，也比较显著，说明药物种类为传统药物（本例中，我们设置了用"1"表示"新研发药物"，"2"表示"传统药物"）时，样本死亡的风险也显著增加。

```
stcurve, hazard
```

该命令用于在执行完半参数模型 Cox 回归生存分析之后，绘制风险函数图。分析结果如图 16.14 所示，可以发现风险函数整体上呈现先上升后下降的状态。

```
stphplot, by(药物剂量)
```

该命令通过绘制对数-对数图来检验比例风险假定。结果如图 16.15 所示。若对数-对数图中的曲线相互平行，则比例风险假定成立。在本例中，尽管高剂量和低剂量的两条曲线并未完全平行，但它们没有相交，因而仍需结合其他检验方法进行综合判断。

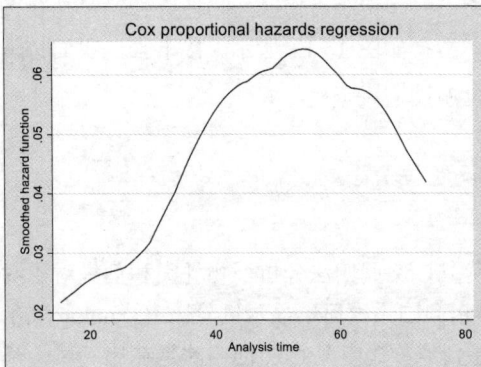

图 16.14 半参数模型 Cox 回归模型风险函数图

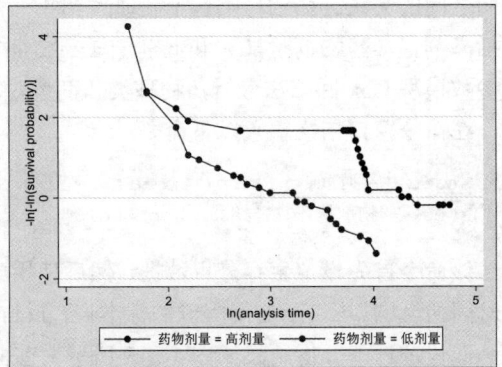

图 16.15 绘制对数-对数图（Log-log plot of survival）

```
stcoxkm,by(药物剂量)
```

该命令通过绘制观测-预测图来检验比例风险假定。分析结果如图 16.16 所示。若观测值和预测

值非常接近，则比例风险假成立。在本例中，高剂量和低剂量的两条曲线的观测值和预测值都非常
接近，表明比例风险假定成立。

```
estat phtest, detail
```

该命令通过舍恩尔德残差检验方式来检验比例风险假定。结果如图 16.17 所示。在本例中，药
物剂量和药物种类两个解释变量对应的显著性 p 值均远大于 0.05，显著接受原假定，表明比例风险
假定成立。

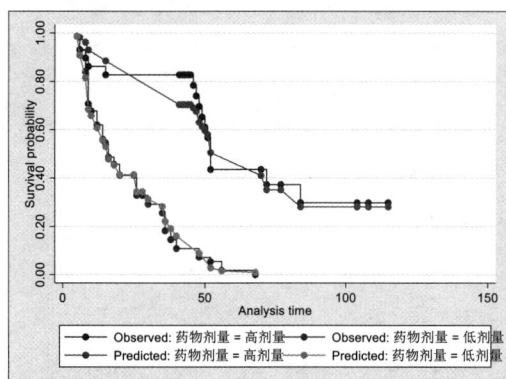

图 16.16　绘制观测-预测图

图 16.17　舍恩尔德残差检验

```
estat phtest, plot(药物剂量)
```

该命令通过舍恩尔德残差检验方式来检验比例风险假定，以图形方式展示比例风险假定检验结
果。分析结果如图 16.18 所示。从残差与时间的拟合图来看，其斜率大致为 0，表明比例风险假定成
立。

综上所述，数据满足比例风险假定，因此可以选择前述比例风险模型。当然，也可以选取其他
模型。在比较模型的优劣时，主要依据模型的对数似然值。模型对数似然值越大，说明模型拟合越
好。除了对数似然值外，我们还可以通过比较信息准则的方式来评估模型，找出最优模型。

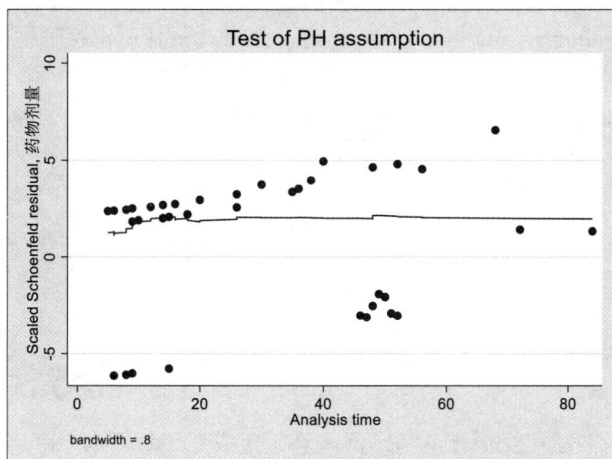

图 16.18　以图形方式展示舍恩尔德残差检验

16.3　本章回顾与习题

16.3.1　本章回顾

本章介绍了生存分析的基本概念与数据类型，以及生存分析在 Stata 中的操作实现与应用，包括设定生存分析数据、生存分析非参数模型估计、生存分析参数模型估计、Cox 半参数模型估计、比例风险假定检验等内容。

1. 设定生存分析数据

设定生存分析数据的基本命令是 stset。在 Stata 中，生存分析数据文件分为每个受试者的生存数据仅有单个记录和每个受试者的生存数据有多个记录两种情况。

每个受试者的生存数据仅有单个记录的基本命令语法为：

```
stset timevar [if] [weight] [, single_options]
```

每个受试者的生存数据有多个记录的基本命令语法为：

```
stset timevar [if] [weight] , id(idvar) failure(failvar[==numlist]) [multiple_options]
```

2. 生存分析非参数模型

绘制生存、风险或累积风险函数图的基本命令语法为：

```
sts graph [if] [in] [, options]
```

3. 生存分析参数模型

生存分析参数模型的基本命令语法为：

```
streg [indepvars] [if] [in] [, options]
```

4. 估计后绘制生存、风险或累积风险函数图

执行 stcox、streg、stintreg、mestreg、xtstreg 等命令进行估计后，绘制生存、风险或累积风险函数图的基本命令语法为：

```
stcurve [, options]
```

5. Cox 半参数模型

Cox 半参数模型的基本命令语法为：

```
stcox [indepvars] [if] [in] [, options]
```

6. 比例风险假定的检验

1）绘制对数-对数图

若对数-对数图中的曲线相互平行，则比例风险假定成立。其基本命令语法为：

```
stphplot [if] , {by(varname) | strata(varname)} [stphplot_options]
```

2）观测-预测图

若观测值和预测值非常接近，则比例风险假定成立。其基本命令语法为：

```
stcoxkm [if] , by(varname) [stcoxkm_options]
```

3）舍恩尔德残差检验

通过舍恩尔德残差检验的方式检验比例风险假定。其基本命令语法为：

```
estat phtest[,phtest_options]
```

常用命令语法为：

```
estat phtest,detail
```

通过绘图方式展示的常用命令语法为：

```
estat phtest,plot(varname)
```

16.3.2 本章习题

一、单选题

1. 哪个不属于比例风险模型？（ ）

A. 指数分布模型　　　　　　B. Weibull 分布模型

C. Gompertz 模型　　　　　　D. Cox 模型

2. 哪个不属于加速失效时间模型？（ ）

A. 对数正态回归分布模型　　B. 对数逻辑分布模型

C. Gamma 分布模型　　　　　D. 指数分布模型

3. 删失本质上是研究数据出现了缺失，（ ）的情况最为常见。

A. 左删失　　　　　　　　B. 右删失　　　　　　　　C. 期间删失

二、判断题

1. Kalpan-Meier 方法属于经典的参数方法之一。（ ）

2. 加速失效时间模型主要研究解释变量对风险函数的影响。（ ）

3. 比例风险模型主要研究解释变量对平均生存时间的影响。（ ）

4. 假设生存数据服从某个已知分布，最好使用非参数方法进行生存分析。（ ）

三、操作题（所有操作题除完成操作生成 do 文件外，还需对结果进行解读）

使用"习题 16"数据文件，进行以下分析。

1. 设定生存分析数据。

（1）将数据设定为适合生存分析的形式，以变量"生存时间"作为时间变量，以变量"状态"取值为 1 作为事件发生。

（2）描述生存分析数据的基本特征并解释。

2. 生存分析非参数模型。

（1）绘制 Kaplan-Meier 生存函数图。

（2）绘制 Kaplan-Meier 生存函数图，并按照"用药时段"分类绘制。

（3）绘制 Nelson-Aalen 累积风险函数图，并输出 95%的置信区间。

（4）绘制 Nelson-Aalen 累积风险函数图，按照"用药时段"分类绘制，并输出 95%的置信区间。

3. 生存分析参数模型。

（1）进行 Weibull 分布参数模型生存分析，探索药物剂量、用药时段对事件发生（死亡）的影响。

（2）在执行完 Weibull 分布参数模型生存分析之后，绘制风险函数图。

（3）进行对数正态分布参数模型生存分析，探索药物剂量、用药时段对生存时间的影响。

（4）执行完对数正态分布参数模型生存分析之后，绘制风险函数图。

4. Cox 半参数模型。

（1）使用半参数模型 Cox 回归方法，探索药物剂量、用药时段对事件发生（死亡）的影响。

（2）在执行完半参数模型 Cox 回归生存分析之后，绘制风险函数图。

5. 比例风险假定的检验。

（1）通过绘制对数-对数图的方式，以用药时段为分类变量，检验比例风险假定。

（2）通过绘制观测-预测图的方式，以用药时段为分类变量，检验比例风险假定。

（3）通过舍恩尔德残差检验的方式检验比例风险假定。

6. 将以上操作所使用的所有命令保存为 do 文件，并命名为"习题 16 答案"。

第17章

信度分析

本章介绍信度分析（reliability analysis），主要针对调查问卷获取的数据。调查问卷中通常包括量表题和非量表题。如果包含量表题，则需首先进行量表题的信度分析；而非量表题则无法进行信度分析。信度分析又称为可靠性分析，常用于评估问卷调查的有效性，检验测验结果的一致性、稳定性、再现性和可靠性。其基本思想是评价在采用相同方法对同一对象进行重复测量时，所得结果的一致性程度。一个良好的测量工具，在对同一事物反复进行测量时，结果应始终保持一致。举例来说，我们使用同一个天平秤测量一批物资的重量，在物资没有变化的前提下，多次测量的结果存在显著差异，我们就会对该天平秤的精度产生怀疑。

扫描本章二维码观看视频

下载资源:\sample\chap17\数据 17

17.1 统计学原理及 Stata 命令

信度分析用于评估数据的真实性和可靠性，因此也被称为可靠性分析。一般来说，只有量表数据（即问卷数据）才能进行信度分析。问卷的信度分析包括内在信度分析和外在信度分析。内在信度重在考察被调查者是否认真答题，因为一组题目（或一个维度的题目）往往测量的是同一个概念或被调查者对同一件事物的看法。如果被调查者针对这些题目表现出较高的内在一致性，则认为问卷调查结果具有较高可信度。一致性程度越高，评价项目就越有意义，其评价结果的可信度也越强。外在信度则指在不同时间对同批被调查者实施重复调查，评价结果是否具有一致性。如果两次评价结果相关性较强，说明项目的概念和内容是清晰的，因而评价的结果是可信的。一般情况下，我们主要考虑量表的内在信度，即同一个维度下各道题目之间是否具有较高的内在一致性。

李克特量表

在学术研究中，通过开展问卷调查获取数据时，调查问卷分为量表题和非量表题。量表题用来测试受访者的态度或看法，大多采用李克特量表。

李克特量表是一种评分加总式态度量表（attitude scale），由美国社会心理学家李克特于 1932 年设计。根据所需调查的具体事项，李克特量表由一组陈述组成，每一陈述旁边都有文字说明，受访者从中选择最适合自己对该项目看法的选项。选项范围包括"非常同意""同意""难以决定""不同意""非常不同意"5 种，量化评分分别为 5、4、3、2、1。每个受访者对该调查事项的态度总分即为他对该组陈述内各道题目回答得分的加总或平均值，该总分或平均值可反映其态度强弱或在这一量表上的不同状态。

李克特量表的核心思想包括两个方面：一是具体到每个题目，认为相邻的两个选项之间的距离相等。例如，"非常同意"和"同意"之间的距离与"不同意"和"非常不同意"之间的距离是相等的。因此，在对调查结果进行量化时，可以直接将"非常同意""同意""难以决定""不同意""非常不同意"5 种选项分别量化为 5、4、3、2、1。二是同一被调查维度内的各个题目权重相等。针对所需调查的具体事项（一个维度），李克特量表由一组陈述（或问题）组成，每条陈述（问卷中的每道题目）对调查事项的影响权重相同，因此可以通过对各道题目得分直接加总或求平均值的方式得到该维度的直接得分，而无须考虑加权求和或加权求平均值。因此，李克特量表通常被称为累加量表（summative scale）。

在李克特量表的应用中，许多学者对 5 分量表进行了丰富和拓展，采用 4 分量表、6 分量表、7 分量表、9 分量表等，但其核心思想是一致的。

需要注意的是，为了引导受访者能够认真对待调查，避免"清一色"勾选某个选项（如都选最高分），在设计李克特量表时可能会加入一定数量的反向题目，即个别题目的选择顺序可能与大部分正向题目相反。例如，反向题目的"非常同意""同意""难以决定""不同意""非常不同意"5 个选项分别量化为 1、2、3、4、5。此时，在使用 Stata 处理收集的量表数据时，需要首先将反向题目的数据重新编码，以确保所有题目的数据方向一致（例如，将 5 分重新编码为 1 分，4 分重新编码为 2 分，以此类推）

在心理学、管理学、社会学、教育学等社会科学领域，量表被广泛用于数据收集。Stata 统计分析中也有很多分析方法适用于量表数据，如 T 检验、方差分析、相关分析、回归分析、因子分析等。

信度分析的方法有多种，目前最常用的是 Alpha 信度系数法。一般而言，信度系数的范围为 0~1。如果量表的信度系数超过 0.9，表示量表的信度非常好；0.8~0.9 表示量表的信度可接受；0.7~0.8 表示量表有些项目需要修订；信度系数低于 0.7 则表示量表中的有些项目需要剔除；信度系数至少应大于或等于 0.6 才能视为合格。

再次强调，如果问卷中有反向题目，首先需要将这些反向的题目转换为正向题目。此外，如果信度分析结果不佳，需要注意以下几个方面：一是无效样本的处理是重要步骤，把无效样本处理掉后，通常能提高信度指标；二是如果出现信度不达标，尤其是当信度系数值小于 0 时，很可能是由于反向题导致的，需要对这些题目进行反向处理；三是信度分析与样本量和分析项数量密切相关。一般情况下，样本量应至少是量表题数的 5 倍，最好为 10 倍以上。例如，如果量表题有 10 个，则至少需要 50 个样本，最好是 100 个以上，否则很难获得可靠的信度分析结果。如果样本量过少，可通过合并高度相似的量表题或删除不合理的分析项等方式进行调整。

量表、测量维度和题项之间的关系：一个量表包括多个维度，每个维度下有多个题项。在进行信度分析时，只对一个维度的题项进行分析。如果量表包含多个测量维度，则需要分别对每个维度进行信度分析。同一量表可以根据维度的数量进行多次信度分析。

信度分析的命令及其语法格式为：

```
alpha varlist [if] [in] [, options]
```

其中，alpha 为信度分析的命令，varlist 为参与信度分析的变量列表，[if]为条件表达式，[in]用于设置样本范围。而[options]为可选项，主要包括表 17.1 所示的各项。

表 17.1　alpha 命令的可选项及其含义

[options]	含　义
detail	列出每个题项间的协方差
item	输出题项和量表以及该题项和其他题项的相关性，并显示从量表中删除该题项的影响。仅在 varlist 中指定了两个以上的变量时，该选项才有效。
std	指定量表的题项在求和前进行标准化（均值为 0，方差为 1），从而可以输出基于标准化项的 Alpha 系数

17.2　案例应用——分析自我效能感调查问卷信度

本节用于分析的数据文件是“数据 17”，如图 17.1 所示。该数据来源于自我效能感调查问卷的量表数据，调查问卷只包括自我效能感 1 个维度，共有 10 道题目，均为 10 分量表，高分代表同意题目所表达的观点，且没有反向题目。使用的信度分析方法基于克隆巴赫 α 模型（Cronbach's Alpha Model），该方法是评估量表或问卷内部一致性信度的核心工具。由心理学家李・克隆巴赫（Lee Cronbach）于 1951 年提出，其核心目标是检验量表中各题项是否测量同一潜在特质。下面将对“题 1”～“题 10”共 10 个变量进行克隆巴赫信度分析。

	题1	题2	题3	题4	题5	题6	题7	题8	题9	题10
1	3	6	6	6	7	6	6	6	6	7
2	2	6	6	5	5	6	6	6	6	5
3	3	6	5	6	4	6	6	6	6	4
4	2	6	6	6	5	6	7	6	7	5
5	2	5	5	5	4	5	5	5	5	4
6	2	5	5	5	5	5	5	5	5	5
7	1	5	6	5	3	5	5	5	5	3
8	1	5	5	5	3	5	5	5	5	3
9	1	7	7	7	5	7	7	7	7	5
10	1	7	7	7	9	7	7	7	7	9
11	1	7	7	7	8	7	7	7	7	8

图 17.1　“数据 17”中的部分数据（由于数据量过大，仅显示其中一部分）

打开数据文件，在主界面的命令窗口中依次输入以下命令：

```
alpha 题 1-题 10
```

该命令等价于“alpha 题 1 题 2 题 3 题 4 题 5 题 6 题 7 题 8 题 9 题 10”，其含义是针对“题

1~题 10"计算 Alpha 信度系数。结果如图 17.2 所示，可以发现平均题项间协方差为 0.5448842，量表中的题项共有 10 个，量表的信度系数为 0.8903，表明量表的信度可以接受。

```
alpha 题1-题10,detail
```

该命令在上一命令的基础上，列出各个题项间的协方差。结果如图 17.3 所示。

```
. alpha 题1-题10,detail

Test scale = mean(unstandardized items)

Average interitem covariance:        .5448842
Number of items in the scale:              10
Scale reliability coefficient:         0.8903

Interitem covariances (obs=99 in all pairs)

         题1      题2      题3      题4      题5      题6      题7      题8      题9     题10
题1   0.4078
题2   0.1789  0.8945
题3   0.1463  0.8605  0.8980
题4   0.1810  0.8875  0.8639  0.9112
题5  -0.3644  0.1211  0.0748  0.0756  2.5778
题6   0.1871  0.9014  0.8776  0.9048  0.0850  0.9184
题7   0.1871  0.8810  0.8571  0.8844  0.0442  0.8980  0.8980
题8   0.1789  0.8843  0.8605  0.8875  0.1211  0.9014  0.8810  0.8945
题9   0.2014  0.9080  0.8946  0.9112  0.0551  0.9252  0.9150  0.9080  0.9724
题10 -0.2068  0.3467  0.2925  0.2989  2.4123  0.3129  0.2721  0.3467  0.2785  2.7887
```

```
. alpha 题1-题10

Test scale = mean(unstandardized items)

Average interitem covariance:        .5448842
Number of items in the scale:              10
Scale reliability coefficient:         0.8903
```

图 17.2　Alpha 信度系数计算结果 1

图 17.3　Alpha 信度系数计算结果 2

```
alpha 题1-题10,item detail
```

该命令在上一命令的基础上，输出每个题项与量表的相关性，并分析从量表中删除该题项后的影响，结果如图 17.4 所示。在分析结果中，Item-test correlation 用于判断单个题项与整个量表总得分之间的相关性；Item-rest correlation 指该题项与删除该题项之后的其他题项总得分之间的相关系数；最后一列的 alpha 不仅给出了量表整体的信度系数 0.8903，还给出了删除该题项后的信度系数，比如删除题 1 后的量表的信度系数为 0.9025，删除题 2 后的量表的信度系数为 0.8629 等。

```
. alpha 题1-题10,item detail

Test scale = mean(unstandardized items)

                              Item-test    Item-rest    Average
                            correlation  correlation   interitem
Item      Obs  Sign                                   covariance      alpha

题1        99    +             0.2197       0.1401      .6619511     0.9025
题2        99    +             0.9277       0.9076      .5152889     0.8629
题3        99    +             0.8938       0.8649      .5219972     0.8656
题4        99    +             0.9114       0.8867      .5173618     0.8640
题5        99    +             0.4142       0.2238      .6081908     0.9230
题6        99    +             0.9219       0.8999      .5146276     0.8631
题7        99    +             0.9062       0.8804      .5194462     0.8646
题8        99    +             0.9277       0.9076      .5152889     0.8629
题9        99    +             0.9034       0.8756      .5145274     0.8640
题10       99    +             0.5467       0.3698      .5601623     0.9129

Test scale                                            .5448842     0.8903

Interitem covariances (obs=99 in all pairs)

         题1      题2      题3      题4      题5      题6      题7      题8      题9     题10
题1   0.4078
题2   0.1789  0.8945
题3   0.1463  0.8605  0.8980
题4   0.1810  0.8875  0.8639  0.9112
题5  -0.3644  0.1211  0.0748  0.0756  2.5778
题6   0.1871  0.9014  0.8776  0.9048  0.0850  0.9184
题7   0.1871  0.8810  0.8571  0.8844  0.0442  0.8980  0.8980
题8   0.1789  0.8843  0.8605  0.8875  0.1211  0.9014  0.8810  0.8945
题9   0.2014  0.9080  0.8946  0.9112  0.0551  0.9252  0.9150  0.9080  0.9724
题10 -0.2068  0.3467  0.2925  0.2989  2.4123  0.3129  0.2721  0.3467  0.2785  2.7887
```

图 17.4　Alpha 信度系数计算结果 3

```
alpha 题1-题10,std item detail
```

该命令在上一命令基础上增加了 std 选项，输出基于标准化项的 Alpha 系数。通常当题项数据量级差距较大时才使用该选项。结果如图 17.5 所示，量表整体基于标准化项的克隆巴赫 Alpha 值为 0.9236。

```
. alpha 题1-题10,std item detail

Test scale = mean(standardized items)

                               Item-test      Item-rest     Average
                                                            interitem
Item          Obs  Sign     correlation     correlation   correlation     alpha

题1            99    +         0.3269          0.2041         0.6422        0.9417
题2            99    +         0.9714          0.9625         0.5043        0.9015
题3            99    +         0.9391          0.9204         0.5112        0.9040
题4            99    +         0.9599          0.9474         0.5068        0.9024
题5            99    +         0.2496          0.1227         0.6587        0.9456
题6            99    +         0.9702          0.9608         0.5046        0.9016
题7            99    +         0.9581          0.9451         0.5072        0.9025
题8            99    +         0.9714          0.9625         0.5043        0.9015
题9            99    +         0.9553          0.9414         0.5078        0.9028
题10           99    +         0.3967          0.2791         0.6272        0.9381

Test scale                                                   0.5474        0.9236


Interitem correlations (obs=99 in all pairs)

         题1       题2       题3       题4       题5       题6       题7       题8       题9      题10
题1    1.0000
题2    0.2963   1.0000
题3    0.2417   0.9602   1.0000
题4    0.2969   0.9831   0.9551   1.0000
题5   -0.3554   0.0798   0.0492   0.0493   1.0000
题6    0.3057   0.9945   0.9664   0.9891   0.0553   1.0000
题7    0.3092   0.9830   0.9545   0.9777   0.0291   0.9888   1.0000
题8    0.2963   0.9886   0.9602   0.9831   0.0798   0.9945   0.9830   1.0000
题9    0.3199   0.9736   0.9573   0.9680   0.0348   0.9790   0.9792   0.9736   1.0000
题10  -0.1939   0.2195   0.1849   0.1875   0.8997   0.1955   0.1720   0.2195   0.1691   1.0000
```

图 17.5 Alpha 信度系数计算结果 4

17.3 本章回顾与习题

17.3.1 本章回顾

本章介绍了信度分析的基本原理、命令以及具体实例的应用。
信度分析的命令及其语法格式为：

```
alpha varlist [if] [in] [, options]
```

其中，alpha 为信度分析的命令，varlist 为参与信度分析的变量列表，[if]为条件表达式，[in]用于设置样本范围，[options]为可选项。

17.3.2 本章习题

一、单选题

1. 信度分析的命令为（ ）。
A. alpha   B. scale1   C. factor   D. regress
2. 下面哪个不符合李克特量表的特征。（ ）
A. 相邻的两个选项之间的距离相等   B. 同一被调查维度内各个题目的权重相等
C. 是一种评分加总式态度量表   D. 对反向题目数据无须重新编码

二、判断题

1. 一般情况下，信度系数取值范围为 0~1，信度系数越小表示信度越高。（ ）

2. 如果问卷中有反向的题目，需要将反向题目转换为正向题目。（ ）

3. 一个量表包括多个题项，每个题项内部设有多个维度。（ ）

4. 信度分析中，增加 detail 选项将输出题项和量表以及该题项与其他题项的相关性，并且分析从量表中删除该题项的影响。（ ）

三、操作题（所有操作题除完成操作生成 do 文件外，还需对结果进行解读）

使用"习题 17"数据文件，开展信度分析（注意分两个维度，A1、A2、A3 为一个维度，B1、B2、B3 为另一个维度，分别进行信度分析）。

（1）计算各维度的 Alpha 信度系数。

（2）分维度列出各个题项间的协方差。

（3）分维度输出题项和量表以及该题项和其他题项的相关性，并分析从量表中删除该题项的影响。

（4）输出基于标准化项的 Alpha 系数

（5）将操作所使用的全部命令保存为 do 文件，并命名为"习题 17 答案"。

◆ 第五部分 ◆

特殊数据应用

第18章

时间序列数据分析

　　一般来说，用于分析的数据包括横截面数据、时间序列数据和面板数据。横截面数据是指在某一时点收集的不同研究对象的数据，构成同一时点上不同研究对象的一维数据集合，主要研究某一时点上的经济现象，突出研究对象的个体差异。时间序列数据是指对同一研究对象在不同时间进行观察所取得的数据，侧重观察研究对象随时间变化的规律，分析其发展趋势。面板数据则结合了横截面数据与时间序列数据的特点，可以分析不同研究对象在时间序列上的变化，既能揭示不同研究对象之间的差异，又能描述同一研究对象的动态变化特征。

　　本章将介绍时间序列数据分析。不同于一般的经济计量模型，时间序列模型不依赖经济理论，而是依据变量自身的变化规律，通过外推机制描述时间序列的演变过程。时间序列数据的特点是观测值的时间顺序是固定的，不可以随意改变，且逐次观测值通常不独立。因此，在分析时必须考虑观测值（即观测数据）的时间顺序，这一点与之前介绍的观测值大不相同。

18.1　时间序列数据的预处理

> 扫描右侧二维码观看视频
> 下载资源:\sample\chap18\数据 18.1

18.1.1　统计学原理及 Stata 命令

　　在进行时间序列分析前，我们往往需要对数据进行预处理。预处理操作主要包括定义时间序列、绘制时间序列趋势图、扩展时间区间等。对于带有日期变量的数据文件，Stata 并不会自动识别并判定该数据是否为时间序列数据，尤其是数据含有多个日期变量的情况下。因此，必须选取恰当的日期变量来定义时间序列。只有在定义时间变量之后，才能方便地使用各种时间序列算子及相关时间序列分析命令。绘制时间序列趋势图的目的是迅速观察数据变化特征，为后续更精确地判断或选择合适的模型做好准备。此外，在许多情况下，随着时间的推移，研究者会获得新的观测值，或需要对时间序列进行预测，这时就需要扩展时间区间。

时间序列数据预处理的 Stata 命令如下：

1. 定义时间序列

1）定义时间序列的基本命令

定义时间序列的基本命令语法为：

```
tsset timevar [, options]
```

其中，tsset 为定义时间序列的基本命令，timevar 为用于标识时间序列数据的时间变量名称。[, options]为可选项，包括两类：一类为 unitoptions，用来设定时间变量的单位，即定义时间变化的单位，如周、日、小时等，如表 18.1 所示；另一类为 deltaoption，用于设定时间变量的周期，即定义相邻样本观测值之间的间隔时间，主要包括如表 18.2 所示的各项。

表 18.1　unitoptions 的可选项及其含义

unitoptions	具体含义
(default)	默认选项，Stata 从时间变量的显示格式中获取变量的单位
clocktime	Stata 设定数据文件中时间变量（timevar）的单位为毫秒，格式为%tc，0 = 1960 年 1 月 1 日 00:00:00.000，1 =1960 年 1 月 1 日 00:00:00.001……
daily	Stata 设定数据文件中时间变量的单位为日，格式为%td，0 = 1960 年 1 月 1 日，1 = 1960 年 1 月 2 日……
weekly	Stata 设定数据文件中时间变量的单位为周，格式为%tw，0 = 1960 年第 1 周，1 = 1960 年第 2 周……
monthly	Stata 设定数据文件中时间变量的单位为月，格式为%tm，0 = 1960 年 1 月，1 = 1960 年 2 月……
halfyearly	Stata 设定数据文件中时间变量的单位为半年，格式为%th，0 = 1960 年上半年，1 = 1960 年下半年……
yearly	Stata 设定数据文件中时间变量的单位为年，格式为%ty，0 = 1960 年，1 = 1961 年……
generic	Stata 设定数据文件中时间变量的格式为%tg，即一般格式，只要求时间变量为整数
format(% fmt)	Stata 用 format 选项设定数据文件中时间变量的格式，然后应用默认规则。默认规则的概念是，用户若事先通过 format 命令设定了 timevar 的显示格式为%t*，则不用再专门设定时间变量的单位选项（unit options），Stata 会根据时间变量的显示格式自动获得时间变量的单位；否则，用户可以设定单位选项

表 18.2　deltaoptions 的可选项及其应用示例

deltaoptions	应用示例
delta ()	delta(1)，delta(2)
delta((表达式))	delta((7*24))
delta(#单位)	delta(7 days)，delta(15 minutes)，delta(2 hours 30 minutes)
delta((表达式)单位)	delta((6+3)months)

注　意

（1）在所有情况下，允许负的 timevar 值。

（2）在设定时间变量之后，可以保存数据，避免下次使用时重新设定。

2）调整时间设定的初始值

在许多情况下，数据文件中 timevar 的起始值为 1，依次排序为 2、3、4、5……。这时可以通过函数将起始值调整到具有实际意义的日期。例如，某数据文件中的 timevar 值为 1、2、3、4、5……，但数据实际是从 2004 年 6 月开始的（即 timevar=1 对应 2004 年 6 月的数据，timevar=2 对应 2004 年 7 月的数据……）。为此，可以使用以下命令将 timevar 转换为实际日期：

```
generate newtimevar=tm(2004m6)+timevar-1
```

其中，generate 为生成变量的命令，newtimevar 为新生成变量的名称，函数 tm() 可将时间转换成 Stata 系统默认的格式。Stata 系统默认的格式是不易读的，因为 Stata 系统定义 1960 年 1 月为第 0 个月，所以 2004 年 6 月对应第 533 个月，即 timevar=1 对应样本观测值 newtimevar=533，而 533 是不易解读或者说无法直观解释的，因此需要执行以下命令：

```
format newtimevar %tm
```

将变量 newtimevar 转换为 %tm 格式，便于用户阅读。

在调整好时间设定的初始值后，记得重新设置时间变量，即把新生成的 newtimevar 作为时间变量，具体命令形式为：

```
tsset newtimevar
```

技　巧

（1）上述 **format newtimevar %tm** 和 **tsset newtimevar** 两条命令可以组合在一起，即：

```
tsset newtimevar, format(%tm)
```

或

```
tsset newm, monthly
```

（2）如果数据单位为毫秒、日、周、季度、半年或年，可以使用相应的函数 tc()、td()、tw()、tq()、th()、ty()，以及相应的格式 %tc、%td、%tw、%tq、%th、%ty。假设有时间变量 timevar1 为年度数据，起始值为 1，对应 1990 年，那么可以使用如下命令将其转换为 Stata 的系统时间：

```
gen newtimevar1=ty(1990)+t-1
```

（3）如果数据文件中没有 timevar，只有一系列样本观测值，且数据是从 2021 年 1 月 1 日开始每天的温度观测数据，则可以使用如下命令生成一个时间变量：

```
gen newtimevar=td(1jan2021)+_n -1
```

其中，_n 代表观测值序号。

3）当时间变量为字符串形式时的处理

有时数据文件中拟指定为 timevar 的变量是字符串格式，此时需要将其转换成时间变量，一般通过 generate 命令来实现。例如，若数据文件中 timevar 为字符串格式且单位为毫秒，要按照"月-日-年 小时:分:秒"的格式显示，可以使用以下命令：

```
generate double newtimevar=clock(timevar,"MDYhms")
```

说　明

（1）因为以毫秒为单位的时间数值非常大，使用默认的 float 格式生成的新时间变量 newtimevar 将被四舍五入，造成精确损失甚至错误，所以需要在命令中指定 double 类型。这样新生成的变量 newtimevar 将采用"双精度"格式。

（2）因为 timevar 的单位为毫秒，所以使用 clock()函数。若 timevar 的单位为日、周、月、季度、半年或年，那么需要使用的命令分别是 date()、weekly()、monthly()、quarterly()、halfyearly()、yearly()。

（3）clock()函数中的格式选项根据数据的具体格式而定。如果 timevar 是按"月-日-年 小时:分:秒"的格式显示，则在 clock()命令中使用选项"MDYhms"。

在将字符串变量转换为时间变量后，我们需要重新设定时间变量，即把新生成的 newtimevar 作为时间变量，具体命令形式为：

```
tsset newtimevar, clocktime
```

虽然时间变量 timevar 和 newtimevar 的单位都是毫秒，但我们可以通过选项 deltaoption 设置时间变量的周期（period of timevar），即设置时间变量相邻样本观测值之间的间隔时间为几个单位，以方便后续使用时间序列算子。例如，我们想要设定时间间隔为 5 分钟，那么命令为：

```
tsset newtimevar, delta((1000*60*5))
```

因为单位为毫秒，1000 毫秒即为 1 秒，1000*60 毫秒即为 1 分钟，1000*60*5 毫秒即为 5 分钟。

4）清除数据的时间序列格式

如果我们要把数据恢复为普通数据，可以使用以下命令：

```
tsset,clear
```

2. 扩展时间区间

扩展时间区间的基本命令语法为：

```
tsappend, { add(#) | last(date|clock) tsfmt(string) } [options]
```

tsappend 为扩展时间区间的基本命令，用户在使用 tsappend 命令扩展时间区间之前，必须先用 tsset 命令定义时间变量。add(#)与 last(date|clock) tsfmt(string)用于设定需扩展时间区间的具体情况，两者选其一即可。add(#)用于指定要增加的样本观测值个数。如果不设定 add()选项，就必须同时设定 last(date| clock)和 tsfmt(string)。last(date|clock)用于指定扩展的结束日期，tsfmt(string)用于将 last(date|clock)选项中的日期转换成 Stata 默认时间对应的整数。可用的 string 包括 tc、td、tw、tm、tq、th 和 ty。

注　意

如果时间变量存在间隔或缺失值，tsappend 命令会自动将其补齐。

此外，我们也可以使用专门的命令 tsfill 将其补齐。基本命令语法为：

```
tsfill
```

在使用 tsfill 命令填充时间变量间隔前，必须先用 tsset 命令定义时间变量。

3. 绘制时间序列趋势图

绘制时间序列趋势图的基本命令语法为：

```
twoway(line varname timevar)
```

其中，twoway(line)为绘制时间序列趋势图的基本命令，varname 为参与绘制时间序列趋势图的变量，timevar 为时间变量。

很多时候，我们需要获取平稳时间序列。对于不平稳序列，可以在进行一阶差分后绘制变量序列图来观察。所谓变量的一阶差分，是对变量的原始数据进行处理，用前一个数据减去后面一个数据后得出的一个新的时间序列。如果变量的一阶差分仍存在趋势，应该在进行二阶差分后再查看，以此类推，直到数据平稳。一般情况下，如果数据的低阶差分平稳，那么高阶差分也会平稳。

4. 时间序列算子

对时间序列数据进行处理时常常会用到变量的差分值、滞后值等。如果我们要观测相邻两期数据之间的变化，就需要使用变量的差分值。如果把即期（当期）值设置为 x_t，常用的时间序列算子及具体含义如表 18.3 所示。

表 18.3　常用的时间序列算子及具体含义

时间序列算子	具体含义
L.	一阶滞后值 x_{t-1}
L2.	二阶滞后值 x_{t-2}
F.	一阶领先值 x_{t+1}
F2.	二阶领先值 x_{t+2}
D.	一阶差分值 x_t-x_{t-1}
D2.	二阶差分值 $(x_t-x_{t-1})-(x_{t-1}-x_{t-2})=x_t-2x_{t-1}+x_{t-2}$
S.	季节差分值 x_t-x_{t-1}
S2.	二阶季节差分值 x_t-x_{t-2}

注　意

（1）上述各类时间序列算子既可以组合运用，也可以重复运用。例如，对于 income 变量，L3.income、LLL.income、L2L.income、LL2.income 都表示 income 的三阶滞后，几种方式效果相同。又如，LF.income 表示先领先一期再滞后一期的 income，实际上就是 income 当期值，S12D.income 是指将变量 income 一阶差分之后再做十二阶季节差分。

（2）与 Stata 中的各种命令不同，时间序列算子可以大写，也可以小写，还可以采用简化形式。例如，输入 L(1/3).income 与 L.income L2.income L3.income 的作用相同。

（3）一阶滞后 x_{t-1} 与 x_t 之间的时间间隔，即为选项 deltaoption 中设定的周期。

5. 信息准则

在许多时间序列模型的拟合中，需要使用信息准则的概念。众所周知，在拟合模型时，增加自由参数（或解释变量）可以在一定程度上提高拟合效果（或模型的解释能力），但自由参数的增加也可能导致过度拟合（overfitting），甚至在极端情况下出现多重共线性。为了解决这一问题，帮助研究者合理选取自由参数（解释变量）的数目，统计学家们提出了信息准则的概念。信息准则旨在鼓励数据拟合的优良性，同时对过多自由参数（解释变量）采取惩罚措施。无论何种信息准则，在应用时的信息准则值越小，说明模型拟合得越好。例如，对于 n 个模型备选，可一次计算出 n 个模型的信息准则值，找出最小信息准则值对应的模型作为最终选择。

常用的信息准则包括赤池信息准则（Akaike's Information Criterion，AIC）、施瓦茨信息准则（Schwarz's Bayesian Information Criterion，SBIC 或者 SC）以及汉南-昆信息准则（Hannan and Quinn Information Criterion，HQIC）。

其中，赤池信息准则和施瓦茨信息准则的计算公式为：

$$AIC = -\frac{2L}{n} + \frac{2k}{n}$$

$$SC = -\frac{2L}{n} + \frac{k\ln n}{n}$$

18.1.2　案例应用——分析甘肃省历年降雨量时间走势

本小节用于分析的数据文件是"数据 18.2"，其中记录的是 2010 年 1 月至 2021 年 12 月甘肃降雨量数据。变量"月份"可代表时间变量，但该变量为字符串变量，不能直接设置为时间变量，需要先对其进行处理。

打开数据文件，在主界面的命令窗口中依次输入以下命令：

```
generate month=monthly(月份,"YM")
```

该命令以生成新变量 month 的方式，将"月份"变量由字符串变量转换为数值变量。

```
format month %tm
```

该命令将变量 month 转换成%tm 格式，便于用户阅读。

```
tsset month
```

该命令将上一步生成的新变量 month 指定为时间变量。

```
twoway(line 甘肃降雨量 month)
```

该命令以 month 为横轴、甘肃降雨量为纵轴，绘制甘肃降雨量随时间变量 month 变化的时间序列趋势图。结果如图 18.1 所示。

```
twoway(line d.甘肃降雨量 month)
```

该命令以 month 为横轴、甘肃降雨量的一阶差分值为纵轴，绘制甘肃降雨量的一阶差分值随时间变量 month 变化的时间序列趋势图。结果如图 18.2 所示。

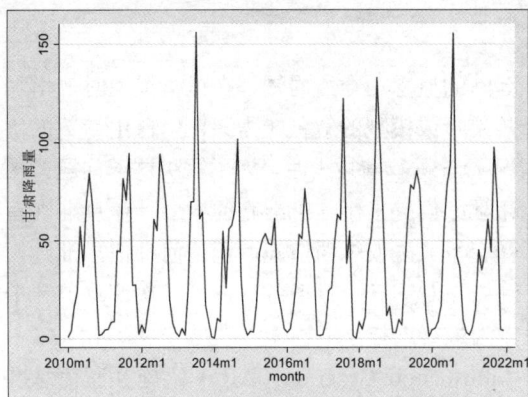

图 18.1 甘肃降雨量时间序列趋势图

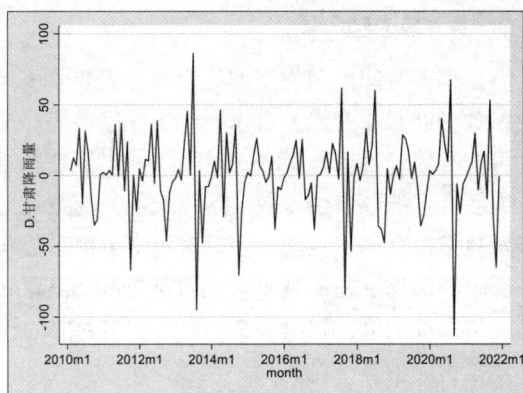

图 18.2 甘肃降雨量一阶差分时间序列趋势图

18.2 移动平均滤波与指数平滑法

扫描右侧二维码观看视频

下载资源:\sample\chap18\数据 18.2

18.2.1 统计学原理及 Stata 命令

1. 统计学原理

时间序列数据的特点是,观察对象随时间的推移可能会呈现出一定的规律性,但这种规律性会受到波动性的干扰。为了分清规律性和波动性,常使用移动平均滤波与各类指数平滑法。

1)移动平均滤波

移动平均滤波基于统计规律,将连续观察到的时间序列数据看作一个长度固定为 n 的队列。当试验者进行一次新的测量时,会将原队列中最早观察到的第 1 个数据(队首)去掉,其余 n-1 个数据依次前移,并将新观测的样本数据插入新队列的尾部。接着,对新队列进行算术运算,将该结果作为本次测量的结果。因此,移动平均滤波的基本思路是对初始变量进行加权平均处理,从而减轻甚至消除时间序列的波动性,进而更容易观察到时间序列的趋势性。

移动平均滤波的数学公式为:

$$\hat{x}_t = \frac{\sum_{i=-l}^{f} w_i x_{t+i}}{\sum_{i=-l}^{f} w_i}$$

其中,f 为最长领先期,l 为滤波的最长滞后期(注意是小写字母 l,而不是数字 1),w_i 为权重。

2)指数平滑法

指数平滑法本质上是一种特殊的加权移动平均法。其特点是:第一,指数平滑法对特定观测期内不同时间的观察值赋予的影响权重可以不同。例如,可以加大近期观察值的权重,从而加强近期观察值对预测值的影响，使预测值更好地反映当前观察值的变化。第二，指数平滑法赋予观察值的影响权重按时间递减，并且递减速度可以通过设置参数来调整，从而更客观、公正地反映近期观察值和远期观测值的实际影响程度。

（1）一次指数平滑法：

如果时间序列数据围绕一个常数均值上下随机波动，且不具备趋势性或季节性特征，那么可以使用一次指数平滑法对其进行拟合。一次指数平滑法可以理解为一种适应性预期方法，它的数学公式为：

$$S_t = \alpha x_t + (1-\alpha)S_{t-1}, t=1,\cdots,T$$

其中，S_0 为变量的初始值。将该公式递推展开，则为：

$$S_t = \alpha \sum_{k=0}^{T-1}(1-\alpha)^k x_{T-k} + (1-\alpha)^T S_0$$

可以看出，一次指数平滑预测法可以理解为一种几何加权移动平均，权重呈几何递减；α 为平滑系数，决定了平滑序列对原序列均值变化的响应速度。α 越大，表明对近期观测值的响应越快，即强调近期观测值的重要性。根据研究需要，如果目的是让指数平滑值敏感地反映最新观察值的变化，应选取较大的 α 值；如果所求指数平滑值是用于表示该时间序列的长期趋势，则应选取较小的 α 值。

（2）二次指数平滑法：

二次指数平滑是对一次指数平滑的再平滑。如果时间序列数据不是围绕一个常数均值上下随机波动，而是具备一定的线性趋势，那么我们可以通过二次指数平滑法对其进行拟合。对时间序列 v 进行二次指数平滑的递归公式为：

$$\begin{cases} S_t = a y_t + (1-a)S_{t-1} \\ D_t = a S_t + (1-a)S_{t-1} \end{cases}$$

其中，$0\leq a\leq 1$，S_t 是单指数平滑后的序列，D_t 是对 S_t 序列又进行一次单指数平滑，即对原序列 y_t 进行双指数平滑后得到的序列。双指数平滑对未来观测值的预测公式如下：

$$\hat{y}_{n+k} = (2+\frac{ak}{1-a})S_n - (1+\frac{ak}{1-a})D_n, k>0$$

（3）Holt‑Winters 平滑法：

如果时间序列数据不是围绕一个常数均值上下随机波动，而是呈现一定的季节波动，那么我们可以通过 Holt–Winters 平滑法对其进行拟合。若给定序列 x_t、平滑参数 α 和 β，以及初始值 a_0 和 b_0，则 Holt–Winters 平滑的数学公式为：

$$a_t = a x_t + (1-\alpha)(\alpha_{t-1}+b_{t-1})$$
$$b_t = \beta(a_t - a_{t-1}) + (1-\beta)b_{t-1}$$

相较于二次指数平滑法，Holt-Winters 平滑法有两个平滑参数，通过最小化样本内预测误差的平方和来获得估计值。

Holt-Winters 平滑法包括乘积 Holt-Winters 法和加法 Holt-Winters 法，分别适用于不同的场景。

如果我们根据经验判断季节成分会随时间的推移而增长，则使用乘积 Holt-Winters 法更为合适；如果季节成分不会随时间的推移而增长，则使用加法 Holt-Winters 法更为合适。

乘积 Holt-Winters 法的数学公式为：

$$x_{t+j} = (\mu_t + \beta_j)S_{t+j} + \varepsilon_{t+j}$$

在该数学公式中，x_t 为序列值，μ_t 为随时间而变的均值，β 为参数，S_t 为季节成分，ε_t 为个体误差。

加法 Holt-Winters 法的数学公式为：

$$x_{t+j} = (\mu_t + \beta_j) + S_{t+j} + \varepsilon_{t+j}$$

提　示

上述平滑方法不仅适用于时间序列数据，也可应用于面板数据。面板数据可以分析不同研究对象在时间序列上的特征，若用于面板数据，则 Stata 会针对每个个体分别进行平滑计算。

---

2. 移动平均滤波与指数平滑法的 Stata 命令

1）移动平均滤波

移动平均滤波的基本命令为 **tssmooth ma**，包括统一权重的移动平均滤波和指定权重的移动平均滤波两种。

统一权重的移动平均滤波的命令语法为：

```
tssmooth ma [type] newvar = exp [if] [in], window(#l[#c[#f]]) [replace]
```

其中，type 选项用来指定生成的新变量类型，newvar 用来指定新生成变量的名称，exp 代表要分析的变量或其表达式，[if]为条件表达式，[in]用于设定样本范围。

window()选项用来设置移动平均过程的跨期："#l"（注意#后面是小写字母 l，而不是数字 1）用于设置滞后期数，要求 0<#l<样本数量的一半；#c 用于设置滤波中是否包括当前样本观测值，0 表示不包括，1 表示包括，默认为不包括；#f 用于设置领先变量的期数，要求 0<#f<样本数量的一半。

如果用户设置了 replace 选项，则意味着如果系统中已存在 newvar 变量，则用该命令新生成的变量会替换原变量。

指定权重的移动平均滤波的命令语法为：

```
tssmooth ma [type] newvar = exp [if] [in], weights([numlist_l] <#c> [numlist_f]) [replace]
```

与统一权重的差异在于，weights()选项用于设置移动平均各项的权重。numlist_l 为可选项，用于指定滞后变量的权重；#c 必填，且需要用尖括号括起来，指定当前项的权重；numlist_f 也是可选项，用于指定领先变量的权重。此外，每个 numlist 的元素个数都要求小于样本数量的一半。举例来说，若选项为 weights(1/4 <4> 2/1)，则平滑序列为：

$$\hat{x}_t = 1/17(1x_{t-4} + 2x_{t-3} + 3x_{t-2} + 4x_{t-1} + 4x_t + 2x_{t+1} + 1x_{t+2})$$

说　明

（1）选项中的 1/4 表示数字序列 1 2 3 4，所以也可以将该命令选项写为：

```
weights(1 2 3 4 <4>2 1)
```

（2）括号外的 1/17 表示总权重数为 17（1+2+3+4+4+2+1=17）。

2）一次指数平滑法

一次指数平滑法的基本命令语法为：

```
tssmooth exponential [type] newvar = exp [if] [in] [, options]
```

其中，type 选项用于指定生成的新变量类型，newvar 用于指定新生成变量的名称，exp 代表要分析的变量或其表达式，[if]为条件表达式，[in]用于设定样本范围。而[, options]为可选项，主要包括如表 18.4 所示的各项。

表 18.4　tssmooth exponential 命令的可选项及其含义

[, options]	具体含义
replace	如果数据文件中已存在 newvar，则将其替换
parms(#α)	用#α 作为平滑参数，要求 0<#α<1。如果不设置 parms(#α)选项，则 Stata 将选择平滑参数以最小化样本内预测误差平方和
samp0(#)	通过计算前#个样本观测值的均值来获得递推的初始值。选项 samp0(#)和 s0(#)用于指定获得初始值的方式，二者不能同时设置；如果这两个选项都不设置，则 Stata 会计算前半部分样本的均值来获得初始值
s0(#)	用#作为递推的初始值
forecast(#)	设定样本外预测的期数，默认为 forecast(0)

3）二次指数平滑法

二次指数平滑法的基本命令语法为：

```
ssmooth dexponential [type] newvar = exp [if] [in] [, options]
```

其中，type 选项用于指定生成的新变量类型，newvar 用于指定新生成变量的名称，exp 代表要分析的变量或其表达式，[if]为条件表达式，[in]用于设定样本范围。而[, options]为可选项，主要包括如表 18.5 所示的各项。

表 18.5　ssmooth dexponential 命令的可选项及其含义

[, options]	具体含义
replace	如果数据文件中已存在 newvar，则将其替换
parms(#α)	用#α 作为平滑参数，要求 0<#α<1。如果不设置 parms(#α)选项，则 Stata 将选择平滑参数 y 以最小化样本内预测误差平方和
samp0(#)	通过计算前#个样本观测值的均值来获得递推的初始值。选项 samp0(#)和 s0(#1 #2 用于指定获得初始值的方式，二者不能同时设置；如果这两个选项都不设置，则 Stata 会计算前半部分样本的均值来获得初始值

（续表）

[, options]	具体含义
s0(#1 #2)	用#1 和#2 作为递推的初始值
forecast(#)	设定样本外预测的期数，默认为 forecast(0)

4）Holt-Winters 平滑法

Holt-Winters 平滑法的基本命令语法为：

```
tssmooth hwinters [type] newvar = exp [if] [in] [, options]
```

其中，type 选项用于指定生成的新变量类型，newvar 用来指定新生成变量的名称，exp 代表要分析的变量或其表达式，[if]为条件表达式，[in]用于设定样本范围。而[, options]为可选项，主要包括如表 18.6 所示的各项。

表 18.6　tssmooth hwinters 命令的可选项及其含义

[, options]	具体含义
replace	如果数据文件中已存在 newvar，则将其替换
parms(#a #b)	用#a#b 作为平滑参数
samp0(#)	通过计算前#个样本观测值的均值来获得递推的初始值。选项 samp0(#)和 s0(#cons #lt)用于指定获得初始值的方式，二者不能同时设置；如果这两个选项都不设置，则 Stata 会通过前半部分样本对时间 t 进行回归来获得初始值
s0(#cons #lt)	用#cons #lt 作为递推的初始值
forecast(#)	设定样本外预测的期数，默认为 forecast(0)

5）Holt-Winters 季节平滑法

Holt-Winters 季节平滑法的基本命令语法为：

```
tssmooth shwinters [type] newvar = exp [if] [in] [, options]
```

其中，newvar 为新生成变量的名称，exp 代表要分析的变量或其表达式，[if]为条件表达式，[in]用于设定样本范围。而[, options]为可选项，主要包括如表 18.7 所示的各项。

表 18.7　tssmooth shwinters 命令的可选项及其含义

[, options]	具体含义
replace	如果 newvar 已存在，则将其替换
parms(#α#β #γ)	使用#α、#β、#γ 作为平滑参数，要求各平滑参数均处于[0,1]区间
samp0(#)	通过前#个样本观测值来获得递推的初始值
s0(#cons #lt)	用#cons 和#lt 作为递推的初始值
forecast(#)	设定样本外预测的期数，默认为 forecast(0)
period(#)	设定季节效应的周期为#。如果不设定选项 period(#)，季节效应的周期会从 tsset 命令的选项 daily、weekly、…、yearly 中获得。如果之前的 tsset 命令没有设定这类选项，则必须使用选项 period()
additive	使用加法形式的季节平滑，默认为乘积形式
sn0_0(varname)	使用 varname 的值作为初始季节值，选项 sn0_0(varname)和 sn0_v(newvar)不可同时使用

（续表）

[, options]	具体含义
sn0_v(newvar)	将估计的初始季节值保存在变量 newvar 中，选项 sn0_0(varname)和 sn0_v(newvar)不可同时使用
snt_v(newvar)	将估计的最后一年的季节值保存在变量 newvar 中
normalize	将季节值标准化，在乘积模型中，使季节值之和为 1；在加法模型中，使季节值之和为 0
altstarts	使用另一种方法计算初始值

18.2.2 案例应用——分析中国网约车运营月度数据

本小节用于分析的数据文件是"数据 18.2"，其中记录的是 2021 年 8 月至 2024 年 7 月中国网约车运营相关数据。

1. 移动平均滤波

打开数据文件，在命令窗口中输入相应的命令进行操作：

1）统一权重的移动平均滤波

```
tssmooth ma 订单总量1= 订单总量,window(2 1 2)
```

该命令使用统一权重的移动平均滤波对变量订单总量进行滤波处理，利用 2 期滞后值、当期值和 2 期领先值计算移动平均，且各个值的权重相同。滤波处理后的变量为"订单总量 1"。运行结果如图 18.3 所示。

```
. tssmooth ma 订单总量1= 订单总量,window(2 1 2)
The smoother applied was
     (1/5)*[x(t-2) + x(t-1) + 1*x(t) + x(t+1) + x(t+2)]; x(t)= 订单总量
```

图 18.3 使用统一权重的移动平均滤波处理

平滑后的变量"订单总量 1"的计算公式为：

订单总量 1= (1/5)×[x(t-2) + x(t-1) + 1×x(t) + x(t+1) + x(t+2)]，x(t)为订单总量

我们可以对平滑结果进行检验，看看平滑是否起到了预期的效果，即噪声是否存在自相关。在时间序列数据中，噪声类似于基本回归分析模型中残差的概念，即拟合值与原变量值之差。命令如下：

```
gen noise1=订单总量-订单总量1
ac noise1
```

该命令生成噪声变量 noise1（即变量原值与平滑后变量新值之差），并绘制噪声变量 noise1 的自相关图。结果如图 18.4 所示，可以发现平滑以后，噪声没有自相关，体现在各阶自相关系数代表的线均在阴影区域（95%的置信区间）以内。

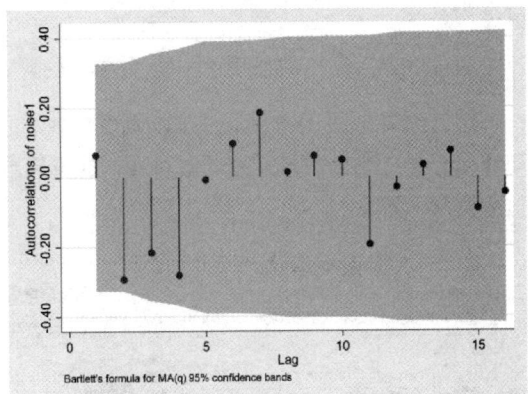

图 18.4 噪声变量 noise1 的自相关图

2）指定权重的移动平均滤波

```
tssmooth ma 订单总量2=订单总量,weights(1 2 <3> 2 1)
```

该命令使用指定权重的移动平均滤波对变量订单总量进行滤波处理，利用 3 期滞后值、当期值和 3 期领先值计算移动平均，权重分别为 1/9、2/9、3/9、2/9、1/9（因为 1+2+3+2+1=9），滤波处理后的变量为"订单总量 2"。结果如图 18.5 所示。

平滑后的变量"订单总量 2"的计算公式为：

订单总量 2= $(1/9) \times [1 \times x(t-2) + 2 \times x(t-1) + 3 \times x(t) + 2 \times x(t+1) + 1 \times x(t+2)]$，$x(t)$为订单总量

我们可对平滑结果进行检验，看看平滑是否起到了预期的效果，即噪声是否存在自相关，命令为：

```
gen noise2=订单总量-订单总量2
ac noise2
```

该命令生成噪声变量 noise2（即变量原值与平滑后变量新值之差），并绘制噪声变量 noise2 的自相关图。结果如图 18.6 所示，可以发现平滑以后，噪声也没有自相关，体现在各阶自相关系数代表的线均在阴影区域（95%的置信区间）以内。

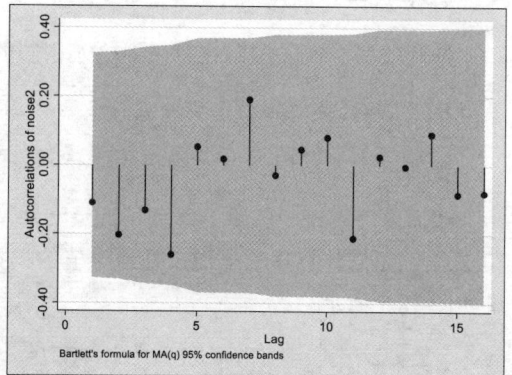

图 18.6 噪声变量 noise2 的自相关图

```
. tssmooth ma 订单总量2=订单总量,weights(1 2 <3> 2 1)
The smoother applied was
    (1/9)*[1*x(t-2) + 2*x(t-1) + 3*x(t) + 2*x(t+1) + 1*x(t+2)];
    x(t)= 订单总量
```

图 18.5 使用指定权重的移动平均滤波处理

我们可以将原变量"订单总量"以及新生成的两个平滑后的变量"订单总量 1"和"订单总量 2"绘制到一幅图上进行比较，即生成"订单总量""订单总量 1"和"订单总量 2"的时间序列趋势图，命令为：

```
line 订单总量1 订单总量2 订单总量 month
```

运行结果如图 18.7 所示，可以发现订单总量 1和订单总量 2 均较好地拟合了原变量，走势基本上与原变量一致。

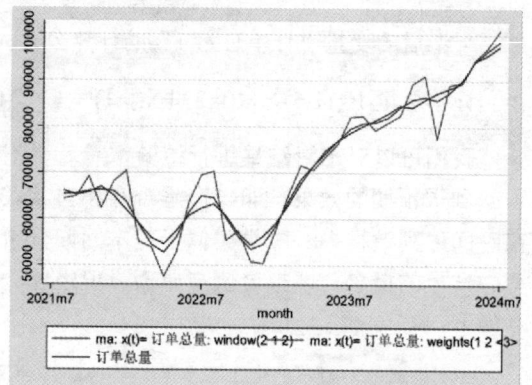

图 18.7 3 个变量的时间序列趋势图

2. 一次指数平滑法

```
tssmooth exponential 订单总量3=订单总量,
forecast(5)
```

该命令使用一次指数平滑法对变量"订单总量"进行平滑处理，生成平滑处理后的变量"订单总量 3"，并进行 5 期的预测。运行结果如图 18.8 所示。

从结果中可以看出，最优平滑系数（optimal exponential coefficient）为 0.9790，残差平方和（sum-of-squared residuals）为 1478207875，根均方误差（root mean squared error，RMSE）为 6407.9115。RMSE 是一种常用的统计量，用于衡量模型预测值与实际观测值之间的差异，是预测值与实际值差异的平方的平均值的平方根。

我们可以将原变量"订单总量"以及新生成的"订单总量 3"绘制到一幅图上进行比较，命令为：

```
line 订单总量 3 订单总量 month
```

运行结果如图 18.9 所示，可以看到拟合效果基本良好，但曲线之间也存在一定间隙。

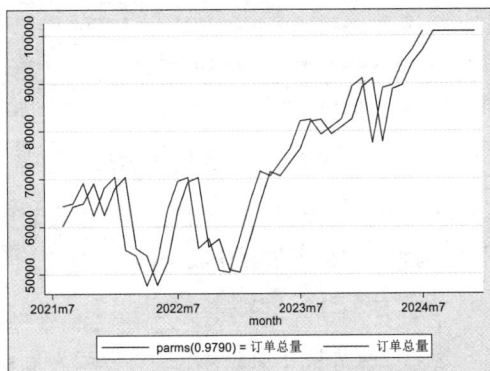

```
. tssmooth exponential 订单总量3=订单总量, forecast(5)

computing optimal exponential  coefficient (0,1)

optimal exponential coefficient =        0.9790
sum-of-squared residuals         =   1478207875
root mean squared error          =    6407.9115
```

图 18.8　使用一次指数平滑法对变量"订单总量"进行平滑处理

图 18.9　变量"订单总量"和"订单总量 3"的时间序列趋势图

3. 二次指数平滑法

```
tssmooth dexponential double 订单总量 4=订单总量, forecast(5)
```

该命令使用二次指数平滑法对变量"订单总量"进行平滑处理，生成平滑处理后的变量"订单总量 4"，并进行 5 期的预测。结果如图 18.10 所示，可以看出，最优平滑系数（optimal exponential coefficient）为 0.3344，残差平方和（sum-of-squared residuals）为 1810199175，根均方误差（root mean squared error，RMSE）为 7091.0726。可以发现二次指数平滑法的效果不如一次指数平滑法，体现在残差平方和较一次指数平滑法有了上升。

我们可以将原变量"订单总量"以及新生成的变量"订单总量 3"和"订单总量 4"绘制到一幅图上进行比较，即生成变量"订单总量""订单总量 3"和"订单总量 4"的时间序列趋势图，命令为：

```
line 订单总量 3 订单总量 4 订单总量 month
```

运行结果如图 18.11 所示。不难发现，"订单总量 3"在拟合方面更有优势，与原变量"订单总量"的走势更为契合。

4. Holt-Winters 平滑法

```
tssmooth hwinters 订单总量 5=订单总量, forecast(5) parms(0.3 0.3)
```

该命令使用 Holt-Winters 平滑法对变量"订单总量"进行平滑处理，生成平滑处理后的变量"订单总量 5"，并进行 5 期的预测。此外，我们设定模型参数值分别为 0.3、0.3。运行结果如图 18.12 所示，可以发现 Holt-Winters 平滑法的效果不如一次、二次指数平滑法，体现在残差平方和较一次、二次指数平滑法有了上升。

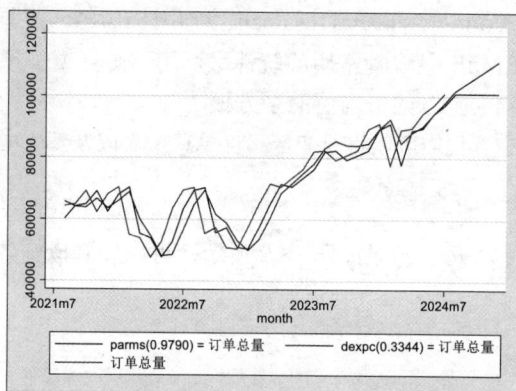

图 18.11   3 个变量的时间序列趋势图

```
. tssmooth dexponential double 订单总量4=订单总量, forecast(5)
computing optimal double-exponential coefficient (0,1)

optimal double-exponential coefficient =         0.3344
sum-of-squared residuals                =   1810199175
root mean squared error                 =    7091.0726
```

图 18.10   二次指数平滑法处理

我们可以将原变量"订单总量"以及新生成的变量"订单总量 3""订单总量 4"和"订单总量 5"绘制到一幅图上进行比较，命令为：

```
line 订单总量 3 订单总量 4 订单总量 5 订单总量 month
```

运行结果如图 18.13 所示，可以较为直观地比较各种平滑变量拟合效果的优劣。

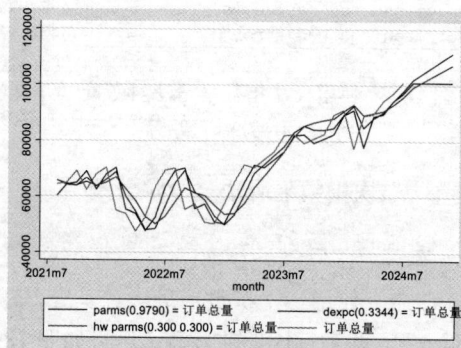

图 18.13   4 个变量的时间序列趋势图

```
. tssmooth hwinters 订单总量5=订单总量, forecast(5) parms(0.3 0.3)

Specified weights:
                  alpha = 0.3000
                   beta = 0.3000
sum-of-squared residuals = 2.12e+09
 root mean squared error = 7665.612
```

图 18.12   Holt-Winters 平滑处理

5. Holt-Winters 季节平滑法

```
tssmooth shwinters 订单总量 6=订单总量,forecast(5) period(12) parms(0.9 0.9 0.9)
```

该命令使用 Holt-Winters 季节平滑法对变量"订单总量"进行平滑处理，生成平滑处理后的变量"订单总量 6"，并进行 5 期的预测；由于是月度数据，设置了 period(12)选项。我们设定模型参数值分别为 0.9、0.9、0.9。结果如图 18.14 所示。

从结果中可以看出，模型残差平方和为 1.60e+09，小于 Holt-Winters 平滑法生成的"订单总量 5"变量。

综上所述，有多种模型可以有效拟合原变量，读者可根据研究需要自行选取。从模型优劣程度来看，一般情况下残差平方和、RMSE 越小，说明拟合效果越好。

```
. tssmooth shwinters 订单总量6=订单总量,forecast(5) peri
> od(12) parms(0.9 0.9 0.9)

Specified weights:
                  alpha = 0.9000
                   beta = 0.9000
                  gamma = 0.9000
sum-of-squared residuals = 1.60e+09
 root mean squared error = 6673.181
```

图 18.14   季节平滑法处理

18.3　ARIMA 模型、ARIMAX 模型

扫描右侧二维码观看视频

下载资源:\sample\chap18\数据 18.3

18.3.1　统计学原理及 Stata 命令

1. 统计学原理

1）ARIMA 模型介绍

差分整合移动平均自回归模型（auto regressive integrated moving average，ARIMA）广泛应用于时间序列数据的模型拟合和预测中。其基本思想和分析方法是：将随着时间推移形成的数据序列视为一个随机序列，然后用数学模型来拟合这个序列。一旦有效拟合，就可以利用该模型根据时间序列的过去值和现在值来预测未来值。

ARIMA 模型具体分为 4 种类型，包括自回归模型（AR 模型）、移动平均模型（MA 模型）、自回归移动平均混合模型（ARMA 模型）和差分整合移动平均自回归模型（ARIMA 模型）。这 4 种模型本质上都是多元线性回归模型。在完整的 ARIMA（p、d、q）模型中，AR 表示自回归，p 为自回归项；MA 表示移动平均，q 为移动平均项数；d 为时间序列平稳时所做的差分次数。

（1）自回归模型（AR 模型）数学公式为：

$$y_t = \beta_0 + \beta_1 y_{t-1} + \cdots + \beta_p y_{t-p} + \varepsilon_t$$

其中，$\{\varepsilon_t\}$ 是白噪声序列（白噪声序列又称为纯随机序列，即序列的变量之间无任何关系），y_t 为 p 阶自回归过程，用 AR(p)表示。

自回归模型的基本思想是，y_t 是前 p 期序列值的线性组合，或本期观测值仅与最近 p 期的观测值相关，通过最新 p 期的观测值就可以拟合当期观测值。只有当各个系数 β 的绝对值小于 1 时，自回归模型才是平稳的。

（2）移动平均模型（MA 模型）的数学公式为：

$$y_t = \mu + \varepsilon_t + \theta_1 \varepsilon_{t-1} + \theta_2 \varepsilon_{t-2} + \cdots + \theta_q \varepsilon_{t-q}$$

其中，$\{\varepsilon_t\}$ 为白噪声序列，y_t 为 q 阶移动平均过程，用 MA(q)表示。

与 AR 模型不同，MA 模型关注的是 AR 模型中的随机扰动项的累加，通过扰动项的移动平均能够有效消除预测中的随机波动。

（3）自回归移动平均混合模型（ARMA 模型）的数学公式为：

$$y_t = \beta_0 + \beta_1 y_{t-1} + \cdots + \beta_p y_{t-p} + \varepsilon_t + \theta_1 \varepsilon_{t-1} + \cdots + \theta_q \varepsilon_{t-q}$$

其中，$\{\varepsilon_t\}$ 为白噪声序列。

ARMA 模型是 AR 和 MA 模型的线性组合，包括自回归和移动平均两部分，用 ARMA(p,q)表示。当 q=0 时，ARMA 模型将成为 AR(p)模型；当 p=0 时，ARMA 模型将成为 MA(q)模型。

（4）差分整合移动平均自回归模型（ARIMA 模型）：

自回归模型（AR 模型）、移动平均模型（MA 模型）和自回归移动平均混合模型（ARMA 模型）是 3 种平稳的随机过程。如果时间序列是非平稳的，则需要通过差分方式使其平稳。经过 d 阶差分变换后的 ARMA(p,q)模型称为 ARIMA(p,d,q)模型。ARIMA 和 ARMA 的主要区别在于，前者对原数据序列进行了差分，差分的次数就是模型 ARIMA(p,d,q)的阶数（d 值）。判断时间序列是否平稳需要用到我们后续将要介绍的单位根检验。单位根又称为单位圆，是指模型特征方程的根与 1 的关系。如果模型的特征根大于 1，则序列非平稳；如果特征根小于 1，则序列平稳。

2）ARIMAX 模型

ARIMAX 模型是带回归项的 ARIMA 模型，又称为扩展的 ARIMA 模型。回归项的引入有助于提高模型的预测效果。引入的回归项一般是与预测对象（即被解释变量）相关性较高的变量。

3）如何建立恰当的模型

BOX-Jenkins 方法提出了 ARIMA 建模思想（B-J 方法），该方法指导实际建模过程，主要涉及 ARIMA(p、d、q)模型的识别，即确定模型中的 3 个参数 p、d、q。主要步骤为：

步骤 01 获取时间序列数据。时间序列数据既可以使用公开的符合时间序列特征的统计数据，也可以通过实验观测得出。获取数据后，首先需要检查是否存在极端异常值，并分析这些极端异常值的合理性。必要时予以修正，以确保数据的准确性，为开展分析打好基础。

步骤 02 最终拟合的 ARIMA 模型要求时间序列为平稳序列。所谓平稳，即时间序列不存在单位根。在 ARIMA(p、d、q)模型中，关于 d 参数的确定是最简单的。首先对原序列进行平稳性检验，若序列是非平稳的，则对其进行 d 阶差分变换或其他变换（如对时间序列进行自然对数差分变换），使其满足平稳性条件。如果 d 阶差分后的序列为平稳序列，则称该序列为 d 阶单整序列，可以基于该差分后的序列建立 ARIMA 模型即可。需要注意的是，差分次数过多会影响模型参数估计。如果 d 阶差分无法得到平稳序列，或虽已经平稳但差分后的序列已不再具有研究价值，就不再建立 ARIMA 模型。

步骤 03 对原序列或变换后的序列进行特征分析，尤其着重分析这些序列的自相关函数和偏自相关函数，分析其是否包含季节性变动。这些分析有助于确定 ARIMA 模型的形式。

最终拟合的 ARIMA 模型要求时间序列为非白噪声序列。平稳非白噪声序列的均值和方差是常数，可以使用 ARIMA 模型拟合。白噪声检验可以通过计算自相关系数与偏自相关系数，绘制自相关和偏自相关函数图等方法来进行。只要序列变量之间的协方差系数在 0 值附近波动，就可以认为是白噪声序列。在 ARIMA(p、d、q)模型中，关于 q 参数和 p 参数的确定，一般可以借助自相关函数 ACF 和偏自相关函数 PACF 对 p 和 q 进行初步的判断。时间序列 y_t 与 y_{t-j} 的自相关函数定义为：

$$\rho_j = \frac{\mathrm{cov}(y_t, y_{t-j})}{\sqrt{\mathrm{var}(y_t)\mathrm{var}(y_{t-j})}}, \ j = 0, \pm 1, \pm 2, \cdots$$

一般把不同的 j 对应的 ρ_j 值绘制成的图称为自相关图。

关于 q 参数的确定，以 MA(1)过程为例：

$$y_t = c + \varepsilon_t + \theta_1 \varepsilon_{t-1}$$

基于自相关函数 ACF 的定义可以推导：

$$\rho_j = \frac{\theta_1}{(1+\theta_1^2)}, j=1,$$
$$\rho_j = 0, j>1$$

可以证明，在 MA(q)过程，ACF 值在 q 期后为 0。MA(q)模型的自相关函数 ACF 呈现 q 期后截尾特征。

关于 p 参数的确定，以 AR(1)过程为例：

$$y_t = c + \alpha y_{t-1} + \varepsilon_t$$

$$y_t = c + c\alpha + \alpha^2 y_{t-2} + \alpha\varepsilon_{t-1} + \varepsilon_t$$

由此可见，y_t 与 y_{t-2} 之间的相关性通过 y_{t-1} 来传递。而偏自相关函数 PACF 是指在剔除由 $y_{t-1}, y_{t-2}\cdots$ $y_{t-k}+1$ 形成的线性关系后，y_t 与 y_{t-k} 之间的相关性。可见，对于一个 AR(1)过程，PACF 值在滞后一期后将变为 0。进一步证明，对于 AR(p)过程，PACF 值在滞后 p 期后变为 0。AR(p)模型的偏自相关函数 PACF 具有在滞后 p 期后截尾的特征。

结合上述理论，对于 AR(p)模型，其 PACF 应该在滞后 p 期后突然降为 0；而对于 MA(q)模型，因为其可以转换为 AR(∞)形式，所以对应的 PACF 应呈现逐渐衰减并趋近于 0 的趋势。对于 MA(q)模型，其 ACF 应该在滞后 q 期后陡然降为 0；而对于 AR(p)模型，因为其可以转换为 MA(∞)形式，所以其 ACF 应该呈现逐渐衰减并趋近于 0 的趋势。由于 ARMA(p,q)可以转换为 AR(∞)或 MA(∞)，因此其对应的特征为两种函数均表现为逐渐衰减的趋势。若将陡然降为 0 称为"截尾"，则将逐渐衰减为 0 称为"拖尾"。

综上所述，自回归模型（AR 模型）、移动平均模型（MA 模型）和自回归移动平均混合模型（ARMA 模型）3 种模型的自相关函数和偏自相关函数具备如表 18.8 所示的特征。

表 18.8　3 种模型的自相关函数和偏自相关函数所具备的特征

模型形式	自相关函数	偏自相关函数
AR(p)	拖尾	p 阶截尾
MA(q)	q 阶截尾	拖尾
ARMA(p,q)	拖尾	拖尾

基于这些特征，我们可以进行模型识别，即通过计算自相关系数与偏自相关系数、绘制自相关和偏自相关函数图的方式，来观察 AR(p)的 p 阶截尾或 MA(q)的 q 阶截尾的特征，以确定 p、q 值。在大多数情况下，$p+q \leqslant 5$ 就足够了。在判断滞后阶数时，还可以使用信息准则，如选择 AIC 或 BIC 最小的 p、q 组合。

步骤 04 估计模型的参数，并根据滞后多项式根的倒数判断模型是否平稳，同时还要判断模型的拟合效果和合理性。

步骤 05 对模型残差进行诊断检验，主要是检验模型估计结果的残差序列是否满足随机性要求。在估计完模型之后，需要检验残差项 $\{\varepsilon_t\}$ 是否为白噪声。若不是白噪声，则应考虑增加阶数，重新估计模型，直至残差为白噪声。

步骤06 确认模型的形式。可能会有多个模型（我们也需要建立多个模型），对于这些模型需要综合评价分析，从而选择合适、简洁有效的模型。确定最优模型的常用准则：第一，通过试设模型后进行比较，选择 SIC 和 AIC 值最小、调整后的 R^2 最大的模型，这种方法在 ARMA(p、q)模型中最为重要；第二，如果上述方法无法得到一致的结果，则根据"简约原则"进行选择，即选择设立单一且滞后期较小的模型；第三，对于 AR(p)模型，可以进行稳健性检验，排除残差具有序列相关性的模型。

步骤07 利用所建立的模型进行预测，从而评价模型的好坏。

总结：p、d、q的确定

在 d 的确定方面，ARIMA 是指时间序列经过 d 阶差分后，可以满足平稳非白噪声序列的条件，并通过 ARMA 模型进行建模。一般来说，差分的次数越多越平稳，但每一次差分都会导致样本减少，并可能损失数据信息，因此不能过度差分，通常差分阶数不宜超过 2 阶。

在 p 和 q 的确定方面，可绘制自相关图（ACF）和偏自相关图（PACF）。p 值对应于 ACF 图中滞后 p 期的相关系数显著不为 0 的位置，q 值对应于 PACF 图中滞后 q 期的相关系数显著不为 0 的位置。根据 ACF 和 PACF 图确定 p 和 q 的初始值。在大多数情况下，$p+q \leqslant 5$ 就足够了。

最后，可使用信息准则（如 AIC、BIC）选择最佳的 p、d、q 组合。使用残差的自相关图、D-W 检验、Q-Q 图和 Ljung-Box 检验等方法来验证模型的适用性和残差的平稳性，还可以使用滚动 ARIMA 模型或交叉验证方法，基于测试集的性能（如 RMSE）来优化 p、d、q 参数。

2. ARIMA 模型、ARIMAX 模型的 Stata 命令

ARIMA(p,d,q)模型的基本命令语法如下：

```
arima depvar, arima(#p,#d,#q)
```

完整的命令语法：

```
arima depvar [indepvars] [if] [in] [weight] [, options]
```

在上述命令中，arima 为 ARIMA 模型的基本命令，depvar 为被解释变量，[indepvars]为解释变量（为可选项），[if]为条件表达式，[in]用于设定样本范围，[weight]用于设定权重。而[, options]为可选项，主要包括如表 18.9 所示的各项。

表 18.9　arima 命令的可选项及其含义

[, options]	具体含义
noconstant	模型中不包含常数项
arima(#p, #d, #q)	拟合 ARIMA(p,d,q)模型
ar(numlist)	设定自回归的滞后项
ma(numlist)	设定移动平均的滞后项
constraints(constraints)	进行约束回归
collinear	保留多重共线性变量
condition	使用条件 MLE 进行估计

（续表）

[, options]	具体含义
savespace	估计时节省内存（临时删除多余变量）
level(#)	设置模型的置信度，默认值为 95%
vce(type)	设置模型估计量的标准差，包括 opg、robust、oim
detail	汇报时间序列的间断点（gaps）

选项 arima(#p,#d,#q)表示对被解释变量进行 d 阶差分，并包括 1 到 p 阶的 AR 自回归项以及 1 到 q 阶的 MA 移动平均项。根据该规则，命令 **arima depvar, arima(2,1,3)** 的含义就是 **arima d.depvar, ar (1/2) ma(1/3)**。

18.3.2 案例应用——分析中国国房景气指数和宏观经济景气指数走势

本小节用于分析的数据文件是"数据 18.3"，其中记录的是 1995 年 3 月至 2024 年 6 月中国国房景气指数和宏观经济景气指数（一致指数）月度数据，数据均来自国家统计局。

打开数据文件，在主界面的命令窗口中依次输入以下命令：

```
tsset month
ac d.宏观经济景气指数
```

该命令用于绘制宏观经济景气指数一阶差分的自相关图，观察序列是否存在自相关。结果如图 18.15 所示，可以发现自相关系数存在二阶自相关。

```
pac d.宏观经济景气指数
```

该命令用于绘制宏观经济景气指数一阶差分的偏自相关图，观察序列是否存在偏自相关。结果如图 18.16 所示，可以发现偏自相关系数存在三阶偏自相关。

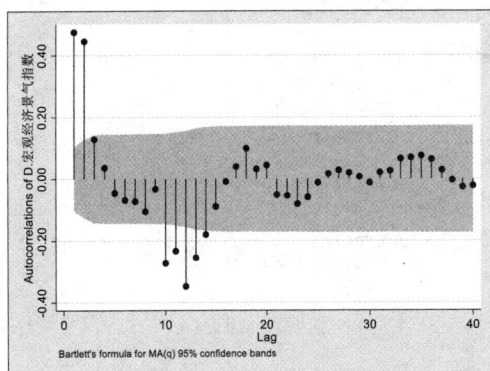

图 18.15　宏观经济景气指数一阶差分的自相关图　　图 18.16　宏观经济景气指数一阶差分的偏自相关图

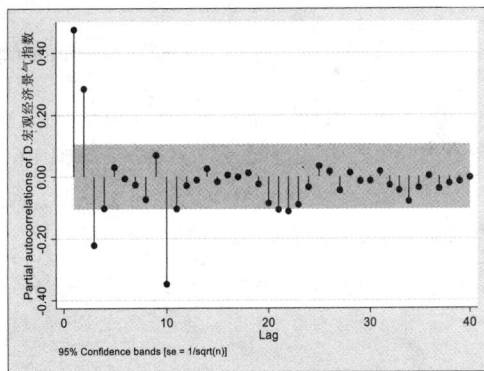

```
arima 宏观经济景气指数,arima(2,1,3)
```

该命令用 ARIMA 模型拟合宏观经济景气指数时间序列，设置自回归阶数为 2，差分阶数为 1，移动平均阶数为 3。结果如图 18.17 所示，从结果中可以看出，常数项的系数并不显著（$P>|z|$=0.814），一阶、二阶自回归系数以及二阶、三阶移动平均项系数都很显著（$P>|z|$=0.000）。

```
estat ic
```

该命令对上面生成的模型计算信息准则。结果如图 18.18 所示，AIC 为 854.1783，BIC 为 877.343。

```
predict r, residual
wntestq r
```

```
ARIMA regression

Sample: 1995m4 thru 2024m6                Number of obs    =       351
                                          Wald chi2(4)     =   8485.57
Log likelihood = -421.0891                Prob > chi2      =    0.0000

                                OPG
D.
宏观经济景气指数   Coefficient  std. err.      z    P>|z|   [95% conf. interval]

宏观经济景气指数
       _cons      .0018039   .0076513    0.24   0.814   -.0131924    .0168002

ARMA
      ar
      L1.        1.359481   .0894019   15.21   0.000    1.184256    1.534705
      L2.       -.4288393   .0895298   -4.79   0.000   -.6043145   -.2533641

      ma
      L1.       -1.013414          .       .       .           .           .
      L2.        .4047595   .0668531    6.05   0.000    .2737298    .5357893
      L3.       -.3913452   .076113    -5.14   0.000   -.5405239   -.2421665

   /sigma        .7989041   .0390017   20.48   0.000    .7224622    .8753461

Note: The test of the variance against zero is one sided, and the two-sided
      confidence interval is truncated at zero.
```

图 18.17　arima(2,1,3)模型拟合的结果

```
. estat ic

Akaike's information criterion and Bayesian information criterion

   Model        N    ll(null)   ll(model)     df       AIC        BIC

       .       351          .   -421.0891      6   854.1783    877.343

Note: BIC uses N = number of observations. See [R] BIC note.
```

图 18.18　arima(2,1,3)模型信息准则的结果

该命令对残差进行预测，并将其命名为 r，检验残差变量力量 r 是否为白噪声序列。结果如图 18.19 所示，可以发现 Prob>chi2(40)=0.0627，大于 0.05，显著接受了为白噪声序列的原假设。

```
. wntestq r

Portmanteau test for white noise

Portmanteau (Q) statistic =    54.5195
Prob > chi2(40)           =     0.0627
```

图 18.19　检验残差变量 r 是否为白噪声序列

```
arima 宏观经济景气指数 国房景气指数, ar(2) ma(3)
vce(r)
```

该命令使用 ARIMAX 模型，以宏观经济景气指数为被解释变量，以国房景气指数为解释变量，设定 ar(2) ma(3)，并使用稳健的标准误进行分析。结果如图 18.20 所示，可以发现，ARIMAX 模型与前面介绍的 ARIMA 模型的重要区别在于，ARIMAX 模型不仅仅考虑一个时间序列（目标序列），而是在考虑目标序列的过去值的同时，也考虑其他时间序列（独立序列、预测因子序列）对目标序列的影响。

可以看到，国房景气指数的系数显著为正，自回归项和移动平均项的系数也很显著。模型为：

$$\text{宏观经济景气指数}_t = 65.43233 + 0.3364527\,\text{国房景气指数}_t + \mu_t$$

$$\mu_t = 0.8354489\mu_{t-2} + \varepsilon_t + 0.3743876\varepsilon_{t-3}$$

其中，ε_t 的标准差为 1.535479。

```
ARIMA regression

Sample: 1995m3 thru 2024m6              Number of obs    =        352
                                        Wald chi2(3)     =     269.66
Log pseudolikelihood = -651.779         Prob > chi2      =     0.0000

                             Semirobust
宏观经济~数 | Coefficient  std. err.      z    P>|z|    [95% conf. interval]

宏观经济~数 |
国房景气指数 |  .3364527   .0675563    4.98   0.000    .2040448    .4688606
      _cons |  65.43233   6.716793    9.74   0.000    52.26766    78.59701

ARMA        |
         ar |
        L2. |  .8354489   .0577842   14.46   0.000    .722194     .9487039
            |
         ma |
        L3. |  .3743876   .1025067    3.65   0.000    .1734781    .5752972

     /sigma |  1.535479   .1178868   13.03   0.000    1.304425    1.766533

Note: The test of the variance against zero is one sided, and the two-sided
      confidence interval is truncated at zero.
```

图 18.20 ARIMAX 模型结果

18.4 单位根检验

	扫描右侧二维码观看视频
	下载资源:\sample\chap18\数据 18.4

18.4.1 统计学原理及 Stata 命令

对于时间序列数据而言，数据的平稳性对于模型的构建非常重要。如果时间序列数据是不平稳的，可能会导致自回归系数的估计值向左偏向于 0，从而使传统的 T 检验失效；也有可能使两个相互独立的变量出现假相关关系或假回归关系，导致模型结果失真。在时间序列数据不平稳的情况下，目前公认的能够有效解决假相关或假回归，构建出合理模型的方法有两种：一种是先对变量进行差分，直到数据平稳，再把得到的数据进行回归；另一种是进行协整检验，并构建合理模型。那么，如何判断数据是否平稳呢？前面提到的绘制时间序列图的方法可以作为平稳性检验的初步推测方法或辅助检验方式。更精确的检验方式是：如果数据没有单位根，我们就认为它是平稳的。为此，我们需要使用本节介绍的单位根检验。常用的单位根检验方法有 Phillips-Perron 检验（PP 检验）、DF-GLS 检验等。

1. PP 单位根检验

PP 单位根检验的基本命令语法为：

```
pperron varname [if] [in] [, options]
```

其中，pperron 为基本命令，varname 为要进行单位根检验的变量名称，[if]为条件表达式，[in]
用于设定样本范围。而[, options]为可选项，主要包括如表 18.10 所示的各项。

表 18.10　pperron 命令的可选项及其含义

[, options]	具体含义
noconstant	设定检验方程中不包括截距项
trend	在检验方程中包括时间趋势项
regress	显示检验方程的回归分析结果。默认情况下不显示回归结果
lags(#)	设定 Newey-West 标准差计算中的滞后阶数。 默认为 int{4(T/100)^(2/9)}。其中，int 表示取数值的整数部分

2. DF-GLS 检验

DF-GLS 检验的基本命令语法为：

```
dfgls varname [if] [in] [, options]
```

其中，dfgls 为基本命令，varname 为要进行单位根检验的变量名称，[if]为条件表达式，[in]用
于设定样本范围。而[, options]为可选项，主要包括如表 18.11 所示的各项。

表 18.11　dfgls 命令的可选项及其含义

[, options]	具体含义
notrend	不包括时间趋势项
maxlag(#)	设置最高滞后阶数

18.4.2　案例应用——分析香港失业率、M2 同比月度数据

本小节用于分析的数据文件是"数据 18.4"，其中记录的是香港历年 CPI、失业率、银行不良
贷款率数据，均以百分比（%）计算，如图 18.21 所示。CPI 和失业率数据来源于香港特别行政区政
府统计处，银行不良贷款率数据来源于世界银行。

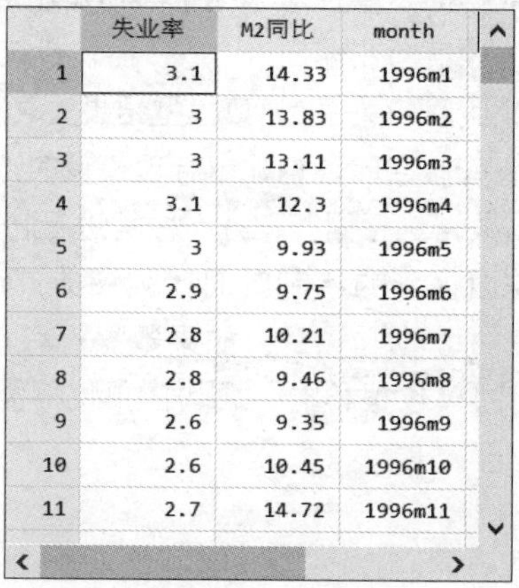

	失业率	M2同比	month
1	3.1	14.33	1996m1
2	3	13.83	1996m2
3	3	13.11	1996m3
4	3.1	12.3	1996m4
5	3	9.93	1996m5
6	2.9	9.75	1996m6
7	2.8	10.21	1996m7
8	2.8	9.46	1996m8
9	2.6	9.35	1996m9
10	2.6	10.45	1996m10
11	2.7	14.72	1996m11

图 18.21　"数据 18.4"中的部分数据（由于数据量过大，仅显示其中一部分）

下面打开数据文件，在主界面的命令窗口中输入命令进行操作。

1. 绘制时间序列趋势图以确定 trend 选项

在单位根检验中需要考虑被检验变量是否存在时间趋势项，可以通过绘制时间序列趋势图进行判别。

```
twoway(line 失业率 M2 同比 month)
```

该命令用于绘制"失业率"和"M2 同比"两个变量随时间变量 month 变化的时间序列趋势图。结果如图 18.22 所示，可以发现两个变量无明显时间趋势变化。如果存在时间趋势，可先进行一阶差分后再观察；若仍存在时间趋势，则进行二阶差分后再观察。

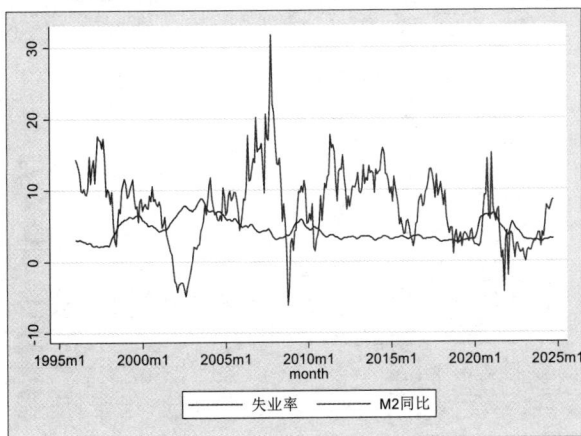

图 18.22　时间序列趋势图

2. PP 检验

```
pperron 失业率,notrend
pperron d.失业率,notrend
```

该命令使用 PP 检验方法对变量"失业率"和"d.失业率"进行单位根检验，不包含时间趋势。结果如图 18.23 所示，PP 检验的原假设是数据有单位根，PP 检验说明失业率是一阶单整（即原始变量有单位根，一阶差分后不存在单位根）。

图 18.23　使用 PP 检验方法对变量"失业率"和"d.失业率"进行单位根检验

对于变量"M2 同比"的 PP 检验，读者可自行运算。可以发现，原始变量"M2 同比"是平稳的。

3. DF-GLS 检验

```
dfgls 失业率,notrend
dfgls d.失业率,notrend
```

该命令使用 DF-GLS 检验进行单位根检验，不包含时间趋势。结果如图 18.24 所示，下面 3 行分别显示了按照序贯 t 规则、最小 SIC 值、最小 MAIC 值选取的最优滞后阶数。可以发现，无论选择哪个，都有同样的结论：原始变量"失业率"在 10%的水平上接受有单位根的原假设，而一阶差分变量在 1%的水平上拒绝原假设。DF-GLS 检验同样说明失业率是一阶单整的。

```
. dfgls 失业率,notrend

DF-GLS test for unit root          Number of obs = 329
Variable: 失业率
Lag selection: Schwert criterion   Maximum lag  =  16

                          ---------- Critical value ----------
[lags]    DF-GLS mu      1%         5%         10%
  16       -1.875      -2.580     -1.951     -1.637
  15       -1.796      -2.580     -1.955     -1.641
  14       -2.056      -2.580     -1.958     -1.644
  13       -2.292      -2.580     -1.962     -1.647
  12       -2.401      -2.580     -1.966     -1.651
  11       -2.525      -2.580     -1.969     -1.654
  10       -2.262      -2.580     -1.972     -1.657
   9       -1.772      -2.580     -1.976     -1.660
   8       -1.865      -2.580     -1.979     -1.663
   7       -2.079      -2.580     -1.982     -1.666
   6       -1.817      -2.580     -1.985     -1.668
   5       -1.913      -2.580     -1.988     -1.671
   4       -2.273      -2.580     -1.991     -1.674
   3       -1.856      -2.580     -1.993     -1.676
   2       -1.986      -2.580     -1.996     -1.679
   1       -2.361      -2.580     -1.999     -1.681

Opt lag (Ng-Perron seq t) = 15 with RMSE = .1386908
Min SIC = -3.713256 at lag 10 with RMSE = .1417738
Min MAIC = -3.834934 at lag 15 with RMSE = .1386908
```

```
. dfgls d.失业率,notrend

DF-GLS test for unit root          Number of obs = 328
Variable: D.失业率
Lag selection: Schwert criterion   Maximum lag  =  16

                          ---------- Critical value ----------
[lags]    DF-GLS mu      1%         5%         10%
  16       -3.448      -2.580     -1.951     -1.637
  15       -3.311      -2.580     -1.955     -1.641
  14       -3.652      -2.580     -1.958     -1.644
  13       -3.327      -2.580     -1.962     -1.647
  12       -3.082      -2.580     -1.966     -1.651
  11       -3.033      -2.580     -1.969     -1.654
  10       -2.961      -2.580     -1.972     -1.657
   9       -3.427      -2.580     -1.976     -1.660
   8       -4.728      -2.580     -1.979     -1.663
   7       -4.818      -2.580     -1.982     -1.666
   6       -4.585      -2.580     -1.985     -1.668
   5       -5.753      -2.580     -1.988     -1.671
   4       -5.969      -2.580     -1.991     -1.674
   3       -5.385      -2.580     -1.994     -1.676
   2       -7.440      -2.580     -1.996     -1.679
   1       -7.867      -2.580     -1.999     -1.681

Opt lag (Ng-Perron seq t) = 14 with RMSE = .1421127
Min SIC = -3.688024 at lag 9 with RMSE = .1448119
Min MAIC = -3.663342 at lag 10 with RMSE = .1437435
```

图 18.24　使用 DF-GLS 检验方法对变量 cpi 和一阶差分的 cpi 进行单位根检验

对于变量"M2 同比"的 DF-GLS 检验，读者可自行运算。可以发现，与 PP 检验的结果不同，"变量 M2 同比"也是一阶单整的。通常认为，DF-GLS 检验的功效是目前最好的，因此认为两个变量都是非平稳的、一阶单整时间序列。

4. 使用平稳变量进行回归

```
reg 失业率 M2 同比
```

该命令用于对变量"失业率"和"M2 同比"进行普通的最小二乘回归分析。结果如图 18.25 所示，M2 同比系数显著为负，即 M2 同比增速的增长会显著带来失业率同比增速的下降。然而，这一结论并不可信，因为两个变量都不平稳。

```
. reg 失业率 M2同比

Source      SS          df    MS          Number of obs =    346
                                          F(1, 344)     =  29.07
Model      62.4187731    1   62.4187731   Prob > F      = 0.0000
Residual   738.706694  344   2.14740318   R-squared     = 0.0779
                                          Adj R-squared = 0.0752
Total      801.125468  345   2.3221028    Root MSE      = 1.4654

失业率     Coefficient  Std. err.    t     P>|t|   [95% conf. interval]
M2同比     -.0812797    .0150758   -5.39   0.000   -.1109321   -.0516273
_cons       4.967087    .1400999   35.45   0.000    4.691527    5.242647
```

图 18.25　分析结果图

按照前面讲述的解决方法，可以对变量进行相应阶数的差分，然后针对平稳的变量进行回归，以避免出现伪回归的情况。接下来构建如下所示的模型方程：

$$d.失业率=a \times d.M2 同比+u$$

其中，a 为系数，u 为误差扰动项。

接着使用如下命令：

```
reg d.失业率 d.M2 同比
```

即可得到如图 18.26 所示的回归分析结果。可以看出模型并不显著，即 M2 同比增速的变化不会显著影响失业率增速的变化。前面直接用原始变量进行的回归是伪回归。

```
. reg d.失业率 d.M2同比

      Source |       SS           df       MS      Number of obs   =       345
-------------+----------------------------------   F(1, 343)       =      0.68
       Model |  .030509405         1  .030509405   Prob > F        =    0.4094
    Residual |  15.3394621       343  .044721464   R-squared       =    0.0020
-------------+----------------------------------   Adj R-squared   =   -0.0009
       Total |  15.3699715       344   .04468015   Root MSE        =    .21147

------------------------------------------------------------------------------
    D.失业率 | Coefficient  Std. err.      t    P>|t|     [95% conf. interval]
-------------+----------------------------------------------------------------
       M2同比 |
         D1. |    .003867   .0046818     0.83   0.409    -.0053417    .0130757
       _cons |   .0003541   .0113857     0.03   0.975    -.0220404    .0227486
------------------------------------------------------------------------------
```

图 18.26　分析结果图

18.5　向量自回归模型

扫描右侧二维码观看视频	
下载资源:\sample\chap18\数据 18.5	

18.5.1　统计学原理及 Stata 命令

1. 统计学原理

向量自回归模型（vector auto-regression model，VAR 模型）扩充了只能使用一个变量的自回归模型（AR 模型），从而可以用在多变量时间序列模型的分析上。

1）模型的基本形式

向量自回归模型是一种非结构化模型，即变量之间的关系并不是基于经济理论构造的。VAR 模型把系统中每一个内生变量视为系统中所有内生变量滞后项的函数来构造模型。例如，对于一个有 k 个内生变量的 VAR(p)系统，其一般形式为：

$$\boldsymbol{y}_t = \boldsymbol{A}_0 + \boldsymbol{A}_1 \boldsymbol{y}_{t-1} + \cdots + \boldsymbol{A}_p \boldsymbol{y}_{t-p} + \boldsymbol{\varepsilon}_t$$

其中，$y_t \equiv \begin{pmatrix} y_{1,t} \\ \vdots \\ y_{k,t} \end{pmatrix}$，$\varepsilon_t \equiv \begin{pmatrix} \varepsilon_{1t} \\ \vdots \\ \varepsilon_{kt} \end{pmatrix}$，$\{\varepsilon_{1t}\}\cdots\{\varepsilon_{kt}\}$ 都是白噪声过程，且 $E(\varepsilon_{it}\varepsilon_{js}) = 0, \forall i, j, t \neq s$，但扰动项之间允许存在同期相关性。

除了内生变量外，模型中也允许放入外生变量 x_t，数学公式为：

$$Y_t = A_1 Y_{t-1} + A_2 Y_{t-2} + \cdots + A_p Y_{t-p} + B_0 X_t + \cdots + B_r X_{t-r} + \varepsilon_t \quad t = 1, 2, \cdots, n$$

其中，Y_t 是 k 维内生变量，$Y_{t-i}(i=1,2,\cdots,p)$ 是滞后内生变量，$X_{t-i}(i=0,1,\cdots,r)$ 是 d 维外生变量或滞后外生变量，p、r 分别是内生变量和外生变量的滞后阶数。A_t 是 $k \times k$ 维系数矩阵，B_i 是 $k \times d$ 维系数矩阵，这些矩阵都是待估计的参数矩阵。ε_t 是由 k 维随机误差项构成的向量，其元素相互之间可以同期相关，但不能与各自的滞后项相关以及不能与模型右边的变量相关。模型中每个方程的右边都是前定变量，没有非滞后的内生变量，而且每个方程右边的变量又都是相同的，因此使用 OLS 估计方法可以得到与 VAR 模型参数一致且有效的估计量。在滞后阶数 p 和 r 的选取方面，需要进行权衡，解释变量越多，就越能较好地反映所构造模型的动态特征，但与此同时滞后阶数越大，相当于模型中待估计的系数也越多，从而压缩了模型的自由度。通常情况下，我们可以根据 AIC 信息准则和 BIC 准则取值最小的原则来确定模型的滞后阶数。

2）向量移动平均形式

若我们设定伴随矩阵为 A：

$$A = \begin{pmatrix} A_1 A_2 \cdots A_{p-1} A_p \\ I & 0 & \cdots & 0 & 0 \\ 0 & I & \cdots & 0 & 0 \\ \vdots & \vdots & \ddots & \vdots & \vdots \\ 0 & 0 & \cdots & I & 0 \end{pmatrix}$$

其中，$A_1, \cdots, A_p$ 为各变量的系数矩阵，I 为单位矩阵。

如果 VAR(p)模型中不存在外生变量，那么当伴随矩阵 A 的每个特征值的模都小于 1 时，VAR 模型就是平稳的。

如果 VAR 模型是平稳的，那么它可以被写成向量移动平均（vector moving average，VMA）形式：

$$y_t = \mu + \sum_{i=0}^{\infty} \Phi_i \varepsilon_{t-i}$$

我们在模型中未考虑外生变量，μ 是表示 y_t 均值的 $K \times 1$ 向量：

$$\Phi_i = \begin{cases} I_K & ,如果 i = 0 \\ \sum_{j=1}^{i} \Phi_{i-j} A_j & ,如果 i = 1, 2, \cdots \end{cases}$$

3）格兰杰因果关系检验

VAR 模型反映的是变量之间的联动变化关系，但它与回归分析不同，并不明确变量之间的因果关系。为了探究因果关系，就需要用到格兰杰因果关系检验。格兰杰因果关系检验的基本思想是：如果 A 变量是 B 变量的因，而 B 变量不是 A 变量的因，那么 A 变量的滞后值可以帮助预测 B 变量的未来值，但 B 变量的滞后值却不能帮助预测 A 变量的未来值。这种思想反映到操作层面就是：如果 A 变量是 B 变量的因，那么以 A 变量为因变量、以 A 变量的滞后值以及 B 变量的滞后值为自变量进行最小二乘回归，则 B 变量的滞后值的系数显著。需要注意以下 3 点：一是格兰杰因果关系并非真正意义的因果关系，它仅仅反映了数据上的一种动态相关关系，如果要准确界定变量的因果关系，需要相应的实践经验作为支撑；二是参与格兰杰因果关系检验的各变量必须是同阶单整的；三是存在协整关系的变量间至少有一种格兰杰因果关系。根据上述思想，检验格兰杰因果关系的常用模型为：

$$y_t = \gamma + \sum_{i=1}^{p}\alpha_i y_{t-i} + \sum_{j=1}^{q}\beta_j x_{t-j} + \varepsilon_t$$

检验的原假设为 $\beta_1=\cdots=\beta_q=0$。如果拒绝原假设 H_0，则称 x 是 y 的"格兰杰因"。

4）脉冲响应函数

脉冲响应函数（impulse response function，IRF）用于计算来自某个内生变量的随机扰动项的一个标准差冲击（即一个"脉冲"）对 VAR 模型中所有内生变量的当前值和未来取值的影响。例如，某 VAR 模型包含两个内生变量且滞后一阶：

$$Y_{1t} = a_{11}Y_{1t-1} + a_{12}Y_{2t-1} + \varepsilon_{1t}$$
$$Y_{2t} = a_{21}Y_{1t-1} + a_{22}Y_{2t-1} + \varepsilon_{2t}$$

其中，随机扰动项 ε_{1t} 为新息（innovation）。根据第一个方程，如果 ε_{1t} 发生变化（即发生一个脉冲），将使得变量 Y_{1t} 的当期值立即发生改变。根据第二个方程，脉冲会通过模型的作用使得变量 Y_{2t} 的下一期取值发生变化，由于滞后的影响，Y_{2t} 的变化又会引起 Y_{1t} 未来值的变化。以此类推，随着时间的推移，脉冲的最初影响在 VAR 模型中的扩散将引起模型中所有内生变量的更大变化。

如果模型中新息 ε_{1t} 与 ε_{2t} 不相关，则我们能够确定某个变量的扰动如何影响模型中所有其他变量；如果新息 ε_{1t} 与 ε_{2t} 相关，则表明它们包含一个不与特定变量相联系的共同成分，此时将共同成分的效应归属于 VAR 模型中第一个出现的变量。例如，ε_{1t} 与 ε_{2t} 的共同成分都归于 ε_{1t}。

5）正交的 IRF 函数

如果将扰动项的方差-协方差矩阵进行正交分解，就能够获得正交的 IRF 函数。

例如，给定矩阵 $\boldsymbol{P}$，如果符合条件 $\Sigma = \boldsymbol{PP}'$，则可以推出：

$$E\{\boldsymbol{P}^{-1}\varepsilon_t(\boldsymbol{P}^{-1}\varepsilon_t)'\} = \boldsymbol{P}^{-1}E\{(\varepsilon_t\varepsilon_{t'})\boldsymbol{P}'^{-1}\} = \boldsymbol{P}^{-1}\sum\boldsymbol{P}'^{-1} = \boldsymbol{I}_K$$

在此基础上，可用 $\boldsymbol{P}^{-1}$ 对扰动项进行正交化处理：

$$y_t = \mu + \sum_{i=0}^{\infty}\Theta_i w_{t-i}$$

其中，$\Theta_i = \Phi_i P$，$w_t = P^{-1}\varepsilon_t$。$\Theta_i$ 即正交 IRF。

6）预测误差方差分解

预测误差方差分解（forecast-error variance decompositions，FEVD）将一个变量的响应分解到模型的内生变量中。简单来讲，VAR 模型的方差分解的目的在于将变量的方差归因。例如，在一个 VAR 系统中有两个变量 m 和 n，进行方差分解后，可以得知，在特定时点 t，变量 m 的方差有多少是由自己引起的，有多少是由 n 引起的；同时，n 的方差有多少是由自己引起的，有多少是由 m 引起的。

对于预测误差方差分解，如果 y_{t+s} 为变量的实际观测值，$y_t(s)$ 为变量在时间 t 的 s 步预测值，则 s 步预测误差为：

$$y_{t+s} - y_t(s) = \sum_{i=0}^{s-1} \Phi_i \varepsilon_{t+s-i}$$

因为扰动项 ε_t 是同期相关的，所以我们不能直接获得各个扰动项对预测误差的贡献值。通过类似正交 IRF 函数的正交化处理，可以得到预测误差方差由各个正交冲击所能解释的部分，即

$$y_{t+s} - y_t(s) = \sum_{i=0}^{s-1} \Theta_i w_{t+s-i}$$

如果 VAR 模型中包括外生变量且模型平稳，则可以进一步得出：

$$y_t = \sum_{i=0}^{\infty} D_i x_{t-i} + \sum_{i=0}^{\infty} \Phi_i \varepsilon_{t-i}$$

其中，D_i 为动态乘子函数（dynamic-multiplier functions）。

7）VAR 模型的拟合步骤

步骤 01 选择合适的用于构建模型的变量，然后使用 varsoc 命令判断 VAR 模型的阶数。

步骤 02 使用 var 命令拟合 VAR 模型，使用 varwle 命令检验各阶系数的联合显著性。

步骤 03 对拟合的 VAR 模型进行诊断性检验，包括使用 varstable 命令进行模型平稳性判断，使用 varlmar 命令进行残差的自相关性检验，使用 varnorm 命令进行残差的正态性检验。

步骤 04 使用 fcast 命令进行动态预测及制图。

步骤 05 使用 vargranger 命令进行格兰杰因果关系检验。

步骤 06 使用 irf 系列命令进行脉冲响应、方差分解等函数的估计、制表及制图。

2. VAR 模型的 Stata 命令

1）确定滞后阶数

判断 VAR 模型滞后阶数的基本命令语法为：

```
varsoc depvarlist [if] [in] [, preestimation_options]
```

其中，varsoc 为基本命令，depvarlist 为 VAR 模型中各变量的名称，[if]为条件表达式，[in]用于设定样本范围。而[, preestimation_options]为可选项，主要包括如表 18.12 所示的各项。

表 18.12　varsoc 命令的可选项及其含义

[, options]	具体含义
maxlag(#)	设定 VAR 模型的最高滞后阶数，默认为 maxlag(4)
exog(varlist)	在各方程中加入 varlist 所设定的外生变量
constraints(numlist)	对外生变量进行约束。如果我们要获得内生变量存在约束的情况下的信息准则，可以直接使用 var 命令拟合模型，模型拟合结果会直接给出各种信息准则值
noconstant	设定 VAR 模型中的各方程不包括常数项
lutstats	滞后阶数选择统计量
level(#)	设定 VAR 模型的置信水平，默认为 level(95)
separator(#)	每#行绘制一条分割线

2）拟合 VAR 模型

拟合 VAR 模型的基本命令语法为：

```
var depvarlist [if] [in] [,options]
```

其中，var 为拟合 VAR 模型的基本命令，depvarlist 为 VAR 模型中各变量的名称，[if]为条件表达式，[in]用于设定样本范围。而[, options]为可选项，主要包括如表 18.13 所示的各项。

表 18.13　var 命令的可选项及其含义

[, options]	具体含义
noconstant	设定 VAR 模型中的各方程不包括常数项
lags(numlist)	在 VAR 各方程中使用 numlist 所设定的滞后项。默认为 lags(1 2)，即每个方程包括所有变量的一阶滞后和二阶滞后
exog(varlist)	在 VAR 模型各方程中加入 varlist 所设定的外生变量
constraints(numlist)	使用 numlist 所设定的线性约束估计 VAR 模型
[no]log	不显示/显示似不相关回归的迭代过程
iterate(#)	设置 VAR 模型中似不相关回归的最大迭代次数，默认为 iterate(1600)
tolerance(#)	设置 VAR 模型中似不相关回归的收敛误差
noisure	使用一步迭代的似不相关回归
dfk	进行小样本的自由度调整，在计算误差的方差-协方差矩阵时，使用 $1/(T-\bar{m})$ 而非 $1/T$ 作为除数。其中，$\bar{m}$ 为方程的平均参数数量
small	汇报小样本的 t 统计量和 F 统计量
nobigf	对于约束为 0 的系数不计算其参数向量
level(#)	设定置信水平，默认为 level(95)
lutstats	滞后阶数选择统计量
nocnsreport	在结果中不显示所使用的约束条件

上述[, options]可选项中，nolog、iterate(#)、tolerance(#)、noisure 只有在设定 constraints(numlist) 选项之后才可以使用。因为在默认情况下，即不设定 constraints(numlist)选项时，Stata 使用 OLS 对 VAR 模型进行估计；设定 constraints(numlist)选项之后，Stata 才使用迭代的似不相关回归进行估计，而这些选项是针对迭代的似不相关回归估计方法的。同理，如果设定 noisure 选项，即使用一步迭代的似不相关回归而不是逐步迭代，那么 nolog、iterate(#)、tolerance(#)选项也不能使用。

3）对拟合的 VAR 模型进行诊断性检验

对拟合的 VAR 模型进行诊断性检验，包括使用 varstable 命令进行模型平稳性判断，使用 varlmar 命令进行残差的自相关性检验，使用 varnorm 命令进行残差的正态性检验。

（1）使用 varstable 命令进行模型平稳性判断，基本命令为：

```
varstable [,options]
```

[,options]选项包括如表 18.14 所示的各项。

表 18.14　varstable 命令的可选项及其含义

[,options]选项	具体含义
estimates(estname)	对保存的拟合结果 estname 进行平稳性检验。如果不特别指定，则默认对最近估计的 VAR 模型进行平稳性检验
amat(matrix_name)	保存伴随矩阵并命名为 matrix_name
graph	对伴随矩阵的特征值绘图
dlabel	用特征值与单位圆的距离对特征值进行标记
modlabel	用特征值的模对特征值进行标记，dlabel 和 modlabel 选项不能同时设置

（2）使用 varlmar 命令进行残差的自相关性检验，基本命令为：

```
varlmar [,options]
```

varlmar 命令用于对残差自相关进行拉格朗日乘子检验。而[,options]选项包括如表 18.15 所示的各项。

表 18.15　varlmar 命令的可选项及其含义

[,options]选项	具体含义
mlag(#)	设置自回归的最大滞后阶数，默认为 mlag(2)
estimates(estname)	对保存的拟合结果 estname 进行残差的自相关性检验
separator(#)	结果中每#行绘制一条分割线

（3）使用 varnorm 命令进行残差的正态性检验，基本命令语法为：

```
varnorm [,options]
```

varnorm 为进行残差的正态性检验的基本命令，将检验每一个方程残差是否服从正态分布，以及所有方程的残差是否服从多元正态分布。默认情况下，该命令会汇报 Jarque–Bera 统计量、偏度统计量和峰度统计量。[,options]选项包括如表 18.16 所示的各项。

表 18.16　varnorm 命令的可选项及其含义

[,options]选项	具体含义
jbera	输出 Jarque–Bera 统计量，默认为输出所有统计量
skewness	输出偏度统计量
kurtosis	输出峰度统计量
estimates(estname)	对保存的拟合结果 estname 进行残差的正态性检验
separator(#)	结果中每#行绘制一条分割线

4）使用 VAR 模型进行动态预测

动态预测的基本命令语法为：

```
fcast compute prefix [, options]
```

其中，**fcast compute** 为基本命令，prefix 代表前缀，即将动态预测值命名为"前缀+因变量名"。一般情况下，若一个 VAR 模型共有 *m* 个内生变量，执行 **fcast compute** 命令将会预测出 4 个新变量：*m* 个动态预测的预测值，*m* 个预测区间的下界（名称为：prefix 因变量名_LB），*m* 个预测区间的上界（名称为：prefix 因变量名_UB），*m* 个预测的标准差（名称为：prefix 因变量名_SE）。而[, options]为其他可选项，主要包括如表 18.17 所示的各项。

表 18.17　fcast compute 命令的可选项及其含义

[, options]	具体含义
step(#)	设置动态预测期数，默认为 step(1)
dynamic(time_constant)	设定动态预测的起始期，默认为拟合模型样本最后一个观测值的下一期
estimates(estname)	使用之前保存的 VAR 估计结果，默认使用最近的估计结果
replace	替换具有同样前缀的预测变量
nose	不计算动态预测值的渐进标准差和渐进置信区间
bs	使用残差自助法计算的标准差
bsp	使用参数自助法计算的标准差
bscentile	使用自助数据集的分位数来估计置信区间
nodots	使用自助法模拟时不显示"."
reps(#)	设定自助模拟的次数，默认为 reps(200)
saving(filename[, replace])	将自助法的估计结果保存到 filename 中
level(#)	设定置信水平，默认为 level(95)

动态预测完成后，可以使用 **fcast graph** 命令对动态预测结果制图：

```
fcast graph varlist [if] [in] [, options]
```

其中，varlist 为要制图的变量名称，[if]为条件表达式，[in]用于设定样本范围，[, options]包括 noci（不显示置信区间）、observed（预测变量的实际观测值）等。

5）格兰杰因果关系检验

进行格兰杰因果关系检验的基本命令语法如下：

```
vargranger [, estimates(estname) separator(#)]
```

其中，vargranger 为基本命令，对于 VAR 模型的每个方程，vargranger 检验其他的外生变量是不是因变量的格兰杰因。选项 estimates(estname)表示对保存的拟合结果 estname 进行格兰杰因果关系检验，默认使用最新拟合模型。如果设置 separator(#)，则将在结果中每#行绘制一条分割线。

6）使用 IRF 系列命令进行脉冲响应、方差分解

前面我们讲到，VAR 模型拟合后，可以进行脉冲响应、方差分解，以观察指定变量如何对其他变量的脉冲做出反应。分析步骤是首先激活 IRF 文件，再估计 irf 系列函数，最后进行制图或列表分析。

（1）IRF 文件的激活：激活 IRF 文件，即使得某个 IRF 文件处于活动状态。这是进行脉冲响应

与方差分解的前提，其基本命令语法为：

```
irf set irf_filename
```

其中，irf 为基本命令，irf_filename 为要激活的文件名，扩展名为 irf。如果 irf_filename 不存在，系统会自动创建这个 IRF 文件并使其处于活动状态。

我们还可以创建新的 IRF 文件，并替换当前正在活动的 IRF 文件，则命令语法为：

```
irf set irf_filename, replace
```

如果需要观察当前哪个 IRF 文件处于活动状态，则命令语法为：

```
irf set
```

如果需要清除当前正在活动的 IRF 文件，则命令语法为：

```
irf set, clear
```

（2）irf 系列函数的估计：

成功激活 IRF 文件后，用户可以估计脉冲响应函数和方差分解函数。基本命令语法为：

```
irf create irfname [, var_options]
```

其中，irf create 为基本命令，执行该命令将会同时估计脉冲响应函数、动态乘子函数、预测误差方差分解以及各自的标准差，并将这些结果保存到当前处于活动状态的 IRF 文件中。irfname 用于设置拟创建的变量名称，主要用途是在 IRF 文件中记录本次估计结果。[, var_options]为其他可选项，主要包括如表 18.18 所示的各项。

表 18.18 irf create 命令的可选项及其含义

[, var_options]	具体含义
set(filename[, replace])	使 IRF 文件 filename 处于活动状态。如果不设定该选项，系统会使用当前处于活动状态的 IRF 文件；如果设定该选项，我们也可以不通过前述 **irf set** 命令提前激活某 IRF 文件
replace	如果 irfname 已经存在，则将其替换
step(#)	设置预测期，默认为 step(8)
order(varlist)	设定 Cholesky 分解中内生变量的排序
estimates(estname)	使用之前保存的 VAR 估计结果，默认使用最近的估计结果
nose	不计算标准差
bs	使用残差自助法计算的标准差
bsp	使用参数自助法计算的标准差
nodots	使用自助法模拟时不显示 "."
reps(#)	设定自助模拟的次数，默认为 reps(200)
bsaving(filename[, replace])	将自助法的估计结果保存到 filename 中

（3）IRF 文件制图：

IRF 文件制图的基本命令语法为：

```
irf graph stat [, options]
```

其中，**irf graph** 为制图的基本命令；stat 为可用的统计函数，主要包括如表 18.19 所示的各项；[, options]为可选项，主要包括如表 18.20 所示的各项。

表 18.19　stat 的选项及其含义

stat 选项	具体含义
irf	脉冲响应函数
oirf	正交脉冲响应函数
dm	动态乘子函数
cirf	累积脉冲响应函数
coirf	累积正交脉冲响应函数
cdm	累积动态乘子函数
fevd	Cholesky 预测误差方差分解
sirf	结构脉冲响应函数
sfevd	结构预测误差方差分解

表 18.20　irf graph 命令的可选项及其含义

[, options]选项	具体含义
set(filename)	将 IRF 文件 filename 设为活动状态。如果不设定该选项，Stata 将对正在活动的 IRF 文件中所有保存的 IRF 结果制图
irf (irfnames)	使用 irfnames 标识的 IRF 结果
impulse(impulsevar)	使用 impulsevar 作为脉冲变量。如果不设定 impulse()和 response()选项，Stata 将对脉冲变量和响应变量的所有组合制图
response(endogvars)	使用 endogvars 作为响应变量。如果不设定 impulse()和 response()选项，Stata 将对脉冲变量和响应变量的所有组合制图
noci	不显示置信区间
level(#)	设定置信度，默认为 level(95)
lstep(#)	设定制图的起始期数，默认为 lstep(0)
ustep(#)	设定制图的最大期数
individual	对每一个脉冲变量和响应变量的组合分别制图
iname(namestub [, replace])	设定各个图的名称前缀，只有在设定 individual 选项后才可用
isaving(filename_stub [, replace])	将各个图保存到文件并设定文件名的前缀，只有在设定 individual 选项后才可用

（4）IRF 文件制表：

我们还可以用表格的方式展示 IRF 文件，基本命令语法为：

```
irf table [stat] [, options]
```

其中，**irf table** 为基本命令，stat、[, options]的选项及具体含义与命令 **irf graph** 基本相同，不再赘述。

（5）IRF 文件的基本操作：

① 描述 IRF 文件的基本信息，基本命令语法为：

```
irf describe [irf_resultslist] [, options]
```

其中，**irf describe** 为基本命令，irf_resultslist 是 IRF 结果文件中用于标识结果的变量名称。而[, options]为可选项，主要包括如表 18.21 所示的各项。

表 18.21　irf describe 命令的可选项及其含义

[, options]	具体含义
set(filename)	激活并描述 IRF 文件 filename
using(irf_filename)	描述但不激活 IRF 文件 irf_filename
Detail	展示 IRF 结果的详细信息
variables	显示 IRF 数据集的底层结构

② 将 IRF 文件结果合并到活动状态的 IRF 文件中，基本命令语法为：

```
irf add { _all|[newname=]oldname ...} , using(irf_filename)
```

其中，**irf add** 为基本命令；using(irf_filename)用于指定被合并进的 IRF 文件，该 IRF 文件需要处于活动状态。如果设置_all 选项，会将源文件的所有结果添加到正在活动的 IRF 文件中；如果指定变量名 oldname，则会将指定变量标识的结果添加到活动 IRF 文件中；如果设置 newname=oldname，则会给源文件的结果（oldname）设定新的名称（newname）。

③ 从活动状态的 IRF 文件中删除 IRF 文件结果，基本命令语法为：

```
irf drop irf_resultslist [, set(filename)]
```

其中，**irf drop** 为基本命令；irf_resultslist 为 IRF 结果文件中用于标识结果的变量名；如果设置可选项[, set(filename)]，则会激活指定的 IRF 文件，针对新激活的 IRF 文件进行操作。

④ 重命名 IRF 文件中的 IRF 结果，基本命令语法为：

```
irf rename oldname newname [, set(filename)]
```

其中，**irf rename** 为基本命令，oldname 为原名称，newname 为新名称。如果设置可选项[, set(filename)]，则会激活指定的 IRF 文件，针对新激活的 IRF 文件进行操作。

18.5.2　案例应用——分析德国 CPI、登记失业率、经济景气指数数据

本小节用于分析的数据文件是"数据 18.5"，其中记录的是德国 2005 年 1 月至 2024 年 10 月 CPI、登记失业率、经济景气指数数据。数据来源于德国统计局和欧盟统计局。

下面打开数据文件，在主界面的命令窗口中输入命令进行操作。

1. 判断 VAR 模型阶数

```
varsoc cpi 登记失业率 经济景气指数 if 月份<=192
```

该命令用于计算 cpi、登记失业率和经济景气指数的 VAR 模型的阶数。"月份<=192"选项表示只使用 2020 年 12 月（在数据编辑器界面，该月份对应的数值是 192）之前的样本，剩下的样本用于验证预测结果。结果如图 18.27 所示，从结果中可以看出，最优滞后期为 3 期或 4 期（观察带"*"的值）。

结果中最左侧的 Lag 列表示滞后期数；LL 列表示各个滞后期下的 VAR 模型的似然函数值，不难发现滞后期增大时，模型中的解释变量增多，LL 值逐渐变大，但解释变量的增多也带来了自由度的损失。

```
. varsoc cpi 登记失业率 经济景气指数 if 月份<=192

Lag-order selection criteria

  Sample: 2005m5 thru 2020m12                        Number of obs =    188

  Lag      LL       LR      df    p     FPE      AIC      HQIC     SBIC

   0    -1459.37                        1145.33  15.5571  15.578   15.6087
   1    -504.928  1908.9    9  0.000  .049076  5.49923  5.58293  5.70581
   2    -460.021  89.814    9  0.000  .033497  5.11724  5.26372  5.47876
   3    -430.541  58.959    9  0.000  .026945  4.89937  5.10862  5.41583*
   4    -414.846  31.39*    9  0.000  .025102* 4.82815* 5.10017* 5.49954

 * optimal lag
 Endogenous: cpi 登记失业率 经济景气指数
  Exogenous: _cons
```

图 18.27　判断 VAR 模型阶数

LR 列是似然比检验，df 列为自由度，p 列为显著性水平。对于给定的滞后期 L，似然比检验比较滞后 L 期的 VAR 模型和滞后 $L-1$ 期的 VAR 模型，并假设滞后 L 期的内生变量联合不显著。在运用似然比检验进行模型阶数判断时，我们可以从结果的最后一行（即最大的一个滞后期数，本例中为 4）往上看，第一个能拒绝原假设的滞后阶数就是基于似然比检验结果的最优选择。本例中滞后 4 期的似然比检验的 p 值为 0.000，可以在 5% 的显著性水平下拒绝原假设，所以在滞后 4 期处显示为"*"。

FPE 列是指最终预测误差，其值越小越好。从结果可以看到，滞后 4 期的预测误差最小，所以在滞后 4 期处显示为"*"。

AIC、HQIC 和 SBIC 三列均为信息准则，各种信息准则考虑了自由度的损失，可以作为判断模型阶数的依据，判断标准为信息准则越小越好。AIC 和 HQIC 均在滞后 4 期处取值最小，所以在滞后 4 期处显示为"*"。SBIC 在滞后 3 期处取值最小，所以在滞后 3 期处显示为"*"。

综上所述，虽然各种判断方法给出的最优滞后期并不一致，但研究者进行权衡和统筹考虑。例如，选择最大滞后期为 3，因为我们有 3 个变量，再加上一个常数项，则每个方程有 3×3+1=10 个待估计参数，3 个方程就有 30 个待估计参数。而本例中样本观测值数量较大，因此可以选择滞后期为 4。

2. 使用 var 命令拟合 VAR 模型

```
var cpi 登记失业率 经济景气指数 if 月份<=192,lags(1/4)
```

该命令使用 VAR 模型进行拟合，设置滞后期为 4。结果如图 18.28 所示，Sample 为样本区间，本例中为 2005m5 至 2020m12；样本数为 188；对数似然值（Log likelihood）为-414.8462；AIC、HQIC、SBIC 为各种信息准则；FPE 为最终预测误差。Equation 为方程，本例中有 3 个方程；Parms 为方程中待估计的参数，每个方程都是 13 个；RMSE 为均方误差的平方根；R-sq 为可决系数；chi2 为卡方值；P>chi2 为方程整体的显著性水平。可以看到，3 个方程的可决系数均在 0.9 以上。从 P>chi2 可以看出，3 个方程都非常显著（p 值均为 0.000）。结果的下部分为 3 个方程的具体形式，不再赘述。

```
varwle
```

该命令用于检验各阶系数的联合显著性水平，主要看"Equation: All"。结果如图 18.29 所示，显著性 p 值均为 0.000，说明作为 3 个方程的整体，各阶系数均高度显著。

```
. var cpi 登记失业率 经济景气指数 if 月份<=192,lags(1/4)

Vector autoregression

Sample: 2005m5 thru 2020m12               Number of obs     =       188
Log likelihood = -414.8462                AIC               =  4.828152
FPE            =  .0251018                HQIC              =  5.100173
Det(Sigma_ml)  =  .0165665                SBIC              =  5.499541

Equation          Parms    RMSE     R-sq    chi2      P>chi2

cpi                 13    .295776   0.9973  70187.11   0.0000
登记失业率           13    .204971   0.9871  14389.76   0.0000
经济景气指数         13    2.45628   0.9324  2593.147   0.0000
```

	Coefficient	Std. err.	z	P>|z|	[95% conf. interval]	
cpi						
cpi						
L1.	.8185194	.0711935	11.50	0.000	.6789827	.958056
L2.	.4056304	.0936812	4.33	0.000	.2220186	.5892421
L3.	-.3727116	.104612	-3.56	0.000	-.5777475	-.1676758
L4.	.1377344	.0746926	1.84	0.065	-.0086604	.2841293
登记失业率						
L1.	-.211906	.1042027	-2.03	0.042	-.4161394	-.0076725
L2.	.7272623	.183469	3.96	0.000	.3676698	1.086855
L3.	-.8112388	.1831473	-4.43	0.000	-1.170201	-.4522766
L4.	.2861304	.103365	2.77	0.006	.0835387	.4887222
经济景气指数						
L1.	-.0005194	.0088271	-0.06	0.953	-.0178202	.0167814
L2.	-.0070578	.01536	-0.46	0.646	-.0371628	.0230473
L3.	.0320741	.0153206	2.09	0.036	.0020462	.062102
L4.	-.0192041	.0088473	-2.17	0.030	-.0365445	-.0018637
_cons	.6324241	1.239664	0.51	0.610	-1.797273	3.062121

Equation: All

lag	chi2	df	Prob > chi2
1	951.0913	9	0.000
2	100.6748	9	0.000
3	31.30376	9	0.000
4	33.48931	9	0.000

图 18.28 拟合结果（图片过大，仅显示其中一部分）   图 18.29 检验结果（图片过大，仅显示其中一部分）

3. 对拟合的 VAR 模型进行诊断性检验

1）使用 varstable 命令进行模型平稳性判断

```
varstable, graph
```

该命令用于进行模型平稳性判断，并绘制伴随矩阵特征值图形进行直观展示。结果如图 18.30 和图 18.31 所示。图 18.30 给出了各个特征值及其模，图 18.31 给出了特征值的绘图。可以看到，伴随矩阵的特征值既有实数又有虚数，模均小于 1，但有 1 个特征值接近单位圆，说明有些冲击具有较强的持续性。所有特征值均位于单位圆之内，可以判断该 VAR 模型满足平稳性条件。

```
. varstable, graph

   Eigenvalue stability condition

|          Eigenvalue          |  Modulus  |

     .9957137                      .995714
     .9353487 +  .055066669i       .936968
     .9353487 -  .055066669i       .936968
     .4827165 +  .6525897i         .81172
     .4827165 -  .6525897i         .81172
    -.6064851                      .606485
     .3055656 +  .37227782i        .481624
     .3055656 -  .37227782i        .481624
    -.2154249 +  .3328855i         .396511
    -.2154249 -  .3328855i         .396511
     .2825819                      .282582
    -.02860733                     .028607

All the eigenvalues lie inside the unit circle.
VAR satisfies stability condition.
```

图 18.30 VAR 模型各特征值及其模

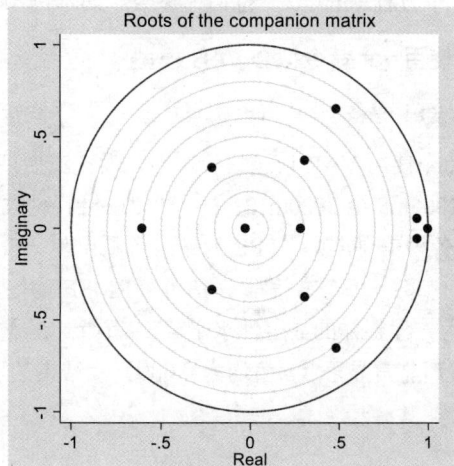

Roots of the companion matrix

图 18.31 特征值

2）使用 varlmar 命令进行残差的自相关性检验

`varlmar`

该命令用于进行残差自相关性检验，结果如图 18.32
所示，显著性 p 值均大于 0.05，接受了残差没有自相关性
的原假设。

```
. varlmar

Lagrange-multiplier test

  lag      chi2      df    Prob > chi2

   1     13.9781      9       0.12311
   2     15.0150      9       0.09053

H0: no autocorrelation at lag order
```

图 18.32　残差的自相关性检验结果

3）使用 varnorm 命令进行残差的正态性检验

`varnorm`

该命令用于进行残差正态性检验。结果如图 18.33 所示，结果中上、中、下三部分分别是 Jarque–
Bera 统计量检验、偏度检验、峰度检验，原假设均为方程的残差服从正态分布，3 种检验基本都拒
绝了原假设。残差不服从正态分布对于 VAR 模型本身影响不大，但会使变量未来值的预测变得不
可信。

4. 进行动态预测及制图

```
fcast compute f1_, step(46)
```

该命令用于计算动态预测值，并将各预测变量命名为"f1_+内生变量名"，step(46)设定预测的
步长为 46。因为我们在拟合模型时使用的样本为 2020 年 12 月之前的，所以动态预测值会从 2021
年 1 月开始，并持续 46 个区间，即预测到 2024 年 10 月为止。

```
fcast graph f1_cpi f1_登记失业率 f1_经济景气指数,observed lpattern("_")
```

该命令用于对各预测值制图，observed 选项表明将同时画出各变量的实际观测值。结果如图 18.34
所示，虚线为预测值，实线为实际值，灰色的宽带（阴影部分）为预测值的 95%的置信区间。由此可
以看出，核模型对登记失业率和经济景气指数的预测相对准确，对 cpi 的预测很不准确。

图 18.33　残差的正态性检验结果

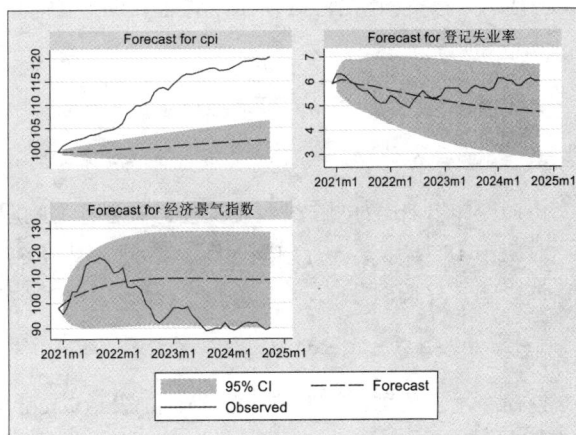

图 18.34　动态预测值与实际观测值对比图

5. 格兰杰因果关系检验

```
vargranger
```

该命令用于对估计完成的 VAR 模型进行格兰杰因果关系检验。结果如图 18.35 所示,以 cpi 的方程为例,第 1 行检验登记失业率系数的联合显著性, p 值为 0.000,所以拒绝了系数联合为 0 的原假设,说明登记失业率是 cpi 的格兰杰因;第 2 行表明经济景气指数也是 cpi 的格兰杰因;第 3 行则拒绝了登记失业率和经济景气指数都不是 cpi 的格兰杰因的原假设。最终结论是,cpi 和登记失业率互为格兰杰因,经济景气指数既是 cpi 也是登记失业率的格兰杰因,其他格兰杰因果关系并不显著。

```
. vargranger

Granger causality Wald tests

         Equation       Excluded         chi2    df  Prob > chi2

              cpi       登记失业率        24.612    4      0.000
              cpi     经济景气指数        12.007    4      0.017
              cpi              ALL        37.083    8      0.000

        登记失业率              cpi        52.392    4      0.000
        登记失业率     经济景气指数        13.763    4      0.008
        登记失业率              ALL        69.037    8      0.000

      经济景气指数              cpi        4.1284    4      0.389
      经济景气指数       登记失业率        7.6744    4      0.104
      经济景气指数              ALL        7.7553    8      0.458
```

图 18.35　格兰杰因果关系检验结果

6. 脉冲响应、方差分解

```
irf create cdj,set(macrovar) step(46)
```

其中,**irf create** 表示计算所有与脉冲响应函数有关的变量与统计量,计算结果命名为 cdj;set(macrovar)表示将计算结果存入新建立的脉冲文件 macrovar.irf 中,并将此脉冲文件激活为当前文件进行更新;step(46)表示计算 46 期的脉冲响应函数。变量次序采用默认的前面使用 var 估计时的变量次序"cpi、登记失业率、经济景气指数",若有必要,可通过选项 order(varlist)指定变量次序。

```
irf graph oirf,yline(0)
```

该命令依据生成的脉冲文件绘制正交脉冲响应图,选项 yline(0)表示在纵轴 y=0 处画一条水平线作为参考线。结果如图 18.36 所示,结果中共有 9 幅图,每幅图中的标题依次为用于标识的 IRF 名、冲击变量和响应变量。

如果看不清楚图 18.36,可单独绘制每一幅图。

```
irf graph oirf,yline(0) i(cpi) r(登记失业率)
```

该命令即以 cpi 为冲击变量,以登记失业率为响应变量,绘制 cpi 对登记失业率的正交脉冲响应图,对应图 18.36 中第一行中间的图。结果如图 18.37 所示,cpi 的正冲击可以带来失业率的下降,并且该影响具有长期效应。

```
irf table fevd,r(cpi) noci
```

该命令用于预测误差方差分解,r(cpi)表示以 cpi 为响应变量,noci 表示不输出置信区间。结果如图 18.38 所示,对 cpi 进行向前 1 个月的预测,预测方差完全来自 cpi 本身;即使向前进行到第 46 个月的预测,cpi 自身的方差贡献率也超过 73%,而登记失业率和经济景气指数的方差贡献率分别在

3%和 24%左右。读者可自行对其他变量进行方差分解，这里不再赘述。

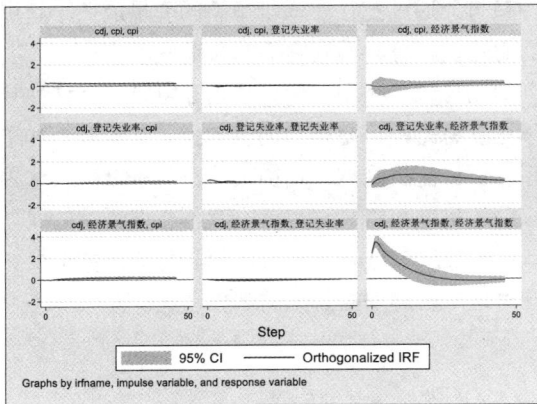

图 18.36　正交的脉冲响应函数图

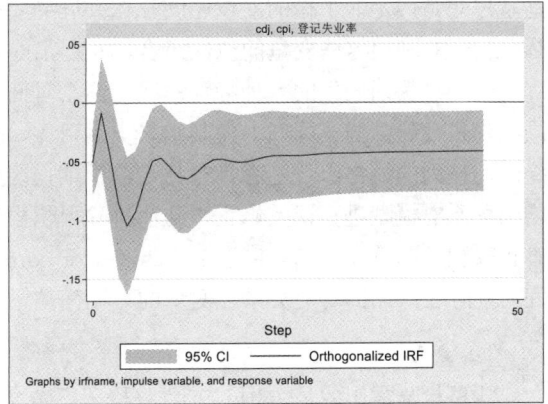

图 18.37　i(cpi) r(登记失业率)正交脉冲响应函数图

图 18.38　预测误差方差分解

18.6　协整检验与向量误差修正模型

扫描右侧二维码观看视频
下载资源:\sample\chap18\数据 18.6

18.6.1　统计学原理及 Stata 命令

1. 统计学原理

前面我们提到，可以通过对变量进行一次或多次差分的方式把时间序列处理为平稳序列，但这样处理可能会损失掉一些重要信息。协整则为解决时间序列非平稳问题提供了另一种思路。协整的基本思想是假定非平稳的变量之间存在共同的随机性趋势。通过把存在一阶单整的变量放在一起进行分析，并利用这些变量的线性组合，从而消除它们的随机趋势，得到它们的长期联动趋势。

因为"伪回归"的一种特殊情况是两个时间序列的趋势成分相同，所以理论上可以利用这种共同的随机性趋势修正回归，使其结果更为可靠。基于这一思路，协整检验的目的就是判断多个非平稳时间序列的线性组合是否具有稳定的长期均衡关系。如果能找到这种均衡关系，就可以引入这种均衡关系对模型进行误差修正，从而排除单位根带来的随机性趋势，这也就是我们将要讲解的误差修正模型。向量误差修正模型（vector error correction model，VECM）体现了这一思想：相关变量间可能存在长期的均衡关系，变量的短期变动则是向着这一长期均衡关系的部分调整。

1）协整检验

协整检验常用的是 Johansen 协整检验，考虑 p 阶 VAR 模型，其数学公式如下：

$$Y_t = A_1 Y_{t-1} + A_2 Y_{t-2} + \cdots + A_p Y_{t-p} + B X_t + \varepsilon_t$$

Y_t 为 k 维的非平稳的 $I(1)$ 向量，X_t 为 d 维的确定性外生变量。该模型可变换为：

$$\Delta Y_t = \Pi Y_{t-1} + \sum_{i=1}^{p-1} \Gamma_i \Delta Y_{t-i} + B X_t + \varepsilon_t$$

$$\Pi = \sum_{i=1}^{p} A_i - I$$

$$\Gamma_i = -\sum_{j=i+1}^{p} A_j$$

Johansen 协整检验的基本原理就是分析矩阵 Π 的秩。如果矩阵 Π 的秩 $r < k$，即可将 Π 分解为 $\Pi = \alpha\beta'$，且 $\beta'Y_t \sim I(0)$，β 为协整向量矩阵，α 为调整参数矩阵，矩阵秩 r 则为协整关系的个数，最多只有（$k-1$）个协整关系。

Johansen 协整检验有两种检验统计量，分别是特征根迹（Trace）检验统计量和最大特征值（Maximum Eigenvalue）检验统计量。两种检验统计量都是通过使用矩阵 Π 的特征根构造得到的。

在 Stata 中实现 Johansen 协整检验的步骤是：首先根据信息准则确定变量的滞后阶数，即模型中变量的个数。信息准则用于帮助选择适当的变量个数，学者们认为只有适当变量的个数才是合理的，如果变量太少，就会遗漏很多信息，导致模型不足以解释因变量；如果变量太多，就会导致信息重叠，同样导致建模失真。目前国际上公认的比较合理的信息准则有很多种，所以研究者在选取滞后阶数时要适当加入自己的判断。在确定滞后阶数后，需要确定协整秩，协整秩代表协整关系的个数。变量之间往往存在多个长期均衡关系，因此协整秩不必然等于 1。在确定协整秩后，可以构建相应的模型，并写出协整方程。

2）向量误差修正模型

向量误差修正模型只能应用于存在协整关系的变量序列中，因此在建立向量误差修正模型之前需要进行 Johansen 协整关系检验。

基于 p 阶 VAR 模型：

$$Y_t = A_1 Y_{t-1} + A_2 Y_{t-2} + \cdots + A_p Y_{t-p} + BX_t + \varepsilon_t$$

如果 Y_t 所包含的 k 个 $I(1)$ 变量序列存在协整关系，则不包含外生变量的上式可以变换为：

$$\Delta Y_t = \alpha \mathrm{ECM}_{t-1} + \sum_{i=1}^{p-1} \Gamma_i \Delta Y_{t-i} + \varepsilon_t$$

其中，$\mathrm{ECM}_{t-1} = \beta' Y_t$ 为误差修正项，所以上式中的每个方程都是一个误差修正模型。误差修正项反映了变量之间的长期均衡关系（即变量之间的协整关系），对长期均衡的偏离可以通过一系列的部分短期调整而得到修正。误差修正项的系数向量 α 则表示将这种偏离调整到长期均衡状态的调整速度。各解释变量的滞后差分项 ΔY_{t-i} 的系数 Γ_i 则反映了各变量的短期波动对 ΔY_t 的影响。

2. 协整检验与向量误差修正模型的 Stata 命令

1）确定滞后阶数

确定滞后阶数的基本命令语法为：

```
varsoc depvarlist [if] [in] [, preestimation_options]
```

其中，varsoc 为基本命令，depvarlist 为模型中各变量的名称，[if]为条件表达式，[in]用于设定样本范围。而[, preestimation_options]为可选项，主要包括如表 18.22 所示的各项。

表 18.22　varsoc 命令的可选项及其含义

[, options]	具体含义
maxlag(#)	设定 VAR 模型的最高滞后阶数，默认为 maxlag(4)
exog(varlist)	在各方程中加入 varlist 所设定的外生变量
constraints(numlist)	对外生变量进行约束。如果我们要获得内生变量存在约束的情况下的信息准则，可以直接使用 var 命令拟合模型，模型拟合结果会直接给出各种信息准则值
noconstant	设定 VAR 模型中的各方程不包括常数项
lutstats	滞后阶数选择统计量
level(#)	设定 VAR 模型的置信水平，默认为 level(95)
separator(#)	每#行绘制一条分割线

2）协整关系检验

Johansen 协整检验的基本命令语法为：

```
vecrank depvarlist [if] [in] [, options]
```

其中，vecrank 为基本命令，depvarlist 为参与协整检验的变量列表，[if]为条件表达式，[in]用于设定样本范围。而[, options]为可选项，主要包括如表 18.23 所示的各项。

表 18.23　vecrank 命令的可选项及其含义

[, options]	具体含义
lags(#)	设定#为对应的 VAR 模型的最高滞后阶数
trend(constant)	设定协整方程没有趋势，水平数据呈线性趋势，为默认设置
trend(rconstant)	设定协整方程没有趋势，水平数据也没有趋势

（续表）

[, options]	具体含义
trend(trend)	协整方程包括线性趋势，设定未差分数据为二次趋势
trend(rtrend)	协整方程包括线性趋势，设定未差分数据为线性趋势
trend(none)	不包括任何趋势项或常数项
sindicators(varlist_si)	包含标准化的季节标准变量 varlist_si
noreduce	不进行因变量滞后项的多重共线性检验
notrace	不汇报特征根迹统计量
max	汇报最大特征值统计量，可使用最大特征值统计量来判断协整关系的个数
ic	汇报信息准则，可通过信息准则来判断协整关系的个数
level99	输出 1% 的临界值而非 5% 的临界值
levela	输出 1% 的临界值和 5% 的临界值

注　意

vecrank 命令可以有效计算模型中平稳的协整方程个数，但该命令假定参与分析的变量都为一阶单整。

3）向量误差修正模型的拟合

向量误差修正模型拟合的基本命令语法为：

```
vec depvarlist [if] [in] [,options]
```

其中，vec 为基本命令，depvarlist 为参与拟合向量误差修正模型的变量列表，[if]为条件表达式，[in]用于设定样本范围。而[, options]为可选项，主要包括如表 18.24 所示的各项。

表 18.24　vec 命令的可选项及其含义

[, options]	具体含义
rank(#)	设定协整方程的个数为#，默认为 rank(1)
lags(#)	设定#为对应的 VAR 模型的最高滞后阶数，默认为 lags(2)
trend(constant)	设定协整方程没有趋势，水平数据呈线性趋势，为默认设置
trend(rconstant)	设定协整方程没有趋势，水平数据也没有趋势
trend(trend)	协整方程包括线性趋势，设定未差分数据为二次趋势
trend(rtrend)	协整方程包括线性趋势，设定未差分数据为线性趋势
trend(none)	不包括任何趋势项或常数项
bconstraints(constraints_bc)	对协整向量设定约束 constraints_bc
aconstraints(constraints_ac)	对调整参数设定约束 constraints_ac
sindicators(varlist_si)	包含标准化的季节标准变量 varlist_si
noreduce	不进行因变量滞后项的多重共线性检验
level(#)	设定置信度，默认为 level(95)
nobtable	不汇报协整方程的参数

（续表）

[, options]	具体含义
noidtest	不汇报过度约束的似然比检验
alpha	将调整参数单独列表
pi	输出 pi 矩阵，$\Pi = \alpha\beta'$
noptable	不汇报 pi 矩阵的元素
mai	汇报移动平均影响矩阵的参数
noetable	不汇报调整参数和短期参数
dforce	输出短期参数、协整参数和调整参数

4）VECM 模型平稳性检验

VECM 模型平稳性检验用于检验协整方程是否平稳，为进行统计推断打好基础。对协整方程的平稳性进行判断，检验的基本命令语法为：

```
vecstable [, options]
```

其中，vecstable 为基本命令，[,options]选项包括表 18.25 所示的各项。

表 18.25　vecstable 命令的可选项及其含义

[,options]选项	具体含义
estimates(estname)	对保存的拟合结果 estname 进行平稳性检验。如果不特别指定，则默认对最近估计的 VAR 模型进行平稳性检验
amat(matrix_name)	保存伴随矩阵并命名为 matrix_name
graph	对伴随矩阵的特征值绘图
dlabel	用特征值与单位圆的距离对特征值进行标记
modlabel	用特征值的模对特征值进行标记，dlabel 和 modlabel 选项不能同时设置

5）VECM 模型残差自相关性检验

VECM 模型的估计、推断和预测等都要求满足残差无自相关的假定，所以我们有必要对残差的自相关性进行检验。检验原理是对残差自相关进行拉格朗日乘子检验，基本命令语法为：

```
veclmar [, options]
```

其中，veclmar 为基本命令，[,options]选项包括如表 18.26 所示的各项。

表 18.26　veclmar 命令的可选项及其含义

[,options]选项	具体含义
mlag(#)	设置自回归的最大滞后阶数，默认为 mlag(2)
estimates(estname)	对保存的拟合结果 estname 进行残差的自相关性检验
separator(#)	结果中每#行绘制一条分割线

6）VECM 模型残差正态性检验

虽然很多渐进性质的估计方法不依赖于残差的正态性假设，但如果 VECM 模型残差满足独立同分布且服从正态分布的条件，就可以对 VECM 模型进行最大似然估计。检验的基本命令语法为：

```
vecnorm [, options]
```

vecnorm 为 VECM 模型残差正态性检验的基本命令，[,options]选项包括如表 18.27 所示的各项。

表 18.27　vecnorm 命令的可选项及其含义

[,options]选项	具体含义
jbera	输出 Jarque–Bera 统计量，默认为输出所有统计量
skewness	输出偏度统计量
kurtosis	输出峰度统计量
estimates(estname)	对保存的拟合结果 estname 进行残差的正态性检验
separator(#)	结果中每#行绘制一条分割线

18.6.2　案例应用——分析中国城镇居民人均可支配收入、社会融资规模、居民人均消费支出年度数据

本小节用于分析的数据文件是“数据 18.6”，其中记录的是 2004 年至 2022 年中国城镇居民人均可支配收入（单位为元，数据来源于国家统计局）、社会融资规模（单位为亿元，数据来源于中国人民银行）、居民人均消费支出（单位为元，数据来源于国家统计局）年度数据。分析之前，首先需通过绘制时间序列趋势图观察变量是否有时间趋势，然后对变量进行单位根检验，再针对一阶单整的变量进行协整检验，并建立向量误差修正模型。由于篇幅有限，本例忽略绘图和单位根检验环节，假定数据符合一阶单整条件，直接进行协整检验并构建向量误差修正模型。

打开数据文件，在主界面的命令窗口中输入命令进行操作。

1. 确定向量误差修正模型阶数

```
varsoc 城镇居民人均可支配收入 社会融资规模 居民人均消费支出
```

该命令确定向量误差修正模型的阶数。结果如图 18.39 所示，最优滞后阶数为 3 阶（带*号的信息准则最多）。

2. Johansen 协整检验

```
vecrank 城镇居民人均可支配收入 社会融资规模 居民人均消费支出,lags(3)
```

该命令使用 Johansen 协整检验方法，检验 3 个变量之间是否存在协整关系，并确定协整关系的个数。结果如图 18.40 所示，分析该结果的最直接方式是找到带有“*”的统计量，并观察对应的 rank 列的数值。rank 列的数值即为协整关系的个数，可以发现有 1 个协整关系。

```
. varsoc 城镇居民人均可支配收入 社会融资规模 居民人均消费支出

Lag-order selection criteria

  Sample: 2008 thru 2022                              Number of obs = 15

  Lag |    LL        LR      df    p      FPE       AIC       HQIC      SBIC
  ----+----------------------------------------------------------------------
    0 | -436.528                        5.7e+21  58.6038   58.6023   58.7454
    1 | -384.244  104.57      9  0.000 1.8e+19  52.8325   52.8264   53.3989*
    2 | -376.261  15.966      9  0.068 2.6e+19  52.9681   52.9575   53.9594
    3 | -360.228  32.065*     9  0.000 1.8e+19  52.0305*  52.0154*  53.4466
    4 |        .        .     9       .-1084.41*        .         .         .

  * optimal lag
  Endogenous: 城镇居民人均可支配收入 社会融资规模 居民人均消费支出
   Exogenous: _cons
```

图 18.39　确定向量误差修正模型阶数

```
. vecrank 城镇居民人均可支配收入 社会融资规模 居民人均消费支出,lags(3)

Johansen tests for cointegration
Trend: Constant                                 Number of obs  = 16
Sample: 2007 thru 2022                          Number of lags =  3
-----------------------------------------------------------------------
                                                             Critical
Maximum                                           Trace        value
   rank  Params          LL   Eigenvalue      statistic           5%
      0      21  -406.43817            .        41.0332        29.68
      1      26  -388.26762      0.89682         4.6921*       15.41
      2      29  -385.92588      0.25377         0.0086         3.76
      3      30  -385.92156      0.00054
-----------------------------------------------------------------------
* selected rank
```

图 18.40　Johansen 协整关系检验

3. 向量误差修正模型的拟合

```
vec 城镇居民人均可支配收入 社会融资规模 居民人均消费支出,rank(1) lags(3)
```

使用该命令构建向量误差修正模型进行估计。根据前面的研究结论，协整秩设为 1（即有两个协整方差），滞后期设为 3 期。结果如图 18.41 和图 18.42 所示。

```
. vec 城镇居民人均可支配收入 社会融资规模 居民人均消费支出,rank(1) lags(3)
Vector error-correction model

Sample: 2007 thru 2022                  Number of obs    =        16
                                        AIC              =  51.78345
Log likelihood = -388.2676              HQIC             =  51.84774
Det(Sigma_ml) =  2.40e+17               SBIC             =  53.03891

Equation         Parms     RMSE     R-sq     chi2     P>chi2

D_城镇居民人~入      8      398.571   0.9864   579.4896   0.0000
D_社会融资规模      8      35032.4   0.6276   13.48299   0.0963
D_居民人均消~出      8      436.501   0.9473   143.8561   0.0000

                  Coefficient  Std. err.     z    P>|z|    [95% conf. interval]

D_城镇居民人均可支配收入
          _ce1
           L1.   -3.004749   1.157199   -2.60   0.009   -5.272817   -.7366801

     城镇居民人均可支配收入
           LD.    2.137109   .7933005    2.69   0.007    .5822687    3.69195
          L2D.    1.102697   .6189628    1.78   0.075   -.110448    2.315841

         社会融资规模
           LD.   -.0194039   .0082639   -2.35   0.019   -.0356008   -.003207
          L2D.   -.0030781   .006961    -0.44   0.658   -.0167214    .0105652

       居民人均消费支出
           LD.   -5.017046   1.794513   -2.80   0.005   -8.534226   -1.499866
          L2D.   -2.556801   1.435931   -1.78   0.075   -5.371174    .2575723

          _cons   2390.275   632.2269    3.78   0.000    1151.133    3629.417
```

```
Cointegrating equations

Equation       Parms      chi2     P>chi2
_ce1             2       291740.4   0.0000

Identification:  beta is exactly identified
                 Johansen normalization restriction imposed

     beta     Coefficient  Std. err.     z    P>|z|    [95% conf. interval]
_ce1
城镇居民人均可支配收入       1
社会融资规模   -.0088716   .0007132   -12.44   0.000   -.0102695   -.0074737
居民人均消费支出  -1.845892   .0096294  -191.69   0.000   -1.864766   -1.827019
        _cons   -1278.081
```

图 18.41 整体方程结果（仅显示其中一部分）　　　　图 18.42 协整方程结果

在向量误差修正模型中，参与分析的各变量具有平等、对称的地位，因此会输出每个变量作为因变量的方程。Equation 列即显示因变量；Parms 为方程中待估计的参数，每个方程有 8 个待估计参数；RMSE 为均方误差的平方根；R-sq 为可决系数；chi2 为卡方值；P>chi2 为方程整体显著性 p 值。本例中，以城镇居民人均可支配收入为因变量，以社会融资规模和居民人均消费支出为自变量。读者在运用此方法针对其他时间序列数据进行分析时，将谁作为因变量、谁作为自变量，需要有理论支撑。

从模型结果可以看出，模型 D_城镇居民人均可支配收入的可决系数为 0.9864，解释能力较强，显著性 p 值为 0.000，整体非常显著。回归方程为：

```
d_城镇居民人均可支配收入=-3.004749*l.e1+2.137109*ld.城镇居民人均可支配收入+1.102697*l2d.城镇
居民人均可支配收入-0.0194039*ld.社会融资规模-0.0030781*l2d.社会融资规模-5.017046*ld.居民人均消费支
出-2.556801*l2d.居民人均消费支出+2390.275
```

其中，l.e1 表示协整方程中因变量的滞后一期值，可以看到，l.e1 的系数非常显著（p 值为 0.009）。其他自变量中，l2d 系列的系数不显著，而 ld 系列的系数非常显著。

协整方程的结果如图 18.42 所示，P>chi2 为 0.0000，非常显著。我们可以写出协整方程：

```
e1=城镇居民人均可支配收入-0.0088716*l2d.社会融资规模-1.845892*ld.居民人均消费支出-1278.081
```

该方程反映的是城镇居民人均可支配收入与社会融资规模、居民人均消费支出的长期均衡关系。令 $e=0$，将模型进行变形可得：

```
城镇居民人均可支配收入=0.0088716*社会融资规模+1.845892*居民人均消费支出+1278.081
```

这个方程说明社会融资规模、居民人均消费支出对城镇居民人均可支配收入的长期作用是正向的，且非常显著（显著性 p 值均为 0.000）。

将协整方程代入前述 D_gdp 的回归方程，即有：

```
d_城镇居民人均可支配收入=-3.004749*（1.城镇居民人均可支配收入-0.0088716*1.社会融资规模
-1.845892*1 居民人均消费支出-1278.081)+2.137109*1d.城镇居民人均可支配收入+1.102697*12d.城镇居民人
均可支配收入-0.0194039*1d.社会融资规模-0.0030781*12d.社会融资规模-5.017046*1d.居民人均消费支出
-2.556801*12d.居民人均消费支出+2390.275
```

4. 对拟合的 VECM 模型进行诊断性检验

1）VECM 模型平稳性检验

```
vecstable,graph
```

该命令用于进行模型平稳性判断，并绘制伴随矩阵特征值图形。结果如图 18.43 和图 18.44 所示，图 18.43 给出了各个特征值及其模，图 18.44 给出了特征值的绘图。

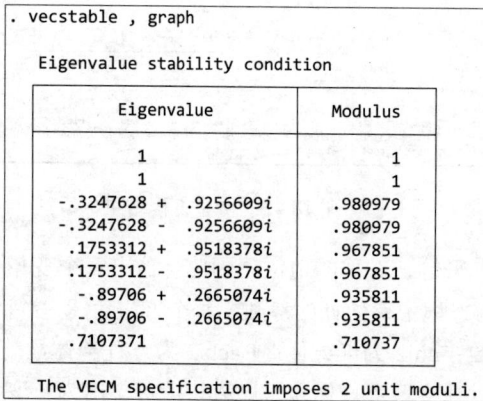

```
. vecstable , graph

  Eigenvalue stability condition

  ┌──────────────────────────────┬───────────┐
  │          Eigenvalue          │  Modulus  │
  ├──────────────────────────────┼───────────┤
  │              1               │     1     │
  │              1               │     1     │
  │  -.3247628 +  .9256609i      │  .980979  │
  │  -.3247628 -  .9256609i      │  .980979  │
  │   .1753312 +  .9518378i      │  .967851  │
  │   .1753312 -  .9518378i      │  .967851  │
  │    -.89706 +  .2665074i      │  .935811  │
  │    -.89706 -  .2665074i      │  .935811  │
  │   .7107371                   │  .710737  │
  └──────────────────────────────┴───────────┘

The VECM specification imposes 2 unit moduli.
```

图 18.43　VAR 模型各个特征值及其模

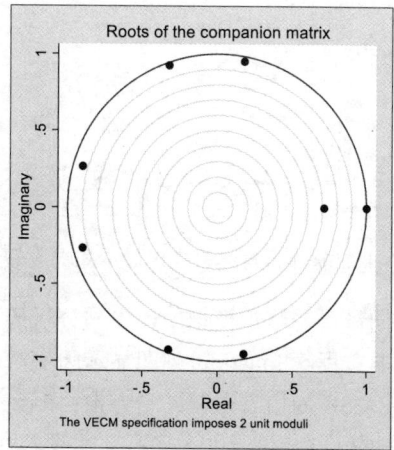

图 18.44　特征值

伴随矩阵的特征值既有实数又有虚数，特征值的模均在 1 以内，从而可判断该 VAR 模型满足平稳性条件。从图 18.44 中可以看出，除了 VECM 本身所假设的单位根之外，伴随矩阵的特征值均落于单位圆之内，因此是稳定的。

2）进行残差的自相关性检验

```
veclmar
```

该命令用于进行残差的自相关性检验，并采取系统默认的滞后期 2。结果如图 18.45 所示，从结果中可以看到，在滞后期 1、2 处，均显著接受了残差没有自相关性的原假设。

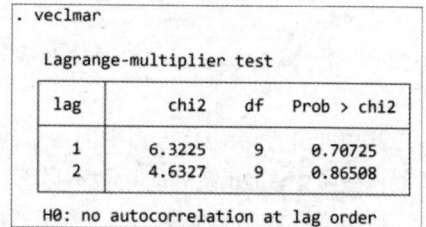

```
. veclmar

Lagrange-multiplier test

┌─────┬─────────┬────┬───────────┐
│ lag │  chi2   │ df │ Prob > chi2│
├─────┼─────────┼────┼───────────┤
│  1  │ 6.3225  │ 9  │  0.70725  │
│  2  │ 4.6327  │ 9  │  0.86508  │
└─────┴─────────┴────┴───────────┘

H0: no autocorrelation at lag order
```

图 18.45　残差的自相关性检验结果

3）进行残差的正态性检验

```
vecnorm
```

该命令进行残差的正态性检验，结果如图 18.46 所示。

```
. vecnorm

Jarque-Bera test

            Equation |       chi2   df  Prob > chi2

D_城镇居民人均可支配收入 |      2.877    2     0.23729
        D_社会融资规模 |      0.636    2     0.72751
      D_居民人均消费支出 |      0.480    2     0.78673
              ALL |      3.993    6     0.67763


Skewness test

            Equation | Skewness   chi2   df  Prob > chi2

D_城镇居民人均可支配收入 |   .04952   0.007    1     0.93555
        D_社会融资规模 |   .42941   0.492    1     0.48316
      D_居民人均消费支出 |  -.34936   0.325    1     0.56834
              ALL |            0.824    3     0.84378


Kurtosis test

            Equation | Kurtosis   chi2   df  Prob > chi2

D_城镇居民人均可支配收入 |    5.075   2.870    1     0.09022
        D_社会融资规模 |   2.5344   0.145    1     0.70382
      D_居民人均消费支出 |   2.5189   0.154    1     0.69448
              ALL |            3.169    3     0.36626
```

图 18.46　残差的正态性检验结果

在结果中，第一部分是 Jarque-Bera 统计量检验，原假设为方程的残差服从正态分布，因此 3 个模型的残差均服从正态分布（显著性 p 值均远大于 0.05）。第二、三部分是偏度和峰度检验，原假设也为方程的残差服从正态分布，这部分的结论与 Jarque-Bera 统计量检验一致。

18.7　ARCH 系列模型

	扫描右侧二维码观看视频
	下载资源：\sample\chap18\数据 18.7

18.7.1　统计学原理及 Stata 命令

1. 统计学原理

很多时间序列数据，尤其是金融资产的收益率时间序列数据，常常具有独有的特征，包括尖峰厚尾（leptokurtosis）、波动聚集性（volatility clustering or volatility pooling）和杠杆效应（leverage effects）等。波动聚集性指的是时间序列的波动（即方差）呈现出大的波动后跟着大的波动，小的波动后面跟着小的波动，意味着时间序列存在异方差性。Engle 于 1982 年提出了自回归条件异方差模型（auto-regressive conditional heteroskedasticity model，ARCH 模型），该模型假定随机误差项的条件方差依赖于误差项前期值的平方，从而能够很好地拟合该类时间序列数据。然而，ARCH 模型也存在一些缺陷，例如滞后期长度难以确定、违反参数非负数约束等。为了解决这些问题，后续出现了许多延伸形式的模型，它们统称为 ARCH 系列模型。

1986 年，Bollerslev 提出了 GARCH 模型（generalized ARCH model，广义的 ARCH 模型）。该模型假定随机误差项的条件方差不仅依赖于误差项前期值的平方，还依赖于误差项条件方差的前期值，因此 GARCH 模型的应用更为广泛。基于 GARCH 模型，研究者还提出了均值 GARCH 模型（GARCH-M）。该模型的基本思想是将时间序列的条件方差或其他形式加入均值方程中。例如，金融资产的收益率应与其风险成正比，风险越大，预期收益率也应更高，这正好符合该特征。

随后，研究发现金融资产价格存在"杠杆效应"，即相同幅度的价格下跌比相同幅度的价格上涨对资产价格波动的冲击影响更大，或者影响是非对称的。基于此，研究者提出了非对称的 ARCH 模型，包括门限 ARCH 模型（Threshold ARCH，TARCH）、指数 GARCH 模型（Exponential GARCH，EGARCH）和幂 ARCH 模型（Power ARCH，PARCH）。这些模型的共同特点是在条件方差模型中加入了非对称项，从而能有效拟合负冲击（坏消息）对收益率波动的影响比正冲击（好消息）更大的特点。

1）ARCH(q)模型

对于线性回归模型：

$$y_t = \beta_0 + \beta_1 x_{1t} + \beta_2 x_{2t} + \cdots + \beta_k x_{kt} + u_t$$

ARCH 模型假定随机误差项的条件方差与其滞后误差项的平方有关，即有：

$$\sigma_t^2 = \alpha_0 + \alpha_1 u_{t-1}^2 + \alpha_2 u_{t-2}^2 + \cdots + \alpha_q u_{t-q}^2$$

在使用 ARCH 模型拟合时间序列之前，首先应该通过 ARCH LM 检验方法（即拉格朗日乘数检验）判断模型估计所得到的残差序列是否存在 ARCH 效应。检查的步骤如下：

步骤 01 假定回归模型中只有两个自变量 $y = \beta_0 + \beta_1 x_1 + \beta_2 x_2 + \varepsilon$，使用 OLS 方法估计方程并求出残差序列 $\hat{u}_t$。

步骤 02 以 $\hat{u}_t$ 为因变量，以上述回归方程中的自变量和残差的 1 阶至 p 阶滞后项为新的自变量，建立如下 LM 检验辅助回归方程：

$$\hat{u}_t = \gamma_1 x_1 + \gamma_2 x_2 + \alpha_1 \hat{u}_{t-1} + \alpha_2 \hat{u}_{t-2} + ... + \alpha_p \hat{u}_{t-p} + \eta$$

步骤 03 计算辅助回归方程的拟合优度 R^2。LM 检验的原假设是残差序列值到 p 阶滞后不存在序列自相关。在原假设成立的条件下，LM 检验的统计量及其渐进分布是：

$$W = n \times R^2 \sim \chi^2(p)$$

公式中 n 是样本容量，p 是 LM 检验辅助方程残差项的滞后阶数。如果 $X^2(p)$ 值大于给定检验水平对应的临界值或 $X^2(p)$ 值相应的概率值小于检验水平，则拒绝原假设，即认为残差存在序列自相关。

2）GARCH(p,q)模型

GARCH(p,q)模型的条件方差形式为：

$$\sigma_t^2 = \alpha_0 + \alpha_1 u_{t-1}^2 + \alpha_2 u_{t-2}^2 + \cdots + \alpha_q u_{t-q}^2 + \beta_1 \sigma_{t-1}^2 + \beta_2 \sigma_{t-2}^2 + \cdots + \beta_p \sigma_{t-p}^2$$

p 是自回归 GARCH 项的阶数，q 是 ARCH 项的阶数。GARCH 模型的随机误差项的分布形式一般有正态分布、学生 t 分布和广义误差分布 3 种假设。若给定一个分布假设，GARCH 模型常使用极大似然估计方法进行参数估计。

3）GARCH-M 模型

如果将时间序列的条件方差或条件方差的其他形式加入其均值方程中，则为 GARCH-M 模型，数学公式为：

$$\begin{cases} r_t = \mu_t + \delta\sigma_t + u_t \\ \sigma_t^2 = \alpha_0 + \sum_{i=1}^{q}\alpha_i u_{t-i}^2 + \sum_{j=1}^{p}\beta_j \sigma_{t-j}^2 \end{cases}$$

第一个为均值方程，第二个为条件方差。

4）TARCH 模型

TARCH 模型以及下面的 EGARCH 模型和 PARCH 模型都是非对称的 ARCH 模型，可以考虑杠杆效应，即相同幅度的价格下跌比相同幅度的价格上涨对资产价格波动的冲击影响更大。

TARCH(1,1)模型的条件方差形式为：

$$\sigma_t^2 = \alpha_0 + \alpha_1 u_{t-1}^2 + \beta\sigma_{t-1}^2 + \gamma u_{t-1}^2 I_{t-1}$$

I_{t-1} 为虚拟变量，且 $It-1 = \begin{cases} 1 & u_{t-1} < 0 \\ 0 & u_{t-1} \geqslant 0 \end{cases}$。

正冲击（好消息，$u_{t-1}>0$）和负冲击（坏消息，$u_{t-1}<0$）对条件方差 σ_t^2 的冲击影响不同，正冲击的冲击影响为 $\alpha_1 u_{t-1}^2$，负冲击的冲击影响为 $(\alpha_1 + \gamma)u_{t-1}^2$。对于条件方差的非负数的要求是 $\alpha_0 \geqslant 0$，$\alpha_1 \geqslant 0$，$\beta \geqslant 0$ 和 $\alpha_1 + \gamma \geqslant 0$。若 $\gamma = 0$，则表示不存在非对称效应；若 $\gamma > 0$，则表示存在非对称效应。

5）EGARCH 模型

EGARCH(1,1)模型的条件方差形式为：

$$\ln(\sigma_t^2) = \omega + \beta\ln(\sigma_{t-1}^2) + \gamma\frac{u_{t-1}}{\sqrt{\sigma_{t-1}^2}} + \alpha\left[\frac{|u_{t-1}|}{\sqrt{\sigma_{t-1}^2}} - \sqrt{\frac{2}{\pi}}\right]$$

可以看到，条件方差是针对 $\ln(\sigma_t^2)$ 建模的，所以即使参数估计值是负数，条件方差 σ_t^2 仍然是正数。或者说，EGARCH 模型对模型参数 γ 进行非负数约束限制。同时，如果参数 $\gamma < 0$，则表明存在杠杆效应；如果参数 $\gamma \approx 0$，则表明不存在非对称效应。

6）PARCH 模型

PARCH 模型是对标准差建模，因此大幅冲击对条件方差的影响比标准 GARCH 模型中的要小。PARCH(1,1)模型的条件方差形式为：

$$\sigma_t^\delta = \omega + \alpha(|u_{t-1}| - \gamma u_{t-1})^\delta + \beta\sigma_{t-1}^\delta$$

其中，δ 为标准差的幂参数且 $\delta > 0$，与模型的其他参数一起估计；$|\gamma| \leqslant 1$。

2. ARCH 系列模型的 Stata 命令

1）ARCH LM 检验

ARCH LM 检验的基本命令语法为：

```
estat archlm [, archlm_options]
```

其中，**estat archlm** 是基本命令，[, archlm_options]包括 lags(numlist)和 force，其中 lags(numlist)用于设置滞后期，force 允许在使用稳健标准误回归之后进行检验。

2）拟合 ARCH 系列模型

拟合 ARCH 系列模型的基本命令语法为：

```
arch depvar [indepvars] [if] [in] [weight] [, options]
```

其中，arch 为基本命令，depvar 为被解释变量，[indepvars]为解释变量，[if]为条件表达式，[in]用于设定样本范围，[weight]用于设定权重。而[, options]为可选项，主要包括如表 18.28 所示的各项。

表 18.28　arch 命令的可选项及其含义

[, options]可选项	具体含义
noconstant	ARCH 系列模型中不包含常数项
arch(numlist)	设定 ARCH 扰动项的滞后阶数
garch(numlist)	设定 GARCH 扰动项的滞后阶数
saarch(numlist)	简单的非对称 ARCH 扰动项，条件异方差形式如 $\sigma_t^2 = \alpha_0 + \alpha_1 \varepsilon_{t-1} + \cdots + \alpha_p \varepsilon_{t-p}$
tarch(numlist)	门槛 ARCH 扰动项，条件异方差形如 $\sigma_t^2 = \alpha_0 + \alpha_1 \varepsilon_{t-1}^2 (\varepsilon_{t-1} > 0) + \cdots + \alpha_p \varepsilon_{t-p}^2 (\varepsilon_{t-p} > 0)$
aarch(numlist)	非对称 ARCH 扰动项，条件异方差形如 $\sigma_t^2 = \alpha_0 + \alpha_1 (|\varepsilon_{t-1}| + \gamma_1 \varepsilon_{t-1})^2 + \cdots + \alpha_p (|\varepsilon_{t-p}| + \gamma_p \varepsilon_{t-p})^2$
narch(numlist)	非线性 ARCH 扰动项，条件异方差形如 $\sigma_t^2 = \alpha_0 + \alpha_1 (\varepsilon_{t-1} - k_1)^2 + \cdots + \alpha_p (\varepsilon_{t-p} - k_p)^2$
narchk(numlist)	带位移的非线性 ARCH 扰动项，条件异方差形如 $\sigma_t^2 = \alpha_0 + \alpha_1 (\varepsilon_{t-1} - k)^2 + \cdots + \alpha_p (|\varepsilon_{t-p} - k)^2$
abarch(numlist)	绝对值 ARCH 扰动项，形如 $\sigma_t^2 = \alpha_0 + \alpha_1 |\varepsilon_{t-1}| + \cdots + \alpha_p |\varepsilon_{t-p}|$
atarch(numlist)	绝对值 TARCH 扰动项，形如 $\sigma_t^2 = \alpha_0 + \alpha_1 |\varepsilon_{t-1}| (\varepsilon_{t-1} > 0) + \cdots + \alpha_p |\varepsilon_{t-p}| (\varepsilon_{t-p} > 0)$
sdgarch(numlist)	设定 σ_{t-1} 的滞后期，形如 $\sigma_t^2 = \alpha_0 + \alpha_1 \sigma_{t-1} + \cdots + \alpha_p \sigma_{t-p}$
earch(numlist)	设定 EGARCH 模型中信息项的滞后期，形如 $\ln \sigma_t^2 = \alpha_0 + \alpha_1 \dfrac{\varepsilon_{t-1}}{\sigma_{t-1}} + \lambda_1 \left(\left\| \dfrac{\varepsilon_{t-1}}{\sigma_{t-1}} \right\| - \sqrt{\dfrac{2}{\pi}} \right) + \cdots + \alpha_p \dfrac{\varepsilon_{t-p}}{\sigma_{t-p}} + \lambda_p \left(\left\| \dfrac{\varepsilon_{t-p}}{\sigma_{t-p}} \right\| - \sqrt{\dfrac{2}{\pi}} \right)$
egarch(numlist)	设定 $\ln \sigma_t^2$ 的滞后期，形如 $\ln \sigma_t^2 = \alpha_0 + \beta_1 \ln \sigma_{t-1}^2 + \cdots + \beta_p \ln \sigma_{t-p}^2$
parch(numlist)	幂 ARCH 扰动项，形如 $\sigma_t^\varphi = \lambda_0 + \alpha_1 \varepsilon_{t-1}^\varphi + \cdots + \alpha_p \varepsilon_{t-1}^\varphi$，其中，$\varphi$ 为待估计参数
tparch(numlist)	门槛幂 ARCH 扰动项，形如 $\sigma_t^\varphi = \lambda_0 + \alpha_1 \varepsilon_{t-1}^\varphi (\varepsilon_{t-1} > 0) + \cdots + \alpha_p \varepsilon_{t-p}^\varphi (\varepsilon_{t-p} > 0)$
aparch(numlist)	非对称幂 ARCH 扰动项，形如 $\sigma_t^\varphi = \alpha_0 + \alpha_1 (|\varepsilon_{t-1}| + \gamma_1 \varepsilon_{t-1})^\varphi + \cdots + \alpha_p (|\varepsilon_{t-p}| + \gamma_p \varepsilon_{t-p})^\varphi$
nparch(numlist)	非线性幂 ARCH 扰动项，形如 $\sigma_t^\varphi = \alpha_0 + \alpha_1 (\varepsilon_{t-1} - k_1)^\varphi + \cdots + \alpha_p (\varepsilon_{t-p} - k_p)^\varphi$，其中，$k_i$ 也是待估计参数
nparchk(numlist)	带位移的非线性幂 ARCH 扰动项，形如 $\sigma_t^2 = \alpha_0 + \alpha_1 (\varepsilon_{t-1} - k)^2 + \cdots + \alpha_p (\varepsilon_{t-p} - k)^2$

（续表）

[, options]可选项	具体含义
pgarch(numlist)	幂 GARCH 扰动项，形如 $\sigma_t^\varphi = \gamma_0 + \alpha_1\sigma_{t-1}^\varphi + \cdots + \alpha_p\sigma_{t-p}^\varphi$
constraints(constraints)	使用线性约束
collinear	保留多重共线性变量
archm	在均值方程中包括条件异方差项
archmlags(numlist)	设定 ARCH-in-Mean 模型均值方程中条件异方差的滞后期
archmexp(exp)	对 ARCH-M 模型均值方程中条件异方差项进行表达式 exp 所示的变换，在表达式中，用 X 指代 σ_t^2。例如，设定 exp 为 sqrt(X)是指均值方程包括 σ_t 而非 σ_t^2
arima(#p,#d,#q)	对因变量拟合 ARIMA(p,d,q)模型
ar(numlist)	结构模型扰动项的 AR 项
ma(numlist)	结构模型扰动项的 MA 项
distribution(dist[#])	设定残差服从 dist 所设定的分布，可以是 gaussian、normal、t 或者 ged，"#"是指自由度或形状参数，默认的 dist 为 gaussian。gaussian 和 normal 等价，都指正态分布，且不可以设定"#"。t 是指学生 t 分布，可以通过"#"设定自由度。如果不设定自由度，那么自由度会被作为一个参数估计出来。学生 t 分布和正态分布相比具有厚尾的性质，且当自由度趋向于无穷时，t 分布收敛于正态分布。ged 是指一般化分布，可通过"#"设定形状参数，形状参数必须为正。当形状参数"#"小于 2 时，一般化分布比正态分布厚尾；当形状参数"#"大于 2 时，正态分布比一般化分布厚尾。如果不设定形状参数，那么形状参数会与其他参数一起被估计出来
het(varlist)	设定乘积异方差，即在条件方差方程中包括 varlist 的变量。比如设定选项为 het(h k) arch(1)，扰动项的形式即为 $\sigma_t^2 = \exp(\lambda_0 + \lambda_1 h + \lambda_2 k) + \alpha\varepsilon_{t-1}^2$。但以 EGARCH 模型来说，扰动项原本就以对数形式显示，故 het(varlist)设定的变量会以水平形式出现。如选项 het(h k) earch(1) egarch(1)将设定扰动项的形式为 $\ln\sigma_t^2 = \lambda_0 + \lambda_1 h + \lambda_2 k + \alpha\dfrac{\varepsilon_{t-1}}{\sigma_{t-1}} + \lambda\left(\left\|\dfrac{\varepsilon_{t-1}}{\sigma_{t-1}}\right\| - \sqrt{2/\pi}\right) + \beta\ln\sigma_{t-1}^2$
savespace	在估计时节省内存
vce(vcetype)	设定方差的估计方法，可以是 opg、robust 或 oim
level(#)	设定置信度，默认为 level(95)
detail	汇报时间序列的间断点

说　明

（1）凡是带有(numlist)的选项，都可以通过 numlist 指定滞后期的阶数。

（2）选项之间可以组合，但下列情况除外：

- arch()不可以与选项 aarch()、narch()、narchk()、nparchk()同时设定。
- nparch()不可以与 saarch()、narch()、narchk()、nparch()同时设定。
- tarch()不可以与 tparch() 或 aarch()同时设定。
- aarch()不可以与 arch()或 tarch()同时设定。

3）对 ARCH 系列模型进行预测

对 ARCH 系列模型进行预测的基本命令语法为：

```
predict [type] newvar [if] [in] [, statistic options]
```

其中，predict 是 Stata 中用于生成预测值的基本命令；[type]指的是预测的类型，包括均值预测和方差预测等；newvar 是用户定义的变量名，用于存储预测结果；[if]和[in]分别是条件语句和范围语句，用于指定预测的数据子集；[, statistic options] 用于具体指明要生成的统计量（如预测值、残差、条件方差等），以及相关的选项（如动态预测或结构预测）。

18.7.2 案例应用——分析碳酸锂期货收盘价

本小节用于分析的数据文件是"数据 18.7"，其中记录的是 2023 年 7 月 21 日至 2024 年 12 月 2 日碳酸锂期货收盘价（连续）数据（剔除非交易日），单位为元/吨，数据来源于广州期货交易所。下面针对碳酸锂期货收盘价拟合 ARCH 系列模型。

打开数据文件，在主界面的命令窗口中输入命令进行操作。

1. ARCH LM 检验

```
reg 碳酸锂期货收盘价
```

该命令针对"碳酸锂期货收盘价"变量拟合一个只有常数项的模型。结果如图 18.47 所示。

```
. reg 碳酸锂期货收盘价

      Source |       SS           df       MS      Number of obs   =       331
-------------+----------------------------------   F(0, 330)       =      0.00
       Model |          0           0        .     Prob > F        =         .
    Residual | 5.5492e+11         330  1.6816e+09   R-squared       =    0.0000
-------------+----------------------------------   Adj R-squared   =    0.0000
       Total | 5.5492e+11         330  1.6816e+09   Root MSE        =     41007

    碳酸锂期~价 | Coefficient  Std. err.      t    P>|t|     [95% conf. interval]
-------------+----------------------------------------------------------------
       _cons |   113555.7   2253.954    50.38   0.000     109121.8    117989.7
```

图 18.47 针对"碳酸锂期货收盘价"变量拟合一个只有常数项的模型

```
estat archlm
```

该命令针对"碳酸锂期货收盘价"变量进行 LM 检验，判断是否存在 ARCH 效应。结果如图 18.48 所示，原假设为不存在 ARCH 效应（H0: no ARCH effects），显著性 p 值（Prob > chi2）为 0.0000，因此拒绝原假设，即认为"碳酸锂期货收盘价"变量存在 ARCH 效应。

```
. estat archlm

Number of gaps in sample = 70
LM test for autoregressive conditional heteroskedasticity (ARCH)

    lags(p) |        chi2           df               Prob > chi2
------------+----------------------------------------------------
        1   |      256.845          1                 0.0000
------------+----------------------------------------------------
            H0: no ARCH effects    vs.   H1: ARCH(p) disturbance
```

图 18.48 "碳酸锂期货收盘价"变量存在 ARCH 效应

2. 针对"碳酸锂期货收盘价"变量拟合 ARCH 系列模型

`arch 碳酸锂期货收盘价,arch(1)`

该命令针对"碳酸锂期货收盘价"变量拟合 ARCH(1)模型。结果如图 18.49 所示。

```
ARCH family regression

Sample: 21jul2023 thru 02dec2024, but with gaps
                                        Number of obs     =       331
                                        Wald chi2(.)      =         .
Log likelihood = -3760.094              Prob > chi2       =         .

                          OPG
碳酸锂期~价  Coefficient  std. err.    z     P>|z|   [95% conf. interval]

碳酸锂期~价
     _cons   98710.71   411.4132  239.93   0.000   97904.35   99517.06

ARCH
     arch
       L1.   .9824922   .1097857    8.95   0.000   .7673161   1.197668

     _cons   7357077    2751265     2.67   0.007   1964695    1.27e+07
```

图 18.49 针对"碳酸锂期货收盘价"变量拟合 ARCH（1）模型

结果显示，样本区间为 21jul2023－02dec2024，但数据是不连续的（因为剔除了非交易日）。在结果中，模型整体显著性的 Wald chi2 检验值缺失，因为模型只有常数项而没有其他变量。模型为：

$$碳酸锂期货收盘价 = 98710.71 + \varepsilon_t$$

$$\sigma_t^2 = 0.9824922\varepsilon_{t-1}^2$$

`arch 碳酸锂期货收盘价,arch(1) garch(1)`

该命令针对"碳酸锂期货收盘价"变量拟合 GARCH(1,1)模型。分析结果如图 18.50 所示。

```
ARCH family regression

Sample: 21jul2023 thru 02dec2024, but with gaps
                                        Number of obs     =       331
                                        Wald chi2(.)      =         .
Log likelihood = -3760.092              Prob > chi2       =         .

                          OPG
碳酸锂期~价  Coefficient  std. err.    z     P>|z|   [95% conf. interval]

碳酸锂期~价
     _cons   98722.34   414.6968  238.06   0.000   97909.55   99535.13

ARCH
     arch
       L1.   .9826581   .1098237    8.95   0.000   .7674075   1.197909

     garch
       L1.  -.0001714   .0036188   -0.05   0.962  -.0072642   .0069213

     _cons   7429692    2950515     2.52   0.012   1646789    1.32e+07
```

图 18.50 针对"碳酸锂期货收盘价"变量拟合 GARCH(1,1)模型

根据结果，我们可以写出拟合的模型为：

$$碳酸锂期货收盘价 = 98722.34 + \varepsilon_t$$

$$\sigma_t^2 = 0.9825571\varepsilon_{t-1}^2 - 0.0001714\sigma_{t-1}^2$$

```
arch 碳酸锂期货收盘价,earch(1) egarch(1)
```

该命令针对"碳酸锂期货收盘价"变量拟合 EGARCH 模型，earch(1)表示设定信息项的滞后期为 1，egarch(1)表示设定 $\ln\sigma_t^2$ 的滞后期为 1。分析结果如图 18.51 所示。

```
ARCH family regression

Sample: 21jul2023 thru 02dec2024, but with gaps
                                              Number of obs    =        331
                                              Wald chi2(.)     =          .
Log likelihood = -3782.155                    Prob > chi2      =          .

                         OPG
碳酸锂期~价 | Coefficient  std. err.      z    P>|z|     [95% conf. interval]

碳酸锂期~价 |
     _cons |  97059.62   333.0792    291.40   0.000     96406.79    97712.44

ARCH       |
     earch |
        L1. | -.2549008   .2273072     -1.12   0.262    -.7004147    .1906131

    earch_a |
        L1. |  2.262431   .2064252     10.96   0.000     1.857845    2.667017

     egarch |
        L1. |  1.000179   .0571903     17.49   0.000     .8880885    1.11227

      _cons | -.4135931   1.207555     -0.34   0.732    -2.780357    1.953171
```

图 18.51　针对"碳酸锂期货收盘价"变量拟合 EGARCH 模型

根据该结果，我们可以写出拟合的模型：

$$goldprice = 97059.62 + \varepsilon_t$$

$$\ln\sigma_t^2 = -0.4135931 - 0.2549008\frac{\varepsilon_{t-1}}{\sigma_{t-1}} + 2.262431\left(\left|\frac{\varepsilon_{t-1}}{\sigma_{t-1}}\right| - \sqrt{2/\pi}\right) + 1.000179\ln\sigma_{t-1}^2$$

可以看到，$\dfrac{\varepsilon_{t-1}}{\sigma_{t-1}}$ 的系数为-0.2549008，这说明负的冲击（价格指数的下降）比正的冲击（价格指数的上升）对波动的影响更大，但该系数的显著性较低，未达到统计显著性。

18.8　本章回顾与习题

18.8.1　本章回顾

本章主要介绍了时间序列分析在 Stata 中的操作与应用。

1. 时间序列数据的预处理

（1）定义时间序列的基本命令语法为：

```
tsset timevar [, options]
```

（2）扩展时间区间的基本命令语法为：

```
tsappend, { add(#) | last(date|clock) tsfmt(string) } [options]
```

（3）绘制时间序列趋势图的基本命令语法为：

```
twoway(line varname timevar)
```

2. 移动平均滤波与指数平滑法

（1）统一权重的移动平均滤波的基本命令语法为：

```
tssmooth ma [type] newvar = exp [if] [in], window(#l[#c[#f]]) [replace]
```

（2）指定权重的移动平均滤波的基本命令语法为：

```
tssmooth ma [type] newvar = exp [if] [in], weights([numlist_l] <#c> [numlist_f]) [replace]
```

（3）一次指数平滑法的基本命令语法为：

```
tssmooth exponential [type] newvar = exp [if] [in] [, options]
```

（4）二次指数平滑法的基本命令语法为：

```
ssmooth dexponential [type] newvar = exp [if] [in] [, options]
```

（5）Holt‑Winters 平滑法的基本命令语法为：

```
tssmooth hwinters [type] newvar = exp [if] [in] [, options]
```

（6）Holt-Winters 季节平滑法的基本命令语法为：

```
tssmooth shwinters [type] newvar = exp [if] [in] [, options]
```

3. ARIMA 模型、ARIMAX 模型

（1）ARIMA(p,d,q)模型的基本命令语法为：

```
arima depvar, arima(#p,#d,#q)
arima depvar [indepvars] [if] [in] [weight] [, options]
```

（2）ARIMAX 模型的基本命令语法为：

```
arima depvar [indepvars] [if] [in] [weight] [, options]
```

4. 单位根检验

（1）PP 位根检验的基本命令语法为：

```
pperron varname [if] [in] [, options]
```

（2）DF-GLS 检验的基本命令语法为：

```
dfgls varname [if] [in] [, options]
```

5. 向量自回归模型

（1）判断 VAR 模型阶数的基本命令语法为：

```
varsoc depvarlist [if] [in] [, preestimation_options]
```

（2）VAR 回归的基本命令语法为：

```
var depvarlist [if] [in] [,options]
```

（3）对拟合的 VAR 模型进行诊断性检验。

进行模型平稳性判断的基本命令语法为：

```
varstable [,options]
```

进行残差自相关性检验的基本命令语法为：

```
varlmar [,options]
```

进行残差的正态性检验的基本命令语法为：

```
varnorm [,options]
```

（4）进行格兰杰因果关系检验的基本命令语法为：

```
vargranger [, estimates(estname) separator(#)]
```

6. 协整检验与向量误差修正模型

（1）Johansen 协整检验的基本命令语法为：

```
vecrank depvarlist [if] [in] [, options]
```

（2）向量误差修正模型拟合的基本命令语法为：

```
vec depvarlist [if] [in] [,options]
```

（3）VECM 模型平稳性检验的基本命令语法为：

```
vecstable [, options]
```

（4）VECM 模型残差自相关性检验的基本命令语法为：

```
veclmar [, options]
```

（5）VECM 模型残差正态性检验的基本命令语法为：

```
vecnorm [, options]
```

7. ARCH 系列模型

（1）ARCH LM 检验的基本命令语法为：

```
estat archlm [, archlm_options]
```

（2）拟合 ARCH 系列模型的基本命令语法为：

```
arch depvar [indepvars] [if] [in] [weight] [, options]
```

（3）ARCH 系列模型预测的基本命令语法为：

```
predict [type] newvar [if] [in] [, statistic options]
```

18.8.2　本章习题

一、单选题

1. 定义时间序列的命令为（　　）。

A. xtset　　　　　　　　　B. tsset　　　　　　　　　C. stset　　　　　　　　　D. tset

2. 一阶滞后值的时间序列算子为（　　）。

A. L.　　　　　　　　　　B. F.　　　　　　　　　　C. D.　　　　　　　　　　D. LD.

3. 二次指数平滑法的基本命令为（　　）。

A. tssmooth exponential　　　　　　　　　B. tssmooth hwinters

C. ssmooth dexponential　　　　　　　　　D. tssmooth shwinters

4. Johansen 协整检验的基本命令为（　　）。

A. vecrank　　　　　　　　B. dfuller　　　　　　　　C. pperron　　　　　　　　D. vecsoc

二、判断题

1. 时间序列数据分析不同研究对象在时间序列上组成的数据的特征。（　　）

2. 使用信息准则选择最优模型时，一般以最大信息准则值相对应的模型作为最终选择。（　　）

3. 时间序列数据存在单位根则意味着其是平稳序列。（　　）

4. TARCH 模型可以考虑相同幅度的价格下跌比上涨对资产价格波动的冲击影响更大。（　　）

5. 相对 ARIMAX 模型，ARIMA 模型引入回归项（解释变量），提高了模型的预测效果。（　　）

三、操作题（所有操作题除完成操作生成 do 文件外，还需对结果进行解读）

1. 使用"习题 18.1"数据文件进行时间序列数据的预处理操作。

（1）设定 month 为时间变量。

（2）分别绘制 oilprice、goldprice 两个变量随时间变量变化的时间序列趋势图。

（3）分别绘制 oilprice、goldprice 两个变量的一阶差分变量随时间变量变化的时间序列趋势图。

（4）将操作所使用的全部命令保存为 do 文件，并命名为"习题 18.1 答案"。

2. 使用"习题 18.2"数据文件，使用移动平均滤波与指数平滑法进行以下操作：

（1）使用统一权重的移动平均滤波命令对变量 $V15$（连锁门店 15）的销量进行滤波处理，利用二期滞后值、当期值和二期领先值来做移动平均，且各个值的权重相同，生成滤波处理后的变量 amount1，并生成噪声变量 noise1（即变量原值与平滑后变量新值之差），绘制噪声变量的自相关图，观察是否存在自相关。

（2）使用指定权重的移动平均滤波命令对变量 $V15$（连锁门店 15）的销量进行滤波处理，利用二期滞后值、当期值和二期领先值来做移动平均，权重分别为 1/8、2/8、2/8、2/8、1/8，生成滤波处理后的变量 amount2，并生成噪声变量 noise2（即变量原值与平滑后变量新值之差），绘制噪声变量的自相关图，观察是否存在自相关。

（3）使用一次指数平滑法对变量 $V15$（连锁门店 15）的销量进行平滑处理，生成平滑处理后的变量 amount3，并进行 5 期的预测。

（4）使用二次指数平滑法对变量 *V*15（连锁门店 15）的销量进行平滑处理，生成平滑处理后的变量 amount4，并进行 5 期的预测。

（5）使用 Holt–Winters 平滑法对变量 *V*15（连锁门店 15）的销量进行平滑处理，生成平滑处理后的变量 amount5，并进行 5 期的预测。此外我们设定模型参数值分别为 0.9、0.9。

（6）使用 Holt-Winters 季节平滑法对变量 *V*15（连锁门店 15）的销量进行平滑处理，生成平滑处理后的变量 amount6，并进行 5 期的预测。由于我们是月度数据，因此设定 period(12)选项。此外，设定模型参数值分别为 0.8、0.8、0.8。

（7）将操作所使用的全部命令保存为 do 文件，并命名为"习题 18.2 答案"。

3. 使用"习题 18.3"数据文件，针对 oilprice 拟合 ARIMA 模型、ARIMAX 模型，进行以下操作：

（1）用 ARIMA 模型拟合 oilprice 时间序列，设置自回归阶数（AR）为 1，差分阶数为 1，移动平均（MA）阶数为 1，并对生成的模型计算信息准则结果；用 ARIMA 模型拟合 oilprice 时间序列，设置自回归阶数（AR）为 1，差分阶数为 1，移动平均（MA）阶数为 2，并对生成的模型计算信息准则结果；比较两次信息准则结果，选取最优模型。

（2）接上一步，将选取的最优模型命名为 *r*，检验残差变量 *r* 是否为白噪声序列。

（3）使用 ARIMAX 模型，以 oilprice 为被解释变量，以 goldprice 为解释变量，设定 ar(1) ma(1)，并使用稳健的标准误进行分析。

（4）将操作所使用的全部命令保存为 do 文件，并命名为"习题 18.3 答案"。

4. 使用"习题 18.4"数据文件，对 goldprice、oilprice 两个时间序列进行单位根检验，并进行以下操作：

（1）根据"习题 18.1"中的 oilprice、goldprice 两个变量以及两个变量的一阶差分变量的时间序列趋势图，判断变量的时间趋势，确定是否在单位根检验中加入 trend 选项。

（2）使用 PP 检验方法对 goldprice、oilprice 两个时间序列进行单位根检验。

（3）根据 PP 检验结果，对变量进行相应阶数的差分，然后针对平稳的变量进行回归。

（4）将操作所使用的全部命令保存为 do 文件，并命名为"习题 18.4 答案"。

5. 使用"习题 18.5"数据文件，对固定资产投资、营业收入、职工人数 3 个时间序列建立 VAR 模型，进行以下操作：

（1）定义时间变量。

（2）基于 3 个时间序列变量建立 VAR 模型，判断 VAR 模型的阶数。

（3）使用 var 命令拟合 VAR 模型，对各阶系数的联合显著性水平进行检验。

（4）进行模型平稳性判断、残差的自相关性检验、残差的正态性检验。

（5）对估计完成的 VAR 模型进行格兰杰因果关系检验。

（6）将操作所使用的全部命令保存为 do 文件，并命名为"习题 18.5 答案"。

6. 使用"习题 18.6"数据文件，对固定资产投资、营业收入、职工人数 3 个时间序列进行协整检验并建立向量误差修正模型，进行以下操作：

（1）结合习题 4 中的单位根检验情况，针对一阶单整变量建立向量误差修正模型，确定向量误差修正模型滞后阶数。

（2）使用 Johansen 协整检验针对一阶单整变量进行协整检验，计算协整关系个数。

（3）针对一阶单整变量拟合向量误差修正模型，滞后期和协整秩个数均使用前两步的结论。

（4）基于拟合的向量误差修正模型，写出整体方程和协整方程的结果并进行解释。

（5）对拟合的 VECM 模型进行诊断性检验，包括 VECM 模型平稳性检验、残差的自相关性检验、残差的正态性检验。

（6）将操作所使用的全部命令保存为 do 文件，并命名为"习题 18.6 答案"。

7. 使用"习题 18.7"数据文件，针对 oilprice 变量拟合 ARCH 系列模型，并进行以下操作：

（1）对 oilprice 变量进行 ARCH LM 检验，判断是否存在 ARCH 效应。

（2）对 oilprice 变量拟合 ARCH(1)模型，并写出模型方程。

（3）对 oilprice 变量拟合 GARCH(1,1)模型，并写出模型方程。

（4）对 oilprice 变量拟合 EGARCH 模型，并写出模型方程。

（5）将操作所使用的全部命令保存为 do 文件，并命名为"习题 18.7 答案"。

第 19 章

面板数据分析

面板数据（panel data）又称为平行数据，既有横截面维度（在同一时间段内有多个观测样本），又有时间序列维度（同一样本在多个时间段内被观测到）。面板数据的样本数量通常较多，可以有效解决遗漏变量问题，并提供更多样本动态行为的信息，因此具备横截面数据和时间序列数据无可比拟的优势。

19.1 面板数据的预处理

📹	扫描右侧二维码观看视频
	下载资源:\sample\chap19\数据 19.1

19.1.1 统计学原理及 Stata 命令

面板数据模型的一般形式为：

$$y_{it} = \alpha_i + \beta_{1i}x_{1it} + \beta_{2i}x_{2it} + \cdots + \beta_{ki}x_{kit} + u_{it}$$
$$i = 1, 2, \cdots, N \qquad t = 1, 2, \cdots, T$$

其中，y_{it} 是被解释变量，$x_{1it}, \cdots, x_{kit}$ 是 k 个解释变量，N 是横截面个体成员的数量，T 为每个截面成员的样本观测时期数，参数 α_i 为面板数据模型的截距项，$\beta_{1i}, \cdots, \beta_{ki}$ 对应 k 个解释变量的系数。通常假定随机误差项 u_{it} 之间相互独立，且满足均值为 0、方差同为 σ_u^2 的假设。

说　　明
根据横截面维度和时间序列维度相对长度的大小，面板数据分为长面板数据和短面板数据。短面板数据的主要特征是横截面维度比较大，而时间维度相对较小；即观测的个体数量较多，但观测的时间段较少。长面板数据的主要特征是时间维度较大，而横截面维度相对较小；即观测的时间段较多，但观测的个体数量较少。

面板数据预处理包括设定面板数据、面板数据描述性统计分析、显示面板数据分布频率和绘制截面趋势图等。其中，设定面板数据是进行面板数据分析的前提。与时间序列数据需要指定时间变量类似，Stata 并不能智能地认定数据文件为面板数据，因此需要用户指定。面板数据的描述性统计分析可以获取时间序列和横截面双维度上的描述统计量。显示面板数据分布频率通常用于分类变量，通过观察分布频率获得更多信息。绘制截面趋势图的目的是了解不同截面上变量随时间的变化趋势。

面板数据预处理的 Stata 命令如下：

1. 设定面板数据

设定面板数据的基本命令语法为：

```
xtset panelvar timevar [, tsoptions]
```

其中，xtset 为设定面板数据的基本命令，panelvar 为截面变量的名称，timevar 为时间变量的名称，在设定面板数据时，要求截面变量和时间变量都必须为数值型整数，[, tsoptions]为可选项。

如果要显示当前已设置的面板数据，则命令为：

```
xtset
```

如果要清除已设置的面板数据，则命令为：

```
xtset, clear
```

当用户设定好面板数据后，可以进行保存，这样下次再使用相同的数据时，无须再次设定。

2. 面板数据描述性统计分析

面板数据描述性统计分析的基本命令语法为：

```
xtsum [varlist] [if]
```

xtsum 为面板数据描述性统计分析的基本命令，[varlist]为变量名，[if]为条件表达式。

3. 显示面板数据分布频率

显示面板数据分布频率的基本命令语法为：

```
xttab varname [if]
```

xttab 为显示面板数据分布频率的基本命令，可以获取时间序列和横截面双维度上的分布频率；varname 为变量名，[if]为条件表达式。

4. 绘制截面趋势图

绘制截面趋势图的基本命令语法为：

```
xtline varlist [if] [in] [, panel_options]
```

xtline 为绘制截面趋势图的基本命令，[varlist]为变量名，[if]为条件表达式，[in]用于设定样本范围。而[, panel_options]为可选项，主要包括表 19.1 所示的各项。

表 19.1 xtline 命令的可选项及其含义

[, panel_options]	具体含义
i(varname_i)	指定新的截面变量来绘制图形。仅指定 i()而不指定 t()是错误的，反之亦然。varname_i 允许是一个字符串变量
t(varname_t)	指定新的时间变量来绘制图形。仅指定 t()而不指定 i()是错误的，反之亦然。varname_t 可以接受非整数值、重复值

我们还可以将不同截面的趋势变化绘制到一幅图中，即加入 overlay 选项，基本命令语法为：

```
xtline varname [if] [in], overlay [overlaid_options]
```

19.1.2 案例应用——分析家用电器行业上市公司盈利能力指标

本小节用于分析的数据文件是“数据 19.1”，其中记录的是 12 家家用电器行业上市公司 2021 年至 2023 年盈利能力指标数据，如图 19.1 所示。

	证券简称	年份	净资产收益率	人力投入回报率	销售净利率
1	小熊电器	2021	14.03	72.19	7.86
2	小熊电器	2022	17.42	94.73	9.37
3	小熊电器	2023	17.45	93.83	9.45
4	彩虹集团	2021	8.51	39.89	10.06
5	彩虹集团	2022	6.87	34.55	8.11
6	彩虹集团	2023	7.2	35.21	8.2
7	得邦照明	2021	10.95	66.37	6.22
8	得邦照明	2022	10.7	64.55	7.31
9	得邦照明	2023	11.12	80.17	8.05
10	德尔玛	2021	14.68	63.01	5.67

图 19.1 “数据 19.1”中的部分数据

打开数据文件，在主界面的命令窗口中输入命令进行操作：

```
encode 证券简称,gen(name)
```

因为面板数据要求其中的个体变量取值必须为整数且不允许有重复值，所以需要对各个观测样本进行有序编号。该命令用于将“证券简称”这一字符串变量转换为数值型变量，以便进行下一步操作。

```
xtset name 年份
```

该命令用于对面板数据进行定义，其中横截面维度变量为上一步生成的 name，时间序列变量为年份，结果如图 19.2 所示，可以看出这是一个平衡的面板数据。

```
. xtset name 年份

Panel variable: name (strongly balanced)
 Time variable: 年份, 2021 to 2023
         Delta: 1 unit
```

图 19.2 对面板数据进行定义

```
xtdes
```

该命令用于观测面板数据的结构，考察面板数据的特征。结果如图 19.3 所示，横截面维度 name 为 1~12 共 12 个取值，时间序列维度年份为 2021~2023 共 3 个取值，属于短面板数据。

```
xtsum
```

该命令用于显示面板数据组内、组间以及整体的统计指标。结果如图 19.4 所示。

```
xttab 净资产收益率
```

图 19.3 面板数据结构

图 19.4 面板数据统计指标

该命令用于显示"净资产收益率"变量组内、组间以及整体的分布频率。结果如图 19.5 所示。

xtline 净资产收益率

该命令用于绘制每个个体的"净资产收益率"时间序列图。结果如图 19.6 所示。

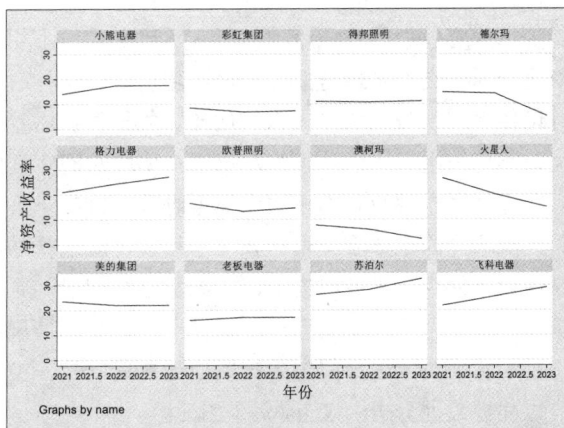

图 19.5 净资产收益率分布频率（仅显示其中一部分）　图 19.6 绘制每个个体的"净资产收益率"时间序列图

19.2　短面板数据分析

扫描右侧二维码观看视频
下载资源:\sample\chap19\数据 19.2

19.2.1　统计学原理及 Stata 命令

短面板数据的主要特征是横截面维度较大，而时间维度相对较小。因此，分析时需要重点考虑横截面及样本个体之间的差异，这使得估计方法有两个极端：一是忽略面板数据的性质，直接将数据视作截面数据，每个个体都有相同的回归方程，该方法忽视了个体之间的异质性；二是为每个个体建立一个单独的回归方程，该方法忽视了个体之间的共性。折中方案是个体的回归方程有共同的斜率（反映共性变化趋势）但有不同的截距（反映个性变化情况）。如果截距项与某个解释变量相关，则使用固定效应模型；如果截距项与所有解释变量均不相关，则使用随机效应模型。

当有理由认为不存在个体效应而只有共性趋势时，可以直接将数据视作截面数据进行回归，这也被称为混合回归。考虑到面板数据的特点，虽然可以假设不同个体之间的扰动项相互独立，但同一个体在不同时期的扰动项之间通常会存在自相关，因此标准误的估计应使用聚类稳健标准误，而非普通标准误。此处的聚类由每个个体不同时点的观测值组成，同一聚类个体的观测值允许存在相关性，但不同聚类个体的观测值则不相关。

固定效应模型本质上要解决截距项与某个解释变量相关的问题。单向固定效应模型仅考虑个体固定效应，可解决不随时间变化但因个体而异的遗漏变量问题。双向固定效应模型既考虑个体固定效应，又考虑时间固定效应，即解决不因个体而异但随时间变化的遗漏变量问题。在操作层面，个体固定效应模型可通过固定效应估计直接求解，也可通过最小二乘虚拟变量模型（LSDV）来实现，即在普通最小二乘回归方程中引入 $N-1$ 个个体虚拟变量，代表不同个体，从而估计个体异质性。如果这些个体虚拟变量的系数显著不为 0，说明个体固定效应存在，固定效应优于混合回归。而双向固定效应模型则是在单向固定效应回归方程中引入 $T-1$ 个时期虚拟变量来代表不同的时间点，使用 LSDV 估计。

随机效应模型假设截距项与所有解释变量均不相关，因此 OLS 估计量是一致的，但扰动项并非球形扰动项，它不是最有效的。使用随机效应估计时，如果能够进一步假设扰动项服从正态部分，还可以使用随机效应的最大似然估计。如果数据质量不高，每个个体的时间序列数据不准确或噪声较大，还可使用组间估计，即对每个个体取时间序列的平均值，然后用时间平均值进行回归分析。

在选择固定效应和随机效应模型时，关键在于看那些不可观测的因素是否与自变量相关。如果相关，应选择固定效应模型；如果不相关，应选择随机效应模型。此外，还可以使用豪斯曼检验，其原假设是使用随机效应模型，如果拒绝原假设，则固定效应模型更为合适。需要注意的是，传统的豪斯曼检验不适用于使用聚类稳健标准误时的情况。如果必须使用聚类稳健标准误，则应使用过度识别检验来决定选择固定效应模型还是随机效应模型。

短面板数据分析的 Stata 命令如下：

1. 固定效应回归分析

固定效应回归分析的基本命令语法为：

```
xtreg depvar [indepvars] [if] [in] [weight] , fe [FE_options]
```

其中，xtreg 为固定效应回归分析的基本命令，depvar 为被解释变量，[indepvars]为解释变量，[if]为条件表达式，[in]用于设定样本范围，[weight]用于设定权重，fe 表示固定效应。而[FE_options]为可选项，主要包括表 19.2 所示的各项。

表 19.2　xtreg 命令的可选项及其含义

[FE_options]	具体含义
Fe	表示采用固定效应模型进行回归
Robust	使用稳健标准误进行回归
level(#)	设置回归时采用的置信水平，默认为 95%

2. 随机效应回归分析

随机效应回归分析的基本命令语法为：

```
xtreg depvar [indepvars] [if] [in] [, re RE_options]
```

其中，xtreg 为随机效应回归分析的基本命令，depvar 为被解释变量，[indepvars]为解释变量，[if]为条件表达式，[in]用于设定样本范围。而[, re RE_options]为可选项，主要包括表 19.3 所示的各项。

表 19.3　xtreg 命令的可选项及其含义

[, re RE_options]	具体含义
re	表示采用随机效应模型进行回归
robust	在回归中使用稳健标准误
level(#)	设置回归时采用的置信水平，默认为 95%
theta	报告θ

3. 豪斯曼检验

豪斯曼检验的基本命令是 hausman，其语法格式为：

```
hausman name-consistent [name-efficient] [, options]
```

hausman 命令在 11.4.1 节已详细介绍，此处不再赘述。

19.2.2　案例应用——分析个人护理用品行业上市公司股权集中度对盈利能力的影响

本小节用于分析的数据文件是“数据 19.2”，其中记录的是 9 家个人护理用品行业上市公司 2021 年至 2023 年股权集中度与盈利能力指标数据，如图 19.7 所示。

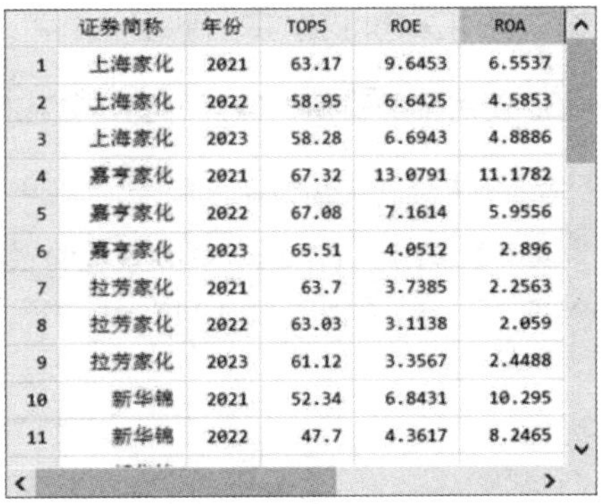

	证券简称	年份	TOP5	ROE	ROA
1	上海家化	2021	63.17	9.6453	6.5537
2	上海家化	2022	58.95	6.6425	4.5853
3	上海家化	2023	58.28	6.6943	4.8886
4	嘉亨家化	2021	67.32	13.0791	11.1782
5	嘉亨家化	2022	67.08	7.1614	5.9556
6	嘉亨家化	2023	65.51	4.0512	2.896
7	拉芳家化	2021	63.7	3.7385	2.2563
8	拉芳家化	2022	63.03	3.1138	2.059
9	拉芳家化	2023	61.12	3.3567	2.4488
10	新华锦	2021	52.34	6.8431	10.295
11	新华锦	2022	47.7	4.3617	8.2465

图 19.7　“数据 19.2”中的部分数据

打开数据文件，在主界面的命令窗口中输入命令进行操作。

1. 普通最小二乘回归（混合回归）

```
encode 证券简称,gen(name)
xtset name 年份
reg ROE TOP5
```

上述命令完成面板数据的定义，并以 ROE 为因变量，以 TOP5 为自变量，进行普通最小二乘回归。结果如图 19.8 所示，普通最小二乘回归将数据当作一般的截面数据，忽视面板特征，一般仅作为对比参考使用，而不作为最终模型。

模型的显著性 p 值（Prob>F）为 0.0000，整体显著；可决系数（R-squared）为 0.5276，修正的可决系数（Adj R-squared）为 0.5087，说明模型的解释能力一般。变量 TOP5 的系数显著为正，说明基于选取的样本，前五大股东持股比例越高，净资产收益率越高。最小二乘回归模型的方程是：

```
Roe = 0.5078326 * TOP5-20.24573
```

```
. reg ROE TOP5

      Source |       SS           df       MS            Number of obs   =        27
-------------+----------------------------------         F(1, 25)        =     27.93
       Model |  982.533597         1   982.533597        Prob > F        =    0.0000
    Residual |  879.613586        25   35.1845434        R-squared       =    0.5276
-------------+----------------------------------         Adj R-squared   =    0.5087
       Total |  1862.14718        26   71.6210455        Root MSE        =    5.9317

------------------------------------------------------------------------------
         ROE | Coefficient  Std. err.      t    P>|t|     [95% conf. interval]
-------------+----------------------------------------------------------------
        TOP5 |   .5078326   .0960999     5.28   0.000     .3099112    .705754
       _cons |  -20.24573   5.976539    -3.39   0.002    -32.55464   -7.936819
------------------------------------------------------------------------------
```

图 19.8 普通最小二乘回归分析

2. 使用聚类稳健标准误的普通最小二乘回归

```
reg ROE TOP5,vce(cluster name)
```

本命令使用以 name 为聚类变量的聚类稳健标准误进行最小二乘回归。结果如图 19.9 所示，与普通最小二乘回归分析相比，系数没有变化，而标准误发生了变化。普通标准误计算方法假设扰动项独立同分布，但在本例中，同一公司不同年份之间的扰动项一般存在自相关，因此使用聚类稳健标准误更为准确。

```
. reg ROE TOP5,vce(cluster name)

Linear regression                               Number of obs   =        27
                                                F(1, 8)         =     18.98
                                                Prob > F        =    0.0024
                                                R-squared       =    0.5276
                                                Root MSE        =    5.9317

                               (Std. err. adjusted for 9 clusters in name)
------------------------------------------------------------------------------
             |               Robust
         ROE | Coefficient  std. err.      t    P>|t|     [95% conf. interval]
-------------+----------------------------------------------------------------
        TOP5 |   .5078326   .1165626     4.36   0.002     .2390386    .7766265
       _cons |  -20.24573   6.847218    -2.96   0.018    -36.03544   -4.456019
------------------------------------------------------------------------------
```

图 19.9 使用以 name 为聚类变量的聚类稳健标准误进行最小二乘回归分析

3. 使用聚类稳健标准误的固定效应回归

```
xtreg ROE TOP5,fe vce(cluster name)
```

该命令使用以 name 为聚类变量的聚类稳健标准误进行固定效应回归分析，也可写成"xtreg ROE TOP5,fe r"。结果如图 19.10 所示。

```
. xtreg ROE TOP5,fe vce(cluster name)

Fixed-effects (within) regression               Number of obs   =        27
Group variable: name                            Number of groups =        9

R-squared:                                      Obs per group:
     Within  = 0.1943                                        min =         3
     Between = 0.5839                                        avg =       3.0
     Overall = 0.5276                                        max =         3

                                                F(1,8)          =      1.62
corr(u_i, Xb) = -0.0849                         Prob > F        =    0.2390

                               (Std. err. adjusted for 9 clusters in name)
------------------------------------------------------------------------------
             |               Robust
         ROE | Coefficient  std. err.      t    P>|t|     [95% conf. interval]
-------------+----------------------------------------------------------------
        TOP5 |   .5434066   .4270898     1.27   0.239    -.4414643    1.528278
       _cons |  -22.41738   26.07209    -0.86   0.415    -82.53974    37.70497
-------------+----------------------------------------------------------------
     sigma_u |   5.277186
     sigma_e |  3.5650788
         rho |  .68663058   (fraction of variance due to u_i)
------------------------------------------------------------------------------
```

图 19.10 进行固定效应回归分析

模型显著性 p 值为 0.2390，说明模型整体不够显著。模型组内 R^2 是 0.1943（Within = 0.1943），说明组内解释的变化比例是 19.43%。固定效应主要看这一 R^2，因此模型的解释能力较差。

观察模型中各个变量系数的显著性 p 值，发现均不够显著。常数项的含义是所有个体效应的平均值。最后一行，rho 越大说明个体效应的部分越重要。rho=0.68663058，说明复合扰动项的方差主要来自个体效应而非时间效应的变动。

4. 使用普通标准误的固定效应回归分析

```
xtreg ROE TOP5,fe
```

该命令使用普通标准误进行固定效应回归分析。结果如图 19.11 所示，使用普通标准误的固定效应回归分析，一是可以获取关于每个个体是否拥有单独截距项的 F 检验，二是其结果可以用来进行后续的豪斯曼检验。相较于使用聚类稳健标准误，本结果增加了最下面一行的 F 检验，其显著性 p 值为 0.0006，显著拒绝了所有样本没有单独截距项的原假设。因此，初步认为每个个体应当拥有与众不同的截距项，或者说固定效应模型在一定程度上优于普通最小二乘回归（混合回归）。但由于没有使用聚类稳健标准误，因此 F 检验并不完全有效，需要使用 LSDV 法进一步观察。

```
. xtreg ROE TOP5,fe

Fixed-effects (within) regression          Number of obs     =         27
Group variable: name                       Number of groups  =          9

R-squared:                                 Obs per group:
     Within  = 0.1943                                   min =          3
     Between = 0.5839                                   avg =        3.0
     Overall = 0.5276                                   max =          3

                                           F(1,17)           =       4.10
corr(u_i, Xb)  = -0.0849                   Prob > F          =     0.0589

         ROE │ Coefficient  Std. err.     t    P>|t|   [95% conf. interval]
─────────────┼──────────────────────────────────────────────────────────
        TOP5 │  .5434066    .2683439     2.03   0.059   -.0227495   1.109563
       _cons │ -22.41738    16.39566    -1.37   0.189   -57.00921   12.17444
─────────────┼──────────────────────────────────────────────────────────
     sigma_u │  5.277186
     sigma_e │  3.5650788
         rho │  .68663058   (fraction of variance due to u_i)
──────────────────────────────────────────────────────────────────────
F test that all u_i=0: F(8, 17) = 6.53                  Prob > F = 0.0006
```

图 19.11 普通固定效应回归分析

```
estimates store fe
```

该命令用于存储固定效应回归分析的估计结果，以便后续进行豪斯曼检验。

5. 使用聚类稳健标准误的最小二乘虚拟变量模型（LSDV）

```
reg ROE TOP5 i.name,vce(cluster name)
```

该命令用于构建 LSDV 模型来分析固定效应模型是否优于最小二乘回归分析。LSDV 模型中个体虚拟变量越显著，显著的个数越多，说明每个个体应该拥有单独截距项。结果如图 19.12 所示，存在个体虚拟变量的显著性 p 值小于 0.05 的情况，虽然只有一个个体虚拟变量，但我们也可以拒绝"所有个体的虚拟变量皆为 0"的原假设，即固定效应模型优于普通最小二乘回归模型。

6. 使用聚类稳健标准误的双向固定效应模型

```
tab 年份,gen(年份)
```

该命令用于创建年份变量的多个虚拟变量。

```
xtreg ROE TOP5 年份2-年份3,fe vce(cluster name)
```

该命令通过构建双向固定效应模型来检验模型中是否应该包含时间效应。结果如图 19.13 所示，全部年份虚拟变量的显著性 p 值都远大于 0.05，因此我们可以初步认为模型中不应包含时间效应。在构建双向固定效应模型时不包括年份 1，因为年份 1 被视为基期。

```
. reg ROE TOP5 i.name,vce(cluster name)

Linear regression                         Number of obs   =        27
                                          F(0, 8)         =         .
                                          Prob > F        =         .
                                          R-squared       =    0.8840
                                          Root MSE        =    3.5651

                              (Std. err. adjusted for 9 clusters in name)
                           Robust
       ROE   Coefficient  std. err.      t    P>|t|   [95% conf. interval]

      TOP5    .5434066    .5179225     1.05   0.325   -.6509248   1.737738

      name
  嘉亨家化   -3.097422    3.368224    -0.92   0.385   -10.86456   4.669715
  拉芳家化   -5.60716     1.286174    -4.36   0.002   -8.573083  -2.641237
    新华锦    3.358287    5.71959      0.59   0.573   -9.831112   16.54769
  水羊股份   10.15923     4.631953     2.19   0.060   -.5220695   20.84053
    珀莱雅    9.689633    8.159007     1.19   0.269   -9.12507    28.50434
    瑞贝卡    4.322944   10.20825      0.42   0.683   -19.21733   27.86322
  芭薇股份    .6910411    3.090271     0.22   0.829   -6.435136   7.817218
    贝泰妮    3.87236     8.909994     0.43   0.675   -16.67412   24.41884

     _cons  -25.01615   31.14441     -0.80   0.445   -96.83528   46.80298
```

图 19.12 构建最小二乘虚拟变量模型

```
. xtreg ROE TOP5 年份2-年份3,fe vce(cluster name)

Fixed-effects (within) regression          Number of obs   =       27
Group variable: name                       Number of groups =       9

R-squared:                                 Obs per group:
    Within  = 0.2308                                   min =        3
    Between = 0.5839                                   avg =      3.0
    Overall = 0.5320                                   max =        3

                                           F(3,8)          =     1.75
corr(u_i, Xb) = 0.1754                     Prob > F        =   0.2343

                              (Std. err. adjusted for 9 clusters in name)
                           Robust
       ROE   Coefficient  std. err.      t    P>|t|   [95% conf. interval]

      TOP5    .4263673    .4213922     1.01   0.341   -.5453649    1.3981
     年份2   -1.561087    1.626329    -0.96   0.365   -5.311408   2.189233
     年份3   -1.233841    1.561639    -0.79   0.452   -4.834987   2.367306
     _cons  -14.34097    25.75404    -0.56   0.593   -73.7299   45.04797

   sigma_u   5.3479502
   sigma_e   3.7084123
       rho    .67529204   (fraction of variance due to u_i)
```

图 19.13 构建双向固定效应模型

7. 使用聚类稳健标准误的随机效应模型

```
xtreg ROE TOP5,re vce(cluster name)
```

该命令使用以 name 为聚类变量的聚类稳健标准误进行随机效应回归分析。结果如图 19.14 所示。

```
xttest0
```

该命令在上一步回归的基础上进行假设检验，以判断随机效应模型是否优于最小二乘回归模型。结果如图 19.15 所示，假设检验显著地拒绝了不存在个体随机效应的原假设，也就是说，随机效应模型在一定程度上优于普通最小二乘回归分析模型。

```
. xtreg ROE TOP5,re vce(cluster name)

Random-effects GLS regression            Number of obs   =       27
Group variable: name                     Number of groups =       9

R-squared:                               Obs per group:
    Within  = 0.1943                                 min =        3
    Between = 0.5839                                 avg =      3.0
    Overall = 0.5276                                 max =        3

                                         Wald chi2(1)    =    17.98
corr(u_i, X) = 0 (assumed)               Prob > chi2     =   0.0000

                            (Std. err. adjusted for 9 clusters in name)
                         Robust
     ROE   Coefficient  std. err.      z    P>|z|   [95% conf. interval]

    TOP5    .5160226    .1216989     4.24   0.000    .2774971   .754548
   _cons  -20.7457      7.778192    -2.67   0.008   -35.99067  -5.50072

 sigma_u   5.2296976
 sigma_e   3.5650788
     rho    .68272746   (fraction of variance due to u_i)
```

图 19.14 随机效应回归分析

```
. xttest0

Breusch and Pagan Lagrangian multiplier test for random effects

    ROE[name,t] = Xb + u[name] + e[name,t]

    Estimated results:
                     Var       SD = sqrt(Var)
          ROE    71.62105      8.462922
            e    12.70979      3.565079
            u    27.34974      5.229698

    Test: Var(u) = 0
                     chibar2(01) =    10.76
                     Prob > chibar2 =  0.0005
```

图 19.15 假设检验

8. 使用最大似然估计方法进行随机效应分析

```
xtreg ROE TOP5,mle
```

该命令使用最大似然估计方法进行随机效应回归分析。结果如图 19.16 所示。

9. 使用组间估计量进行随机效应分析

```
xtreg ROE TOP5,be
```

该命令使用组间估计量进行随机效应分析。结果如图 19.17 所示。如果数据质量不高，或者每个个体的时间序列数据不准确或噪声较大，则可对每个个体取时间平均值，然后用时间平均值来回归。本质上，面板数据被压缩成了截面数据。因此，使用组间估计量虽然可以在一定程度上解决数据质量问题，但也会损失较多的信息量。

```
Random-effects ML regression              Number of obs    =      27
Group variable: name                      Number of groups =       9

Random effects u_i ~ Gaussian             Obs per group:
                                                       min =       3
                                                       avg =     3.0
                                                       max =       3

                                          LR chi2(1)       =   11.76
Log likelihood = -80.036244               Prob > chi2      =  0.0006

         ROE | Coefficient  Std. err.      z    P>|z|     [95% conf. interval]
        TOP5 |  .5146726    .1250851     4.11   0.000     .2695104    .7598348
       _cons | -20.66329    7.812698    -2.64   0.008    -35.9759    -5.350681

     /sigma_u |  4.535758    1.28606                      2.601967    7.906748
     /sigma_e |  3.465802    .5777227                     2.499856    4.804991
         rho |  .6313694    .1606                          .308818    .8790334

LR test of sigma_u=0: chibar2(01) = 10.61          Prob >= chibar2 = 0.001
```

```
. xtreg ROE TOP5,be

Between regression (regression on group means)  Number of obs    =      27
Group variable: name                            Number of groups =       9

R-squared:                                      Obs per group:
     Within  = 0.1943                                        min =       3
     Between = 0.5839                                        avg =     3.0
     Overall = 0.5276                                        max =       3

                                                F(1,7)           =    9.82
sd(u_i + avg(e_i.)) = 5.620172                  Prob > F         =  0.0165

         ROE | Coefficient  Std. err.      t    P>|t|     [95% conf. interval]
        TOP5 |  .5061044    .1614945     3.13   0.017     .1242307    .8879782
       _cons | -20.14023    10.035      -2.01   0.085    -43.86924    3.588766
```

图 19.16 使用最大似然估计方法进行随机效应回归分析　　图 19.17 组间估计量回归分析

在前面的分析部分，我们使用了各种分析方法对本节的案例进行了详细分析。读者在看到众多的分析方法时可能会感到眼花缭乱，那么我们最终应该选择哪种分析方法来构建模型呢？答案当然是具体问题具体分析。此外，我们也可以将统计方法和统计经验作为决策参考。例如，在本例中，已经证明了固定效应模型和随机效应模型都优于普通最小二乘回归模型。而对于组间估计量模型，它通常用于数据质量较差的情况，而且会损失较多的信息，因此很多时候我们仅将其作为对照的估计方法。剩下的问题就是选择固定效应模型还是随机效应模型。我们可以在前面分析的基础上估计随机效应模型。

10. 使用普通标准误的随机效应模型

```
xtreg ROE TOP5,re
```

该命令用于进行随机效应回归分析。结果如图 19.18 所示，可以发现，模型整体以及自变量的系数都非常显著，研究结论同样是前五大股东持股比例越高，净资产收益率越高。

```
estimates store re
```

该命令用于存储随机效应回归分析的估计结果。

11. 豪斯曼检验

```
hausman fe re,constant sigmamore
```

该命令用于进行豪斯曼检验，并据此判断应该选择固定效应模型还是随机效应模型。结果如图

19.19 所示。豪斯曼检验的原假设是使用随机效应模型，而结果中显示的显著性 *p* 值（Prob>chi2 =0.9926）远大于 5%，因此我们接受原假设，认为随机效应模型更为合理。

```
. xtreg ROE TOP5,re

Random-effects GLS regression          Number of obs    =      27
Group variable: name                   Number of groups =       9

R-squared:                             Obs per group:
    Within  = 0.1943                            min =       3
    Between = 0.5839                            avg =     3.0
    Overall = 0.5276                            max =       3

                                       Wald chi2(1)     =   14.48
corr(u_i, X) = 0 (assumed)             Prob > chi2      =  0.0001

         ROE | Coefficient  Std. err.      z    P>|z|     [95% conf. interval]

        TOP5 |  .5160226   .1356136     3.81   0.000     .2502247    .7818204
       _cons | -20.7457    8.479824    -2.45   0.014    -37.36585   -4.125547

     sigma_u |  5.2296976
     sigma_e |  3.5650788
         rho |  .68272746   (fraction of variance due to u_i)
```

图 19.18　普通标准误的随机效应模型

```
. hausman fe re,constant sigmamore

                 —— Coefficients ——
             (b)          (B)         (b-B)      sqrt(diag(V_b-V_B))
             fe           re        Difference        Std. err.

   TOP5   .5434066     .5160226    .0273841          .2253396
  _cons  -22.41738    -20.7457    -1.671687          13.64955

              b = Consistent under H0 and Ha; obtained from xtreg.
              B = Inconsistent under Ha, efficient under H0; obtained from xtreg.

Test of H0: Difference in coefficients not systematic

    chi2(2) = (b-B)'[(V_b-V_B)^(-1)](b-B)
            =     0.01
Prob > chi2 = 0.9926
(V_b-V_B is not positive definite)
```

图 19.19　进行豪斯曼检验

综上所述，我们应该构建随机效应模型来描述变量之间的回归关系。理由如下：一是从研究本身来看，我们选取的是 9 家个人护理用品行业上市公司 2021 年至 2023 年的数据，这些数据在一定程度上具有随机性；二是从豪斯曼检验的结果来看，随机效应模型优于固定效应模型；三是从模型整体以及自变量的显著性来看，随机效应模型更为显著。

12. 过度识别检验

传统的豪斯曼检验不适用于使用聚类稳健标准误时的情况。如果有必要使用聚类稳健标准误，则使用过度识别检验来判断选择固定效应模型还是随机效应模型：

```
ssc install xtoverid
quietly xtreg ROE TOP5,re vce(cluster name)
xtoverid
```

结果如图 19.20 所示，显著性 *p* 值为 0.9401，接受原假设，认为随机效应模型更为合理。

```
. xtoverid

Test of overidentifying restrictions: fixed vs random effects
Cross-section time-series model: xtreg re  robust cluster(name)
Sargan-Hansen statistic   0.006  Chi-sq(1)    P-value = 0.9401
```

图 19.20　进行过度识别检验

19.3　长面板数据分析

> 扫描右侧二维码观看视频
> 下载资源:\sample\chap19\数据 19.3

19.3.1　统计学原理及 Stata 命令

短面板数据的主要特征是时间维度较大，而横截面维度相对较小。由于时间维度较小，每个个体的信息较少，无法探讨扰动项是否存在自相关，故一般假设扰动项独立同分布。而对于长面板数据，其特征是时间维度较大，而横截面维度相对较小，个体信息较多，因此可以放松"扰动项独立同分布"的假定，考虑扰动项可能存在异方差与自相关。在长面板数据分析中，对于可能存在的固定效应，只要加入个体虚拟变量即可；对于时间效应，可以通过加上时间趋势项来控制。

简单来说，长面板数据分析相对更关注对误差项的处理（因为时间维度比较大），而将个体效应用虚拟变量来控制（横截面维度相对较小）。因此，更加关注扰动项相关的具体形式。

扰动项可能存在组间异方差、组内自相关以及组间同期相关，处理方法主要有两种：一是继续使用 OLS（即 LSDV）来估计系数，只对标准误差进行校正，即使用面板校正标准误；二是对异方差或自相关的具体形式进行假设，然后使用可行广义最小二乘法（feasible generalized least squares，FGLS）进行估计。这又分为两种情形：一种是仅解决组内自相关的可行广义最小二乘估计，另一种是同时处理组内自相关、异方差和组间同期相关的可行广义最小二乘估计。

1. 面板校正标准误估计

面板校正标准误估计的基本命令语法为：

```
xtpcse depvar [indepvars],hetonly
```

其中，xtpcse 为面板校正标准误估计的基本命令，depvar 为被解释变量，[indepvars]为解释变量；选项 hetonly 表示存在组间异方差，但不存在组间同期相关。若不增加该选项，则默认同时存在组间异方差和在组间同期相关。

2. 仅解决组内自相关的 FGLS 估计

FGLS 估计的基本命令语法为：

```
xtpcse depvar [indepvars] ,correlation(ar1) correlation(par1)
```

其中，correlation(ar1)表示所有个体扰动项均服从自回归系数相同的 AR（1）过程；correlation(par1)则允许个体扰动项服从自回归系数不同的 AR（1）过程。一般情况下，如果时间维度 T 并不远大于个体维度 N，则建议使用 correlation(ar1)。如果既不指定 correlation(ar1)，也不指定 correlation(par1)，则执行 OLS 回归。但无论何种情况，xtpcse 均提供前面所述的面板校正标准误估计。

3. 同时处理组间异方差、同期相关以及组内自相关的 FGLS 估计

xtgls 命令采用可行广义最小二乘拟合面板数据线性模型，可同时处理组间异方差、同期相关以及组内自相关的 FGLS 估计。基本命令语法为：

```
xtgls depvar [indepvars] [if] [in] [weight] [, options]
```

其中，depvar 为被解释变量，[indepvars]为解释变量，[if]为条件表达式，[in]用于设定样本范围，[weight]用于设定权重。而[, options]为可选项，主要包括表 19.4 所示的各项。

表 19.4　xtgls 命令的可选项及其含义

[, options]	具体含义
noconstant	不包括常数项
panels(iid)	假定不同个体的扰动项独立同分布

（续表）

[, options]	具体含义
panels(heteroskedastic)	假定不同个体的扰动项独立但存在异方差
panels(correlated)	假定不同个体的扰动项同期相关且存在异方差
corr(ar1)	个体扰动项均服从自回归系数相同的 AR（1）过程
corr(psar1)	个体扰动项均服从自回归系数不同的 AR（1）过程
igls	使用迭代 GLS 估计代替两步 GLS 估计
level(#)	设定置信水平，默认为 95%

19.3.2 案例应用——分析半导体上市公司研发费用占比对净资产收益率的影响

本小节用于分析的数据文件是“数据 19.3”，其中记录的是 6 家半导体上市公司 2018 年至 2023 年净资产收益率与研发费用占比数据，如图 19.21 所示。下面将研究研发费用占比对净资产收益率的影响。

	证券简称	年份	TOP5	ROE	ROA
1	上海家化	2021	63.17	9.6453	6.5537
2	上海家化	2022	58.95	6.6425	4.5853
3	上海家化	2023	58.28	6.6943	4.8886
4	嘉亨家化	2021	67.32	13.0791	11.1782
5	嘉亨家化	2022	67.08	7.1614	5.9556
6	嘉亨家化	2023	65.51	4.0512	2.896
7	拉芳家化	2021	63.7	3.7385	2.2563
8	拉芳家化	2022	63.03	3.1138	2.059
9	拉芳家化	2023	61.12	3.3567	2.4488
10	新华锦	2021	52.34	6.8431	10.295
11	新华锦	2022	47.7	4.3617	8.2465

图 19.21 “数据 19.3”中的部分数据

打开数据文件，在主界面的命令窗口中输入命令进行操作。

1. 使用面板校正标准误进行估计

```
encode 证券简称,gen(name)
xtset name 年份
tab name,gen(name)
reg roe 研发费用占比 name2-name5 年份, vce(cluster name)
estimates store ols
```

上述命令使用最小二乘虚拟变量法（LSDV）估计双向固定效应模型，即加入个体虚拟变量和时间趋势变量，使用 OLS 来估计系数。结果如图 19.22 所示，模型的可决系数（R-squared）为 0.6779，说明模型的解释能力尚可。除了“年份”时间变量的显著性水平较低（P 值为 0.744，时间效应不太显著）外，其他变量的显著性水平都非常高，表明存在固定效应，应允许每个公司拥有自己的截距项。然而，上述稳健标准误未考虑可能存在的组间异方差与组间同期相关，应使用面板校正标准误进行估计。

```
xtpcse roe 研发费用占比 name2-name5 年份
estimates store pcse
```

上述命令使用面板校正标准误进行估计。结果图 19.23 所示，可以发现系数与前面 LSDV 法得到的一致，差别在于标准误。

2. 仅解决组内自相关的可行广义最小二乘估计

```
xtpcse roe 研发费用占比 name2-name5 年份,corr(ar1)
estimates store ar1
```

```
. reg roe 研发费用占比 name2-name5 年份,vce(cluster name)

Linear regression                           Number of obs     =         30
                                            F(1, 4)           =          .
                                            Prob > F          =          .
                                            R-squared         =     0.6779
                                            Root MSE          =     3.8809

                           (Std. err. adjusted for 5 clusters in name)

                             Robust
        roe   Coefficient   std. err.      t     P>|t|    [95% conf. interval]

研发费用占比   -102.6871    15.95418    -6.44    0.003   -146.983    -58.39114
      name2     .6492002    .0781755     8.30    0.001    .4321502    .8662503
      name3    12.84151     1.144979    11.22    0.000    9.662538    16.02048
      name4    -8.492299     .7860095   -10.80    0.000   -10.67461   -6.309987
      name5    17.30024     1.694068    10.21    0.001    12.59675    22.00373
       年份    -.1111601     .3172414    -0.35    0.744   -.9919633     .7696431
      _cons   243.7382      639.447      0.38    0.722   -1531.651    2019.128
```

图 19.22　LSDV 估计结果

```
. xtpcse roe 研发费用占比 name2-name5 年份

Linear regression, correlated panels corrected standard errors (PCSEs)

Group variable:    name               Number of obs      =         30
Time variable:     年份               Number of groups   =          5
Panels:            correlated (balanced)  Obs per group:
Autocorrelation:   no autocorrelation                min =          6
                                                      avg =          6
                                                      max =          6
Estimated covariances      =       15   R-squared          =     0.6779
Estimated autocorrelations =        0   Wald chi2(6)       =     864.78
Estimated coefficients     =        7   Prob > chi2        =     0.0000

                           Panel-corrected
        roe   Coefficient   std. err.      z     P>|z|    [95% conf. interval]

研发费用占比   -102.6871    19.48539    -5.27    0.000   -140.8777   -64.4964
      name2     .6492002    1.961108     0.33    0.741   -3.194501    4.492902
      name3    12.84151     2.641573     4.86    0.000    7.664121    18.0189
      name4    -8.492299    1.861326    -4.56    0.000   -12.14043   -4.844167
      name5    17.30024     2.648588     6.53    0.000    12.1091     22.49137
       年份    -.1111601     .489522    -0.23    0.820   -1.070606    .8482855
      _cons   243.7382      988.5287     0.25    0.805   -1693.742    2181.219
```

图 19.23　面板校正标准误估计

上述命令在仅考虑存在组内自相关并且各组的自回归系数相同的情形下，进行可行广义最小二乘回归分析。结果如图 19.24 所示。

```
xtpcse roe 研发费用占比 name2-name5 年份,corr(psar1)
estimates store psar1
```

上述命令在仅考虑存在组内自相关，并且各组的自回归系数不相同的情形下，进行可行广义最小二乘回归分析。结果如图 19.25 所示。

```
. xtpcse roe 研发费用占比 name2-name5 年份,corr(ar1)

Prais-Winsten regression, correlated panels corrected standard errors (PCSEs)

Group variable:    name               Number of obs      =         30
Time variable:     年份               Number of groups   =          5
Panels:            correlated (balanced)  Obs per group:
Autocorrelation:   common AR(1)                      min =          6
                                                      avg =          6
                                                      max =          6
Estimated covariances      =       15   R-squared          =     0.6900
Estimated autocorrelations =        1   Wald chi2(6)       =     889.43
Estimated coefficients     =        7   Prob > chi2        =     0.0000

                           Panel-corrected
        roe   Coefficient   std. err.      z     P>|z|    [95% conf. interval]

研发费用占比   -103.2765    19.02883    -5.43    0.000   -140.5723   -65.98065
      name2     .5929155    1.879058     0.32    0.752   -3.089971    4.275802
      name3    12.81636     2.562998     5.00    0.000    7.792981    17.83975
      name4    -8.535778    1.783812    -4.79    0.000   -12.03199   -5.03957
      name5    17.37097     2.570496     6.76    0.000    12.33289    22.40906
       年份    -.0956239     .4791358   -0.20    0.842   -1.034713    .843465
      _cons   212.4583      967.515      0.22    0.826   -1683.836    2108.753

        rho    -.0360705
```

图 19.24　存在自相关，自回归系数相同

```
. xtpcse roe 研发费用占比 name2-name5 年份,corr(psar1)

Prais-Winsten regression, correlated panels corrected standard errors (PCSEs)

Group variable:    name               Number of obs      =         30
Time variable:     年份               Number of groups   =          5
Panels:            correlated (balanced)  Obs per group:
Autocorrelation:   panel-specific AR(1)              min =          6
                                                      avg =          6
                                                      max =          6
Estimated covariances      =       15   R-squared          =     0.7474
Estimated autocorrelations =        5   Wald chi2(6)       =     728.55
Estimated coefficients     =        7   Prob > chi2        =     0.0000

                           Panel-corrected
        roe   Coefficient   std. err.      z     P>|z|    [95% conf. interval]

研发费用占比    -99.99017   19.50282    -5.13    0.000   -138.215    -61.76534
      name2     .2787559    1.28995     0.22    0.829   -2.249499    2.807011
      name3    12.09657     2.244966    5.39    0.000    7.696514    16.49662
      name4    -8.964238    1.485267   -6.04    0.000   -11.87531   -6.053167
      name5    16.33484     2.591527    6.30    0.000    11.25553    21.41414
       年份    -.2637345     .5084025   -0.52    0.604   -1.260185    .732716
      _cons   552.2101      1025.777     0.54    0.590   -1458.276    2562.696

       rhos  = -.610197   .2659688  -.0559289   .1109097   .1088949
```

图 19.25　存在自相关，自回归系数不同

```
xtpcse roe 研发费用占比 name2-name5 年份,hetonly
estimates store hetonly
```

上述命令在不考虑存在自相关，仅考虑不同个体扰动项存在异方差的情形下，进行可行广义最小二乘回归分析。结果如图 19.26 所示。

```
estimates table ols pcse ar1 psar1 hetonly,b se
```

该命令用于将以上各种方法的系数估计值及标准差放到一起进行比较，结果如图 19.27 所示。

```
. xtpcse roe 研发费用占比 name2-name5 年份,hetonly

Linear regression, heteroskedastic panels corrected standard errors

Group variable:   name                         Number of obs      =        30
Time variable:    年份                          Number of groups   =         5
Panels:           heteroskedastic (balanced)   Obs per group:
Autocorrelation:  no autocorrelation                          min =         6
                                                              avg =         6
                                                              max =         6
Estimated covariances      =         5         R-squared          =    0.6779
Estimated autocorrelations =         0         Wald chi2(6)       =     58.82
Estimated coefficients     =         7         Prob > chi2        =    0.0000

------------------------------------------------------------------------------
             |           Het-corrected
         roe | Coefficient  std. err.      z    P>|z|     [95% conf. interval]
-------------+----------------------------------------------------------------
 研发费用占比 |  -102.6871   21.20321    -4.84   0.000    -144.2446   -61.12952
       name2 |   .6492002   1.697922     0.38   0.702    -2.678665    3.977065
       name3 |   12.84151   2.596306     4.95   0.000     7.752842    17.93017
       name4 |  -8.492299   2.215471    -3.83   0.000    -12.83454   -4.150056
       name5 |   17.30024   3.248027     5.33   0.000     10.93422    23.66625
        年份 |  -.1111601   .3609788    -0.31   0.758    -.8186655    .5963453
       _cons |   243.7382   728.8057     0.33   0.738    -1184.695    1672.171
------------------------------------------------------------------------------
```

图 19.26　不考虑自相关，仅考虑异方差

```
. estimates table ols pcse ar1 psar1 hetonly,b se

--------------------------------------------------------------------------
    Variable |    ols          pcse          ar1         psar1       hetonly
-------------+------------------------------------------------------------
 研发费用占比 | -102.68706   -102.68706   -103.27646   -99.990171   -102.68706
             |  15.954184    19.485387    19.028826    19.502821    21.203215
       name2 |  .64920022    .64920022    .59291548    .27875593    .64920022
             |  .07817552    1.9611082    1.8790582    1.2899499    1.6979216
       name3 |  12.841508    12.841508    12.816364    12.096567    12.841508
             |  1.1449786    2.6415725    2.5629975     2.244966    2.5963059
       name4 |  -8.492299    -8.492299   -8.5357778   -8.9642377    -8.492299
             |  .78600946    1.8613259     1.783812    1.4852674    2.2154706
       name5 |  17.300238    17.300238    17.370975    16.334835    17.300238
             |  1.6940685    2.6485876    2.5704964    2.5915274     3.248027
        年份 | -.11116006   -.11116006   -.09562385   -.26373445   -.11116006
             |  .31724135    .48952204    .47913579    .50840246    .36097878
       _cons |  243.73824    243.73824    212.45834    552.21007    243.73824
             |    639.447     988.5287    967.51501    1025.7771    728.80565
--------------------------------------------------------------------------
                                                              Legend: b/se
```

图 19.27　比较结果

3. 同时处理组间异方差、同期相关以及组内自相关的可行广义最小二乘估计

```
xtgls roe 研发费用占比 name2-name5 年份,panels(cor) cor(ar1)
```

该命令假定同时存在组间异方差、同期相关以及组内自相关（自回归系数相同），进行可行广义最小二乘回归分析。结果如图 19.28 所示。

```
xtgls roe 研发费用占比 name2-name5 年份,panels(cor) cor(psar1)
```

该命令假定同时存在组间异方差、同期相关以及组内自相关（自回归系数不相同），进行可行广义最小二乘回归分析。结果如图 19.29 所示。

```
. xtgls roe 研发费用占比 name2-name5 年份,panels(cor) cor(ar1)

Cross-sectional time-series FGLS regression

Coefficients:  generalized least squares
Panels:        heteroskedastic with cross-sectional correlation
Correlation:   common AR(1) coefficient for all panels  (-0.0361)

Estimated covariances      =        15          Number of obs      =        30
Estimated autocorrelations =         1          Number of groups   =         5
Estimated coefficients     =         7          Time periods       =         6
                                                Wald chi2(6)       =   1012.62
                                                Prob > chi2        =    0.0000

------------------------------------------------------------------------------
         roe | Coefficient  Std. err.      z    P>|z|     [95% conf. interval]
-------------+----------------------------------------------------------------
 研发费用占比 |  -89.40378   9.824483    -9.10   0.000    -108.6594   -70.14815
       name2 |   .5272115   1.877472     0.28   0.779    -3.152567     4.20699
       name3 |   11.82378   2.282407     5.18   0.000     7.350344    16.29721
       name4 |  -7.853267   1.593477    -4.93   0.000    -10.97643   -4.730109
       name5 |   15.89788   1.900769     8.36   0.000     12.17244    19.62332
        年份 |   .1960936   .2413578     0.81   0.417    -.2769591    .6691463
       _cons |  -378.5908   488.4007    -0.78   0.438    -1335.839     578.657
------------------------------------------------------------------------------
```

图 19.28　各组的自回归系数相同

```
. xtgls roe 研发费用占比 name2-name5 年份,panels(cor) cor(psar1)

Cross-sectional time-series FGLS regression

Coefficients:  generalized least squares
Panels:        heteroskedastic with cross-sectional correlation
Correlation:   panel-specific AR(1)

Estimated covariances      =        15          Number of obs      =        30
Estimated autocorrelations =         5          Number of groups   =         5
Estimated coefficients     =         7          Time periods       =         6
                                                Wald chi2(6)       =   1376.64
                                                Prob > chi2        =    0.0000

------------------------------------------------------------------------------
         roe | Coefficient  Std. err.      z    P>|z|     [95% conf. interval]
-------------+----------------------------------------------------------------
 研发费用占比 |  -93.71697    7.70839   -12.16   0.000    -108.8251    -78.6088
       name2 |   .0750636   1.167313     0.06   0.949    -2.212828    2.362955
       name3 |   11.40159   1.737652     6.56   0.000     7.995858    14.80733
       name4 |   -8.33429   1.167397    -7.14   0.000    -10.62235   -6.046234
       name5 |   16.25731   1.609685    10.10   0.000     13.10239    19.41224
        年份 |  -.2593537   .0604993    -4.29   0.000    -.3779302   -.1407773
       _cons |    542.614   122.4486     4.43   0.000     302.6192    782.6088
------------------------------------------------------------------------------
```

图 19.29　各组的自回归系数不相同

前面我们讲述的种种面板数据回归分析方法，最多允许每个个体拥有自己的截距项，但从未允

许每个个体拥有自己的回归方程斜率。那么，Stata 能否做到变系数呢？答案是肯定的。以本节的案例为例，操作命令如下：

```
xtrc roe 研发费用占比,betas
```

该命令不仅允许每个个体拥有自己的截距项，还允许每个个体拥有自己的回归方程斜率，旨在进行随机系数模型回归分析。结果如图 19.30 所示（读者自行运行的结果可能与本书在 Group*组名方面有差异，但结果一致）。

图 19.30　分析结果图

参数一致性检验的显著性 p 值为 0.0000（Test of parameter constancy: chi2(8) = 37.92　Prob > chi2 = 0.0000），显著地拒绝了每个个体都具有相同系数的原假设，我们的变系数模型设置是非常合理的。可以根据上面的结果写出模型整体的回归方程和每个个体的回归方程。

4. 组间异方差的检验

Greene（2000）提出了对组间异方差的沃尔德检验，此检验可通过非官方命令 xttest3 实现，该命令只能在命令"xtreg,fe"或"xtgls"运行之后才能使用，检验原假设为"组间同方差"。

```
ssc install xttest3
quietly xtreg roe 研发费用占比 i.name 年份,r fe
xttest3
```

上述命令用于下载安装 xttest3，静默运行固定效应估计，对组间异方差开展沃尔德检验。结果如图 19.31 所示。

```
quietly xtgls roe 研发费用占比 i.name 年份
xttest3
```

上述命令用于静默运行广义最小二乘估计，并对组间异方差进行沃尔德检验。结果如图 19.32 所示。

可以看到，在"xtreg,fe"和"xtgls"之后使用命令 xttest3，得到的结果完全一致，显著性 p 值均为 0.000，均显著拒绝原假设，表明存在组间异方差。

```
. xttest3

Modified Wald test for groupwise heteroskedasticity
in fixed effect regression model

H0: sigma(i)^2 = sigma^2 for all i

chi2 (5)   =          47.29
Prob > chi2 =         0.0000
```

```
. xttest3

Modified Wald test for groupwise heteroskedasticity
in cross-sectional time-series FGLS regression model

H0: sigma(i)^2 = sigma^2 for all i

chi2 (5)   =          47.29
Prob > chi2 =         0.0000
```

图 19.31　对组间异方差的沃尔德检验
（固定效率估计）

图 19.32　对组间异方差的沃尔德检验
（广义最小二乘估计）

5. 组内自相关的检验

Wooldridge（2002）提出了对组内自相关的沃尔德检验，该检验可通过非官方命令 xtserial 实现，检验原假设为"不存在组内自相关"。

```
findit xtserial
```

该命令用于查找 xtserial。找到 st0039，单击"click here to install"，即可下载安装。

```
xtserial roe 研发费用占比 name2-name5 年份
```

该命令用于进行组内自相关沃尔德检验。结果如图 19.33 所示，显著性 p 值为 0.2822，接受无组内自相关的原假设。

```
. xtserial roe 研发费用占比 name2-name5 年份

Wooldridge test for autocorrelation in panel data
H0: no first-order autocorrelation
   F( 1,       4) =     1.542
         Prob > F =     0.2822
```

图 19.33　对组内自相关的沃尔德检验

6. 组间同期相关的检验

Greene（2000）提出了对组间同期相关的 Breusch-Pagan LM 检验，该检验可通过非官方命令 xttest2 实现。该命令只能在命令"xtreg,fe""xtg1s"或"ivreg2"运行之后使用，检验原假设为"不存在组间同期相关"。

```
ssc install xttest2
quietly xtreg roe 研发费用占比 i.name 年份,r fe
xttest2
```

上述命令用于下载安装 xttest2，静默运行固定效应估计，开展组间同期相关的 Breusch-Pagan LM 检验。结果如图 19.34 所示。

```
. xttest2

Correlation matrix of residuals:

            __e1       __e2       __e3       __e4       __e5
     __e1   83.67512
     __e2  -17.36434  19.72205
     __e3  -10.74775  16.93656  75.63503
     __e4   22.93424   1.482482 -4.799849  53.74035
     __e5   49.43867  -1.909098 -7.029661  76.01824  113.6319

            __e1       __e2       __e3       __e4       __e5
 __e1   1.0000
 __e2  -0.4274    1.0000
 __e3  -0.1351    0.4385    1.0000
 __e4   0.3420    0.0455   -0.0753    1.0000
 __e5   0.5070   -0.0403   -0.0758    0.9728    1.0000

Breusch-Pagan LM test of independence: chi2(10) =   10.372, Pr = 0.4085
Based on 6 complete observations over panel units
```

图 19.34　组间同期相关的检验

LM 统计量的 p 值为 0.4085，接受了不存在组间同期相关的原假设。LM 检验仅适用于长面板。

xtcsd 是检验组间同期相关的另一非官方命令，其适用范围更广，也适用于短面板，原假设也是"不存在组间同期相关"。具体包括 3 种检验方法，分别由 Friedman(1937)、Frees(1995，2004)以及 Pesaran（2004）提出。命令 xtcsd 在命令 xtreg 运行之后才能使用。

```
ssc install xtcsd
xtcsd,pesaran abs show
```

上述命令用于下载安装 xtcsd，使用 Pesaran（2004）方法检验组间同期相关，show 表示显示残差的相关系数矩阵，abs 表示显示该矩阵非主对角线元素绝对值的平均值。结果如图 19.35 所示。

```
xtcsd,friedman abs show
```

上述命令使用 Friedman（1937）方法检验组间同期相关。结果如图 19.36 所示。

图 19.35　Pesaran（2004）方法检验组间同期相关

图 19.36　Friedman（1937）方法检验组间同期相关

```
xtcsd,frees abs show
```

上述命令使用 Frees（1995，2004）方法检验组间同期相关。结果如图 19.37 所示。

图 19.37　Frees（1995，2004）方法检验组间同期相关

可以发现，3 种检验的结论一致，显著性 p 值均大于 0.05，接受了"无组间同期相关"的原假设。结果中最后一行非主对角线元素绝对值的平均值仅为 0.306，比较小。

19.4 本章回顾与习题

19.4.1 本章回顾

本章介绍了面板数据分析在 Stata 中的操作与应用，包括面板数据的预处理、短面板数据分析和长面板数据分析。

1. 面板数据的预处理

设定面板数据的基本命令语法为：

```
xtset panelvar timevar [, tsoptions]
```

如果要显示当前已设置的面板数据，则命令为：

```
xtset
```

如果要清除已设置的面板数据，则命令为：

```
xtset, clear
```

面板数据描述性统计分析的基本命令语法为：

```
xtsum [varlist] [if]
```

显示面板数据分布频率的基本命令语法为：

```
xttab varname [if]
```

绘制截面趋势图的基本命令为 xtline，基本命令语法为：

```
xtline varlist [if] [in] [, panel_options]
```

将不同截面的趋势变化绘制到一幅图中，即加入 overlay 选项，基本命令语法为：

```
xtline varname [if] [in], overlay [overlaid_options]
```

2. 短面板数据分析

固定效应回归分析的基本命令语法为：

```
xtreg depvar [indepvars] [if] [in] [weight] , fe [FE_options]
```

随机效应回归分析的基本命令语法为：

```
xtreg depvar [indepvars] [if] [in] [, re RE_options]
```

豪斯曼检验的基本命令语法为：

```
hausman name-consistent [name-efficient] [, options]
```

3. 长面板数据分析

仅解决组内自相关的可行广义最小二乘估计的基本命令语法为：

```
xtpcse depvar [indepvars] [if] [in] [weight] [, options]
```

同时处理组内自相关、异方差和组间同期相关的可行广义最小二乘估计的基本命令语法为：

```
xtgls depvar [indepvars] [if] [in] [weight] [, options]
```

19.4.2　本章习题

一、单选题

1. 定义面板数据的命令为（　　）。

A. xtset　　　　　　B. tsset　　　　　　C. stset　　　　　　D. tset

2. （　　）命令不仅允许每个个体有自己的截距项，还允许每个个体有自己的回归方程斜率。

A. xtgls　　　　　　B. xtrc　　　　　　C. xtpcse　　　　　　D. regress

二、判断题

1. 面板数据描述性统计分析可以获取时间序列和横截面双维度上的描述统计量。（　　）

2. 短面板数据的主要特征是横截面维度比较小而时间维度相对较大。（　　）

3. 如果对于不同的截面或不同的时间序列，只是模型的截距项不同，而模型的斜率系数是相同的，则称此模型为随机效应模型。（　　）

4. 豪斯曼检验原假设是使用固定效应模型。（　　）

5. xtpcse 命令可同时处理组间异方差、同期相关以及组内自相关。（　　）

三、操作题（所有操作题除完成操作生成 do 文件外，还需对结果进行解读）

1. 使用"习题 19.1"数据文件，其中记录的是 T 公司的一些经营数据。T 公司是一家销售玩具的连锁公司，经营范围遍布全国 20 个省市，各省市连锁店 2016－2020 年的相关销售数据包括销售收入、促销费用以及创造利润等。试用短面板数据回归分析方法深入研究销售收入和促销费用对创造利润的影响关系。

（1）将 diqu 这一字符串变量转换为数值型变量，生成 region 变量，然后以 region 作为横截面维度变量，以 year 作为时间序列变量，定义面板数据。

（2）以 profit 为因变量，以 sale、cost 为自变量，进行最小二乘回归分析。

（3）以 profit 为因变量，以 sale、cost 为自变量，并以 region 为聚类变量的聚类稳健标准误，进行最小二乘回归分析。

（4）以 profit 为因变量，以 sale、cost 为自变量，并以 region 为聚类变量的聚类稳健标准误，进行固定效应回归分析。

（5）以 profit 为因变量，以 sale、cost 为自变量，进行固定效应回归分析，并存储固定效应回归分析的估计结果。

（6）创建年度变量的多个虚拟变量，通过构建双向固定效应模型来检验模型中是否应该包含时间效应，并在回归的基础上测试各虚拟变量的系数联合显著性，检验是否应该在模型中纳入时间效应。

（7）以 profit 为因变量，以 sale、cost 为自变量，并以 region 为聚类变量的聚类稳健标准误进行随机效应回归分析，在回归的基础上进行假设检验来判断随机效应模型是否优于最小二乘回归模型。

（8）以 profit 为因变量，以 sale、cost 为自变量，使用最大似然估计方法进行随机效应回归分析。

（9）以 profit 为因变量，以 sale、cost 为自变量，使用组间估计量进行组间估计量回归分析。

（10）比较各种估计的结果优劣，进行豪斯曼检验，并据此判断应该选择固定效应模型还是随机效应模型。

（11）将操作所使用的全部命令保存为 do 文件，并命名为"习题 19.1 答案"。

2. 使用"习题 19.2"数据文件，其中记录的是 M 银行的一些经营数据。M 银行是一家商业银行，经营范围遍布全国 10 个省市，各省分行 2011－2020 年的相关经营数据包括利息收入、利息支出以及创造利润等。试用多种长面板数据回归分析方法深入研究利息收入、利息支出对创造利润的影响关系。

（1）将 shengshi 这一字符串变量转换为数值型变量，生成 region 变量，然后以 region 作为横截面维度变量，以 year 作为时间序列变量，定义面板数据。

（2）创建省市变量的多个虚拟变量，以 profit 为因变量，以 income、cost 以及生成的各个地区虚拟变量为自变量，并使用以 region 为聚类变量的聚类稳健标准误进行最小二乘回归分析，存储最小二乘回归分析的估计结果。

（3）在仅考虑存在组内自相关，并且各组的自回归系数相同的情形下，以 profit 为因变量，以 income、cost 以及生成的各个地区虚拟变量为自变量，进行可行广义最小二乘回归分析，存储估计结果。

（4）在仅考虑存在组内自相关，并且各组的自回归系数不相同的情形下，以 profit 为因变量，以 income、cost 以及生成的各个地区虚拟变量为自变量，进行可行广义最小二乘回归分析，存储估计结果。

（5）在不考虑存在自相关，仅考虑不同个体扰动项存在异方差的情形下，以 profit 为因变量，以 income、cost 以及生成的各个地区虚拟变量为自变量，进行可行广义最小二乘回归分析，存储估计结果。

（6）将以上各种方法的系数估计值及标准差列表放到一起进行比较。

（7）假定不同个体的扰动项相互独立且有不同的方差，并且各组的自回归系数相同，以 profit 为因变量，以 income、cost 以及生成的各个地区虚拟变量为自变量，进行可行广义最小二乘回归分析。

（8）假定不同个体的扰动项相互独立且有不同的方差，并且各组的自回归系数不相同，以 profit 为因变量，以 income、cost 以及生成的各个地区虚拟变量为自变量，进行可行广义最小二乘回归分析。

（9）以 profit 为因变量，以 income、cost 为自变量，进行随机系数模型回归分析。

（10）将操作所使用的全部命令保存为 do 文件，并命名为"习题 19.2 答案"。

◆ 第六部分 ◆

论文指导应用

第 20 章

实证研究论文指导

Stata 是进行实证研究的重要分析工具之一，而科学、合理、灵活应用 Stata 的前提是掌握实证研究的基本思想与研究路径。本章聚焦于在校或在职师生创作学术论文的研究，讲述实证研究的概念和步骤。

20.1　实证研究的概念

实证研究起源于经验主义哲学，是指研究者提出理论假设、收集观察资料并检验理论假设而开展的研究。实证研究通过事件、案例或数据对理论假设进行佐证，根据佐证方式的不同，实证研究分为案例实证研究和数理实证研究。案例实证研究通过事件、案例进行佐证，数理实证研究则通过数据进行佐证。相较于案例实证研究，数理实证研究是更为常用的方式。刘明和宋彦玲（2023）[1]指出，实证分析是经济学的两大基本分析方法之一，因其客观性等优点，长期受到多数主流经济学家的推崇和关注。"帕累托最优"理论被视为完全的实证经济学理论，瓦尔拉斯、莱昂内尔·罗宾斯以及米尔顿·弗里德曼也认为，经济学的构建应遵循实证科学的方向。

实证研究的核心是以实证方式佐证研究假设，因此其研究的出发点和落脚点都是基于相应的理论假设，即先有理论假设，再进行实证研究。侯先荣和曹建新（2006）[2]指出，实证研究并不排斥哲学、历史式的思考以及理论假设，相反，它十分强调研究框架和理论预设的逻辑构想，但这些假设和构想必须经过事实验证。这一观点充分强调了规范实证研究的注意事项，即实证研究不能仅仅"围绕数据做文章，就数据论数据""沉醉于眼花缭乱的统计分析技巧而忘记研究问题的初衷"，避免犯重实证轻理论、本末倒置的错误。

实证研究的具体注意事项有以下两项：一是实证研究的基础是研究框架和理论假设，而这两个要素必须具备科学性，在提出研究框架和理论假设时，应基于客观事实，经济社会运行的真实规律，

1　刘明，宋彦玲. 经济学实证研究中的稳健性检验方法——基于检验逻辑视角的阐释[J]. 统计与决策，2023，39(12)：45-50.

2　侯先荣，曹建新. MPA 学位论文写作指南[M]. 广州：华南理工大学出版社，2006.

或基于所在研究领域的权威研究成果，切忌天马行空、主观臆断；二是实证研究的特色是以事件、案例或数据为依据，强调统计分析方法的科学性、事实与数据的准确性，强调"言之有理，言之有据"。

20.2 实证研究论文的撰写步骤

实证研究论文的撰写步骤包括提出研究问题、查阅参考文献、设计研究框架、提出理论假设、收集数据、选取恰当的统计分析方法进行实证分析，最终写出研究结论和提出对策建议。

20.2.1 提出研究问题

提出研究问题，也称"开题"。好的选题至少需要满足以下几个特点。

1. 研究的问题要明确而聚焦

好的选题应该是"小而美"，能够聚焦研究对象，使得研究深入。例如，"组织环境对员工行为的影响"这一选题过于宽泛。首先，从概念的角度，组织环境包括组织公平、组织支持、组织氛围等多个层面，而"员工行为"则更为宽泛，具体指哪种行为，是员工沉默行为、员工创新行为、员工前瞻行为还是员工主动行为？其次，在规范的实证研究中，研究对象"组织环境"和"员工行为"需要具化为可量化的变量（包括因变量、自变量、中介变量、调节变量等），而概念含义不够明确将导致难以选择合适的变量。简而言之，如果研究不够聚焦，就无法深入，最终影响研究的深度和质量，也难以经得起审稿人等评价者的质疑。

对比而言，"变革型领导和组织支持感对员工前瞻性行为的影响——以自我效能感为调节"这一选题就比较具体。一方面，相关概念如"变革型领导""组织支持感""员工前瞻性行为"和"自我效能感"都可以明确且具体地进行概念界定；另一方面，从选题中可以清晰地识别出被解释变量（即因变量或被影响变量）为"员工前瞻性行为"，主要解释变量（即自变量或影响变量）为"变革型领导"和"组织支持感"，调节变量（调节变量的含义将在后面章节中详细讲解，其基本思想是针对主要解释变量对被解释变量的影响，从而起到放大或缩小的调节作用）为"自我效能感"。因此研究框架可以明确列出，并提出相应的理论假设。

2. 选题要具有研究意义和价值

开展研究的目的是解决学术或实际问题，推动相关领域的研究的边际提升，进一步丰富该领域的研究成果，或为解决实际问题提供有益的对策和建议。例如，研究"组织支持感对员工健身行为的影响"这一选题，其研究意义和价值相对较弱。因为研究员工行为的意义，或说研究的出发点和落脚点，应该是通过提升企业的人力资源管理水平，激发员工的主动性、积极性和创造力，进而提升企业的整体价值。而员工是否参与健身，对企业经营管理水平的提升，可能只有间接的影响。"组织激励氛围对员工创新行为的影响：创新动机的中介效应研究"这一选题，具有较强的实践应用意义和研究价值，尤其对于一些急需创新的企业（如互联网、文化娱乐行业内企业），该研究能够提出具有建设性的对策和建议，为企业激发员工创新行为提供有益的参考和智力支持。

3. 选题要有充分的可行性

"巧妇难为无米之炊"。如果研究问题无法选取合适的代表变量，或者所选变量无法收集到所需的数据，那么选题就不具备可行性。例如，如果我们要研究政府低碳扶持政策对商业银行绿色信贷投放的影响，但无法获取到商业银行绿色信贷投放的内部数据，那么研究就无法进行。可行性不仅体现在"能"与"不能"的层面，还需要考虑成本效益原则。如果在搜集数据时，发现数据搜集的成本过高，超出可承受的范围，也说明选题的可行性较差。

4. 选题要具有一定的创新性

例如，在员工行为研究方面，如果我们要研究员工沉默行为、员工创新行为、员工前瞻行为、员工主动行为，可以通过中国知网等平台查阅相关文献，结果发现这一领域的研究成果已经非常丰富，学者们对这些员工行为的研究非常充分与成熟。在这种情况下，我们很难进行别出心裁的创新，或者说很难为该领域的研究带来边际提升。因此，这样的选题很可能无法通过审稿人等评价者的审核，除非能够找到更新、更好的解释变量或中介变量、调节变量，阐述更好的作用机制等。

20.2.2 查阅参考文献

对于高质量的学术研究来说，参考文献是不可或缺的。对于大多数普通学者来说，很难做出全新的高质量研究，而且即使是全新的研究，也需要积极引用经典理论作为理论基础。不论是对相关变量的概念定义和度量，还是提出研究假设，都需要有相关理论或成熟的、权威的研究文献作为支撑，只有这样论文的研究才能具有充分的说服力。因此，研究往往是"站在前人的肩膀上""在前人研究的基础上更深一步、更进一步"。

通过查阅与研究问题紧密相关的文献，一方面可以找到本研究课题所需的理论基础；另一方面可以总结回顾既有研究成果，了解学者们已从哪些角度进行了研究，研究进展如何，使用了哪些样本观测值与研究方法，得出了哪些研究结论。在此基础上，或许可以发现既有研究成果中存在的不足或待改进之处，或者找到新的观察问题、分析问题、解决问题的方法和视角，还可能进一步探讨变量之间的作用机制。例如，如果学者们已经研究清楚了变量 A 对变量 B 的影响，并且相关研究成果已经较为充分，那么是否可以引入中介变量或调节变量，进一步探讨变量 A 对变量 B 的作用机制？例如，变量 A 对变量 B 的影响是否通过中介变量 C 展开，即变量 A 影响了中介变量 C，中介变量 C 影响了变量 B？变量 A 对变量 B 的影响是否因为调节变量 D 的存在而得到放大或缩小？这些思考和想法，如果落实到研究中，都可以成为论文的创新点。

20.2.3 设计研究框架

在查阅和梳理参考文献的基础上，我们需要明确自身的研究主题。研究主题一旦明确，研究框架也随之确定。接下来，我们分别举出金融学和工商管理学的研究框架示例。

1. 金融学研究框架示例

假设我们要研究数字普惠金融发展对上市公司影子银行化的影响。以影子银行规模占比对数值作为被解释变量，以数字普惠金融指数对数值作为主要解释变量，控制解释变量包括非金融上市公司的营业收入同比增长率、固定资产净额对数值、经营活动产生的现金流量净额/流动负债比率、资产负债率、总资产净利润率（ROA）、第一大股东持股比例、资产总计对数值。基于上述变量，可以构建如下的线性回归模型：

$$Shasize_{i,t} = \beta_0 + \beta_1 \times \ln Index_{i,t} + \sum Controls_{i,t} + \eta_{ind} + \mu_t + \lambda_p + \varepsilon_{i,t}$$

其中，$Shasize_{i,t}$（影子银行规模占比对数值）为上市公司影子银行化的代理变量，也是模型中的被解释变量；$\ln Index_{i,t}$（数字普惠金融指数对数值）为数字普惠金融发展程度的代理变量，也是回归模型的主要解释变量。如果其系数值 β_1 小于 0 且具备统计显著性，说明数字普惠金融的发展程度对上市公司影子银行化有显著的抑制作用；$Controls_{i,t}$ 为回归模型涉及的控制解释变量，并且控制非金融上市公司行业固定效应（η_{ind}）、年度固定效应（μ_t）、省份固定效应（λ_p）；$\varepsilon_{i,t}$ 为随机误差项。

2. 工商管理学研究框架示例

假如我们的研究主题为"变革型领导和组织支持感对员工前瞻性行为的影响——以自我效能感为调节"。此研究从变革型领导和组织支持感的角度深入探讨员工前瞻性行为的影响因素，并充分考虑自我效能感的调节作用。该研究主题中的主要变量包括前瞻性行为、变革型领导、组织支持感和自我效能感。其中，前瞻性行为为被解释变量（因变量），用 Y 表示；变革型领导为主要解释变量 1（自变量 1），用 X1 表示；组织支持感为主要解释变量 2（自变量 2），用 X2 表示；自我效能感为调节变量，用 Z 表示。研究框架如图 20.1 所示。

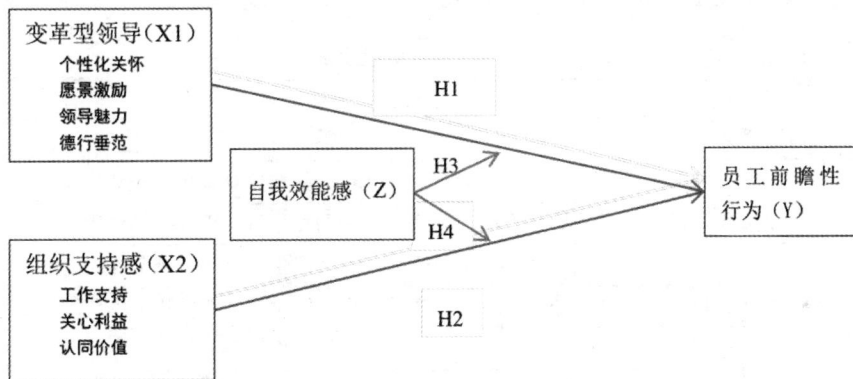

图 20.1　研究框架图

需要注意的是，研究框架的形成与完善并非一蹴而就。从最初提出到最终定稿，往往会经历各种各样的曲折，过程中可能需要进行多次调整与修改。

20.2.4　提出理论假设

在设计好研究框架后，就可以提出理论假设。在实际研究中，"设计研究框架"和"提出理论假设"这两个步骤并没有绝对的先后顺序，许多研究是先提出理论假设，再制定研究框架。在提出理论假设时，需要注意两个方面：一是要有与研究主题紧密相关的权威研究文献作为支撑，而不能自说自话，相关假设的提出应基于已有文献的研究成果，进行严谨、合理、符合客观事实的推论；二是提出的理论假设要与研究框架相吻合。在设计研究框架时，已明确了需要研究的内容，因此在提出理论假设时，也要对应地提出假设。接下来，我们继续对金融学和工商管理学的研究示例进行讲解。

1. 金融学研究框架示例

根据现有文献的理论分析，数字普惠金融能够缓解小微企业面临的融资约束[1][2][3]。数字普惠金融能够提升普惠金融信贷业务的可得性、便利性，主要体现在以下几个方面：一是各类数字化技术的进步可以有效帮助众多中小微商户或企业留存客户的交易流水，从而为商业银行等金融机构发放普惠金融业务贷款提供了充分的依据；二是各类数字化技术的进步可以有效帮助众多中小微商户或企业提供更多符合商业银行等金融机构授信所需的抵质押品；三是各类数字化技术的进步在很大程度上解决了信贷市场的信息不对称问题，显著提升了金融机构在普惠信贷业务的调查、审查、审批和贷后管理的效率和效果，从而提高了普惠金融业务办理的便利性和快捷性。普惠金融信贷业务的可得性和便利性的提升，降低了中小企业非正规渠道的资金需求，具体表现为削弱强势实体企业，尤其是上市公司，充当"影子银行"的作用；向其供应链条上的中小企业提供融资服务。因此，数字普惠金融对上市公司影子银行化具有抑制作用。基于上述分析，提出以下研究假设：

H1：数字普惠金融的发展对上市公司影子银行化具有抑制作用。

2. 工商管理学研究框架示例

以"变革型领导和组织支持感对员工前瞻性行为的影响——以自我效能感为调节"这一研究主题为例，整理好的研究假设如表 20.1 所示（研究文献推导环节略）。

表 20.1 研究假设示例

研究假设	
H1	变革型领导对于员工前瞻性行为的发生具有正向推动作用
H1a	个性化关怀维度的变革型领导对于员工前瞻性行为的发生具有正向推动作用
H1b	愿景激励维度的变革型领导对于员工前瞻性行为的发生具有正向推动作用
H1c	领导魅力维度的变革型领导对于员工前瞻性行为的发生具有正向推动作用
H1d	德行垂范维度的变革型领导对于员工前瞻性行为的发生具有正向推动作用
H2	组织支持感对于员工前瞻性行为的发生具有正向推动作用
H2a	工作支持维度的组织支持感对于员工前瞻性行为的发生具有正向推动作用
H2b	关心利益维度的组织支持感对于员工前瞻性行为的发生具有正向推动作用
H2c	认同价值维度的组织支持感对于员工前瞻性行为的发生具有正向推动作用
H3	自我效能感会强化变革型领导对员工前瞻性行为的正向推动作用
H4	自我效能感会强化组织支持感对员工前瞻性行为的正向推动作用

1 顾宁，吴懋，赵勖悦. 数字普惠金融对小微企业全要素生产率的影响——"锦上添花"还是"雪中送炭" [J]. 南京社会科学，2021(12)：35-47.DOI:10.15937/j.cnki.issn1001~8263.2023.12.005.

2 熊玉梅. 数字普惠金融缓解小微企业融资约束路径研究[J]. 市场周刊，2022，35(01)：150-152.

3 盛明泉，项春艳，谢睿. 数字普惠金融能否抑制实体企业"脱实向虚"[J].首都经济贸易大学学报，2022,24(01)：96-112. DOI:10.13504/j.cnki.issn1008~2700.2022.03.008.

20.2.5 收集数据

实证研究收集数据的方式有很多,对于大多数研究者来说,常见的方式有三种。

第一种是搜集政府公开发布的、具有较强的权威性和公信力的数据,比如国家统计局发布的中国各个省市历年的 GDP、中国历年的 CPI 指数、各个大中城市房地产价格增长率、居民可支配收入水平等数据。这些数据通常可以公开获取,且具有较强的权威性和公信力,因此可以用于实证研究。

第二种是使用权威机构发布或调查获取的数据,比如钟凯等人[1]在研究"数字普惠金融与商业信用二次配置"时,使用的数字普惠金融发展指数来自《北京大学数字普惠金融指数(2011—2018)》;左晓慧和李旋旋(2023)[2]开展了"移动支付对家庭金融资产配置影响研究",使用的数据源于 2019 年西南财经大学在全国开展的中国家庭金融调查(CHFS)项目;赵青旲和吴英发(2023)[3]研究了"'望子成龙'与青少年的睡眠剥夺",采用了中国教育追踪调查(CEPS)2014—2015 学年调查数据。调查直接获取的数据往往需要进行处理。例如,左晓慧和李旋旋(2023)的研究对原始样本进行了处理:一是剔除样本缺失值和异常数据样本;二是剔除 18 周岁以下的户主、收入和总资产等小于或等于 0 的异常样本;三是对收入进行了对数处理;四是对极端异常值进行处理,对连续变量进行了上下 1% 的缩尾处理。赵青旲和吴英发对原始样本进行的处理如下:一是由于调查数据涉及的变量很多,而研究仅使用其中一部分变量,因此剔除那些信息不完整的样本;二是结合研究主题,在论文主体论证部分只将与父母同住的走读样本纳入研究,而将住校生样本作为进一步探讨的内容部分等。

第三种是研究者通过设计调查问卷、发放调查问卷的方式获取研究所需的数据。对于严谨的学术研究来说,新手设计的调查问卷可能会饱受业内专家的质疑,在信度和效度方面也可能难以保证。因此,针对严谨的学术研究,当研究者对于所研究领域相对陌生,或并未形成深刻理解,或未在所研究领域具备一定造诣和声望时,建议研究者积极搜集所研究领域的既有国内外研究文献,并进行归纳梳理,多多参考知名学者所设计的、已经被反复证明的切实、可行、有效的量表,这样可以较好地保证问卷的信度和效度。如果没有直接相关的研究文献可供参考,也应积极搜集与课题间接相关的文献,对既有量表进行必要的修改和完善,尽量避免完全从零开始设计调查问卷。

20.2.6 选取恰当的统计分析方法进行实证分析

收集好数据后,研究者需要选取恰当的统计分析方法进行实证分析。一方面,要考虑数据集的类型,是横截面数据、时间序列数据,还是面板数据?针对不同类型的数据集,应选择相应的统计分析方法。另一方面,要考虑被解释变量的类型,如果被解释变量是连续型变量,则可以采用普通的多元线性回归模型进行分析,使用最小二乘法估计变量系数;如果被解释变量是离散型变量,且只有两种取值,则可以使用二元 Logistic 回归进行分析,使用最大似然法估计变量系数;如果被解释变量是离散型变量且有三种及以上的取值,且取值无大小顺序,则可以使用多元 Logistic 回归进

1 钟凯,梁鹏,董晓丹等. 数字普惠金融与商业信用二次配置[J]. 中国工业经济,2022(01):170-188.
2 左晓慧,李旋旋. 移动支付对家庭金融资产配置影响研究——基于 CHFS 的实证分析[J]. 经济问题,2023(08):42-50.
3 赵青旲,吴英发. "望子成龙"与青少年的睡眠剥夺——基于 CEPS2014—2015 的实证研究[J]. 中国青年研究,2023(07):15-25.

行分析，使用最大似然法估计变量系数。

1. 经济学、金融学等领域常用实证分析步骤

在经济学、金融学等领域的实证分析过程中，基于政府公开发布的、具有较强权威性和公信力的数据，以及权威机构发布的数据进行研究时，通常采取"描述性统计""相关性分析""基准回归""机制分析""稳健性检验""异质性分析"等环环相扣的分析步骤。

1）描述性统计

描述性统计旨在观察变量的基本特征，帮助研究者对变量的分布特征以及内部结构有一个直观的感性认识。

2）相关性分析

相关性分析关注变量之间的相关关系而非因果关系，是进行回归分析的前置环节。通过相关性分析，可以获得变量之间的相关系数，从而判断变量之间的相关性的方向、大小和显著性程度。具体来说，相关系数的方向如果为负值，说明变量之间存在负相关关系；如果为正值，说明变量之间存在正相关关系；如果为 0，说明变量之间没有相关关系。相关系数的取值范围为-1~1，相关系数的绝对值越大，说明相关程度越强。相关系数的显著性 p 值越小，说明相关系数的统计显著性程度越高，越具有统计学意义。在相关性分析中，通过计算变量之间的相关系数来展开，常用的相关系数有皮尔逊相关系数、斯皮尔曼等级相关系数和肯德尔秩相关系数。皮尔逊相关系数适用于连续型变量数据，而斯皮尔曼等级相关系数和肯德尔秩相关系数适用于离散型变量数据。

3）基准回归

基准回归分析主要研究核心解释变量对被解释变量的影响。例如，在前面关于数字普惠金融对上市公司影子银行化影响的研究中，基准线性回归模型如下：

$$Shasize_{i,t} = \beta_0 + \beta_1 \times \ln Index_{i,t} + \sum Controls_{i,t} + \eta_{ind} + \mu_t + \lambda_p + \varepsilon_{i,t}$$

研究重点是 β_1 的正负号、大小及显著性 p 值，这些可以用于衡量核心解释变量对被解释变量的影响方向、影响程度以及这种影响是否具有统计显著性。对于一系列控制变量（模型中的 Controls），通常无须过多关注，因为在一个模型中，通常无法穷举所有有效的控制变量，且即使控制变量有效，也常常与其他未观测到（或无法观测到）的因素关联，从而导致它们的边际效应难以解释。在选取控制变量时，可以参考与本研究相关的权威文献，借鉴其他研究中使用的控制变量，并确保参考有依据。

4）机制分析

机制分析研究解释变量对被解释变量的影响是通过何种机制进行的，通常包括中介效应分析和调节效应分析。中介效应分析研究解释变量 A 对被解释变量 B 的影响是否通过中介变量 C 进行，即 A 是否影响了 C，继而 C 影响 B。调节效应分析解释变量 A 对被解释变量 B 的影响是否因为调节变量 D 的存在而得到放大或缩小。机制分析的方式不仅限于中介效应和调节效应分析，可以根据具体研究情况灵活设定。

例如，在关于数字普惠金融对上市公司影子银行化影响的研究中，可以进一步从上市公司金融资产配置角度出发，将非金融上市公司金融资产配置规模作为中介传导变量，即数字普惠金融的发展通过影响上市公司金融资产配置，进而影响上市公司影子银行化。在中介效应模型中，非金融上市公司全量金融资产占比为被解释变量，数字普惠金融指数对数值为主要解释变量，控制解释变量包括非金融上市公司的营业收入同比增长率、固定资产净额对数值、经营活动产生的现金流量净额/流动负债比率、资产负债率、总资产净利润率 ROA、第一大股东持股比例、资产总计对数值，构建如下的线性回归模型：

$$AllFin_{i,t}=\beta_0+\beta_1\times\ln Index_{i,t}+\sum Controls_{i,t}+\eta_{ind}+\mu_t+\lambda_p+\varepsilon_{i,t}$$

其中 $AllFin_{i,t}$（全量金融资产占比）既是非金融上市公司金融资产配置的代理变量，也是模型中的被解释变量；$\ln Index_{i,t}$（数字普惠金融指数对数值）既是数字普惠金融发展增量的代理变量，也是回归模型的主要解释变量，如果其系数值 β_1 小于 0 且具备统计显著性，则说明数字普惠金融的发展增量会对非金融上市公司金融资产配置起到显著的抑制作用；$Controls_{i,t}$ 为回归模型涉及的控制解释变量，并且控制非金融上市公司行业固定效应（η_{ind}）、年度固定效应（μ_t）、省份固定效应（λ_p）；$\varepsilon_{i,t}$ 为随机误差项。

5）稳健性检验

稳健性检验研究的是解释变量对被解释变量的影响关系是否足够稳健，不应过于敏感，否则无法进行泛化和推广。常用的稳健性检验方法包括变量替换法、模型替换法、验证前提条件、补充变量法、删除变量法、调整样本期、改变样本容量法、更换新的数据源等。

6）异质性分析

异质性分析本质上就是分样本回归，主要思想是充分考虑不同的样本对于所得的结果具有不同的敏感性。常见的样本分类方法包括按照行业分类、按照人口规模分类、按照地理位置分类、按照城乡分类、按照性别分类等，具体需要紧密结合样本的特点。

例如，在研究数字普惠金融发展对上市公司影子银行化的影响时，为了进一步探讨不同所有制性质的非金融上市公司样本之间的差异，可以把全部非金融上市公司划分为国有企业和非国有企业，然后分别进行数字普惠金融发展对非金融上市公司全量金融资产配置影响的实证研究。

此外，针对金融学、经济学等专业，很多时候需要考虑经济变量的内生性问题，并进行内生性检验。常用的解决内生性问题的方法包括工具变量法、加入自变量的滞后一期或两期变量、Heckman 两步法等。一些要求比较高的重要期刊论文，通常会要求进行"研究主题的进一步探讨"等。限于篇幅，本书不再赘述。下面提供一个示例供读者参考。有深层次研究需要的读者可通过中国知网搜索相关文献进行深入研究。

示例：在研究数字普惠金融发展对上市公司影子银行化的影响时，假设将非金融上市公司金融资产配置规模作为中介变量，基于上市公司全量金融资产占比构建模型。我们可以进一步将全量金融资产细分为流动性金融资产和非流动性金融资产，从而探讨上市公司配置金融资产的深层次作用机制，是"蓄水池"动机还是"投机套利"动机。

如果上市公司倾向于配置流动性金融资产，一方面，如果企业将来面临资金流动性紧张问题，可以及时将持有的金融资产变现；另一方面，配置一定比例的金融资产可以有效缓解主营业务波动带来的风险，这就是出于"蓄水池"动机。如果上市公司倾向于配置非流动性金融资产，目的是在资本市场获取超额收益，则是出于"投机套利"动机。

"蓄水池"动机检验方面，以非金融上市公司流动性金融资产占比为被解释变量，以数字普惠金融指数对数值为主要解释变量，控制解释变量包括非金融上市公司的营业收入同比增长率、固定资产净额对数值、经营活动产生的现金流量净额/流动负债、资产负债率、总资产净利润率 ROA、第一大股东持股比例、资产总计对数值，构建如下的线性回归模型：

$$CurFin_{i,\,t} = \beta_0 + \beta_1 \times \ln Index_{i,\,t} + \sum Controls_{i,\,t} + \eta_{ind} + \mu_t + \lambda_p + \varepsilon_{i,\,t}$$

与"全量金融资产"相比，本回归模型的差别在于将全量金融资产进一步细化为流动性金融资产占比，旨在观察"蓄水池"动机作用机制。回归模型中的 $CurFin_{i,\,t}$（流动性金融资产占比）即为非金融上市公司流动性金融资产配置的代理变量，也是模型中的被解释变量；$\ln Index_{i,\,t}$（数字普惠金融指数对数值）即为数字普惠金融发展程度的代理变量，也是回归模型的主要解释变量。如果其系数值 β_1 小于 0 且具备统计显著性，则说明数字普惠金融的发展会显著抑制非金融上市公司流动性金融资产配置；$Controls_{i,\,t}$ 为回归模型涉及的控制解释变量，并控制非金融上市公司行业固定效应（η_{ind}）、年度固定效应（μ_t）和省份固定效应（λ_p）；$\varepsilon_{i,\,t}$ 为随机误差项。

"投机套利"动机检验方面，以非金融上市公司非流动性金融资产占比为被解释变量，以数字普惠金融指数对数值为主要解释变量，控制解释变量包括非金融上市公司的营业收入同比增长率、固定资产净额对数值、经营活动产生的现金流量净额/流动负债、资产负债率、总资产净利润率 ROA、第一大股东持股比例、资产总计对数值，构建如下的线性回归模型：

$$NocurFin_{i,\,t} = \beta_0 + \beta_1 \times \ln Index_{i,\,t} + \sum Controls_{i,\,t} + \eta_{ind} + \mu_t + \lambda_p + \varepsilon_{i,\,t}$$

与"全量金融资产"模型相比，本回归模型将全量金融资产进一步细化为非流动性金融资产占比，旨在观察"投机套利"动机作用机制。回归模型中的 $NocurFin_{i,\,t}$（非流动性金融资产占比）即为非金融上市公司非流动性金融资产配置的代理变量，也是模型中的被解释变量，其他变量与前面相同。

2. 心理学、管理学、社会学、教育学等领域常用实证分析步骤

在心理学、管理学、社会学、教育学等领域的实证分析过程中，基于问卷调查获取数据进行研究时，常用的分析步骤包括"描述性统计""信度分析""效度分析""比较检验""相关性分析""回归分析""中介效应检验""调节效应检验"等，当然也可加入"稳健性检验""异质性分析"等内容，以进一步丰富研究成果。

1）描述性统计

针对问卷调查获取的数据，一是需要研究被调查者的人口结构学特征，确保样本分布均衡，结构合理。例如，在研究"员工成就动机对主动性工作行为的影响"时，如果通过描述性统计发现被调查者几乎全部为女性，那么全文实证分析的结论就可能偏向"女性员工成就动机对主动性工作行为的影响"，导致研究出现偏差。二是需要研究变量的基本特征，对变量的分布特征以及内部结构有一个直观的感性认识。重点检查变量得分的平均值是否高于参照值（如 5 分量表中的参照值为 3），以及变量的偏度、峰度等是否符合正态分布标准，为后续的深层次数据分析奠定基础。

2）信度分析

信度分析研究的是问卷调查结果的可信度，即同一维度项下各道题目之间是否具有较高的内在一致性。目前最为常用的方法是 Alpha 信度系数法。

3）效度分析

效度分析研究的是问卷调查是否能够准确反映研究目的和要求。在实际研究中，我们首先设计变量（包括因变量、自变量、控制变量、中介变量、调节变量等），并且常常将变量划分为多个维度（例如，针对成就动机划分为追求成功动机和避免失败动机两个维度）。然后为每个变量的每个维度设计相应的问卷调查题目。效度分析的目标是评价"能否通过设计的题项实现对变量的科学性测量"。

效度分析通过探索性因子分析和验证性因子分析来实现，其中的验证性因子分析一般通过AMOS 软件进行。Stata 中的效度分析属于探索性因子分析，适用于非成熟量表或经过修改的成熟量表；对于完全成熟量表（即由知名学者开发设计并已被广泛认可的量表），可以直接进行验证性因子分析。

效度分析还可以细分为内容效度、结构效度、聚合效度和区分效度等。内容效度是指通过文字描述来说明量表设计的合理性和科学性，即分析问卷调查题项本身的设计是否存在问题。因此，在设计调查问卷时，参考成熟量表或已有文献是十分必要的。结构效度通过 Stata 中的探索性因子分析来验证：一是 KMO 值>0.6 且 Bartlett 球形检验的显著性 p 值小于 0.05；二是提取的公因子的累积方差贡献率是否高于 60%，各题项在某一公因子上的载荷系数是否大于 0.4；三是提取的各个公因子对具体题项的载荷情况与调查问卷中各变量各维度中包括题项的划分情况是否一致。聚合效度通过AMOS 中的验证性因子分析来验证，准确绘制路径图并输入数据运行出结果后，观察模型整体的拟合情况（卡方/自由度、修正拟合指数 IFI、比较拟合指数 CFI、非范拟合指数 NNFI（TLI）、近似误差平方根指数 RMSEA 等指标是否达到标准），各维度下题项的标准化因子载荷是否均大于 0.5，基于各题项标准化因子载荷计算的各维度的 CR 值是否大于 0.8，AVE 值是否大于 0.5。区分效度同样通过 AMOS 中的验证性因子分析来验证，观察各个变量各个维度的 AVE 值是否大于该维度与其他维度之间的相关系数。

4）回归分析

回归分析主要研究核心解释变量对被解释变量的影响关系。在回归分析中，我们关注 β_1 的正负号、大小以及显著性 p 值，这些指标分别用于衡量核心解释变量对被解释变量的影响方向、影响程度以及这种影响是否具有统计显著性。

5）中介效应检验和调节效应检验

中介效应检验和调节效应检验主要研究解释变量对被解释变量的影响关系是通过何种机制进行的。中介效应分析探讨解释变量 A 对被解释变量 B 的影响是否是通过中介变量 C 进行的，即 A 是否影响了 C，然后 C 影响了 B。调节效应分析研究解释变量 A 对被解释变量 B 的影响是否因调节变量 D 的存在而得到放大或缩小。

当然，还有许多实证研究可能使用到因子分析、聚类分析、生存分析、绘制 ROC 曲线等方法，读者可参阅书中相关章节的介绍。

20.2.7　写出研究结论并提出对策和建议

1. 研究结论

研究结论是对全文研究情况的总结与陈述。在撰写研究结论时，首先需要重申研究主题。重申研究主题的篇幅不宜过长，保持清晰简洁，确保只陈述最关键的信息。例如，"本文基于国家抑制上市公司影子银行化、大力发展数字普惠金融的研究背景，基于非金融上市公司金融资产配置的视角，开展了数字普惠金融抑制上市公司影子银行化实证研究。"

在重申研究主题的基础上，应总结研究的主要发现，例如"本文基于非金融上市公司金融资产配置的视角，提供了一种有别于以往研究中'提升企业全要素生产率、提升企业科技创新水平、缓解小微企业面临的融资约束'等作用渠道的另一崭新方向。研究发现，数字普惠金融的发展对我国非金融上市公司开展金融资产配置的动机影响，主要体现为投机套利动机而非蓄水池动机。同时，通过样本异质性分析发现，投机套利动机更多地体现为国有企业而不是非国有企业。"

另外一个可供参考的例子是张甜和曹廷求（2022）[1]在《地方财政风险金融化：来自国企债券信用利差的证据》一文中的研究结论：基于地方国有企业债券信用利差视角，本文从静态、动态和流动性角度检验了地方财政风险对金融系统的风险传染效应及其作用机制。研究发现，地方政府债务增速越快、偿债率越高的地区，国企债券收益率利差就越大，表明地方财政风险放大了国企债券的信用风险，并且向金融领域溢出。机制检验结果表明，地方财政风险提升了企业债务融资成本，削弱了市场投资意愿，进而推升了国企债券信用利差。异质性分析结果显示，随着地方财政风险的增加，非市政建设行业、资源型城市及行政级别较低的国企债券，其信用利差提升幅度更大。

2. 对策建议

对策建议要紧密结合研究主题、过程及结论，并能够解决研究中提出的问题。一般来说，严谨的学术论文遵循"发现问题−分析问题−解决问题"的撰写模式，故对策建议为"解决问题"部分，提出的应是科学合理、可行且具有操作性的解决方案。因此，对策建议的撰写有以下三个要点：一是要紧密结合研究主题，确保能够解决论文中提出的研究问题；二是要具有科学合理性，与国家的方针政策一致，与客观事实运行规律相符；三是要具有可行性和可操作性，提出的对策建议应能在实际操作中得到有效实施。

---

1 张甜，曹廷求. 地方财政风险金融化：来自国企债券信用利差的证据[J]. 财经科学，2022(08)：18-33.

第 21 章

稳健性检验与异质性分析

目前,稳健性检验、异质性分析几乎成为规范的学术论文中实证分析部分的标准分析方法之一。在进行基准回归分析的基础上,研究者通常需要通过稳健性检验和异质性分析方法,验证基准回归结果的稳健性。或者说,为了确认得到的结论是否过于敏感和脆弱,能否得到一般性的结论,研究者还需要进一步分析。本章将介绍稳健性检验与异质性分析的概念、意义、常用方法及相关示例。

21.1 稳健性检验的概念及意义

根据搜狗百科的定义,所谓稳健性检验,考察的是评价方法和指标解释能力的强壮性,也就是当改变某些参数时,评价方法和指标是否仍然对评价结果保持一个比较一致、稳定的解释。

那么,稳健性检验的作用和意义何在?或者说,为什么需要进行稳健性检验?

一方面,从理论假设提出到实证研究设计之间,往往存在一定的跳跃。实证分析中所采用的模型难以与经济理论完全对应,或者说在将理论模型中的变量转换为可供实证分析的指标数据时,二者之间的契合度有待商榷,即可供实证分析的指标数据是否能有效代表理论模型中的变量,理论模型中的变量是否还有其他适合实证分析的替代指标数据。这就引发了从理论假设到实证研究的逻辑链条是否足够稳健的问题。

另一方面,从实证研究回归模型的构建角度,只有回归模型正确设定,回归模型参数估计量的无偏性、有效性及一致性才能得到保障。研究的核心是关注核心解释变量对被解释变量的影响,但模型中不仅包括核心解释变量,还包括其他控制变量。因此,控制变量的选取或遗漏以及解释变量之间的多重共线性等,都可能影响核心解释变量估计的有效性,从而导致实证研究结果的失真。

再者,从实证研究分析所使用的样本数据来看,研究者通常利用历史数据或者通过社会调查获得的部分样本数据来构建计量回归模型。但研究结论往往被推广到总体。因此,基于历史数据或部分样本数据得到的研究结论和对策建议,能否有效适用于未来或代表总体,或者说所构建的模型是否具备足够的推广泛化能力,就涉及实证研究分析过程是否足够稳健的问题。

总之,稳健性检验的作用和意义在于增强从理论假设到实证研究的逻辑链条的严谨性,以及提升实证研究分析过程的可靠性,使得研究结果更具说服力。

21.2　稳健性检验的方法及示例

结合前述稳健性检验的作用和意义,常用的稳健性检验方法包括变量替换法、模型替换法、验证前提条件、补充变量法、删除变量法、调整样本期、改变样本容量法、更换新的数据源等。

21.2.1　论证从理论假设提出到实证研究设计之间的稳健性

变量替换法和模型替换法主要用于论证从理论假设提出到实证研究设计之间的稳健性。

1. 变量替换法

变量替换法包括被解释变量度量指标的替换、核心解释变量度量指标的替换、放宽被解释变量或核心解释变量的条件。需要注意的是,这里并不是替换理论模型中的被解释变量和核心解释变量,因为那样意味着研究对象被彻底改变,而是在理论模型中的被解释变量和核心解释变量保持不变的条件下,替换实证研究中被解释变量和核心解释变量的度量标准(即换成别的指标)。

研究示例

- 被解释变量度量指标的替换:张甜和曹廷求(2022)[1]考察了地方财政风险对城商行资产负债行为的影响。在基准回归分析中,关于同业负债的度量,参考中国人民银行对同业负债的定义,并参照刘向明等(2020[2])的方法,设计同业负债包括同业存放款项、拆入资金、卖出回购金融资产和发行的同业存单;在稳健性检验部分,参照王倩和赵铮(2018)[3]及中国人民银行的规范,采用狭义口径来测度同业负债以检验结果的稳健性,以同业存放、拆入资金和卖出回购金融资产三者之和来衡量。

- 核心解释变量度量指标的替换:钟凯等(2022)[4]探讨了数字普惠金融对商业信用二次配置的影响及其作用机制。在基准回归中,数字普惠金融发展的衡量方式采用北京大学数字普惠金融指数,并取自然对数;而在稳健性检验部分,使用数字普惠金融指数中的两个子项(普惠金融覆盖广度和普惠金融使用深度)替换之前的数字普惠金融指数,进行进一步检验。

- 被解释变量度量指标的替换、核心解释变量度量指标的替换:蒋为等(2023)[5]为了检验数字规制政策对技术创新的影响,进行了被解释变量度量指标的替换,基准回归部分将

1　张甜,曹廷求. 地方财政风险金融化:来自城商行的证据[J]. 财贸经济,2022,43(04):21-35.
2　刘向明,邓翔欧,藏波. 市场模式、政府模式与城商行流动性风险化解——一个三期博弈的分析框架[J]. 金融研究,2020,(04):131-146.
3　王倩,赵铮. 同业融资视角下的商业银行杠杆顺周期性[J]. 金融研究,2018,(10):89-103.
4　钟凯,梁鹏,董晓丹,王秀丽. 数字普惠金融与商业信用二次配置[J]. 中国工业经济,2022,(01):170-188.
5　蒋为,陈星达,彭飞,周禄军. 数字规制政策、外部性治理与技术创新——基于数字投入与契约不完全的双重视角[J]. 中国工业经济,2023,(07):66-83.

IP5 汇编的技术专利总数作为被解释变量技术创新的测度；而在稳健性检验部分，则将按发明人居住国区分定义的专利数据、OECD 定义的三方同族专利数据作为被解释变量技术创新的测度。同时进行了核心解释变量和度量指标的替换，基准回归部分参照 Ferracane et al.（2020）[1]的数字规制政策评价框架及赋值规则，根据跨国和国内数字规制政策下的三级指标体系，对 DTE 数据库中各国自 1989 年以来的数字规制政策进行测算评估，最终得到 41 个国家 1989—2017 年的数字规制政策指数；而在稳健性检验部分，则采用更换指标权重和主成分分析法对数字规制政策指数进行了再测算。

- 放宽被解释变量或核心解释变量条件：孙光国和陈思阳（2022）[2]考察了董事在关联行业任职对企业经营风险的影响。在基准回归分析中，变量"关联行业任职"的度量采用了 5% 的关联行业阈值；而在稳健性检验部分，则将阈值由 5% 调整至 10%。

2. 模型替换法

模型替换法是指构建新的模型形式。一个常见的例子是，在主回归中采用普通的多元线性回归模型，通过最小二乘法估计变量系数；当因变量具有特定的受限特点时（例如在统计某地区的游客人数时，仅能统计到知名景点的游客人数或者游客人数大于某一特定景点的游客人数；或者在统计工人的劳动时间时，失业工人的劳动时间都为 0，而不论失业的程度有多高），这时可以采用断尾回归分析、截取回归分析、样本选择模型等方法，构建新的模型进行理论假设的验证。

研究示例

蒋为等（2023）在基准回归分析中采用负二项模型进行估计，在稳健性检验部分则采用面板固定效应模型进行最小二乘法回归分析，并采用工具变量进行两阶段回归分析。

21.2.2 论证实证研究回归模型构建的稳健性

验证前提条件、补充变量法和删除变量法旨在论证实证研究回归模型构建的稳健性。

1. 验证前提条件

各类实证研究统计分析模型通常基于一定的前提条件。例如，在多元线性回归分析中，对随机扰动项设定的各种假设条件；又如在构建双重差分法模型研究政策效应时的安慰剂检验和平行趋势检验等。验证前提条件，实质上是从实证研究模型构建有效性的角度，论证模型的稳健性。

2. 补充变量法和删除变量法

补充变量法和删除变量法是通过改变控制变量，或加入更多控制变量、删除部分控制变量等方法，观察主要解释变量对被解释变量的影响是否依然显著，并保持相同的影响方向，以从实证研究回归模型抵御波动性的角度，论证模型的稳健性。

1 Ferracane F M, Kren J, Marel E. Do data policy restrictions impact the productivity performance of firms and industries? [J]. Review of International Economics，2020，28(3): 676-722.

2 孙光国，陈思阳. 董事在关联行业任职能够降低企业经营风险吗——基于产业链信息溢出的经验证据[J]. 会计研究，2022，(11)：87-101.

补充变量法和删除变量法的区别，不仅体现在增加或减少解释变量的具体模型形式的设定上，也体现在它们解决统计分析有效性问题的方式上。补充变量法针对的是模型的遗漏变量问题，即基准回归模型中可能遗漏了对被解释变量具有重要影响的解释变量，因此通过加入变量进行补充，以佐证实证分析结果的稳健性。而删除变量法针对的则是模型的多重共线性问题，即基准回归中的多个解释变量之间可能存在多重共线性，因此需要删除某些变量，以佐证实证分析结果的稳健性。

此外，补充变量法不仅仅指加入更多的控制变量，还包括加入各类虚拟变量，用以控制其他层面的固定效应。

研究示例

- 验证前提条件的研究示例：关于验证前提条件的研究示例非常多，CSSSCI（中文社会科学引文索引）收录的期刊上发表的论文，几乎只要是构建双重差分法模型研究政策效应，都进行了安慰剂检验、平行趋势检验等，此处不再赘述。

- 补充变量法：加入控制变量。张甜和曹廷求（2022）在开展"地方财政风险金融化：来自城商行的证据"研究时，为进一步缓解可能存在的遗漏变量问题，采取补充变量法进行稳健性检验。考虑到由于城商行流动性紧张程度会影响其资产负债行为，除存贷比外，流动性比率作为流动性监管的关键指标之一，也可能影响城商行的行为决策；另外，营利性作为商业银行经营的重要原则之一，盈利情况也可能会影响其资产负债行为。因此，在模型中增加对流动性比率和盈利指标 ROA 的控制，进行稳健性检验。

- 补充变量法：加入各类虚拟变量。柳光强和孔高文（2018）[1]验证了高管海外经历是否会显著提高内部薪酬差距。相对于基准回归部分，稳健性检验部分在回归中控制了企业高管的个人特征，如年龄、性别、任期等基本特征，并进一步纳入了城市固定效应和企业固定效应，从而排除了高管的个人特征、企业所在地的经济发展状况以及其他遗漏的企业特征可能对研究结论的影响。

- 删除变量法：张甜和曹廷求（2022）在开展"地方财政风险金融化：来自城商行的证据"研究时指出，由于城商行各经营指标存在一定的关联，可能导致变量之间存在多重共线性问题，影响实证结果的可信度。因此，他们删除了控制变量中的城商行层面的存贷比（LTD）和资本充足率（CAP）变量，同时增加了城市层面金融发展水平（如地级市年末贷款余额/GDP）和产业结构（如第三产业增加值/GDP）变量，进行稳健性检验。

21.2.3 论证实证研究分析所使用样本数据的稳健性

调整样本期、改变样本容量法和更换新的数据源旨在论证实证研究分析所使用样本数据的稳健性。这三种方式本质上都是更换样本的概念。因为统计推断的核心要义是通过样本推断总体，但推断有效的前提是样本能够充分代表总体。如果样本不能代表总体，那么推断结果将无效或存在偏差。

调整样本期是从时间序列的角度考虑，其基本思想是实证研究结果不应对时间过于敏感。相关研究结论不能因时间的略有前置或推移而发生较大变化，或者说相关研究结论不应仅适用于特定时间区间，否则会使相关研究结论和政策建议失去启示与现实指导作用。调整样本期可以通过扩展或

---

1 柳光强，孔高文. 高管海外经历是否提升了薪酬差距[J]. 管理世界，2018，34(08)：130-142.

缩短样本的时间长度来实现。

改变样本容量法从横截面的角度考虑，其基本思想是实证研究结果不应过于依赖研究时使用的样本。研究结论不应因样本的不同而发生较大变化，或者说相关研究结论不能仅适用于特定样本，否则会使相关研究结论及政策建议难以起到泛化指导作用。改变样本容量法包括选择子样本、缩尾处理和扩充样本容量等方法。

更换新的数据源是寻找完全不同的样本，但基本假设是样本所依托的总体保持不变。

研究示例

- 调整样本期、改变样本容量法：朱晓文和吕长江（2019）[1]以完成代际传承的中国家族企业为样本，以二代接任董事长或 CEO 作为传承的标志，研究接班人的培养模式对传承业绩的影响。为了增强研究结论的稳健性，一是改变样本容量，在基准回归部分使用完成代际传承的 135 家上市家族企业作为样本，而在稳健性检验部分，改变传承样本的构成，考虑到二代接班后对企业业绩的影响可能需要一段时间才能显现出来，因此以总样本中接班后满三年的 97 家家族企业为研究对象；二是调整样本期，改变传承样本的分析区间，在基准回归部分，以上市时点为分析起点，未取对称的分析区间，而在稳健性检验部分，取传承前后 3 年或 5 年的对称区间。
- 改变样本容量法：张甜和曹廷求（2022）[2]在开展"地方财政风险金融化：来自国企债券信用利差的证据"研究时，基本回归部分样本中的城市既包括普通城市又包括直辖市，但考虑到不同层级政府的行为模式可能存在差异，从而使得地方财政风险对当地国企的影响也会有所不同，所以删除所有直辖市的国企债券样本后重新检验结论的稳健性。
- 更换新的数据源：何兴强和杨锐锋（2019）[3]分析房价收入比对家庭消费房产财富效应的影响。在基准回归部分使用了西南财经大学中国家庭金融调查与研究中心"中国家庭金融调查"（China Household Finance Survey，CHFS）2011 年、2013 年和 2015 年的调查数据，为了增强研究结论的稳健性，一是采用调查数据构造省级房价收入比指标进行重新估计，二是利用宏观数据构建省级房价收入比进行重新估计；三是进一步采用中国家庭追踪调查（CFPS）2010 年、2012 年和 2014 年的城镇居民数据，构建区县层面的房价收入比，重新估计。

最后，需要说明的是，关于稳健性检验的具体采用方法，并没有绝对统一的标准，也没有硬性规定至少要采用几种方法进行分析。在大多数研究中，研究者通常综合使用多种稳健性检验方法，从多个角度佐证实证分析结果的稳健性，这不仅丰富了研究内容，也提升了研究的可信度。具体稳健性检验方法的选取应以相关的经济理论作为支撑，并解释为什么选择特定的稳健性检验方法，或说明哪些因素可能影响了实证研究结果的稳健性。

---

1 朱晓文，吕长江. 家族企业代际传承：海外培养还是国内培养？[J]. 经济研究，2019，54(01)：68-84.

2 张甜，曹廷求. 地方财政风险金融化：来自国企债券信用利差的证据[J]. 财经科学，2022，(08)：18-31.

3 何兴强，杨锐锋. 房价收入比与家庭消费——基于房产财富效应的视角[J]. 经济研究，2019，54(12)：102-117.

21.3 异质性分析的概念及意义

异质性分析是对样本进行分类和分组，并基于各组样本分别进行实证检验的过程。通常，异质性分析通常在基准回归分析之后进行。基准回归分析依据的是全部的样本，当基准回归分析得到的结果较为显著，即核心解释变量显著影响被解释变量时，可以对全体样本进行分组或分类，检验不同类别样本之间的研究结论是否存在差异。

进行异质性分析的目的，一方面是进一步丰富实证研究内容，提升研究的深度；另一方面也更为重要的是能够进一步探索基准回归研究结论在不同组别样本中的适用性，从而得出新的研究结论，提出新的观点。

21.4 异质性分析的方法及示例

异质性分析的核心在于对样本进行合理的分组或分类，而具体的分组或分类标准则需要紧密结合研究的具体情况。研究者在选取分组或分类标准时，既可以参阅相关研究领域的权威研究成果，也可以结合实际情况，从强化因果关系、丰富政策含义、分解核心解释变量或被解释变量等角度提出具体标准。

在具体操作层面，例如，在研究国际问题时，可以把全部研究样本分为发达国家样本和发展中国家样本；在研究中国国内区域问题时，可以把全部研究样本分为东部、中部、西部等地区的样本；在研究上市公司问题时，可以把全部研究样本按照行业类型、所有权性质、资产规模、注册地所在区域等进行分类；在研究消费者问题时，可以把全部研究样本按照消费者的年龄区间、性别、工作类型、年收入水平区间、受教育程度等进行分类。

此处选几篇典型文献进行说明。

张欣和董竹（2023）[1]选取了2007—2020年沪深两市A股上市公司作为样本，实证检验了数字化转型对企业创新的影响。研究在分析全部样本企业的基础上，在异质性分析部分进行了基于行业类型和所有权性质的异质性分析。最终研究发现，数字化转型对企业创新的正向影响在技术密集型企业和国有企业中更加显著。

鲁玉秀等（2022）[2]基于2015—2018年我国283个地级及以上城市的数据，从专业化集聚和多样化集聚两个维度研究了数字经济对城市现代服务业空间集聚的影响。在异质性分析部分，研究了基于区域（东中部、西部）和数字金融发展水平的异质性分析。最终研究发现，在东中部地区和数字金融发展水平较高的地区，数字经济对专业化集聚的抑制作用较小，而对多样化集聚的推动作用较大。

---

1 张欣，董竹. 数字化转型与企业技术创新——机制识别、保障条件分析与异质性分析[J]. 经济评论，2023，(01): 3-18.
2 鲁玉秀，方行明，唐礼智，张安全. 数字经济对城市现代服务业空间集聚的影响与异质性分析[J]. 统计与决策，2022，38 (21): 25-30.

　　孙晓华等（2018）[1]基于离散选择实验方法，研究了消费者电动汽车购买意愿的影响因素。在异质性分析部分，研究者根据个体属性、用车习惯、消费者感知和环保意愿等对总体样本加以分组，考察了样本的异质性影响。

　　具体的回归分析方法及 Stata 操作与基准回归部分一致，只是限定了样本范围，因此不再赘述。

1　孙晓华，孙瑞，徐帅. 电动汽车产业的网络效应:识别与异质性分析[J]. 中国软科学，2018，(04)：132-145.

第22章

政策效应检验

很多经管社科类研究会涉及政策效应检验，即研究某一政策的实施是否达到预期效果，或考察政策实施对经济社会现状的影响。计量经济学理论中，常用的政策效应检验有三种：双重差分法（differences-in-differences，DID）、合成控制法和断点回归法。

22.1 政策效应检验方法的对比与选择

22.1.1 "计划全面实行、试点较多"的政策效应检验

针对"计划全面实行、试点较多"的政策，通常采用双重差分法。此类政策的典型特点是，政策计划全面推广实施，但首先需要将某些行业或地区作为政策试点，并根据政策试点的效果，论证是否推广至更广的范围正式全面实行。在此类政策下，研究者较易找到实施政策的处理组和未实施政策并作为参照的控制组，且分析时既涉及政策实施前后的差异，又涉及处理组和控制组之间的差异，因此非常适合采用双重差分法来分析这些差异，检验政策实施的效果。例如，曹翔和苏馨儿（2023）[1]将2013 年以来在部分省份开展的碳排放权交易试点政策视为一项准自然实验，运用双重差分法评估其对碳中和技术创新的政策净效应、长短期效应及其作用机制。又如杨新梅和周瑞辉（2023）[2]以 2008年之后设立国家高新区的城市为实验组，以未设立国家高新区的城市为对照组，采用多期双重差分法实证检验国家高新区的设立对城市绿色发展水平的驱动作用及其机制。再如封亦代等（2023）[3]将新型城镇化综合试点政策作为一项准自然实验，采用双重差分方法基于中国 285 个城市的平衡面板

1 曹翔,苏馨儿. 碳排放权交易试点政策是否促进了碳中和技术创新？[J]. 中国人口·资源与环境,2023,33(07): 94-104.

2 杨新梅,周瑞辉. 设立国家高新区能否驱动城市绿色发展——基于双重差分法的经验数据[J]. 中国环境管理, 2023，15(03): 51-61.

3 封亦代,袁华锡,刘耀彬. 新型城镇化建设提高城市能源利用效率的机制[J]. 中国人口·资源与环境,2023, 33(05): 138-148.

数据，研究了新型城镇化建设对能源利用效率的影响效应及作用机制等。

22.1.2　"政策适用范围较窄、试点较少"的政策效应检验

针对"政策适用范围较窄、试点较少"的政策，通常采用合成控制法。此类政策的典型特点是政策不是计划全面推广的，而是针对特定试点地区，试点地区较少且具有特殊性。在此类政策下，研究者难以找到与试点地区相似的、可作为参照的控制组。在这种情况下，比较适合采用合成控制法来分析。合成控制法的本质就是对没有试点的地区进行适当的线性组合，合成出具有对比意义的控制组。例如，湖南省的长沙、株洲、湘潭地区是我国重金属污染耕地修复的首批试点地区，龙云等（2023）[1]采用合成控制法研究了这三地重金属污染耕地修复试点是否降低了化肥的施用量。又如孙斌栋和郑涛（2023）[2]运用合成控制法，以反事实分析的方式探讨了 2000 年后部分省会城市行政边界扩张对全省（区）经济增长的影响。再如赵建强和张佳磊（2023）[3]将京津冀协同发展战略视为一次准自然实验，采用合成控制法对京津冀协同发展政策的科技创新效应进行了评估。

22.1.3　"一刀切"的政策效应检验

针对"一刀切"的政策，通常采用断点回归法。"一刀切"政策的特点是政策在某一时点或节点发生了重大变化，形成了政策门槛，超过该门槛适用一种政策，低于该门槛适用另一种政策。根据"一刀切"门槛的清晰程度，可以进一步分为清晰断点回归（sharp RD）和模糊断点回归（fuzzy RD）。如果门槛清晰、刚性且聚焦，适用清晰断点回归法。例如，赵广川和马超（2023）[4]基于我国的退休制度政策（通常情况下，男性满 60 岁、女性满 50 岁退休），采用断点回归设计分析了配偶退休对中老年人健康行为的影响及作用机制。如果门槛存在较大的弹性空间，则适用模糊断点回归。例如，田彬彬和谷雨（2023）[5]利用国家级贫困县的划设来捕捉转移支付规模的变化，进而考察其对地方政府税收的影响。对于国家级贫困县的划设，将人均低于 400 元作为制度断点，但在实际操作中，为了照顾部分民族地区和革命老区的发展，一些不符合收入标准的县也被纳入了贫困县名单，该制度断点也并不满足清晰断点回归设计的要求，因而采用了模糊断点回归设计。

1　龙云，邓可心，杨湘粤. 重金属污染耕地修复试点是否降低了化肥的施用量？——基于合成控制法的研究[J]. 生态经济，2023，39(08)：203-209.

2　孙斌栋，郑涛. 省会城市行政边界扩张对省域经济增长的影响[J]. 地理科学：1-11.

3　赵建强，张佳磊. 京津冀协同发展战略的区域科技创新效应分析——基于合成控制法的实证评估[J]. 河北经贸大学学报，2023，44(03)：78-88.

4　赵广川，马超. 配偶退休会改变中老年人的健康行为吗？——断点回归的经验证据与 Becker 利他主义的理论解释[J]. 南开经济研究，2023，(05)：168-185.

5　田彬彬，谷雨. 转移支付与地方政府税收努力——基于断点回归设计的再考察[J]. 厦门大学学报（哲学社会科学版），2023，73(03)：29-40.

22.2 双重差分法

双重差分法（differences-in-differences，DID），也称为倍差法、倍分法，用于评估政策的实施效果。该方法把全体样本观测值划分为两个时期，即政策实施前和政策实施后；同时，把全体样本观测值分为两个组，即处理组和控制组。其中，处理组为接受政策试点的组，控制组为未接受政策试点的组。双重差分法允许处理组和控制组存在差异，但在评估政策效果时，通过扣除组别差异来进行校正。同时，政策实施前后必须具有共同的趋势，即呈现平行趋势。

22.2.1 传统 DID

双重差分法通常适用于面板数据，估计方法为双向固定效应模型（two-way fixed effects），该模型控制了个体固定效应（individual fixed effects）和时间固定效应（time fixed effects）。传统 DID 的基本形式为：

$$Y_{it} = \alpha + \beta \text{treat}_i + \gamma \text{post}_t + \delta \text{treat}_i \times \text{post}_t + \theta X_{it} + \varepsilon_{it} (i = 1, \cdots, n; \quad t = 0, 1)$$

其中，Y_{it} 为被解释变量；X_{it} 为其他控制变量，ε_{it} 为随机扰动项；treat_i 为组别的虚拟变量，若样本位于控制组则取值为 0，若样本位于处理组则取值为 1，其系数 β 反映的是组别差异，也就是控制组与处理组的固有差异（不同组之间本来就有差异）；post_t 为时间的虚拟变量，政策实施前取值为 0，政策实施后取值为 1，其系数 γ 反映的是时间差异，也就是从政策实施前到实施后的固有时间趋势（时间变化本身就会带来差异）；$\text{treat}_i \times \text{post}_t$ 为组别虚拟变量和政策实施虚拟变量的交乘项，其系数 δ 是我们真正关心的系数，反映了政策实施的净效应。双重差分法下样本差异分析结果如表 2.1 所示。

表 22.1 双重差分法下样本差异分析

	政策实施前	政策实施后	政策差异
处理组	$\alpha + \beta$	$\alpha + \beta + \gamma + \delta$	$\gamma + \delta$
控制组	α	$\alpha + \gamma$	γ
组别差异	β	$\beta + \delta$	δ（DID）

双重差分法的思想可以通过图 22.1 来表示。

前面提到，双重差分法要求政策实施前后具有共同趋势，即呈现平行趋势。图 22.1 中的虚线部分表示假定政策未实施时，处理组的自然变动趋势。政策实施前，处理组和控制组之间存在差异 β，但在平行趋势假设下，β 保持不变。因此，政策的净效应变量可以用 δ 来衡量。

综上所述，交互项是双重差分法的核心，而平行趋势假设则是双重差分法的前提条件。

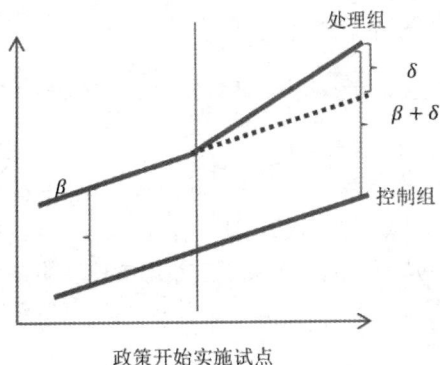

图 22.1 双重差分法图示

22.2.2 经典 DID

经典 DID 的基本形式为：

$$Y_{it} = \alpha + \delta \text{treat}_i \times \text{post}_t + \mu_i + \lambda_t + \theta X_{it} + \varepsilon_{it} (i = 1, \cdots, n; \quad t = 0, 1)$$

其中，Y_{it} 为被解释变量；X_{it} 为其他控制变量；ε_{it} 为随机扰动项；$\text{treat}_i \times \text{post}_t$ 是组别虚拟变量和政策实施虚拟变量的交乘项；μ_i 为个体虚拟变量，衡量的是个体固定效应。控制个体固定效应，就意味着充分考虑了个体的差异。个体差异当然包括组别差异，所以在模型中加入 μ_i 后，就需要去掉 treat_i，否则会因信息重叠而产生严重的多重共线性。λ_t 为时间虚拟变量，衡量的是时间固定效应。控制时间固定效应，就意味着充分考虑了时期差异，因此在模型中加入 λ_t 后，需要去掉 post_t，否则会因信息重叠而产生严重的多重共线性。

22.2.3 异时 DID

前面提到的传统 DID 和经典 DID 均假设处理组的所有个体开始受到政策影响的时间完全一致，但在现实中这一条件经常不成立。例如，一些房地产限购限售政策可能因城施策、逐步放开。在这种情况下，就需要用到异时 DID。异时 DID 的模型形式为：

$$Y_{it} = \alpha + \delta \text{treat}_i \times \text{post}_{it} + \mu_i + \lambda_t + \theta X_{it} + \varepsilon_{it} (i = 1, \cdots, n; \quad t = 0, 1)$$

异时 DID 与经典 DID 的差异在于，异时 DID 中的 post 不仅因时间而异，也会因个体而异，因此应写为 $post_{it}$。在 Stata 数据处理环节，同样采取定义虚拟变量的方式。假设面板数据中的时间序列为 6 期，第 1 位个体从第 1 期开始受政策影响，第 2 位个体从第 2 期开始受政策影响，第 3 位个体从第 3 期开始受政策影响，第 4 位个体在整个时期内未受政策影响，则第 1 位个体的虚拟变量设置应为 $\text{post}_{1t}=(1,1,1,1,1,1)$；第 2 位个体的虚拟变量设置应为 $\text{post}_{2t}=(0,1,1,1,1,1)$；第 3 位个体的虚拟变量设置应为 $\text{post}_{3t}=(0,0,1,1,1,1)$；第 4 位个体的虚拟变量设置应为 $\text{post}_{4t}=(0,0,0,0,0,0)$。

22.2.4 广义 DID

前面提到的各种 DID 方法中都涉及处理组和控制组两个组别，但在现实中，有时某项政策一开始就是全面铺开的，所有地区都会受到影响，但不同地区受影响的程度存在差异。在这种情况下，可以使用广义 DID。广义 DID 的模型形式为：

$$Y_{it} = \alpha + \delta \text{intensity}_i \times \text{post}_t + \mu_i + \lambda_t + \theta X_{it} + \varepsilon_{it}\ (i=1,\cdots,n;\quad t=0,1)$$

广义 DID 与经典 DID 的主要区别在于，不再采用 treat_i 作为政策实施的虚拟变量，而是采用每个个体的政策影响强度 intensity_i 进行替代。此处，intensity_i 不再是虚拟变量，而是根据具体的影响程度灵活设置为连续型变量或离散型变量。通过这一操作，经典 DID 中的"是否"受政策影响的划分被替换为受政策影响的程度，从而形成一个关于政策影响程度的宽泛概念。

22.2.5　异质 DID

在现实中，个体除了受政策影响强度不同外，对政策影响的反应和效果也可能不一样。或者说，即使是同等强度的政策，对个体的影响效果也可能存在显著差异。在这种情况下，可以采用异质 DID，允许每个个体的处理效应不同。异质 DID 的模型形式为：

$$Y_{it} = \alpha + \delta \text{treat}_i \times \text{post}_t + \sum_{m=2}^{M} vm\text{treat}_i \times \text{post}_t \times \text{group}_{mi} + \mu_i + \lambda_t + \theta X_{it} + \varepsilon_{it}\ (i=1,\cdots,n;\quad t=0,1)$$

异质 DID 模型的精髓在于将样本的政策反应弹性分为 m 类。例如，在实施同样的房地产限购限售政策时，一线城市、二线城市、三线城市和四线城市的政策反应弹性存在差异。因此，可以把城市分为不同类别（如一线城市、二线城市、三线城市、四线城市），允许不同类别之间存在差异。相较于经典 DID，异质 DID 增加了一个三重交互项 $\text{treat}_i \times \text{post}_t \times \text{group}_{mi}$，其中 group_{mi} 表示样本所在的分类。类别之间的差异通过 group_{mi} 虚拟变量展开，如果共有 M 个类别，则需要设立 M 个类别虚拟变量（$m=2,\cdots,M$）。

通过这一操作，对于处理组内部 $\text{group}_i=1$ 的那类个体，其处理效应仍为 δ；而对于 $\text{group}_i=2$ 的那类个体，其处理效应为 $\delta+v_2$；对于 $\text{group}_i=3$ 的那类个体，其处理效应为 $\delta+v_3$，以此类推，从而实现了处理效应的异质性。

22.3　平行假设趋势检验

平行假设趋势是使用双重差分法的前提，其基本思想是，在政策事件发生前，处理组和对照组的变化趋势应当一致。如果平行趋势假设成立，则可以更有信心地认为政策实施前后的差异是由政策本身引起的，而不是其他因素。因此，平行趋势检验的目的是验证处理组和对照组在政策实施之前是否具有相似的趋势。可以通过比较处理组和对照组在政策实施前各时点的结果变量来实现这一目的。如果两组在政策实施前的趋势没有显著差异，则可以认为平行趋势假设在一定程度上成立。

具体操作上，常用的方法有画时间趋势图和事件研究法，以检验处理组和对照组是否存在显著差异。画时间趋势图是一种较直观的方法，但不够严谨，它将控制组和对照组的因变量（y）的均值绘制在同一图表中，依靠研究者的直观感受来判断是否存在显著差异。相较于时间趋势图，事件研究法更为准确，它在生成年份的虚拟变量后，与处理组的虚拟变量 treat 构建交互项，然后进行回归分析。如果政策实施前的每个交互项系数不显著异于 0，则表明控制组与对照组之间不存在显著差异。

事件研究法的 Stata 操作步骤如下：

步骤 **01** 数据准备。假设拥有一个数据集，其中包含以下变量：

- +'id': 个体标识。
- +'time': 时间变量（以年份表示）。
- +'treated': 处理组标识（1 表示处理组，0 表示对照组）。
- +'outcome': 结果变量（例如企业的销售额）。

步骤 **02** 生成时间虚拟变量，命令如下：

```
tab time, gen(time_dummy)
```

这将生成一系列名为 time_dummy2023 和 time_dummy2024 的时间虚拟变量。

步骤 **03** 设置基准年份。选择一个基准年份，通常为政策实施之前的某一年。例如，选择 2015 年作为基准年份，并创建一个新变量 base 来标识基准年份：

```
gen base = (time == 2015)
```

步骤 **04** 构建交互项，命令如下：

```
foreach var of varlist time_dummy* {
    gen treated_`var' = treated * `var'
}
```

步骤 **05** 对结果变量 outcome 进行回归，仅包含交互项，并限制基准年份的观测值，命令如下：

```
reg outcome treated_* if base == 1
```

分析回归结果，需特别关注交互项的系数和显著性。如果政策实施前的交互项系数大多不显著，则表明处理组和对照组在政策实施前没有显著差异，从而认为平行趋势假设在一定程度上成立。

绘制时间趋势图的 Stata 操作步骤如下：

步骤 **01** 使用 egen 命令计算处理组和控制组在每个时点的结果变量的平均值：

```
egen mean_y = mean(outcome), by(time treated)
```

步骤 **02** 绘制时间趋势图：

```
graph twoway (connect mean_y time if treated == 1, sort msize(small)) ///
             (connect mean_y time if treated == 0, sort lpattern(dash) msize(small)), ///
             xline(政策实施年份, lpattern(dash) lcolor(gray)) ///
             ytitle("结果变量") xtitle("年份") ///
             ylabel(, angle(0) labsize(*0.75)) xlabel(, labsize(*0.75)) ///
             legend(label(1 "处理组") label(2 "对照组"))
```

通过观察时间趋势图，可以直观地判断处理组和对照组在政策实施前是否具有相似的趋势。

注意事项：

（1）基准年的选择对显著性的影响较大，因此应该谨慎选择。

（2）在绘制时间趋势图时，应该注意政策时点的位置，并在图中进行标注。

（3）平行趋势检验的结果应结合实际情况进行解释，而不能仅凭统计显著性来判断。

22.4 安慰剂检验

22.4.1 安慰剂检验的概念

所谓安慰剂检验，来自医学上的"安慰剂（placebo）"概念。根据搜狗百科的解释，安慰剂是指不含任何药理成分的制剂或剂型，外形与真药相像（如蒸馏水、淀粉片或胶囊等）。其主要作用有两个：一是稳定病人的情绪；二是在进行药物试验时，通过使用安慰剂并采用双盲方法（受试者和医生均不知情），可以排除心理作用对药物客观效果的影响和评价，从而更准确地评估药物对人体的真实效果。

安慰剂检验是通过使用"假的政策发生时间或实验组"进行分析，检验交互项 $\text{pllicy}_i \times \text{post}_t$ 的系数是否显著，以验证政策效果是否真实存在。如果在使用"假的政策发生时间或实验组"时，交互项 $\text{pllicy}_i \times \text{post}_t$ 的系数依然显著，就无法证明基准回归中政策效应的可靠性，或者说显现的政策效果可能是由其他政策或不可观测因素引起的，而不能归因为正在论证的政策效应。

以经典的 DID 模型为例：

$$Y_{it} = \alpha + \delta\text{treat}_i \times \text{post}_t + \mu_i + \lambda_t + \theta X_{it} + \varepsilon_{it} \quad (i = 1, \cdots, n; \quad t = 0, 1)$$

在理想情况下，如果政策是严格发生的，不受不可观测因素的影响，则可以通过最小二乘估计得到系数 δ 的一致估计量 δ。但在现实情况下，政策往往受到各种可观测因素与不可观测因素的影响，而研究者通常无法穷尽所有控制变量，因此会存在"变量遗漏"问题，这时得到的系数估计结果 δ 可能是有偏差的，即 δ 的显著性备受质疑。因此，为了提供因果推断的可信度，需要进行安慰剂检验。

常见的安慰剂检验方法包括替换政策发生时间、随机生成处理组、同时随机生成政策发生时间与处理组、替换样本、替换变量等。

22.4.2 替换政策发生时间

替换政策发生时间方法主要验证：在政策事件发生之前，处理组的行为没有发生显著变化。该方法通过用一个虚拟的政策实施时间替换真实的政策实施时间，保持其他条件不变，然后进行回归分析，观察交互项 $\text{treat}_i \times \text{post}_t$ 的系数是否显著。例如，许明和李逸飞（2020）[1]以 2004 年《最低工资规定》的实施为准自然实验，构建双 DID 模型研究最低工资政策的实施对多产品出口企业产品加成率的影响。在安慰剂检验中，分别以 2001 年、2002 年、2003 年作为政策实施年份，其对应的回归系数均不显著，表明 2004 年最低工资政策的实施未对企业产生明显的预期效应。吕越等（2019）[2]构建双 DID 模型研究了"一带一路"倡议的对外投资促进效应，政策事件为 2013 年"一带一路"倡议提出，安慰剂检验之一就是假设政策事件发生在 2013 年之前，分别将政策冲击时间设定为 2006 年、2007 年、2008

---

1 许明, 李逸飞. 最低工资政策、成本不完全传递与多产品加成率调整[J]. 经济研究, 2020, 55(04): 167-183.
2 吕越, 陆毅, 吴嵩博, 王勇. "一带一路"倡议的对外投资促进效应——基于 2005—2016 年中国企业绿地投资的双重差分检验[J]. 经济研究, 2019, 54(09): 187-202.

年、2009 年、2010 年、2011 年、2012 年，研究发现核心变量的估计系数并不显著，从而排除了其他潜在不可观测因素对企业对外直接投资行为的影响。

22.4.3　随机生成处理组

随机生成处理组方法主要验证：没有因为遗漏变量导致严重偏误。随机生成处理组安慰剂检验方法的操作思路是：将包括处理组和控制组的全部样本打乱，按照与真实处理组和控制组相同的建立逻辑和构成结构，从全部样本中随机抽取样本，建立起"伪"处理组和"伪"控制组。采取自助法随机抽样并重复多次（一般为 1000 次，至少 200 次），确保结果的随机性。基于"伪"处理组和"伪"控制组研究政策效果，如果结果不显著，则表明没有遗漏变量导致的严重偏误。前述吕越等（2019）采用的另外一种安慰剂检验方法是随机抽取实验组方法。研究样本包含 199 个国家和地区，其中 60 个为"一带一路"沿线经济体。随机抽取实验组方法的操作步骤为从 199 个国家和地区中随机选取 60 个经济体，将其设定为"伪"处理组"一带一路"沿线经济体，剩余经济体设定为非"一带一路"沿线经济体。因为"伪"处理组是随机生成的，所以起到了安慰剂检验的效果。为了避免其他小概率事件对估计结果的干扰，研究者重复 200 次上述过程进行回归分析。刘畅等（2020）[1]实证研究地方政府融资平台成立对县域中小企业贷款的挤出效应，在进行安慰剂检验时采用了随机生成的虚拟融资平台。研究使用的真实样本中，处理组共有 1466 个县，其中 2005 年及之前的年份记作 year1，2006—2011 年记作 year2、…、year7，2012 年及之后的年份记作 year8，各时期首次成立融资平台的县个数分别记为 k1、k2、…、k8，k1+k2+…+k8=1466。虚拟融资平台生成的方法是：首先从所有县当中随机抽取 k1 个并将其视为 year1 年成立了地方政府融资平台；然后在剩余的县中随机抽取 k2 个，并将其视为在 year2 年成立了融资平台……重复上述步骤直至抽取出在 year8 年成立融资平台的 k8 个县，并利用蒙特卡罗模拟重复上述步骤 1000 次。

22.4.4　同时随机生成政策发生时间与处理组

如果为经典 DID，那么采用前述随机生成处理组的方式即可进行安慰剂检验；如果针对异时 DID 模型，试点地区或行业的政策冲击时间存在差异，则建议使用同时随机生成政策发生时间与处理组的安慰剂检验，同时随机生成伪处理组虚拟变量和伪政策冲击虚拟变量。例如，白俊红等（2022）[2]研究了国家创新型城市试点政策对创业活跃度的影响效应，始于 2008 年的国家创新型城市试点政策是外生于创业行为的政策冲击，因为创新型城市试点政策是分批次扩大试点城市范围的，所以采用的是异时 DID 模型，使用的安慰剂检验方法为构造伪创新型城市试点政策，对 280 个样本城市进行 500 次随机冲击，每次随机抽取 71 个城市作为实验组，且政策时间随机给出，得到 500 组虚拟变量，将估计得到的 500 个随机模型的交叉项系数核密度及其 p 值分布呈现在图中。随机模型生成的交叉项系数主要集中于 0 附近，且 p 值大多高于 0.1，而实际政策的估计系数为 0.2997，显著差异于安慰剂测试结果，从而验证了结果具有稳健性。

1　刘畅，曹光宇，马光荣. 地方政府融资平台挤出了中小企业贷款吗? [J]. 经济研究，2020，55(03)：50-64.
2　白俊红，张艺璇，卞元超. 创新驱动政策是否提升城市创业活跃度——来自国家创新型城市试点政策的经验证据[J]. 中国工业经济，2022，(06)：61-78.

22.4.5　替换样本

替换样本的方法与前面介绍的随机生成处理组的方法较为相似，其基本思想是某政策实施后，受政策影响的是一部分地区或行业。经过因果识别后，可以对未受政策影响的地区或行业进行分析，探究这些地区或行业是否存在政策效应。如果那些没有受到政策影响的地区或行业依然显示出政策效应，那么可能难以证明政策的有效性。

与随机生成处理组的方法相比，替换样本方法的最终结果往往以表格形式呈现（而不是以图形方式展示），而且替换样本方法往往不需进行重复抽样。例如，毛其淋（2020）[1]将中国加入 WTO 后获得美国永久正常贸易关系（PNTR）政策作为外生政策冲击，采用双重差分法研究贸易政策不确定性对企业进口的因果效应。因为贸易政策不确定性在中国加入 WTO 前不会显著影响企业进口，研究者选择了中国加入 WTO 之前的样本进行样本替换安慰剂检验，进一步确保 DID 估计结果的可靠性。

22.4.6　替换变量

替换变量不仅是一种安慰剂检验方法，也是一种稳健性检验方法。安慰剂检验方法与稳健性检验方法的差别在于，在稳健性检验下，如果结果不再显著，则说明检验未通过，模型不具有稳健性；而在安慰剂检验下，如果结果不再显著，则说明检验通过，政策效应有效。替换变量方法分为替换被解释变量和替换解释变量。

替换被解释变量，是指把受政策影响的被解释变量替换为其他未受政策影响的变量，作为新的被解释变量进行安慰剂检验，如果在新的被解释变量下，估计结果依旧显著，则表明安慰剂检验未通过。

替换解释变量，是指把主要解释变量替换为预期无法通过目标政策影响的其他变量，作为新的主要解释变量进行安慰剂检验，如果在新的主要解释变量下，估计结果依旧显著，则说明安慰剂检验未通过。例如，郑新业（2019）[2]研究了省级发展改革委企业投资审批对省级财政部门专项转移支付分配决策的影响。由于投资项目实行分级管理制度，跨层级政府部门之间缺乏正式和非正式的互动交流的机会，因此国家、地市和县级发展改革委的审批决策不影响省财政厅的转移支付分配。研究者将核心解释变量"省属投资"替换为"中央属投资""市属投资"和"其他投资"，对基准模型估计结果进行安慰剂检验。

22.5　合成控制法

22.5.1　合成控制法的概念

合成控制法（synthetic control method）由 Abadie and Gardeazabal 于 2003 年提出。通常适用于"政策适用范围较窄、试点较少"的政策。在这类政策下，通常难以找到与试点地区相似的、可作为参照的控制组。合成控制法的本质是通过对非试点地区进行适当的线性组合，合成出一个具有对比意义的控制组，从而通过对比试点地区和合成控制组来验证政策效果。

1 毛其淋. 贸易政策不确定性是否影响了中国企业进口?[J]. 经济研究，2020，55(02)：148-164.
2 郑新业，王宇澄，张力. 政府部门间政策协调的理论和经验证据[J]. 经济研究，2019，54(10)：24-40.

合成控制法是一种非参数方法，是传统双重差分法的拓展，具有以下优势：

- 一是合成控制法通过数据驱动（data driven）确定线性组合的最优权重，减少了研究者主观判断权重的误差，从而在一定程度上避免了政策内生性问题。
- 二是针对研究样本可以个性化地定制合成控制对象，既避免了因政策实施时间不同而影响政策评估结果，也避免了平均化的评价以及研究者主观选择可能带来的偏差。
- 三是通过对控制样本（非试点地区）进行线性组合来模拟处理样本（试点地区）政策实施前的情况，能够观测每个控制样本在推翻"控制组与处理组并无显著不同"的原假设方面的贡献。

在合成控制法中，包括结果变量（depvar）和一系列预测变量（predictorvars），结果变量由一系列预测变量来进行预测。在应用合成控制法时，需要注意以下几点：

（1）首先要明确处理样本（试点地区）和控制样本（非试点地区）。如果处理样本（试点地区）能够直接找到合适的对照样本，则应使用 DID 方法；只有当没有恰当且直接的控制样本（非试点地区）作为对照时，才需要使用合成控制法，通过多个控制样本（非试点地区）的线性组合构建合成对照样本。

（2）政策实施之前，合成控制法强调的是合成对照样本对实际处理样本的仿真模拟，即合成对照样本与实际处理样本的高度一致性。通过两个样本所有预测变量的取值高度趋同来衡量一致性，即合成对照样本与处理样本的预测变量值应几乎一致。在同一模型中，若预测变量取值趋于一致，则结果变量取值也会趋于一致。

（3）政策实施之后，合成控制法强调的是观察合成对照样本和实际处理样本的结果变量之间的差异，即合成对照样本的结果变量与处理样本的结果变量是否存在显著不同。合成对照样本是基于未受政策影响的控制样本（非试点地区）构建的，因此其结果变量反映的是未受到政策影响的情况；而实际处理样本的结果变量则反映了政策的影响。通过比较两者之间的差异，可以判断政策是否有效。

22.5.2　合成控制法的 Stata 操作

合成控制法的基本命令为 synth，首先需要安装 synth：

```
ssc install synth, replace
```

synth 命令及其语法格式为：

```
synth depvar predictorvars , trunit(#) trperiod(#) [ counit(numlist) xperiod(numlist)
mspeperiod() resultsperiod() nested allopt unitnames(varname) figure keep(file)
customV(numlist) optsettings ]
```

在使用该命令时，数据集必须通过 tsset 命令声明为（平衡）面板数据集，depvar 和 predictorvars 中指定的变量必须是数值型变量，不允许使用缩写。

（1）depvar 为结果变量，即研究者希望分析或预测的变量。

（2）predictorvars 为预测变量列表，这些变量用于构建合成控制组，以近似受干预影响的单元。默认情况下，所有预测变量在整个干预前期间取平均值，时间段从 tsset timevar 中指定的最早可用时间段到 trperiod 中指定的干预前的时间段，缺失值在平均值中被忽略。用户可以通过以下两种选项灵活指定预测变量的平均时间段：

- 设置可选项 xperiod(numlist)：指定所有预测变量的共同周期，所有预测变量在这一共同周期内取平均值。
- 对于每个特定的预测变量，用户可以指定不同的平均周期。为此，synth 使用专门的语法，其中，时间段直接在变量名后面的括号中指定，例如 varname(period)，变量名 varname 和它的周期 period 之间没有空格。

period 可以包含单个句点、一个句点列表或由 "&" 连接的多个句点。周期指的是在 tsset timevar 中指定的面板时间变量。例如时间周期以年为单位，并且有 4 个预测变量 X1, X2, X3 和 X4：

```
synth Y X1(1980) X2(1982&1986&1988) X3(1980(1)1990) X4
```

该命令表示：

- X1(1980)：使用 1980 年的取值作为 X1 的平均值。
- X2(1982&1986&1988)：使用 1982 年、1986 年和 1988 年的平均值作为 X2 的平均值。
- X3(1980(1)1990)：使用 1980、1981、…、1990 年的平均值作为 X3 的平均值。
- X4：由于没有指定变量的平均周期，因此 X4 要么在整个预处理周期（默认）内取平均值，要么在 xperiod(numlist)指定的共同周期内取平均值。

（3）trunit(#)为必选项，用于指定处理地区。trunit 表示 treated unit。注意只能指定一个处理地区。如果政策影响了多个地区，用户需要先将这些地区组合成一个地区，再进行处理。

（4）trperiod(#)同样为必选项，用于指定政策干预开始的时期。trperiod 表示 treated period。只能指定一个时期。

（5）counit(numlist)为可选项，用于指定潜在的控制地区。counit 表示 control units，默认为数据集中的除处理地区以外的所有地区。counit(numlist)应该被指定为一个整数列表（numlist），并且至少包含两个控制地区。指定的控制地区列表构成了所谓的 "供体库"，这是一组潜在的控制地区，合成控制是基于这些控制地区构建的。

（6）xperiod(numlist)为可选项，用于指定将预测变量（predictorvars）进行平均的时间段列表。时间段列表指的是面板 tsset timevar 中指定的时间变量。如果指定的面板时间变量以年为单位给出，则 xperiod(1980(1)1988)表示预测变量是 1980、1981、…、1988 年以来所有年份的平均值；如果不指定 xperiod，则 xperiod 默认为政策干预开始之前的所有时期。

（7）mspeperiod()为可选项，用于指定最小化均方预测误差（MSPE）的时期，默认为政策干预开始之前的所有时期。注意，mspeperiod()将干预本身的周期排除在外。

（8）figure 为可选项，表示对处理地区与合成控制的结果变量画时间趋势图，它之前的选择项 resultsperiod()用于指定此图的时间范围，默认为整个样本期间。

（9）nested 为可选项，表示使用嵌套的数值方法寻找最优的合成控制，该选项比默认方法耗时更长，但也更加精确。实际操作中建议使用该选项。nested 如果叠加 allopt，即 nested allopt，则比单独使用 nested 耗时更长，但也更加精确。

（10）keep（filename）为可选项，表示将估计结果（包括合成控制的权重、结果变量等）另存为其他的 Stata 数据集（filename.dta）。

22.5.3 合成控制法示例——研究美国加利福尼亚州 1988 年第 99 号控烟法的效果

合成控制法的经典分析示例之一是 Abadie 等（2010）[1]的研究成果，这一案例已被收录进许多计量经济学教科书中，并发布在互联网上。该研究是基于 1970－2000 年间的美国州际面板数据，研究了美国加利福尼亚州 1988 年第 99 号控烟法（Proposition 99）的效果。该法案将加利福尼亚州的香烟消费税（cigarette excise tax）提高了每包 25 美分，并将所得收入专项用于控烟的教育与媒体宣传。该法令于 1988 年 11 月通过，并于 1989 年 1 月生效。因为试点地区只有加利福尼亚州，没有更合适的对照组，所以非常适合采用合成控制法的方法进行研究。研究采用了美国其他州作为潜在的控制地区，通过线性组合形成合成对照样本，并与实际处理样本——加利福尼亚州进行对比，研究政策效果。具体的 Stata 数据文件为 "smoking.dta"。数据集中包括 7 个变量：state（州编号）、year（年份）、cigsale（人均香烟销售量，单位：包）、lnincome（人均 GDP 的对数）、beer（人均啤酒消费量）、age15to24（15 岁到 24 岁人口的百分比）和 retprice（香烟零售价格）。

```
ssc install synth, replace
xtset state year
synth cigsale retprice lnincome age15to24 beer cigsale(1975) cigsale(1980) cigsale(1988),
trunit(3) trperiod(1989) xperiod(1970(1)1988) figure nested keep(smoking_synth)
```

上述命令以 cigsale 为结果变量，以 retprice、lnincome、age15to24、beer、cigsale(1975)、cigsale(1980)、cigsale(1988)为预测变量，其中 cigsale(1975)、cigsale(1980)、cigsale(1988)分别表示在 1975、1980、1988 年的人均香烟销售量；trunit(3)表示将第 3 个州（为加利福尼亚州）设置为处理样本；trperiod(1989)表示政策实施的时间点为 1989 年；xperiod(1980(1)1988)表示将前面设置的所有预测变量在 1980－1988 年的平均值用作预测变量；figure 表示绘制处理地区与合成控制的时间趋势图；nested 表示采用嵌套的数值方法寻找最优的合成控制；keep(smoking_synth)表示将估计结果存为 Stata 数据集 smoking_synth.dta，该新生成的数据集将自动存放在当前文件路径下。

下面对结果进行解读。

1）控制样本权重情况

图 22.2 展示了合成对照样本中的各控制样本权重。从图中不难发现，仅用 5 个州的线性组合即可合成对照的加利福尼亚州，5 个州的具体权重分别为：Colorado（0.091）、Connecticut（0.107）、Montana（0.222）、Nevada（0.247）、Utah（0.333），即

$$合成对照加利福尼亚州=0.91\times Colorado+0.107\times Connecticut+0.222\times Montana+$$
$$0.247\times Nevada+0.333\times Utah$$

1 Abadie, A., Diamond, A., and J. Hainmueller. 2010. Synthetic Control Methods for Comparative Case Studies: Estimating the Effect of California's Tobacco Control Program.Journal of the American Statistical Association.

Unit Weights:	
Co_No	Unit_Weight
Alabama	0
Arkansas	0
Colorado	.091
Connecticut	.107
Delaware	0
Georgia	0
Idaho	0
Illinois	0
Indiana	0
Iowa	0
Kansas	0
Kentucky	0
Louisiana	0
Maine	0
Minnesota	0
Mississippi	0
Missouri	0

Montana	.222
Nebraska	0
Nevada	.247
New Hampshire	0
New Mexico	0
North Carolina	0
North Dakota	0
Ohio	0
Oklahoma	0
Pennsylvania	0
Rhode Island	0
South Carolina	0
South Dakota	0
Tennessee	0
Texas	0
Utah	.333
Vermont	0
Virginia	0
West Virginia	0
Wisconsin	0
Wyoming	0

图 22.2　控制样本权重情况

2）合成加利福尼亚州与真实加利福尼亚州的仿真模拟

图 22.3 展示的是合成对照样本与实际处理样本的仿真模拟情况。Treated 列表示实际处理样本的取值，Synthetic 列表示合成对照样本的取值。从图中可以发现，合成加利福尼亚州与真实加利福尼亚州在 retprice、lnincome、age15to24、beer、cigsale(1975)、cigsale(1980)、cigsale(1988)这 7 个预测变量上的取值非常接近。

Predictor Balance:		
	Treated	Synthetic
retprice	66.63684	66.04872
lnincome	10.03176	9.838427
age15to24	.1786624	.1797267
beer	24.28	24.26776
cigsale(1975)	127.1	127.0996
cigsale(1980)	120.2	120.4313
cigsale(1988)	90.1	92.5227

图 22.3　合成对照样本与实际处理样本的仿真模拟情况

3）合成加利福尼亚州与真实加利福尼亚州结果变量的时间趋势图

因为我们在命令中添加了 figure 选项，所以系统输出了合成加利福尼亚州与真实加利福尼亚州结果变量的时间趋势图，图中虚线表示合成的加利福尼亚州，实线表示真实的加利福尼亚州（见图 22.4）。可以看出，在实施控烟令之前（1988 年及以前，图中虚线左侧），合成加利福尼亚州与真实加利福尼亚州的结果变量的取值几乎完全一致，表明合成加利福尼亚州能够很好地反映真实加利福尼亚州的情况；而在控烟令实施之后（1989 年及以后，图中虚线右侧），合成加利福尼亚州与真实加利福尼亚州的结果变量的取值出现显著差异，未实施控烟令的合成加利福尼亚州的结果变量的取值显著低于实施控烟令的真实加利福尼亚州的结果变量，显示出政策实施效果显著，控烟令的实施显著降低了人均香烟销售量（以包计）。

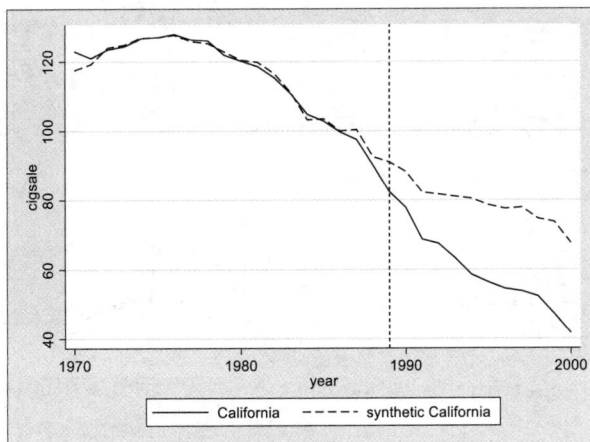

图 22.4　合成加利福尼亚州与真实加利福尼亚州结果变量的时间趋势图

4）合成加利福尼亚州与真实加利福尼亚州结果变量差异的时间趋势图

为了更直观地观察政策效果，可以绘制合成加利福尼亚州与真实加利福尼亚州结果变量差异的时间趋势图。在主界面的命令窗口中依次输入以下命令：

```
use smoking_synth.dta, clear
```

该命令用于打开前面保存的数据集 smoking_synth.dta。之所以选择打开这一数据集，是因为如果直接操作，将覆盖原有的数据集 smoking.dta。

```
gen effect= _Y_treated - _Y_synthetic
```

该命令生成了 effect 变量，作为合成加利福尼亚州与真实加利福尼亚州结果变量差异的度量，其取值等于真实加利福尼亚州结果变量的取值减去合成加利福尼亚州结果变量的取值。

```
label variable _time "year"
```

该命令为变量_time 添加标签"year"。

```
label variable effect "合成加利福尼亚州与真实加利福尼亚州结果变量差异"
```

该命令用于为前面生成的变量 effect 添加标签"合成加利福尼亚州与真实加利福尼亚州结果变量差异"。

```
line effect _time, xline(1989,lp(dash)) yline(0,lp(dash))
```

该命令用于绘制 effect 变量随时间变量_time 变化的时间序列趋势图，xline(1989,lp(dash))表示在横轴取值为 1989 处添加虚线，yline(0,lp(dash))表示在纵轴取值为 0 处添加虚线，结果如图 22.5 所示。

可以发现在实施控烟令之前（1988 年及以前，图中横轴添加虚线的左侧），合成加利福尼亚州与真实加利福尼亚州结果变量差异接近于 0，反映出合成加利福尼亚州对真实加利福尼亚州的合成控制效果很好；而在实施控烟令之后（1989 年及以后，图中横轴添加虚线的右侧），合成加利福尼亚州与真实加利福尼亚州结果变量差异取值为较大的负值，并且持续下降，这表明未实施控烟令的合成加利福尼亚州结果变量的取值显著低于实施控烟令的真实加利福尼亚州结果变量的取值，反映出政策实施效果显著，控烟令的实施显著降低了人均香烟销售量（以包计）。

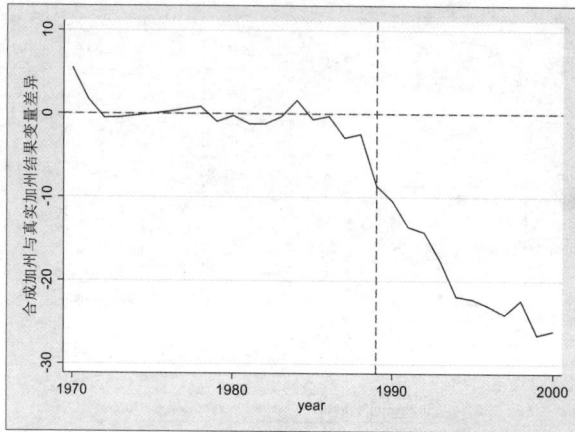

图 22.5　合成加利福尼亚州与真实加利福尼亚州结果变量差异的时间趋势图

安慰剂检验

为了确保实证研究结果的稳健性，Abadie 等（2010）进行了安慰剂检验，以验证加利福尼亚州控烟法的政策效应是否由随机因素驱动。具体而言，从控制样本中随机抽取除加利福尼亚州以外的其他州，使用合成控制法进行估计，看看是否可以得到类似的分析结果。Abadie 等依次将除加利福尼亚州以外的每个州作为处理样本，其他州（包括加利福尼亚州）作为控制样本进行合成控制法估计，即将其他州依次替代加利福尼亚州进行估计，得到每个州的安慰剂效应分布，并将其与加利福尼亚州的处理效应进行对比。

读者可以通过运行"do 文件"的方式完成操作。需要注意的是，运行"do 文件"和打开"do 文件"的操作存在差异。运行"do 文件"的步骤如图 22.6 所示，在 Stata 的主窗口中选择"文件|do 文件"，即可弹出如图 22.7 所示的"打开"对话框。在"打开"对话框中找到"稳健性检验"do 文件，单击"打开"按钮，即可实现程序的自动运行（注意运行时间较长，静待结果即可）。

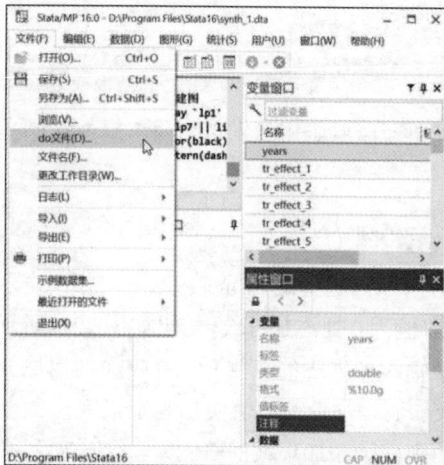

图 22.6　"文件|do 文件"操作

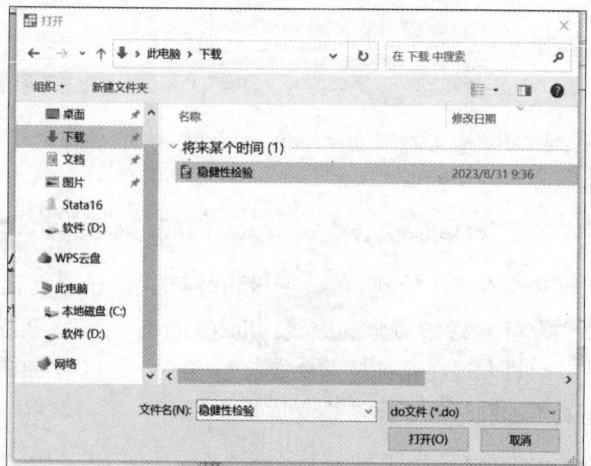

图 22.7　"打开"对话框

打开"do 文件"如图 22.8 所示，在 Stata 主窗口中选择"文件|打开"，即可弹出如图 22.7 所示的"打开"对话框。然后，在"打开"对话框中找到"稳健性检验"do 文件，单击"打开"按钮，

即可实现 do 文件的打开，如图 22.9 所示。

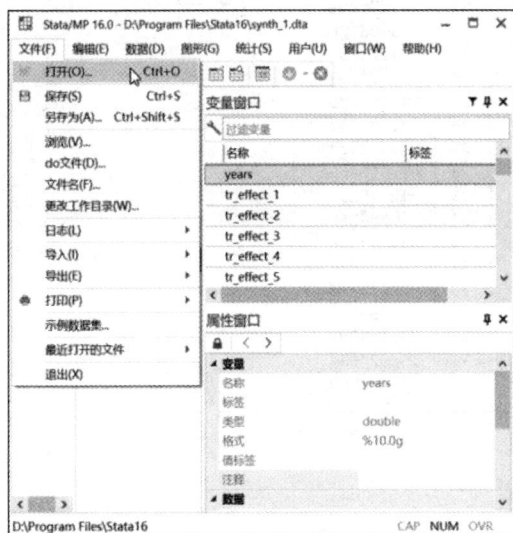

图 22.8 "文件|打开"操作　　　　图 22.9 "稳健性检验"do 文件

接下来，针对"稳健性检验"do 文件中的 Stata 命令及运行结果进行解读（读者可直接执行前述 do 文件以获得运行结果，此处仅详解 do 文件内各条命令的具体含义）：

1）计算政策实施前的均方根预测误差（root mean square predictive error，RMSPE）
在主界面的命令窗口中依次输入以下命令：

```
use smoking,clear
```

该命令用于打开 smoking.dta 数据文件。

```
xtset state year
```

该命令用于对面板数据进行定义，其中横截面维度变量为 state，时间序列变量为 year。

```
tempname resmat   // 创设名为 resmat 的临时矩阵
        forvalues i = 1/39 {     // 使用 for 循环对 1 到 39 个州分别做一次合成控制
        synth cigsale retprice lnincome age15to24 beer cigsale(1975) cigsale(1980)
cigsale(1988), trunit('i') trperiod(1989) xperiod(1980(1)1988) mspeperiod
        matrix 'resmat' = nullmat(`resmat') \ e(RMSPE)      // 临时矩阵 resmat 输出每个州分别
做合成控制时的 RMSPE 值
        local names '"'names' '"'i'"'"'  // 设定 names 为 i，即前面提到的 1/39
        } ,
        mat colnames 'resmat' = "RMSPE"  // 将临时矩阵 resmat 的列名设置为 RMSPE
        mat rownames 'resmat' = `names'  // 将临时矩阵 resmat 的行名设置为 names
        matlist 'resmat' , row("Treated Unit")    // 显示前面生成的临时矩阵 resmat，并在行的开
头设置"treated unit"
```

执行上述命令后，矩阵 resmat 的运行结果如图 22.10 所示。（Stata 结果窗口中还包括对 1 到 39 个州分别做一次合成控制的结果，故不再赘述。）

Treated Unit	RMSPE
1	2.710146
2	2.512085
3	2.03785
4	6.041637
5	5.216902
6	10.04986
7	1.38767
8	2.711447
9	3.307534
10	6.374926
11	3.994193
12	4.027571
13	26.14307
14	2.24033
15	4.162081
16	4.473659
17	2.520064
18	2.108559

19	2.356012
20	2.435563
21	7.71803
22	59.03776
23	2.42456
24	10.73793
25	4.562296
26	3.594593
27	3.2714
28	2.960468
29	12.75254
30	1.784269
31	3.154256
32	2.658026
33	2.678193
34	24.36728
35	9.442087
36	5.924654
37	3.208769
38	2.957548
39	10.68497

图 22.10　矩阵 resmat

可以发现 13、22、29、34 号的均方根预测误差较大，反映出在政策实施前，合成对照组的效果不理想，未能形成对处理样本的良好模拟。在后面绘图时，需要将这些州剔除。

2）开展排列测试

```
forval i=1/39{
qui synth cigsale retprice lnincome age15to24 beer cigsale(1975) cigsale(1980)
cigsale(1988), xperiod(1980(1)1988) trunit('i') trperiod(1989) keep(synth_'i', replace)
}
```

上述命令用于开展排列测试。

3）生成一系列 synth_'i'数据（i=1~39）

```
forval i=1/39{
use synth_'i', clear
rename _time years
gen tr_effect_'i' = _Y_treated - _Y_synthetic
keep years tr_effect_'i'
drop if missing(years)
save synth_'i', replace
}
```

上述命令用于生成一系列 synth_'i'数据，从 1 到 39。

4）将 synth_'i'数据进行合并（i=1~39）

```
use synth_1, clear
forval i=2/39{
qui merge 1:1 years using synth_'i', nogenerate
}
```

上述命令用于将 2~39 号数据与 1 号数据进行合并。

5）绘制一系列合成控制结果变量差异的时间趋势图（高 RMSPE 样本除外）

```
local lp1
forval i=3/3 {
    local lp1 'lp1' line tr_effect_'i' years, lpattern(dash) lcolor(gs8) ||
}
```

因为加利福尼亚州的编号是 3，所以上面命令针对加利福尼亚州绘制结果变量差异的时间趋势图。

```
local lp2
forval i=1/2 {
    local lp2 'lp2' line tr_effect_'i' years, lpattern(dash) lcolor(gs8) ||
}
```

因为前面已经单独绘制了编号为 3 的加利福尼亚州，所以上面命令用于绘制编号为 1 和 2 的两个州的结果变量差异的时间趋势图。

```
local lp3
forval i=4/12 {
    local lp3 'lp3' line tr_effect_'i' years, lpattern(dash) lcolor(gs8) ||
}
```

因为前面已经绘制了编号为 3 的加利福尼亚州以及编号为 1 和 2 的两个州，且编号为 13、22、29、34 的州的均方根预测误差较大，需要剔除，所以上面命令针对编号为 4~12 的 9 个州绘制结果变量差异的时间趋势图。

```
local lp4
forval i=14/21 {
    local lp4 'lp4' line tr_effect_'i' years, lpattern(dash) lcolor(gs8) ||
}
```

因为前面已经绘制了编号为 3 的加利福尼亚州以及编号为 1、2 及 4~12 的 11 个州，同时编号为 13、22、29、34 的州的均方根预测误差较大，需要剔除，所以上面命令针对编号为 14~21 的 8 个州绘制结果变量差异的时间趋势图。

```
local lp5
forval i=23/28 {
    local lp5 'lp5' line tr_effect_'i' years, lpattern(dash) lcolor(gs8) ||
}
```

因为前面已经绘制了编号为 3 的加利福尼亚州以及编号为 1、2、4~12、14~21 的 19 个州，同时编号为 13、22、29、34 的州的均方根预测误差较大，需要剔除，所以上面命令针对编号为 23~28 的 6 个州绘制结果变量差异的时间趋势图。

```
local lp6
forval i=30/33 {
    local lp6 'lp6' line tr_effect_'i' years, lpattern(dash) lcolor(gs8) ||
}
```

因为前面已经绘制了编号为 3 的加利福尼亚州以及编号为 1、2、4~12、14~21、23~28 的 25 个州，同时编号为 13、22、29、34 的州的均方根预测误差较大，需要剔除，所以上面命令针对编号为

30~33 的 4 个州绘制结果变量差异的时间趋势图。

```
local lp7
forval i=35/39 {
   local lp6 'lp6' line tr_effect_'i' years, lpattern(dash) lcolor(gs8) ||
}
```

因为前面已经绘制了编号为 3 号的加利福尼亚州以及编号为 1、2、4~12、14~21、23~28、30~34 的 29 个州，同时编号为 13、22、29、34 的州的均方根预测误差较大，需要剔除，所以上面命令针对编号为 35~39 的 6 个州绘制结果变量差异的时间趋势图。

```
twoway 'lp1' 'lp2' 'lp3' 'lp4' 'lp5' 'lp6' 'lp7'|| line tr_effect_3 years, ///
lcolor(black) legend(off) xline(1989, lpattern(dash)) xlabel(1970(5)2000)
```

上面命令针对除编号为 13、22、29、34 之外的州，共同绘制结果变量差异的时间趋势图。结果如图 22.11 所示。

图 22.11 中的实线为加利福尼亚州合成控制结果变量差异，各条虚线为其他州合成控制结果变量差异，可以发现自 1989 年以后，相对于其他州，加利福尼亚州的结果变量差异非常明显，证明了结果的稳健性。

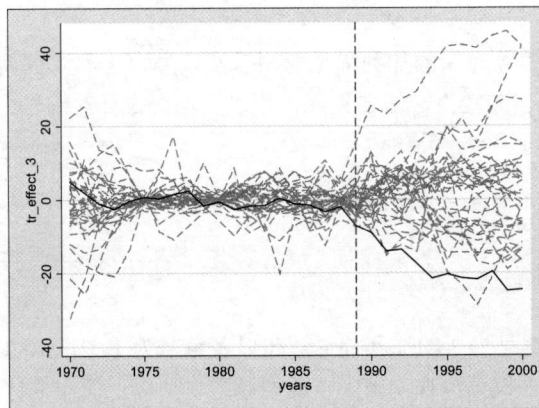

图 22.11　一系列合成控制结果变量差异的时间趋势图（高 RMSPE 样本除外）

22.6　断点回归法

22.6.1　断点回归法的概念

断点回归（regression discontinuity，RD）由 Thistlethwaite 和 Campbell 于 1960 年提出。它利用一个变量（通常称为分组变量）的临界值，将样本分为处理组和控制组。具体而言，当该变量大于临界值时，个体被分配到处理组并接受某种处理；当该变量小于临界值时，个体则被分配到控制组并不接受处理。在临界值附近，由于处理状态的不连续变化，可以研究处理对结果变量的因果影响。

断点回归法可以分为两类：

● 精确断点回归（Sharp Regression Discontinuity）：在临界值处，处理状态从 0 跳跃到 1，即

所有大于或等于临界值的个体都接受了处理，而所有小于临界值的个体都没有接受处理。

- 模糊断点回归（Fuzzy Regression Discontinuity）：在临界值附近，接受处理的概率是单调变化的，而不是从 0 直接跳跃到 1。

22.6.2　断点回归法的 Stata 操作

在 Stata 中，可以使用非官方的 rd 命令来实现断点回归。

1. 下载安装 rd 命令

下载安装 rd 命令的命令如下：

```
ssc install rd, replace
```

2. 基本语法

rd 命令的基本语法为：

```
rd outcomevar [treatmentvar] assignmentvar [if] [in] [weight] [, options]
```

其中，outcomevar 是结果变量，treatmentvar 是处理变量，assignmentvar 是分组变量。Options 是可选项，主要包括：

- mbw()：指定最优带宽的倍数。默认值为"mbw(50 100 200)"，即根据最优带宽的 0.5、1 与 2 倍进行局部线性回归，其中 100 对应于根据 ImbensandKalyanaraman(2009) 计算的最优带宽。
- z0()：用来指定断点位置，默认值为 z0(0)，即断点为原点。处理变量 D 可省略，若省略则为精确断点回归，并根据分组变量 x 来计算处理变量。当 x 大于或等于设定的断点位置 z0() 时，则 D 取值为 1，否则取值为 0。
- "strineq"：表示根据严格不等式（stronginequality）来计算处理变量，即如果 x 大于断点 z0，则 D 取值为 1；反之，D 取值为 0。
- cov()：用来指定加入局部线性回归的协变量，这些协变量可以帮助提高回归模型的准确性和稳健性。
- "x(varlist)"：表示检验这些协变量是否在断点处有跳跃（估计跳跃值及其显著性）。
- graph：表示根据所选的每一带宽，画出局部线性回归图，以便直观地观察断点回归的结果。
- "bdep"：表示通过画图来考察断点回归估计量对带宽的依赖性（bandwidth dependence）。
- "oxline"：表示在此图的默认带宽（即最优带宽）上画一条直线，以便识别。
- "kernel(rectangle)"：表示使用矩形核（即均匀核），默认使用三角核。

22.6.3　断点回归法示例——研究 M 候选人当选对预算支出的影响

本例使用的数据文件"votex.dat"为命令 rd 自带的数据集，主要变量包括结果变量 lne（预算支出的对数）。分组变量 d（M 候选人得票比例减去 0.5，得票比例大于或等于 0.5 意味着当选，反之落选），处理变量 win（M 候选人当选）以及一系列协变量。下面进行断点回归，研究 M 候选人当选对预算支出的影响。

打开数据文件，在主界面的命令窗口中依次输入以下命令：

```
ssc inst rd, replace
net get rd
use votex
```

上述命令的含义是安装 rd 命令，获取并加载 votex 数据集。

```
rd lne d, gr mbw(100)
```

该命令使用最优带宽以及默认的三角核进行精确断点回归并画图。结果如图 22.12 所示。

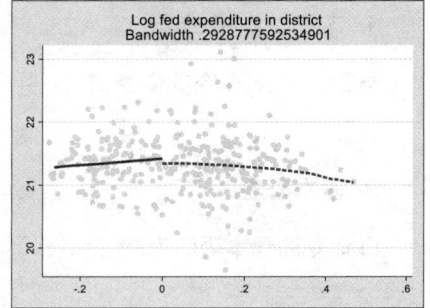

图 22.12　精确断点回归并画图

可以看到 lwald 系数为-0.0773955，显著性 p 值为 0.464，说明 M 候选人当选对预算支出的影响并不显著。绘制的图形也显示只在断点 d=0 处稍微向下跳跃。

```
rd lne d,gr mbw (100) cov(i votpop black blucllr farmer fedwrkr forborn manuf unemplyd
union urban veterans)
```

该命令加入协变量进行精确断点回归并画图。结果如图 22.13 所示，可以看到 lwald 系数为 0.0543733，显著性 p 值为 0.555，同样说明 M 候选人当选对预算支出的影响并不显著。绘制的图形也显示只在断点 d=0 处稍微向下跳跃。

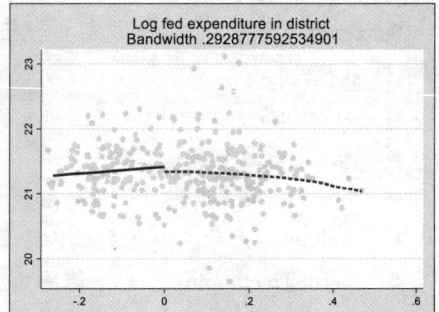

图 22.13　加入协变量的精确断点回归并画图

```
rd lne d,gr bdep oxline
```

该命令去掉协变量，但同时估计三种带宽，并画出估计值对带宽的依赖性。结果如图 22.14 所示。可以看到，改变带宽对 lwald 系数值大小有所影响，但三个 lwald 系数的显著性 p 值均远大于 0.05。从绘制的图形中也可以看出，估计值对带宽的依赖性不大。

```
. rd lne d,gr bdep oxline
Two variables specified; treatment is
assumed to jump from zero to one at Z=0.

Assignment variable Z is d
Treatment variable X_T unspecified
Outcome variable y is lne

Command used for graph: lpoly; Kernel used: triangle (default)
Bandwidth: .29287776; loc Wald Estimate: -.07739553
Bandwidth: .14643888; loc Wald Estimate: -.09491495
Bandwidth: .58575552; loc Wald Estimate: -.0543086
Estimating for bandwidth .2928777592534901
Estimating for bandwidth .146438879626745
Estimating for bandwidth .5857555185069802
```

lne	Coefficient	Std. err.	z	P>|z|	[95% conf. interval]	
lwald	-.0773955	.1056062	-0.73	0.464	-.28438	.1295889
lwald50	-.0949149	.1454442	-0.65	0.514	-.3799804	.1901505
lwald200	-.0543086	.0911788	-0.60	0.551	-.2330157	.1243985

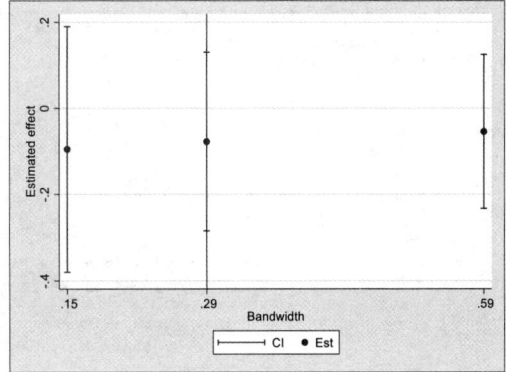

图 22.14　同时估计三种带宽并画出估计值对带宽的依赖性

```
rd lne d,mbw (100) x(i votpop black blucllr farmer fedwrkr forborn manuf unemplyd union
urban veterans)
```

该命令检验协变量在断点处的条件密度是否存在跳跃。结果如图 22.15 所示，除变量 farmer 外，所有协变量的条件密度函数在断点处都是连续的（显著性 p 值均大于 0.05）。

下面使用模糊断点回归：

```
g byte ranwin=cond(uniform()<.1,1-win,win)
```

该命令随机生成一个新的处理变量 ranwin。变量 ranwin 不由分组变量 d 完全决定，但与原来的处理变量 win 高度相关（win 完全由 d 决定）。命令中的 uniform()表示生成一个在[0,1)区间服从均匀分布的随机变量，"cond(uniform()<.1,1-win,win)"表示若此随机变量小于 0.1，则变量 ranwin=1-win，否则变量 ranwin=win。因此，ranwin 也是虚拟变量且与 win 高度相关。

```
. rd lne d,mbw (100) x(i votpop black blucllr farmer fedwrkr forborn manuf une
> mplyd union urban veterans)
Two variables specified; treatment is
assumed to jump from zero to one at Z=0.

Assignment variable Z is d
Treatment variable X_T unspecified
Outcome variable y is lne

Estimating for bandwidth .2928777592534901
```

lne	Coefficient	Std. err.	z	P>|z|	[95% conf. interval]	
i	-.0044941	.1208008	-0.04	0.970	-.2412592	.2322711
votpop	-.0082128	.0062347	-1.32	0.188	-.0204326	.0040071
black	-.0036113	.020048	-0.18	0.857	-.0429046	.0356821
blucllr	.0026193	.0057316	0.46	0.648	-.0086144	.013853
farmer	-.0078737	.0037566	-2.10	0.036	-.0152366	-.0005109
fedwrkr	.0001617	.0037584	0.04	0.966	-.0072046	.0075281
forborn	-.015235	.0120682	-1.26	0.207	-.0388882	.0084183
manuf	.0147223	.0100352	1.47	0.142	-.0049463	.0343908
unemplyd	-.0007393	.0019069	-0.39	0.698	-.0044769	.0029982
union	-2.25e-06	3.66e-06	-0.61	0.540	-9.43e-06	4.94e-06
urban	.0370978	.0559882	0.66	0.508	-.072637	.1468326
veterans	.0015796	.0036205	0.44	0.663	-.0055164	.0086756
lwald	-.0773955	.1056062	-0.73	0.464	-.28438	.1295889

图 22.15　检验协变量在断点处的条件密度是否存在跳跃

```
rd lne d,mbw (100) x(i votpop black blucllr farmer fedwrkr forborn manuf unemplyd union
urban veterans)
```

该命令使用最优带宽与默认的三角核进行模糊断点回归。结果如图 22.16 所示，lwald 的显著性 p 值为 0.466，同样很不显著。

```
. g byte ranwin=cond(uniform()<.1,1-win,win)

. rd lne ranwin d, mbw(100)
Three variables specified; jump in treatment
at Z=0 will be estimated. Local Wald Estimate
is the ratio of jump in outcome to jump in treatment.

 Assignment variable Z is d
 Treatment variable X_T is ranwin
 Outcome variable y is lne

Estimating for bandwidth .2928777592534901
```

lne	Coefficient	Std. err.	z	P>|z|	[95% conf. interval]	
numer	-.0773955	.1051192	-0.74	0.462	-.2834254	.1286343
denom	.7731747	.0778144	9.94	0.000	.6206612	.9256881
lwald	-.100101	.1373071	-0.73	0.466	-.3692179	.169016

图 22.16 检验协变量在断点处的条件密度是否存在跳跃

◆ 第七部分 ◆

AI工具应用

第 23 章

DeepSeek 等 AI 工具的应用

近年来，DeepSeek 等 AI 工具迅速兴起并得到广泛应用。在学术创作和实践应用中，无论是构建计量统计模型还是开展数据整理分析，这些 AI 工具都能显著提升科研与应用的效率。然而，AI 工具的作用并非替代研究者的思考或决策，而是作为重要的辅助工具。AI 工具可以帮助研究者初步构建理论框架、搜集相关研究数据、开展应用分析，但最终的工作目标和研究结论仍需依赖研究者的判断。对于 AI 工具生成信息的真伪与优劣，研究者也需进行独立判断。因此，我们既不能将 AI 工具视为洪水猛兽，一味排斥，也不能完全依赖它们，而应科学、合理、灵活、准确地加以应用。

23.1　DeepSeek 等 AI 工具的作用

DeepSeek 等 AI 工具在学习 Stata 时可以提供多方面的帮助。尽管它们无法直接执行 Stata 命令或完全替代我们的自主思考与学习，但它们确实能够显著加快我们掌握工具和方法的速度，提升学习体验，从而让我们有更多的时间专注于分析和解决真正的问题。以下是 DeepSeek 等 AI 工具在学习 Stata 统计分析时可能带来的好处。

1. 熟悉 Stata 命令语句

Stata 由国外公司研发，许多国内初学者不习惯其设计风格及命令交互操作方式，尤其是难以记住繁多的 Stata 命令语句及选项。通过使用 DeepSeek 等 AI 工具，学习者可以快速熟悉和掌握基本的 Stata 操作。此外，AI 工具还可以提供简洁明了的解释，帮助学习者快速上手。例如，研究者可以向 AI 工具提问："多重共线性检验的 Stata 命令语句是什么？""用 Stata 绘制直方图的命令语句及可用选项有哪些？"。AI 工具往往会给出完整的 Stata 命令语句，并针对命令及选项提供详细解读，从而显著提升初学者的学习效率。

2. 及时解答学习疑问

在学习 Stata 统计分析的过程中，学习者常常会对统计学的基本原理、核心思想以及适用条件等方面产生疑问。此时，学习者可以向 AI 工具提问，例如"最大似然估计和最小二乘估计的差异是什么？"或"生存分析的思想是什么？对变量和数据的要求是什么？"AI 工具通常能够快速回复。另一方面，学习者在运行 Stata 命令时，可能会遇到无法解读的结果。如果无法自己发现原因，也可以求助 AI 工具，让它分析原因并提供解决措施，从而大大缩短学习者查阅官方帮助文档或浏览网页的时间。

3. 模拟对话和互动

AI 工具能够模拟真实的对话场景，与学习者进行互动。这种互动式学习方式不仅能够增强学习者的参与感和兴趣，还能使学习过程更加生动有趣。此外，AI 工具还可以通过总结、归纳和复述等方式，帮助学习者更好地理解和记忆 Stata 等相关知识，这对巩固学习成果和提高记忆效率极为有益。在与 AI 工具互动较多之后，AI 工具还可通过分析学习者的需求和兴趣，提供个性化的学习建议和资源，帮助学习者更有效地规划学习路径，提高学习效率。

需要注意的是，尽管 AI 工具能够提供上述帮助，但它们也存在一些局限性。例如，它们可能无法完全理解或解释某些复杂的统计概念，或者提供的代码示例不够全面或准确。因此，在学习 Stata 时，建议将 AI 工具作为辅助工具，而非完全依赖。同时，结合其他学习资源（如官方文档、教程、论坛等）进行综合学习，将有助于获得更全面、深入的知识和技能。

23.2　Stata 统计分析 AI 提示实例

DeepSeek、ChatGPT、文心一言等多种 AI 工具都可用于辅助学习 Stata 统计分析。本节将列举 11 个 Stata 统计分析 AI 提示实例，其中前 6 个为 DeepSeek 的输出结果，后 5 个为文心一言（文心大模型）的输出结果。

23.2.1　数据整理 AI 提示示例

输入提示：请编写一段 Stata 命令，可从数据集中剔除重复值（以 code 为关键变量）、删除缺失值（以 amount 为关键变量），并创建一个只包含清理后数据的新文件。请针对每条 Stata 命令注释其含义。

DeepSeek 的输出结果如图 23.1 所示。可以看到，输出结果包括了加载数据集的命令，剔除以 code 为关键变量的重复值的命令、删除 amount 变量中缺失值的观测值的命令，以及保存清洗后数据集的命令。每条命令的具体含义均有详细注释。

以下是满足你需求的 Stata 命令及其注释：

* 加载数据集
use "your_dataset.dta", clear
* 注释：使用`use`命令加载名为"your_dataset.dta"的数据集，`clear`选项清除当前内存中的数据。

* 剔除重复值（以 code 作为关键变量）
duplicates drop code, force
* 注释：`duplicates drop`命令用于删除重复值，`code`是关键变量，`force`选项强制删除重复值。

* 删除缺失值（以 amount 作为关键变量）
drop if missing(amount)
* 注释：`drop if missing`命令用于删除`amount`变量中缺失值的观测。

* 创建一个只包含清理后数据的新文件
save "cleaned_data.dta", replace
* 注释：`save`命令将清理后的数据保存为名为"cleaned_data.dta"的新文件，`replace`选项覆盖同名文件。

说明：
1. 剔除重复值：duplicates drop 命令会根据指定的关键变量（如 code）删除重复的观测值。
2. 删除缺失值：drop if missing 命令会删除指定变量（如 amount）中缺失值的观测。
3. 保存清理后的数据：save 命令将清理后的数据保存到新文件中，方便后续使用。

确保将"your_dataset.dta"替换为实际的数据集文件名。

图 23.1　DeepSeek 的输出结果（数据整理）

23.2.2　描述性统计 AI 提示示例

输入提示：请编写一段 Stata 命令，为数据集中的每个连续型变量（包括 income、workyear）按照分组变量 gender 输出详细的描述性统计量。请针对每条 Stata 命令注释其含义。

DeepSeek 的输出结果如图 23.2 所示，给出了命令"bysort gender: summarize income workyear, detail"，并针对命令的具体含义进行了详细注释。

以下是满足你需求的 Stata 命令及其注释：

* 加载数据集
use "your_dataset.dta", clear
* 注释：使用`use`命令加载名为"your_dataset.dta"的数据集，`clear`选项清除当前内存中的数据。

* 为每个连续型变量（包括 income、workyear）按照分组变量 gender 输出详细描述性统计量
bysort gender: summarize income workyear, detail
* 注释：`bysort gender`命令按照`gender`变量分组，`summarize`命令输出`income`和`workyear`的详细描述性统计量，`detail`选项提供更详细的统计信息。

说明：
加载数据集：use 命令用于加载数据集，确保将"your_dataset.dta"替换为实际的数据集文件名。

分组描述性统计：bysort gender: summarize 命令会按照 gender 变量的不同组别，分别计算 income 和 workyear 的描述性统计量，包括均值、标准差、最小值、最大值等。detail 选项会进一步提供分位数、偏度、峰度等更详细的信息。

如果需要分析其他连续型变量，只需在 summarize 命令后添加相应的变量名即可。

图 23.2　DeepSeek 的输出结果（描述性统计）

23.2.3　图形绘制 AI 提示示例

输入提示：请编写一段 Stata 命令，绘制"制造业 PMI 指数"和"失业率"两个变量的散点图，并给图形增加标题名"案例结果"；为 X 轴添加数值标签，取值范围为 3~15，间距为 1；为 Y 轴添加数值标签，取值范围为 30~65，间距为 5；为 Y 轴添加刻度，间距为 1；使散点图中的散点标志形状变为实心菱形，并将散点图中散点标志的颜色设置为黄色。请针对每条 Stata 命令注释其含义。

DeepSeek 的输出结果如图 23.3 所示。

以下是满足你需求的 Stata 命令及其注释：

```
* 加载数据集
use "your_dataset.dta", clear
* 注释：使用`use`命令加载名为"your_dataset.dta"的数据集，`clear`选项清除当前内存中的数据。

* 绘制"制造业 PMI 指数"和"失业率"的散点图
scatter 失业率 制造业 PMI 指数, title("案例结果") ///
    xlabel(3(1)15) ylabel(30(5)65) ytick(30(1)65) ///
    msymbol(D) mcolor(yellow)
* 注释：
* - `scatter 失业率 制造业 PMI 指数`：绘制"失业率"和"制造业 PMI 指数"的散点图。
* - `title("案例结果")`：为图形添加标题"案例结果"。
* - `xlabel(3(1)15)`：为 X 轴添加数值标签，取值范围为 3 到 15，间距为 1。
* - `ylabel(30(5)65)`：为 Y 轴添加数值标签，取值范围为 30 到 65，间距为 5。
* - `ytick(30(1)65)`：为 Y 轴添加刻度，间距为 1。
* - `msymbol(D)`：将散点标志的形状设置为实心菱形。
* - `mcolor(yellow)`：将散点标志的颜色设置为黄色。
```

说明：
1. 加载数据集：确保将"your_dataset.dta"替换为实际的数据集文件名。
2. 绘制散点图：scatter 命令用于绘制散点图，title 添加标题，xlabel 和 ylabel 分别设置 X 轴和 Y 轴的数值标签，ytick 设置 Y 轴刻度，msymbol 和 mcolor 分别设置散点标志的形状和颜色。

如果需要进一步调整图形样式或添加其他功能，可以参考 Stata 的图形选项文档。

图 23.3　DeepSeek 的输出结果（图形绘制）

可以发现其中给出了命令：

```
"scatter 失业率 制造业 PMI 指数, title("案例结果") ///
    xlabel(3(1)15) ylabel(30(5)65) ytick(30(1)65) ///
    msymbol(D) mcolor(yellow)"
```

针对命令的具体含义进行了详细注释。

23.2.4　最小二乘回归分析 AI 提示示例

输入提示：请编写一段 Stata 命令，以"经济景气指数"为因变量，以"工业信心指数""零售信心指数""服务业信心指数""一年期利率"为自变量，进行线性回归分析。

DeepSeek 的输出结果如图 23.4 所示。可以看到，输出结果给出了命令"regress 经济景气指数 工业信心指数 零售信心指数 服务业信心指数 一年期利率"，并针对命令的具体含义进行了详细注释。此外，输出还提示，如果需要进一步分析回归结果（如残差分析、多重共线性检验等），可以使用 Stata 的其他命令，如 predict、vif 等。

以下是满足你需求的 Stata 命令及其注释：

* 加载数据集
use "your_dataset.dta", clear
* 注释：使用`use`命令加载名为"your_dataset.dta"的数据集，`clear`选项清除当前内存中的数据。

* 开展线性回归分析
regress 经济景气指数 工业信心指数 零售信心指数 服务业信心指数 一年期利率
* 注释：`regress`命令用于进行线性回归分析，其中：
* - `经济景气指数`是因变量。
* - `工业信心指数`、`零售信心指数`、`服务业信心指数`、`一年期利率`是自变量。

说明：

1. 加载数据集：确保将"your_dataset.dta"替换为实际的数据集文件名。
2. 线性回归分析：regress 命令用于拟合线性回归模型，分析自变量对因变量的影响。结果会输出回归系数、标准误、t 值、p 值等统计量。

如果需要进一步分析回归结果（如残差分析、多重共线性检验等），可以使用 Stata 的其他命令，例如 predict、vif 等。

图 23.4 DeepSeek 的输出结果（最小二乘回归分析）

23.2.5 因子分析 AI 提示示例

输入提示：请编写一段 Stata 命令，进行因子分析，并针对每条 Stata 命令注释其含义。

DeepSeek 的输出结果如图 23.5 所示。可以看到，输出包括了一系列命令，如加载数据集、进行因子分析、旋转因子载荷矩阵、显示因子分析结果等，且每条命令的具体含义均有详细注释。

以下是实现因子分析的 Stata 命令及其注释：

* 加载数据集
use "your_dataset.dta", clear
* 注释：使用`use`命令加载名为"your_dataset.dta"的数据集，`clear`选项清除当前内存中的数据。

* 进行因子分析
factor 变量1 变量2 变量3 变量4, factors(2)
* 注释：`factor`命令用于进行因子分析，其中：
* - `变量1 变量2 变量3 变量4`是参与因子分析的变量。
* - `factors(2)`指定提取 2 个因子。

* 旋转因子载荷矩阵
rotate, varimax
* 注释：`rotate`命令用于旋转因子载荷矩阵，`varimax`选项指定使用最大方差法进行旋转。

* 显示因子分析结果
estat loadings
* 注释：`estat loadings`命令用于显示因子载荷矩阵，展示各变量在因子上的载荷值。

说明：

1. 加载数据集：确保将"your_dataset.dta"替换为实际的数据集文件名。
2. 因子分析：factor 命令用于提取因子，factors(2)指定提取的因子数量。
3. 旋转因子载荷矩阵：rotate 命令用于旋转因子载荷矩阵，以更好地解释因子。
4. 显示结果：estat loadings 命令用于查看因子载荷矩阵，帮助理解各变量与因子的关系。

如果需要进一步分析或调整因子数量，可以修改 factors()中的数值或使用其他旋转方法（如 promax）。

图 23.5 DeepSeek 的输出结果（因子分析）

23.2.6 时间序列分析 AI 提示示例

输入提示：请编写一段 Stata 命令，对时间序列数据集 test.dta（其中包括 year、CPI 和 PMI 三个变量）进行以下分析：绘制变量的时间序列趋势图，进行单位根检验、协整检验、VECM 模型估计与检验。请针对每条 Stata 命令注释其含义。

DeepSeek 的输出结果如图 23.6 所示。可以发现，输出包含了所有用到的命令，并且对每条命令的具体含义进行了详细注释。

以下是针对时间序列数据集 test.dta（包括 year、CPI 和 PMI 三个变量）的 Stata 命令及其注释：

1. 绘制变量时间序列趋势图

```
* 加载数据集
use "test.dta", clear
* 注释：使用`use`命令加载名为"test.dta"的数据集，`clear`选项清除当前内存中的数据。

* 绘制 CPI 和 PMI 的时间序列趋势图
tsline CPI PMI, title("CPI 和 PMI 时间序列趋势图") xtitle("年份") ytitle("数值")
* 注释：`tsline`命令用于绘制时间序列图，`CPI`和`PMI`是绘制的变量，`title`添加标题，`xtitle`和`ytitle`分别设置 X 轴和 Y 轴的标题。
```

2. 开展单位根检验

```
* 对 CPI 进行单位根检验
dfuller CPI, lags(4)
* 注释：`dfuller`命令用于进行 ADF 单位根检验，`CPI`是检验的变量，`lags(4)`指定滞后阶数为 4。

* 对 PMI 进行单位根检验
dfuller PMI, lags(4)
* 注释：同上，对`PMI`进行 ADF 单位根检验。
```

3. 协整检验

```
* 对 CPI 和 PMI 进行协整检验
vecrank CPI PMI, lags(4)
* 注释：`vecrank`命令用于进行协整检验，`CPI`和`PMI`是检验的变量，`lags(4)`指定滞后阶数为 4。
```

4. VECM 模型估计

```
* 估计 VECM 模型
vec CPI PMI, lags(4) rank(1)
* 注释：`vec`命令用于估计 VECM 模型，`CPI`和`PMI`是模型变量，`lags(4)`指定滞后阶数为 4，`rank(1)`指定协整秩为 1。
```

5. VECM 模型检验

```
* 检验 VECM 模型的残差自相关性
vecstable, graph
* 注释：`vecstable`命令用于检验 VECM 模型的稳定性，`graph`选项生成稳定性检验图。

* 检验 VECM 模型的残差正态性
predict res, residuals
swilk res
* 注释：`predict`命令生成残差，`swilk`命令对残差进行 Shapiro-Wilk 正态性检验。
```

说明

1. 时间序列趋势图：用于直观观察 CPI 和 PMI 的变化趋势。
2. 单位根检验：判断变量是否平稳，是时间序列分析的基础。
3. 协整检验：检验变量之间是否存在长期均衡关系。
4. VECM 模型估计：用于分析非平稳变量之间的短期和长期关系。
5. VECM 模型检验：评估模型的稳定性和残差性质。

确保将"test.dta"替换为实际的数据集文件名，并根据数据特性调整滞后阶数（lags）和协整秩（rank）。

图 23.6 DeepSeek 的输出结果（时间序列分析）

23.2.7　DID（双重差分法）分析 AI 提示示例

输入提示：请编写一段 Stata 命令，进行 DID（双重差分法）分析，数据包括处理组和对照组，以及处理实施前后的观测。请解释如何验证 DID 的平行趋势假设，并针对每条 Stata 命令注释其含义。

文心一言（文心大模型）的输出结果如图 23.7 所示。可以看到，输出给出了所有相关命令，包括加载数据集、检查数据结构和内容、生成交互项（处理组*时间）、回归分析：DID 模型、估计处理效应、验证平行趋势假设等。同时，输出还对命令的具体含义、使用条件以及注意事项进行了详细注释。

在 Stata 中，双重差分法（DID）是一种常用的政策评估或实验分析方法，用于估计处理效应。DID 方法要求有处理组和对照组，并且在处理实施前后都有观测数据。为了验证 DID 的平行趋势假设，我们通常会检查处理组和对照组在处理实施前的趋势是否一致。

以下是一个简化的 Stata 命令序列，用于执行 DID 分析并验证平行趋势假设。假设数据集名为 data.dta，包含变量 y（结果变量）、treat（处理组=1，对照组=0）、time（时间变量，处理前为 0，处理后为 1）以及可能的其他控制变量 X。

```
* 加载数据集
use data.dta, clear
* 检查数据结构和内容（可选，但推荐）
describe
summarize y treat time X
* 生成交互项（处理组*时间）
gen treat_time = treat * time
* 回归分析：DID 模型
* 估计处理效应，假设控制变量 X 已经被包括（如果没有控制变量，则只包括基础项）
reg y treat time treat_time X
* 解释回归结果：
* treat 的系数表示处理组在处理前的平均差异（通常应该不显著）
* time 的系数表示所有组在时间上的平均变化（处理前后的普遍趋势）
* treat_time 的系数是我们感兴趣的，它表示处理效应（即处理组在处理后的额外变化）
* 验证平行趋势假设
* 方法 1：绘制处理组和对照组在处理前后的均值变化
* 使用 twoway 命令绘制分组均值的时间趋势图
twoway (scatter y time if treat == 1, mcolor(red) mlabel(time)) ///  处理组
       (scatter y time if treat == 0, mcolor(blue) mlabel(time)), ///  对照组
       title("Parallel Trends Assumption Check") ///
       xlabel(, grid) ylabel(, grid) ///
       xtitle("Time (0 = before, 1 = after)") ///
       ytitle("Y") ///
       legend(label(1 "Treatment Group") label(2 "Control Group"))
* 方法 2：通过回归分析验证平行趋势
* 单独对处理前（time=0）的数据进行回归分析，检查 treat 的系数是否显著
reg y treat if time == 0
* 如果处理前的 treat 系数不显著，则可能表明平行趋势假设成立。
* 但请注意，这只是一个粗略的检查，并不能完全证明平行趋势。
* 进一步的稳健性检验可能包括：
* - 加入更多的控制变量来捕捉潜在的混杂因素。
* - 使用更灵活的时间趋势模型（如多项式回归）来捕捉非线性趋势。
* - 进行安慰剂检验（placebo test）来检查结果的稳健性。
```

在验证平行趋势假设时，重要的是要理解 DID 方法的核心假设：处理组和对照组在没有处理的情况下会有相同的结果变化趋势。如果处理前的趋势不一致，那么 DID 估计的处理效应可能是有偏的。因此，通过图形和回归分析来检查处理前后的趋势是非常重要的。

请注意，上述代码是一个简化的示例，实际分析中可能需要根据数据的具体情况和分析

图 23.7　文心一言的输出结果（DID 分析）

23.2.8　倾向得分匹配（PSM）分析 AI 提示示例

输入提示：请编写一段 Stata 命令，进行倾向得分匹配（propensity score matching，PSM）分析，包括估计倾向得分、匹配处理组和控制组，以及评估平衡的步骤。请针对每条 Stata 命令注释其含义。

文心一言（文心大模型）的输出结果如图 23.8 所示。可以看到，输出包含了使用的所有命令，如加载数据集、估计倾向得分、使用 psmatch2 进行匹配、评估匹配后的平衡性以及查看匹配结果等。每条命令的具体含义、使用条件以及注意事项均有详细注释。

在 Stata 中，进行倾向得分匹配（Propensity Score Matching, PSM）分析通常需要使用 psmatch2 命令，这是一个用户编写的命令，用于执行更复杂的匹配和评估步骤。以下是一个简化的 Stata 命令序列，展示了如何估计倾向得分、匹配处理组和控制组以及评估匹配后的平衡性。

首先，你需要安装 psmatch2 命令（如果尚未安装）：

```
ssc install psmatch2
```

然后，你可以按照以下步骤进行 PSM 分析：

```
* 加载数据集（替换为你的数据集文件名）
use your_dataset.dta, clear
* 假设数据集中包含以下变量：
* treat: 处理变量（1 表示处理组，0 表示控制组）
* outcome: 结果变量（你想要比较处理组和控制组之间差异的变量）
* X1 X2 X3 ... Xn: 用于估计倾向得分的协变量
* 估计倾向得分（即处理概率）
logit treat X1 X2 X3 ... Xn
predict pscore, p   // 预测倾向得分并保存到新变量 pscore 中
* 使用 psmatch2 进行匹配
psmatch2 treat, outcome(outcome) pscore(pscore) blockid(block) // blockid 是可选的，用于指定分块匹配的块大小
* 评估匹配后的平衡性
psmatch2 balance, pscore(pscore) // 显示匹配前后协变量的平衡性检验结果
* （可选）查看匹配结果
psmatch2 results, pscore(pscore) // 显示匹配结果的详细信息，包括处理效应估计
```

请注意以下几点：

1. logit 命令用于估计倾向得分，即个体接受处理的概率。这里的 X1 X2 X3 ... Xn 是用于预测处理概率的协变量。

2. predict pscore, p 命令用于根据逻辑回归模型预测倾向得分，并将其保存到新变量 pscore 中。

3. psmatch2 命令用于执行匹配过程。outcome(outcome) 指定了结果变量，pscore(pscore) 指定了倾向得分变量。blockid(block) 是可选的，用于指定分块匹配时的块大小；如果不指定，psmatch2 将自动选择块大小或使用其他匹配方法。

4. psmatch2 balance 命令用于评估匹配后的平衡性，即检查协变量在处理组和控制组之间是否变得更为相似。

5. psmatch2 results 命令（可选）用于查看匹配结果的详细信息，包括处理效应估计及其标准误、置信区间等。

在执行上述命令之前，请确保你的数据集已经正确加载，并且变量名与命令中使用的变量名相匹配。如果变量名不同，请相应地更改命令中的变量名。此外，psmatch2 命令有许多选项和参数可以调整，以适应不同的研究设计和数据特性。因此，在实际应用中，你可能需要查阅 psmatch2 的帮助文件以获取更多信息和指导。

图 23.8　文心一言的输出结果（倾向得分匹配分析）

23.2.9 动态面板数据分析 AI 提示示例

输入提示：请编写一段 Stata 命令，进行动态面板数据分析，估计系统 GMM（generalized method of moments）模型，并解释如何设置模型、选择工具变量，最后解释运行结果。请针对每条 Stata 命令注释其含义。

文心一言（文心大模型）的输出结果如图 23.9 所示。可以看到，输出包含了所有用到的命令，如加载数据集、设置面板数据格式、估计系统 GMM 模型等。每条命令和选项的具体含义、使用条件以及注意事项都有详细注释。

```
    在 Stata 中进行动态面板数据分析时，系统广义矩估计（System GMM）是一种常用的方
法，尤其适用于包含滞后被解释变量的模型。这种方法能够处理面板数据中的内生性问题，
并且通过选择适当的工具变量来减少偏差。以下是一个简化的 Stata 命令序列，用于估计系
统 GMM 模型，包括模型设置、工具变量选择和结果解释。
    假设我们有一个面板数据集 panel_data.dta，包含变量 y（被解释变量）、y_lag1（y
的一期滞后）、x1 和 x2（解释变量）、id（个体标识符）和 t（时间标识符）。
    * 加载数据集
use panel_data.dta, clear
* 设置面板数据格式
xtset id t
* 估计系统 GMM 模型
* 使用 xtabond2 命令（这是 xtabond 的一个扩展，提供了更多的选项和更稳健的估计）
* 假设我们想要估计的模型是：y = rho * y_lag1 + beta1 * x1 + beta2 * x2 + u_i + e_it
* 其中，rho 是 y_lag1 的系数，表示动态效应；beta1 和 beta2 是 x1 和 x2 的系数；u_i 是
个体固定效应；e_it 是随机误差项。
* 系统 GMM 会自动选择适当的工具变量，但我们可以通过 lag() 和 l. 前缀来指定滞后项。

xtabond2 y y_lag1 x1 x2, gmm(y_lag1, lags(2/.)) robust nolevels twostep
* 命令解释：
* xtabond2：估计动态面板数据模型的命令。
* y y_lag1 x1 x2：被解释变量、解释变量和滞后被解释变量。
* gmm(y_lag1, lags(2/.))：指定使用系统 GMM 方法，并为 y_lag1 选择工具变量。这里
lags(2/.) 表示使用从第二期开始的所有可用滞后项作为工具变量。
* robust：计算稳健标准误，以处理可能存在的异方差。
* nolevels：不估计个体固定效应（如果数据中有足够多的时间期来捕捉个体间的差异，这
个选项可能是有用的）。注意，在某些情况下，不包含个体固定效应可能不是最佳选择，这
取决于数据的特性和研究目的。
* twostep：使用两步估计法。这是系统 GMM 的默认方法，但明确指定可以增加代码的可读
性。
* 运行结果解释：
* 输出将包含模型系数的估计值、标准误、t 值和 p 值等信息。
* 重点关注 y_lag1 的系数（rho），它表示被解释变量的动态效应。
* 解释变量 x1 和 x2 的系数（beta1 和 beta2）表示它们对被解释变量的直接影响。
* 还需要检查模型的诊断统计量，如 AR(1) 和 AR(2) 检验的结果，以判断残差的序列相关性。
* J 统计量用于检验过度识别限制条件，通常我们希望它不显著，以表明工具变量的选择是
合理的。
* 注意：
* 在实际分析中，可能需要调整工具变量的选择、添加更多的控制变量或考虑其他模型设定。
* 此外，还需要对模型的稳健性进行进一步的检验，如使用不同的滞后结构、考虑潜在的异
质性等。
    请注意，上述代码是一个简化的示例，用于说明如何在 Stata 中设置和估计系统 GMM 模
型。在实际应用中，可能需要根据数据的特性和分析目标进行适当的调整。特别是，工具变
量的选择对于系统 GMM 的估计结果至关重要，因此在实际分析中可能需要仔细考虑和测试不
同的工具变量集。
```

图 23.9　文心一言的输出结果（动态面板数据分析）

23.2.10　机器学习因果推断 AI 提示示例

输入提示：请编写一段 Stata 命令，使用决策树模型和机器学习方法，结合因果推断框架，估计处理效应（treatment effect）。请针对每条 Stata 命令注释其含义。

文心一言（文心大模型）的输出结果如图 23.10 所示。可以看到，系统提示 Stata 的官方命令集对高级机器学习技术和因果推断方法的支持有限，但仍给出了一种基于预测的近似方案供我们参考。

> 在 Stata 中，虽然直接结合决策树模型与因果推断框架来估计处理效应的功能不是内置的，但我们可以使用一系列步骤来近似实现这一目标。通常，这涉及到几个步骤：首先，使用决策树模型来预测处理分配（或处理概率）；其次，使用这些预测作为工具变量或调整变量来进行因果推断；最后，估计处理效应。
>
> 然而，需要明确的是，标准的决策树模型并不直接用于因果推断，而是可以作为特征选择或预测处理分配的一种方式。更高级的机器学习技术，如随机森林或梯度提升机，通常用于此目的，但 Stata 的官方命令集对这些技术的支持有限。不过，我们可以使用 rpart 命令来构建决策树，并尝试将其结果整合到因果推断中。
>
> 以下是一个简化的 Stata 命令序列，它试图通过决策树模型来预测处理分配，并使用这些预测作为调整变量来估计处理效应。但请注意，这种方法并不是严格的因果推断方法，而是提供了一个基于预测的近似。
>
> * 加载数据集
> use your_dataset.dta, clear
> * 假设数据集包含变量：y（结果变量）、treat（处理变量，0 或 1）、X1 X2 X3（协变量）
> * 设置面板数据（如果适用）或普通数据集
> * xtset id t // 如果数据是面板数据，取消注释并设置个体和时间标识符
> * 使用决策树模型预测处理分配（treat）
> * 注意：这里我们假设处理变量是二元的，并且我们想要预测它
> rpart treat X1 X2 X3, grow(0.01) prune(costcomplexity 0.01)
> * rpart 命令会生成一系列输出，包括决策树的结构和预测结果
> * 我们可以使用 predict 命令来保存预测的处理概率
> predict treat_pred, pr
> * 现在我们有了处理概率的预测值（treat_pred），我们可以尝试将其用作调整变量
> * 但是，标准的因果推断方法（如线性回归模型中的调整）并不直接支持这种用法
> * 因此，我们可能需要采用更复杂的模型，如广义线性模型（GLM）、逻辑回归或专门用于处理效应的模型（如 AIPW、TMLE 等）
> * 然而，这些高级方法通常需要编程或使用外部软件包(如 R 语言的`Causal Inference`包)
> * 为了简化，我们可以尝试一个简单的线性回归模型来调整处理概率
> * 但请注意，这种方法可能不是因果推断的最佳实践
> reg y treat treat_pred X1 X2 X3
> * 在上述回归模型中：
> * treat 的系数是我们感兴趣的处理效应（但可能受到未观察到的混杂因素的影响）
> * treat_pred 作为调整变量，试图捕捉处理分配与协变量之间的关系
> * 但是，这种方法的有效性取决于许多因素，包括处理分配的正确预测、模型的正确规范以及数据的特性
> * 重要的是要理解，上述步骤并不构成一个严格的因果推断框架
> * 在实际研究中，应该使用更严谨的方法，如随机对照试验（RCT）、匹配方法、回归不连续设计（RDD）或结构方程模型（SEM）等
> * 如果需要更高级的因果推断方法，建议考虑使用 R 语言或其他编程语言中的专门软件包

图 23.10　文心一言的输出结果（机器学习因果推断）

23.2.11 Stata 与 Python 交互 AI 提示示例

输入提示：请编写一段 Stata 命令，解释如何在 Stata 中调用 Python 来实现变量的描述性统计，并举例说明。

文心一言（文心大模型）的输出结果如图 23.11 所示（由于结果过大，仅显示其中一部分）。系统提示，虽然 Stata 的 summarize 命令更加直接和高效，无须调用 Python，但仍给出了具体的实施方案。

在 Stata 中，你可以使用 python 命令来调用 Python 代码，并执行各种 Python 功能，包括数据处理和统计分析。不过，对于描述性统计这样的任务，Stata 本身已经提供了非常强大的命令（如 summarize），通常不需要调用 Python。然而，如果你确实想在 Stata 中调用 Python 来实现描述性统计，下面是一个例子和相应的 Stata 命令。

首先，你需要确保你的 Stata 版本支持 Python 集成，并且你的系统上已经安装了 Python 然后，你可以按照以下步骤操作：

1. 加载数据集。
2. 使用 python 命令调用 Python 代码。
3. 在 Python 代码中，使用适当的库（如 pandas）来计算描述性统计量。
4. （可选）将 Python 的结果返回到 Stata 中。

下面是一个具体的例子，假设你有一个名为 mydata.dta 的 Stata 数据集，并且你想要对变量 var1 和 var2 进行描述性统计：

```
* 加载数据集
use mydata.dta, clear
* 调用 Python 来计算描述性统计量
python: ///
import pandas as pd
import statsmodels.api as sm
# 从 Stata 获取数据
stata_data = pd.DataFrame(stata.get_data())
# 计算描述性统计量
desc_stats = stata_data[['var1', 'var2']].describe()
# 打印结果到 Stata 的 Results 窗口
print(desc_stats)
end
```

```
* 注意：上面的代码块中，'///' 是 Stata 中多行 Python 代码的开始标记，'end' 是结束标记。
* 但是，上面的代码实际上并不会将 Python 的结果直接返回到 Stata 变量中。
* 如果你想要将结果保存回 Stata，你需要进一步处理。
* （可选）将 Python 的结果保存到 Stata 变量中（这个例子比较复杂，通常不推荐这样做，因为 Stata 自己的 summarize 命令已经足够强大）
* 下面的代码展示了如何将 Python 中的均值和标准差保存回 Stata 变量（但请注意，这只是一个简化的例子，实际中可能需要更复杂的处理）
* 首先，在 Python 中计算均值和标准差
python: ///
import pandas as pd
stata_data = pd.DataFrame(stata.get_data())
mean_var1 = stata_data['var1'].mean()
std_var1 = stata_data['var1'].std()
mean_var2 = stata_data['var2'].mean()
std_var2 = stata_data['var2'].std()
# 将结果保存到 Stata 的局部变量中（注意：这是 Python 代码中的局部变量，不是 Stata 的全局变量）
stata.set_r("mean_var1", mean_var1)
```

图 23.11 文心一言的输出结果（Stata 与 Python 交互）